# 走过报业黄金时代

蔡雯 丁士◎著

新华出版社

图书在版编目（CIP）数据

走过报业黄金时代 / 蔡雯，丁士著. —北京：新华出版社，2020.9

ISBN 978-7-5166-5439-2

Ⅰ. ①走… Ⅱ. ①蔡… ②丁… Ⅲ. ①报业－中国－文集 Ⅳ. ①G219.2-53

中国版本图书馆CIP数据核字（2020）第212848号

走过报业黄金时代

作　　者：蔡　雯　丁　士

责任编辑：刘宏森　　封面设计：李尘工作室

作者人像摄影：杨晓凌

出版发行：新华出版社

地　　址：北京市石景山区京原路 8 号　　邮　　编：100040

网　　址：http：//www.xinhuapub.com

经　　销：新华书店

新华出版社天猫旗舰店、京东旗舰店及各大网店

购书热线：010-63077122　　中国新闻书店购书热线：010-63072012

照　　排：李尘工作室

印　　刷：河北鑫兆源印刷有限公司

成品尺寸：170mm × 240mm

印　　张：32.5　　字　　数：544千字

版　　次：2021年1月第一版　　印　　次：2021年1月第一次印刷

书　　号：ISBN 978-7-5166-5439-2

定　　价：88.00元

# 前言

我国新闻传媒业自20世纪80年代改革开放以来一直处于风云跌宕的变革浪潮中。从传统媒体的复兴与鼎盛到新媒体后来居上，媒体形态不断变迁，新闻产品加速迭代，传播生态沧海桑田。这四十年也是我们二人先后从复旦新闻系毕业，进入传媒业界和新闻学界，将专业所学应用于本职工作的一段最宝贵的年华。

作为校友、同行和生活伴侣，我们携手走过了中国报业最辉煌的年代，亲身经历和体验了我国的新闻改革和媒体竞争。一个在报社做采编，一个在高校教新闻，专业领域的讨论一直是日常交流的重要内容之一，而新闻实践和教学研究的相互支撑与促进，也建构了彼此的专业协作乃至一种独特的家庭生活模式。时光荏苒，当我们在临近职业生涯终点的时候回望过去，无限感慨，觉得应该以我们个人的经历和视角，为我国报业黄金年代留下一点记录，即便是碎片化的或肤浅简陋的，也可以让后来者对这段历史的了解多一点线索和素材。

于是，我们决定将四十年来在各自工作岗位上参与报业发展和新闻改革的实践经历及思考撰述做些挑选整理，汇编成书。出于对历史的尊重，本书对早先发表过的文章基本保留原貌，相关背景另文略加说明。内容编排也按照时间，从1980年到2020年，每十年为一部分顺序排列。这四十年中，我国报业从“文革”浩劫后获得新生，历经飞速发展，到21世纪初登上巅峰，再到近几年来受新媒体的冲击而严重萎缩，开始向融合媒体转型，其发展演进的轨迹犹如一条抛物线。报纸的数量规模、报业的整体结构、报社的经营管理、报章的内容形式、报人的精神风貌，都在这条抛物线的每一个点上有不同表现。

报业近四十年的发展，亦如冷暖变化的四季，在我们的人生历程中刻下了深深的印迹。

改革开放之初，我国新闻传媒的种类和数量都非常有限。丁士考入复旦大学的1978年，全国公开出版的报纸只有178家，90%以上是党委机关报。广播电台种类单一，也由各级党委直接管理。电视刚刚开始进入家庭，影响力甚微。各类媒介之间缺乏竞争，绝大多数新闻媒介作为党政机关的舆论工具主要担负新闻宣传任务。在这样的传媒结构基础上形成的新闻模式是以《人民日报》为参照标准的，高度一致的党媒宣传模式，“千报一面”的情况在所难免。新闻传播表现出传播者本位、由上至下简单灌输的特点。但“文革”结束后的思想解放已经在为报纸的改革大潮积聚动能，如《光明日报》关于实践是检验真理的标准问题的讨论等，在包括报人在内的知识界激发起求真求变的热情和勇气。

蔡雯进入复旦大学的1981年，在“文革”中全部被停办的晚报开始“重生”与“复兴”。由于晚报与机关报不同，不能靠行政拨款办报、也不能享受公费订阅的保护，因此必须以读者认可的内容与形式赢得市场。晚报选择了贴近读者、贴近生活的办报路子，利用出版时间差与日报展开新闻竞争。在新闻稿件的选择和编排方面，除了重时效，对新闻的接近性、趣味性的追求，也成为这类报纸的共同特点。无论是新闻标题的制作，还是版面设计编排，晚报都表现出与机关报完全不同的风格特色，受到读者的喜爱和好评。可以说，晚报在20世纪80年代的探索与突破，为我国的新闻业务改革拉开了序幕。这一时期，我国地市县报也纷纷创办，在地方经济发展和基层政治生活中发挥独特的作用。蔡雯在叶春华教授的指导帮助下，专程到多家地市报纸调研，观察了解这类地方小型报纸的方方面面，1984年完成了十多万字的本科毕业论文《怎样办好小型报纸》，此书后来正式出版。毕业后，蔡雯继续留在复旦读研究生，又开始研究晚报，1988年完成的硕士学位论文专门记载和讨论了我国晚报在“文革”后复兴的历程。

晚报的成功对机关报形成了一定压力。20世纪80年代末至90年代初，引人瞩目的“周末版热”可谓是困境中的机关报奋起改革的一场办报实验。这场实验实际上是引入了晚报的业务改革思路，希望以贴近读者的内容与生动活泼的形式唤起读者的关注和喜爱。到1992年，约半数的中央部委报纸、三分之二的省级报纸创办了“周末版”，其中不乏像《南方周末》这样风行全国的佼佼者。“周末版”取得了不少成功的经验，这些经验从选题的独家性、报道手法与体裁的创新、新闻标题的变革到报纸版式的变化等等，涵盖了新闻业务的方方面面。机关报通过这块“试验田”为报纸进一步改扩版积累了经验。但由于“周末版”自身的特殊性及其功利性目标，这场实验未能解决机关报的最大难题——如何才能做好时政新闻、经济新闻等严肃新闻的报道，可以说，新闻改革在这一时期表现出明显的“边缘突破”特征。

1983年元旦，经济日报创办，成为新中国报业复兴发展阶段也是改革开放初期又一个引人瞩目的事件。刚刚进入报社的丁士作为创业团队的一员，在采编一线亲历了这家报纸诸多创新之举，包括敏锐的批评报道和舆论监督、有独特视角的热点新闻和专业报道等，见证了新中国第一份经济大报的社会影响力的快速提升。

1987年，我国报纸扩版浪潮在广州激起第一朵浪花。《广州日报》由4个版扩为8个版广受欢迎，被广州市民评为当年该市发生的“十件大事”之一。第二年，《解放日报》与《天津日报》紧随其后也迈出扩版的第一步。到20世纪末，几乎所有的报纸都经历了不止一次扩版改版，广播与电视节目的改版同样此伏彼起，新增的频道与栏目令人目不暇接，新闻节目比重不断增加，新闻滚动播出逐渐成为常态。所有这些轰动一时的变革都在我们发表的文章中有所记录和评议。1988年蔡雯研究生毕业后来到北京，在新华社中国新闻学院任教，关注重点开始转向国家通讯社和中央大报的改革，并将研究成果带入了大学课堂。

就报业而言，版面作为报纸的外在形象，四十年来的变化无疑是新闻业务改革最具代表性的一个缩影。我国报纸版面的变化是持续渐进式的，促使版面改革的因素除了报纸类型的多样化、版面数量的不断增加、媒介竞争的日益加剧之外，科学技术成果的广泛运用是一个重要的推动力。20世纪80年代以后，电子排版的普及、印刷技术的更新包括彩色印刷的普及、以及数码相机、卫星传版等技术的运用等，为报纸版面设计和制作提供了更大的自由发挥的空间。因此，我国报纸版面从单调的黑白灰走向五彩缤纷，从全国尺寸一律的“对开四开”两种报型变成规格大小不拘的多种报型。可以说，新闻业务改革的每一个环节都在版面上留下了变革的印迹，比如对版面“导读”功能的重视逐渐取代对版面“美化”的强调，这是新闻编辑理念由传者本位向受众本位转变的结果，“导读”从广义上说就是要通过版面元素的组合引导和方便读者快速阅读，从狭义上说指报纸的第一版开设“导读窗口”，为读者了解厚报的内容提供指南；又如企业识别系统（CIS）的理念被引入了报纸版面设计之中，1999年创办的杭州《都市快报》设置了“版式总监”这一从未有过的新职位，推出了国内第一张“异型报纸”，体现出与国际潮流相吻合的特征；再如新闻照片数量增多、篇幅加大，成组照片大量采用，照片的质量也不断提高，从20世纪末香港澳门回归祖国，到21世纪初北京奥运会圣火在全球传递，越来越多的精彩新闻照片展示了一个个历史上重要的瞬间，留给人们永恒的记忆。此外，图示与新闻漫画在版面上大量出现；标题越加追求醒目和独特，字号普遍加大，在版面上更加突出；稿件的排列越来越多地采用模块结构，以方便读者阅读和剪辑；线条、色块、色彩的运用更加频繁，也更加注意视觉美观和对内容的表现力……

在这一系列的变化中，传统的新闻采编规范因新观念与新技术不断突破，如对新闻的价值判断不再是单一标准，不同媒介对稿件的选择与处理有着各自不同的取向，媒体的定位与特色通过头条、导读、图片等得以张扬；版面设计不再遵守“苟日新，日日新”的传统教条，静态设计、版式稳定逐渐成为主流；版面上不能通栏断线的规则不再被遵循；标题新闻、与传统不相符的新式提要题等出现在版面上；以往很罕见的大胆留白和用色，在版面上营造出了让人耳目一新的新奇和亮丽……

版面创新只是展示报业变革的一个微小的窗口，我们对此的关注、思考和研究一直持续了几十年。这本书中对我国报纸版面在各个时期的案例分析来自作者的长期观察和积累，对《经济日报》版面设计的讨论来自作者的亲身实践总结，对一些西方报纸版面的考察则来自作者的实地调研和与国外专家的对话交流。

报业进入黄金时代，新闻竞争不断加剧。“新闻报道策划”在20世纪最后十年成新闻界的热点问题，作者作为这一问题的最早实践者和研究者，以一系列文章进行了相关讨论和理论建构。蔡雯的博士学位论文《新闻传播的策划与组织——宏观新闻编辑研究》获得了我国新闻传播学界的第一个“全国优秀博士论文奖”，以策划为重要内容的宏观编辑业务内容也由此被纳入了课堂教学和教材编写中，作者主讲的专业课程“新闻编辑”被教育部评定为“全国精品课”。2010年蔡雯被教育部聘为第一首席专家，主持完成了“马克思主义理论研究和建设工程”教材《新闻编辑》的编写任务。

21世纪初，新一代互联网与数字技术在传媒业的广泛运用，促使传统媒体与新兴媒体的融合势在必行，报业在危机中的转型和自救成为时代命题。2004年蔡雯赴美国进行富布莱特项目研究时开始接触到西方媒介融合的相关案例和研究成果，最早撰文向国内同行进行推介，回国后又主持多个课题对我国媒介融合和新闻改革展开研究，编写出版了国内第一部研究“融合新闻”的专著《媒介融合与融合新闻》。

2014年，中央全面深化改革领导小组第四次会议审议通过了《关于推动传统媒体和新兴媒体融合发展的指导意见》，媒体融合上升为国家战略。人民日报等一批中央和地方媒体启动了“中央厨房”建设，为新闻内容生产、发布和传播适应媒体融合发展的需要，推进传统媒体的数字化转型做出探索。丁士作为报社副总编辑，在一线主抓经济日报的新媒体建设和媒体融合工作，为我们合作开展相关研究积累了第一手资料。

随着移动终端成为人们接受信息的主要工具，微博、微信等网络社交平台日益兴盛，新闻内容的分发方式、传播路径发生了更大的变化。靠算法起家的“今日头条”等成为影响最大的内容聚合平台，专业媒体一方面不得不借助这类平台推销自己的内容，另一方面为了掌握主动权也开始建设自主可控的新型媒体平台。而5G开启了互联网发展的“下半场”，也为专业媒体带来了前所未有的机会。借助5G，已经拥有良好基础和独特资源的传统主流媒体，正通过进一步的改革和努力，扩大传播力和影响力，成为新一代主流媒体。在传统媒体纷纷拥抱云计算、物联网、大数据、人工智能等新技术，启动融合和转型的升级版时，我们继续对其诸多个案展开研究，对报业在这一阶段的主要探索如“中央厨房”建设、媒体智库建设、自主平台建设、新型媒体集团建设等发表了见解。在这一阶段，蔡雯指导的部分博士生和硕士生参与了研究工作，本书所选文章中有几篇是他们作为第二作者或者调研项目参与人的合作成果，文末均标注了他们的名字。俗话说“教学相长”，与这批优秀学子同行确实让我们的专业之旅和人生之旅变得更加丰富和美好。

今天，中国报业还在转型的道路上继续摸索，有一些媒体已经看到了曙光，更多的媒体或艰难探索或依然迷茫。我们相信，报纸作为一种新闻传播的介质让位于更加便捷、高效和人性化的新媒介，是科技进步和人类社会发展的结果。报业的衰落并不等于新闻业的消亡。相反，借助于更加丰富的媒体形态和更多人参与传播，新闻业的边界得以拓展，业态也更加多样。值得我们关注的是，在报业黄金时代经历千锤百炼和实践检验而获得价值认同的新闻专业精神和业务规范，比如对事实和真相的寻求、对客观和平衡的把握、对伦理道德的遵从和对公共利益的守护等，在今天人人都可以创办自媒体的新环境下更应该得到推崇和继承。报业曾经的辉煌和功绩，首先并非在于其产业崛起的经济价值，而是作为人类文明传承的文化价值和精神价值。新闻业如果能够伴随报业的转型而振兴，首先要靠从业者的道德自律、专业理想和家国情怀。由此而言，今天我们对于报业黄金年代的回望、总结和思索，才有其深远的意义。

# 目录

CONTENTS

## 第一部分 20世纪80年代：无边光景一时新

01



## 第二部分 20世纪90年代：映日荷花别样红

02

## 第三部分 21世纪初：稻花香里说丰年

03

## 第四部分 21世纪10年代：冬至阳生春又来

04

# 第一部分

# 20世纪80年代：无边光景一时新

01

20世纪80年代是中国报业的春天。我们在这个万物复苏、生机勃勃的时节先后在上海过完自己的大学生活，而后到北京就职。学新闻、做新闻、教新闻，所学所做都与当时的中国报业紧密相连。

1982年夏天，丁士从复旦大学新闻系毕业后到北京《中国财贸报》工作。这家报纸可赓续到“文革”中停刊的《大公报》，当时正处于更名为《经济日报》前的创业阶段。丁士在采编间隙写的业务研讨文章，记录了这家报纸响应读者呼声，用批评报道和问题报道打开局面，紧扣经济热点做好高层人物专访，对会议报道进行改革尝试的办报实践。作为一名跑煤炭、电力等能源行业的专业记者，他对自身角色思考也反映了那个年代新闻工作者的专业理想和追求。这一时期蔡雯发表的《经济宣传的“边缘文章”》一文也是对《经济日报》一个特色专栏的评议。

1984年，蔡雯尚在复旦大学新闻系读本科三年级，出于兴趣，专业学习之余自学美学原理，并将其与报纸版面编排结合在一起琢磨，撰写了《谈谈报纸版面的整体美》，发表在复旦大学主办的学术期刊《新闻大学》上。虽然文章被删节得很短，但对于一个年仅20岁的学生已是极大的鼓励。这项研究更完整的版本次年在《编辑之友》上发表。在后来的教学和研究中，有关版面设计创新的研究也一直没有中断。

中国报业改革浪潮中，地方小型报纸包括地市县报和地方晚报，是不可忽略的生力军。这两类报纸也恰好是蔡雯本科和硕士研究生阶段的研究对象。作者在大学二年级被复旦新闻系作为优秀本科生纳入教授一对一指导的培养项目，在叶春华教授的指导下开始研究地市报纸，并利用节假日到无锡、合肥等地的多家地市报进行了调研。二年级暑假专业实习时，被学校指派到上海教委，创办一份为当地考生服务的小报《招生通讯》，担任总编辑，带领一些同学办报。这段经历对于小型报研究很有帮助。大学毕业论文写成了一部十多万字的著作：《如何办好小型报纸》，这本小书1988年由山西书海出版社出版，是作者的第一本专著。

读完本科，继续跟随叶春华老师读研，开始研究晚报。这段研究促成作者与20世纪80年代名声显赫的“四大晚报”（北京晚报、新民晚报、羊城晚报、今晚报）结缘，在京沪两家晚报各有长达半年的专业实习，在广州和天津则对另外两家各做了一段时间的实地调研，与报社负责人和诸多编辑记者进行了深入交流。由《新闻记者》杂志发表的一篇短文《半拍之差》，就记录了作者在新民晚报实习期间的经历和感受。

本书中选择了蔡雯在学生阶段公开发表的一部分文章：《地市县报要办“名牌专栏”》《论我国晚报的现状与发展前景》《夜深人不静 事事暖民心——今晚报的“夜间记者站”》等，这些小文现在看来都非常肤浅和稚嫩，但如实记录了当年地方报纸的改革片段，有一些还非常幸运地得到报社领导的青睐，使作者刚及而立之年就被《羊城晚报》《市场报》等聘为顾问，请去给采编人员授课。

1988年，蔡雯研究生毕业后进入新华社中国新闻学院任教，这所由国家通讯社主办的高校为其专业研究提供了新的平台和资源，而在此之前和地方报纸的结缘依然为后来的研究和教学提供了源源不断的支持，像新民晚报老社长赵超构、羊城晚报老总编微音、全国地市报协会会长贾汉等报界前辈在作者事业起步阶段的热情鼓励和提携将永记在心。

回首往事，在那个中国报业春意盎然的年代，我们一人投入了报界火热的实践中，开始报人的职业生涯，一人沉浸于对报纸的研究和教学，养成了密切关注新闻一线、乐为报业思考和写作的习惯。

# “跑会”“写会”是记者基本功

在中国当过记者的人可能谁都有过“跑会”“写会”的经历，大则上党代会、人代会，小则上专业研讨会、行业订货会，在无穷无尽的会议上穿梭采访，从多姿多彩的会议议程中寻觅新闻。会场如“战场”，采访的本事可以从这里开练，写稿的技巧也在相互间的比较中一见高低。我们这一代在计划经济时期“入行”的记者，当年更是从“跑会”开始学做记者的。我参加工作后的第一次出差采写的见报稿件就是一条会议消息。

## 惹来抗议信的会议新闻

1982年秋，我从上海复旦大学新闻系毕业后分到北京的中国财贸报社工作。当时的财贸报隶属国家经委，但已确定次年改名“经济日报”，由周三刊改出日报。为了办好新中国的第一家经济大报，报社那一年招收的“七七”“七八”两届大学毕业生就有三十多人。报社一边为创办新报纸做准备，一边在新闻报道业务上进行调整，新闻采访由过去局限于财贸领域扩大到工业、交通等所有经济行业，以及与经济有关的其他领域。

经过短暂的入社教育，我被分配到新成立的工交部，具体分工是跑能源口，报社内部习惯将这种与各部委对口的联系称作“跑部”。当时我跑的“部”有煤炭工业部、石油工业部和水利电力部。“跑部”跑了一个多月，煤炭部负责新闻宣传的政策研究室马德庆处长告诉我说，部里要在山西大同矿务局召开煤炭运销工作会议，邀请我前去采访。

当时，党的“十二大”刚刚闭幕，“十二大”上提出要在20世纪末实现我国国民生产总值翻两番的目标。各行各业立即开始了对这一战略目标的宣传和落实。煤炭工业部高扬文部长提出，全国煤炭产量要“以一番保两番”。作为跑口记者，我正希望通过会议采访煤炭部领导，也找机会到基层煤矿看一看。其实，所有新参加工作的记者都喜欢出差见见新事物，我虽然在大学实习期间曾到过煤矿并下过矿井，但这次能到有“中国煤都”之称的大同采访，还是意义不同寻常。加上报纸即将改名，我也想利用这个机会宣传一下自己的报纸，大同的会议对于我的确是个好机会。

事实上这次出差收获不小。在大同，我不仅采访了会议，还采访了高扬文部长，专门请这位曾干过新闻工作的部长为即将出刊的经济日报提了建议；会议之后，又采访了大同煤峪口、晋华宫、云岗等新老矿区，并且两次下矿井。在一周多的时间内，共写出消息、通讯、内参等六篇，其中关于煤炭运销体制改革初见成效的消息作为这次出差的主要成果，1982年底登在了《中国财贸报》头版较显著位置上。记得当时还不能给报社传真稿件，就在会后留下采访期间，让人把我写的稿件带回北京交给报社。稿子送到采用花了好几天，见报消息的时间也就不得已改成了报人很忌讳的“最近”。当时陪同我采访的是大同矿务局新闻干事马世华，那个时代新闻界对陪同采访的基层通讯员是非常尊重的，发稿时一般将他的名字署在前面。

## 煤炭运销体制改革初见成效

产供销管理走向统一保证了调拨计划的完成

高扬文要求煤炭战线联系“十二大”提出的战略目标继续进行改革

**本报讯** 我国煤炭运销体制改革初见成效。一年来，各级煤炭运销机构逐步建立，产供销管理走向统一，今年1至8月，全国统配煤炭供应量完成二亿二千多万吨，比去年同期增长6.1%。

过去煤炭产销分家管理，中间环节多，办事效率低，供求关系紧张。煤炭系统从去年9月实行产销统一管理以来，以“面向全国煤矿、面向广大用户”为指导思想，贯彻计划分配、灵活调拨的方针，保证了调拨计划的完成。煤炭运销工作有了专业机构以后，与铁路交通部门合作方便了，路矿关系更加密切了。黑龙江、山西等省一些矿务局与铁路部门建立了联合办公室，在铁路运力不足、主要区段能力饱和的情况下，共同想方设法超额完成供货量和上调计划。

煤炭部最近在山西大同召开的全国煤炭运销工作会议，在充分肯定成绩的基础上，同时指出，各省、自治区煤炭运销体制改革的进度很不一致，有些省产销不统一，机构不健全，这是影响调运计划完成不均衡，尤其是上高任务完成不好，发电、冶金、出口等重点用煤欠供较多的原因之一。

煤炭工业部部长高扬文在会上提出，煤炭战线要全心全意、百折不挠地贯彻十二大精神，开创煤炭工业的新路子。产销统一的体制要联系十二大提出的战略目标，继续进行改革。

（世华　丁士）

这条会议消息算是小小的行业改革成就稿，作为主题的煤炭运销体制改革还算是比较重要的新闻，否则也不至于引起“反响”—— 一个国家机关专门发函来表示不同意见。

今天的年轻同志很少知道当年在计划经济体制下是如何管理工业和企业的。当时的企业生产什么、生产多少都由上级计划确定，生产用的材料、生产出的产品也由专门的物资公司供应和运销。企业并不是一个在市场自主经营、自我发展的实体，而更像国家这个大工厂的一个车间。各行各业产供销也往往是分开的，由国家统一调配的国营大煤矿（习惯称统配矿）就很典型。正如消息中说的，煤炭运销以前不归煤炭部管，而是归文中没有点明的国家物资部门管，1981年9月才在改革中划归煤炭部管。客观地说，这项改革对当时整个煤炭工业还不是最重要的几项工作，当时抓的最紧的是整顿生产企业保证不亏产等，但毕竟涉及一个系统体制的变化，也不是小事。这次煤炭运销工作会议就是总结运销体制改革的成果，找出存在问题，继续推进改革。但恰恰在这一点上，物资部门是有不同看法的。

大概在消息刊登后一两周，报社收到了国家物资总局燃料公司写来的函，大意是说贵报刊登的消息失实，煤炭运销体制改革后，情况不像消息中说的那么好，函中也列举了一些数字以证明其观点。报社领导将来函交给我处理，我倒不觉得奇怪，因为这是先后管煤炭运销的两个部门的分歧，采访会议时已感觉到了，当然我的报道用了会议提供的数字和观点，还报道了煤炭部门很严厉的态度，就是要那些至今还未将煤炭运销由物质部门交给煤炭部门的省、自治区赶快划转，并将当时一些省煤炭调运计划完成不好的责任归于“产销不统一”。对国家部委及所属公司来说，完不成任务的责任可是大事，所以燃料公司来函，既是向报纸申辩，也是给上级一个说法。

不过，既然收到物资部门的“抗议”信，我还是应做核实，立即与煤炭部运销司的同志进行了沟通。他们坚持自己的观点和材料正确无误，并说此项改革触及了物资部门的利益，有反映是正常的，不用管它。物资部门后来也没有追着要我们报社给“说法”，此事也就不了了之。

在改革开放初期，对一项改革成败有不同看法很正常，这个结局也算正常了。用今天的眼光看，当时的改革还只是计划经济体制内的调整，因为煤炭作为国家基础产品直到1992年才放开除供应电厂之外的产品价格，企业开始走向市场。然而，对我本人来说，参加新闻工作后第一次出差写的第一篇见报新闻作品就遇上这么个事，还是时时难以释怀。我在想，如果当时我对煤炭业特别是运销体制的背景情况多了解一些，我的那篇报道会不会有所差别？起码在评价过去和一年来改革成果时我会非常谨慎，会兼顾“两面之辞”。如果是现在，收到了这样的“抗议信”，我肯定会就此问题对双方做深入采访，弄清改革到底取没取得成果，取得了多大成果，再写一篇比较客观公正的深度报道。可惜，当时刚刚走出大学校门的我，工作热情有余而经验不足，对这些问题没有往深里去想，更没有去尝试跟踪报道。这固然可以归咎到当时的社会大环境制约了人的认识水平，深度报道在中国新闻界当时还闻所未闻，但采访会议要跳出会议，时时成注意挖新闻“富矿”成了此后我对自己的告诫。

## 会议新闻的“硬”与“软”

第一篇见报消息虽然引来了一封抗议信，但作为会议消息应该还不算是“残次品”。消息一开始没有写“某某会议在哪召开，谁谁出席会议并讲话”老套子，而是重点写会议反映出的成就和问题，最后两段才交代新闻出处，即开了什么会议，谁讲话提出了要求。相对会议本身的特点和形式，这篇报道内容比较实，特别是批评一些地方改革步伐慢还是有点锐气，作为一个单独出差的见习记者，我也算尽了自己的努力。当然，今天翻出这篇老掉牙的消息，还想讲讲由此引发的会议新闻及会议报道的思考。

首先要弄清，会议消息、会议新闻、会议报道是三个不同的概念。会议报道的内涵和外延最大，包括了对会议的所有形式和内容的报道，既可指报道的内容，也可指对会议采访编辑活动的组织。会议规模及重要性差别很大，其新闻价值大小也就不能一概而论。大的会议有党的代表大会、全国人大政协“两会”以及其他重要会议等，对这些会议的报道都是新闻报道的大战役，媒体从计划的制订、队伍的组织到选题的确定都很重视，早早做好准备。小的会议诸如各种各样的座谈会、研讨会等等，也因其有新闻价值，会派记者做规模不等的报道。会议新闻的概念小于会议报道，专指根据会议采写的新闻。就新闻体裁而言包括消息、通讯、评论等，就内容类别而言，包括对会议本身的报道和从会议获取的相关新闻。会议消息则是最小的一个概念，专指对会议用消息这种体裁进行报道。

作为跑口记者，离不开会议报道，会议新闻包括会议消息没少写。打开报纸，各种各样的会议报道充斥版面，有会议消息，更多的是从会议上获取的新闻，只不过有些没交代新闻出处而已。作为跑党政机关的“跑部记者”，会为各种会议花去很多时间，能不能搞好会议报道从一定意义上说决定着他工作成绩的大小。

会议报道总的说因环境和形式局限，比那些工厂、农村等一线采访的新闻报道要呆板枯燥得多，因此有关改进会议新闻报道的呼声也时时提起，怎么让会议报道增加新闻性？怎么增加会议报道的可读性？是讨论改进会议报道的重要议题，一个比较流行的说法是要“软化”会议新闻，即从会议中发现读者普遍感兴趣的内容，把会议新闻写得生动活泼，让人喜闻乐见。然而，对于国家大报和各级机关报来说，仅仅注重会议新闻的“软化”是不够的，因为作为党政机关耳目喉舌的媒体功能定位，决定了其新闻报道必须要宣传党的方针政策，指导实际工作，该“硬”的地方还是要硬。有些会议从普通百姓特别是日常生活的角度看，能够“软”下来、“活”起来的内容并不多，但这些会议却关系到政策方针的制定，影响社会发展的大局，对实际工作具有指导意义。这样的会议如何报道？依我的粗浅经验，搞好会议报道须做“响”硬新闻、淘出“软”新闻。

做“响”硬新闻跑部记者要围绕所跑部门中心工作写新闻，这是职责所在。有时明知一些会议读者不怎么感兴趣，或者只有很少读者感兴趣，但为了同采访对象搞好关系，还是要写报道。但稿子写大写小，角度的选择权在记者手里，这些方面把握得好，没准是篇带“响”的好新闻。我在跑水电部时，正是20世纪80年代电力紧张的时期，加快电力建设成为报道的重点。对这样“硬”新闻如何做好，一直难有突破，最后不意在一次会议新闻上打了个“响炮”。

当时各部委还没有建立起新闻发布制度，新闻获取真要靠“跑”，每周有事没事都要到分管的几个部门转一转，空手而归也是常有的事。但我们仍然“跑部”不息。有一次，我在水电部基建司顺手抄回一份前几天召开的电力建设调度会的简报，发现这个调度会还没有媒体报道过，再打电话一了解，调度会实际已经形成了制度，由国家计委定期召集。更进一步获得的信息是，分管工业的李鹏副总理为此还做了专门批示。当时我的第一反应就是，在全国电力非常紧张的形势下，这可不是一般的新闻，决不能轻易放过。于是，立即和同事一道深入采访，写出一篇消息，并配了评论。1985年5月15日，《经济日报》头版头条刊登了这条消息。

## 通力合作　务期必成

### 国务院九部门建立调度会议制度
### 每月一次　确保五百万千瓦机组年内投产

**本报讯**　记者丁士　穆也平报道　为确保今年五百万千瓦发电机组投产，以缓和电力供应紧张局面，根据党中央、国务院领导同志要求，国家计委、国家经委等九部委已建立调度会议制度，通力合作，协同作战。5月11日召开的第三次调度会议认为，五百万千瓦发电机组安装及配套项目建设已取得重要进展，但仍有许多困难需要克服。

根据国家“六五”计划，1981年至1985年全国共投产发电单机组总容量一千五百万千瓦。前四年已投产一千多万千瓦，1985年必须完成剩下的五百万千瓦，这将是历史上投产发电机组容量最多的一年。五百万千瓦机组分布在东北、华北、华东、华中、西北、西南等大电网共二十八个在建电厂内，其中水电机组三台共二十万千瓦，其余都是火电机组。有三百六十万千瓦的机组集中在电力供应最紧张的东北、华北、华东三个沿海地区电网，这一情况也是历年所没有的。

据了解，影响五百万千瓦发电机组投产的主要困难是：材料紧缺、设备供货不及时，交通运输紧张。三次调度会为此进行磋商，逐项采取措施，其中一部分已取得效果。铁道部两次开会，落实了运送发电设备的普通车皮，又及时抢修了数台装载大型变压器的特种车辆；承担全国电厂循环水泵生产的长沙水泵厂因增加生产任务而缺少材料，有关部门及时调拨了一千五百吨钢材。

在5月11日的调度会上，国家计委副主任黄毅诚强调，为保证五百万千瓦机组年内投产，有关方面应从大局出发，共同努力。他要求各有关方面从政治上、经济上认识投产五百万千瓦的重要意义，加强质量和安全管理，打胜电力建设这场硬仗。

（刊于《经济日报》1985年5月15日一版）

这则地地道道的会议消息，可算那个年代典型的、硬邦邦的工业新闻了，因赶上了能源建设是重中之重的特殊时期，对实际工作具有指导作用，新闻刊出当日，当时非常有影响的中央人民广播电台早间“新闻和报纸摘要”节目作为头条予以摘播，使电力建设“五百万千瓦”的概念深入人心。虽然前几次调度会议没让新闻单位参加，但此次报道之后，每次会议都邀请我们参加了，当年我们对“五百万千瓦”建设进行了持续跟踪报道。

淘出“软”新闻，在会议里找“软”新闻，是指发掘最有可读性的新闻内容，以生动活泼的表现手法进行报道。政府机关会议虽然大多数严肃有余，活泼不够，但如果站在读者的角度，用心去发现，精心去挑选，总能找到读者喜欢的新闻。当然，这里也有作者和编者要解放思想、加强沟通的问题。

我参加工作后曾经写过一篇会议报道的小稿，没有刊登出来，我认为就与当时对新闻的判别标准过“硬”有关。当时，我从化工部听说正在开一个关于花卉肥料的小会。虽然我自己不养花草，但看到城市养花弄草的人越来越多，觉得有些意思，就跑到会上问了些情况，然后写了篇三四百字的小消息交给了部门负责人方诚浩。严格地说，这才是我进入报社后交的第一篇新闻稿，有养花爱好的老方很感兴趣，把稿子改了个“大花脸”，消息成了特写，题目也成了“栽花有好肥”。老方把改稿交回给我看，原稿的文字已经没几个保留下来，让我有些不好意思，但觉得确实改得好，心里充满了对这位老夜班编辑的敬佩。不过稿子发到总编室后迟迟不见刊出，当时我们报纸是稿多版少，这种情况很常见，我不好意思追问，也没见老方提起此稿，大概他也觉得这是小稿子，不值得催，甚或是他自己加工改写的，更不应该催了。像老方这样在老大公报训练出来的编辑，在这些方面是颇有操守的。但我当时真的很为入社后的第一篇“会议稿”胎死“途”中而遗憾，须知这是一篇兼有知识性、趣味性的小稿，在报纸上登点这类有生活情趣的“豆腐块”，会丰富版面内容，拉近报纸和读者的距离。但在当时，中国刚刚告别连养花养草都要挨批的“文革”时代，何况又是连重要新闻都挤不上版面的情况下，这篇小花草稿被“枪毙”也是不足为奇的。

会议新闻“软”下来，除了要从接近读者的角度找新闻，还要多在人上做文章。以前常说“经济报道见物又见人”，现在则上升到“体现人文关怀”。当年在计划经济体制下，政企不分、企社不分（企业办社会），工业部门吃喝拉杂睡无所不包，无所不管，用当时煤炭部一位官员极端的说法是，“除了不办火葬场，其他的社会上有的，系统和企业都有”。这种情况当然是要改革的，事实是随着改革的推进，有些问题已经改掉不少，有些问题仍在攻坚。部门和系统的包罗万象，也给了我们选择会议和新闻的空间。跑了几年煤炭部，写的大多数易碎新闻如过眼烟云，倒是一篇关于井下职工家属落户矿区的会议新闻难以忘怀。

到过煤矿的人都会对那些环绕在矿区四周的工棚印象深刻，那里十分拥挤地住着矿工的家属，也就是矿工的老婆孩子，他们都是农业户口，大多没有工作，完全依靠一家之主的下井收入维持生计。我第一次到大同，就在这个全国条件比较好的矿区看到了散落破旧的棚户，怜悯之情油然而生。不久，我听说煤炭部正在为家属是农村户口的井下矿工办一件大好事，那就是根据条件逐步把井下矿工家属的户口转为非城镇户口，让他们夫妻团聚。在20世纪80年代，户口农转非可是大事。据说当时煤炭部从稳定井下队伍考虑提出这项政策建议时，好几个部门也提出要解决工人与家属分居问题，最后是了解煤炭行业情况的万里副总理一锤定音：现在只解决煤炭一家，其他部门以后再说。谁有意见，谁到煤矿挖煤去。煤炭部为此做了大量工作，先制定具体政策，再进行试点，1984年就召开过几次会议，高扬文部长做了《下决心解决井下工人落户问题》的讲话，7月份在辽宁铁岭召开工作会议，总结试点经验、部署全面铺开这项工作。我参加了这个工作会，并从会上发出了一篇消息。

## 三万五千多名井下矿工欢庆夫妻团聚

国务院决定，近两三年内完成一百多万符合条件的
井下职工家属落户矿区的工作

辽宁铁岭专电记者丁士报道　从全国煤矿井下职工家属落城镇户口工作会议获悉，到目前为止，全国有六个矿务局的三万五千多名井下职工结束了“牛郎织女”的夫妻分居生活，总数达十四万人的家属按照国务院的最新规定，从农村迁到矿山落户。更多的符合条件的井下职工家属落户工作，即将在全国煤矿全面铺开。

煤炭系统井下职工大量来自农村，夫妻长期分居，有些家属多年住在矿区临时工棚里，吃高价粮，家庭困难很多。这一情况成为影响井下职工队伍稳

定和煤炭工业发展的一个重要因素。经国务院批准，煤炭部等有关部门和地区从去年5月起，在黑龙江鹤岗、辽宁铁法、安徽淮南、贵州六枝、山西大同和霍县六个矿务局进行落户试点，对从事井下采掘工作满十年，井下辅助工作满十五年的，符合享受探亲假待遇规定的职工，将其配偶和不满十五周岁的子女（包括不满十八周岁的在校中学生）落城镇户口。经过一年多的努力，六个矿务局符合条件的三万五千余户共十四万多人解决了到矿山落户问题。

煤矿井下职工城镇落户试点，深受广大煤矿职工和家属的拥护，收到良好的效果。许多工人领到准迁证后，从心里感谢党和国家对煤矿工人的关怀，淮南矿务局的一名掘进工在今年春节编了一副对联："落户政策温暖万家心，奋战余生报答党恩情"，表达了这种情怀。落户政策大大调动了职工的生产积极性，六个矿务局去年的出勤率普遍提高，生产任务超计划完成。地面工人也纷纷要求下井，现在已有一批经组织批准充实到了采掘第一线。

据统计，全国统配煤矿和省属重点煤矿符合落户条件的井下职工有三十万户，家属一百二十万人。按国务院最近批转的煤炭部、公安部、商业部和劳动人事部的报告规定，要用两三年内完成这些人的落户工作。为此，煤炭部等四部7月下旬联合召开了落户工作会议，总结交流落户试点的经验，研究贯彻执行国务院决定的具体措施。

（刊于《经济日报》1984年7月26日一版）

这篇消息我是在会场上带着感情写就的，休会时立即给分管此项工作的胡富国副部长审定，然后传给报社。在写作时有意避开会议消息的套路，除导语中交代新闻来源于会议外，通篇再不提会议一个字，连常见的最后领导要求的话也没写。编辑部收到此稿很重视，当时主持工交部工作的连一民曾在煤炭部工作过，深知此事意义不凡，和其他值班负责人向总编室重点推荐此稿。夜班编辑在版面上的处理很醒目，稿件放在报眼下用六栏题刊出，特别是主题充满了喜气，用版面语言传达了党和政府对井下工人生活的关心。我在外地看到报纸也很振奋，煤炭部的同志自然也高兴，说我这个跑煤炭记者总算在黑煤堆里发出了一条玫瑰亮色的"软"新闻。

从我自己写会议新闻的体验来看，会议新闻的"硬"与"软"不是完全对立或相互排斥的，报道会议，既要能敏锐地抓住有价值的硬新闻，又要擅长从选择角度入手，使新闻"软"得让读者爱看。

## 会议新闻的“入”与“出”

有人说，要写好会议新闻，就要“跳出会议写会议”，此话有些道理。所谓“跳出”，就是要不受会议议程与内容所限，而是根据从会议上发现的新闻线索跳出会议进行采访调查，使报道视野更加开阔，报道更有深度。前文中列举的《三万五千多名井下矿工欢庆夫妻团聚》这条会议消息实际也算是跳出会议采写的一条新闻。

值得我们研究的，还有与“跳出会议”正相反的另一种报道思路，那就是“进入”会议做大新闻，或者说是将有价值的新闻线索与相关会议“嫁接”起来，使新闻报道获得更丰富的新闻素材和背景资料，让新闻的价值得凸显。

这里说的“嫁接”，是指不同于一般从会议上得到新闻或获取新闻线索进行报道，而是将已获取的新闻或新闻线索，拿到会议上调查、印证并加以报道。也可以说将会议作为重点报道即所谓“大”报道的由头。

说起新闻由头，许多记者和编辑都有体会，有时发现了一件事很有新闻价值，但写成新闻稿又差个由头，毕竟新闻是新近变动的事实的报道，有“变动”才好写新闻，没有“变动”虽然也可以写成非事件性新闻，但那是不得已而为之，总觉得不带劲。因此，有经验的记者和编辑强调积累的重要性，积累固然是为了厚积薄发，也是为了随时为突如其来的“变动”做发新闻的准备。积累的多了就如同滚雪球，遇事到积累的“宝库”里去掏一掏，就能写出内容丰富的新闻稿件。现在新闻竞争日趋激烈，不少人不愿花时间积累，也没有耐心捕捉变动。有人说，没有新闻由头，自己制造一个就是了，最常见的办法一是没来由的“横空出世”，记者挺身而出说出新闻来，二是找一个专家做“托”，由专家之口说出新事物、新观点。这两种做法也不能说不对，或不能用，但总是觉得生硬。好的记者还是应把工夫用在对新闻事实的调查、对新闻由头的捕捉上，让新闻的出笼更自然合理些，让新闻的根基也更牢固些。所以，以会议做由头，把酝酿已久的新闻发出来就是一个合适的途径。

1983年底，创刊不到一年的《经济日报》准备在节能报道上来点突破，不再满足于刊发有关节能的会议消息和一般文章，而想通过抓反面典型，引起社会关注，以此推动节能工作。报社领导获得了一个信息：有一种节能电机节能效果很好，但推广起来却一直很难。报社希望通过新闻报道，营造舆论环境，督促解决问题。这项任务交给了我和同事王玉玲，因为我俩分别联系负责节能的能源局和管电机生产、使用的机械工业部。我俩一道在相关部门了解基本情况后，苦于找不到新闻由头，部门负责人方成浩和我们反复商量，甚至想直接让专家出面呼吁社会重视采用节能电机，最终认为非上策而放弃。正犹豫之时，王玉玲从机械部获得信息：河北邯郸正在举行全国重型机械、通用机械和电工产品年度订货会，而且当天会议就要结束了。我们一听，感到由头有了，请示了领导后，马上坐火车赶到了邯郸。

我们赶到会场时，已经是一片收摊的架势，只能赶紧分头找人采访。采访完了赶回北京又接着在部机关相关处室进一步调查采访，写出稿子交给老方，并由他亲自编辑定稿，终于在11月29日《经济日报》一版刊出了这篇报道，报道标题很醒目：

**邯郸订货会上的不正常现象**
**——国家推广的一种节能电机竟受冷遇**

说明节能电机的生产和使用上都有需要解决的问题
只有抓紧改变这一局面落后电机才有可能按时淘汰

这篇千余字的消息，根据记者11月中旬在河北邯郸市订货会上发现的“节能产品冷落，落后产品行销”的不正常现象。提出一种由国家经委和机械工业部决定推广的节能产品——Y系列三相异步电动机订货不多，未能完成预定的Y系列电动机订货计划，节能产品遇冷的问题。记者采访了供需双方多家代表，通过有识之士呼吁，在尽快制订节能产品的有关经济政策的同时，各有关部门和单位的领导干部应采取强有力措施，保证Y系列电机这样的节能产品加速推广应用。

今天来看这篇报道，可以发现其带着明显的计划经济的痕迹。报道中谈到的机械部门推广节能电机的办法主要是行政性的，报纸发布这条新闻也是为了帮助贯彻落实这些行政措施——尽管愿望和目的并不坏。事实上，我们后来对Y系列电机问题又做了两个多月的追踪报道，我自己还为此到沈阳、大连的电机生产或使用厂家采访，对节能电机的推广起到了一定的作用。多年后偶遇机电行业的人，还谈起过我们这次报道，可见当时也是影响了一个行业并深入人心的。

新闻报道是时代的产物，总带着某一特定时代的局限性，我们不能苛求自己做超越时代的人。就这一报道的操作手法而言，我认为这是一次成功的实践。整个报道思路循着“节能任务紧迫——寻找反面典型揭露问题——Y系列节能电机遭遇有典型意义——到邯郸订货会上验证——以订货会为由头的重点报道推出”的顺序进行，当报道从最后一个节序反向推出时，丝毫不露我们借会议发报道、做文章的痕迹，妙似天成，令人信服，取得了预期的效果。

当然，利用会议作为新闻由头推出重点报道，要严格遵循事物的客观发展规律，不能犯先验论和主观主义的错误。首先，选题是从实践中来的，不是凭空想象的。像节能电机推广难本身是客观存在的现象和问题，经新闻媒体的报道，营造社会舆论环境，推动问题解决，既符合国家经济建设的要求，也符合产业发展的规律。这类报道的前提是客观存在与社会发展需要，这个前提如定位不准，整个报道就可能以失败告终。其次，这类报道还要符合会议的实际，会议能够为我们的报道主题提供鲜活的素材，但这种素材是自发存在的，并不是记者人为制造的，记者如果发现会议上表现出的相关事实与自己的报道设想不同，决不能断章取义，歪曲事实，为我所用，这样只能让参加会议者愤愤不平，报道的效果也不可能好。而且这样做也违背了新闻真实性的原则，必将给新闻媒介的声誉造成损害。

（丁士撰写，此文为业务交流讲稿，曾摘登于《经济新闻研究》）

# 访部长的得与失

当记者的都希望能有机会采访高层人物。一方面，高层人物本身是一定范围里的“公众人物”，知名度高，影响力大，新闻价值也相对要高；另一方面，身居要职的高层人物手里掌握着大量的新闻信息资源，有不少还是社会公众很感兴趣的“重要机密”，对他们的采访有可能获取发布“独家新闻”。所以，无论中外，做记者的都会对高层人物“刮目相看”。

对中央报刊的“跑部”或“跑口”记者来说，因工作关系采访高层人物的机会比较多，在日常的采访中与相关部门或系统的高层领导们打交道不用说了，就是党和国家领导人也能有机会见到。不过，见个面握个手简单，但要想做成“独家采访”，从他们那里“套”出一些有价值的东西，写出有分量的报道，可就不那么容易了。而这一点，恰恰又是检验“跑部”记者跑没跑好的一个标准。如果说跑会是记者的入门功夫，那么部长访谈则是“跑部”记者的当家本领。

## 新闻性决定影响力

《经济日报》1983年元旦创刊后，经常刊发国务院各部委的部长新闻或专访，当时的总编辑安岗非常重视对国务院部门领导的采访，常说跑口记者要和部长交朋友，建立起推门就进的密切关系，随时都能联系上做专访。事实上他亲自布置了不少专访题目让跑口记者去落实。报纸在二版专门开辟了《部长访谈》专栏，各部部长、副部长轮着在报上亮相。当时，能源是经济建设的重点，我正好分工跑能源这个“口”，几个月时间就把当时的煤炭部部长高扬文、水电部部长钱正英、地矿部部长孙大光等逐个访了一遍，跑其他口的同事也采写了不少部长专访。部长访谈一度成了经济日报的拳头产品，受到读者关注。

新闻教科书一般将专访分为人物专访、问题专访或意见专访、事件专访三类。《经济日报》当时刊登的专访从栏名看像是人物专访，但从内容看都是意见专访，或者说是工作专访更贴切。因为党报的主要功能是指导工作，加上有少宣传个人的规定，再加上部长作为高级干部的特殊身份，“部长访谈”自然主要是谈工作。例如：《以一番保两番——煤炭部部长高扬文谈煤炭工业的战略目标》《石油开发前景光明——访地质矿产部顾问塞风》《在大庆，人们干什么想什么？——访大庆石油管理局党委书记陈烈民》《打好二月份煤炭生产这一仗——访煤炭工业部副部长叶青》《在改革中加快电力建设——山东省电力局周敬尊、雷声谈发展电力工业经验》……从我发表的这些专访的题目就可以看出，大到全行业发展规划，小到月份生产安排或一个地区发展经验，都在访问之列。在计划经济体制下，经济报纸要发挥组织者、鼓动者的作用，专访的选题也就专业而具体。这种办报方式在当时是很普遍的，至今也为综合性大报和行业报采用。

但并不是什么工作都可以不分时机地访谈，这就涉及专访的选题问题。报纸作为新闻纸，刊登的访谈应该是有新闻性的，部长访谈也不例外。部长访谈的“新闻性”从何体现？主要不外乎两个方面，第一是作为采访对象的部长本人是新闻焦点人物，如一位新部长走马上任，本身就是公众关注的对象，人们对他的经历、政绩、背景、施政目标等非常感兴趣，采访这样的部长可以直接做成“人物专访”。第二种情况是，部长本人已经是大家熟悉的对象，不再有“新闻人物”的效应，但他所接受访谈的话题是公众关心的问题，比如涉及到最新发布的政策、行业的重要变化或问题等，这些话题具有“时新”“重要”“接近”等新闻价值要素，这样的部长访谈同样是有“新闻性”的。

应该看到的是，“新闻性”也是相对于媒体的受众而言的，有些人物在一定范围内是“新闻人物”，但换到另一个范围内可能就没有新闻价值，不受人们关注。有些话题在某一个地区或领域中是“新闻话题”，但换一个地区或领域可能就没人感兴趣。做部长专访也是这个道理，不同的报纸读者对象不同，报纸的定位与功能不同，要不要做，怎样做，还应该有恰当的思考与选择。

现在回想起来，当时还真做过一些新闻性不强的部长专访，这类专访中所谈之事可能只有本系统的人关心，不值得在经济大报上报道。其实，当时也为此苦恼过，访了不少部长，虽然在所跑的部门中、在兄弟媒体的跑口同行中，大家都知道你又访部长了，但稿件发表出来，却如过眼烟云，并没给同行及读者留下什么印象。为了减少这类无关痛痒的报道，我后来开始留心选择时机，选择合适的话题，以采写出能使读者感兴趣的、给人印象深刻些的部长访谈。不意机会很快来临，那就是六届全国人大召开前夕采写的对原石油工业部部长宋振明的专访以及会上对大庆油田几位人大代表的专访。

20世纪80年代的读者可能没有不知道“渤二事件”和宋振明的了。由于指挥失当，石油部所属“渤海二号”勘探船在渤海遇台风翻沉，数十名工作人员遇难。国务院对这一事故进行了处理，撤销了负有领导责任的石油工业部部长宋振明的职务，以纠正“左”倾蛮干在工业生产领域的影响。此事因媒体的参与轰动一时，石油系统一度士气低落，此后非常低调、谨慎。我跑石油部时就时时感到“渤二事件”阴影的存在，许多事情不让采访，写了稿件不让发。

宋振明其实是非常豪爽的人，我第一次见他是1983年3月国务院决定加快勘探和开发中原油田，同时任命他为生产建设技术攻关领导小组组长的时候。跟他比较熟的新华社记者黄奉初带我去了他的办公室，他拿出中央对他的新任命书，表示要好好再干一番事业。在本报和新华社刊发的关于加快中原油田建设的消息中只简单透露了他获任新职的事，我当时就想这个人物有机会得做专访。5月底报社决定开始对即将召开的六届人大做报道会前，挑出一些人大代表安排记者采访，访人大代表宋振明的任务就交给了我，这样也算有了采访他的机会，而且这次采访是由安岗总编辑亲自拍板的，写了稿确定在重要版面刊出。

我很快与宋取得了联系，采访后，又带着稿子到他家“送审”，还让摄影记者同去拍照，准备把照片与专访一道刊登。这次“送审”有个小波折，在宋审稿快结束时，他的夫人出来拦阻，言语中有对当年被撤职处理的委屈和怨气，这弄得宋振明很烦躁，想把签上的名字又涂掉。我一看情况不对，赶紧说，发表这篇专访正是表明石油系统是能战斗，经得起考验的，是给大家鼓劲的，这才保住稿件未被“枪毙”。次日，这篇匆匆赶出来的专访以宋写的诗中的一句《夺油中原揭新篇》为题，在头版头条的显著位置见报。

这篇专访经当天早晨中央电台“新闻和报纸摘要”节目摘播后影响很大。第二天我们带上报纸赶到来自大庆油田的人大代表的驻地，明显感到他们所受到的鼓舞，我和同事趁势进行采访，给大庆的六位代表写了篇“全家福”访谈：《来自大庆的声音——访陈烈民、周占鳌、王德民、王宗祥、李长荣、冯家潮》。遗憾的是，本来想配发专访的那张本报记者拍摄的照片没能刊登出来，因为报社夜班编辑发现这张照片上的宋振明很像一位已不再担任领导职务的人，临时决定不用照片，而大庆的同志已知记者照了相，便问起不用的缘故，我们只好谎称照片照坏了。夜班编辑小心谨慎无可厚非，但配发照片本也是一个承诺，最终没有兑现，我心有些戚戚。

首篇专访以及其他关于人大会的报道超出预料的好效果，也让报社加大了对会议采访的力度，会议期间让包括我在内的跑部记者都去当会外记者参加采访，《经济日报》在两会上影响力迅速上升，带响的报道也打出了报纸创刊后的高潮。回到采访宋振明，对他的专访还是典型的工作访谈，行文中虽有一股与题目相符的豪气，但总的说写作上没有明显的特长。这篇专访在当时影响之所以很大，是因为宋振明在当时的特殊处境决定了他是“新闻人物”，因此受到关注。所谓有些人物不在乎说了什么，说了就是新闻。当时社会的开放程度还不高，对敏感人物的访谈也非常谨慎甚至拘谨，如果是现在，在政策许可范围内，当然可以畅畅快快地多谈些问题了。这是不是说明部长访谈也受时代的局限呢?

## 在交流中发现“亮点”

访谈，强调的是访，没有访，就没有来自现场的气氛，也失去了在交流中发现“亮点”的机会。意大利著名女记者法拉奇的人物访谈之所以名扬天下，固然与她访问的对象大多是举世瞩目的名人有关，但她在与采访对象随时发生的思想碰撞以及对采访对象的细节刻画和现场描写，也是构成新闻作品永恒魅力的重要因素。我们固然不能把外国记者的人物采访套路照搬到部长访谈中，但要通过现场的采访交流，挖掘出最有价值的内容，使访谈变得生动、好看，这个道理是共通的。

在中国做过记者的人都知道，高层人物访谈与普通人的访谈情况不太一样，由于部长们身居要职，公务繁忙，往往没有充足的时间接受记者的采访，经常是见上一面谈一谈，然后给记者一叠材料去“炮制”完整文章，文章写好了再送到部长那里审改。有时部长太忙，连面谈也省了，干脆让记者先拿一堆材料回去写稿。记得在我的记者生涯中，也有过这么少访成篇甚至无访成篇的经历。在新闻报道活动中，当然也可以采用书面访谈的方式完成采访任务，但既然打出了“部长访谈”的牌子，有的还配了部长的近照，还是应该与部长面对面地交流一次才好。

大概也是为了免除这种“无访成篇”的尴尬，报纸上一度流行开了问答式专访的变种——答记者问，且大都用于一定身份官员的报道。答记者问的好处是直奔问题，有一答一，有二答二，干净利落，但不足是，由于缺乏面对面的交流，所写报道容易缺少现场感，显得比较“生硬”和呆板，因此也减弱了稿件的可读性。虽然报纸的不断扩版为访谈的展开提供充分的版面，专访访得少编得多的问题今天已大为改善，但总体情况仍难尽如人意。尤其是对部省领导甚至党和国家领导人的访谈还是显得访味不足，官味有余，缺乏应有的真切和生动。

根据我的体会，解决这个问题的关键在于要能与采访对象平等交谈。曾有一位老报人这么理解记者这个职业：这是一个地位可高可低，身份随采访对象变化的职业，采访总统时你要把自己当成“总统”，采访垃圾工时你也要把自己当垃圾工。这一说法不怎么贴切，但强调记者要了解采访对象，获得必要的知识背景，以便更好地平等对话，这是有一定道理的。试想，部长都是指挥本系统千军万马的人，大都是所负责领域的专家，如果你的提问太一般甚至显得幼稚，逼得部长给你现场扫盲，就会浪费宝贵的采访时间，起码影响他的谈兴，最终影响采访和报道效果。

写到此，想起现在常见的一种现象：记者招待会后让人提问时无人举手发言。这种情况搞得会议举办方很尴尬，为避免此景，也为了有适当的气氛，举办方不得不事先安排一些记者提问。为什么记者到了会场却不提问？一种可能是会议主题不吸引人，的确没什么感兴趣的问题可提；还有一种可能是记者压根不了解会议主题，缺乏专业知识，怕暴露外行闹笑话，所以只好保持沉默。当然，记者要访问部长等高层官员，毕竟要比参加一场新闻发布会更加慎重，多少会事先查阅一些资料，做好访谈准备，但即使这样，也还会有不能“临场”发挥的情况出现，这就与记者本人的心理素质和应变能力有关了。但最基本的前提，还是要有充分的资料准备与心理准备，这是做好部长访谈的关键。

前文中说到的对宋振明的访谈，是在当时非常特殊的形势下进行的，如果不是对这个领域非常熟悉，早已有了充分的准备，临时去采访和沟通就会很困难。在那篇专访中，我有意用了他朗读自己的新诗作为访谈的开头，接下来写到他对自己受到处分的态度和反应，这些都是从采访现场抓取的鲜活素材。在写他谈论中原油田的发展情况时，我将有关他本人在石油行业的工作经历等背景资料穿插进去，这样就使整篇报道信息量较大，结构上也有变化，可读性也强些。我觉得如果没有当初对他本人和他所在的行业的相关资料积累，是不可能做好这篇访谈的。所以说，部长访谈的“亮点”，来自于长期的资料积累，也来自于现场的发现和感受。

在我做过的部长访谈中，印象较深的还有对李鹏的专访。这次采访也是在两会举行期间进行的。报社获悉人大会议上将任命两位副总理，安岗总编辑要求赶紧对这两个副总理人选进行采访。于是，采访时任水电部第一副部长李鹏的任务就落到了我这个“跑部”记者的头上。当时报社联系采访另一位副总理人选已被婉拒，大家都希望我这个采访能够成功。此前，我还没有单独采访过这位部长，但电话联系水电部后，对方很爽快答应了，并安排在他的办公室做了采访。我回单位后迅速写出了初稿，经部头及当时负责两会报道的社领导张颂甲审阅后，再送李本人审定。审稿非常顺利，当时还商定，此稿不能在人大会通过任命后刊登，最好不早不晚，就在任命当天见报。6月18日，《经济日报》在第四版配照片刊出了这篇题为《保证重点建设 力争电力先行》的专访。在会议重要新闻多、版面十分紧张的情况下一字不删地挤出此稿，当时《经济日报》对部长专访及独家新闻的高度重视可见一斑。

与访宋振明的专访相比，这篇专访全文采用了对话体形式，当时这样做的考虑主要是访谈的时机比较特殊、报社特别慎重有关。这篇专访从题目和所谈主要内容看，也属“问题专访”或“工作专访”，但由于被访者也是一个新闻人物，因此在人物背景和经历上尽可能多地着墨，成为谈人和谈事兼而有之的访问记。如稿件开头对被访问人家庭、身世的介绍，绝非闲来之笔，因为在他将被任命为国务院副总理之际介绍这些身世既严肃又可读，何况对他烈士父亲的介绍，就是随后要发的新任领导人简历上也不会写到，所以在这篇专访中写出来是很有意义的。

这一访谈的突出特点是平等对话，轻松交谈，被采访者平易近人地予以配合，采访者对背景情况掌握较多，与采访者谈得顺畅。通篇看似谈话实录，其实是采访以后回忆整理，再经过被采访者本人审定的。有几个词如“据我所知”“愿闻其详”还是审改稿的老编辑们加上的，加强了文章的老练风格。从对一位重要领导的访问来讲，能写出被采访者自道长处是火电而对水电还不太熟悉，这在当时还不多见。其实这一点也体现了被采访者谦虚谨慎、实事求是的作风。文章刊登后，专门有人来信指出这是本文的一个“新闻眼”。

## 访问部长的几点体会

每一个记者采访部长的方式可能不同，但目的是相同的，那就是通过对部长的采访，挖掘出最有新闻价值的内容，把新闻写好，争取最佳报道效果。要达此目的，一方面要对自己高标准要求，长期积累，练好内功；另一方面还要借鉴别人的经验，向同行以及被采访对象学习，尽量少走弯路。我从自己的采访经历中体会到，要采访好部长，关键在于“摆正位置、认真设问、谨慎为文”这十二个字。

摆正位置，就是在同部长的交往中要找准自己的角色定位。从职业层次讲，记者和部长都是社会的一员，没有贵贱之分；记者和部长从事的工作都是党的事业，有职责不同，没有高下差别。从党的新闻工作的角度来说，记者采访部长，既是为了上情下达，也是代表广大群众对党和政府的决策和工作进行调查了解，这项工作有助于社会各方的信息交流，有助于国家的稳定与发展。这种工作性质决定了记者与部长的交流应该是平等的、友好的。所以说，记者采访部长跟采访普通百姓没有差异，都是在履行自己的工作职责。记者对部长的态度应该是不卑不亢，热情大方。然而，在现实中，记者与高层领导打交道，容易出现两种极端的现象，一是屈意奉承，有事没事紧盯人家不放，谈工作少，而拉关系套近乎不遗余力。这种记者同行看不起，部门也有意见，只是碍于面子不好说。另一种是自命清高、爱理不理，该问的问题不问，该写的内容不写，或者刻意挑刺，尽出难题，觉得这样才能显出水平。这两种做法显然都是不可取的。我早先几年当“跑部”记者，采访过的部长、副部长不下二十位，他们经历不同、性格各异，但都非常热情地接受了我的访谈，使我很好地完成了报社交给的采访任务。现在想起来，是因为一开始就注意了自己的言谈举止，给人一个比较好的印象，这样才能得到他们的支持和配合。对一些采访过的部长后来还做过其他话题的访谈，像首任中国石油化工总公司总经理的陈锦华，后来担任全国政协副主席时，我和同事还就博鳌亚洲论坛对他做过专访，可以说是建立了较长期的工作关系。

认真设问，就是根据采访对象的特殊身份，精心设计提问，营造良好的采访气氛。部长毕竟是部长，他们工作繁忙，约一次采访毕竟不太容易，因此要珍惜每一次采访机会。首先要做好采访前的准备，查查采访对象的资料。现在有互联网查资料很方便，过去没有这么好的条件，只能到资料室查一些剪报资料，记得我第一次出差采访煤炭部部长高扬文，财贸报资料室没有工业部门资料，还专门跑到人民日报社去借了一叠剪报。有了背景资料，与被采访对象交谈就有了接近性，对方也就有可能打开话匣子，保证采访到尽可能多的东西。现在各部门新闻发布制度逐步完善，都有新闻办公室安排采访，一般要求先交份采访提纲，不似当年我“跑部”时在会上请示一下或打个电话就能办妥那么简单。这份采访提纲很有讲究，准备得好，会为见面采访创造好的条件，准备得不好，甚至会被拒绝采访。如何才能设计出好的采访提纲？首先要摸准被采访人的心理，尽量不要提太敏感的问题，而要提采访对象最想向读者解答的问题，这样他才会觉得这个访谈对他也是必要的、值得去做的。另外，还要根据你了解的情况，尽可能多地反映读者对他所管领域的疑问，这些问题是他希望知道的也愿意回答的，因此他才会有接受采访的兴趣。有时，可能会有比较敏感又不能不谈的问题，对这类问题不一定在采访提纲中罗列，可以在见面采访的过程中随机提出来。

认真提问也包括在见面采访时的提问，现在社会开放度越来越高，记者提问大都单刀直入，直奔主题。这在一些采访特别是新闻发布会集体采访中经常见到，因为确实有这样的现象，记者提问不尖锐，读者或观众就觉得记者没水平，不过瘾。但是，在一对一访问部长时，我认为还是要慎重设问，不可锋芒毕露，让人感觉肤浅。即使是尖锐的问题，也要尽量用绵里藏针的方式提出。部长们都是聪明人，有些事稍提一下对方就会明白的。我的体会是，除非那些不能不较真的采访如就某一事件表态或核实某些情况，采访中应该注意尽量不提让对方难堪的问题。

谨慎为文，指后期整理见报稿时要忠实于采访记录，只要时间和条件许可，应该将整理后的稿件交被采访者看一看才发表。或许有人认为，既然说都说了，全文照搬地写出来还能有错？为什么还要送审？这个问题要两面看，一方面，我们不能过于自信当时的采访记录，也许有听错的地方或记录笔误，稿件送审可表示对采访对象的尊重，同时也能发现可能存在的差错，这对保证报道质量和媒介信誉是非常有益的。另一方面，即使我们的报道没有失误，但有些内容是部长在当时的采访环境下随口说的，过后仔细想想可能觉得不合适，我们也应该允许人家改变想法。更何况，部长说的有些情况或因事涉机密，公开报道的条件还不成熟，甚至要做进一步的核实，如果我们有文必录，也会引来麻烦。所以，将稿件送给部长审一审，记者自己还有报社的领导再把把关都是必要的。就是那些没条件审稿，或者是人家信任给予免审的稿件，更要认真对待，有时往往一两句话没处理好，一篇本来皆大欢喜的专访稿让被采访者不高兴，记者自己也很尴尬。须知被采访者的特殊身份，决定了他的讲话影响力也比一般人要大，特别是关于政策的解读，关系到不少人的切身利益，更不可轻率从事。

（丁士撰写，本文为业务交流讲稿，曾摘登于《经济新闻研究》）

# 专业记者的行与思

## 新闻竞争与记者的“专家型”道路

专业记者的出现，是报业发展与新闻竞争的产物。从历史上看，报纸编辑内部的分工有一个逐渐发展演变的过程。报纸在海外出现的早期，从业人员很少，他们身兼多职，既是记者、编辑，又是广告员和报纸销售员，编辑部内部几乎没有分工。报业发展到一定阶段，需要的新闻种类和数量日益增多，一家报纸的采访力量显得不足，于是，一部分从业人员从报社分离出来，举办了通讯社，专门从事新闻采访活动，向各家报纸提供稿件。在报社内部，从业人员也有了专门从事编辑工作和专门从事记者工作的分工，以求提高工作效率。再往后，报纸生产规模进一步扩大，新闻竞争也更加激烈，为了进一步提高新闻报道的质量，随着采编人员的增加，记者和编辑工作便有了更细的划分，记者根据其负责的报道领域，分为时政记者、经济记者、军事记者等，各家报社的分类会因为报纸的定位与性质不同而各有特点。在一些专业媒体，记者的分工往往更细，如经济类报纸的记者绝大部分都是经济记者，他们又进一步分成了能源记者、交通记者、工业记者、商贸记者、农业记者等，甚至分得更细，如能源记者又分为煤炭记者、石油记者、电力记者等。上述这些分门别类负责某一专业领域或某一行业的记者，都是专业记者。

关于记者的分工，一直是一个有争议的话题。有人认为分工过细，特别是这种分工又保持不变，记者就会长期限定在一个专业领域中活动，会变得视野狭窄，还会因为过于熟悉这个领域中的情况而失去一个记者应有的新闻敏感。更有甚者，一些缺乏自律的记者如果长期把守一个领域，与上上下下关系密切，很有可能会与报道对象产生各种利益上的联系，最终演变成采访对象的代言人，他所采写的报道很难保证客观公正。但也有人对此持另一种观点，认为新闻竞争的加剧客观上要求新闻报道要追求深度，尤其是时效性不如广播电视和网络媒体的报纸，还有本身就强调专业特色的媒体，更是要以深度取胜。深度报道如何才能写出来？如果一个记者不是长期在一个报道领域中摸爬滚打，没有深厚的专业积累和丰富的信息渠道，是不可胜任这样工作的，他所写出来的东西会是肤浅的，甚至会因说“外行话”闹出笑话。

这两种意见各持一端，但都有其道理。以我看，要想赢得新闻竞争办好媒体，专业记者不可或缺。但要保持新闻媒体的良好声誉，专业记者中容易出现的问题必须引起重视。如何能把这相互矛盾的两者统一起来？加强对记者的新闻职业道德教育是一方面，更重要的是完善编辑部的新闻采编流程管理，建立严格的考核监督制度，使利用职业之便搞不正之风的专业记者难以得逞，不能让其在“一亩三分地”上为所欲为，而只能合规合矩地辛勤耕耘。

关于编辑部的机制与管理，是一个非常复杂的问题，这里暂不讨论。我们且回到专业记者与专业报道的话题上来。20世纪80年代，《经济日报》曾正式命名过“石油记者”“煤炭记者”等专业记者，让他们在所管领域采写新闻。不过，当时确定的几位专业记者并不是跑这几个专业部门的记者，而是驻地记者中有一些“资源优势”和专业背景的同志。比如，“煤炭记者”是由驻煤炭大省山西的记者担任的，“石油记者”是“文革”期间曾下放到油田工作过的一位老记者，他在一段时间内，到其他油田采写了不少通俗可读的专业报道。当时，我自己倒是很希望能当专业记者，还在报社召开的有关会议上率先呼吁培养一批专业记者。遗憾的是，随后不久因为工作变动，最终也没能成为专业记者。但在我同事中，有一些人经过多年的磨练特别是他们自己的不懈努力，终于成了很有成就的专业记者甚至专家学者型记者。如高级记者谢然浩的能源报道很有分量，所写专栏文章受到行业内外人士的关注；汽车记者程远的报道也是独树一帜。从这些方面看，专业记者可不是简单的分工跑口，而是指那些负责某一领域报道并已有相当专业水平的记者。具体说，专业记者有以下几条标准：

——专跑某一领域有一段时间，起码两年以上。虽然初入一行或偶尔客串也会抓到好的专业新闻，但专业记者讲究的不是偶尔得之，而是非一日之功的水到渠成和厚积薄发，没有一定时间的跑口经历是不能称为专业记者的。

——对专业知识有一定积累。专业记者应该对相关专业的书籍有所涉猎，对所跑领域的专业名词非常熟悉，不仅对所跑领域主要部门负责人相当熟识，而且还交往了一大批所报道领域中的专家学者朋友，使他们成为新闻报道的“编外指导”，能为媒体提供有关文章及专业访谈，能为专业报道出谋划策。

——在专业领域内有一定的影响力。这种影响力主要来自于新闻报道，如开设了专业报道的专栏，在固定时间刊登（播出）专业报道，并有一批固定读者（听观众）。因此，专业记者的意见有时会影响国家或地区产业发展政策和规划的制定。

过去人们常说成功的记者分专家（学者）型记者和作家型记者两种，其实这两种记者无论在整个新闻界还是媒体内部都是少数，他们是所有记者的杰出代表和学习楷模。专业记者与这两类杰出的记者是什么的关系？我想应该是一种交叉的关系。专业记者如果文笔出众，在完成新闻报道同时还有丰富的“副产品”如报告文学、人物传记等问世，达到了作家的水平甚至成为作家，他就能算是一个作家型的专业记者了。而专业记者如果在所报道领域中有较高的专业造诣，不但完成了新闻报道任务，还能有所研究和发现，提出自己的独到见解，像专家与学者一样影响这个领域的发展，那他则算是学者专家型的专业记者了。

从新闻媒体的角度来说，当然希望能有越来越多的专业记者成为专家型记者，因为这对提高新闻传播的质量、提高媒介的声誉和竞争力是非常有益的。从新闻记者本人来说，如果他将自己的工作真正作为一项事业看待，希望多出精品，有所成就，那也应该向专家型记者的方向努力。当然，由于天分、特长、机遇等原因，专家型记者不是所有人经过努力都可以做到的，而专业记者却是相当一部分记者经过努力可以做到的。

如果说专家型记者是一家媒体大厦的耀眼尖顶，那么专业记者就是这座大厦的躯干横梁，也就是必不可少的骨干。真正撑起一家媒体正是这些骨干。有眼光的媒体领导人，在给人数不多的名记者搭建舞台的同时，不应该忽略给人数更多的专业记者提供阵地，因为专家型的名记者都是从专业记者中培养与产生的。只有重视专业记者的成长环境改善，才能使那些有潜质的优秀人才具备深厚的拔尖基础，而业务骨干也才有奋斗的目标，最终使媒体内部形成比较合理的人才结构和竞争秩序，使媒体在参与外部市场竞争时能立于不败之地。

需要指出的是，在新闻媒体中，专业记者首先是记者，向读者观众报道信息和观点是第一任务，就是发表评论也不要忘记这个身份，之所以强调这一点，是因为在现实中已经出现了一些记者过于强调专家身份而忽视记者本分的现象。的确，有些专业记者已有很深的专业造诣，经常在媒体上就行业发展和改革问题发表文章，不乏独到的观点。但是，如果他对自己的专业素养过于自信甚至自负，发展到固执己见，听不得不同意见的地步，不容相左的观点在自己的媒体上存在，那就会对读者形成一种观点信息的封锁，有违媒体客观公正报道的初衷。所以我认为，专业记者甚或专家型记者与那些行业或社会上的专家还是应该有区别的，这种区别在于，专业记者或专家型记者不仅自己是专家，还要采访和联系别的专家，不仅有自己的见解，还要报道和引述别的专家的见解。这是职业的要求，也是办好媒体的要求。

## 行业评述见功底

既然专业记者在媒体的位置这么重要，那么怎样才能当好专业记者，或者说专业记者在新闻报道方面应以什么取胜？好的专业记者各自有其成功之道，但他们共同的特点就是对本专业情况有较深入的了解，能够写出有代表性的深度报道。这种深度报道大都以行业述评形式出现，所以据我曾做过半截子专业记者并长期观察此一问题的体会，专业记者首先要过行业述评关，“专业水平”是在行业述评上见高低的。

行业述评在新闻教科书上并没有作为一种独立的新闻体裁列入，但在跑口记者中却是个非常流行的叫法。我个人认为，它介于新闻述评和工作通讯之间，既是一种针对行业或专业领域内容的新闻述评，同时又可以采用工作通讯的写作方式。现在有不少专业记者在媒体上开了专栏，写了不少“专栏文章”，就文章体裁而言，大多数都是行业述评。

众所周知，专业记者常规性的工作是采写相关行业或专业领域的消息、特写、人物通讯乃至评论，但是，最能显示其“专业水平”的还是行业述评。行业述评为什么能表现一个专业记者的功底？因为这种新闻报道体裁集新闻事实报道与新闻分析为一体，是对记者新闻发现能力与研究分析能力的综合考验，它要求记者既能“采写”又擅“评论”，以“述”为根基，以“评”为主旨，“述”为“评”立，“评”从“述”出。如果缺乏对所报道专业领域的深入了解，对有关政策不够熟悉，对专业领域中的问题没有思考和研究，就会陷入“述”易“评”难的困境，难以写出高水平的行业述评。

行业述评写什么？无非四方面内容：解析热点、监督行风、透视问题、评介经验。

解析热点，要求专业记者密切关注社会和市场，对那些本行业的热点问题要及时抓住，通过深入采访并调动积累资料，迅速发表文章进行解析，充分发挥媒体引导舆论的功能。随着社会主义市场经济建设的深入，行业热点越来越多，有的持续时间短，有的持续时间长，如近几年汽车进入家庭问题及后来的汽车降价问题、能源紧张问题、房地产市场特别是房价问题等等，都是热门话题。一些媒体的专业记者追踪这些热点问题，写出了不少好的报道，有的就这些热点问题开了专栏并成为品牌，使专业记者的声望和影响明显提高。

监督行风，是指专业记者要盯住行业的“青蘋之末”，一有风起及时辨别，好的予以表彰推介，坏的提出批评，发挥媒体的监督功能，弘扬行业正气。贬邪褒正，这在当前社会利益多元化的情况下，并不容易做到。现在一些媒体每每刊登倾向性明显的个案报道，公众和消费者利益被放到次要甚至是被侵害的位置，不要说对一些上市公司的报道，就是房地产报道乃至某些消费品报道都存在这一问题。“报上署真名说假话，网上署假名说真话”主要指这类报道，专业记者的职业精神和职业道德建设迫在眉睫。

透视问题，一方面要解答读者关心的行业问题，体现媒体的服务功能，另一方面要善于发现和提出别人尚未重视的问题特别是那些关系行业发展路径选择、政策建议及消费者和行业利益平衡的大问题，起到行业瞭望哨的作用。例如，2003年《经济日报》资深汽车记者程远一篇《没有自主品牌，造最多的汽车也是别人的辉煌》，引来报纸长达一年多的关于自主品牌问题的讨论和连续报道，刊发了不少立论正确、材料生动的述评。

评介经验，就是向行业和社会推荐行业典型，这是我国媒体的一个重要功能。这个经验可以是一个行业的，也可以是行业内部一个企业或单位的。评介的方法因媒体读者观众对象不同而有所差别。

## 难在持论公正

前面说到，行业述评能不能立得住关键在评，也就是观点要正确，持论要公正。专业记者不能因为自己长年报道某些专业领域，与某些相关部门关系亲密，就放弃客观公正的原则，成为这些部门的代言人。

今天，社会利益多元化使一些经济实体乃至行业都想方设法要影响媒体及舆论，维护自身的利益。现在常常能看到这样一种现象，对于同一件事，不同媒体有不同的说法，有时同一媒体不同的跑口记者也说法不一，甚至在同一张报纸上“打架”。这里有认识和职责分工问题，也有利益驱使的因素。有些事情，明眼人一看就能分出是非曲直，但偏偏有媒体或记者要颠倒着说，这就难怪有人猜测，“某某报纸拿广告了，某某记者拿好处了”。

报道不实、持论不公，是新闻从业人员必须高度警惕的问题。作为专业记者，首先还是要有新闻职业操守，不因一些眼前的利益而丢了“人格”乃至“报格”，这方面已有许多纪律和政策约束，记者及媒体不能因小失大。其次，还要练好专业功夫，尽量多做深入采访，注意倾听不同意见，不因认识不到位而发出不正确的报道。关于后面这一点，我自己就有过教训。记得我曾经发表过一组关于缺电问题的行业述评，其中有一篇持论偏颇，经不起时间的检验，现在想起来还很遗憾。

那是1986年，我跑电力工业快四年了，想调动积累在行业述评上做些尝试。当时电力供应呈全国性的紧缺局面，我利用轮换上夜班的休息时间，到水电部采访缺电问题，写出“缺电问题综析”系列述评五篇，在报纸上连续刊出。因缺电问题广受关注，这组述评也受到社内外的好评。我自己也把这组文章作为当了半截子专业记者的标志，因为下夜班后就要根据组织安排去讲师团支教一年了。这组述评的第一篇《拉闸停电为什么越来越多？》，以国家经委、水电部天天接到要电力供应指标的电报开头，罗列了一些让大家头疼的拉闸限电现象，然后用数字说明缺电多少，回答大家的疑问；第二篇《生活用电为什么缺少保障？》，侧重分析包括机关、学校、街道及住宅在内的生活用电为何得不到保证；第三篇《家用电器消费早熟的忧虑》进一步分析生活用电的问题；第四篇《“大小之争”及其选择》写在加快电力建设过程中是优先上大电厂还是小电厂的争论；第五篇《关键是要进行电力体制改革》写如何通过电力体制改革加快电力发展。应该说这组报道整体选题扣准了经济热点，材料丰富，持论比较客观。后来电力发展历程也证明，当时我对电力改革与发展的一些预测和分析基本是正确的。但是，第三篇对家用电器发展估计不足，甚至对家用电器消费提出限制的观点，今天看眼光不够长远。

真是新闻记录历史、折射时代，今天看这篇写于多年前行业述评，既看到了当时比较低的经济发展水平和国民消费能力，又看到了当时人们的思想观念和认识水平。应该肯定，文章倡导的节能意识是对的，在当时及今天中国现代化建设的进程中，资源对经济发展的制约一直是挥之不去的阴影，节约能源包括电力是长期的艰巨任务。然而，当时文中提到的限制使用空调、电热水器等的方式，显然是有失偏颇了，实践已证明这是行不通的。当然，在当时还没有提出建设市场经济的形势下，想通过限制迅速发育的家用电器市场以缓解电力紧张可以理解，记者也提出应采用经济办法而不用行政的办法以引导节能。这些都是应该肯定和理解的地方。但就新闻采写而言，记者只采访和引述了电力专家的一“家”之言，使文章失去了持论公正的平衡。实际上，如果当时再采访一下家用电器生产方面的专家，他们可能会提供另一方面的材料，让记者相信家电的消费浪潮是势不可挡的，本篇述评如果对这一方面的观点加以引述，并在评论中考虑这一因素，就会让读者接受的信息更加全面而公正。总之，文章的不足反映的是作者思想认识水平和市场经济眼光的不足，从这点看，做好专业记者必须有宽广的理论功底和长远的眼光，所写文章才能经得起时间检验。

## 贵在“专”而可读

专业报道最忌讳的是专业味太浓，外行看不懂，内行不愿看。《经济日报》前总编辑杨尚德写过一篇好文章《文章三出》，把做文章分“浅入浅出”“浅入深出”和“深入浅出”三种，据此分析，专业味过浓应该算“浅入深出”，其原因无非有二，一是记者化解不了专业问题，又不愿下功夫学习，于是浅尝辄止，照搬照抄；二是记者了解专业也能够通俗为文评介，但爱故作高深，玩弄专业辞藻，以显示专业水平。当然后一种较为少见，但无论哪种情况都是应该加以避免的。

能称为专业记者，一般对专业问题都有较深入了解，在通俗报道专业问题方面下过功夫。《经济日报》作为专业性大报，应该说从创刊开始就要求记者把专业报道写得通俗可读，许多同事写出了得奖名篇，报社内部也形成了把行业通讯写活的风气。我自己置身其中，也勉力实践，也有心得。

1983年国家经委评选了一批经济效益好的企业典型，报社安排采访，我接受了报道山东电力局的任务。经过几天的采访，我写出了主题为《一盘越走越活的“棋”》，副题为“山东省电力局提高经济效益见闻”的通讯。开头直接解题————

“站在山东省电网结线图前，只见大小电厂星罗棋布，几十条输电线路纵横交错，宛如一盘正在下的棋。就在这个全国七大网局之一的‘棋盘’上，山东电力局的四万多名干部和职工，精心运筹，苦战不懈，连续取得好成绩：去年超额完成各项经济指标；今年1至7月，发电量增长6.5%，供电煤耗降低6克／度，劳动生产率提高6.9%，实现利润按可比口径增长12%，各项经济指标居同行业前列。

山东省电力局在抓经济效益上‘胜棋’的诀窍在哪里呢？”

通讯第一个小题“兵来将挡”写遇到困难被“将军”，第二个小题“双马连环”写抓管理和技改，第三个小题“让卒过河”写发挥基层作用，第四个小题“弃卒保帅”写保重点，最后结尾回到“棋盘”——

“这是一盘没有下完的好‘棋’。当记者在山东省采访时，山东电力局正在筹备本年度第二次经营管理会议，总结经验，部署工作。有了前一段的基础，加上山东电力局广大干部和职工的聪明才智，我们相信这盘棋必定会越走越活。”

应该说，企业报道不容易写活，特别是报道某一方面工作经验的“命题作文”，更容易写成干巴巴的总结材料。当年采写这篇稿件，我有意在干巴的材料形象化上做了一定努力，当然不能说写得有多好，只能说尽了心力，也表现出了电网特色。解剖这篇推介经验的行业报道，对专业报道的通俗化、形象化也许能提供一点启示：

一是在现场采访中注意观察和思考，逐步形成报道思路。记得当时去采访，说是来写典型的，电力局非常重视，首先组织了一个座谈会，局领导说了话，各部门从计划、财务到后勤也轮着介绍了一通，都是硬邦邦的材料，虽有几个例子，也是单位或班组行为，看不出有什么生动的地方。我当时心里有些着急，总不能写成总结材料报回去吧？座谈会后，接受采访的单位派人带我参观电网调度室，纵横交错、彩灯闪烁的电网接线图给了我深刻印象，我当时就想，这种文章难得有形象的东西，我要把这个接线图写进去。不过，当时还没有想到以此来设计整篇文章的布局。后来，陪同的领导向我介绍一个电力局分布在全省有多少电厂，还说要全盘布局，我的脑子里一亮：对了，电网不像棋盘吗？这可以做开头，就按这个路子构思！我的报道思路终于在现场采访中越来越明确了。

二是在深入采访中要开动脑筋，丰富报道构思。报道构思离不开创造性思维。创造性思维方式最主要的一种类型是发散思维，也就是一种寻求多种答案的思维，它不被过去知识所束缚，不受已有经验的影响，从各个不同的甚至是不合常规的思路去思考问题，比如运用横向思维法、纵向思维法、逆向思维法、分合思维法、颠倒思维法、质疑思维法等等，为解决问题提供了大量的设想。创造性思维方式的第二类是想象。所谓想象就是人脑在过去感知的基础上对所感知的形象进行加工、改造、创造出新形象的心理过程。想象的方法有原型启示法、类比法、联想法等。创造性思维的第三类是灵感思维，也被称作直觉思维或顿悟思维。顿悟思维是不同于抽象（逻辑）思维和形象（直感）思维的另一种思维方式，是创造和突破必须依赖的一种思维方式。心理学认为，灵感是创造性活动过程中出现的一种功能达到高潮的心理状态，它的出现是以长期的、辛勤的巨大劳动活动为前提或基础的，是劳动活动过程中出现的心理、意识的运动和发展的飞跃现象。灵感思维就是在长期的思索和大量的知识积累的基础上，在相关信息的激发下，在意识中突然闪现出对问题的颖悟和理解的过程。我在现场考察中冒出了将电网比作“棋盘”的“灵感”，就得之于“想象”与“灵感思维”，而且这些思维活动一直贯穿了采访始终。在后面的采访中，我便有意无意都向“棋局”这个方向来拓展。这次采访时间较紧，但我还是马不停蹄跑了三个电厂，在采访过程中，对方提供的素材在我的脑海中不断地与“双马连环”“让卒过河”这些招数发生了对接，产生了更多的“灵感”，并最终形成了较完整的“棋局”文章构思。整篇稿件的中心思想很明确：电网生产经营如同下棋，要提高经济效益，须经过“兵来将挡”“双马连环”等招数才能取胜。

三是在写作中精益求精，使稿件不断完善。记得跑了三家电厂后，我就在招待所关门写稿了。开始并没有写“丢卒保车”一节，初稿完成后，总觉得少了点什么。仔细再想想，还是缺少基层的东西。回过头去翻翻采访本，虽因时间仓促没有真正到班组采访，但也在采访对象的介绍得过一些素材，特别是雪夜抢修、提前完成大修的例子，在初稿中竟然没用上，太可惜了。这样一琢磨，“丢卒保车”的小标题便出来了，文章的结构和内容也较完整了。

从上述报道的写作可见，要想把专业报道写得通俗和生动，首先还是要采访深入，在深入采访的同时不断思考，争取“浅出”，也就是要跳出来。

所以，新闻的可读性不是仅仅靠写作时注意通俗这一点就能够做到的，而是要先在采访上下功夫。其次就是要有创造性思维，进行形象性构思。在采访中思考可以是多方面的，但找一个形象的“筐”把材料“装”进去是要优先考虑的。找到了，后面的工作事半而功倍。当然，这篇报道也有不足之处，该展开的地方没有充分展开，影响了稿件的力度。这有当时报纸版数很少，编辑部严格控制字数，一些稍稍展开的例子往往也被当成枝枝蔓蔓删去了，但关键还是没有采访并写出精彩情节和段落，让编辑难以删节。

（丁士撰写，本文为业务交流讲稿，摘登于《经济新闻研究》）

# 准狠快深　紧追不舍

## ——对安岗同志指挥新闻采访作风的一点认识

凡在安岗同志手下当过记者的人，都会对他指挥新闻采访所表现出的凌厉作风、紧追不舍的精神留下深刻印象。一旦看准新闻线索，安岗同志从不用“研究研究”来敷衍汇报线索的记者，而是爽快地表态：“快写成报道，明天见报！”报道见报后，安岗同志如果觉得还有追踪报道的必要，又会催记者去采写下文。在安岗同志担任经济日报总编辑期间，报社年轻人有个比喻：“老安像个牧羊人，总是挥着鞭子，将年轻人驱赶上前，连喘息的时间也不给。”这个比喻也许不恰当，但当时不少年轻人确有这种感觉，起码我就有这种感觉。

安岗同志指挥新闻采访办法比较独特，他可能向部门负责人布置任务，也可能直接指挥记者，以便更明确贯彻意图和争取时间。在办公楼过道里碰到并被叫住“面授机宜”，是经济日报许多记者都经历过的事。有时候，他会就某一报道题目催稿不停；有时候，因事情太多，他也会将布置下去的报道忘掉一段时间，但说不定什么时候想起来了，又会向部门或记者本人催要稿子。也有些时候，精力充沛的安岗同志同时布置了好几套报道，结果这些报道都挤到总编室或夜班，大家都说是老安定的稿子，争着上版面。虽有些混乱，但对报纸来说，有稿总比没稿好，稿多总比稿少好，还是应肯定安岗同志以积极姿态指挥新闻采访的效果。

安岗同志对新闻的紧追不舍，使记者工作上有了很大的压力，这种压力对年轻记者（当时经济日报编辑部在一线采访的主要是新分配进来的年轻人）是十分难得的。这就使大家不管学没学过新闻，都像学游泳一样，首先扑进水里，藏起疲倦和惰性，“扑腾扑腾”跑起新闻来。当然，置身其中，有时也会为催稿过急发发牢骚，但后来想想，安岗同志这样做逼着我们多写了不少报道，锻炼了工作能力和作风，受益的是我们自己。由于安岗同志的大力倡导乃至耳提面命，新创刊的经济日报迅速形成一股大家争着抓新闻报道的好风气，大家主动出击找线索、跑稿子，还比着谁发的稿子多、谁稿子写得好，私下里排排“座次”，评评优劣，既有竞争，又有支持与合作。应该说，这样的工作环境对年轻人提高业务能力、创造工作成果是十分有利的。

安岗同志担任经济日报总编辑期间，我一直在工交部当记者，后来又在报社大力提拔年轻干部过程中，被聘为工交部负责人。虽然没有在安岗同志直接指挥下采写过有影响的战役性报道，但我也接受过他交代的报道题目，有些报道得到过他的指点、鼓励，至于在办公楼楼道被他叫住、挨上几“鞭”的事也不少。据我的亲身经历和观察，安岗同志指挥新闻报道有“准、狠、快、深”四个特征。

## 准——报道题目抓得准

当记者的都得会跑新闻，当总编辑的则要善于识别新闻。因为新闻的核心作为新近变动的事实，每时每刻每处都有，而哪些可以报道，哪些应该重点报道，这就看记者特别是总编辑的眼力了。高明的总编辑总是高屋建瓴，通过对中央精神和群众情绪的准确把握和了解，随时抓住那些能产生重大影响的报道。应该承认，安岗同志就属于这一类总编辑。

经济日报创刊前身是《中国财贸报》，其影响主要在财贸系统。创刊后首要任务是把影响扩大到整个经济战线，使报纸迅速成为有全国影响的大报。安岗同志和当时的领导班子为实现这一目标选择了一个正确战略：即抓重点报道扩大报纸影响。记得在筹备创刊时就精心准备了“扁担电机精神”、两个照相机厂比较、电子分色机重复引进问题（号称“三机开路”）等多套重点报道，这些报道逐次发出后均取得较大反响。随后的关于保定一轻局分房不正之风的报道虽不属于“计划产品”，但也被安岗同志敏锐地抓住提升为重点报道，为报纸树立了“敢批评、为群众说话”的良好公众形象。我个人认为，经济日报初步奠定大报地位是在创刊仅半年的1983年6月份六届人大一次会议期间。这次会议开始成立了专职报道组，准备按部就班地报道，但安岗同志看准了这是扩大报纸影响的大好时机，于是临时决定让更多记者参加两会报道，他还提出采访一些新闻人物，增加报道的分量。记得我这个“会外记者”当时也跑去采写了六篇报道，其中人大会开幕前一天发表的原石油部长宋振明的专访、会议期间发表的李鹏专访（当日被任命为国务院副总理）均因有新闻性而受到好评。六届人大报道锻炼了队伍，更显示了经济日报“初生牛犊”的勇猛精神，提高了报纸声望。

此后，安岗同志仍致力抓重点报道，如产品质量报道、让王府井亮起来报道等均因问题抓得准，形成广泛社会反响，初步形成了经济日报重点报道多的特色。

## 狠——敢于批评，立竿见影

在安岗同志担任总编辑期间，经济日报以敢于发批评报道、批评报道多而享誉新闻界乃至社会各界，当然，批评报道多与当时社会环境较为宽松、中央大力支持有关，但与安岗同志的指挥报道敢碰硬的作风也很有关系。

前面提到了报纸创刊伊始的“三机开路”报道，除“扁担电机”属“表扬报道”外，后两组都有批评的成分，保定分房监督报道更不用说了。1983年7、8月间我曾承担过关停计划外烟厂的报道任务，在报道中连续多次点名批评一些未关停的计划外烟厂并在文后列出名单，有篇述评还登上头版头条，这在当时经济日报已属相当大胆的举动，因为报道没有给合适机关送审而靠自己把关。那时报社有个提法，叫争取抓“带响的报道”，所谓带响的报道就是有反响、有震撼力的报道，批评报道是其中重要组成部分。

从安岗同志指挥一些批评报道采访看，他抓批评报道也有一些独到的方法。首先是选准批评对象，选取上下都关注的典型事例做“突破口”；其次，首篇报道发表后迅速收集反应，从领导机关表态到普通百姓看法，连续报道，形成一定的舆论氛围或压力，也就是打开“突破口”后继续深入，扩大战果；再次，紧追不放，报道其他地区或行业同一问题正面或反面的事例进行策应，推动问题的解决。这套办法后来被很多记者学会，一有批评报道，不要领导布置，就会自己组织反应，将报道引向深入。

当然，在安岗同志任经济日报总编辑期间，也并不是所有的批评报道都是成功的。有的报道问题选得准但报道时机或报道突破口（被批评对象）选择不好，就很难达到预期效果。比如“三机”报道中电子分色机重复引进问题报道，虽然抓住了部门所有制这个有普遍性的问题，但因解决问题的大气候尚未形成，加之影响面太大，就难以收到立竿见影效果。这组报道是由我和工交部其他几位同志承担的，因而体会得更深一些。另外，在批评报道中，因“求战”心切导致批评对象选得不好甚至报道部分失实，给报社惹来麻烦的事也不是没有，但瑕不掩瑜，一系列有声有色的批评报道确实曾使经济日报名声大振、军心大振。

## 快——立足现场，倚马可待

听说安岗同志当记者时采写新闻就是一把好手，以快著称。从安岗同志担任经济日报总编辑期间那雷厉风行的作风，那不倦不息的精神状态看，我相信这个说法的真实性。事实上，在就一些报道与安岗同志接触中，他对记者眼快手快出稿快的要求是很突出的。他向社外来人介绍自己的记者，也爱说谁谁“写稿很快”，是“快手”。平心而论，经济日报最初几年虽然也出了些新闻佳作，但最大的特色还是“快作”——以快取胜。

新闻讲究时效性，快就是时效，就是新闻，从这点说，以快取胜也就是以新取胜。这是符合新闻采写规律的。当时经济日报登过不少短小精悍的言论，其中许多是安岗同志指挥编辑记者根据中央最新精神当天赶写出来的。许多新闻报道也是记者在安岗同志面前赶写出来的。安岗同志的工作作风确实培养出了一批写稿“快手”

安岗同志要求新闻报道迅速快捷是与力争到现场联系在一起的。他在经济日报倡导的以罗开富同志沿长征路线采访为代表的“脚板新闻”影响巨大，“脚板新闻”就是一种现场新闻，当然其意义已超出一般现场新闻。在平时，他也总是要求记者多去第一线，多到现场采访，抓“活鱼”。我本人让安岗同志派到现场采访记忆中有两次：一次是经济日报创刊之初，安岗同志得到大庆油田持续稳产高产的信息，要工交部派人到油田去采访，任务落到跑能源口的我身上，正当我和部负责人连一民、方诚浩讨论去东北的行程及行装问题时，安岗同志的催促又来了。后来打听到大庆油田主要负责人已回到北京，才免去了东北之行，在北京就近完成了专访任务。另一次也与油田有关，1985年春安岗同志在编前会上说总政请他派记者到胜利油田采访部队支援油田建设事迹，我因联系石油系统了解到胜利油田提的一些目标和项目过大，就在会上说了这一情况，安岗同志看了我一眼说，“那就请你参加这个记者团去采访吧”。于是，我去了一趟胜利油田，最后采编了一个以赞颂解放军艰苦奋斗精神为主旨的专版。我猜想当时安岗同志的本意，一是敲打我一下，让年轻人在比较重要的问题上不要轻易表态；二是让我到现场看看究竟，不要在北京人云亦云。我的报道避开了有争议的问题，也算完成了任务。

求快求新，反应快，决策快，反映了安岗同志勇于独创的精神。这里说一个与报道无关但与报纸有关的事加以说明。1985年我国海洋石油进行第二轮招标，海洋石油总公司想就此在报纸上刊登公告，让我这个跑口记者帮助联系报社广告部。我想到招标公告新闻性较强，建议将公告作为广告在经济日报头版刊登，海洋石油总公司当然乐意，但不知登头版行不行，头版广告价格怎么定。我就直接去问安岗同志，记得在安岗同志办公室里，他听完我的汇报，当场拍板招标公告在头版下方通栏加框刊登，至于价格，他想了一想说“加一倍吧”，事情就这么定了。我的印象中，这是在中央各大报中第一个在头版刊登大幅广告（面积为两条即约为五分之二版）。

## 深——深入报道，深入浅出

所谓深入报道，前文提到的深入现场第一线、对新闻事件穷追不舍应都属于此范围，但这些大致是深入的形式，真正地深入还应是对报道主题的不断开掘，抓出典型报道和深度报道。安岗同志强烈的新闻敏感是众所周知的，他的快捷的新闻采访风格也无甚异议，但也有些同志认为，他的这些长处也决定了与之相对应的“短处”：抓报道深度不够。这确实是一个值得探讨的问题，但以我的经历和体会，安岗同志还是十分重视报道的深度的。当时的环境条件不同，对报道深度的要求也不同，我们不应苛求安岗同志。

《经济日报》创刊之初处于一个什么样的环境呢？当时农村改革已取得显著成绩，改革重点开始由农村向城市转移，社会各界人士对改革充满着激情和热望、改革的深层次问题和矛盾还没有充分凸现。就新闻界而言，广播电视新闻尚未对报纸构成威胁，也就是说报纸仍能以快制胜，而就《经济日报》本身而言，当时的主要任务是创牌子、扩大影响和锻炼队伍。凡此种种，都给了当总编辑的强烈紧迫感和使命感，即不能花太多的时间谋划某一组、几组报道，而应在更广阔范围内展开突击，打开局面，确立全国性大报地位。

我认为，安岗同志当时抓报道深度主要体现在以下几方面：一是选题具有超前性，触及改革中的重要甚至敏感问题，如商业改革、工业企业承包经营、腐败问题（不正之风）都涉及了，有些报道还很有影响，用好的选题来体现思想的深度；二是在报道形式上多用进行式，把问题引向深入，把影响面逐渐扩大。连续报道和终结式报道不仅是形式上的区别，其效果也有很大差别，以我的理解，前者能更好地体现新闻报道规律，给人以动感，使新闻宣传真正起到组织者、宣传者、鼓动者的作用，安岗同志是极为重视也善于使用连续报道这一形式的，他抓的许多报道至今给人留下印象，说明报道本身是有深度的。当然，主观愿望和客观效果并不总是一致的，有些报道安岗同志抓得不能说不准，花的力气也很大，但限于多种因素，没有取得预期效果。由于人的性格特征乃至兴趣爱好所致，安岗同志在报道深度开掘方面，与抓报道的速度、力度和广度相比，也确实略逊一筹，这也应有实事求是的评价。

以上是根据我的一点经历和观察，对安岗同志指挥新闻报道的作风和风格做了一番妄议。需要说明的是，由于当时我所处的普通记者地位，与安岗同志接触并不太多，对他抓许多新闻的内情知之甚少，也可能不太准确，评价也就难免有失当之处。但有一句评价我是抱有信心的，这就是：安岗同志在《经济日报》短短三年多的新闻实践所表现出的作风和风格，教育和影响了《经济日报》一代年轻报人，没有他的作风和胆识，《经济日报》成为全国有影响的大报就要花更多的时间。报社同仁都感谢他在报社创业之初所做的突出贡献，而如何保持和发扬他的优良新闻工作作风，仍是一个重要的课题。

（丁士撰写，原载于《经济新闻研究》1995年6月1日第105期，并编入《安岗新闻工作60年》纪念文集）

# 经济宣传的“边缘文章”

## ——《经济日报》“星期话题”的启示

经济宣传是新闻研究的一个“热门”，笔者对经济是“门外汉”，对经济宣传自然也乏兴趣。不料，无意中翻翻《经济日报》，竟对星期刊上的“星期话题”有了感情。“话题”自1985年元月开办以来，已问世七十多篇，其中绝大部分离不开该报的“老本行”——经济。可细嚼之下，又觉得它同其他谈经济的新闻言论都不太一样。这吸引“门外汉”的魅力在哪儿呢？兴之所至，我冒昧踏入了“话题”主编的家门。两鬓白发的董松泉同志一知来意便笑了：“咱们的话题才一岁半，还在摸着走路呢！你给提提意见、研究研究怎么样？”

研究谈不上，但“话题”话经济的独到之处着实发人深思。一年半前，初辟“话题”专栏，老董执笔第一篇，颇费思量。写什么？给“话题”起一个怎样的头？他想了很久。当时正值寒冬腊月，有了，就从北京市民感到头痛却又躲不了的生活难题——洗澡谈起。他集几十年居京生活的切身感受，对澡堂子的情景做了生动描述：

“……尽管池堂里挤成人粥，有些人依然在热水里尽情地‘烫着’，直到满身通红、由里到外感到舒坦时，高嗽几声或来两口二黄，领略那缭绕在蒸气中的韵味儿。然后坐在池边用磨脚石细细地磨脚。再看浴室外几大排床位上的一些人，更有个悠闲劲儿。老头儿凑在一起品着茶，并慢条斯理地聊起家常，老辈子的事儿，现在儿女们的表现，从古至今，都是话题。年轻小伙子们别有一番情趣：摩托、彩电、收录机；恋爱、结婚以至跟老婆吵架，海阔天空，无所不谈。这一聊不知要多长时间。有的人不参与这种热闹，盖上浴巾，毫无牵挂地睡上一觉。这可苦了后来者。他们得把衣服脱在别人床底下的大抽屉里。当大抽屉也占满时，只能站在一旁‘候补’了。”似乎这是一个社会风气、人的道德风尚问题，其实不尽然。作者笔锋一转，指出这是经济上吃“大锅饭”的后果，要改变这种局面，就得“洗澡收费拉开档次，按质论价。先在时间上有个限制，计时收费”，此外，“按洗澡的方式不同，享用的设备不同，也应分别计价，拉开档次。”（见1985年1月6日《话说“两毛六洗个够”》）

谈经济，又不限于经济，“话题”的头开得好。纵观后来源源不断的“话题”文章，虽大多落在经济问题上，但纵横捭阖，角度各异，多姿多彩。如从东南亚旅游团在蚌埠买不到当地特产蚌埠珍珠，谈开发旅游纪念品，发展地方经济；从寒冬围炉取暖、煤炉的各种类型及用煤效果，谈节约能源；从天津北宁公园充分利用有限的水面精心为游客划船服务，从而盈利远远超过水面比它大得多的水上公园，谈“以园养园”搞活经济；从火柴的产生，发展历史，谈我国木材资源不足，要开发新型打火机，让火柴早日退出历史舞台；从某些电影工作者看重经济收入、忽视影片质量，谈电影要把社会效益放在首位；如此等等，不胜枚举。这些文章有的从其他各种现象归结为经济，有的从经济说开去，有的则落笔于经济与其他问题的交界处。董松泉同志兴致勃勃说了一件有趣的事：“我收到过一位八十多岁的老人写来的稿件，他说他有个小孙子整天摆弄玩具枪、炮、坦克、大刀，‘杀’个不停。为什么玩具厂要造这么多枪炮，从小给孩子灌输战争的思想？他认为这不值得提倡，玩具厂应该多开发一些智力玩具，培养孩子爱思考爱创造。你看，这篇‘话题’多有意义！其实，这位老人谈的问题关系到对下一代的教育，关系玩具厂的经济效益，还关系人们的思想观念问题。”

是的。我想，“话题”之所以能这样吸引人，不管你是不是对经济有兴趣，都会对它产生共鸣，为它新鲜的观点叫好，原因正在于它已经突破了就经济谈经济的框框，把目光和笔端伸向了更广的领域。作为《经济日报》的特色专栏，“话题”当然离不了经济这个中心。但与一般经济报道和经济言论不同的是，经济领域只是“话题”的一个部分，而不是全体。在经济领域的前后左右，作者以敏锐的目光抓住了问题的历史渊源、发展前景以及该问题与社会生活其他领域的千丝万缕、不可分割的关系。简言之，“话题”不是单纯的刻板的经济言论，而是站在群众生活的各个角度写的千姿百态的“边缘文章”。这种“边缘”是群众所关心的，作者恰在这个边缘向读者谈问题、讲知识、做分析，深入浅出，让人喜闻乐见。“话题”有群众的自发来稿，那是他们有话要说、非说不可的产物；也有本报记者的作品。我接触了一些写“话题”的记者，他们说，只有在他们感到消息包括不了自己的感想、评论又不能尽情表述自己的材料和情感时，“话题”是一个最“自由”的“园地”。也正因为此，“话题”才这样亲切自然、倍受欢迎吧！

“边缘文章”反映面广、形式新颖，这会不会影响作为经济言论的深度和力度？读完一年来所有的“话题”，我欣喜地感到，这些文章的分析之透彻、观点之深刻、建议之有力，令人称赞。这在前面谈到的洗澡“话题”中已见一斑。再看今年八月的一篇《“钢琴热”的反思》。文中谈到“家用电器热”还未冷下来，争购钢琴的“热潮风”又兴起了，市场上供不应求，开后门的“条子”多不胜数。争购钢琴的是哪些人呢？作者做了深入的调查——“据了解，买琴人中除一些文化界的老年知识分子外，绝大多数是独生子女的年轻父母。他们小时候没有条件学乐器，不愿让这一缺憾在自己子女身上再现。其次，买琴人中有少数是置办婚事的年轻人，他们认为钢琴具有现代生活的特点，是财富、身份、文化修养的象征，摆在新房中‘够派（头）’。还有极少数人买钢琴是为了储存。他们估计钢琴必然涨价无疑，盘算着买架钢琴存起来比在银行存定期储蓄合算。”接着，作者分析了“钢琴热”带来的各种问题。其一，有的父母看别人给孩子买钢琴，不顾自己的主客观条件，盲目追随。这种攀比心理易造成家庭经济拮据，还会带来其他烦恼。其二，目前国内钢琴教师奇缺，根本满足不了“钢琴热”的需要，造成许多家庭钢琴闲置，或由孩子乱弹。其三，钢琴成为市场上的紧俏货后，一些厂家在不具备生产能力的条件下一哄而上，势必粗制滥造，钢琴质量低劣。所以，作者呼吁要引导纠正不切实际的消费超前心理，年轻父母要量力而行，在收入并不很高的情况下可以培养孩子学习别的乐器。此外，更重要的是要用经济的办法，包括价格等改革措施，拉开消费档次，使不同收入水平的人有不同的需求，从而避免大家都朝某几种紧俏商品冲击。像这样分析周密、建议有方的“话题”还有很多。

如主编老董所言，“话题”还在摸索中改进和前进，难免还有种种不足。但是，作为一种新颖的经济言论，它所取得的成绩，它正在探索的这条路子对我们的经济宣传还是有一定启示的。那就是：报道经济、谈论经济都应该把目光射向四方，以经济为中心，在群众关心的经济与社会生活其他领域的“边缘地带”上多做点文章。

（蔡雯撰写，原载于《新闻记者》1986年第11期）

# 谈谈报纸版面的整体美

任何一张报纸，读者接触它的第一感知是它的整体形象，即它的版面。好的版面，往往是以一张优秀的照片，一行奇特的标题之类首先吸引读者，同时，因为这些照片新闻、标题等等排列得恰到好处，促使读者顺着编辑的组版意图，兴味益浓地读下去。可见，一个版面有无好的个体——即新闻、图片等等，以及这些个体按怎样的方式统一、组合在一起，直接关系到报纸的传播效果。正因为此，有必要讨论一下报纸版面的整体美与个体美。

先说个体美——每一个版面都是由图片，文章，专栏等等组成的。这些单独的图片、文章、专栏等不妨称为个体。个体美，就是一个完整而独立存在的个体所呈现的美。它是整个版面美的有机组成部分，是版面美的基础。根据版面内容的组成，我们又可以把这些个体美分为专栏美、新闻美、图片美、报头插图报花美，等等。

如果从读者读报的审美过程看，读者有审美的直觉性要求——即要求用鲜明的形象打动人，还有审美的功利性要求——即要求用深刻的内容感染人。版面的个体美既可以满足读者审美的直觉性要求，但更主要的是满足读者审美的功利性要求。因为报纸打动读者、影响读者，首先是通过具体的新闻、评论、图片等来达到的，即必须凭借这些独立的个体。版面审美的直觉性要求一方面要依赖个体美来达到，另一方面则更主要是通过版面的形式美来满足，即凭借个体美的有机组合——整体美来满足。因此，个体美无论是对审美的直觉性或审美的功利性来说，都是十分重要的。

整体美，是许多个体组合在一起，作为一个版面体现出的统一的美。这种整体，不是许多个体的随意拼合或机械相加。而是许多个体按照一定的美学原则和编辑规律组合起来的完整的、统一的美的整体。

怎样才是完整、统一的美的整体？我认为，这就是要求报纸的版面不论在内容上，还是在形式上都能将个体美恰到好处地组合起来。内容上，首先要突出主题，赋版面以灵魂。1980年全国好新闻评选中，《解放日报》4月14

日的头版受到大家称赞，就是因为它的头条“公物招领”令人触目惊心，发人深思。所以，在众多的个体中，确定最能吸引读者、教育读者的个体作为版面的主题——即头条，是直接影响读者的读报心理，决定报纸的传播效果的。其次，版面作为整体，要求扩大报道面、内容充实。综合性的报纸，要反映工、农、学、商等各方面情况不说，就是专业性报纸，也要立足专业，面向读者，既说生产、科研，又谈生活、娱乐。所以，版面整体，选择哪些个体来组合，也决定着这张报纸在读者中的地位和影响。

版面的整体美，还要求个体在形式上完美地统一。形式的统一，是内容内在联系的体现，在版面美上起着重要作用。与内容的重点突出、反映面广相配合，个体美达到整体美，也要求突出主题、形式丰富多彩。如《解放日报》那个获奖版面的形式很吸引人，粗黑有力的大标题令人难忘。所谓形式丰富多彩，所指更广。如报道的文体、标题的形式、分栏加框、报头尾花，等等，均应根据内容需要和整体的和谐而富有变化。最后，还要强调整体美的创新。1982年12月14日《中国青年报》头版的处理别出心裁，在报眼上用表格、图案对“六五”计划报告中提出的发展指标进行图解，把比较枯燥的计划数字宣传活了，新颖独特，被评为当年的获奖版面。这样的创新，与版面的和谐、统一、平衡相结合，可谓奇而活，活而不乱，增加了版面的美感，更吸引读者。

做到版面的整体美，是不容易的。为了使整体美达到更高的境界，我认为还需提出：努力追求有独创性的美。地方报有地方特色，专业报有专业特色。《文汇报》有个“文荟”版，今年又新辟一个“瞭望角”专栏，都很受读者欢迎，因为它从内容到版面形式都有自己的特点。再如《中国日报》常用大幅新闻照片放于头版，符合国外读者审美习惯，也是一大特色。这种特色，是整体美的一个因素。

怎样才能达到有独创性的美？我认为，首先要看清报纸的性质，了解读者的兴趣、爱好和习惯。前者，保证了办报的大方向，即在宣传党的路线方针政策的大前提下创新；后者，促使我们的创新符合读者愿望，使其乐于接受。

（蔡雯撰写，原载于《新闻大学》1984年10月，第7期）

# 报纸版面的内容美与形式美

早在三十年前，新闻界就有人提出将美学运用于新闻学，发展成新的边缘学科——新闻美学。版面编排是新闻学的分支——报纸编辑学的内容之一，因此，版面美学也将随着新闻美学的诞生而问世。

版面美学不同于版面美，研究版面美只是版面美学的一部分内容，版面美学还有其更重要的另一部分内容，即研究读者的审美实践。作为版面美学，它不仅与编排版面艺术相联系。而且直接与读者的阅读审美心理相联系。它要求版面审美不仅具有直觉性——即诉诸感觉（视觉）的版面形式的美，使人“一见钟情”，爱不释手，而且要具有功利性——即诉诸知觉的版面内容的美：使人受到感染，受到启迪。

版面的内容美与形式美是版面美学者首先要研究的课题。美感，由美的形式而激发。但美感的产生，还与美的内容有密切的关系。这一点，我们须从审美活动的全过程来进行考察。美学家洪毅然先生把整个美感心理过程分成四步：“第一步，通过单纯感觉首先感觉到对象事物外表现象的形式诸条件，即其色、线、形、音等；第二步，由于那些感觉即印象与头脑里的各种相关表象及概念相联系，而知觉其为什么事物的色、线、形，音，即知觉其为什么事物，第三步，就在知觉其为什么事物的同时，由于与其同样或类似事物或它们的某种相关方面处于过去生活关系（益害关系）的联想，伴生某种积极的或消极的或中性的情感体验，如果伴生的情感为积极性的，于是对于所知觉的对象引起喜悦、爱好，并对它的形式诸条件构成起来的整个形象觉得愉目，悦耳、惬意——即在对于它的原来感觉上给渲染一层积极性的情感色调。同时，如果它又恰巧符合一种为社会历史条件所制约而存在于人的头脑中的相关的美的概念、观念、观点的话，就会构成一种‘美的知觉’，即觉知那个愉目、悦耳、惬意的对象为美的，第四步，则在这种‘美的知觉’基础上，更进一步提高、净化原已引起的情感体验成为‘美的情感’的体验。由此可见，审美活动或美感乃是一种层层深入的心理过程。”这一审美心理过程在读报审美中表现得更为明显。好的版面总是以其新颖独特的版面形式首先吸引读者，读者最先感知的是版面上形式突出的部分，如醒目的头条标题、浓重的花框，大幅的图片等等，随之得出判断：这个版上有没有我想看的东西？接下来，读者将阅读具体的新闻、言论、文章，欣赏具体的图片、装饰。这一阶段的审美心理较为复杂，它已不停留于“直觉”，而包含着理解、联想等等更高级的思维活动在内，并受到审美者头脑中原有的相关的美的概念、观念、观点的制约。基于这一审美心理进程，内容的必不可少是显而易见的。新闻审美更是如此。有一张众所周知的新闻照片《腾越》，拍的是我国体操运动员吴佳妮在高低杠上双腿拉平、凌空飞起的动作。毫无疑问，吴佳妮健美的形象首先唤起读者的美感，但读者在了解了吴佳妮在世界体操锦标赛中以这出色的一跃为国家争得荣誉这一更深刻的含义后，对这幅照片的审美将兴致益浓，美的感受得以升华。这样的照片是内容美与形式美的统一，不愧当选为1982年好新闻评比中的获奖作品。

内容美，在新闻、照片、文章等这些个体中有其审美价值，在由这些个体构成的综合体——报纸版面的审美中，情况更复杂，作用也更突出。那么，版面的内容美有哪些标准？我认为主要的有以下几点：

## 一、版面内容的真实感与社会性

版面审美并非一种只涉及版面形式的单纯的直觉活动，而是同版面内容密切相联系的理解、联想等意识活动，它与直觉紧密相连，相互交织，融为一体。所以，“我们在美的形象中，不仅感受到了感情，也感受到了思想和意志。或者更正确地说，我们是在思想、意志和感情的统一中，来感受美的。因为这样，所以美和真和善，就发生了密切的关系了。那就是说，美虽然不同于真，不同于善，然而，不真不善的东西，却不可能美。”（蒋孔阳：《美和美的创造》）

真，即内容的真实可信。真是新闻的生命，也是版面审美的基础。离开真实感，任何美感也不会产生。版面内容的真实是版面上各个部分真实的总和。如果其中有一样东西是虚构的，那就会使读者怀疑整个版面甚至整张报纸的真实可靠。一旦这种怀疑产生，美感就无从谈起。正因为如此，我们版面美学首先强调的就是审美的基础：版面内容的真实性。

没有真，就没有美，这在任何领域的审美活动中都是一条颠扑不破的真理。但审美的对象不同，真的具体含义则各不相同。如艺术美反映的真实是本质真实。众所周知，虾腹部的小腿共有十只，但齐白石画虾只画六只，这显然脱离了现象真实，但却更好地表现出虾透明的质感和弹跳的动感，从而充分表现了本质真实。再如于非闇的工笔画牡丹花，可谓富丽堂皇、天姿神韵。但细心的行家会发觉，他的牡丹花集中了“春天之花，伏天之叶，秋后之老干”，绝非花苑中可找到。这是艺术的真实，如果我们新闻中写虾，把十只腿写成六只；如果我们新闻中写牡丹，描绘的是“春天之花、伏天之叶、秋后之老干”，岂不滑天下之大稽？因为新闻的真实不仅指本质真实，还指现象真实，它要求所涉及的时间、地点、名称、细节都必须准确无误。新闻是对客观变动事实的报道，版面就是无数新闻事实的再现——我们虽然可以而且应该对事实有所选择，但我们不能对事实作任何篡改和杜撰。即使是出现于版面上的广告，稍有言过其实之处，也有损于版面的审美。

真、善、美，往往总是紧密地联系在一起的。版面内容不但要真，而且要善。所谓善，即审美中的含目的性，这是美感产生的又一基础。何为含目的性？目的，在此是个很广的范畴，包括审美者内在的早先便具备的关于美的概念、观念、观点、倾向等，更准确地说，就是人的有关思想意识。美学家蒋孔阳打过一个很有趣的比喻，他说：“人的审美的活动更无不以思想认识作为前提。当奥赛罗误信他的妻子不贞时，他就再不能欣赏她的美了。当他杀死了她，发现杀错了时，他觉得她的美变得更崇高了。”可见，对于奥赛罗，道德感制约着美感。在新闻的版面审美中，制约美感的善的因素就更多了，总括起来说，就是版面内容的社会性。进入阶级社会之后，社会性又首先体现为阶级性，以及较之阶级性更稳定的道德观念。阶级性再进一步说，是占统治地位的阶级的意识形态。在当代中国，这种意识形态最集中的表现就是代表人民利益的党的思想政治路线。所以说，新闻学中把党性、思想性放在重要地位是历史发展的必然。这也是版面审美的客观规律的要求。值得注意的是，版面美学中的社会性比党性、思想性含义更广，后者只是前者最重要的组成部分而已，不可混为一谈。

同一阶级中不同的人，由于思想觉悟、道德水平不同，对同一对象仍有不同的审美态度和审美感受。那么，版面内容如何把握社会性这一标准呢？我认为，基本原则应该是：符合最广大人民的利益，引导读者积极向上。因此，版面内容对美好事物的赞扬，具有版面美的审美价值，同样，版面内容对丑恶行径的揭露，也具有版面美的审美价值，因为它从反面给人以启迪和教育，告诉人们什么是真善美而应当热爱，什么是假恶丑而应当憎恨。这样，版面内容就充分发挥着其功利性的作用。当然，版面内容的社会性在不同的时代有不同的标准，我国的报纸要通过充满事实（正面的或反面的）的版面，引导群众，教育鼓舞群众。这就要求报刊的版面要对各种材料以社会性为标准进行选择。当前，就是要选择那些能促进我国社会主义物质文明和精神文明建设的新闻、图片、言论、文章、广告等，来美化报刊的版面，满足广大读者的审美要求。

## 二、版面内容的时效性与新奇感

美感产生的一大特征是使人感到愉悦、兴奋，这便是快感。快感不同于美感，它是美感的低级阶段。但没有快感为“前奏”，美感无从产生。版面审美，也以快感为起点。如果读者打开一张报纸，第一感觉不是愉快，而是扫兴或厌恶，那么这个版面很难有其审美价值，读者很可能连看也不愿看。

版面的内容，怎样才会唤起读者的审美快感呢？我认为，关键有两条，一是时效要快，二是内容要新。

时效性，是新闻界一句“行话”，在审美中它的作用确实不可忽视。新闻是对最新事实的报道，版面则是最新事实的总汇。时效，使新闻区别于历史，使版面区别于史书。读者在版面上看到的如果都是些“陈芝麻烂谷子”，怎么会感到愉悦？怎么会产生美感？可见，时效是版面审美中独具而其他领域审美并不强调的一个美感因素。

从心理反应看，在单调的重复的对象刺激下，人的注意力往往会迟钝起来，难以产生心理反应：新颖奇特的对象则会使人脑神经系统兴奋，激发强烈的注意力。读者对版面的心理反应也同样如此。为什么人们讨厌版面上千篇一律的会议新闻？为什么人们不喜欢那些总说“誉满全球”的广告？就是因为这些东西太多太旧了，使人厌倦。新闻姓“新”，“新”首先要从内容新起。就是常见的内容也应寻找新的角度和新的表达方式。

值得注意的是，新奇不是无原则地猎奇。它必须以前面所谈的真实性、社会性为基础。五十年代，《北京晚报》登过一条社会新闻，写一个刚刚领了结婚证的青年高高兴兴回家，在路上骑车不慎撞死了一位刚刚过生日的老人。虽然情节新奇，但没有任何积极的社会意义，受到市委的批评。所以，版面内容的新奇，版面审美的快感都必须是积极意义上的新奇与快感，离开这一点，版面内容就失去了美学价值，版面审美就背离了社会立场，助长不健康的审美情趣，那是应当引以为戒的。

## 三、版面内容的信息量与吸引力

版面的信息量是指版面内容所包含的信息以及由此而引起读者的思维活动的信息的总和。我们知道，审美活动进入高级阶段后，审美联想便起作用了。“联想是我们的记忆的一种表现；联想的生理机制也同样是暂时神经联系，联想的活动也同样是条件反射的活动。”（杨清：《心理学概况》）版面审美的联想，通俗地说，就是版面内容与版面形式的信息，即那些引起快感的对象，触动了读者已有的记忆神经，新近的信息与旧有的信息发生联系，产生连贯的反应，即“从审美对象上看到自己以及与自己有关的经历、情思、理想等等，能使美感的湖泊激起波澜，引起较为强烈的心灵震撼。”版面内容怎样以自己的信息引出读者阅读审美的思维活动信息呢？我认为，从新闻学角度说，就是要符合读者的共同兴趣，要有吸引力。共同兴趣，是新闻学的术语，但在审美活动中，也有其“用武之地”。就以新闻作品为例，能在读者头脑中保存记忆的，必然是读者感兴趣的。反之，读者只要对之有兴趣，就会有意或无意地对之记忆，形成暂时神经联系。而这种暂时神经联系，就是审美联想的基础。

1964年12月5日，《人民日报》以头版一半的版面报道了北京市干部参加运销大白菜的消息，配发了短评，刊登了北京市蔬菜公司党委书记刘云的《卖菜札记》，还发了丰台区黄土岗公社社员的来信《让工人老大哥吃上又好又贱的大白菜》等等。这组报道受到毛泽东同志的夸奖，在社会上也较有影响。为什么这个版面受到好评？因为那年北京的大白菜收成好。菜农担心大白菜能否运销到城里，城里居民则关心怎样能买到又好又便宜的菜，这个问题便是广大读者的共同兴趣所在。所以这个版面一下触及了读者关于大白菜的“暂时神经联系”。审美联想由此产生。这个版面的内容，不仅本身所包含的信息量比较大，而且它引起读者思维活动的信息量也比较大，激发了读者的阅读兴趣，很有吸引力。因此，它的版面美学价值就较高。报纸不同于文件，读者读不读，读多少是完全自由的，要想让读者读你这张报纸，这块版面，就必须在“共同兴趣”和吸引力上下功夫。

和新奇感一样，共同兴趣所引起的审美联想也受着社会性制约，特别是受到阶级性制约。因而，不同的兴趣所唤起的审美联想不同，达到的审美境界也不同。西方资本主义国家流行一个著名的新闻定义：“狗咬人，不是新闻，人咬狗，才是新闻”。这种兴趣，就等于猎奇。美国做过《纽约先驱论坛报》采编主任的斯坦利·瓦利克尔说得更露骨，他说，新闻是建立在三个“W”的基础上，即妇女、金钱、坏事（这三个词的第一个字母均为W），这种新闻观是我们必须摈弃的。

在版面审美中，随联想而共生的还有心理上的共鸣。没有共鸣，美感也无法产生。由于联想而迸发的美感共鸣，有着多种多样的较为强烈的感情色彩。有人将其分成鼓舞、激动、感慨、悲伤、震惊等几类，我认为颇有道理。美感本身是很复杂的。这里“美”，不能单纯理解为美丽、美好、漂亮之类，不能作狭义的解释。在版面审美中，美感同样具有多种多样的感情色彩。如读《我百万雄师横渡长江》和《为了周总理的嘱托》，情感便不同，前者激昂、振奋，后者则低沉、感伤。读《谁是最可爱的人》和《人妖之间》更是感受迥异，前者使人感动、敬佩，后者使人震惊、气愤。但这都是审美的心理反映，是从不同角度体现的对美的追求。报纸版面的审美，就应该包罗情感色彩变化多端的美感，这也就要求版面内容的丰富多彩，不是单打一，不是“报喜不报忧”。车尔尼雪夫斯基说过：“美是生活。”生活是广阔无垠、不断变化的，版面内容就要反映这种变化着的生活。新闻界有句行话：“扩大报纸的信息量”，不就是这个含义吗？应该说，版面内容所包含的信息量越大，它的吸引力也就越强，二者常是成正比的。

在对版面内容美作了考察之后，我们再回到审美活动的起点——形式美上。美感，总是由具体的形象而萌发，是美的形式唤起快感、联想和共鸣，给人美的享受的。版面审美，也是版面形式首先作用于人的视觉感官，吸引人们由版面形式审美进入内容审美。那么，怎样的版面形式才能激发人们产生美感呢？当然，报纸种类繁多，版面千变万化，关于形式美也就有不同的标准，具体的分析远非本文寥寥数语所能完成，还有待于各报的编辑们结合本报实践进行具体探讨。在此，仅将各种版面共有的形式美因素略加归纳：

1. 传统风格美

到过长城的人，谁不为其气势雄伟而惊叹？游览杭州的人，谁又不因其山水秀丽而倾倒？长城、西子湖，两种不同的气派，两种不同的美，但它们唤起游人美感的因素却是同样的，那便是它们的传统风格。长城的磅礴气势象征着中华民族几千年的伟大历史，这种风格使游客震撼，西子湖的山光水色代表着祖国江南的锦绣河山，这种风格使游客沉醉。美，就寓于这千姿百态的传统风格中。我们报纸版面也同样体现着各种风格，呈现出不同的美。《人民日报》严肃端庄，《中国少年报》则天真烂漫，《工人日报》粗犷泼辣，《文汇报》则文秀淡雅。晚报的风格更独成一家，它短小活泼，洋溢着浓烈的生活气息。还有那问世不久的《小主人报》，完全出自孩子们的手笔，虽不乏个别不够规范之处，却以特有的稚气，赢得了孩子们的喜爱。这也是一种美。

报纸版面的传统风格从何处来？我认为，风格从读者的审美心理要求而来。在风格成为一种传统后，它又反过来影响读者的审美心理。不同的读者，因年龄、职业、文化程度、兴趣爱好等等不同，对审美也抱有不同的心理状态。知识分子的报纸清雅、稳重，孩子的报纸图画多、编排活，不都是因其读者的审美要求不同而决定的吗？所以，任何版面都要根据该报的性质、读者对象，找到最符合读者审美愿望的形式。这便是版面形式美的第一要素。

2. 新颖和谐美

从读者审美心理讲，千篇一律的东西不会给人美的享受，相反，陌生感不断地产生，探奇寻胜的愿望不断被激发，百读不厌，审美兴趣也就始终不会衰减。所以，与传统风格美相并列，我们提倡新颖和谐美。

新颖，就是版面形式的大胆创新。《中国青年报》1982年12月19日的头版就是一个创新的好版面。它在报眼上交代了“六五”计划提出的发展指标，整个头版则用大幅的图案、表格进行图解，把比较枯燥的指标数字宣传活了。在图案上，通栏标题《美好的前程切实的目标》和右下方一组青年头像相映成趣，醒目而有鼓动力。这个版面被评为1982年好新闻中的获奖版面。新颖不是出格，更不是怪诞。新颖的条件是和谐，离开和谐的新颖不能给人美感。和谐的含义是什么？我认为其含义有三：一是形式适应内容，表里和谐。《中国青年报》用图案、表格式，是适应宣传报道的内容的，内容决定了形式。二是创新不离传统，今昔和谐。青年报的创新是以其原有的活泼风格为基调的，所以这一新形式仍然符合读者的审美要求。三是版面本身布局的均匀和谐。仍以《中国青年报》这一获奖版面为例，如果删去刚才提到的右下角那些头像，虽然还是个创新的版面，但整版头重脚轻，怕很难给人以美的感受。

3. 醒目有序美

版面形式激发美感的第一步是要吸引读者的往意。注意，即指人的各种心理活动的指向性和集中性，版面倘若不能引起读者的任何注意，从美学上说，审美无从进行，从新闻学上说，报纸毫无价值和作用。怎样的版面才会引起读者注意？我认为最关键的是醒目。

注意的对象，总是众多事物中与众不同的部分。醒目，就是这些部分不同寻常的处理效果。如一个版面上，头条标题特别粗重，重要图片格外放大以及对某些稿件加框、插图等等，这些部分便是读者首先引起注意的地方。所叙，版面形式醒目与否，直接关系到审美效果。

讲醒目，也需讲有序。有序就是版面各部分按其内在联系构成完整的综合体，它包括醒目的部分，也包括那些不够醒目的部分。因为人的注意虽首先“光顾”醒目的对象，但也并不遗弃那些平常的东西。这就是心理学上说的注意的广阔性。“注意的广阔性主要制约于一个人当时所注意的事物之间的联系，以及他对这种事物所具有的知识经验。”这里须强调的是将事物之间的联系用形式体现出来，也即版面上各部分的联系。如我们常用的将内容相近或相反的材料组成一组，再配以栏题，言论等，或加深对某个问题的报道，或形成鲜明的对比。至于专栏，更是这种联系的一种固定形式。所有这些处理都是充分发挥注意的广阔性在版面审美作用中的手段。由于版面审美，是对版面整体及各部分的审美，因此仅仅停留在醒目的个体上是不够的。但要达到版面审美的预期效果，又必须从醒目开始，通过各个部分内在联系的形式表现，把读者的审美注意牵向版面的各个角落。

4. 变化跳跃美

一成不变的东西不美，死气沉沉的东西也不美。不论什么领域的审美，这都是共同的经验。同样，如果版面上没有变化，没有跳跃，给人的感觉也将是一成不变，死气沉沉。

变化，指版面各部分的变化，如标题的语言、形状、字体字号，文章的体裁、语言、字体字号、分栏转行，照片的剪裁、大小、位置，插图、报花的设计、放置等等。变化的版面，就是众多变化的综合体，它体现着多彩多姿的形态。大凡报纸的编辑都深知版面变化的重要，缺乏了变化，也就缺少了版面美。湖北《襄阳报》曾提出这样的指标：要求每版有一个小专栏、两种字号（不包括标题拿号）两幅照片、三种文体、四样品种。每期的版式要经常交换，不能老是一种格式。

跳跃，指版面形式富有节奏，不同变化的组合形成各自的“高潮”，使版面形式适合读者去“审美扫瞄”，怎样才能出现这种跳跃呢，那就要求设计版面时通盘考虑，最好在一个版面上安排两三个重点，并拉开距离。分布全版的几大要害之地。这样，读者在版面审美中，便自然地依照编辑的意图，从一个醒目点跃向另一醒目点。而跳跃之间，又按联系有序的编辑处理，阅读了那些过渡的部分。随着版面的强势弱势，审美心境也时而微波荡漾，时而巨浪滔天，令人审美兴趣益浓。所以，变化和跳跃，也是版面形式美的一大因素。而这两者之间，又是相互融合，不可分割的。

版面美学是一门崭新的学科，它有待于新闻界与美学界去共同探讨。笔者相信，这一边缘学科的研究对于提高报纸的质量是有益的，笔者希望，版面美学能使我们的报纸更加丰富多彩。

（蔡雯撰写，原载于《编辑之友》1985年第6期）

# 地市县报要办“名牌专栏”

专栏，是报纸版面的重要“零部件”之一，直接关系到报纸的质量。地、市、县报版面虽小，却也有着众多的专栏。不过，它们有的使人耳目一新，有的却陈旧乏味。有同志提出：地、市、具报要办“名牌专栏”，提得好！

何谓“名牌”？我认为，地方小报的专栏能成为“名牌”的，不外乎两类：

首先，是别人没有而我独具的专栏。这种专栏总是地方特点明显、乡土气息浓厚的，一般不为其他报纸所具备。如《哈尔滨日报》的《太阳岛》副刊中《我和哈尔滨》专栏，专门向与哈尔滨有关系的知名人士约稿经他们的笔来写哈尔滨的风土人情、历史现实很受本地读者欢迎。又如《兰州报》的《外地人评兰州》专栏，专登外地同志的来信，像1983年10月9日《一位外地人投书本报说——“下次来兰，还住黄河饭店”》，同年10月14日《乘车不快慰　吃饭气饱肚》等，有褒有贬，在兰州很能吸引、教育读者，对实际工作也有促进作用。再如山西《运城报》是份以农民为主要读者对象的小报。在1982年5月，它办起了《农民致富服务部》专版，开设了“情报员”“推销员”“裁判员”“服务往来”“致富短讯”“农商之间”“专业户介绍”“小经验”等栏目，帮助农民发展多种经营和家庭副业，半年中就刊出十多个专版，还给读者直接回信一千多封，解答他们提出的有关问题。他们还通过和有关部门联系，帮助群众解决实际问题二百多个。群众说：“《运城报》来，我们争着看‘服务部’这一版。”

可见，办“名牌专栏”关键是要根据地方的特点抓住当地读者的特殊需要和兴趣，并努力用新颖的形式来表现。

其次，内容常见、别家也有的专栏办出特色也可以成为“名牌”。就像做月饼，广式、苏式同为月饼，风味不同，都可以成为“名牌”。办专栏也一样、如“市场信息”“党的生活”“时事”“法庭内外”等等都是极普通、极常见的专栏，几乎所有地方小报都开设过，但效果却不完全一样。如

《哈尔滨日报》时事版上有个“时事测验”栏目，在1981年恢复后，先是编辑自问自答，后是编辑问群众答，接着由群众自问自答。这种别出心裁的专栏不同于一般时事汇编，很受读者喜爱。

把大家都有的专栏办出特色，办成“名牌”，要克服许多困难。最要紧的是要有独创的精神。邹韬奋先生说过他的看法和做法：“最重要的是要有创造的精神，尾巴主义是成功的仇敌。刊物内容如果只是‘人云亦云’，格式如果只是‘亦步亦趋’，那是刊物的尾巴主义。这种尾巴主义的刊物便无所谓个性或特色；没有个性或特色的刊物，生存已成问题，发展更没有希望了。要造成刊物的个性或特色，非有创造的精神不可。试以《生活》周刊做个例。它的内容并非模仿任何人的，作风和编排也极力‘独出心裁’，不愿模仿别人已有的成例。单张的时候有单张的特殊格式；订本的时候也有订本的特殊格式。往往因为已用的格式被人模仿得多了更竭尽心力，想出更新颖的格式来。单张的格式被人模仿得多了，便计划改为订本的格式：订本的格式被人模仿得多了，便计划添加画报。就是画报的格式和编制也屡有变化。我们每看到一种刊物，只要看到它的格式样样模仿着别人的，大概就可以知道它的前途了。”办专栏，不也需要有韬奋先生办刊物的这种创新精神吗？这种专栏怎么创新？我认为，第一，要在普遍、常见的内容范围内选择有地方特色的材料。如办“党的生活”专栏，有的小报只是简简单单地汇录一些文件精神，发点议论，而有的小报则抓住大量有说服力的当地典型人物，典型事件，以事喻理教育读者。显然，后者比前者有特色得多。第二，要在形式上别出心裁，吸引读者。这一点很重要。如上面举的《哈尔滨日报》的“时事测验”专栏，在内容上与许多小报的同类专栏相差不大，但它特别的形式却吸引人，从而也具备了自己的特色。可见，只要肯动脑筋，同样名字的专栏也可以办得胜人一筹。

名牌专栏，给读者的印象往往比报纸本身还深刻，它可以为整张报纸增光添彩。但办好这种专栏，功夫往往在专栏外。为什么？仍以《哈尔滨日报》为例，他们为了办“时事测验”专栏，做的工作之多是惊人的。该报同志归纳（见1982年12期《新闻业务》《用“时事测验”的形式扩大时事宣传》）：

一、选题。从读者出的题目中选，公布单位姓名、每期三道题左右，内容包括一周来的国内外大事、也有配合形势的国际知识题。

二、答案。每期发表一名读者的标准答案，择优选用，同时表扬答得较好的三至四人。对见报的人，照顾各方面，避免重复。

三、奖励。发二元稿费、纪念品。1981年终，在一个版面上报道参加“时事测验”活动的典型，发了光荣榜，对一个先进集体和三十名个人进行了公开表扬。

四、广泛联系。如开座谈会、典型调查、进行专访、建立骨干队伍。还在两个厂建立了“时事测验”活动联系点。

这大量的工作，要耗费多少人力、时间和物力是可以想见的，但没有这许多“栏外工作”，“时事测验”又怎么能赢得广大读者的喜爱?

再如山西《运城报》办“农民致富服务部”专版，不仅在报上为群众释疑解难，还走出报社大门，为群众上门服务。1982年5月，该报接到万荣县庙前大队两个社员的来信，反映荣河贸易站出售报废的温度计，给他们孵小鸡造成了严重经济损失。“服务部”立即派出“裁判员”，到那里做了调查，然后协同当地工商管理部门做出裁判，由荣河贸易货站赔偿两位社员孵小鸡的损失。同年7月，“服务部”应闻喜县郭家庄公社科协的要求，邀请全国青年学科学用科学标兵冯宏章到这个公社作了棉花管理技术报告。这许多务实的工作，使得专栏更接近群众，受群众欢迎。

地、市、县报是时代发展的产物，从长远的发展看，面向基层、为读者服务是地方小报的办报方向，许多小报正顺应四化建设的新形势，越来越走向实际工作第一线。地、市、县报的专栏，不仅要办成洞察当地形势、反映本地情况的窗口，而且要办成指导当地工作、为读者服务的窗口。现在，这种地方的“窗口”比起社会需要还是太少了。所以，有必要大声呼吁：让我们的地方小报出现更多的“名牌专栏”。

（蔡雯撰写，原载于《新闻传播》1986年秋季号）

# 半拍之差

凌晨，日报的印刷机已经送出了飘着墨香的报纸，晚报的印刷机仍在睡梦之中。

凌晨，日报的值班编辑们带着熬夜的困倦进入梦乡，晚报的同行们急匆匆迈进了办公室。

1986年9月10日晨，我到黄浦江边的《新民晚报》实习报到，最先感受的就是这急匆匆，紧紧张张的气氛。位于四楼最末的新闻编辑部内，十五张桌子紧凑分布于办公室四角，一、二、三、四版的编辑们各据一方，埋头在成堆的稿件、图片、电讯中，似乎没有人注意到我这个陌生的来客，四部电话机不时轮流叫唤。上来取稿的工人，下楼送标题或图片的编辑以及来察看工作的总编辑们，穿梭不息，步履匆匆。九点刚到，版面编辑们就冲入了排字车间，在堆放着乱七八糟小样、大样及照片的旧办公桌上边看稿边画版样。时而，有记者满头大汗送来墨汁未干的急稿；时而，划版的编辑抓起电话机大声催问，某某记者回来没有？稿子好了没有？某某栏的文章写完没有？等等。终于，版样挂上了工作台，拼版工人动手作业了。编辑依然不敢怠慢，站在旁边随时删改稿件，随时准备突然抽换稿件。工作台边，经常有不同意见的争论，时而，也有会意的笑声。这一天是教师节，采访头条的记者赶回报社已是十一点钟。于是，打小样、做标题、制作照片、拼上版面，一环紧扣一环，分秒必争。十二点一刻，大样终于出来了。十二点二十分，压纸型的机器发出欢快的响声，守候着审看清样的编辑们，这才长长舒口气，拿出碗筷，说笑着向食堂走去。后来有人告诉我，并不是每天都这么顺利，也曾有“脱班”的时候，那么，邮局将不给送报，郊县的读者晚上便要“断炊”。而编辑部内，人人心头都仿佛压着一块石头，愁眉不展……

我也曾在日报的夜编室实习过。夜编也是紧张地工作，但相对于晚报的“晨编”，编辑们时间略为充裕，他们可以安坐于办公室内画版，而一部分稿件早在白天便打出了小样，不须从零开始。因而，当过三个月日报“夜编”的我，置身于紧张匆忙的晚报编辑群中，陡然感到一种无形的压力。

难怪乎，当《成都晚报》在1984年12月12日，抢在日报之前报道当天上午在北京举行十届三中全会的消息，以及会议决议和关于经济体制改革的决定时，顾执中老先生激动万分写文祝贺。在《向成都晚报祝贺》一文中，他写道："根据我一些旧时的经验，搞晚报的工作，远比日报更为艰苦。首先是在上午工作的时间极为短促。要在这短促的时间内，做好大量采、写、编、排、校以及付即、发行出版的工作，确实不易，若为日报，即以晚上八、九时算起，到翌日下午四时上架付印，工作时间自然是充裕多了。还有，有些上午短促时间内所发生的重要新闻，如果新闻网布置得不周密，就一瞬即逝，容易脱漏，逼近中午的消息，更难及时在当天晚报刊出。"

这是一段毫不夸张的晚报工作辛苦谈。

与日报的运转系统相比，无疑，晚报运转系统总是"慢半拍"（半天），这"半拍"就是晚报与日报的"时间差"。"时间差"给晚报带来了新闻时效问题。为了使晚报上有丰富多彩的最新见闻，晚报与日报无时不在进行一场激烈的"新闻争夺战"。

1986年9月18日早晨八点，我匆匆忙忙从55路公交汽车上跳下来，正想穿过南京路向晚报办公楼去，蓦然发现离外滩不远的南京路边轻工业展览馆浓烟滚滚，几辆救火车鸣叫着向失火地点飞驰而去。南京路口已由交通警封住了，行人拥挤在外滩，神色紧张，议论纷纷。我赶到报社，却见十来位编辑早已安坐桌边看当天的稿件，仿佛根本不知道百米远处的重大火灾。

"南京路上失火了！"我忍不住叫一声。

一版编辑冲我笑笑："你的'报道'太迟了，我们的稿子在打小样啦！"

原来，深夜两点发现火情时，在报社值班的是二版一位编辑，他闻讯便赶到了失火地点，采访、察看，连夜写出了一篇"目击记"。清晨，政法部一位记者也赶到了，抓紧采访救火情况，跟踪发出反映整体过程的消息。这一天中午，晚报一出版就被焦急等待的群众一抢而空，人们最关注的就是一版的新闻《南京路今晨发生特大火灾江市长视察现场要求开展防火大检查》，以及公安部门提供的救火现场的照片。

后来才知道，失火当夜赶往现场的并非晚报一家。日报的几位夜班编辑也去采访了，但由于来不及赶当天早晨出版的日报，他们的新闻与"目击记"便落在了晚报之后。由于善"抢"，晚报的"慢半拍"实际上变成了"快半拍"，即比第二天日报的报道早了半天。

（蔡雯撰写，原载于《新闻传播》1987年夏季号）

# 夜深人不静 事事暖民心

## ——《今晚报》的“夜间记者站”

前不久，我到天津修改关于晚报的硕士论文，接站的好友一见面就建议：“你一定去《今晚报》的‘夜间记者站’看看，那可是咱们天津人最喜欢的专栏。”又说了一件趣事：在一个雨夜，他妻子下了班赶到公共汽车站。末班车提前开走了。乘客们滞留在站台上怨声不断。妻子焦急之下想起《今晚报》的“夜间记者站”，便拨了电话诉苦。没想到几分钟后，“夜间记者站”便催促汽车队派来了一辆车，把冒雨等候的乘客们一一送回了家。

我怀着极大的兴趣拜访了《今晚报》新闻部的负责人和记者。这里20多位同志分为3组，轮流承担“夜间记者站”的值班任务，女同志从晚上5点到9点，男同志从9点到第2天早晨。1984年《今晚报》创刊起，“夜间记者站”就被定为要闻版的“拳头产品”，宗旨是反映晚间发生的新闻，侧重反映群众呼声，揭露社会问题。3年多来，该专栏几乎天天和读者见面，有时一栏同时发表两三篇文章，还多次把专栏推上头版。新闻部的同志自豪地说：“没有‘夜间记者站’就没有《今晚报》一版的特色。”

确实，《今晚报》作为晚报界的后起之秀，近年来取得了令人瞩目的成绩，“夜间记者站”是立下了汗马功劳的。每天夜里10时到次日2时，新闻部的电话最为繁忙，读者反映的问题五花八门：自来水跑水了，电断了，马路上挖坑行人掉进去了，下雨屋漏了，有人遭歹徒袭击了等等。还有不少人带着问题，甚至摔得血肉模糊就径直找到报社来。值班的记者时而骑上摩托车飞奔现场采访；时而抓起电话核实情况，再向有关部门反映；时而接待来访者，听取意见，帮助解决……夜间的劳累使记者眼熬红了，头忙晕了，可第二天只要有采访任务，他们一刻也不休息，接着干。

“夜间记者站”的成功不仅在于及时报道夜间新闻，反映读者的意见、要求，并为群众解决各种生活中遇到的问题，而且他们不满足于被动地报道新闻，解决难题，还有计划地“主动出击”，进行一些重要问题的系列采访报道。如夏季夜市是群众生活的一个组成部分，夜市的物价及市场管理直接关系千家万户的利益，“夜间记者站”的记者专门对此进行实地采访，揭露不正之风，呼吁有关部门采取措施，在群众中受到欢迎。再如工业噪音，夜间影响居民休息，群众早有怨言，而问题迟迟不能解决。“夜间记者站”连续一周对此进行系列报道，以记者夜里目睹的事实以及群众的呼声提出问题，又采访解决这一问题较好与较差的部门进行对比报道，有力促进了难题的解决，为群众排除了忧患。“主动出击”，使“夜间记者站”在随时报道突发性新闻的同时，在一定时期还有一定的主要目标，从而发挥了更大的作用。

“夜间记者站”这个专栏的存在是立足于晚报特殊的“土壤”。由于晚报出版时间的特殊性，夜间和上午的新闻能抢在日报之前报道，《今晚报》就是利用这一优势创办了“夜间记者站”，立志报道“人无我有”的独家新闻。另一方面，由于晚报和群众的亲密关系由来已久，广大读者很自然地把这一专栏当作知心朋友，不仅希望从中得到信息，还希望它为自己排忧解难。“夜间记者站”顺应了这个愿望，不辞辛劳，满足了读者多方面需要。

“夜间记者站”在成功的背后，也有种种苦恼，新闻部有同志直言不讳地说，苦恼有二。一是限于夜间采访，越近深夜，越难出新题。二是专栏在读者中有了威信，群众事无巨细都赶着晚上找上门来，有些读者明知不能解决问题，但要记者听他诉诉委屈消消气。群众这种感情和信赖令人感动，但长此以往，“夜间记者站”有变为“夜间群工部”的危险，正常的采访工作必受影响，解决这一难题十分棘手。现在《今晚报》的同志们正处于新的探索之中。

（蔡雯撰写，原载于《新闻记者》1988年第1期）

# 论我国晚报的现状与发展前景

## 导言

我国晚报近年来的发展取得了令人瞩目的成就。相对而言，对晚报的理论研究却未得到应有的重视。

十一届三中全会后，我国报界在逐步突破过去清一色、一刀切的党报一元化模式，报业结构出现了多层次、多样化的局面。晚报在这批后起之秀中独树一帜，稳步发展。1982年，《羊城晚报》平均期发行数可达126万份，到1983年，《新民晚报》与《北京晚报》也突破了百万大关。虽然近两年由于新闻纸提价等原因，晚报的发行量也同其他报纸一样受到影响，但在许多大城市中，晚报的发行量都远远超过了当地日报。晚报的自费订阅率之高，更是居各类报纸之首。

在“晚报热”业已兴起的今天，晚报理论研究却是一个近乎空白的领域。虽然每年晚报工作会议中都出现一批晚报自身的工作总结，问题探讨性文章，但研究的广度、深度都还跟不上晚报实践发展的步伐，不能使理论走在实践的前列并指导实践。许许多多问题迫切需要反思，为什么中国报界会出现这么一支生龙活虎的晚报队伍？他们为什么能在激烈的竞争中牢牢吸引众多的读者，立于不败之地？晚报所走的是怎样一条路？会面临怎样的前景？疑问太多了，几乎还不容细细思考，报界新的变化就出现了：日报开始转回头来，借鉴学习晚报，“小报促大报，晚报促日报”成为新闻改革中一股巨浪。巨浪之后，晚报必将失去许多“专有”的东西又会面临怎样的处境……还是需要反思。

早在第一次全国晚报工作会议上，全国记协书记处书记李普便在总结报告中呼吁：“我们共产党人做任何工作，不是从定义出发，而是从实际出发的。同样，我们办晚报，也不是先查晚报的定义是什么才来做工作，而是在实践中来探索、来创造的。经过许多晚报这么些年的努力，积累了很丰富的经验，逐渐明确了晚报的许多问题。我个人感觉，已经有相当充分的资料可以从理论上来加以总结和提高，来说清楚晚报究竟是怎么回事，晚报的个性是什么，特色是什么。所以我想冒叫一声：很可能在我们的新闻理论和新闻学体系当中，增加一个科目，叫作‘晚报学’。我觉得我们确实有相当丰富的经验，有相当丰富的实践资料，来进行这种研究。”

确实，系统、全面地研究我国晚报的时机已经成熟了。在新闻改革深入进行的今天，迫切需要探讨晚报的办报规律和发展前景，对晚报的性质、特色、成就与问题进行系统的理论分析，这不仅对于晚报，而且对于整个新闻事业都有着不可低估的作用与意义。基于此，本文立足于对我国晚报的考察和研究，进行一些初步的探索，旨在为开展晚报理论研究，繁荣晚报事业尽绵薄之力。

## 社会需要造就“家庭报纸”

晚报与其他报纸最大的区别在于它是一种“家庭报纸”。

“家庭报纸”含义有二。一是读者自费订阅带入家庭，正如北京市邮局1982年对北京市四个城区和一个郊区进行重点调查得出的结论：《北京日报》自费订户占总订户的7.9%，《北京晚报》自费订户占总订户的99.4%，晚报是一种几乎完全由读者自费订阅的报纸。目前许多单位公费订报都不将晚报列于其中，在人们长期形成的观念中晚报是由家庭自己购阅的“八小时以外”的报纸。“家庭报纸”含义之二是以所有家庭的所有成员为读者对象。《新民晚报》很早就提出一个口号“为八岁到八十岁的人办报，让晚报成为报春的燕子，飞入寻常百姓家”。这在今天已经变为现实。能走入各个阶层千家万户的报纸固然不少，但能使合家老幼各得其所的非晚报莫属。

从1898年夏，中国人创办《上海晚报》（我国最早的晚报是1867年外国人办的英文《黄昏慢报》（*Evening Express*）·上海）至今，我国晚报在走向家庭的道路上断断续续，极其艰难地探索了近百年。决定晚报命运的是社会发展的客观条件，包括政治、经济、文化等各种因素的作用。旧中国是半殖民地半封建的社会，生产力发展缓慢，经济文化落后，尽管先后创办的晚报多如牛毛，但人们对信息需求量不大，绝大多数晚报寿命很短，有的只有个把月甚至几天，能维持一年半载便很不容易了。当然也有过短暂的晚报繁荣时期，那便是革命和战争时期。如1911年10月武昌起义开始爆发辛亥革命，1926年军阀为争夺地盘在沪宁线、沪杭线一带混战，以及从1937年“八·一三”事变到上海沦为孤岛的时期，人们关心战局，渴望从报纸上得到最新消息，晚报和一日多次的“号外”总是销售一空。读者的信息需求使报业不繁荣的旧中国在特定情况下一度出现“晚报热”。这种信息需求在现代化建设时期无疑有了更广泛的意义，使中国新闻事业进入了“信息爆炸”的新时代。新中国成立后逐步形成的党报一元化和单纯的日报结构已远远不能满足社会需要，晚报在传播信息上利用“时间差”以大量“今日新闻”补了日报的不足，受到读者青睐。

文化娱乐需求是社会发展对新闻业的又一冲击波。随着我国政治变革和经济发展，人民的物质文化生活水平提高到一个新阶段。传统型的指导工作、进行教育的日报已不能满足读者多方面需要，多元化的报纸结构不可抗拒地迅速形成。其中，晚报由于特殊的出版时间，能被读者带回家庭，供全家老小阅读消遣，其满足文化娱乐需求的功能比其他报纸更为突出。而且，晚报由于历史的原因，在文化娱乐特色上久负盛名。旧中国晚报初创时，不可能像西方国家的晚报，仅仅提供比日报新的消息就可站稳脚跟，只能在文艺性和休闲性上显示特色，并以群众喜闻乐见的社会新闻作为主要报道内容和竞争手段。这种特点在清末便明显表现出来，1910年11月13日的《民立报》，为《通信晚报》刊登了一则广告：“本报为上海特创之晚报。其宗旨在于捷便、确实，补各日报之所不及。亦并以集各日报之精粹，而为之代供于社会。故阅本报者，为勉赴事功计，固可省时而节力；为休闲计，亦可作茶前酒后之谈笑资。每张售铜圆一个。定购者，每月取洋二角……”可见，晚报的休闲娱乐作用由来已久，这种作用今天得到了积极的发展，已不仅是“茶前酒后之谈笑资”，而是具备了“寓教于乐”的新价值，受到广大读者欢迎。

信息需求和文化娱乐需求固然是晚报走向兴盛的重要“催化剂”，然而，晚报能在短短几年中后来居上，成为群众喜爱的“家庭报纸”，还有更进一步的原因。

新中国成立以来，我国新闻事业经历了一条极其曲折的道路。政权建立初期新闻政策比较宽容，我们建立了党报与非党报并存，以党报为中心的报业队伍。五十年代我国报业盲目地照搬苏联新闻模式，不加分析地接受了苏联高度集权的新闻理论。这种模式与理论的主要弊病在于：报纸“国家化”，全部是“官办”机关报，形成单一的机关模式；报道宣传化，不尊重读者需要和意见，只对上负责，报纸脱离实际群众；报业实行人治，而不是法治，新闻工作者无法发挥主动性与创造性；以及官费办报，官费订阅等。这些弊病渐渐“传染”到我国报业，20世纪50年代开始，阅读报纸也出现强制性，许多机关、工厂、学校都定下读报制度，举行时事测验。机关报成了机关公费订阅的“官报”。1956年7月1日，《人民日报》改版，在社论《致读者》中提出：“我们的报纸名字叫作《人民日报》，意思就是说它是人民的公共武器，公共的财产，人民群众是它的主人，只有靠着人民群众，我们才能把报纸办好。”主张“报纸是社会的言论机关”“扩大报道范围”“尽量满足读者的多方面的需要”“开展自由讨论”等。这实际上是对苏联新闻模式的冲击与扬弃。然而，接之而来的1957年反右斗争压制了这场改革，“左”的指导思想长期统治新闻界。至“文革”十年，报业沦落为林彪、“四人帮”篡党夺权的工具，千文一律，百报一面，假大空的报道充满了版面，报纸离群众更远了。

回顾几十年来我国新闻事业所走过的曲折道路，我们不难理解报纸在读者心灵上曾留下的创伤和造成的某些逆反心理。

十一届三中全会后，我们的报业就是在读者的信任危机与种种逆反心理下，顽强走上了振兴的道路，开创出崭新的局面。自从报纸成为供读者自由选择的精神食粮，长期来以公费订阅“维持生计”的机关报首先面临如何接近群众的艰巨任务，从中央到地方，机关报改革开始了漫长而艰难的进程。然而，“冰冻三尺，非一日之寒”，机关报在短期内还不能完全摆脱某些“左”的观念影响。过去很长一个时期，人们生活在“一杯茶，一支烟，一张报纸看半天”的环境下，这张报纸就是机关报，由于它只谈生产，不谈生活，对上负责而不考虑群众需要，采取自上而下强行灌输的手段，很少有人愿意把它带回家作为“八小时以外”的精神食粮，而只是在机关里一读半天用以消磨时间。机关报的形象也因此在人们心中低落了，被群众疏远了。当政治上经济上的开放搞活带来人们前所未有的对信息、对文化娱乐的强烈需求时，单一的机关报模式显然不能适应时代的需要，读者期待着满足他们多方面要求的新报纸出现，晚报就是在这种形势下重新走上历史舞台。尽管我国晚报存在的时间远远不及日报（其中大多数为机关报）长，但晚报从它“幼儿阶段”起就同各阶层的读者有着一种血缘般的亲近感。在庆贺《羊城晚报》复刊五周年时，作家秦牧撰文回忆发生在十年动乱的广州街头一个小插曲：“有一次，我在路上看到有个行人用一张旧羊城晚报包着新买的东西。另外一个行人看见了，立即跑到报摊，买一份当天的崭新报纸，递给了他，要求换那张旧的报纸看看。”可见读者对被迫停刊的老晚报多么怀念。在上海的街道里弄里，很早就流传一首儿歌：“新民晚报，晚饭吃饱，读了睡觉，明天起早。”群众已经把读晚报当作家庭生活的一个组成部分。由于晚报在群众中早已形成的影响，当日报不能满足他们多方面的需要时，晚报能后来居上，进入家庭，则是大势所趋了。作为“家庭报纸”晚报的读者对象有着其他任何报纸无法比及的广泛性。1982年，首都新闻学会对北京地区的读者作了一次抽样调查，获得不少有意义的数据。他们测定了首都16家报纸在北京读者群，被测定的16家报纸的读者1966人中，《北京晚报》的读者达1423人，占72%。另从报纸的利用率，即一份报纸平均拥有的读者人数看，晚报也是最高的，一份报纸平均有五个人看。晚报读者面包括了社会各个阶层、各行业读者的年龄参差不齐，文化水平高低不一样，兴趣爱好多种多样，如何才能使每个读者都喜爱晚报？这是十分棘手的难题。晚报并非生来就是“家庭报纸”，尽管它下午出版，适宜晚上阅读，但是否订阅的主动权在读者手里，千家万户的大门并不容易进。新中国成立后诞生的晚报，摒弃了旧社会市民小报的低级庸俗，成为共产党领导下的积极向上的出版物。一张白纸可以画出最新最美的图画，然而，极“左”路线的影响，我国政治上的动乱使晚报经历了种种困境和挫折。以我国历史最悠久的晚报《新民晚报》为例，该报老社长赵超构对此有一段回忆：我从新中国成立前到新中国成立后的办报经验中，感到最要紧的是首先了解读者。我们的读者是什么样的，办报就要遇到这一个问题，我们的报纸是办给谁看的，这是个大问题。我们《新民晚报》走过许多弯路。解放初期，分配我们各家报纸的任务，工人阶级、领导干部有《解放日报》，我们晚报的读者对象是工商界、小市民，当时所谓的落后阶层。当时的这些分工现在看来是很可笑的，一张报纸的读者怎么可以由领导来指定呢？可是我们当时按照领导意图办了，读者对象是落后群众，我们的思想也不通，只好在报上每天训话，要改造他们嘛，每天去搞一点政治材料来，编编，进行政治说教。结果呢，这条路走不通。到了公私合营以后，各报之间又进行了分工。新民晚报面向民政、文艺、卫生这些局，让每一个局都派一个同志到新民晚报当编委。那么，他们就各讲各的了，他要登这个，他要登那个，他们就这样把晚报的读者对象当成了他们专业干部，这样又走了一两年，也是走不通。有一个时期我们很认真，也下了很大的功夫来办里弄报。那个时候，我每天不是写文章，我的任务是每天把日报的重要新闻一条一条地改写，写成非常口语化的样子，给上海的里弄做黑板报的材料，还组织了报馆里面的同志到里弄里面去读报，也花了很大的力气。结果也行不通。这都是由于不了解读者对象的缘故。所以我办报的主要经验是，一定要解决好读者是谁的问题。我们新民晚报走了许多弯路以后，才认识到，我们晚报的读者不应该分什么阶层，也不应该是什么界，也不是什么干部，应该是最广大的人民群众。他们读晚报时候的身份，不应该是工人，农民，干部，而是城市居民。

经过如此艰难的探索，晚报终于把握了读者对象的性质，从而决定了报纸的方向。晚报读者是一个极其复杂而庞大的群体，晚报读者中包括许多其他报纸的读者，如日报、专业报的读者，但同样的读者在读晚报时，其所处地位以及兴趣需求同读其他报纸时所处的地位及兴趣、需求是不同的，由此而论，成分复杂的晚报读者群又可归为一类属性——城市居民（包括部分农村乡镇的居民）。晚报把居民作为全部读者，也即是以进入家庭为自身使命。在这一使命下，我国晚报走出了独特的成功的路子，取得了多方面成就，也因而确立晚报作为“家庭报纸”的地位。

“家庭报纸”，是我国晚报的共性。从微观上分析，晚报目前还有着不同种类。从晚报负担的任务来看，有纯粹的晚报与机关报晚报之分，前者如《新民晚报》《羊城晚报》等，不担负党委机关报任务，大多存在于有当地机关报并存的直辖市与部分省会；后者则身兼二职，如《西安晚报》《成都晚报》等，担负着宣传本地区党委的政策、指导当地工作的任务，一般存在于省会和部分中小城市中。从晚报的内容上看，又可分为综合性晚报与专业性晚报，专业性晚报是十一届三中全会后涌现的新事物，为原有的晚报园地增添了新的色彩。这类晚报以某一专业为主要内容，如湖南长沙的《科学晚报》，吉林长春的《电影晚报》等，但与同类专业日报相比，其内容更为广泛，形式更为活泼，老幼皆宜阅读。综合性晚报就是传统意义上的晚报，内容无所不包。此外，从目前的晚报版面来看，又可分为对开大张晚报与四开小张晚报；从发行范围来看，还可分为面向全国发行的晚报和在本地区发行的晚报。当然，这些划分都是相对而言，晚报的前途十分远大，将来必将出现更多类型的新晚报，也必将有更多的晚报从地方范围走向全国发行。综上所述，给我国晚报作如下初步的归纳：晚报是下午出版的夜读报纸，以家庭为主要读者对象，侧重“八小时以外”的内容，给读者多方面的满足，我国晚报与其他各类报纸比，它的最大的特征是“家庭报纸”。

## 晚报新时期的成就与特色

晚报作为“家庭报纸”，近几年来一直在探索一条有自己特色的办报路子，这一探索已取得较大成就，从而使晚报具备了与众不同的风格，显示了多方面的特色。

（一）从“补不足”走向独立办晚报，使晚报在信息传播上与日报“平分秋色”，在表现形式上也独具风采。

报纸的首要功能是传播信息。晚报过去在传播信息上一贯奉行的原则是“补日报之不足”然而，随着新时期晚报的发展，随着晚报的普及程度超过日报而成为一种“家庭报纸”，旧的观念与原则受到了冲击。《新民晚报》总编辑束纫秋在1986年9月的一次编前会上（笔者当时在该报调查，有幸参加旁听）提出：“《新民晚报》在上海有一百万读者，远远超过了本地日报。这说明晚报读者中有不少人是不看日报的，我们要满足这类读者的需要，让他们买一张晚报也一样知道天下大事。所以，晚报仅仅补日报不足是不够的，我们必须让晚报成为独立的有最多信息的报纸”；由于晚报是一张老幼咸宜的“家庭报纸”，目前我国许多大中城市中，晚报拥有的读者都超过日报，这种局势促使晚报摆脱过去跟在日报后面拾遗补阙的地位，与日报展开了激烈的“新闻争夺战”。

晚报与日报出版时间差距，使晚报有一段属于独占的时间，即日报截稿后到晚报截稿前，一般为夜间十二点到中午十二点，在这段时间内发生的新闻都可以成为晚报的独家新闻。如1982年9月1日党的十二大开幕，日报因时间限制无法当天见报，《新民晚报》取得新华社总社的协助，下午就登出电传稿和传真照片，当日发行量从八十万份猛增到一百万份以上。晚报利用“时间差”在许多国际国内重大新闻上抢在日报之先，以传播信息迅速受到读者欢迎。1986年全世界瞩目的美国“挑战者”号航天飞机失事，我国最先向读者报道的是《北京晚报》《羊城晚报》《新民晚报》和《今晚报》；1984年党的十二届三中全会通过关于经济体制改革的决定，率先报道这一消息的是《北京晚报》《成都晚报》等；1986年上海南京路发生特大火灾引起全市震惊，《新民晚报》的详细报道抢在了所有当地日报之前……晚报的时效性对广大读者产生了巨大吸引力。许多晚报更进一步。充分利用其“独占时间”，主动寻找线索，展开一系列“人无我有”的报道，天津《今晚报》设立“夜间记者站”，工作时间从头天下午下班后到次日上午八点。此间，报告新闻、提供线索、反映问题、求答解疑的电话从四面八方源源不断打来，许多重要新闻就是由夜班记者采写的。如1984年7月7日凌晨，许多孩子家长打电话向晚报诉说，他们为了给孩子报名入幼儿园已排队露宿三天三夜。记者当即赶到现场，采写了报道《入托何其难？——夜访露宿街头报名的托儿家长》，招引来更多的电话和家长来访，反映入托难的问题。《今晚报》就此进行了连续集中报道：为解决这一问题，市政府采取措施，并做出六条规定；同时还报道了一些单位如何千方百计解决本单位幼儿入托问题。这些报道引起了社会广泛而强烈的反响。“时间差”为晚报“抢新闻”创造了不少有利条件，但在某些时候，同样是它造成晚报在与日报的竞争中丧失许多新闻报道的主动权。目前，“独立办报”代替了过去“补日报之不足”的老观念，如何对日报抢了先的重要新闻进行再报道？晚报一直在进行大胆的尝试和创新，并在两方面取得成功。其一是追踪报道的成功。1984年6月间，南黄海地区发生六点一级地震，上海地区也受到影响，第二天早晨上海两家日报首先报道了有关情况，但因时间关系内容比较简单，读者感到还有不少疑惑未解。《新民晚报》虽然在时效上落了后，但抓紧较日报充裕的时间追踪采访，一下发了七条关于地震的新闻，从各个侧面报道前夜情况与当天上午的行动，具体、细致，读者争相传阅，顿感“解渴”。晚报追踪报道的成功依然是利用与日报的“时间差”，通过大量新的信息使晚报的“再报道”不与日报雷同，达到“后发制人”，使读者耳目一新的效果。成功的另一方面是找到不同于日报的角度与形式。有许多重大新闻被日报抢先报道后，晚报无法追踪采访，1986年3月25日，邓小平会见施吕特首相就是这类令人棘手的新闻。26日《人民日报》与其他各地日报都在重要位置发了新华社电讯，晚报拿到手的同样是这条电讯，别无他样，《羊城晚报》决定仍以显要地位刊登这条消息，但不与日报如出一炉。他们研究了《人民日报》的标题：

邓小平会见施吕特首相时说

**中国现行政策得到广泛支持**

**广大干部和群众都要求改革**

其他日报标题的重点也类似于此。《羊城晚报》决定不全文登原电，取其中一部分内容，标了个引人注目的题：

香港传说我病了

**邓小平昨天说：今天可以辟谣了**

并在文首加了个提要："中国的政策并不是我个人提出的，中国的现行政策得到全国绝大多数人的广泛支持，得到广大干部的支持。——邓小平"，既抓住了读者的兴趣，又报道了新闻的核心，并显出与其他各报的区别。

晚报在角度与形式上的创新，得助于它作为"家庭报纸"的特性。相对于机关报来说，晚报以进入家庭老幼咸宜见长，在报道手段上有更多的自由，并更加讲求通俗、活泼、不拘一格。所以，晚报利用这一优势，开动脑筋，大胆创新，在报道时机不利于己的情况下，仍有后来居上的希望。

晚报新闻与日报新闻"平分秋色"，不仅体现在时效上各有千秋，还体现在新闻报道面各有侧重。目前，我国综合性日报大多为机关报，由于这一性质，决定了日报在反映与指导工作方面比晚报担负的任务重（一些机关报晚报也担负部分此类任务），而晚报作为"家庭报纸"，在反映与指导群众生活方面较日报为重。可以说，晚报与普通市民，与社会生活更加接近。这种接近体现在能广泛地满足读者多方面的信息需求和兴趣爱好，就新闻而言，突出表现在晚报最受群众欢迎的社会新闻与体育新闻上。

社会新闻，历来是显示晚报特色的一个方面，晚报作为"家庭报纸"，侧重对"八小时以外"信息的报道，这方面信息主要构成是社会新闻。社会新闻关系着人们的道德、情操、生活情趣的培养和引导，是社会主义精神文明的重要方面；并且，由于社会新闻来自人们日常生活中的点滴小事，有着较强的趣味性，一贯受读者欢迎。晚报的社会新闻在数量上超过了其他报纸，在质量上也有很大提高，突出表现在取材编稿立足于挖掘新闻背后的社会教育意义，做到"寓教于乐"，而不单纯追求感官刺激，迎合某些人的低级庸俗心理。当然，晚报社会新闻还存在某些缺点，潜伏着失去特色的危机，这些我们将在后文中讨论。

晚报的体育报道，随着近年来我国"体育热"的兴起，取得了很大成绩。"时间差"在体育报道上为晚报提供了许多有利条件，如二十三届奥运会期间，由于东西两半球时间差，每天的比赛大多在北京时间深夜或凌晨举行，晚报得以抢在日报之前进行大量有声有色的报道。晚报体育报道一个更重要的有利条件是，由于其性质与日报不同，能够用较多的版面刊登体育新闻。所有晚报每天都有体育专版或专栏，版面优势使晚报体育报道出现以下特色：

1. 报道面广，以“详”取胜；旁敲侧击出大量独家新闻。

2. 报道深刻，以“评”取胜；补电视不足。

3. 报道活泼，图文并茂，丰富多彩吸引人。

晚报传播信息在内容上有自己的特色，在表现形式上也有一些专长。

一是以众多的有特色的专栏归纳报道各种信息。晚报的专栏之多，在报界首屈一指，如《新民晚报》有几十近百的专栏。通过专栏，晚报繁杂的内容得到分类与汇集，有条不紊地体现在版面上。晚报尤重创立“名牌专栏”，并取得了成就。《羊城晚报》的“读者今天来电”、《北京晚报》的“本报专访”、《今晚报》的“夜间记者站”，《长沙晚报》的“被报道遗忘的角落”等等，都是赫赫有名的好专栏，有些还在全国新闻评比中获奖。对“人有我有”的一般性栏目，晚报追求在共性中办出个性，如《新乡晚报》立足当地消费水平办“市场”专栏，给读者恰到好处的信息与指导；《乌鲁木齐晚报》创办了一批有民族特色的专栏，受到当地读者与外地读者喜爱，晚报专栏以数量多、名牌多的优势使晚报大放光彩，使读者各取所爱，得到满足。

二是图片与漫画在晚报上占有重要地位，使晚报内容得到更好表现。《今晚报》的“图片新闻”、《羊城晚报》的“新闻漫画”本身是出色的新闻稿件，在一版占固定位置，并形成独特的风格，引起报界关注。配合新闻的图片与漫画在晚报上的运用也胜过其他报纸，如《新民晚报》头版要闻也常配以精彩的漫画，至于图片画廊、漫画专版，在晚报上更是数不胜数。这些图片与漫画使晚报显示出活泼多样、绚丽多彩的风格。

三是晚报版面形成自己的编排特色——短小多活，秀外慧中。晚报稿件短小，图片报花报头小巧，使得版面上内容甚丰。版面设计上讲求内容与形式的完美统一，突出内容重点，讲求稿件次序，活而不乱。善于巧用栏目，把握大小比例，妙用花边报头，讲求活泼美观。许多晚报已形成独特的版面风格，如《羊城晚报》一版精心美化标题，版面美观醒目、声势浩大；《新民晚报》则巧用报头报花，善给长文“藏尾”使版面显得小巧精致，活泼可爱。我国晚报的版面设计在报界久负盛名，被许多其他报纸学习借鉴。

（二）“不以善小而不为”，成为晚报为读者服务的特点。这种服务通过传播信息和知识，展开批评报道与社会活动来实现，并深入人民生活的各个角落。

服务性，是各种报纸都具备的共性，然而，晚报的服务性有与众不同的特点。晚报是飞入寻常百姓家的“家庭报纸”，群众性最为广泛，这一性质决定了晚报侧重“八小时以外”的生活内容，群众的各方面需要，都有义务去满足；事无巨细，都要去关心。一位晚报总编辑打了个形象的比喻：晚报应该成为“不管部门”，群众的点滴小事，别的报纸，别的部门顾不上的或不屑于管的，晚报都管。几年来，晚报在社会生活领域为群众做了无数好事，“不以善小而不为”的可贵精神，是晚报为群众服务的最大特点。晚报的服务性体现在这几方面：

1. 通过提供信息与知识来提供服务。晚报提供的信息与知识往往解开读者生活中的疑难。《兰州晚报》曾发一条新闻《四川读者投书本报提供信息蓉城呼唤牛肉面》，既是一条风趣的社会新闻，又给读者指出一条致富途径。至于向读者报告天气变化、市场行情、文化信息的新闻在晚报上更是不胜枚举，《羊城晚报》甚至在一版刊登一个两岁半女孩的大幅照片，为她寻找医生治病，《谁为小思思造福？》的大标题牵动了百万读者的心。晚报为群众服务之细微，态度之诚恳令读者感动。此外，晚报还通过各类专栏，向读者提供生活方面的各种知识，以知识服务于读者，《西安晚报》专设周末菜谱栏，介绍西安风味小吃和名菜名点的烹饪方法；《北京晚报》在科学卫生专刊《科学长廊》上开设“求答”专栏，为久病不愈、医院不愿再看的患者排忧解难，每天平均有求答信六十多封，多时达二百余封，一人求答，往往有几十甚至几百人热情援助，有人还从北京到天津，从唐山到北京为患者治病。由于晚报特殊的性质，晚报在生活领域提供的服务比其他报纸数量多、涉及面广，更为细致、周到，这反过来巩固了晚报在千万个家庭中的地位。

2. 自下而上为民说话的批评报道，有效地为读者利益服务。与综合性大报相比，晚报批评、揭露的对象具有地方性，一般不涉及外地的或全国的重大问题；与地方机关报相比，晚报进行批评更多地站在群众的角度；与专业报相比，晚报的批评主要针对群众生活中的问题，而不单纯是某一方面。总之，晚报批评报道的最大特点是站在群众日常生活中，自下而上进行批评揭露。

晚报常涉及一些严肃的社会问题，如《新民晚报》1984年一个头条《一件扯皮案竟然数年不了听任成吨污水流入黄浦江请有关部门领导想一想人民的身体健康》，引起强烈的社会反响。这样的内容也可以上日报、专业报，但晚报把落笔点放在人民身体健康这一点上，代表群众呼吁，从而受到全社会的关注。《羊城晚报》以一版“主攻”闻名全国，攻的也大多是社会生活中的不正之风。1982年半年多时间，他们紧紧抓住拆迁户回迁新楼被走“后门”非法占有问题不放，直到“后门户”全部搬出、违法乱纪者受到惩处，扬眉吐气的拆迁户鸣炮祝贺。曾有一个居民来信反映住房附近的设施失修，水浸进屋内。《羊城晚报》总编辑当即亲到现场察看，指挥采访拍照。这事引出了对群众住房失修的一系列报道，引起市委重视，拨款百万进行维修。这些批评报道为广大群众谋了利，造了福，晚报在读者中树立了声望。晚报批评的群众日常生活中的不良现象，属人民内部矛盾，这类矛盾天天有，也天天在晚报上得到反映。每家晚报都在要闻版开辟了大大小小的栏目进行批评，诸如“古城纵横”“薇花下”“南明河”“红山塔下”等等。《西安晚报》“照照镜子”讽刺小品专栏，配以漫画，形象生动；《沈阳晚报》“昼夜记者站”专栏，大多是记者骑摩托车“抢”回来的批评稿；《武汉晚报》的“九头鸟”专刊以丰富多彩的内容和形式集中展开批评揭露，读者来信说：“我们衷心希望‘九头鸟’健康长寿”。晚报的批评报道经过几年来的大胆探索，深入了群众生活的各个角落，为读者讲了话，办了事，维护了他们的利益。

3. 通过组织社会活动为群众服务。《北京晚报》等曾倡议发起“爱我中华，修我长城”活动，在全国及海外引起强烈反响并获得成功。他们还在天坛公园开设“幸福坛”，请来电脑“红娘”，给大龄未婚男女提供良好的社交场所，一个晚上有一百一十五对青年交上了朋友。晚报组织的社会活动多不胜举，诸如体育比赛，知识竞赛，生活用品展销、产品质量选评，等等。这些社会活动大多取得很好效果，给读者提供了实实在在的服务，受到群众欢迎。同时，社会活动也使晚报扩大了影响，丰富了新闻来源，取得了经济效益。

晚报组织社会活动的特点是侧重生活领域的服务，丰富群众业余文化生活。这是由晚报自身的性质所决定的，同时应该指出，晚报组织社会活动与其他报纸一样，必须在以办好报纸为目标的前提下进行，而不能主次颠倒。

（三）晚报的言论与副刊形成独特的风格，成为晚报赖以吸引读者的两大优势。

晚报的言论正如两家著名晚报的负责人撰写言论时所用的笔名，是一种

“微音”“言微”，不同于社论，评论员文章等颇有权威的评论体裁，而是“小言论”。然而，这种“小言论”面对大千世界的千变万化，面向全社会的男女老少，天天“品头论足”，引起读者共鸣，起到意想不到的作用，正如赵超构同志所说：“你一篇小言论不一定解决问题，但你天天如此，读者就习惯了，到时候读者就要看看晚报，你今天有什么高见。这样比满堂灌、填鸭式的宣传方式要好得多了。和风细雨，这是晚报宣传党的路线、方针、政策的一个特点。”1986年六七月间，广州市开展了一场严厉打击盗窃犯罪活动的斗争，《羊城晚报》在“街谈巷议”栏中连续发表一系列小言论，以平等的态度对犯罪分子谈心，进行规劝开导。有些犯罪分子每天买一张晚报，了解政策体现情况，终于扔掉包袱投案自首，晚报的小言论有力地推动了斗争的进程。在我国晚报史上，晚报言论有着优良的传统和深远的影响。如邓拓的“燕山夜话”，赵超构的“未晚谭”等，独成一家，成为晚报的明珠。近几年，晚报言论又有新的发展，形成独特的风格和长处，它丰富了我国报刊言论体裁，也促进了晚报更好地发挥指导、教育作用。

晚报言论具备了怎样的特色？

1. 言论内容触及生活各方面。由于晚报特殊的“家庭报纸”性质，晚报的言论不像日报言论那样严肃、有气势，但包揽的内容却触及了人民生活的各个方面，较日报言论要广而杂。大至思想、意识、伦理道德、小至吃穿住行，邻里纠纷，幼儿入托，所有问题都在晚报上得到了最广泛的注意和评论，这是晚报言论的最大特点。晚报言论内容的广泛性体现在形式丰富多彩的言论专栏的设置，许多晚报在不同版上有不同的言论专栏，不同内容和风格的小言论便各得其所，各尽其职。典型的如《新民晚报》涌现出一批颇有名望的言论专栏。“未晚谭”“月下小品”“谈家常”等等，可谓雅俗共赏，琳琅满目。

2. 晚报言论注意从日常生活取材，选择最佳角度。日常生活中有许多问题本身就是晚报议论的话题，如《北京晚报》对“能挣会花”的“消费风”展开的讨论，《羊城晚报》对维持交通的“执罚者”乱罚款欺人进行的评议，都是抓住了群众关心的“热点”，容易落笔。晚报的成功更在于对政治意义较强的事件，巧妙地找到了最佳角度，由生活中具体小事写起，寓思想教育于其中，深入浅出，使读者乐于接受。如《成都晚报》“鼓角”栏中《“发月饼”与“住新房”》，从某单位领导按上级规定中秋节不发给职工月饼说起，介绍这位领导做群众工作的方法。一方面说明上级政策规定，另一方面交单位的底，启发群众“是发点月饼‘甜一时’好呢，还是今后住新房好呢”，从而说服了有情绪的职工，由此宣传邓小平同志说的“群众关心的实际生活问题和时事政策问题，各级领导一定要经常据实讲解”，“进行周到细致、有充分说服力的教育”。这样的小言论往往起到了长篇大论枯燥说教所起不到的作用。

3. 晚报言论形式活泼多样，写作灵活自由。在结构上，晚报言论没有什么固定程式或规格，也省却了层层论证的复杂过程，宛如信手拈来，随意而论，篇幅短小，形式多样，灵活自由。这是因为读者在工作之余捧起晚报，不希望看长篇大论，论证繁琐的文章，而欢迎言简意赅、活泼风趣的小稿，对言论也是如此。

4. 晚报言论的语言平易亲近、乡土味浓。作为一张“家庭报纸”，晚报把普通居民当作知心好友，与他们促膝谈心，娓娓道来，平易近人，晚报言论从而具备诚恳、亲切的共同特点，作为地方报纸，晚报有特定的读者对象，言论所采用的语言也往往带有浓郁的乡土味儿，朴实感人。

晚报的副刊和言论一样，是晚报吸引读者的又一优势，其多姿多彩堪称我国报坛的“奇观”。不论在数量上，还是在品种上，晚报的副刊都超过了其他报纸。几乎所有晚报，每天都有将近一半的版面是副刊，如《郑州晚报》有个统计，该报每月来稿来信合计3700件左右，其中副刊稿件约1200多件，占1/3。该报每周二十八版，副刊占十三个版，历史悠久的晚报无一没有久负盛名的副刊，如《羊城晚报》的《花地》《晚会》，《新民晚报》的《夜光杯》，《北京晚报》的《五色土》等，都是我国报坛上的著名副刊。随着近年来晚报的发展壮大，晚报的副刊不但保持了过去的优良传统，并且有了新的开拓，创办了许多新型副刊。

晚报副刊品种繁多，大体上可分为两种类型，一是综合性副刊，内容包罗万象，无所不谈。1957年《羊城晚报》创办《晚会》，面对综合性副刊的新课题，第一任副刊主编刘逸生提出三个构想，可见综合性副刊的特点：“这个副刊应以知识性、趣味性为主，而思想性，政治性即寓于其中。”“第二个构想是，在综合性副刊中，知识的介绍不能偏于一两个部类，而应该包括社会科学和自然科学的大部分门类，其中尤以应用的科学，科学的新发展、新成就，文化知识，历史知识，语文知识，医药知识以及文学艺术、旅游、保健、考古种种活动，凡是群众所关心，所喜爱的，只要不是趣味低下，不致导入邪途的，都可加以包罗，兼收并蓄，形成一个知识之网”“第三个构想是，必须有议论，但不是长篇大论的学术文章，而是‘思想小品’式的亲切有味的闲话生活、小议家常，通过日常所见或新近发生的属于思想意识、风俗习惯的事例，加以议论，引导探讨，在潜移默化中起到移风易俗的作用。”这些构想在《晚会》及后来其他晚报的综合性副刊上得了实现。综合性副刊是晚报最能显示“大众化”特点的副刊，《新民晚报》的《夜光杯》从“娃娃天地”到“老来青”，老幼咸宜，雅俗共赏，这样的副刊在其他报纸上并不多见；而在晚报上却成为一种“共性”。

晚报的另一类副刊是专门性副刊。其中包括专业性副刊，如科技性副刊、生活性副刊、文艺性副刊等，特点是以某一专业或门类的知识为主要内容，立足于在某一方面为读者提供知识和服务；还包括专门为某一类读者开辟的副刊，如《北京晚报》为儿童开办了“芳草地”，为中年人开办“人到中年”，为老年人开办了“陶然亭”。

晚报副刊的多样性，满足了各类读者的需求，从而具有广泛的群众性。群众的兴趣爱好是多种多样的，晚报副刊在“群众性”基础上再提高一步，追求浓厚的乡土气息和鲜明的民族特色。《泉州晚报》利用“侨、台、文”优势办副刊，以反映侨乡生活和港台、东南亚的历史与现状为主要内容。晋江有个华侨出国，带了七期《泉州晚报》到菲律宾和马尼拉，亲友争相传阅，后来影印了几十份，又一抢而空。《春城晚报》的副刊则充分体现了西南少数民族特色，其中不少稿件就是直接从少数民族作者中来的。晚报副刊的地方特色、民族特色还体现在多样化的形式上，如大量运用民间俗语，采用民间艺术表现手法等，使当地读者喜闻乐见，倍感亲切。

晚报副刊对晚报进行“潜移默化”“和风细雨”的宣传教育起了很大作用。晚报的副刊并非单纯地提供娱乐，而是时时在配合新闻版发挥作用。不少副刊可以说是新闻版的延伸和补充，有时新闻版不便于说的问题，副刊则很巧妙地代表了编辑部的立场。

晚报近几年来所取得的成就是相当大的，本文限于篇幅、不能逐一列举并论述，以上所谈是晚报最为显著的成就和特色，这些成就、特色使晚报在激烈的竞争中成为千万户喜爱的读物。

## 机关报晚报的探索与思考

我国晚报发展进入新时期，出现一个引人注目的状况：机关报晚报占晚报半数以上，并开始了晚报界投入力量最多，进展最为艰难的探索。虽然早在20世纪60年代我国一度出现过机关报晚报这一新品种晚报，但由于历史原因很快就夭折了，未能给后来者开辟畅通的道路。真正大规模的创办机关报晚报并开始探索新路是在十一届三中全会以后，这一探索至今仍在进行，许多难题还未得到彻底解决。

为什么在机关报与晚报之间，会大规模出现一个类似“杂交”的新品种——机关报晚报？毋庸讳言，机关报晚报是伴随晚报的复兴出现的。前面所谈论的晚报复兴的社会背景与动力对它同样起着作用。然而，机关报晚报成为晚报中一支重要的“方面军”，还有特殊的原因。

首先，晚报在十一届三中全会后复兴所取得的成功为新型报纸的大规模出现打下了基础。我国首先复刊的晚报是京、沪、粤等地久负盛名的传统晚报，这几家晚报一复刊就受到广大读者的热烈欢迎，并很快突破发行量百万大关，成为影响全国的“家庭报纸”。相比之下，我国机关报的改革与变化没有这么迅速，在人们观念中也未能摆脱它旧时的不太受欢迎的形象。在这种情况下，有许多地、市、县机关报开始向晚报“取经”，甚至有一些改为晚报。同时，许多新创办的城市机关报也以晚报形象出现，以求更易于被读者接受。

其次，随着我国新闻业近几年的迅速发展，电视赢得了受众的许多业余时间。而报刊的发展出现了种类繁多、令人目不暇接的局面，逼迫读者在有限的时间中精选几种，所以，中小城市与其分散精力办日报晚报两张报纸（目前我国印刷水平、新闻纸供应及新闻人才都还有限），不如集中力量办好一张报纸。最早的一批机关报晚报出现在省会城市，省会读者当天都能看到省报，为避免市报与省报内容重复、时间重合，使市报给读者提供更多的新信息、新内容，省会城市的机关报一般都办成了机关报晚报。

还有一个不可忽视的原因是，随着政治经济的发展，新闻界掀起一股改革热浪，报业工作者们对报纸进行改革的主观要求日益强烈，这种要求在社会需要、读者呼声的推动下付诸行动，机关报晚报便是新闻改革中的新生事物。

机关报晚报产生在特殊的历史时期，相对于传统晚报而言，如此大规模地创办机关报晚报是前所未有的，这也势必带来许多新问题。

机关报晚报，正如它的名称一样，将两种不同概念的报纸统一为一体，从而引起冲突。长期以来，机关报在人们的观念中是代表党委发号施令，宣传党的方针政策、指导实际工作的，它严肃、庄重，被视为党的耳目喉舌，人们的良师益友。而晚报的形象则不同，它着重“八小时以外”的生活内容，是一张与男女老少交朋友的“家庭报纸”，轻松活泼，寓教于乐。这两种传统观念的冲突体现在具体的报纸领导者与办报者身上，围绕如何办机关报晚报，便产生矛盾。许多机关报晚报感到上级领导管得太多太死，办报者没有主动性，晚报特色受到影响，有些党委机关对机关报晚报也有意见，认为报纸在宣传报道上没有完全服从上级要求，机关报任务未能很好完成。

机关报晚报为解决这一矛盾，连续几年来一直在探索总结，虽然有成功之处，如基本上具备了晚报应有的特色，尽可能采用晚报的各种形式宣传党的方针政策、指导实际工作等，但是，问题仍未从根本上得到解决。目前，我国晚报办得最有特色、发行量最大的还是几家传统型的非机关报晚报，而机关报晚报由于没能找到解决矛盾的最佳途径，出现了版面风格不统一的问题。不少机关报晚报采用版面分工来解决机关报晚报的矛盾，规定第一版主要担负机关报宣传任务，后几版侧重社会新闻、文体新闻以及副刊等，表现出晚报的丰富多彩。这种办法可以暂缓机关报晚报的矛盾冲突，但不是彻底解决问题的“上策”，同时带来一些弊病，造成要闻版太“硬”，不像晚报，读者不欢迎。

机关报晚报，究竟应该办成一种怎样的报纸？应该具有什么性质和形象？

机关报晚报具备机关报与晚报双重性质。作为晚报的一种，机关报晚报也是下午出版的夜读报纸，内容包括“八小时内外”生活领域的各个方面，更重要的，它是老幼咸宜的“家庭报纸”。作为机关报，它是由地方党政机关出版的，代表地方党政机关发言并宣传其政治主张和方针政策以影响舆论。由于这种特殊的双重性，机关报晚报既不同于单纯的机关报，也不同于单纯的晚报，它担负了一种特殊的使命：以家庭作为读者对象宣传党政机关的方针政策、指导工作，同时提供读者“八小时以外”的生活内容，以其丰富多彩、活泼生动满足全社会男女老少的需要。

显而易见，机关报晚报的读者对象与单纯的机关报有所区别，办报任务与单纯的晚报和单纯的机关报也都不同。那么，它应该具备怎样的形象呢？早在20世纪60年代，这个问题就引起思考。1965年7月，《羊城晚报》改版，成为中南局的机关报。陶铸同志为该报提出的办报方针是：《羊城晚报》既要有晚报的特色，又要起中南局指导工作的作用。他说：“它应该办成基本上还是晚报的样子。”“所谓起机关报的作用，主要是指担负意识形态领域、思想文化战线方面的报道任务来说的。”“中南局要在晚报一版搞点社论，组织一些报道，谈谈中心工作如何抓法，但同时，又要保持晚报原来的活泼。”这些观点今天看来仍然是正确的，当然，经过二十多年的历史发展，报纸随时代发展而改革，今天机关报晚报所担负的具体任务与当年《羊城晚报》不尽相同，采用的具体形式也有所差别，但有一点不应该变化，即机关报晚报应该办成“基本上还是晚报的样子”。这一点是由机关报晚报的读者对象决定的。纯粹的机关报读者面虽广，但其中干部、知识分子占比例很大，普遍文化水平较高。机关报作为“八小时以内”为主要内容的报纸，指导实际工作，允许严肃一点，“硬”一些。而机关报晚报作为一种“家庭报纸”，供人们茶余饭后阅读，读者包括各个阶层，各种文化水平的人，即使是机关干部、高级知识分子，在读它时也是以一名普通城市居民的身份，心境与读日报机关报时不一样。这就要求机关报晚报基本保持晚报的样子。

“基本上还是晚报的样子”，是指什么？如果分别用圆形来表示机关报与晚报的内容，那么这两个圆的关系是部分相交。重合的部分代表机关报和晚报相同的内容，诸如国内外重大新闻及重要的文艺体育新闻，以及为读者开办的一些服务性专栏、文艺性副刊等，都是晚报、机关报共有的。两圆不重合的部分，则是由两种报纸的不同性质与任务所决定的不同的内容，机关报主要是“八小时以内”的指导工作的内容，晚报主要是“八小时以外”丰富生活的内容，目前我们还不能用十分精确的数字来表示其相交部分的比例，但可以肯定，相交的部分也即机关报与晚报重复的内容不超过每个圆即机关报或者晚报全部内容的一半，这是由两种报纸不同的任务与不同的出版时间决定的，那么，机关报晚报的内容应该如何呢？

从理论上说，机关报晚报的内容包括机关报内容与晚报内容两部分，其外延是两者总和，实际上这做不到，因为版面有限的一张机关报晚报不可能同时容纳两张报纸的全部内容。其次，从办报的实际效果来看，两种不同的报纸生拼硬凑在一起，必然导致版面风格不统一，犹如机关报之“首”接了晚报之“尾”，有损整体形象，难以作为一种新型的报纸受到读者喜爱，这个问题早已在实际工作中暴露出来，实践证明版面分工式的做法不能给机关报晚报树立其应有的形象。

机关报晚报不同于单纯的机关报，也不同于单纯的晚报。面向晚报的读者完成机关报的使命，是它与众不同的职责，也是它面临的与众不同的难题。它必须寻找一条途径来达到这样的目标：在实施机关报任务的同时也要向读者提供晚报的丰富内容，在展示晚报功能的同时也要发挥机关报的作用。这条途径何在？就在于使机关报与晚报“相交”的部分通过我们的努力，由原本存在的不足二分之一扩大，再扩大。毫无疑问，机关报与晚报原本就相交的部分是既适合机关报又适合晚报的内容，这也构成机关报晚报内容的“根基”。但是，仅仅有这个“根基”还形成不了机关报晚报独特的形象，如果不把这块“基地”扩大，而满足于用纯机关报或纯晚报的内容来拼凑，机关报晚报就不能具有统一的风格。所以说，要通过艰苦的努力，使两个圆不断靠近、再靠近，相重合的部分不断扩大、再扩大，理想的目标是完全重合。当然，事实上这是不可能的，种种客观因素也制约着主观的努力。但可以肯定，机关报晚报的内容应该有二分之一以上是两圆相交的部分，剩下的一小半是单纯机关报或单纯晚报的内容，而相交的部分越多，也即是既有晚报特色又完成机关报任务的内容占比例越大，那么机关报晚报就越成功。我们说机关报晚报应该办成“基本上”的“晚报的样子”，含义也正在于此。所谓“样子”，就是指有晚报的风格和形式；所谓“基本上”，就是指不完全等同于晚报，在内容上还同时完成了机关报的任务。

机关报晚报要走的道路是前无古人的一条艰难之途，它面临的两个重大难关是：如何使单纯机关报的内容和晚报的风格、形式有机结合？如何使单纯晚报的内容运用于实现机关报的任务？这也是两个圆不断汇合的两个障碍。

长期以来形成了某些“左”的观念，如认为宣传党政机关的方针政策，指导实际工作必须板起面孔，发号施令。把读者当作被动的接受者，对之进行教育甚至“训话”，而不是把读者当作有思想有独立个性的人，重视他们的反馈，并据此调整报纸的宣传报道，采用平等的和善的态度。这些“左”的观念是历史造成的，但其影响至今尚未根本消除。反映在办机关报晚报上，某些党政领导对报纸管得太死，不懂得群众需要；某些办报者对担负机关报任务抱有偏见，把完成机关报任务与体现晚报特色相对立。种种因观念错误造成的矛盾，迫切需要从思想上得以解决。在这个方面，机关报已经开始了积极的反思和改革。过去居高临下，强加于人的做法已被摒弃，重视读者要求，重视不同意见，进行平等的、以理服人的宣传报道，采用多样化的群众喜闻乐见的形式等等，在改革中的机关报上越来越得到体现。机关报晚报，作为进入家庭的晚报，更有条件探索新路、抛弃过去机关报不合理的东西，吸取机关报改革中的优点。

树立了正确的观念，就有可能突破办机关报晚报的难关。我们强调让两圆不断汇合，也就是强调让机关报特有的内容与晚报的内容和形式有机结合，结合的关键在于把晚报为群众欢迎的内容与形式运用到完成机关报任务的过程中，对晚报的内容与形式特点，前文已有论述。诸如发挥时间差优势在传播信息上与日报“平分秋色”；在社会服务性上立足于群众日常生活“莫以善小而不为”；在表现形式上充分发挥晚报的活泼多样、不拘一格的特点；在言论与副刊上保持优良传统并大胆开辟新路；等等。这些晚报的优势，是晚报赖以进入千家万户，受群众欢迎的“法宝”，机关报晚报不但应该继承，还应该巧妙地运用到宣传党的方针政策、指导实际工作上。机关报晚报在这方面已经有过一些成功的尝试，如1985年，《乌鲁木齐晚报》在新疆维吾尔自治区成立三十周年大庆之际，在一版开辟了“争当文明市民，建设文明边城”专栏，这是政治性较强的主题，他们动了脑筋，不做正面的评论与鼓动，而是抓住群众日常生活中的问题，组织记者采写了七组组合式报道：《边城门户见闻》《昨晚末班车》《昨夜，在六家医院急诊室里》《部分早餐点见闻》《从打电话看文明服务》《星期天的公园、影剧院》《国营蔬菜店见闻录》。这些报道具体、生动，对实际工作促进很大，市委领导机关大为赞赏，读者也十分欢迎，有人写诗赞道：“衣食住行非小事，市民心声晚报知”。《合肥晚报》曾进行“寻找林森”的系列社会新闻报道，有力地宣传了社会主义精神文明，在全国广有影响。这些都是将机关报的内容通过晚报生动活泼的形式加以体现的成功例子。可见，机关报晚报只有根据广大的多层次的读者需要，确定报道方式，采用晚报读者乐于接受的形式，才能使机关报的职责得到较好实现。

另一方面，使晚报的特有内容更多地为实施机关报的任务服务，也是机关报晚报尚需努力的一个目标。即使是单纯的晚报，也历来把宣传党的路线方针政策视为己任，正如《羊城晚报》对自己性质的总结：“姓党、姓晚又姓羊，三者缺一不可”，晚报的宣传与其他报纸的最大区别在于“寓教于乐”，讲求“下毛毛雨”式的潜移默化的作用。机关报晚报与单纯的晚报相比，所担负的宣传政策、指导工作的任务显然要具体得多，但“寓教于乐”“下毛毛雨”的宣传手法不应改变，否则就会使晚报的读者不愿接受。晚报独特的内容为“寓教于乐”提供了大量素材，这部分素材往往具有很大的吸引力，问题的关键是要从中提炼出更深刻更有教育意义的东西，而不满足于“乐”本身。这是机关报晚报碰到的新问题，解决这个问题还需要进一步的努力。可以说，机关报晚报在晚报的特有内容方面如果不向深度迈进，而停留于表面，那么就不能高质量地完成机关报的任务。这是办机关报晚报不同于办单纯晚报的一个方面，也是决定机关报晚报能否成为一张成功的新型报纸的关键之一。

机关报晚报的探索才迈开第一步，后面的任务还相当艰巨。这一探索需要不断吸取机关报与晚报两方面成功的经验，更需要不断把两方面的优点加以综合统一，并大胆创造自己的特殊风格，走出一条前所未有的机关报晚报之路。

## 晚报的潜在危机与发展前景

目前，我国晚报正处于上升时期，晚报的种类、发行量仍在迅速递增，晚报的读者面也在继续扩大。《北京晚报》1986年6月进行一次大规模的读者调查，统计结果表明，在北京地区，《北京晚报》的读者面（即读者占总数的百分比）为82.8%，其中稳定读者（每周读报不少于三次）占77.1%，不稳定读者占22.9%，对于自费订阅和街头零售的晚报来说，拥有一个城市五分之四以上的市民为自己的读者，是令人赞叹的。1987年《西安晚报》也做了一次调查，发现西安市民订阅最多的报纸是《西安晚报》，达153000多份。外地一些晚报也在西安拥有读者，《新民晚报》居首，订户46000多，《羊城晚报》有订户27000多，《北京晚报》有订户17000多。在全国几乎所有出版晚报的城市，晚报在当地的读者面都大于日报和其他各种报纸。并且，越来越多的晚报冲破了地区界限，畅销全国各地。

然而，在这蒸蒸日上的喜人形势下，晚报是否已稳操胜券，可以高枕无忧了呢？居安思危，冷静地分析成功中的不足，看到潜伏着种种危机，对于今天的晚报来说已不是为时过早，而是事关前程了。正如恩格斯指出的“一个民族要站在科学的最高峰，就一刻也不能没有理论思维。”社会科学领域中的晚报研究固然离不开对办报实践的归纳、分析，但更需要站在实践的前面，进行洞察秋毫、见微知著的理论思考，并以研究成果指导实践，服务于实践。这才是建立晚报理论体系的意义所在。

晚报作为众多的传播工具之一，是社会发展到一定阶段的产物，社会发展中的各种因素对晚报无时无刻不起作用，正如晚报能成为读者喜爱的“家庭报纸”，是由于社会发展先产生了对这种报纸的需求。然而，所有发展着的事物无一不是变化着的矛盾统一体，这种矛盾统一的辩证法同样体现在社会发展对晚报的作用上。一方面，它造成种种促进晚报发展的有利因素；另一方面，它又产生种种有碍晚报的不利环境。我们对此逐层讨论。

第一，促使晚报振兴的有利因素，同时推进了整个新闻事业的前进步伐，为晚报树立了一批实力雄厚的“竞争敌手”，造成对晚报的严重威胁。

社会发展产生的信息需求，不但促使晚报进入兴盛时期，同时也带来了我国整个新闻业的“黄金时代”。1985年全国报纸基本情况调查表明，自1980年1月1日到1985年3月1日的1885天中，新创办的报纸有1008家，平均不到两天就有一家新的报纸出现。在读者读报时间有限，经济条件有限的今天，各类报纸争夺“读者市场”的竞争随报纸增多而趋于激烈，竞争的冲击波毫无例外地影响到晚报。近两年一些晚报发行量有下降趋势，除新闻纸涨价造成的影响，也与报纸发展与“读者市场”的供需比例发生变化有关（报纸增长速度过快，而读者订阅能力没有相应提高）。尤对晚报造成威胁的是，近几年出现了一批指导读者强健体魄、陶冶情操、增长知识、美化生活的体育报、卫生健康报、文化艺术报和社会生活服务报。1985年调查统计表中，卫生健康报占全国报纸的2.2%，社会、生活、服务报占2.1%、而晚报（包括早报）只占1.5%。体育报、卫生健康报、文化艺术报和社会生活服务报分占了原属于晚报的“八小时以外”的领域，使晚报这方面的优势与内容受到影响。

广播电视业发展近年来更在报业之上。广播与电视以其时效性强、感染力强在传播信息上较报纸占有优势。对晚报而言，广播电视的娱乐功能对之构成又一威胁。尤其是电视，近年来随我国经济发展，人民生活水平的提高迅速得到普及。据1985年统计，全国有自办能力的电视台105座，通过卫星、一万多公里微波干线、差转等手段，覆盖占人口60%的地区。电视新闻除了中央电视台面向全国的《新闻联播》《午间新闻》《晚间新闻》每天播出55分钟，省、市电视台都办有各具特色的地方新闻，上海、广东电视台分别每天播出四、五次新闻。观众抽样调查表明：在城镇看电视的占95%，在农村占69%，其中电视新闻收视率分别达到70%和40%。这种情况对以城市居民为主要读者的晚报冲击很大，当合家老小习惯于晚饭后坐在电视机前，那么留给晚报的时间就很少。

第二，促使晚报进入家庭的动力，同时促使机关报靠近读者，“小报促大报，晚报促日报”，已经面临滚滚而来的“回头浪”。近几年，机关报的改革从理论落实到了实践。1986年，上海市委机关报《解放日报》总编发表过一段很有代表性的意见："几年来新闻界出现了'大报不如小报，日报不如晚报'的现象，绝非偶然。社会上这样的舆论也随处可闻：党报政治性强，严肃，只讲工作。于是造成党报的生命只停留在办公室内，八小时中，上班翻一翻，下班则一份晚报在手。上述情况告诉我们：党报要改革，不改革不行，而且要有改革的紧迫感……出路何在？众说纷纭，但有一条大家都赞同，就是要使我们整张报纸的风貌有个转变，使社会上对党报的舆论（也许是成见或偏见）有个转变。这里一个根本性的问题，就是要使我们的报纸尽可能亲近读者群众，要让读者群众对报纸有亲近感。报纸决不能做读者的上级领导，也不一定做什么'良师'，还是以做读者的知心朋友或公仆为好。报纸切忌天天板着面孔说教，应该提倡时时处处为读者'微笑服务'。为读者提供尽可能多的新闻信息是服务，办好一个个专刊、副刊，让读者喜闻乐见，'开卷有益'，也是服务，为读者讲讲心里话，关心读者的甜酸苦辣，喜怒哀乐，更是服务。报纸的生命则要力争延长到八小时之外，办公室里要看，回到家里也有兴趣看，干部职工要看，合家老小都爱看。为此，我们先是确定了报纸新的发行路线，叫作，"扎根机关，深入企业，面向社会，走进家庭。'后来又把这四句话套用为办报路线，作为一种尝试和探索。"时隔一年多，这些观点已具体落实到了报纸版面上，《解放日报》改为八版，增加了信息量，并推出一批受读者欢迎的专栏、专版。无独有偶。在此前后，天津与广州的市委机关报也改为八版，增加了许多新内容。1987年国庆前夕，广州市二十万人参加投票的"广州市精神文明建设十件大事"评选，《广州日报》的新闻改革被选列其中之一，评价很高。机关报的改革，无疑是"小报促大报，晚报促日报"的一股"回头浪"，反过来给晚报以冲击，晚报的许多"个性"面临变为"共性"的危险。《雁北日报》曾下苦功研究《新民晚报》的版面设计，说："我们在归纳中发现，《新民晚报》在版面设计上有自己一套完整的、系统的理论。他们的每一个版面都能非常自觉地表现出和谐统一、讲究秩序、比例适当、色彩均衡。而且，在这些技术问题上、有一套'随稿应变'的方法，有些简直是'绝招'。在研究比例问题时，我们曾对大量版面的每一块文章、图片用尺子量过。量出各块数据之后，又进行繁琐的约分计算。计算结果表明《新民晚报》局部比例最美。他们遵循的是美学家认为的宇宙间最美的分段——'黄金分段'，即34∶21。他们版面上的局部比例基本上采用的是'黄金分段'。尤其使我们高兴的是，我们发现了《新民晚报》讲究秩序的'拿手好戏'——基本栏挂帅。这个基本方法拿不到手，搞版面设计实在是费力不讨好。”在1986年地市报纸经验交流会上，《枣庄日报》也谈道：“晚报之所以受欢迎，有较多较高水平的专栏是其原因之一，这不能不说是一个诀窍，我们确定坚持党报性质，学习晚报长处的办报方针，也主要从学习晚报办专栏的长处入手，试图逐步办出一大批有地方特色的专栏。近年来由于我们致力于对专栏的研究和创新，到现在，我们已出各种专栏83个。”《洛阳日报》在1987年地市报纸经验交流会上还提出，“让社会新闻天天见报”，他们把第二版辟为社会新闻版，兼有晚报风格。如此种种，不胜列举。足以看到，晚报的某些长处在逐渐变为其他报纸也有的“共性”，这一危机关系到晚报的前途命运，一旦失去了赖以吸引读者的特色，晚报就有在竞争中落伍的危险。

第三，促使晚报成为“家庭报纸”的社会动力，更迅速促进“家庭需要”的变化，造成晚报落后于需要的危机。

晚报之所以能成为人人喜爱的“家庭报纸”，是由于我国近几年政治经济发展促使读者产生广泛的信息需求和文化娱乐需求。相对于晚报来说，这种需求更具体地表现为以家庭为基本成员的“家庭需要”。晚报因适应了“家庭需要”，老幼咸宜，从而在千家万户落下了“脚”。然而，社会发展的客观规律不以人的主观意志为转移，我国政治经济的发展促使“家庭需要”处于更迅速的变动之中，这种变动不为人所决定，办报者只能对之产生新的认识，并能动地去适应它。

过去很长一个时期，晚报在人们的观念中是一张“市民小报”，即为基层群众所办的消遣性为主的报纸。“市民小报”与我们提出的“家庭报纸”含义不同，“家庭”包含各阶层、各种文化水平的读者，而“市民”在习惯上是指文化水平较低、情趣不够高雅的低阶层读者。晚报在最初由于内容的局限，的确有“市民小报”的肤浅、粗俗等缺点，但我国现在的晚报却早已摆脱了旧时的形象，成为雅俗共赏的“家庭报纸”。《北京晚报》1986年的读者调查发现，读者构成已有很大变化，从年龄看，26岁至35岁比例最高，即读者以中青年为主体；从文化程度看，高中文化比例最大；从职业看，干部比例最大，工人次之。当然，北京是中央所在地，以上的读者情况与此有关。但在其他大中城市，晚报的读者构成也有类似变化，其主要表现是趋于年轻化和知识化。这种变化使晚报的读者更能顺应时代发展，不断产生新的需求，而晚报原有的内容在新的情况下不再能满足读者需要。《北京晚报》通过调查发现不少原来“叫座”的内容，传统的栏目已经失去了读者的宠爱，诸如小说连载、《家》专刊、《周末一手牌》等在读者中不甚受欢迎，出乎编辑意料。《新民晚报》增出八版后，开辟了许多新栏目，其中也有一些效果不是很好的，引起办报者的忧虑。这些情况表明，立足于以前对“家庭需要”的了解办晚报，已跟不上社会发展的步伐了，如何在新形势下适应新的需要，不断调整办报方向，已成为晚报的燃眉之急。

对于久负盛名的几家老晚报，“守旧”与“创新”如何结合才能既保持传统又适应新情况，是目前面临的新课题。对于后来创办的众多新晚报，借鉴老报有余，独立创新不足，是需要引起重视的问题。晚报间的相互借鉴和仿效导致了失去各报自身特色，而趋于一统化的潜在危险。在实地调查中我们发现晚报界有意无意倾向于两种模式，一是《羊城晚报》的模式，一是《新民晚报》的模式。前者为大型晚报的学习目标，后者为小型晚报的仿效榜样。许多晚报千里迢迢赶去观摩、“取经”，从办报思想到具体业务技巧，一一讨教。这种学习态度，学习精神是可喜可敬的，但重仿效忽略独家特色的情况不能不令人担忧。《羊城晚报》《新民晚报》是两家历史较长的老晚报，的确有许多好的传统和经验，但当初它们创“名牌”，依靠的是自己的创造性，是通过艰苦的探索才找到成功之路。同时应看到，它们的做法并非“放之四海而皆准”。盲目的仿效，一方面给这些报纸造成了“威胁”，使其独家特色有变为“共性”的危险，另一方面也给仿效者自身绑上了绳索，而无希望办出一张与众不同、超过前人的晚报。

社会发展所产生的客观需要一方面推动了晚报前进的步伐，另一方面在晚报前进之路上造成了种种危机。晚报今后的路将怎样走？面临着怎样的前景？还需要我们拿出对策，提出设想。

对策的根本点在于不断创新，当旧的优势失去时，又能有新的特色保持晚报的魅力。

当然，有些东西是晚报的“绝对优势”，是别人无法借鉴的，那便是由晚报的“晚”而派生的特殊的时间性和特殊的娱乐性。由于下午出版，晚报可以抢当天新闻，这是它独有的优势。同样由于“晚”，供茶余饭后阅读，读者老幼不拘，有人所不及的娱乐性，轻松活泼，多姿多彩。所以，晚报“今日新闻”的特色与副刊的丰富多彩，是晚报应永远保持的特色。

相对新闻时效与副刊特点而言，晚报的其他特色是可变的，如栏目设置，版面设计，文体形式，标题制作等。都是可能被发展为“共性”的特点。这方面要保持棋高一着，必须不断创新。

1985年全国好新闻评选中，《长沙晚报》的获奖专栏《被报道遗忘的角落》，就是一个出人意料的创新。该专栏旨在扩大晚报的报道面，规定“凡是党的十一届三中全会（1978年12月）以来，本报没有报道过的单位和部门，都属于征稿范围”，并且是未见过报的新鲜事。该栏报道了整年默默工作的高山先进养路班，被称为禁区的麻风病医院，“人不知我水知我”的水文工作者，被称为“水上救急队”的潜水打捞人员，小街深巷的清扫工，等等，受到了广大读者的好评。再如《今晚报》的空中摄影报道，《羊城晚报》最先发起的“新闻漫画”等，都是可贵的创新之举。这些创新无不令人耳目一新，从而赢得了广大读者的喜爱。创新是无止境的，随时间推移，新的总是渐渐变成旧的，而更新的事物又取而代之。所以，在各种报纸激烈竞争的今天，创新精神是晚报应对潜在危机的重要之策，不能希望一劳永逸。

对策之二，是办出地方特色。只有立足于地方特色，才能避免晚报相互间模仿与雷同。早在五十年代，邓拓同志就告诫《北京晚报》：“报纸要注意自己的特点，地方报纸要注意自己的地方特点，要办出乡土气息来，不要以为突出地方特点，只是当地读者爱看，其实外地读者也是爱看的。如果你们的报纸办得没有地方特点，和他们那里的报纸也差不多，他有什么必要一定要看你们这张报纸呢？北京晚报是北京地区的报纸，你们身为北京地区的新闻工作者，北京地区的资料就应该多积累一些。北京地区的各类地方志，郊区的县志要想法看看，北京的地理、历史、民歌、民间习俗等各方面的东西，都要有计划地收集整理一些，要努力使自己成为一个北京通。你们熟悉了北京，就可以把报纸办得充满北京的乡土气息。”我国几家著名的晚报都是以浓厚的乡土气息显示其独特的魅力的，如《新民晚报》的上海地方特色使上海市民倍感亲切，也吸引着外地读者；《羊城晚报》的南国色彩，仿佛给人吹来一阵清新的风；《北京晚报》的“京味”引起了全国各地读者的兴趣……当晚报队伍不断壮大后，如何保持这种乡土气息，是老牌晚报的新任务；如何区别于老牌晚报，以自己的地方特色吸引当地与外地的读者，则是新办晚报的任务。由此而言，借鉴学习固然需要，创独家风格更重要。

对策之三，是紧跟时代的发展，把握读者兴趣的变化，适应不断更新的社会需要。晚报的新闻有进一步改革提高的必要，如过去比较吸引读者的社会新闻，关于道德风尚、邻里关系、家庭问题等，晚报有过不少报道，起了很好的作用。这方面内容今天也仍受读者关注。然而，随着政治改革、经济发展和对外开放，随着文化生活水平的提高、读者所关心的内容已远远超过了以前社会新闻的范围，所要求的深度也远远超过了过去的需要。《北京晚报》的《家》专刊不怎么受欢迎，但关于“我国传统家庭面临的新问题”的讨论却引起极大的社会反响。尽管这个讨论最终并未形成一个人人都能接受的结论性观点，但读者纷纷称赞这次讨论在帮助他们认识新时期的家庭关系，并为他们妥善处理家庭中人与人的矛盾等方面，提供了有益的思想和方法。

晚报新闻的改革，有两个值得思考的问题：一是如何在“通俗”传统上讲求“深度”。目前机关报改革中，有识之士纷纷提出：当前党报质量的最薄弱之处，是报道的深度不够。这一问题的提出是根据我国读者的需要近年来有所变化，随着发扬社会主义民主和全民族认识水平的提高，读者对一般化的肤浅的新闻报道感到不满。这个问题对于晚报也同样存在，因为晚报读者构成的变化，要求晚报不可以停留在过去的水平上，晚报新闻的深度与广度必须随着时代发展向前迈进。当然，讲求深度并不排斥晚报老幼咸宜的“通俗化”的特点，对于读者喜爱的内容如副刊、专栏、言论等依然要保持晚报特色。问题之二是如何进一步改进晚报的报道方式。我国报纸改革中一个总的方向是走向更加民主，尊重读者意愿。晚报作为“家庭报纸”，这方面曾起过带头作用。然而，在宣传报道方式上，还有大可改进之处，那便是变传统地宣传孰是孰非为引导读者进行自我教育。尤其是机关报晚报，应更多地反映群众不同的意见，体现晚报的风格。

在激烈的竞争中保持“家庭报纸”的优势，是晚报必将为之长期努力的目标，晚报界已经为此开始奋斗。历次全国晚报会议上，都讨论报业形势，警钟长鸣。为了保持优势，晚报界同行们在竞争中实行联合，举办了易地采访、互通信息之类的活动，不少晚报带头实行自办发行，为扩大发行量努力着。

晚报的前途将会怎样？人们在推测、担忧。在西方许多国家，报纸一日多次出版取代了一日一次的编辑、印刷和发行，如日本《每日新闻》《读卖新闻》等几家大报都实行早刊晚刊制。随着我国经济的发展，也有一日多版的可能性。这是否会影响晚报的存在呢？

一家报纸的生存与否，取决于它是否合乎社会需要。晚报在我国的诞生，其客观基础是生产力发展促进了对信息的需求，一日一版不能满足这种需求；同时，也因为读者文化生活水平的提高，产生了对报纸提供各类知识和娱乐的需求。这两个需求不会因社会进一步发展而消失，相反，它们会越来越重要。由此，我们能够断言，晚报有长久存在的可能性与必要性。另一方面，晚报将随着时代发展不断变化。可以设想，将来出现一报多版，晚报成为其中一版——晚刊，晚报的形象也许会不同于今天的晚报。但是，晚报的功能、作用不会消失，如提供最新信息，提供知识与娱乐等。由此而言，晚报有着远大的发展前景。

我们衷心祝愿我国的晚报永远保持独特的魅力，作为老幼咸宜的“家庭报纸”在社会主义事业中发挥作用。

（蔡雯撰写，连载于《晚报通讯》1988年第6期和1989年第1、2、3期）

# 第二部分

# 20世纪90年代：映日荷花别样红

02

○　○　○　○

20世纪90年代，中国报业进入了加速度发展的新时期，报纸种类进一步丰富，印刷总量迅速上升，报纸版面持续扩增，报章内容和形式进一步变化……其发展盛况宛如迈入枝繁叶茂的盛夏季节。

我们在这一阶段有了更多的关注点。首先是经济和社会发展对信息传播的需求推动了报纸扩版。版面增加后，报纸面临定位如何更加精准、内容安排如何更加贴近读者需求、版面设计如何进一步彰显特色等新问题。我们以《从报纸扩版看新闻改革》《周末版要实现两个“超越”》《双休日：日报改革的契机》《论新时期的报纸形象》等文章围绕这些问题进行了探讨。

随着报纸扩版，报业竞争日趋激烈。新闻传播活动中，“新闻策划”现象成为新的热点，也引发了争议。蔡雯1993年在《中国记者》和《新闻战线》两本专业期刊上分别发表了《报纸策划：当代新闻学新课题》《搞好新时期的报道策划》，这是国内最早论述新闻传播领域中“策划”现象的文章。论文一发表就引起了新闻界的关注，中国地市报研究会决定当年的年会以“报道策划研究”为主题，邀请作者到会做了学术报告。策划在新闻编辑工作中的重要性和操作规范，也被作者纳入到新闻编辑课程教学内容中，并写入了编辑学教材。被新华社评选为1993年度优秀新闻论文的《报业竞争呼唤新型新闻编辑人才》，将“策划型编辑”列于首位。

1997年至2000年，蔡雯在职攻读博士学位，继续这一领域的研究，完成博士学位论文《新闻传播的策划与组织——宏观新闻编辑研究》。该文因对新闻编辑策划的开创性研究，成为我国首篇获得“全国优秀博士学位论文奖”的新闻传播学论文。

对报业竞争的观察和思考，还让我们意识到当时中国报纸对风格特色的追求正在形成不同的流派。两人合作撰写的《试论当代中国报纸的流派》发表后，受到新闻界同行的关注和较多引用。这一时期，我们还共同研究了一些新闻报道个案，如《新闻，跳出无形的“圈”》就是以媒体对当时社会上流行的运动器材“呼啦圈”的报道为例，谈新闻采编如何突破传统范式的问题。

《经济日报》在这一时期的表现为业界及社会所瞩目，堪称好戏连台。继20世纪80年代推出《来自长征路上的报告》《让王府井亮起来》《关广梅现象》等力作后，又先后推出《香香臭臭话广东》《大连两机风波》《开封何时能“开封”》等有影响的报道。丁士这段时间在报社有了三次转岗经历：先从工业报道转入对外报道，再转到国际新闻报道，最后进入总编室，结合不同岗位的采编工作实践撰写了多篇业务研讨文章，如《追踪经济热点 强化国际报道——兼谈经济日报对国际经济热点报道的探索》《从亚洲金融危机看国际金融报道走向》《世纪之交的一抹重彩——1999 年经济日报版面革新纪实》等。

有不少新华社中国新闻学院（这所学院创办于1986年，2000年停办）的毕业生回忆起蔡雯当年讲授的新闻编辑课，说印象深刻的案例中有不少是《经济日报》的，当年还有学生因此慕名到报社实习和求职。现在回想起来，那个年代确实是该报声名鹊起的上升期，很多优秀报道今天看来依然经得起时间的检验，闪耀着责任和理性的光芒。二十多年后，在中国人民大学新闻学院的编辑课堂上，蔡雯依然会讲述包括《经济日报》在内的一些著名大报当年做批评报道和深度调查的故事，这时坐在课堂里的学生已经是被称为“网络原驻民”的新一代，但他们对前辈的专业精神非常敬佩，而且对那个新闻媒体欣欣向荣、新闻工作者激情澎湃的年代心生向往。

# 从报纸扩版看新闻改革

1992新年钟声未响，中国报界增刊扩版热浪已扑面而来：《光明日报》《经济日报》增版试刊，昭示了首都大报的新动向，《文汇报》《北京日报》《福建日报》继天津、上海市委机关报之后宣告步入省级报纸八版之列，众多的行业报、地市报决定增加期刊，周末版、星期刊、月末版自1981年《中国青年报》首开先河后一直成为增版“热点”，时下遍地开花，甚至在1991年末报纸征订大战中频频出现增辟彩色版面的广告……林林总总，给当代中国新闻改革添加了色彩，出了一道新题。

## 一

报纸扩版首先带给我们对报纸功能的新的认识. 当我们把“扩版热”放在政治局势稳定、经济改革加快为大背景之下，不难发现，它一方面是社会对信息的需求增加，经济发展为传播信息提供了更为现代化的物质、技术基础的结果，另一方面又是新闻竞争加剧、新闻界谋求改革与发展的必然。《解放日报》在四年前扩为八版后，新闻版面由二增至四，已为版面与信息量关系做出印证。更值得注意的是，新闻界竞争加剧，逼迫报纸在信息传播上独辟蹊径。当广播电视后来居上使报纸新闻的功能有所丧失（如时效、视听效果的不足时），办报者日益寻求报纸新闻扬长避短。如果说，四年前的“深度报道”初试锋芒，那么伴随着周末版星期刊及种种增刊扩版而引人瞩目的“写真”“纪实”“大视野”之类，则展示出报界在求“深”同时走向既“深”且“广”的趋向。这种既“深”且“广”，表现在综合性机关报上，是报道面由政府工作、经济工作向社会生活领域的扩展。如社会新闻比重随扩版而分量加重，并且较之过去晚报常见的同类新闻更具深度；如生活、家庭专版大量出现并且注重质量：如“人民广场”（解放日报）、“社会纪实”（北京日报）之类社会问题性专刊的出现……无不是报道面的延伸与扩展。追求“深”“广”，表现在专业性报纸上，则是由专业领域向非专业领域的发展。经济日报扩版试刊无论是哪个版，都体现了非专业的视角，或从社会现象说经济决策，或从市场消费谈经济发展，或从社会热点看经济问题，立足点都在读者熟悉并且关心的区域之中。中华工商时报的周末版试刊中的“周末聚焦”“周末广角”“周末环球”几版同样是工商专业向生活领域的渗透，或社会现象对工商热点的“包抄”。

可见，“扩版热”背后实质是报纸的信息传播功能的强化，这种强化既是信息数量的增加，也是信息质量的提高即信息更加为读者接受与喜爱。

与此同时，报纸的服务、娱乐功能随扩版也不断加强。周末版星期刊自不待言，即使如即将出八版的《文汇报》，也在其扩版试刊中的“今日科学”“企业文化”“养生”等专刊中突出了其识性、服务性与娱乐性。可以说，报纸扩版的主要内容之一——专刊专版，几乎都是报纸服务娱乐功能的最有效载体。

报纸扩版还带给我们对传统办报路子的审视与反思。伴随着报道面的拓宽，办报思想与采编业务发生了前所未有的变革。一是版、栏设置更加贴近读者贴近生活，这一倾向在任何一家扩版的报纸上都有表现，二是报道选题与角度向边缘地带开进，即工作与生活、生产与消费、专业与非专业这一类“交接面”越来越被看重，成为软化硬新闻的“杀手锏”；三是版面“效应”得到更多重视，编排手法不断创新。如稿件排列组合、标题、图片、套彩与美化都对传统编辑规则有所突破，以追求更醒目更美观更具个性的效果。这些变化都说明，扩版不仅仅扩大了报纸的版面，而且扩宽了办报路子，甚至改变了一代报人的业务素质。它促使记者在更广阔的社会舞台上寻觅探索，捕捉更广，钻得更深，促使编辑站在更高的角度参与报纸统筹设计并组织报道，将心理学、美学原理运用于版面编排，大胆创新，在办报过程中发挥更大的能动作用。

## 二

方兴未艾的报纸扩版热为新闻改革注入了生机与活力，同时也带来新的问题与矛盾。

一是办报宗旨与扩版倾向的矛盾。从目前已经扩版与正在扩版的报纸看，扩版倾向的主流是在原来办报宗旨基础上对报纸内容的补充与丰富。报道面的大是将原来的报道中心向其外围延伸铺展，专刊的增设也是根据报纸自身的性质与特点进行扩充。然而，扩版热偏离办报宗旨或与宗旨不尽相符的情况也有出现，如某些综合性报纸的扩版过于偏重娱乐消遣，长篇小说连载、生活常识介绍以及歌星影星轶事之类的内容比重过大，形成与原来四版“两副面孔”的状况，再如某些专业性报纸的扩版没有从自身的专业方面多下功夫，办成与综合性报纸增刊、周末版相似的形象，对于专业报纸优势与特长无所体现。这类问题之所以出现，我认为主要是由于在竞争激烈的情况下争取读者追求经济效益所致，其次是对办报方向与路子缺乏必要的思索与探讨。办报宗旨与扩版倾向这对矛盾解决不好，报纸的整体水平仍难提高。扩版倘若不能为实现办报目的办报任务服务，脱离报纸的性质特征，从长远看，这样的扩版终将失去读者，没有存在的根基。

二是报纸个性与扩版趋同的矛盾。任何报纸的个性都是由该报纸的性质、读者对象与办报目的而来，体现在报纸的内容选择与形式表现上。扩版是在原来报纸性质对象与目的之上的扩版，必然也是报纸个性的延伸与发展。然而，在现实情况中随报纸扩版不断升温，扩版的趋向化现象却越加明显。同类型的报纸如综合性机关报的扩版相互雷同较严重，不同类型的报纸如综合性报纸与专业性报纸的扩版也有面目相似处。这些雷同与相似，突出表现在大多报纸扩版与周末版不约而同选择了以下内容开辟专版专栏：（1）热点类，即以社会热点问题为主的长篇纪实、写真类专版。（2）生活类，即“八小时以外”的内容包括生老病死婚姻家庭种种。（3）国际类，即国际上的趣闻轶事风土人情介绍。（4）文摘类，即可读性强知识性强的文章选粹。（5）文学类，即以报告文学、长篇小说连载、散文、杂谈等文学体裁文章为主的专版。

扩版趋同的原因，既有前文说的扩版倾向与办报宗旨的矛盾这一因素，还由于各类报纸在开阔了报道面之后，“边缘地带”被挖掘，共同的报道领地也不断扩大。正如“社会热点”成了共有的话题，从市场切入经济问题已不再是谁的“专利”一样，一定程度的雷同似乎在所难免，而如何减小这种雷同，最大限度发挥报纸的个性，则是扩版改革中亟待解决的难题了。

三是新闻性与杂志化倾向的矛盾。毋庸讳言，报纸扩版主要扩的是专刊专版。相对于新闻版而言，专刊专版在时效上要求宽松得多，而在内容深度广度与可读性趣味性上要求较高。但不容置疑的是，报纸的专刊专版毕竟不同于一般杂志，尽管在某些方面如稿件体例、版式设计上允许与杂志相同，但在内容取材上、稿件时效上仍然强调为报纸的宣传任务和报道中心服务，这种服务不过以“寓教于乐”的形式加以体现而已。目前扩版的专刊专版大多是遵循的这一原则，但杂志化的倾向并非不存在。一种是选题的陈旧、不切要害，与当前报道的中心和社会热点难点相去甚远。如有些增版中报告文学、专稿的选题就有此不足。另一种表现在版面效果上，长文居多，一版只有一篇稿的情况过多。而仔细阅读，这类长稿并非字字珠玑难以割爱。长文居多，制约了版面的信息量与报道面，虽是专刊专版，信息量与报道面仍然是关系质量和水准的两个要素，不容忽视。如何增强扩版的新闻性，避免杂志化倾向，同样是扩版改革中的一个新问题。

## 三

越过报纸扩版热带给我们的惊喜与困惑，我们终将面对新闻改革中那个最基本又最难解的课题：新闻的改革。应该承认，报纸扩版为新闻自身的改革提供了许多有益的思路与尝试，但离问题的最终解决还有很长一段距离。有人评议某些报纸扩版“顾左右而言他”，盖指报纸内容的主体——新闻未从根本上得以改观。报纸增扩的版面与原来的版面形象不一致，也正说明报纸在倾力加强其可读性贴近性之时，主要心思与力量尚不在新闻上。而恰恰是新闻的不足导致了读者对于报纸的印象受损，这不单单是增辟专刊专版所能补救的。

扩版为改革新闻的现状提供版面这一“硬件”的保证，使新闻数量增多、报道面加大成为可能。只是对于如何利用这一“硬件”的优势尚要三思。其一是摆正新闻与专版的关系。对于某些离报纸特性较远、“随大流”式的专版，不如以高质量的新闻版取而代之。其二是摆正新闻版的分类、比重关系，增加具有本地特点、本报特点的新闻。其三是摆正新闻品种的比例关系。前不久中国新闻奖评委会向新闻界呼吁多一点短新闻，已经说明我们版面上的新闻品种比例失调，有待修正。

报纸扩版所取得的成就虽然主要体现于专刊专版，但其许多思路与做法为我们改革新闻版面提供了有益的参考。

一是在更广阔的社会背景下寻找新闻的支点。报纸扩版后可读性大增，重要原因之一是善于开阔思路寻找热点。《经济日报》扩版试刊“大视角”第一篇《灰色收入》，《中国工商时报》周末试刊头条《中国股市》，参考消息周末增刊试刊关于苏联“八·一九”事件系列，都是根据本报的特性，在扩大报道面前提下挖掘的“热点”。它们虽不是严格意义上的动态新闻，但由于选题具有时代感，信息量大，实际上起到了新闻的作用，较之一般意义上的新闻更具广度深度更有吸引力。由此看来，读者不仅需要时效强的突发性新闻，也爱看时间性不特别严格，但反映某一时期社会热门现象的富有纵深感的新闻。目前后者似乎已成为扩版的“热点”，但何以不应成为新闻版的主要内容之一呢？如此说，并非主张新闻版都出现象性长新闻，而是认为这可以成为一种新闻选题。或者，从社会热点着眼，从读者所熟悉所感兴趣的“现象”出发，能有助于报纸新闻更接近读者，接近生活，这并不失为增强新闻可读性的一种好办法。

选择新闻的视野扩大、角度转移，意味着在采写业务上更深入更艰难。如果把单纯的事件新闻报道比作一条直线，那么对于现象的报道，对于从现象进入事件或问题的报道，其轨迹则是一个复杂的弧线甚至一个富于变化的“面”。巧妙地把握它，需要采访者更高的思想水平和更艰苦细致的调查研究工作。

二是在传统的新闻标准上赋予新闻个性魅力。报纸的个性魅力首先体现于其稿件内容的性格魅力，新闻稿首当其冲面临此问题。报纸扩版在某种程度上体现了当代报纸对自身个性的追求，五光十色风采各异的扩版已做出证明。值得遐想的是，我们如何把扩版“扩”出的个性直接入新闻？如果说专刊专版的稿件比较容易具备个性特征的话，新闻稿的个性着实难办得多。但也并非无计可施。前不久《新闻出版报》通过对九家新闻单位搞活经济报道的报道已经向我们昭示：新闻报道的个性特点也在被新闻界孜孜以求。那么，扩版不是给了我们更多的这方面的启示吗？其一，从报纸的特性出发寻找突破口。《新闻出版报》已经通过报道说明了这一点。其二，从独到的见解引发新闻的魅力。随着社会生活的日趋丰富与多样化，读者已不再满足于单纯报道事件过程的新闻。从单纯地报道新闻走向社会观察家评论家，是时代对于记者的要求。因而新闻传播必将通过传播者的分析和见解而具有深度和个性。这种分析与见解是建立于尊重客观事实的基础上，通过对新闻的选择、报道角度和报道方式得以体现，并非空发议论强加于人。《北京日报》的“效益开窍”称得上是一成功的尝试，因而效果与一般报道经营之道的新闻有所不同。其三，以大胆新颖的版面设计突出新闻的魅力。报纸扩版的一大成就是版式上对传统规范的突破，专刊专版令人耳目一新即与此有关。那么，何不以设计专刊的匠心与勇气来重新规划新闻版面呢？当然，借鉴不等于仿造，还需要根据新闻的特点来加以创新。

（蔡雯撰写，原载于《中国记者》1992年第2期）

# 试论当代中国报纸的流派

十一届三中全会后的十多年，是我国新闻事业发展的黄金时代。以报纸而言，不仅在数量上种类上超过以往任何时期，形成了以机关报为中心的多层次、多品种、多文字的社会主义报纸结构，而且在办报风格上出现了不拘一格、百花齐放的局面，初步形成了几大流派。

在报界，关于版面风格“京派”“海派”的口头评说早有所闻，这多缘于感性认识，或者是未加深究的直觉。但也说明，报纸的风格流派作为一种客观存在，已在一些新闻界专家学者和从业人员头脑中得到反映。

报纸的流派，指的是办报路子与办报风格的不同类型。具体而言，是指通过独特的新闻采写、言论写作、图片运用、标题和版式设计等采编手段形式和谐统一、自成一格的版面效果，以体现报纸的个性与特色。流派的确立应该具备以下条件：一是有几家风格一致或相近的代表性的报纸；二是这些报纸有共同或相近的个性特征；三是有较广泛的影响，形成范围不等的群体或代表一种潮流和趋势。

我们认为，我国在办报实践中显现出了比较成熟的办报风格、够得上称作流派的主要有三：京派、海派和新派。

京派，是以首都几家主要报纸为代表，以北京及附近省市为主要范围，影响相当多数省、地、市、县机关报的一种报纸流派。

海派，是以上海几家大报为代表，影响其附近省市较多报纸的一种报纸流派。

新派，是近几年新兴的一种报纸流派，最早出现在东南沿海及特区城市，后又影响至其他地区。代表报纸有《中华工商时报》《现代人报》等。

## 一

任何一种报纸流派的形成，都是社会发展的产物，都有其历史渊源和文化背景，都打下了它所处时代的烙印。

无论京派、海派还是新派，它们的代表报纸和影响所及的所有报纸，都是在新中国成立以后，在中国共产党的领导下诞生或再生（有个别报纸是由旧中国倾向进步的报纸改造后继续出版的）。所以它们在性质与任务、职能上存在根本上的一致性，即代表党和人民的利益，传播党和政府的路线、方针、政策，反映群众的要求和呼声，为社会主义现代化事业服务。

同时，在报纸性质和办报方向一致的大前提下，又存在着具体业务职能的差异。一方面，这是因为我国现行报纸格局由行政格局和经济体制决定，纵向以层次高低呈金字塔状，横向以地区和行业（系统）交织呈条块交叉状，每一报纸都从属于具体的一级党委、政府或一级部门，因而担负不同的宣传任务和报道职能，报纸间有竞争而无兼并（个别行政干预实现的合并除外）乃至垄断。另一方面，我国现阶段的经济发展水平、科学技术能力和社会需求状态，从多方面制约了报纸的信息容量和传播速度，即使是最高层次的大型报纸，由于版面的限制也不可能实现信息量方面的垄断，使同类型报纸没有或很少有生存之地。这就促使各个层次各种类型的报纸在接受党的领导、为社会主义事业服务的总的指导方针之下，在办报路子上进行适合本地区、本行业（专业）的探索，并在业务实践中互相借鉴、互相影响，逐步形成一些优势和特色相近的报纸群体。

报纸流派的形成，还有其值得探讨的历史背景与文化背景。京派报纸中创办较早的首都几大报和一些省级机关报，几乎都是由战争时期的党的各地机关报延续或改造而来，同时又在新中国成立后吸收了一些旧中国老报纸的设备和人员补充其中，吸收了一些知识分子作为新力量壮大队伍。可以肯定的是，这些报纸的早期主要业务领导大多有过在战争期间创办党报的经验，最直接最全面地继承着党报的一贯传统和作风，这一历史因素对京派报纸特色的形成有着不可低估的作用。此外，京派文化对报纸的影响也值得注意。千年古都北京有着悠久的民族文化传统，是全国的政治、文化中心，北京人心灵中有深厚的传统伦理道德积淀，注重文化素养，深沉、豁达、富有幽默感，见多识广，关心政局。但受传统思想影响较深，接受新事物比较慢。下层市民身上还一定程度体现着市井气息和由地域环境而来的乡土味。这种文化环境对报纸风格的形成有着潜移默化的作用，使报纸出现内容深刻、作风稳健但缺乏新意和变化的倾向。而且，这种影响不仅体现在北京的许多报纸风格上，还通过首都有全国影响的大报传播到为数不少的省、地、市、县机关报中，这一传播与低层次报纸学习、模仿高层次同类型报纸有关。可以说，京派是我国报界势力最大、覆盖面最广的一个报纸流派。

海派报纸风格的形成与上海的近代历史与文化氛围有紧密联系。以海派的代表报纸——《解放日报》《文汇报》《新民晚报》为例，除《解放日报》是新中国成立后作为上海市委机关报新创办外，另两家都是二十世纪三四十年代就诞生于上海，在旧中国便有影响的老牌报纸。近代上海文化氛围的最大特点是西方文化的侵染。当战火四起，中国传统文明趋于衰落时，上海因其“洋场”与租界的特殊环境，兼收并蓄各种政治、学术思想，不仅成为文化人士的汇聚之地，还成为中西方文化“杂交”的发源地。这种环境造就了上海人乐于接受新事物、追逐时尚、敢于创新与冒险、擅长根据形势变化而应变的素质特征，他们较少保守思想，注重实效。对传统文化进行变革、纳新的海派文化在此基础上应运而生，而新闻出版业既是这种文化的一部分，又是其传播者。旧上海是中国近现代报纸最密集的都市，有着为数众多的办报人才和较为丰富的办报经验，对新中国成立后上海报纸的风格产生了很大作用，并影响了周围省市许多报纸。

新派报纸，有人称其为“港派”，因其最早出现的广州和东南沿海特区城市在地理上接近港台，在版面上也有不少与港台报纸形似之处。当然，这是一种推断。新派报纸是我国对外开放大潮下的产物，最先在全国较有影响，被公认为风格比较新颖的可能要算1986年创办于广州的《现代人报》。其后，沿海特区城市涌现了一批风格与此类似的特区报和专业报。而在全国再一次造成影响并得到公认的新型报纸是1989年在北京创办的《中华工商时报》，这是新派报纸走向成熟的标志。目前，这种新风格的报纸已不局限于东南沿海一隅，仅在北京，就又有《北京青年报》《中国经营报》等展示了这种特色。

新派报纸产生于对外开放的文化环境与经济环境，它首先出现在沿海、特区城市，出现在一些地方性专业性报纸或一些新的报道领域，而非那些在全国举足轻重的报纸如大型机关报、综合性的大型专业报等，恰恰可以说明，这是改革新时期我国新闻界进行的一种办报新尝试，代表着报纸随着时代变化而变化的一股潮流。

## 二

社会主义中国的报纸基于共同的办报立场和办报方向，具有某些共同的职能和任务，但在各自的办报实践中，由于所承担的报道任务各有侧重及读者对象的不同，各报实施职能的具体业务方法也不尽相同，在版面上就呈现出多姿多彩的风格。

京派报纸最全面地继承了党在战争年代创办的机关报的传统与作风，保持着报纸指导性和宣传群众教育群众的宗旨。特殊的位置和重大的责任也决定了这种报纸的风格。过去有一种流传较广的说法：京报重言论，海报重新闻。虽不准确，但也说明作为指导性主要体现者的言论在京派报纸的突出地位。

指导性强也反映在京派报纸的新闻采写和编排上。这类报纸版面上唱“主角”的多是重大事件性新闻、重要会议新闻、综合性新闻、组合性新闻、有深度的分析性新闻和连续报道。在新闻改革勃然兴起，南方一些报纸以“海风”阵阵吹人、信息陡增、服务性内容层出不穷，为报坛注入了新的活力的时候，以富有广阔视野、深刻思索的深度报道使报界精神一振的则是京派报纸。渤二事件、大兴安岭火灾、关广梅现象……一次又一次把读者引入深邃的理性世界，也一次又一次奠定了京派新闻博大精深启迪思想的深厚根基。当然，厚度和力度，不可避免地在一定程度上排挤着普通的、快报性的传统意义上的新闻，版面上稿件长短与信息量多少的矛盾显露出来。更令人担忧的是，受京派代表性大报影响的小型机关报，有些承袭着大报的鸿篇巨制，却没有能力和功力拥有同样深刻的“内核”，新闻长而空的“八股”味与小型版面极不适宜。这种京派的“走调”值得引起注意。

京派报纸的标题与其新闻相辅相成，以概括全面、措辞严谨、立场鲜明和风格平稳而著称。

京派报纸的副刊带有典型的京派文化特征，富有强烈的时代感和社会性，与北京人的政治敏感、文化素养和生活情趣相合拍。京派副刊的文化味、书卷气则是海派、新派副刊都无法相比的，体现着纯正醇厚、回味无穷的“京味”。

京派报纸的新闻包括通讯、特写、专访等，也常在字里行间渗出浓厚的“京味”。一是北京地方口语的运用，二是叙事状物的幽默风趣。

京派报纸的版式以稳重大方、浓淡适宜为主要特色。从报纸编辑学角度说，这种版式是较为规范和正统的。标题字号适度有序，字体富有变化；图片选择慎重，规格讲求比例；稿件排列以“板块结构”为主，方正利落一目了然；色彩和花线运用适当，不花哨也不缩手缩脚。总之，版面的整体效果与其内容风格一致。

海派报纸受其历史环境与区域文化的影响，表现出注重信息传播、注重时尚与文化娱乐的主要特色。1988年元旦，《解放日报》改版，版面增加一倍。1992年元旦，文汇报也扩至八版。可以说，都是在海派报纸相互激烈竞争的推动下对自身的改革和发展。而这种革新主要体现在报纸信息量的增加，尤其是社会新闻、文化娱乐信息的增加。因而有人评价，上海两大报改版后较多地扩充了本属于晚报范畴的内容，此言有其道理。

与京派报纸相比，海派报纸的新闻以传播信息迅捷、报道事件细腻、篇幅短小的新闻多、版面信息容量大为特长，但在把握新闻报道立足点的高度、透视面的广度和揭示事物本质的深度上，却较京派不足。大兴安岭火灾在首都诸报上唤起了沉重的感慨与思考，一反惯常报道灾害新闻的狭隘、单一的模式。上海几报令人难忘的1986年南黄海地震报道，则是日报以深夜灾难凌晨见报、晚报“接力赛”一次发出七条新闻的信息“轰炸”，使人感受到上海新闻界雷厉风行的作风。海派追逐时尚、领风气之先的快报式新闻可称得上一招“绝活”，“记者见闻”类的目击新闻捕捉了无数处于萌芽状态的新鲜事物，以精细入微的观察和别具匠心的思索引导读者感受时代的脉搏。

海派报纸副刊以贴近生活服务生活为主旨，充分展示了海派文化中注重生活注重实效、喜于纳新擅长创造的特色。新民晚报每日两版的“夜光杯”突出地反映了这种生活气息，琴棋诗画花鸟虫鱼，衣食住行生老病死，无不触及。同是晚报，京津等北方城市的晚报上就很难见到与此相似的副刊。海派的日报副刊似比晚报的务虚，追求更高雅的情调，但在内容选择和文章风格上，仍突出了生活性、娱乐性这一主色调。

海派报纸的版面和京派有近似之处，那就是端庄大方、正统规范。但仔细比较，仍有不少差别：京派排列稿件喜用“板块结构”，显出厚重利落；海派则喜用穿插编排（唯《解放日报》用“板块结构”稍多），化整为零，灵活多变。海派报纸标题用字较之京派要小而秀气，对标题衬底、配图、加框线等美化手法也较京派少运用。海派报纸的花边花线更纤细，报头报花更小巧。所以，京派与海派的版面风格不尽相同，前者方正、粗犷，后者灵巧、清峻。如果把版面的整体视觉效果比作一张图画，我们觉得，京派报纸版面是一幅泼墨山水，庄重而有气势；海派报纸版面则是一幅工笔写意，纤巧细致，清新淡雅。

新派报纸是改革开放时期中新闻界突破传统的办报业务的一种新探索，

这种突破不是办报立场与方向上的改变，而是具体采写路子特别是编排手段上的变革，是尝试以新的途径新的方式方法完成社会主义报纸所担负的使命。进行这种探索的报纸在当今中国报界为数不算很多，但它们在版面上展示的新面貌引起了新闻界和广大读者的广泛注意。

新派报纸之“新”首先在于一改常规的版式。早在《现代人报》创办之初，就给报纸版式带来一阵清新的风。超大标题超大图片的运用，大胆地用黑和留白，粗线的装饰，直线的大量运用，造成了独特的气势。但因该报新闻性不强，杂志化倾向明显，创新有其局限性。《中华工商时报》将版式的创新运用于新闻和信息的传播，赋予其崭新的内涵，使之成熟和丰富起来。

版式之所以“新”，是由于版面编辑方式有诸多打破常规之处。如厚题薄文、长题短文的大量运用，突破了标题长短一般与稿件长短及其重要程度成正比的规则；又如标题多用黑体字且变化少、辅题与主题字号差别小，突破了标题字体应有变化、字号搭配讲究比例的常规；再如稿件文字直排多，大块广告上要闻版，不用花线用直线等，都与传统的编排习惯相悖。版式的变革有助于报纸现代感的体现，突出的效果是造出了信息云集、标题醒目、轰动热烈的气氛，与当代人生活节奏加快、寻求新鲜刺激的心理状态相适应。

新派报纸的标题迥异于京派海派标题的稳健、缜密、简洁之风格，着力于挖掘最能拨动读者心弦、引起轰动效应的内容，并用渲染乃至带有夸张色彩的文字加以表现。

毋庸讳言，新派报纸有承袭港台报纸风格之处。如标题讲求对仗对偶，富有文采，新闻标题有散文化倾向，务虚较多以加渲染等，与港台报纸接近。值得注意的是，港台报纸标题风格也是对中国传统文化的继承，同时又体现了现代社会中追求刺激的心态。与其说新派报纸借鉴港台，毋宁说是对文化传统的某种“复兴”。横竖排文相间，使新派报纸较之港台报纸，在版式上更富有变化。说到图片的运用，新派报纸则一反港台习惯，喜用巨幅照片和漫画，在图片的说明与美化上也独具匠心、精雕细琢。所以说，新派报纸虽有对港台报纸的借鉴，但更多的是根据国情和读者需求进行的革新与创造。我们认为，称之为“新派”，更合乎事实。新派报纸与京派、海派相比，是风格全新的后起之秀。它在内容与形式上的浓重渲染，使其版面如色彩夸张、对比强烈、粗犷豪放的现代派油画，比之水墨和工笔，别有一番景象。

## 三

我国报纸种类繁多，编排风格各异，京、海、新三大流派是在此基础上一种粗线条的风格划分。必须指出的是，三大流派不能揽括中国所有当代报纸，而只是其中办报实践较为成熟、个性特色较为鲜明的三大类型报纸的归纳。并且，在每一个流派中，也不是千报一面，而是在总体风格相同或相近的情况下，各报具备自己独特的个性。如海派代表报纸中，《文汇报》与《解放日报》不完全相同，两者与《新民晚报》也并非如出一辙。原因很复杂，有报纸具体性质任务的差异、读者对象的差异、办报客观环境的差异、办报人员素质、情趣的差异等等。

还应指出的是，任何一种报纸流派，都处于变化发展之中。从宏观上看，无论是比较成熟的三大流派的报纸，还是风格特色尚不明显的其他报纸，相互之间都存在一定程度上的互浸、交融趋向，具体表现于办报业务上的相互借鉴和相互影响。典型的如近年来富有京派特点的组合报道、深度报道影响至海派报纸，使之在新鲜细致迅捷的采写路子上着意挖掘深度、开拓广度。富有海派特点的社会新闻近年来对京派报纸也颇有冲击，过去鲜有社会新闻的一些首都大报纷纷出现篇幅宏大的社会透视性报道，值得注意的是，京派从海派引入的不是其原来层次上的社会新闻模式，即传统的快报性的以新鲜有趣、短小活泼为特点的社会新闻，而是吸取了海派对社会现象触角灵敏、观察细致、反应迅速的“精髓”，并与京派本身固有的高瞻远瞩、深挖细掘相结合，造就的一种新型的“社会写真”，具有传统社会新闻所不具备的信息容量和深刻内涵。

新派报纸给中国报坛带来的最强大的冲击，莫过于版式变化带来的影响。从南到北，我们都能在诸多的报纸上见到仿效新派的痕迹：直线在越来越多的版面上取代了传统的花边花框，标题愈加黑粗突出，底衬也习以为常……第十一届亚运会把中国报纸推上了群星争辉的局面，而那些众口皆碑的版面让我们再一次看到新派报纸的影响：传神、渲染乃至有夸张色彩的标题、巨大黑粗的字体或粗或细的直线布满版面的空间，轰动热烈令人难忘。新派风格的影响还有潜移默化、悄悄渗透的一面。在京派海派的一些报纸上，总体风格未变的前提下，时常能发觉零零星星新派味很浓的副刊或专版，仔细品味，这种新派味中又掺杂着编者许多的创造。

相互影响、相互借鉴并不断地创新，是当今报纸流派的发展趋向。发展的结局，许多个性的东西将不再为某一流派、某一些报纸所特有，而成为众报皆备的“共性”，但新的创造会使报纸的风格和特色永存。正因为此，报纸流派比较研究只能是特定历史阶段对特定历史时期特定报纸的比较研究，其准确性适用性是相对的。但也正因为报纸流派的存在与发展是一个变化的过程，才需要对变化中的每一个点、每一段轨迹进行理性的思考与总结，为下一步的发展提供有益的参考和依据。

（丁士、蔡雯撰写，原载于《新闻战线》1992年第2期）

# 新闻，跳出无形的“圈”

## ——从“呼啦圈”报道谈新闻改革

### 呼啦圈，是不是新闻？

此问看似多余，然纵观呼啦圈走红京、津始末，两地新闻界的反应，便觉这并非不成问题。据说，呼啦圈热起自去年10月的天津，人民体育馆中演出的30人晃圈方阵和电视上全家晃圈表演，促使津门流行起呼啦圈。今年1月，中央电视台播出的吉尼斯世界纪录系列片中，出现美国上千人同时晃圈的奇观；到春节，6000多只五彩缤纷的呼啦圈，就从龙潭庙会涌向京城的大街小巷。显然，呼啦圈风行，电视作为传媒的一种，该记“头功”，尽管这一“功”有无心插柳之嫌，而且还不能归在电视新闻节目的头上。新闻界有意识地捕捉“圈”闻，当从《中国青年报》2月17日头版头条的新闻特写《京城转起呼啦圈》算起。随后半个月，首都又有好几家新闻单位发表了呼啦圈风行盛况的客观报道，正面宣传其健身作用。2月底《北京青年报》关于呼啦圈致使肠扭结的新闻，促使呼啦圈报道向纵深发展，记者的眼光从对现象的观察，转向对历史的深掘、对利弊的辨析和对未来的预测，出现了不少颇具容量和深度的报道。至此，呼啦圈报道达到高潮，随后趋于平静。

呼啦圈流行是不是新闻？以上各报已经在版面上作出了肯定的回答。但对这些报道的不同看法在新闻界是广泛存在的。有人说呼啦圈流行算不上什么新闻，即使是新闻，也不值得报道，起码不值得这么大规模地报道。有些新闻传媒对呼啦圈始终未提一字。从每一家新闻媒介都有自己特殊的性质和职能、选取新闻的标准也各有差异来说，在新闻报道上出现不同态度和处理方式是合理的，但是，如果因不认为呼啦圈流行是新闻而不作报道，那就值得讨论了，因为这反映了新闻传媒与社会生活、与普通百姓的一段距离。

呼啦圈类为普通百姓津津乐道的话题，与新闻媒介做党和政府的耳目喉舌之宗旨说不上如胶似漆，但也决非水火不容。如果报道、引导得当，还能产生一定的积极作用。更重要的是，这类新闻与读者共同兴趣的接近性是不容忽视的客观存在。呼啦圈在首都报纸尤其是一些有全国影响的大报上“登堂入室”，为读者普遍关注和议论，本身就说明，这一新闻在读者眼中是“叫座”的。至于读者中或多或少流露出的困惑和遗憾——比如呼啦圈最早流行的天津，新闻界反应迟缓，直至北京报纸已铺开报道，方见宣告“健身圈热风靡津门”（2月25日《今晚报》）；又比如正月初一就轰动庙会的呼啦圈10余天后才在北京一家全国性报纸上显山露水，北京地方报纸包括晚报失去了夺人先声；再比如电视之于呼啦圈有“启动”之功，但“启动”之后的报道和引导微乎其微，以致观众面对某些服务节目主持人关于健身圈功能妙用的娓娓诉说，不能不叹气：你怎么不来一段录像教教我究竟怎么转？如此等等，又从另一面说明，新闻界对于社会生活新闻的报道，距离读者的需要确实还有相当一段距离。

呼啦圈报道，带给我们一个启示：新闻，是不是应该跳出长期存在于我们头脑中的一个无形的“圈”？

## 怎样一个无形的“圈”？

也许很难给这个“圈”下一个准确的定义，但从呼啦圈报道，联想到当年庄则栋与日本佐佐木女士结婚，中国报纸的报道是“出口转内销”；当年邓小平会见挪威首相的一张新闻图片，因对外的说明误发，对内得到一次意想不到的“‘歪打正着’的成功”；往后，联想到3月上旬北京西直门打枪事件的报道，听凭“小道”四起、忍耐两天才报等等，无不令人感触到新闻界那个难以逾越的“圈”。

这个“圈”，就是传统的新闻选择的“框框”。它将许多可以报道、也值得报道的新闻拒之门外。

“圈”的形成，源于对新闻媒介性能与职责认识的偏差。毋庸讳言，新闻媒介作为党和政府的耳目喉舌，强调新闻的思想性、指导性，无疑是正确的，在新闻选择上从上面的要求与下面的实际相结合上着眼，也是必行、可行的。但对这种思想性、指导性的含义如何理解，对上下结合的方式和比重如何把握，却是一个复杂的问题。在实际操作中，对指导性理解的偏差，主要是重指导工作，轻指导生活（即服务）；重8小时之内，轻8小时之外。对上下结合的把握偏差，主要是重上轻下，因上取下，即主要根据上级意图选择新闻，而忽视从社会实际出发捕捉新闻。这两种偏差，形成了一个无形的“圈”，“圈”内的新闻有些并不为读者关心和需要，有些甚至不能算是真正的新闻，难免读者与观众抱怨“没看头”。而读者与观众感兴趣、也可以报道的新鲜事，却被无情地推到了“圈”外。这一无形的“圈”使新闻与广大读者、与社会生活有了隔阂，新闻的面窄了，可读性差了，新闻媒介应有的指导作用也因此难以发挥。

新闻媒介的任何一种职能，都只有在与受众相碰撞时才能得以实现。报纸十多年来的改革发展已经证明了这一点。试想八十年代初期之所以出现“小报促大报，晚报促日报”的现象，就是因为小报、尤其是晚报在内容上更少束缚，更靠近读者。后来，粤、津、沪三市机关报先后扩版，逐步扭转了局面，也是依靠版面增加、报道面拓宽才赢得了读者。及至后来，星期刊、周末版蜂拥而上，今春扩版热骤然兴起，更是“读者需要”在版面上的体现。报纸的改革之路，也是走向群众、走向生活的道路。刚刚过去的呼啦圈报道，仅是这条改革之路上的又一尝试和突破。

新闻，跳出无形的“圈”，会不会给社会主义新闻媒介的宣传报道带来副作用？回答这个问题，先要看看跳出“圈”的新闻多了些什么内容？最显而易见的，是“拯救”了一大批与当前政治形势和宣传中心联系不那么紧密，但在群众日常生活中又确实是新事物、引起了广泛兴趣的新闻。这类新闻公之于众，会起到什么样的效果？这正是值得思考与把握的。对于这类新闻，采取有闻必录的纯客观主义态度无疑是有害的，但对于那些没有消极作用、或能有效地阻止其消极作用的内容，可以选择最积极的方式进行报道。仍以呼啦圈报道为例，报纸从单纯报道现象，到有分析有预测的深度报道；从宣传其健身作用，到警告人们注意科学方法，尽管有些被动和仓促，但仍不失为一种积极的态度，起到了正确反映和引导的作用。

值得一提的是，跳出“圈”外的新闻虽不与宣传中心密切相关，但处理得当仍可以起到为宣传中心服务之效果。呼啦圈的报道中便有一例：《北京日报》3月4日《呼啦圈是怎么转起来的》，其与众不同之处是从经济的角度报道呼啦圈风行经过，通过对呼啦圈生产厂家斗智斗勇的故事，以及广告之于市场、生产的作用的叙述，向读者揭示了商品经济规律和生产经营之道，引导读者正确地看待经济改革中的新事物，启发生产经营者正确处理经济生活中的矛盾。这条新闻的内涵和功效，已非一般的社会生活报道所能比拟。由此想到，其实社会生活新闻的事实本身，大多是中性的，而如何报道才能使其发挥积极作用，就要看新闻界的功夫了。积极作用发挥得好，起到寓教于乐的作用，其宣传效果，正是上下结合原则所追求的。

## 跳“圈”，意味着什么？

跳“圈”，并不意味对社会生活中的新现象不加取舍有闻必录，也不意味喧宾夺主、冲撞和排挤根据形势需要而进行的中心议题的报道。

跳“圈”，只意味着新闻走出过去狭隘的天地，与社会的方方面面、与读者的喜怒哀乐连得更紧、贴得更近；意味着宣传报道更加生动活泼、丰富多彩；意味着新闻规律得到更好的遵循。

新闻改革十多年来，新闻媒介包括报纸、广播、电视都取得了前所未有的进步，在国家建设和人民生活中发挥越来越大的作用.然而成就的背后并非没有忧患。在电视屏幕上，影视片和五花八门的晚会，无疑比新闻节目更能吸引人；在报摊上，周末版、星期刊、扩大版远比报纸正版走红。原因何在？我们认为是新闻本身的改革相对落后了使然。这几年报纸与广播、电视的变化，最引人瞩目、最有成效的，并非新闻这一在传播媒介中本应占主导地位的内容，而是附属于新闻、或与新闻关联不多的其他内容。试想，如果在电视新闻中，多一些像前不久播出的职工自发欢送，欢迎黄关从那样现场感强、动人心弦的报道；在广播节目中，多一些像天津电台的《天津早晨》热线电话那样脍炙人口的新闻综合节目，在报纸的要闻版上，可读性强的现场特写、视觉新闻，不再因为某项评奖、某个特殊的专栏而充当“点缀”，那么，我们在“黄金时间”“黄金版面”上，将奉献给读者多少让他们大声喝彩的真正的新闻？！

新闻，跳出无形的“圈”，是新闻改革大势所趋。现实，已经把这个问题推到了我们面前。只有挣脱长期存在于我们头脑中的“圈”的束缚，不拘一格地捕捉新闻、选择新闻、报道新闻，才能从根本上改变新闻媒介不适应时代发展要求、不适应广大读者需要的部分。

跳出“圈”的新闻，带来的将不仅是新闻媒介在读者中形象的变化，而且还将带来新闻从业人员基本素质和能力的变化。它将鞭赶着记者们24小时处于工作状态，使新闻竞争更加热起来。

我们希望新闻界在邓小平南方谈话的精神鼓舞下，不断超越、不断战胜自己的局限，跳出一个又一个的“圈”。

（蔡雯、丁士撰写，原载于《新闻战线》1992年第10期）

# 报纸策划：当代新闻学新课题

1992年中国报界骤起的增刊扩版热在1993年继续高涨。不断添刊加页的报纸紧锣密鼓，调查读者，集思广益，或锦上添花，或改弦更张，新创办的报纸马不停蹄走访同行，取经问道，更想青出于蓝而胜于蓝，一鸣惊人。不论新闻圈内人是否已有明确的认识，这一系列行动、思索与规划，正在悄悄构筑一块当代新闻学研究应当关注的新领域——报纸策划。

“策划”一词，人们已不陌生。影视上，它通常列于编、导、摄之前，港、台的不少书报刊上也赫然有之。大陆报界近几年偶有“引进”，只是声势不大，其意义也尚不为人们明晰。无可否认的是，策划在现代办报工作中的地位和作用越来越显著，故作此文试为之立“说”。

## 一

报纸策划，是报业发展到特定历史阶段的产物。党的十四大确立社会主义市场经济理论，恰如给中国改革开放的历史进程竖立了一块里程碑，给今后的发展指明了方向，推动了报纸策划的出台。

1. 办报的经济体制的变化，促使报纸走入新轨道

过去在计划经济条件下，报社长期作为由国家财政拨款的事业单位，享受公款办报、行政摊派、公款订报的保护，没有受到市场竞争的威胁。近几年，国家对报纸管理政策逐步调整，从全部“包”下来向只给政策、由报社自主经营自负盈亏过渡，通过市场调节来办报。现在已有约三分之一的报纸不拿国家补贴，这个队伍还将不断扩大。报业被逼向市场，报纸成为商品，在计划经济条件下形成的办报观念和办报模式无可避免地受到了冲击。经济体制的变化，导致了报社从机关型向企业型转变，报业真正成为一种信息产业，进入市场为价值规律所左右。在这种严峻的形势下报社再也无法稳坐钓鱼台，“一手抓报、一手抓钱”已成事实，诸多第三产业的创办，正是报社“自己救自己”，寻找新的经济支柱所为。

就办报本身而言，走上市场也迫使它不能不追求经济效益。正如企业的产品要在市场竞争中取胜，就必须品种新、质量硬、服务好而且有经营规模一样，报纸要在市场上立稳脚跟同样需要从这些方面下功夫。规模经营，实际上已引入报界，报办报、报办刊，在许多实力雄厚的报社蔚为大观，已不能否认未来中国出现报业“托拉斯”的可能。报纸的竞争，会在一定程度上导致垄断，但这种垄断与资本主义社会的报业垄断又必然不同。我国政府的宏观调控将保证中国报纸分布均衡、相互竞争又共同繁荣。正如国外新闻学者所发现的，世界许多发展中国家的新闻媒介结构“一直响应了由境况较好的城市人口组成的市场，而不利于往往代表全国人口2/3以上的农村人口。中国是一个大例外”。政府的宏观调控，将促进各阶层、各类型报纸平衡发展，使其服务于中国全体人民。同时，竞争又将导致某些单个报纸的倒闭或被兼并。在这种情况下，每一报纸就无可选择地要了解市场需求，并据此设计自己的“产品”，使其能有竞争力，占领市场。

2. 科技水平的提高，不断改变信息传播环境，对报纸提出挑战

现代科学技术的发展，使大众传播媒介包括报纸在信息交流中的地位已不再像过去那样“一枝独秀”。尽管计算机的运用、印刷术的不断更新有力地推动了报业的发展，但其他大众传媒如书刊、广播、电视、电影等也无不分享现代化的甘霖，传媒间的竞争得以在更高层次上展开。更值得注意的是，信息技术方面的技术革命，正在不断改变人类信息交流结构，大众传播媒介之外的信息传播迅猛增长。信息产业已经在许多发达国家成为最大的经济部门，信息技术不仅渗入经济部门，而且渗入了人们的私生活。我们国家同样在向这一趋势发展。仅就近几年我国电信业的突飞猛进而言，带给新闻业的客观变化便是：人际交往增加，世界在变小，信息得到共享，传播速度不断加快。这无疑是对大众传播媒介的挑战。面对越来越信息灵通、感觉灵敏，也越来越善于鉴别和思考的受众，报纸不得不对自己展开二次革新，从内容到形式，从时效到传播方式都必须重新规划。

科技现代化，不仅给中国报业带来日新月异的国内环境，而且把其推向风云变幻的国际大舞台。目前西方社会对发展中国家和第三世界的新闻垄断和“入侵”已引起国际传播界的普遍关注，20世纪末亚太地区的经济发展速度已为世界之首，我们不能再让这种“一个声音”、一种传播流向的情况继续下去。占有世界人口五分之一的中国，在经济与国际大循环接轨的时代，也必须把自己的声音传遍世界。

3. 新形势也促使报纸职能变化

社会主义市场经济的确立必然引起政府职能与人们社会观念的改变，而过去长期依托政府指挥和保护存在着的报纸也随之要经受一场大的变革。党政机关向简政放权，“小机构、大服务”方向发展，报纸过去那种依靠上级指令办报，只强调宣传指导职能而忽视传播信息、服务社会等作用的旧办报习惯也就难再适应新形势。对此报界已达成共识，近两年扩版增刊热中最普遍的做法就是加大了经济报道的分量，如上海《解放日报》在今年第二次扩版时推出“上海经济新闻”“上海大市场”“上海金融行情”等新版面，并明确宣告要加强信息性、社会性、服务性，是为一例。

## 二

报纸策划，是一项缜密、细致而富有创造性的“系统工程”，有其内在的客观规律。

传统新闻学对编辑方针有过研究，报纸策划与此有密不可分的关系。众所周知，编辑方针是报纸编辑部门依据报纸的性质、立场、读者对象和办报目的而制订的指导办报的总方针。通常，在报纸的“发刊词”“告读者”“改版的话”等等公开发表的文章中对编辑方针有所表述，而且这种表述是高度概括和凝练的，如《新民晚报》的十六字方针“宣传政策，传播知识，移风易俗，丰富生活”。编辑方针只是明确了办报的主导思想和原则，即使较为详细的编辑方针可能对报纸的主要内容和特色、水准也有论述，但仍然不能视为直接布置办报的“蓝图”，而只是设计这张“蓝图”的主要依据或指导思想。在编辑方针与办报实践之间，架起一座桥梁的，是报纸策划。

1. 报纸策划的结晶——设计方案

报纸策划最后以文字表述出来，通常是报社的内部文件之一：报纸设计方案。1991年《经济日报》策划周三扩大版，1992年又策划扩为每日八版，都在报社内部印发了设计方案，这种方案较之“扩版致读者”一类文章广而告之的内容丰富、翔实得多，篇幅也较长。显然，报纸设计方案是依据编辑方针对报纸的具体内容和形式所作的详细规划，是对编辑方针的具体执行的布置，也是办报所依循的蓝图。这一方案往往不是一次拟成的，从最初设计到成稿往往经过几轮筛选和修正，最后确认的方案才真正用于办报。

报纸设计方案，集中了报纸策划的每一步设想和筹划，其内容非常广泛而具体，必不可少的要点就有：

报纸内容的总体范围、版面分工包括各版名称、版面容量
各版报道任务、主要内容、报道水平和风格特色
主要栏目设置，包括名称、内容、篇幅和作者范围
广告分布，包括内容、版面位置、所占篇幅
版式
各版（栏）采编人员
各版（栏）出刊频率、时间

可见，报纸策划是一个庞大、复杂的系统工程，对报纸每一部分的设计与安排都不可疏漏、马虎。在报纸上，我们会发现“本版策划”“本栏策划”等出现，严格说来，这些只是报纸策划范围内的分支或一小部分，因而在系统性上也远不及完整的的报纸策划。

2. 报纸策划者

谁在策划着报纸？我们脑中首先闪出的也许是总编辑。但若对报纸策划的历程有所了解，就会发现，报纸策划者是一个由核心与外围组成的群体。

一般来说，对一家报纸的策划，直接的操作者是报社中、高层负责人，如总编辑、副总编辑、编委和各部门负责人。报纸新创办，或者改版、扩版，常由总编挂帅成立临时性的领导小组，或由编委会承担领导、组织任务，并责成小组或编委的具体成员整理、撰写设计方案。

报纸策划不是闭门造车，像拍连续剧一样几个人关着门“侃”，必然还有参与策划的“外围”力量。“外围”圈中有报社编辑记者、报纸主管部门和有关党政部门的人员、有关专家学者，还有广大的读者。他们为报纸设计提供参考意见。

3. 报纸策划过程

报纸策划的具体操作往往因报社情况不同而五花八门，策划的复杂性与创造性也正由此可见一斑。然而在纷繁复杂的现象背后还是有其内在规律可循，试作一议。

（1）策划预备　在这一阶段，策划核心处于“受传”状态，即广泛接受来自各方面的意见与建议。“受传”的主要来源有：

——读者。这是人数最多的信息源，并且在现代社会对办报工作影响日

益加大。市场经济条件下办报，读者是报纸的“消费者”，是报业竞争这杆天平上的砝码，重视读者的需要是一切新闻传媒存在下去的基本条件。近几年报纸的策划首先考虑的就是读者需要。对读者的调查多用问卷调查，随机抽样调查、座谈会等方式进行。

——有关领导、专家、学者。多采用走访、邀请座谈等形式，听取报社主管部门和有关党政机关领导人的意见，听取对报纸报道内容有专门研究的专家，学者的意见。

——兄弟报社。通过走访同行吸取别人成功的经验，切磋同题，听取意见和建议。

——本报人员。号召全体编辑记者共同想办法、出主意、提建议。

（2）制订方案　即汇集多方面意见，拟出初步方案，在报社内部征求意见，进行补充、修改，再征求意见，补充修改，直至通过。在这一阶段，策划核心处于“能动”状态，主要职能是：

——鉴别、筛选。从各方意见中选择正确可行的建议、点子，纳入设计方案中。

——构想、创设。发挥想象力、创造力，设计出能体现报纸特点、合乎读者需要的内容与形式。

——协调、归纳。统筹考虑各部门、各方面的反馈，协调局部间关系和矛盾，梳理方方面面的构想与设计，形成系统的、合理可行的总体方案。

（3）试行方案　即根据最后确认的设计方案进行试刊，征求意见，必要时做出调整或修正。这充分体现了“实践是检验真理的唯一标准”，只有被办报实践证明了是可行的、被广大读者认可与接受的报纸设计方案，才能说明一次报纸策划的成功。

在这一阶段，报纸策划的核心成员担负着部署任务、指挥操作运行和监督的功能。报纸的试刊往往不是所有设计内容都有机会试行，尤其是刊出频率不高的专版专刊，不能一一试到，但原则上要对主要的、重要的版面进行试刊，扩版的报纸还应侧重对新增的版面进行试刊。试刊的日期、次数应视具体条件而定，一般应试刊不止一次，以便听取意见做出调整。试刊不宜选在某些特殊时间，如节日、国家重大活动的日子等，以免因此影响版面正常操作，影响试刊效果。

## 三

报纸策划，这一现代报业中出现的新事物，正随着办报实践的发展不断成熟。与此同时，它面临的矛盾和问题也亟待我们研究与解决。

应该承认，在这一大变革时期，对数以千计的报纸来说，没有现成的策划模式可以搬用，这方面的经验也非常少。大家看得比较多的，就数左邻右舍兄弟单位的举措了。也正因此，现阶段的报纸策划出现了带有共性的弱点，主要表现在：

1. 重当前需要，缺乏超前性

立足于现实，本无可厚非，但如满足于迎合当前而无远见卓识，于办报策划不能不说是一大忧患。何以见得？随便列举几种现象。

比如，专稿长稿热。许多扩版的报纸把专稿视为吸引读者的关键，大特写、大视野、大扫瞄铺满版面，而新闻版却依然故我，干巴无味。应该说，在新闻，尤其短新闻长期不振的情况下，这类长稿的确“拉”回了不少读者，为报纸一争荣耀。即便是今天，仍然有许多读者是冲着这类专刊专版慷慨解囊。然而，认真分析一下形势就会发现，报纸最终能争取读者的还是新闻。当然不是空洞无物、冗长乏味的“新闻”，而是读者迫切需要知道的有价值的信息。报纸策划，没有这种认识，就难以把握版面安排的“度”，策划出的东西即使能获得短期的效应，也难以有长远的竞争力。

再比如，依据报社的人员与分工情况策划报纸，许多报纸扩版了，旧的分工机制却没有变，甚至按照在计划经济条件下形成的已经不适合当前形势的分工来规划新的办报路子。过去分工过细与力量分布不合理必然影响到新方案的设计，读者需要的内容出不了台，一些过时的专版专栏却保存下来。因人因部门设版，不能不值得关注，因为这同样是缺乏长远目光的表现，势必阻碍报纸的发展。

办报，在市场经济条件下不能没有居安思危的心态，更何况新闻业越来越激烈的竞争已经使报纸无“安”可居。策划一张报纸，既要注意当前的社会条件与读者需要，也要想到未来阶段的发展潮流，这样才有可能立于不败之地。

2. 重借鉴，缺乏创造力

目前报纸策划过程中相互学习与借鉴的做法比较普遍，这原本也是好事。但如果只重借鉴，不善独创，策划的水平就受到很大制约。比如周末版热，扩大版热，不少报纸的内容设计如出一辙，长篇的“纪实”、明星的轶事占据大量版面。尽管对这些内容读者是乐于见到的，但见得太多便不再新鲜，甚至抱怨千报一面，浪费纸张，也浪费读者时间。现在扩为八版的报纸骤然增多，如何策划新的版面更是难事。倘若只满足于吸取某些报纸那些“叫座”的做法，恐有东施效颦之患。因为各报的条件与环境不同，读者面与接受水平不同，在甲报能行之有效的做法到乙报未必行得通。因此，报纸策划中不能缺乏创造力，即根据自身的客观条件寻找有自己特色的办报路子。记得去年北京日报扩版，推出的“便民电话”博得一片叫好声，听说最近《羊城晚报》辟出《今日“四小龙”》版也颇受欢迎，仔细推敲，这都是颇有创造性的设计。其实，创造性与前面所谈的超前性也是很有关联的，就像企业生产产品，讲求“生产一代、储存一代、设计一代”一样，报纸策划也要有深谋远虑，能不断有新点子、新举措出台。当一种优秀设计成为众人共有的东西时，要有更优秀的设计去取代它，唯有这样才能保持出类拔萃的形象，牢牢占领读者市场。

我们的报纸策划刚刚起步，不成熟是难免的。也正因此，需要新闻研究快快跟上，需要策划人才快快成长。从某种意义上说，策划人才不是传统意义上的总编或社长型人才，他不仅应具备报人的素质和敏锐，还应具备经营者的眼光与应变能力。报纸策划，本身也是一项充满激情与创造，又担负了风险的事业。本文对于此不过论及皮毛，广度深度远远不够。我们期待着会有更多的报人和学者深入报纸策划领域探索研究，使迈向21世纪的中国报业繁荣昌盛。

（蔡雯撰写，原载于《中国记者》1993年第3期）

# 搞好新时期的报道策划

社会主义市场经济大舞台的帷幕一拉开，新闻界骤然面对一个瞬息万变的新世界。明天将会发生什么？明天应该如何报道？这个问题突然比以往任何时候都劳人心智。过去我们习惯的“等、靠、要”，在今天似乎已显得不合时宜，事实上，正在建设的社会主义市场经济，向新闻传媒提出了更高的要求。因此，我们要多研究报道策划，使宣传报道更好地适应市场经济的需要。

## 一

什么是报道策划？简言之，报道策划就是新闻编辑部门在一定时期组织报道的设想和规划。这种策划的结果以文字表达出来，是包括如下内容的报道设计方案：报道的主要内容、报道重点、报道过程、发稿计划、报纸版面地位和形式、报道人员等。报道策划与以往报道计划的不同在于：适用面更广，不局限于根据上面精神而进行的报道，包揽了各方面各类型的报道在内；主动性更强，不再等待观望，贻误良机，而是闻风而动，主动出击；变动性更大，计划在报道过程中随时根据客观情况变化而变化，策划不是一蹴而就，而是贯穿报道始终。

报道策划是对以往报道计划的改革发展，它对报道者尤其是报道策划者的思想观念、工作作风、业务技能、知识修养提出了更高的要求。限于篇幅，本文不对此展开论述，只就报道策划的几个关键问题进行探讨。

1. 报道策划时机由配合式向即时式和预见式偏移

在计划经济时期，报道计划以配合式为主，即配合形势发展、政策颁布、工作部署等宣传需要进行策划，这种策划时机的特点是早先预知即将报道的内容，策划时间在新闻事实发生之前，报道时间则视具体情况而定。应该说，配合式报道在今天仍有其价值和作用，它使传媒的宣传、教育、鼓动功能得以发挥。各新闻单位在这方面也积累了不少经验。但是，这种报道也存在一些问题，如报道内容局限于重复上面颁布的文件精神，缺少深度和说服力，效果有时并不太好。另外，由于配合式报道往往是许多传媒同时进行，容易相互雷同，使读者兴味索然。因此，在新形势下配合式报道亟待改进，要突破老套套，发挥创造性，讲究宣传艺术。

在社会主义市场经济条件下，新闻传媒的信息传播、舆论监督、社会服务等功能更主要地要通过即时式和预见式报道来发挥。即时式报道策划时机的特点是，事先无可知道的突发事件、突变现象一经出现，立即策划报道。这类报道近年来我们有过一些成功的尝试，如前年我国南方大水灾，去年澳星发射，今年深圳危险品仓库爆炸等，都是即时报道，时效性强，社会效果较好。但也有不少本应即时报道的新闻由于等待观望，犹豫不决，成了“事后诸葛亮”或干脆鸦雀无声，为受众不满，大大损害了新闻传媒在群众中的威望。预见式报道策划时机的特点是对尚未发生、可能发生的事件和问题进行未雨绸缪的报道策划，并使报道开始于问题处于萌芽状态时，引导社会舆论. 这类报道我们以往尝试不多，也许《经济日报》搞过的“关广梅现象”大讨论可以算一个，它抓住了改革初期人们对一些经济现象的模糊认识和思想苗头展开讨论，及时而巧妙地引导了社会舆论。

即时式报道和预见式报道比我们熟悉的配合式报道难度大得多。即时式报道较多地见于突发事件，而突发事件又以灾难性事件居多，即时报道就不能等待结果。预见式报道要抓处于萌芽状态的矛盾和问题，事物发展这时尚未露出全貌，对后面将会发生什么难以把握。因此，这两类报道的策划都没有充裕的时间深思熟虑，也不能一次成功，一气呵成。它要求设计多套方案，做多种准备，随时根据报道进展情况调整原来的计划，做出补充和修正。

2. 报道策划思路注重思辨性

长期在计划经济体制下办报办台，新闻报道者易形成一种惰性思维，这种思维的特点是单向式而非发散式，推理简单；封闭式而非开放式，非黑即白。这种思维导致新闻报道容易主观片面。在市场经济条件下，无论经济问题还是社会问题都要比过去更纷繁复杂，形成思辨性的报道思路至关重要。所谓思辨性的思路也就是要用辩证的观点策划报道，对报道内容持一分为二的方法，并将这种方法贯穿报道始终。在一片叫好声中，能不能对炙手可热的东西存疑？在一边倒的舆论中，能不能换个角度看问题，从而抓住其规律和实质？在报道中，能不能全面反映各种不同意见，引导受众从多种角度、多个层次看问题，给他们以广阔的思考空间？这都取决于我们有没有一个思辨性的策划思路。过去的不少报道，从80年代初的步鑫生等一些企业家到90年代初的教授卖馅饼，都给我们留下了遗憾和教训。现在面对风云变幻的市场，我们不甚了解、不太懂得的东西很多，更不能主观武断，轻易进行报道和评议。策划和组织报道，务必全面、客观、公正地考察问题，随时接受各方面的反馈，力争取得最好的报道效果。

3. 报道策划要敢于创新

报道策划是每天每时在报道者头脑中频繁酝酿着的，因此比较容易落入俗套。而成功的报道必须有与众不同之处，报道设计的创新就成了策划中的一个关键。报道策划的创新可以从这几方面考虑：

其一，在内容深度或广度上突破以往的同类报道。如去年《中国青年报》的《两会主旋律》专栏，打破了传统的两会报道模式，不是简单地就会写会，而是把会当作一个“框”，将平日采访所得的东西都往这“框”里装，时间上大跨度，空间上大容量，给读者不同凡响的感受，《文汇报》首次刊登上海市高校录取新生名单，成为我国第一家恢复中断30多年传统做法的报纸，都是在报道内容的广度和深度上的突破。此外，在报道领域的边缘地带下功夫，即突破人们习以为常的报道面，在专业与专业、行业与行业之间进行“嫁接”，也是内容上出新的一条途径。北京亚运会期间，《经济日报》的“迎亚运体育与经济系列谈”就是一例。

其二，探索与众不同、令人耳目一新的报道形式。组成报道形式的东西很多，如报道中的文体形式、报道的组织形式（如集中式、系列式、连续式、组合式、讨论式等）、报道的开篇与结尾方式、报道者的人员构成（如《经济日报》的《秘访“马上就办”》，因为邀请读者一块采访，出奇制胜）等。当然，形式是为内容服务的，报道形式的创新不应脱离内容的需要，故弄玄虚，哗众取宠。

其三，在版式设计上取得新颖、醒目、轰动的效果。报纸版面是读者第一眼接触的对象，好的报道内容和报道形式要通过版面来抓住读者，因此，版面编排的创新是报道策划成功的一个重要因素。

## 二

在新时期报道策划与以往制定报道计划的一个最大不同是，策划贯穿报道始终，它不因报道业已开始而告结束，在报道的组织和调整过程中，策划与实施如同一条道上并行的两辆车，一同前进。所以，报道调控既是报道进展中一项工作，又是报道策划的继续，应引起我们的重视。

报道调控是在报道进行过程中对报道效果的把握，即随时根据客观条件的变化调整与控制报道状态，以达到最好的报道效果。这一阶段的报道策划以接受反馈为基础，报道策划者要注意下列几方面的反馈：

1. 报道者的反馈。记者、通讯员和作者是采访报道的直接操作者，对报道对象、对读者、对传媒本身都很了解，他们信息灵敏，常能为报道的调整和补充提出好的意见和建议。

2. 报道对象的反馈。被采访者、被报道者是报道的当事人，他们能不能接受报道，能不能对下一步报道给予配合，直接关系报道的成败，因此要及时掌握他们的动向和思想。

3. 有关部门和主管单位的反馈。被报道者的上级、传媒的主管部门和有关领导人员经常会在报道进行过程中提出各种意见和建议，这也能成为报道需要调整的依据。

4. 受众的反馈。受众是报道成功与否的裁判，报道一开始就要密切注意受众的反应。报道调控，也正是为了最大限度地激发受众的热情的积极性，使他们不仅成为热心观众，而且成为参与者。近年广播重新赢得受众的原因概出于此，一些成功的文字报道如《今晚报》的跨国寻亲报道等也是得益于读者的参与。当然，不能要求所有报道都有受众的直接介入，我认为，受众的意见能得到报道者的注意并且对报道产生影响，也是一种“参与”。

在接受反馈的基础上，报道策划的继续就是据此对原来的报道方案进行调整补充，它包括诸多方面：

1. 调整报道思路。这是对报道方案的最大调整，如改变原来的报道思想、报道重心、报道态度等。由于这几乎是对原来策划的全盘否定，所以实际上用得不多，除非确实遇到与原来设想大相径庭的情况，或遇到无法抗拒的阻力。它同时也说明，原来的策划不符合实际情况，不现实，有很大的疏忽和漏洞，考虑欠慎重、细致。

2. 调整报道内容。在不变更报道思路前提下补充或压缩报道内容，改变原来的选题和发稿计划。这也是对报道方案较大的调整。一般是报道的预期目标有所改变使然。

3. 调整报道规模。通过延长或缩短报道时间，增加或减少报道篇幅，提高或降低报道的版面地位等手段，改变报道的阵势和力度。这种调整往往是随报道内容变化而调整。

4. 调整报道形式。变更报道的组织方式，如由集中式转为连续式，由一种方式转为多种方式并用等。这一也是因前面各项调整而来。

5. 调整报道力量。改变原定的报道人员部署，如增加或减少报道人员，寻找新的合作伙伴等。这是由报道内容和报道规模的调整而来的。

报道调控在报道进行过程中不是一次性的，报道策划也随之始终进行。所以说，在社会主义市场经济条件下，报道策划才真正在新闻传播活动中起重要作用，研究其规律性已成为新时期新闻改革的一个新课题。

（蔡雯撰写，原载于《新闻战线》1993年第11期）

# 报业竞争呼唤新型编辑人才

1993年，中国报业竞争继续升温。报摊上的大战越演越烈，为了攻占市场，各报纷纷厉兵秣马、摆阵布局。聘任制继去年《沈阳日报》首开先例后、如今已成燎原之势；《中国青年报》扩版同时推出的主编竞争上岗，在报界引人瞩目；新华社创办《新华每日电讯》，从强大的记者阵营中带出一支同样强大的报纸编辑队伍成了当务之急……凡此种种都启示我们：在新形势下，报业竞争呼唤新型的新闻编辑人才。

## 一

翻开各种新闻编辑教材和专著，都不难找到关于编辑人才的论述，而且这些论述十分相似。主要是理论方面的修养、政策水平、知识面、写作能力、事业心与奉献精神等。实践证明，这些理论和规范都是正确的。但也同样证明，它的局限性已不能适应当代新闻传播事业的需要。目前报业竞争的严峻局势正在向新闻编辑们提出挑战。

**（一）走向市场的报纸需要策划型编辑人才**

报纸在激烈的市场竞争中要赢得读者。首先要做到报纸本身办得“抓人”。这在经济加速发展、社会变动加剧、读者兴趣不断变化的今天尤其不易。办好报纸，采访写稿、改稿组版固然重要。但比这更重要的还有一项：报纸策划。就如建一座星级宾馆先要有高明的设计，要拿出一张准确无误的建筑设计图纸一样，要办一张卓越的报纸，也同样先要有卓越的构想，有一个可操作性强的设计方案，这个方案，要规划出报纸的内容范围、版面分工、主要栏目、报道水平与风格、广告分布、版式以及采编人员配备等等。报纸策划是一个庞大、复杂的系统工程。现阶段还是一个新领域，没有多少成功的经验可借鉴。难度大、风险大、一旦策划失败，再好的采写与编辑技艺也难以发挥、难见其效。

策划在办报的每一个具体操作过程中也同样重要。据《经济参考报》

1993年4月23日报道，安徽省委副书记杨永良在全省宣传工作座谈会上提出，随着社会主义市场经济的建立，宣传思想工作必须不断改进、不断创新，摈弃“等、靠、要”的思想，主动面向市场，找准位置，搞好服务。在社会主义市场经济体制下，每个时期宣传什么、怎样宣传，不能坐等文件、指示、部署、安排，应该主动深入到改革开放和经济建设的现实生活中，紧紧抓住人们关心的热点问题和干部群众在两个文明建设中遇到的新情况新问题，帮助他们排忧解难，消除疑虑和困惑，化解矛盾，理顺情绪。这段话对办报工作很有意义。在新形势下，每一阶段的报道，乃至每一组稿件的编辑，都需要办报者独立进行思考，做出决定。

策划已在当代新闻传播事业中举足轻重，策划型的编辑人才也就成为各家传媒寻找的目标。总编、社长应是策划型人才，毋庸置疑；编辑部主任、版面主编也应是策划型人才；即使是一般普通编辑也需要懂点策划。《经济日报》总编辑范敬宜曾作一文《在点子的海洋里游泳》，说的尽是该报的成功报道是如何策划出来的。值得注意的是，这些报道的策划者大多是普通编辑记者，而总编本人主要为这些策划锦上添花、拍板支持。可以这么说，一家传媒如果有一批善策划的编辑，那它的“产品”必定是有创意、与众不同的，在激烈的市场竞争中也就有竞争力。新闻改革越深入，策划型编辑对于报纸的重要性也就越突出。

**（二）追求高效益的报纸需要编辑方面的通才**

目前国家下定决心精简机构，新闻单位也同样面临这一任务。报纸作为一种产业经营，就意味着它也和企业一样要顺应商品生产的客观规律，低投入、高产出，讲求经济效益。事实上这个目标已在导致报纸的变化。比如建立报业集团就是规模经营的表现；新华社的社办报刊在不断增多；《广州日报》办的系列报纸把小朋友、青年读者、中年人和老年人都作为服务对象，使其各取所需；《中国经营报》光是一份《精品购物指南》就办出六七个地方版，形成“购物指南”报系……现在，一家传媒只出一种产品的情况越来越少了。这其实就是一种机构精简，因为“生产规模”扩大了，而“生产者”的数量没有随之扩大或以同等规模扩大。这种情况的出现，对传媒的从业人员是一种挑战，意味着他们可能要一个人担负以往两个人、甚至三个人的任务。作为记者，发稿量要加大，采访写作的节奏就得加快。作为编辑，不可能再几个人围着一块版甚至一个专栏转了，一个编辑主编一个版甚至几个版的情况越来越多见。报纸从来不曾像今天这样需要它的记者成为“快手”，需要它的编辑成为“通才”。

何为“通才”？就是说，对编辑业务的“十八般武艺”样样精通，从报纸策划、报道策划到组稿、编稿、制题、设计版式都是行家里手。更高点要求，对办报的其他业务也能精通，能采访写稿、能写评论、能拍照片，甚至能设计广告、懂得经营管理之道。因为在高效率的办报过程中，编辑往往会遇到合作者配合不力、稿件不足或不合要求的情况，为了保证正常出报，只有亲自上阵“客串”其他角色。若非“通才”，怎能以一当十、化险为夷？

**（三）用现代化技术武装的报业需要掌握现代技术的编辑人才**

1993年采访“两会”的中国记者中，使用便携式电脑的人突然多起来。由此不难想象，在这些现代武装的记者背后，编辑们坐在计算机前编稿、组版的情景。但是，实际情况并非想象的那样乐观。目前许多报社的计算机仍然主要由技术工人在操作，至于比较复杂的排版电脑，更是几乎全由技术工人“垄断”。这种现象在西方国家报社是不存在的，在港台报社也极少见，计算机早已成为人家的代笔工具，而我们的编辑还不能熟练地掌握它。现在，我国的经济发展水平和科学技术水平正在把报业推向更加现代化，新时代的传播事业要求其从业人员尽快掌握现代科技，提高工作效率。

## 二

我们现在的新闻编辑队伍显然存在一些明显的欠缺：

一是微观的业务技能掌握尚可，宏观的谋划决策能力不强。这是长期以来在计划经济体制下办报形成的惯性所至，习惯于按照上级部署进行报道，而不善于把握读者兴趣变化.根据市场需求办报。这种情况反映在报纸上，就是纯生产性、工作性的报道多，会议新闻多，与读者生活贴得近的新闻少。即使是经济新闻也多是从生产角度进行报道，而不善于从消费市场抓群众关心的热点问题。近几年风行一时的周末版、星期刊、月末版等倒是完全根据市场需要谋划决策的结果，也有不少报纸受到读者的欢迎，但其内容主要还不是新闻，更不是严格意义上的政治、经济新闻、有关明星、“大款”的报道为数甚多，近来在个别报纸上还出现了一些内容不健康、舆论导向有问题的稿件。这也说明，倘若一味地由读者牵着鼻子走，不顾及报纸还负有教育群众、引导群众积极向上的社会责任，这种策划往往会走上歪路。因此说，谋划决策能力不是指简单地出出点子，它是编辑政策理论水平、分析判断能力和业务素养的综合表现。这种能力的培养并非一日之功。

二是习惯于各自为政，不善于组织调度、协同作战。这也是计划经济条件下形成的习惯。由于报社内部一向依照行业或地区的分割划分出相应的部、组或室，编辑大多在自己的分工范围内组稿编稿，形成了一种思维和行为的“定势”。在社会主义市场经济建设中，旧的行业割据要打破，市场将成为一切经济活动的中心，这就要求报纸也要立足于市场为经济建设服务。新时期的新闻报道的着眼点将不再是一厂一地、一项产品，经济问题的复杂性也要求我们的报道关照面更广些、透视度更深些。显然，这就向新闻编辑提出了更高的要求。报社内部要打破以往过细的分工，编辑就必须学会在更广阔的领域中组织新闻报道。而做到这一点并非易事。它首先要求编辑更新观念，用发展的、辩证的眼光看问题，以全局观点分析改革中出现的矛盾和困难。它还要求编辑更新知识，尤其是发展市场经济所需要的有关经济知识、法律知识，适应新形势下宣传经济改革的需要。此外，编辑的人际关系、组织才能、应变能力等也应相应提高。

三是编辑的职业道德在市场经济条件下面临新的考验。有些人经不起物质诱惑，以稿谋私，以版谋利，严重损害了报纸的威望。编辑是新闻传播活动的“把关”者，担负着“筛选”、修正新闻事实的责任。他必须对社会负责，对读者负责。这个一贯强调的准则今天已被一些贪图私利的编辑弃之脑后。“有偿新闻”问题的出现，是计划经济向市场经济过渡时期经济成分多样化、法律制度不健全等客观原因和新闻人员自身素质、修养欠缺这一主观因素共同造成的。

## 三

在社会主义市场经济条件下，报业的健康发展需要有一批新型的新闻编辑人才。这种人才应具备我们一向强调的三项基本修养：

（一）理论修养。包括认识理论（以马克思主义创始人提出的唯物论和辩证法为认识世界的指南）、政策理论（熟悉和掌握国家各项政策和法规）、专业理论（相关报道领域的理论和规章制度）。

（二）知识修养。具备广博的知识，当“杂家”，并在“博”的基础上专攻一两门，当“半个专家”。

（三）职业道德修养。热爱本职工作，遵守新闻职业道德规范，不谋私利。

这些修养对于任何时期的新闻编辑都至关重要，它属于一种内在的修养。而在当前的新闻改革中，新闻编辑应具备的能力结构相对于此要复杂得多，试举数项：

一是组织能力。新闻编辑是新闻报道的组织者，他通过对记者采访的部署、组织、调度、协调以及对社外作者约稿，来完成稿件的准备工作。因此，是否具备良好的组织才能，关系到编辑工作的成败。组织能力，在一般意义上说，指编辑依照新闻报道的需要，合理安排和使用分散的有关人员，使其形成系统性、整体性，互相配合，完成出报任务。对组织能力更高的要求，还包括为事业发展网罗人才、组建队伍，形成相对稳定的合作群体。后者对于总编辑、编辑部主任等担负一定领导职务的人尤为重要，关系到报社的发展大计。在旧中国较有影响的《大公报》就长于此道，他们精心搜罗人才，重用了范长江等一批年轻有为的记者，因而在竞争中很有实力。

组织能力的大小取决于编辑人员的决策水平、人际关系、活动能力、性格等多方面因素。一般说来，各方面修养越深、敢于拍板、富有计谋的编辑组织能力越强；越善于与人相处、容易取得他人信任与好感的编辑组织能力越强；越热心社交、交友广泛、善于言谈的编辑组织能力越强；越性格开朗、乐观，为人坦诚大方的编辑组织能力越强。编辑的社会阅历、风度举止、社会地位和影响等，也往往对其组织才能有影响。

二是创新能力。编辑工作的每一项业务，从总体策划到编稿、组版，都是创造性的劳动。一张报纸的水平高低，也主要取决于其编辑人员的创造性。1990年北京首次举办亚运会，我国报界在此期间展开了激烈的新闻竞争。读者发现，报纸“好看”了，版面“亮”起来了。究其原因，是因为许多报纸有一些突破常规之举如巨幅新闻照片的运用、大字标题的多见、稿件体裁与风格的多样化、版面美化的大胆创新等。如果编辑人员不具备创新能力，只满足于习惯的思维和做法，报纸的水平就无法提高。

现代社会经济发展不断加快，广大受众对新闻媒介的要求也进入了多变的阶段，陈旧的报纸形象和报道模式已不能满足他们的需要，新闻改革正在走向更深的层次，编辑的创新能力也就显得越来越重要。

三是写作能力。新闻编辑每天处理大量的稿件，制作标题，配写言论，有时甚至“客串”记者，亲自写稿，这就要求编辑要有较高的写作水平。纵观古今，许多优秀的编辑都是长于撰文的“大手笔”，有丰厚的著作留传于世。《经济日报》1992年推出个人署名专栏，领头的三位作者就是该报的总编辑和部门主任，此举深得同行钦佩。

古人云：改章难于造篇，易字难于代句。何况新闻稿要讲求时效，分秒必争。编辑要在极有限的时间内加工修改稿件、制作标题，就必须有深厚的文字功底和娴熟的写作技巧，以及倚马可待的写作速度。

四是现代化设备操作能力。新闻出版业随着科学技术的发展，已经告别了铅与火的年代，不断向现代化迈进。我国大陆已有不少报社运用计算机编稿组版，采用了激光照排和胶版印刷。在港台地区，一些实力雄厚的报业集团已实现了采编全程自动化系统操作，做到采编同步进行。新一代的电子报纸已开始问世。这一切都表明，现代化操作手段应是每一位新闻从业人员的必备能力。

（蔡雯撰写，原载于新华社《新闻理论研究》1993年11月第6期，此文为新华社1993年度优秀新闻论文）

# 周末版要实现两个“超越”

20世纪80年代末90年代初的“周末版热”，可能会在中国当代新闻史上留下一笔，但今天的报人们更关注的是周末版目前的状况和未来的命运，因为有目共睹：近几年的激烈竞争使周末版中内容相互雷同、格调高低悬殊的问题日趋明显，周末版似乎走入了低谷。如何才能雄风再振？我以为，周末版急需实现两个“超越”。

首先，超越“试验田”期的不稳定状态，寻找合适的定位。从1981年《中国青年报》的《星期刊》首开周末版先河，可以说，我国报业史上一场“革新”就开始了。周末版无论在内容上，还是在编排形式上，都突破了传统的办报路子，进行了大胆的改革与尝试。这些改革和创新在广大读者中取得了一次次的轰动效应，不少成功的做法立即被引入了正报。

周末版作为“试验田”，为正报的改进和提高立下了汗马功劳，为新闻改革充当排头兵更是功不可没。然而也要看到，处在“试验”阶段的周末版有成功也必然有失败，有突破也就难免有“出格”，这是“试验”期特有的不稳定现象。在这种不稳定的角逐中，周末版容易被即时效应牵着鼻子走，搞短期行为，什么东西走红就争相登什么，以至发展到无原则地迎合受众。格调不高问题、相互雷同问题等等，概由此出。因此，周末版急待找到自己合适的位置，使自己的报格报风趋于稳定。

从本质上说，周末版仍是新闻纸的一部分，但它不同于正版，也不同于副刊，周末版应被作为我国报刊大家族中的一个特殊成员来看待，或者说，周末版是一种性质特殊的周报。此说论据有三：一是周末版的出版频率为一周一期，故属周报（刊）类；二是周末版依附于另一媒体而存在，即可被看作是某报的一部分，故不同于通常意义上的周报；三是有的周末版能在发行上相对独立，甚至不少周末版拥有特殊的名称和与正报不尽相同的读者群，已是一份相对独立的报纸。基于周末版的这种特殊地位，要办好它，就要慎重考虑以下几个问题：

一、全面地分析周末版在“试验”期中的经验教训，找出真正属于自己独有的东西，在今后的办报实践中扬长避短。

周末版在10多年来的办报实践中取得了不少成功的经验，对此如果作一番细致的分析，会发现，凡属手法、体裁、版式等形式范畴的好经验，往往很快被正报和其他报纸引鉴，迅速得到普及推广。周末版能够保持自身优势的，不在形式，而在内容。由于周末版有正报作为支撑，以及与生俱来的消遣娱乐性质，它能够避开许多严肃的报道内容，在读者更有兴趣的“八小时以外”的社会生活领域中深挖细掘，寻找有轰动效应的热门话题，比如对流行时尚的报道、对影视歌星的追踪、对社会弊端的揭露等，可以说，周末版的生命力就在于它与普通群众的贴近。然而，这一众所周知的优势在一些周末版上并没有得到最好的发挥，主要的误区，一是重形式而轻内容。在版式上、标题上费尽心思，却没等量齐观的内容与此相称。二是盲目追求轰动效应，导致某些庸俗内容的出现。

由此可见，周末版虽然在报道形式、表现形式上仍需不断创新，但目前更重要的是在报道内容上作精心的设计和严格的把关。

二、实事求是地分析读者群，真正在服务读者的前提下规划周末版。

随着周末版遍地开花，竞争对手越来越多，市场被瓜分得越来越小，后来者要挥师全国，困难必然越来越大。在这一局势下，办周末版就要实事求是地分析自己的读者群，选择明智的战略战术。

既然周末版是依附于特定的报纸，那么根据已有的读者群来设计周末版的内容与形式是理所当然的。在我看过的众多的周末版中，有几家给我的印象比较深，如《中国妇女报》的《伴你》星期刊，《市场报》的周末版，《北京青年报》的《青年周末》等。它们之所以让我在茫茫报海中记住了，是因为其独有的特色。《伴你》和《青年周末》是一种对象化的周末版（星期刊），由于它们的服务对象十分明确，结果设置的栏目、挑选的文章、做出的标题都很有个性，能够以一种特殊的文化气息和品位吸引人。《市场报》的周末版则是以专业特色引人瞩目的，它的所有选题都没有离开经济和市场。由此我想到，周末版不应该离开它原来就属于的那块领地，区域性的、专业行业性的、对象性的，种类越多越好。只有真正从自己的读者群出发，为他们提供全心全意的服务，周末版才能源远流长。

另外，周末版要超越“杂志化”的仿造状态，为自己塑像。

对于周末版的“杂志化”，报界多有议论。所谓“杂志化”，主要指报纸模仿杂志，与杂志趋同，表现有：一是对报道的时效观念日渐淡漠，更重选题的知识性、可读性、趣味性，降低对新闻纸应有的紧跟形势、反应灵敏的要求。二是在文章的采写上更重视表现技巧，甚至大量采用文学化的写作手法，追求细腻、婉约、富于个性色彩，与新闻作品通常倡导的简洁明快、辞达即可的“短、平、快”风格相去较远。三是标题更重视“诱读”效果，或轰动夺目令人震惊，或婉转含蓄引人猜测，超越了传统的标题规范。四是版式设计大量引入杂志编排的技巧，剪辑精巧、加工细致，有不少照片甚至与文章内容毫无关联，纯粹是从形式角度考虑而选用的；再如标题位置的自由化倾向日益明显，文章的编排也打破常规等。

对周末版的“杂志化”现象需要作辩证的分析。应该看到，报纸（包括周报）与杂志同为印刷媒体，它们之间并没有不可逾越的鸿沟。因此，周末版对杂志的借鉴并非不可，事实上有些借鉴恰恰弥补了报纸过去一直存在的不足，如写作上的创新、标题的变化、版式上的突破等都是有可取之处的，只要对杂志的借鉴有利于报纸更贴近读者、取得更好的报道效果，就应该大胆为之。

“杂志化”问题不在于要不要借鉴杂志，而在于会不会因为不加取舍的仿造而失去周末版自己的优势和特色。这种情况已经存在了。比如在前一时期许多周末版竞相刊登领袖人物的个人生活轶事，强把历史作新闻，却把现实生活中正在发生的许多值得报道的事情挤到了版面之外。这种情况如果出在某些专门刊登历史人物和事件的杂志上是无可指责的，但对于周末版来说，显然不宜。还有一些周末版热衷于刊登文学色彩浓厚、表现个人情感却又言之无物的文章，使读者感到实属无病呻吟、浪费版面。由这类问题而言，周末版目前急需超越“杂志化”状态，为自己塑造出一个有特色有个性的形象。

周末版走出“杂志化”的误区，关键在于牢固树立新闻意识，把自己当作一张特殊的新闻性周报来办。说“特殊的新闻性”，是为了强调这种新闻性与正报的新闻性有区别，用“周末版是正报的延伸”来说明这个问题，我觉得是恰当的。

周末版的内容应该是正报新闻向边缘地带的延伸。

周末版除头版之外，主要以专版专刊唱“主角”。对于头版的内容要突出新闻性是无须多说的，大多数周末版都能够做到。问题主要在于专版专刊的内容如何把握。我认为，专版专刊在策划与编辑中也要有新闻意识，要自觉地站在正报的新闻延伸地带上。这种“延伸地带”往往是正报所报道的新闻的边缘。比如《经济日报》通常不在正报上用大篇幅报道文艺界的事，但在它的周末版上却曾用一整版来描述中央乐团的困境和寻求出路的曲折，引导读者思索一个严肃的文化课题：在市场经济中，我国高雅艺术面临什么样的命运？《北京日报》作为市委机关报，不大可能在新闻版上对外资企业中中国雇员的生活和情感“聚焦”，但在《京华周末》上，却能够“话说京城中国雇员”。对于读者来说，中央乐团、京城中国雇员也是新闻，甚至比我们常见的一些经济新闻、文化新闻更有吸引力，是一种特殊的大视角的软新闻，只是这种新闻处在这些特定报纸的正常报道范围的边缘，正报不去触及而已。周末版在自己特有的办报自由空间中，如果总能有意识地去挖掘这一类边缘新闻，何愁办不出自己的特色？即使是那些知识性、消遣性的专版专刊，也同样不能远离新闻，在选择稿件时应该也可能与当时当地的社会变化、读者情绪靠得更近些。

周末版的内容应该是对正报新闻信息量的扩充。

衡量新闻版的质量和水平，信息量是一个重要的尺码。我觉得，对周末版来说，信息容量的大小同样能够说明它的成败。这就是说，周末版也要尽可能多、尽可能详细地告诉读者欲知而未知的最新消息，而且这些最新消息最好是正报疏于细说的。比如《北京晚报》没办周末版，但它在星期六的第三版经济新闻专版中却开辟了《周末消费导引》专栏，告诉北京读者新近上市的新食品、新服装、新电器以及其他各类新的生活用品，还报告读者何地开办了什么展览、何处举办了什么活动等，这个版信息量大而且实用性强，对于引导读者过好节假日很有帮助。有报纸报道，现在美国一些报纸利用计算机联网专门为读者提供正报上没有、读者又特别需要的新闻信息，比如某些学校的午餐食谱、某小城镇的娱乐圈消息，以及报纸上一些新闻的背景材料等等。这种做法也是为了补上正报信息量的不足，使读者更加依赖报纸。凡此种种，对周末版何尝不是启示？周末版，本应更贴近读者、更加无微不至地为读者服务，这种服务，正报由于有限的版面和自己特有的性质任务，心有余而力不足；杂志又因为周期过长而无能为力。周末版何不在此空档下力经营？能不能使我们的服务再具体一点、细致一点呢？

总之，周末版需要在形式多样化的基础上重新设计自己的内容、稳定自己的风格，以一种独特的形象立身于报刊界。

（蔡雯撰写，原载于《新闻战线》1995年第3期）

# 论新时期的报纸形象

在市场经济条件下，报纸由于办报环境、读者对象、报纸职能的变化，与过去计划经济条件下的报纸有很大的不同。然而，究竟应该怎样认识社会主义市场经济中的报纸形象？如何才能塑造好报纸形象？这在新闻实践和新闻理论研究中都还是一个新问题。

## 理想的报纸形象是什么样的？

报纸形象，不应简单地理解为报纸这一新闻媒体所具有的外在形象，如其版面形式等，它实际是一个内涵丰富的概念，可以定义为：报纸形象是公众对报纸出版活动的整体印象和评价。所谓报纸出版活动，包括了报社的所有活动，如新闻采编，副刊编辑、广告经营、报纸发行、内部管理，以及其他各类为报业发展而进行的经营活动和社会活动等。可见，报纸形象更准确的提法应该是“报业形象”，只是由于人们在习惯上把报纸看作了报业的标志，我们仍沿用“报纸形象”这一名称。

报纸形象从其形成过程来看，又可分为内部形象和外部形象。内部形象是报社内部职工对报纸出版活动的印象和评价。外部形象是报社以外的公众对报纸出版活动的印象和评价。内部评价与外部评价的角度与标准是不同的，而且，内部评价又由于评价者身份的不同而不同，如管理者和普通从业者会从各自的立场出发，对报纸形象有各自的看法；外部评价也会因评价者的身份、立场不同而有差异，对于报纸而言，这种差异可以分为来自上级主管部门的评价和来自下层普通受众的评价两大类。

报纸的内部形象和外部形象实际是同一事物的两个方面，内部形象是构成外部形象的基础，外部形象是内部形象的外在表现，并且能动地对内部形象起反作用。如一个实力雄厚、人才众多、管理有方的报社能够办出高质量的报纸，在社会上拥有大批读者和良好的口碑。而良好的社会影响和经济效益，又将反过来振奋内部人员的士气，促使报业欣欣向荣。良好的内部形象与外部形象的相互作用能够造成一种事业发展的良性循环。

在社会主义市场经济条件下，报纸应该具备什么样的形象呢？我们可以从报纸形象的不同方面来分析这一问题，包括内部管理者与普通从业者的评价和外部上级主管部门和普通读者的评价。现代报纸形象的思想境界，是这四个层次的评价都达到令人满意的程度。

报纸形象包括内部形象和外部形象。内部形象包括：1. 管理者评价：a 有用武之地、能施展才华；b 责、权、利明确，能实现抱负；c 氛围良好、能表现风格。2. 普通从业者评价：a 归属感（工作与生活条件好、有成功机会）；b 自豪感（报纸有知名度、实力强、待遇好）；c 成就感（人尽其才、充分发挥才干并得到肯定）。

外部形象包括：1. 上级主管部门评价：a 舆论导向正确、内容健康向上；b 遵纪守法、从业人员有敬业精神；c 有良好经济效益。2. 下层普通读者评价：a 满足信息需要和其他服务需求、公正可信；b 反映群众意见、干预社会生活、服务态度优良；c 印刷质量好、出版发行守时；d 购买方便、价格合理。

这仅是对理想报纸形象的一种非常粗线条的勾勒，每一项评价标准都还有更具体的内容和衡量尺度，而且严格准确的报纸形象评估，不但需要定性分析，还应该有大量定量考察、统计作为依据。这样，有几点好处：1. 有助于树立报纸的权威性、可信性。2. 有助于报纸在行业竞争中取胜。3. 有助于营造“人和”的运作环境，增强报社内部的凝聚力。4. 有助于吸引人才、壮大队伍。

## 报纸形象塑造要从从业者抓起

报纸出版活动的主体是报社从业人员。从业人员在内部是报纸形象的评判者，在读者面前，其本身又是构成报纸形象的一个重要组成部分。编辑记者、广告发行及行政管理人员的素质、人品、工作态度，都是构成社会舆论对报纸形象评价的重要因素，他们的所作所为无时无刻不在优化着或者损害着他所服务的报纸的形象。

我国报纸在党的新闻工作方针政策指导下，总体形象一直较好，但也存在一些问题，特别是进入市场经济新时期以后，报纸面临新的形势与挑战，新的矛盾和问题不断出现，主要有："有偿新闻"，利用职业之便损公利己；缺乏敬业精神，业务素质低下；报社管理层知识、专业结构不合理；轻视读者与作者，服务态度不佳等。

这些问题的根本解决还有待于改革的深入进行，以及市场经济体制的不断完善。但对于新闻界自身来说，加强对从业人员的思想教育，牢固树立为人民服务的思想，培养高尚的情操、坚持严格的自律，则是时不我待的首要任务。

一、要在从业者中树立"报格"观念。"报格"就是报纸的精神，是报业管理的指导思想，包括坚定的奋斗目标，强烈的群体意识、鲜明的社会责任、正确的竞争原则等，要使这种指导思想成为报社同仁共同的信念和行为准则，并且要把它作为报社的基本规范和制度确定下来，指导行动。对于任何有损报格的行为必须加以惩处。

二、鼓励参与意识，牢固树立从业者的主人翁责任感和敬业精神。报社从业人员的临时思想和短期行为在任何时候都是报业发展的障碍，要使他们真正把本职工作看作自己值得为之奋斗的事业，激发他们的创造性和工作热情，就要千方百计使他们感觉到是报社的主人翁，在办报事业中他们不是被动的服务者，而是设计师，是核心力量，并且只有大家同舟共济，才能使理想得以实现，个人的价值也才能充分发挥。

三、加强管理、奖惩分明、建立健全竞争机制，给每个人以施展才华的机会。这方面报界已经有许多成功的尝试，如一些报社实行版面主编竞争上岗、开辟记者编辑个人署名专栏等，以及一批走边远地区，跑社会底层的记者的出现，都在发挥个人才干的同时为报纸形象的塑造立下了汗马功劳。然而我们也要看到，报业管理是一项复杂的系统工程，有效的管理机制的建立不是一朝一夕之事。比如版面主编制有利于充分调动采编人员的积极性，但也可能有人钻空子谋私利，使专版专刊偏离编辑方针，这就需要有相应的管理措施，使得个人特长充分施展的同时，报社的利益也得到保障。

四、改善工作、生活环境，改善人际关系，增强报社的凝聚力、吸引力。如采用现代化技术手段改善工作环境，改善职工的居住条件，举办各种联谊活动融洽管理者与职工以及职工之间的人际关系，造成团结向上的氛围等，使报纸内部形象得以改观，从而促使外部形象也相应改变。

## 报纸形象主要靠优质报纸来塑造

社会公众对报纸形象最直观的感受更多的是通过读报获得的。

报纸的舆论导向是否正确至关重要，这是考核报纸外部形象的一个重要指标。好的报纸外部形象是主管部门满意和读者满意的统一。此外，构成报纸外部形象的还有其他内容，如报纸的外观、质量、价格、服务等，一样是塑造形象的要素。

用优质报纸来塑造良好的报纸形象，办报者必用心良苦才可高招迭出，必持之以恒才能稳操胜券。我们认为，以下几方面的竞争是值得深谋远虑的：

一、决策超前。报纸策划是一个系统工程，它是智慧和胆识的结晶，而时机的把握更是策划成败的关键，因此时时都要有“为天下先”的意识。办一块专版、打一场报道战役乃至推出一个选题，谁能抢先谁就能取得轰动效应，就能为该报形象添加引人瞩目的光彩。读者对一些报纸率先刊登高校录取名单、公布“便民电话”都曾反响强烈，有的周末报在“周末版热”尚未兴起之时即抢占了市场，都使我们看到了决策超前的威力。

二、内容求新。新闻产品追求“人无我有、人有我好”是保持自身魅力的良策。报纸的内容出新，其实是要求办报者用运动而且是加速运动的思维办报。

三、规模效益。低成本、高效益，同样是办报者的努力目标。价格求廉，推销求活。

四、服务求佳。报纸为读者服务，是我们一贯的口号，但对它的理解往往是不充分的。报纸的服务既要通过信息传播来为受众服务，又要对读者提供更细致的服务，如有的读者有一些特殊困难需要报社帮助等。

## 报纸形象还可通过版外活动来塑造

报纸不仅是社会变动的报道者，还是社会生活的参与者。通过举办社会活动，服务社会，运用各种方式宣传自己，对塑造报纸形象很有作用。

改革开放以后，报纸投身社会生活的事例不胜枚举，如发起社会公益性服务、为贫困地区募捐款项、举办各类晚会、评选、比赛等，对丰富群众的文化生活、建设社会主义精神文明做出了贡献。在举办这些活动的同时，报纸的知名度也得到扩大，报社与群众的关系得到加强，报纸形象更加丰满。

然而，报纸参与社会生活也有一些问题存在，如一些报纸以举办活动为名，向企业要钱要物，使企业叫苦不迭。这类活动不是在树立报纸的良好形象，实际是败坏了报纸的名声，降低了报纸在群众心目中的地位。因此，对报社举办社会活动，要以塑造报纸的良好形象为最终目标，讲求策划艺术。

首先，报社举办社会活动应该有正确的出发点。目前报纸出面发起组织的各类活动，有纯粹公益性的，报社不会获得经济利益；有公益与盈利兼顾的，既有较好的社会效果，又能给报社带来一定经济收益，还有一些则是以盈利为主的，社会效益不明显甚至不太好，但能给报社创收。要通过社会活动塑造良好的报纸形象，前两者应该提倡。像《北京晚报》等报社发起的“爱我中华，修我长城”活动等，这种活动与报纸的宗旨相一致，就应该大力去办，办好了能扩大报纸在社会上的影响，赢得读者的信赖和拥戴，这是多少金钱也买不来的无形资产。

其次，报社举办社会活动应该充分发挥报纸的优势，版外活动与版面宣传相结合，取得更好的社会效果。近几年不少报纸在这方面有大胆的尝试，如《钱江晚报》举办“挂牌值班”“今天我当记者”活动，《羊城晚报》发起“让失窃自行车还家”活动等，都是版外行动与版面报道相结合，社会反响强烈。可见，报纸参与社会生活，要注意利用版面优势，精于策划，讲求艺术。

报纸形象，已经成为新闻界的新课题。我们期待着有更多的同行投入到这一问题的研究和这一领域的创造中来，使我们的报纸有功于人民，无愧于时代。

（蔡雯、丁士撰写，原载于《中国记者》1995年第8期）

# 扩版热中看报纸定位

我国报纸迈入20世纪90年代后，扩版热潮方兴未艾，报业竞争愈加激烈。扩版，带给报人酸甜苦辣种种滋味：顺利者，忧有“追兵”不敢懈怠；失利者，急于翻身如坐针毡。何以如此？今后怎么办？仅从一地一报来看难明究竟，有必要考察扩版对整个报业发展走势的影响，探讨报纸在这一全局性大变动中的重新定位问题。

## 扩版，重新分割报纸流通市场

改革开放以后，我国经济发展，人民物质文化生活水平提高，社会对信息传播的需求不断增长，促使报纸版面这一信息载体随此不断扩充。同时，报纸实行企业化管理，自主经营，自负盈亏，也使其越来越重视读者需要，全面发挥政策宣传、信息服务、文化娱乐、舆论监督等功能，充分发掘其广告经营的潜力，这都需要扩充版面作为支撑。可以说，经济发展、社会进步催生出大众对报纸空前高涨的需求，而报纸的扩版热潮既是对这一需求的满足，又是对受众的再次争夺。

在社会主义市场经济条件下，报纸作为一种特殊的文化商品供读者自由选购，新闻流通市场已是客观存在。过去实行计划经济使报纸的出版发行相应表现出“条块分割”的计划性特点，除晚报以外的其他报纸主要由党政机关、群众团体、行业协会、厂矿企业等主办，发行主要靠下辖单位公费订阅，报纸的级别直接关系其发行范围的大小和读者的层次。现在转向市场经济，越来越多的报纸将主要依靠读者自费购买实现其价值与使用价值，报纸的流通市场表现多元化与复杂化，这从许多报社自办发行、报摊不断增多已见端倪。

不容忽视的是，囿于我国人民现有的经济能力、国民素质和文化水平，报纸流通市场还不可能像西方国家那样发达，与扩版俱来的报纸价格提升更制约了人们的实际购买力，近几年报纸大规模扩版后出现的发行量普遍下跌，便很说明问题。因此不少报社进退两难：不扩版，唯恐失去竞争力，最终失去读者；扩版，要提价，也会把一些读者拒之门外。已经扩版的报纸则如履薄冰，要想多占有市场份额，唯有做到“有我一报在手，天下大事皆知”，不断改变旧的办报路子，不断冲破旧的竞争“规则”。

重新分割流通市场，使许多报纸前景豁然开朗。还记得80年代末，上海《解放日报》以“扎根机关，深入企业，面向社会，走进家庭”的新的办报方针，率先迎接了晚报的挑战，扩版时吸取了晚报的许多精华。而今天，几乎所有省级机关报都由4版扩为8版，甚至12版，以往只在晚报上露面的某些内容早已成为机关报的“座上客”。晚报呢？10年以前，还以“日报的补充”自居，退守“八小时以外”；如今，重要的国内外新闻，严肃的政治、经济话题同样频频出现。一扩再扩的版面使晚报毫不犹豫地展开了同日报全方位的竞争。与此同时，我们不难发现专业报纸出现了不“专”的版面，企业报纸有了跨出企业围墙的尝试……计划经济条件下形成的报纸格局正被打破，崭新的流通市场将逐步成熟。

然而，我们也应看到，报纸扩版带来的对流通市场的重新分割，实际导致了报纸的互浸与趋同，这一结果构成对报纸新的威胁。近几年蜂拥而起的周末版犹如一个缩影。周末版是许多报纸特别是机关报的“试验田”，是报纸抢占市场的“排头兵”。一些报纸在这片处女地里收获了成功和喜悦，但也有报纸尝到的是苦涩。周末版出现的问题在报纸扩版以后也出现了，如“炒新闻”现象，杂志化、面目相似的专版随处可见，华而不实、哗众取宠的标题时有露面，等等。我们究竟依靠什么击败对手、占领市场？扩版给每一家报纸出了难题。

## 扩版，重新分割新闻资源

报纸扩版，在重新分割市场的外部竞争背后，还存在另一种隐性的内部竞争，那就是对新闻信息资源和新闻人才资源的争夺。

版面的增加，意味着发稿量的增加。报纸扩版能否成功，关键取决于能否有充足的、高质量的稿件来支撑扩大的版面。由于新闻稿的“易碎”特点，数量的保证已属不易，质量的控制就更难。因此，在报纸纷纷扩版后，出独家新闻的难度大大增加了，为了开辟新闻信息来源渠道，大家绞尽脑汁。有的报纸头版稿件的酬金一升再升，有的高价“收购”新闻线索，有的设立种种奖金征集好稿……这场争夺新闻信息资源的大战有不断升级之势。

报纸扩版之后，为经济效益计，办报人员往往没有增加或增加甚少，这就要求从业者能够“以一当十”。扩版后的报纸，比以往更迫切地需要精通采、写、编、评、摄等所有新闻业务的“通才”，因为他们能够提高办报效率，低投入、高产出；需要有独到思想的“专家型”的记者、编辑，因为他们能够出独一无二的“精品”，提高报纸的水平。这样的人才从何而来？有的报纸在内部挖潜，比如改变机制，推出“主编制”，通过改革内部分配制度、采取各种奖励措施调动办报人员的积极性和创造性；也有报纸“目光向外”，用高薪、住房、待遇等优惠条件到处“挖人”，新闻人才流动成了报纸扩版时期的一种普遍现象。

对人才的争夺甚至超出了专职办报人员的范围，有的报纸聘请了各路专家学者担任“顾问”，实际是为自己开辟信息来源渠道，组织一支“招之即来”的机动办报力量；有的报纸网罗社会名流开辟专栏，利用名人效应扩大报纸的影响；还有的报纸用招聘机动记者的方式，将其他地区、其他报社的新闻人才聚合到自己周围，实际是将别人的新闻资源“分流”到自己报纸来了。报纸扩版引发的“新闻资源大战”，对所有的报纸、所有的报人都是机遇和挑战。报纸的吸引力和凝聚力有多大，取决于报纸的名望和影响、报社的经济实力、内部机制和管理水平，这些方面领先一步的报纸能够形成“吸引优秀人才——办出优秀报纸——获优秀效益——吸引更多优秀人才”的良性循环，事业不断发展。对于新闻人才来说，要使自身的潜力充分发挥、抱负得以实现，就要力争加入这种良性循环。可以说，新闻人才的重新组合、报纸实力的重新排位，与报纸扩版并驾齐驱。

## 扩版，呼唤报纸重新定位

报纸扩版使报业竞争日趋激烈，给办报者带来的困惑也与日俱增。为什么本来很有影响的全国性报纸不如某些地方报纸发展势头迅猛？为什么版面增加了，读者仍然对信息量有异议？为什么不少原来被读者看好的专版很快就受冷落？为什么花了很大力气办出来的一些名人专栏已不再具有名牌效应……

其实，答案就在扩版本身。扩版为读者提供了更广阔的选择空间，同时又把他们挤入了更窘迫的承受之隅（时间、财力皆受限制）。扩版滋长了读者的挑剔、苛刻，也即造就了市场的瞬息万变。于是，我们不难理解，当全国性报纸的信息量并不足以真正“包揽天下”时，读者为了获取对其更有实用价值的本地新闻而青睐地方报纸，广告商不过是读者群的追逐者而已；也不难理解，既然扩版给了大家同样的用武之地，你能办出一个叫座的专版，我为何不能把它“移植”过来？你能请名家写稿，我也能请他出专栏。人的脑力毕竟是有限的，能够出专栏的名人也就那么多，名人专栏出多了难保都是佳作，怎么能让报纸年年岁岁花常开，岁岁年年花不同？看来，在扩版热浪铺天盖地而来时，需要保持冷静的头脑，不盲从，不搞短期行为，而是根据客观实际为报纸找到科学合理的定位。

报纸不同于广播电视，也不同于书籍杂志，这种不同之根本在于报纸的新闻特色。比之广播电视，报纸的新闻报道可以更具广度深度，并且以信息量大、可选择性强、便于保存与查找为读者提供服务；比之书籍杂志，报纸的新闻以时效快、反应灵敏见长。而报纸在传授知识、提供娱乐等方面的特色与其他媒体相比较则优势不明显，所以我们通常强调报纸的副刊也应具有新闻性，即要求报纸的知识性、趣味性、娱乐性应该依附于新闻性，而不是脱离新闻成为一种独立的存在。可以说，报纸的新闻特色在报纸扩版以后应该强化，而不能削弱。

纵观报纸扩版以后的情况却喜中有忧。许多报纸虽然在扩版之际注意扩大新闻版，但相比同时扩大的专版副刊，新闻版对读者的吸引力与影响力还是显弱势。新闻的比重是否已经合理？质量是否过硬？回答恐怕并不乐观。报纸纷纷策划自己的“拳头产品”，这种“拳头”又多是专版专栏。实行五天工作制之后，各种“大周刊”继周末版之后再度红火，新闻版却面目依然。其实，报纸最有力的“拳头”是什么？应该首先是新闻，真正意义上的新闻。因为经济发展、社会变动加剧，读者最需要报纸为他们提供的是充足的、可信的新闻信息服务。如果我们不能满足读者的这种需要，而总是在新闻的边缘做文章，实在是报人的尴尬。这么说，不是否认专版副刊在报纸上的地位，扩版后专版副刊实际已经壮大为报纸的“半壁江山”，其重要性与魅力自不待言。我们不能忽视的是报纸特色的根本所在：新闻。可以预言，报纸竞争最终将是真正的新闻的竞争，报纸最终要靠新闻采编的质量一决雌雄。因此，报纸的重新定位，最重要的是报纸新闻特色的定位。

——报纸新闻信息主体的定位。所有报纸都要追求信息量，但无论如何谁扩版也难以揽括天下所有最新的新闻信息。报纸有效信息不足并且重复用稿多，是目前的主要欠缺，所以扩大新闻版究竟应该把重点放在哪里至关重要。在我们加强了国内国际重要新闻的报道以后，目前最为读者需要的是对他们更加实用的地方新闻，区域经济越发展，这种需求越突出，一些发达城市的报纸对全国性报纸的威胁便在于此。要办好全国性报纸，只有发展地方版，在不同的地区附加不同的地方新闻版面，与当地报纸相抗衡。这对广告经营也较有利。西方国家不少全国性大报走的是这条路，今年人民日报推出华东版，也属这种尝试。对地方报纸来说，扩版以后加大新闻信息量也不宜平均着力，而应有所侧重，这一决策关系到报纸的成败。

——报纸新闻传播方式的定位。报纸由于出版周期短，对于新闻的报道往往是连续式的，各种系列深度报道、新闻热点追踪受到读者欢迎，就证明了报纸新闻的这种优势，报纸在进行连续报道方面的策划水平也日见提高。大家历来认为，报纸新闻的深度与广度能够超过广播电视新闻，但在报道时效上难及后者。而在报纸与报纸的竞争中，时效依然受到重视，这提示我们，当报业发展到一定水平以后，有可能出现报纸的“滚动出版”。未来的报纸新闻有可能突破一日一报的传统方式，而这将激起新的竞争。

——报纸新闻传播风格的定位。不同的报纸面向不同的地区、不同的读者群，担负不同的使命，应该表现不同的新闻传播风格。传播风格是一系列因素组成的，如报道的角度、深度、文字特色、标题形式、版面设计，等等。风格是多种多样的，但从我国国情来看，报纸的新闻传播风格主要表现为两大类型，一类严肃、平实、稳健，以权威性、指导性见长，这是机关报和全国性大报的风格；一类平易、活泼、不拘一格，轻松而富有趣味性，晚报、社会生活报等主要表现这种风格。这两种风格的报纸都有自己稳定的读者群，都能产生积极的社会影响，互为补充，共同繁荣。报纸扩版中，要注意防止这两种类型的“异化”，一是严肃报纸为追求经济效益向大众化报纸的盲目靠拢，丢失自己应有的水平和特色，不能胜任机关报和全国大报的使命；二是大众化报纸的庸俗化，如刊登不健康的内容、报道失实、哗众取宠等，丧失了社会主义国家报纸的正确立场，对社会产生消极影响。

正确认识报纸扩版形势，重新为报纸确立合理的定位，不仅关系到一家一地报纸的健康发展，而且关系到我国报业结构的不断完善，让我们更深入细致地进行思考与尝试。

（蔡雯撰写，原载于《新闻战线》1995年第9期，

并入选1996年版《中国新闻年鉴》）

# “双休日”：日报改革的契机

实行“双休日”给日报出了个难题。“双休日”，报纸放在办公室里没人看，感觉近乎浪费；“双休日”可报道的内容似乎要比平常少；而且报社职工也要“双休”……于是不少日报到了周末就顺理成章地“缩”成单薄一张甚至半张。但倘若我们在世界范围内作一番横向比较，却会发觉这种情况实属特殊。何以我们一方面在报纸的多版化上努力向世界潮流靠近，另一方面又每逢休息天就“逆流而行”呢?

众所周知，新闻传媒的发达程度是与经济发展水平紧密相关的，诸多比我们富裕的国家和地区，日报一般都出几十版，而一到星期天，还要在此基础上再增几十版，如香港一些大报周日都出10版左右。对于商品经济社会中的报社来说，公休日正是销售报纸这种特殊商品的大好时机。我国报人对报纸具有商品属性如今已达共识，那么，“双休日”市场何以拱手让人?

问题的关键，还是在于办报观念及运作的滞后。“双休日”，的确给日报带来困惑和危机，但它更应成为深化改革的契机。

## “双休日”：最具潜力的传媒市场

“双休日”非但不拒绝报纸，相反，休息中的人群对于新闻信息的需求量比平时更大。

其一，人们在“双休日”中“受传”的时间更多。过去每周只休一天，而我国家务劳动社会化程度较低，人们大量时间被家务活占去，从事其他活动的闲暇就少，现在连休两天则完全弥补了这种缺憾。据说有关国际组织早在1970年就通过了一个关于闲暇生活的《宪章》，认为闲暇为补偿现代生活方式中人们的许多要求创造了条件，因而闲暇活动大体可分四类——艺术性的，如唱歌、跳舞等；体育性的，如打球、登山等；消遣性的，如郊游、养鱼等；知识性的，如读书、看报等。显然，报刊书籍是现代社会闲暇生活必不可少的。而对于我国绝大多数城镇居民来说，以目前的收入水平还不足以经常承受那些开支较大的闲暇活动，如外出旅游、出入歌舞厅等，相对而言，消费媒体则经济可行得多，如读报刊、看电视等。同为大众传媒的电视显然深谙此道，周六周日的节目安排得比平时更精彩；越办越多的杂志也同样看好读者的这块“闲暇”；每天出版的日报何以不战自退呢？

其二，“双休日”给城镇人群更大的宽松度和自由度，社会生活因此更显多样化复杂化。要保证社会的有序运转，提高人们的生活质量，都需要新闻信息的引导和服务。

正因为“双休日”中人们休闲的方式五花八门，选择余地空前广阔，现代人才尤其需要通过获取最新的、最有效的信息来确定自己的选择，比如通过大众媒体提供的信息确定到何地购物、往何处郊游、看哪场电影……与此同时，那些闲暇活动的组织者如旅行社、演剧院、展览主办者等，也需要通过媒体向消费者通报自己的行动方案，以获取最佳社会效益和经济收益。这些信息也好，广告也好，无疑都是“双休日”中人们希望获得的，而传媒对这些信息、广告的选择和发布，既可为人们提供服务，又可通过积极的“把关”和“发言”形成舆论力量，促进社会进步，弘扬精神文明。对这一类信息的发布，报纸尤其日报具有其他媒体无法替代的优势，因为广播电视信息稍纵即逝，难以查找、核实，杂志和非日报由于出版周期较长，信息的时新性要打折扣，唯日报不但发布消息迅速，而且有字可查。由此而言，日报实在不该在电视同行们把那些“电视商场”还有各种各样的“周末版”节目办得热热闹闹的时候，沉默在一边当观众。如此我们损失的岂止是钱？

就在日报为“双休日”感到苦恼的时候，报界也有同行在为此感到兴奋，这从另一个角度发人深思。如《南方周末》已经宣告明年扩为16版，这在大家都因纸张紧缺和提价纷纷考虑“缩版”时，实在是一个“例外”。它看好的是什么？当然是周末市场，他们称此为“迈向具有全国性影响的综合性大型周报的关键一步”。该报的“邻居”《羊城晚报》也不甘示弱，今年10月已经先声夺人地推出了“周末综合新闻版”。此外，北京报摊上的“新面孔”不断出现，一份《为您服务报》办了32个版，显然也是想以画报的面貌、实用的内容争抢读者的闲暇时间。“双休日”已然成为报业竞争的一个新“热点”，日报实在不能坐而视之了。

## 办“双休日”报纸需要换换脑筋

日报是中国报业大军的“主力”，由于各级机关报、全国性大报多在此列，这支队伍的地位和影响力无疑傲居群雄。联合国对每一国家和地区的报业发达水平是以每千人平均拥有日报数量来测定的，而我国距离其最低线（千人10份）还相差不少。办好日报，不仅是日报自身的事，还关系到我国报业结构的完善和新闻传播业的发展。然而我们不得不承认，最难办的就是日报。“双休日”的到来，不只令人再一次看到这类报纸的难处，也恰恰通过这些“难题”让人看到办日报需要进一步解放思想、放开手脚。

第一，办报思路急需更新，报道内容急待扩展。

日报中机关报居多，长期在计划经济体制条件下办报，养成了重“八小时以内”，轻“八小时以外”的习惯，强调和突出报纸的宣传教育、指导组织作用，而对报纸的其他功能如传播信息、舆论监督、提供知识与娱乐等相对淡漠。这种思想惯势使办报容易“眼睛向上”，报道内容来自上层领导活动的多，来自基层群众生活的少，工作性的多，反映社会生活其他层面的少，与群众需要存在距离。这段距离即便在工作日也屡屡受到读者批评，更何况在休息日。因此，要把日报办成一张读者在闲暇时也爱读的报纸，首先要改变办报的旧观念，不宜总把日报定位为“坐在办公室里看”“主要是领导干部看”，而应该既能坐在办公室看，又能带回家看，领导干部爱看，普通群众也爱看。以此为目标重新规划报纸，报道面才能大大拓宽，报道内容日益丰富，报道角度多种多样，报道形式日趋活泼。

第二，改变“机关化”的办报运作方式，遵从新闻规律与读者需要办报。

长期以来，日报延用的是行政机关式的工程程序和管理方式，这与办报必须按新闻规律办事恰恰形成矛盾。新闻的发生与采编是没有“八小时内外”之分的，新闻需要“保鲜”也与机关式的手续繁琐、过程冗长相抵触。应该承认，现代高科技装备大大提高了办报效率，但技术手段再高，也必须在现代化管理机制下才能发挥作用，否则只能是摆设。由此而言，“双休日”办报，必须改变过去的运作习惯，报社不能办成别人“双休”，自己职工也都“双休”的“机关”，而要办成一个永不停止运转的“新闻加工厂”。

第三，改变单一型的报纸发行渠道，把日报真正推向市场。

日报“双休日”难办的一个很现实的操作难题是发行渠道单一，不能迈出企业、机关的大门，进入普通百姓家中。其实，这同样是过去计划经济体制下的产物。公费订阅 的优越感，也养成其惰性。那些无从享受“优待”的媒体早已在市场的汪洋大海中学游泳了，而日报迈出这一步却顾虑重重。因为这并非单纯是上不上摊的问题，其实也是个办报路子问题，自身底气不足，“下海”就有危险。于是，继续走邮发这条康庄大道，继续寻求公费订阅的保护，就一直是最保险也最省力的选择。“双休日”终于把日报推到一个“两难”的境地，公费订阅和邮发这条路无法把报纸直接送进千家万户。因此，要占领“双休”市场，不闯关是不行了，对于一省一市的机关报，这不容易，对于全国性大报，这更难。

开辟新的发行渠道，与改变办报路子，应该是一个系统工程的“两翼”，也就是说，既要准备好去“抢滩”的“秘密武器”和体力，又要准备好送达的通途与“交通工具”。这条路有人走过，1992年《北京青年报》创办《青年周末》，由于“叫座率”不低，邮局立即破例“单独报数”零售，实际上是把它当作了一份独立的报纸，3个月后，这张报纸就占领了北京报摊，打开了零售市场。而对更多的地方日报来说，江苏《扬子晚报》的经验也许更可借鉴，该报靠自办发行和邮发相结合，日销量已经突破百万。看来，只要我们能把“双休日”的报纸办得老百姓喜欢，发行渠道是能够设法打开的。问题是我们不能坐等渠道打开了再来改革我们的报纸，那样无异于画饼充饥。让我们把“双休”当作一条新的起跑线吧，同时振奋“两翼”，从这里飞向新天地。

## “双休日”期待什么样的报纸?

首先，“双休日”的报纸应该与工作日的报纸有所不同。如果说，机关报、全国性大报在平常比较侧重于做党政机关“耳目喉舌”，注重发挥指导、宣传作用的话，那么，在“双休日”它则应侧重于发挥传播信息、提供服务与娱乐的功能，成为平民百姓离不开的“生活向导”和伴侣。由此我们不难设计它的形象：

——它的报道选题主要是普通读者关心的社会生活话题，一些工作日中唱不了“主角”的稿件，“双休”中不妨多亮相。这方面，晚报的不少做法值得学习，比如追踪社会事件、关注“小人物”的命运、讨论社会现象等……不妨多请读者来“点题”。

——它的新闻信息主要突出服务性、实用性，无论平时我们是多么强调宏观意识、思想深度，在“双休”的时候，读者最渴望的是对他个人和家庭最细致、周到的帮助，倘若你能非常高明地指导他购物、点拨他读书，引导他出游，教他会友、备餐、辅导孩子、装点居室、料理病人，甚至帮他换房子、找零工、寻医问药……他必定会把这样的“高参报纸”请进家门。

——它的办报技巧灵活多变，更重视与读者的交流，并最广泛地吸引读者参与。因为“双休日”读者能有更多的时间加入我们的“队伍”，甚至来当一回“编外记者”，何不设计一些精彩节目请读者来参加？那样版面上又多一些“亮点”，读者也会更有兴趣。

——它的专版副刊更加多姿多彩、包罗万象。有多少种休闲方式，就能有多少种服务性专刊。有多少类读者，就能有多少个“百花园”，从老人到孩子都能从中有所收益。

——它的标题灼灼夺目，使人欲罢不能。

——它的版面“包装”得更漂亮……

其次，“双休日”的报纸还应该不同于我们已经见惯的“周末版”。“周末版”作为许多日报的“试验田”，已经在读者心中占有一席之地，但“周末版”毕竟不是一张真正意义上的“新闻纸”，其浓烈的杂志味、副刊味更适宜于用作“文化休闲”的读物，但不足以成为“假日生活导报”，而“双休日”的日报则必须担此重任。由此而言，它要比“周末版”更注重新闻性、服务性，它的报道内容更加丰富多彩而不拘一格，它的新闻信息时效性更强，并且具备很强的可操作性。

第三，“双休日”办报会促进全国性报纸的“区域化”发展。由于休假日读者对报纸传播新闻的接近性、实用性要求较高，面向全国发行的大报立即会有鞭长莫及之虞。这个问题其实在“双休日”实行以前已现端倪，“双休”更是逼其“不进则退”。无论是发布地区性的实用新闻，还是刊登广告，特别是在现代社会越来越重要的分类广告，全国性报纸的效果明显不敌地方报纸。要弥补这一缺憾，必须借鉴一些发达国家的经验，发展地方版，“双休日”更是要靠地方版抢占市场，由此解决当地信息采集、传播以及广告运作的困难。

总而言之，“双休日”报纸是日报的一部分，又不同于平时出版的日报。可以说，它是一张纯粹意义上的、平民化的、区域化的新闻纸。办这样一张报，需要有全新的、务实的策划，还需要有高水平的采编力量。日报需要出现一批与过去各类专业记者不同的编采人员，他们的工作方式、采编风格都是突破传统的，他们更加关注社会潮流，更加贴近普通人，也更加敏锐、务实、富有同情心和奉献精神。愿“双休日”会催生出一批新型的办报人才。

（蔡雯撰写，原载于《新闻战线》1995年第12期）

# 试论对外经济报道的信息导向

## 一

在改革开放的年代里，经济信息的传播已成为对外经济报道乃至整个对外报道的重要内容，这就使得把握信息导向成为对外经济报道工作首先应该注意的问题。

何谓信息导向？考察这一问题的前提是确定什么是信息。

信息，作为一个至今见仁见智、莫衷一是的概念，尽管表述各异，但对它是事物本质及其发展变化的描述或反映这一点是没什么异议的。这种描述或反映具体表现为各种消息、数据、情报、资料与知识等。对外经济报道所传播的正是有关中国经济的消息、情报、资料等等。

我们新闻媒介传播的信息是经过收集、加工处理的信息，总是程度不同地反映着传播者的意图和目的及对传播效果的追求，这种意图和目的就是信息导向。也就是说，信息导向是有意识的、能动的对传播效果的把握，使相对客观的信息通过组织、选择、编排与传播达到既定的目的。

根据辩证唯物主义的原理，信息导向属于社会意识的范畴，来源于对应的社会存在——信息，并为后者所决定。但是，信息导向又对信息起着反作用。研究信息导向，正是通过把握它与信息客体的辩证关系，恰当、正确地发挥其反作用，以取得信息传播的最大社会效益。

对外经济报道既服务于我国的对外开放工作，同时在一定程度上又是后者的组成部分，其信息导向正确与否的重要性也就不言而喻了。信息导向正确，就可以帮助外界准确认识和了解我国经济形势，促进中外经济贸易交流和合作，推动对外开放工作的发展；反之，就会给经济建设和对外开放工作造成程度不同的损失，也会损害对外报道自身的信誉。

近年来对外经济报道工作日趋繁荣与活跃，专门对外经济报刊不断增加，为研究信息导向问题增强了紧迫性。目前，对外经济报道在综合性报刊如《人民日报》海外版、英文《中国日报》之中占有重要地位自不待言，专门期刊有外文本也有中外文对照版本，有独家出版也有中外合资、合作出版，有定向一国（地区）发行也有向全世界发行，有的期刊经多年经营，已打入国际经济信息市场并站稳了脚跟，新华社对外新闻中经济新闻约占三分之一以上，经济信息对外专线的开辟则标志着新闻媒介建立强大信息产业已迈出了重要的一步。凡此种种，说明我国已初步形成多层次、多形式的对外经济报道的格局，这一格局不能缺少正确的信息导向这个灵魂。

或许有人会问，为什么不用时下出现频率很高的舆论导向来取代信息导向？信息导向与舆论导向有何不同？我认为，舆论导向和信息导向是两个有交叉部分的概念，不能等同，前者侧重于对社会舆论的引导，后者则强调信息服务的目的。应该承认，对外报刊包括经济报刊也有舆论导向问题，但更多的却是信息导向问题，这从两个方面可以说明：一是从对外经济报刊构成看，综合性报刊经济报道的舆论作用固然重要，但专司经济信息传播期刊（专线）不断增加，有些外商并不怎么看中国出版的报纸，而愿意花高价订阅这种专业期刊和专线信息，说明这些期刊和专线信息为中外经济的交流和合作发挥的作用越来越大。二是从经济报道的发展前景看，经济宣传的信息化、经济信息的商品化、信息刊物的专业化是大势所趋，尽管它们并不能取代综合性报刊的经济宣传。目前在香港就有不少传媒机构或信息公司（包括外国公司）专司中国经济信息的搜集、传播并从中获利，这个信息市场我们自己的传媒机构和信息公司应该去占领，以便推动中国的信息产业大步走向世界。

## 二

对外经济报道的信息导向具有丰富的内涵。就其表现形式看，这种报道的三大类文章，即包括评论、述评等有见解、意见性的文章，包括经济动态、商品供求等“纯信息”的文章，包括统计、经济法规等资料性文章，均是信息导向的载体。当然，第一类文章较多地体现了舆论导向。

对外经济报道的信息导向就其构成看，主要体现在信息的采集、选择和传播时机，信息加工、处理即写作、编辑，信息报刊版面安排或发布顺序等三个主要环节。每一个环节均反映了信息采集者、作者、编者对可以预期的社会效果的一种态度。信息的社会效果具有客观性。信息一经采编发布，它在社会上产生的反映就成为一种客观存在。因此，高明的信息传播、发布者总是秉承传媒的宗旨，采取最佳方式、方法，争取最佳社会效益和经济效益。但是，社会经济生活的复杂多变、编辑人员思想觉悟和政策水平的高低不一及其经验、预见力的局限，都给对外经济报道效果带来了变数，信息导向发生偏差甚至错误也就在所难免。根据近几年对对外经济报道观察与分析，信息导向问题主要表现在以下几个方面。

——总量失衡，导向逆转。这在热点问题报道中尤须予以注意。1988年，我国决定进一步扩大对外开放地区后，有关地区纷纷举行项目发布会，颁布吸引外商投资的优惠政策。传播这些信息应该说是好事，导向也不成问题。但报道过于集中，给人以中国各地在制定优惠政策上互相攀比的印象，甚至使一些外商认为"只有无人问津的项目才大肆刊登"，这不能不说最终报道效果适得其反了。

——以偏概全，导向偏差。近几年我国经济发展起伏较大，无论是起还是伏，对外报道都要注意两分法，报喜又报忧，如果一边倒，导向就会出问题。经常看到外电引用我们对外报道，但他们有时把问题看偏，除别有用心因素之外，还有我们提供的材料不全面的原因。另外，在涉及中外合资、合作项目报道时，不能只听一家之言，否则会给实际工作造成被动。

——时机不妥，效果不好。迅速、及时地传播信息，努力提高新闻的时效性，是对外经济报道的基本原则，但对外报道更要掌握好时机。过早地、不适时地报道农产品丰歉、进出口及引进信息，给对外谈判造成被动，这类事情近年来已非一例。有的对外合作项目（不经当事人同意）报道过早，还会导致这一项目的夭折。

——要素不全，导向减效。对外经济信息应对有关要素交代清楚，并尽可能提供详细背景资料，有些信息对外商有用，如要素不全、背景不详，他们就会有意见。在最近《中国经济新闻》所作的一次读者意见调查中，有个订户要求刊物提到的每一家外国公司都应注明其地址，可见读者在这方面的要求近似苛刻。在香港出版的一些经济信息刊物以报道详尽著称，有的信息背景资料丰富，商人想知道的东西基本都有，这一点国内对外经济信息报道难望其项背。

## 三

改革开放以来，我国对外经济报道的信息导向总的说是好的，这一点已成为对外报道工作比较健康发展的一个标志。上述几方面问题在某一段时间内出现过，并不影响总的信息导向正确的大局。但是，如果从严要求，认真检查发生这些问题的原因，尽量铲除产生信息导向错误的土壤，加强各项基础工作，也是十分必要的。

坚持正确的信息导向，首先还是要认真学习党和国家有关对外开放的方针政策，学习和熟悉对外经济贸易和合作的政策及有关知识，提高思想、政策水平。前文说过，信息导向属主观意识的范围，传媒从业人员的思想认识水平直接决定着信息导向的正确程度。只有编辑人员自身思想、政策水平达到一定高度，报道工作才能把握各种信息量的平衡，选择最佳报道时机，取得最佳效果，对其可能出现的问题也能做到防患于未然。

对外经济报道特别是信息专利、专线经常碰到一个追求信息价值和某些部门信息封锁的矛盾。传媒机构总希望获得并报道独家的、很有价值的信息，海外读者或订户更希望获得对他们有用的信息，但一些提供信息的部门并不总是很好地配合，过去对外报道中固然有报道时机不恰当、甚至泄密的问题，但也有某些部门根据习惯搞信息封锁，甚至无端“问罪”传媒机构的事例。最理想的是这两种现象都不发生，就传媒机构从业人员而言，要充分认识自己维护国家利益的职责，根据《保密法》和内外有别的原则，严守那些法定的机密信息。对那些不属于机密、可以报道也应该报道的信息，应积极争取予以报道。该销的密应及时销，同样是保密法规的一项内容。

坚持正确的信息导向，还要随时接受读者意见反馈并及时做出工作调整，针对不断变化的读者需要保持或追求社会效益的最大值。读者意见反馈包含两方面内容，即就某一信息的反馈和对报道工作的意见、建议。前者属于服务功能方面，后者才是属于信息导向需要研究的范畴。

对外经济报道的读者形形色色，有外国人，也有海外华人；有经济专家、学者、商人，他们大都关心中国经济、对中国有美好感情和利益欲求。他们的需要、口味也是多种多样的，有人要经济信息，有人要统计资料，我们《经济日报》和香港《经济导报》合办的《中国经济新闻》中英文周刊，一个订户表示订这份刊物的目的纯粹是为了获得上面刊登的涉外经济法规。对外经济报道显然不能满足所有人的需要，但一定要考虑大多数读者的需要，并适当照顾少数特殊读者的需要。考虑这种需要叫作对外报道的针对性。

对外报道的针对性和对外报道的指导性是一种对立的统一关系。要想对外报道工作蓬勃发展，对外报刊能够办下去并能扩大发行，其关键在于找到指导性和读者需要的结合点。一味迎合读者需要不可取，置读者意见于不顾，只管贯彻上级机关和传媒机构主观意图的做法，是一种传统的、生硬的、不讲效益的宣传方法，也不是一种长久的宣传方法。在当前，对外报道信息导向弱化甚至发生偏差的问题应该解决和预防，而不注意读者意见反馈、不顾读者需要问题同样应引起重视。后者从另一个方面影响了报道效果即影响了信息导向。香港出版的经济信息期刊每年至少做一次读者意见调查，并能随时从订数的升降判断其报道工作好坏并加以改进。国内的对外报道报刊对做读者意见调查没有明确时间规定，刊物大多属国家包办，免费赠送读者，很难从发行数变化评价和分析报道工作。因此，今后应从制度上着手，努力使对外报道信息反馈工作规范化、制度化。

坚持正确的信息导向，传媒机构从业人员的基本功十分重要。这种基本功除了前文述及的思想、政策水平外，还包括较强的新闻敏感、扎实的文字功底和必要的商品经济意识。新闻敏感和文字功底是对新闻工作者的普遍要求，商品经济意识则是对从事对外经济报道的人的特殊要求。要求有商品经济意识，或者说有经济头脑，并不是要这种人从信息传播中获得经济利益，搞“以稿谋私”那一套，而是要他们多用商品经济的眼光发现和选择信息，更好地为读者服务，为刊物或专线增光。或许是我国社会主义商品经济尚不发达，环境对人影响很大，或许是现代中国“文人”仍有轻商的传统，我们对外经济报道队伍人员的商品经济观念总的说还是比较淡漠的，反映在报道工作中是不能密切地根据国际经济形势、国际市场波动传播国内经济信息。前面提到有些误导的发生，如不恰当地报道国内农业收成及重要物资、商品的供求情况等，就有这方面的原因。缺乏商品经济意识还会错过一些敏感的信息。当前国内新闻机构已涌现出一批从事对内经济报道的行家，如果想跻身国际经济信息市场，就应花大气力培养或鼓励一些人做有眼光、有头脑、有能力的对外经济报道的专家，让他们以过硬的功夫将中国的经济信息打入世界信息市场。

（丁士撰写，原载于《经济新闻研究》第63期，1991年12月1日）

# 怎样向国外读者评论国内经济问题

## ——兼谈对外评论与对内评论的区别

### 三个评价

由我们《经济日报》供稿、香港《经济导报》编印出版的《中国经济新闻》（中英文周刊，以下简称《新闻》）“评论”英文专栏（Opinion）主要就国内重大经济问题向国外读者发表评论，每期固定刊登在封面目录栏下面。从这一点说，这个专栏是《新闻》的门面；用一位读者的话说，它是“代表了杂志的水平”的文章。

“评论”专栏所刊文章主要谈经济问题，但也不全是，确切地说是外商感兴趣的中国国内问题。1988年初推出栏目（当时中文叫“短评”）一篇题为《中国对外开放的新择》，就是谈整个对外开放工作重点的。后来也有一些选题超出经济、经贸的范畴，但都与经济有些关系，如1988年刊出的《中国的企业家阶层》，1989年刊出的《中国反腐败斗争任务艰巨》《中国西部地区能否敞开门户》，1990年刊出的《中国对外开放的重点仍然是西方》《上海的机遇与挑战》等。当然，经济问题评论占大多数。国内国外一时瞩目的问题诸如经济形势、治理整顿、企业改革、控制物价与物价改革、汇率调整、财政赤字及私营经济前途等等，“评论”专栏文章都曾涉及。

“评论”专栏是适应我国对外开放形势发展而办的。《新闻》原有不定期“经济述评”专栏。1987年底，当时的对外开放形势要求我们及时将许多新精神、新动向报道出去，部门主任邵铭谦同表提出搞个“短评”专栏，评述政策上的新动向，港方编辑也有兴趣，于是在1988年第一期就推出了此栏目。是年年中业务会上，合作双方明确将此专栏办成固定的“卷首”专栏。从1988年初到1990年10月，该专栏已刊登文章百余篇，成为《新闻》的主要栏目，每年业务会也将评论的组织与编辑作为主要讨论议题。

对“评论”专栏文章或说对这些评论，有三个评价，其一来自读者，就《新闻》这份杂志商品性质而言，这是来自“皇帝”的评价。惜乎这个评价颇不一致，语多抵牾。在1990年初《新闻》读者意见调查征集到的对该专栏的意见中，说好的如“目前的内容不错”（香港一律师事务所），“优点是经常及时发表，论点明确而有益”（一外商代表机构），“对热门话题往往有很好的概要和预测”（法国一机构），“很有帮助和感兴趣，可以扩大一些篇幅”（瑞士中国经济协会）；说不好的也有，除对某些评论选题欠针对性和论证欠说服力表示不满外，意见集中在持论是否客观公正方面。尽管上述分歧较大，但总的说，大多数读者是支持这个专栏的，90%以上接受调查的读者都在此专栏对他们有帮助或略有帮助选择栏中划了记号（见拙文《从一次读者意见调查看对外经济报道特征》）。

第二个评价来自社内同仁，属于“内行之见”。我们不好意思专门就“敝刊”讨教于大方，但偶有看过专栏文章的同志说，“你们的评论不同于大报评论，有点意思。”还有人注意到这些评论文章论证方式的异样。如此足矣！我理解这点“意思”就是专栏所刊对外评论无论是出题还是论证角度都不同于对内评论，对长期以国家本体意识来撰写或阅读对内评论的人来说，看对外评论无疑有点新鲜感和轻松感，尽管对外评论也是为维护国家利益说话。

第三个评价来自编撰者自身。作为“评论”专栏编撰者之一，我只能说此专栏初步摸上了路子，但还相当不成熟，没有形成固定风格。已发表近百篇作品中虽不乏受人称道的佳作，但总的看水平尚不稳定。正如中国驻美使馆商务处赵公昌同志在征求意见表中写的，“有些评论与中国经济发展情况和外界对中国注意的重点不协调，有时事实摆得不够，观点不明确，分析不深入。”使评论整体水平提高，不再出现读者提到的这些不足之处，是今后“评论”专栏的努力方向，也是笔者撰写此文的一个动机。当然，探讨对外评论写作问题，最好还是就此与对内评论及外国记者对同一事情的评论作——

## 三相比较

按评论选题范围分类，新闻评论可分为国际评论和国内评论；按评论读者对象分类，可分为对外评论和对内评论；而按评论作者分类，新闻评论又可分为本国作者所作和他国（地区）作者所作。故综合而言，针对某一个问题，就可能出现对内、对外及外国记者所作评论三种，比较这三种评论同与异有点意思。

有些题目对内是不好评论的，可以通过政府官员发表谈话或答记者问向群众做解释，但报纸不好发表评论，如汇率调整问题就不好预测及评论，这是由我国现行体制决定的。但在对外评论中，对内不便说的往往是热门话题。仍以汇率调整为例，《新闻》先后在1989年第41期和1990年第13期发表了两篇评论，均受到欢迎。特别是前一篇《调整人民币汇价的呼声渐高》，连一些苛刻的外国读者也给予较高评价。该文从“近日不断传出调整汇率呼声”起笔，冷静地分析调整的利与弊，权衡中国各有关部门在此方面的得失，最后提出作者的预测意见：“从保守的眼光来看，再次调整汇价的额度也绝对不会小于调低人民币1元。最能被各方面接受的幅度似乎在1元至2元之间”。文章论点鲜明，论据有力，预测准确，诚为对外评论之佳作。

下面举两个例子对对内、对外和外界评论进行比较。

一、关于地方保护主义问题的评论。《新闻》“评论”专栏曾在1988年11月和1990年6月就此问题发表评论。巧的是，《纽约时报》驻北京记者纪思道也在这两篇评论发表之后发表了两篇文章，前一篇还引用了《新闻》评论文章的材料，当然他没有忘记给《新闻》冠上中国“官方”属性；后一篇题为《离心力量也在中国发展壮大》，写得相当深刻，江泽民总书记在9月份中央经济工作座谈会上讲话中提及此文。

三篇评论的论点是有区别的，对内评论是“地方保护主义行为必须予以制止”，旗帜鲜明，有如号令；《新闻》1990年6月所刊对外评论《市场封锁的背后》论点是，“中国地方保护主义是‘诸侯经济’的一种反映，也是改革不到位的结果”，重在揭示问题的实质；《纽约时报》一文论点则是，“中国地方保护主义盛行反映了政治离心力量增强”，重点分析其政治影响和发展前景。

三篇评论看题角度、逻辑推理及论据运用也不相同。对内评论主要通过摆事实、论危害，从维护社会主义统一市场原则出发要求各地终止保护市场的行为；对外评论也指出问题的严重性和危害性，但更注意分析问题的实质及产生根由，说明这是中央与地方的分权关系及财政包干体制、税制等方面因素决定的，并以乐观的态度判定只要继续深化改革就能缓解并最终解决这一问题；《纽约时报》文章在大量列举市场封锁事例基础上，也分析其产生原因和应对之策，但所开药方如说商店掌握在私人手中则可以抵制保护主义规定等显然别有用意，而其关键之语“一些中国人担心离心力量可能最终导致他们的祖国四分五裂”，也是我们在对外评论中不会写的。

二、关于中国决定开发、开放上海浦东地区一事的评论。1990年4月18日，国务院宣布开发和开放上海浦东新区，在该地区实行经济技术开发区和某些经济特区的政策，或许由于决定发布得太突然，对此重大决策次日国内各大报包括上海市委机关报《解放日报》都未配发言论，仅《文汇报》发表了评论员文章。《文汇报》评论题为《具有重大战略意义的决策》，着重阐述开发和开放浦东的战略意义、必要性及实施这项决策应做的工作。就此类事件而言，这是标准的对内评论了。

开发和开放浦东是在对外开放工作沉寂一年多后的一次大动作，值得对外发表评论，但评论应与对内有区别。我们在分析了一些资料后写出了题为《上海的机遇和挑战》的评论，文章除了阐述这一举动体现了中国继续执行和扩大对外开放政策的诚意和信心，还论述了上海得此机遇的原因及今后面临的挑战。所谓挑战，就是浦东将遇到先行开放的广东、福建开放区在吸引外资等方面的竞争。这一点是外商感兴趣的，有必要侧重论述。今天看，评论对此虽然做出了诸如上海将重点吸引高科技方面投资等判断，但由于当时对浦东开放意味着由地区性倾斜向地区和产业复合性倾斜这一重大转变认识不够，未能在后一方面生发开去，使评论缺乏足够的深度。不过，总的说，这篇评论发得是及时有力的，为随之而来的海内外“浦东热”造了舆论。

同是浦东开发问题，香港《南华早报》稍晚一些发的一篇述评角度就不同了。这篇题为《浦东的地位引起一场国内经济战》的文章选取浦东开放后各地“开放热”升温的众多事例，说“中国再度爆发了一场经济战”，“其他沿海省份的官员开始反击，纷纷提出对外国投资商，特别是台湾投资商做出重大让步”。作者采取的是一种隔岸观火夸张其事的态度，与我们的对外评论显然不同。

还是继续将对外和对内评论做比较，如果上升到一般原则上，我认为在写作上起码有以下——

## 三个区别

首先，对外评论在选题上更有针对性，即针对国外读者关心的问题发表评论。

前文提到，对外评论可以评一些对内评论不便评或暂时不能评的事，但又不是什么都可以评论一番的。选题首先要求针对性强，如果你选的题读者并不关心，对他看中国问题无帮助，他就认为你浪费了版面也让他花了订刊和消耗时间的“冤枉钱”，就会要你“尽量削减这个专栏”了。那么，哪些是国外读者关心的问题呢？大致有三类：第一类是与国外读者（主要是工商企业、金融机构等）利益直接相关的问题，如中国政局是否稳定、对外开放部署变动、经贸政策调整、汇率调整等，都是与中国有经贸合作关系的商人、投资者最关心的选题；第二类是与国外读者利益有间接关系的问题，如中国经济形势、经济走向、物价形势、财政金融状况等，虽然与他们在中国经贸合作无直接关系，却是投资环境的重要组成部分，不能不予以关心；第三类看起来与国外读者没有什么关系，但仔细琢磨一下又有点关系的问题，如中国企业家阶层的形成、私营经济命运、国营企业的兼并情况等，虽与外商业务无关系，却是他们了解和分析中国经济改革、发展趋势，关注投资环境变化的有用参考资料。基于此种分析，我们在对外评论选题数量安排上重点放在第一类、兼顾第二类，不忽略第三类。对一些国内突发性重大事件，也归入这三大类决定评论与否。我想，这种选题方法与视事情重要性、指导性程度来确定选题与否的对内评论是有所不同的。当然，目前《新闻》刊登的“评论”选题的针对性不够强，有待继续努力。

其次，在评论立场上尽量客观、公正，多做平心之论。

严格地说，《新闻》发表的还不是评论（ Commentary ），而是一种见解、观点。英文 Opinion的意思就是一个人对某些事情的看法、意见。就是这种“一家之言”，也有个说话的立场问题。由于《新闻》封面标明主办者之一为北京《经济日报》，所以外界一般都认为这本刊物代表了中国官方的立场和观点，有位法国订户就说他们把《新闻》的观点视做中国官方立场的“底限”。我认为，对《新闻》的官方立场不必回避，相反有时要适当利用这一点，以提高刊物的权威性，然而官方立场也有局限性，往往排斥一部分读者。要弥补这一局限，就需要在评论的表述方法上灵活一点，即站在第三者立场上为官方说话或表述官方观点，以求持论客观、公正。从讲究宣传艺术、争取更多的读者考虑，这样做是必要的，也是可行的。

站在客观立场上发表评论，最好不要自我投入，与对立论点直接交锋。这一点与对内评论要求具有鲜明的立场和战斗性有些区别。《新闻》曾组织过一篇关于西方国家对中国进行经济制裁的评论。原稿有些段落言辞激烈，发到港方后，对方认为这样写不能为读者所接受，只会影响宣传效果。经协商最后做了修改。作为政府官员，尽可以寸步不让地表明强硬立场；但作为刊物，可以转述这些话，并分析其为什么采取此立场，而不要给人造成“我即官方”的印象。类似的例子有，在评论计划经济与市场调节相结合问题时，提到西方一些经济学家否定这种结合的可能性，就不用对立的态度对之进行批驳，而写道“对中国能不能建立起结合型的经济体制，西方一些经济学家是持否定态度的，在中国国内也有一些‘不可结合论’者。但任何人不应忽视近几年中国各地出现的许多计划与市场相结合比较成功的事例……”。这样既表明了刊物的立场，又因口气委婉，易于被人接受，当然，对外评论也要防止为客观而客观的倾向，不能迁就读者特别是那些怀有偏见的读者。此一问题在《新闻》评论编撰中也常常碰到，限于篇幅，不赘述。

再次，在论证方法上要多列举事实，以事实服人。

外国读者由于知识背景的关系，对我们评论中可能讲的过多的道理不一定都明白、悦服，而事实胜于雄辩，提供有说服力的事实就显得格外重要了。这种事实首先是为了证明论点成立。比如提出了计划经济与市场调节能够结合的论点，就得列举这方面成功的事例；提出了中国“允许私营经济发展但限制资产阶级出现”的论点，也得分别举出这种“允许”和“限制”的事实。还有一些事例并不直接为论点服务，仅仅属于背景材料，但读者对这些材料兴趣较大，也应注意采用。比如1990年11月发表的《扩大市场调节作用呼声渐高》一文，其论点是中国经济要走出困境必须扩大市场调节作用，在行文中却较充分地列举了专家们“呼声渐高”的事例。在随后一篇《再谈扩大市场调节作用呼声渐高》里，论点是经济学家们的呼声只能在与实际工作部门意见折中后才能被采纳，但文章仍花了一些篇幅归纳专家们的意见。这部分内容其实是叙述一些事实。在我们组织和编撰对外评论中，经常感到头痛的就有一个处理评与述关系的问题。有些评论述得过多，评得过少，类似述评，反映了作者、编者对所评问题熟悉不够，难以提出有见解的论点，同时也是因为思想上框子太多，不敢“妄加评论”。此一问题尚待今后在对外评论编撰工作中加以解决。

（丁士撰写，原载于《经济新闻研究》第56期，1991年1月15日）

# 新形势下对外开放宣传刍议

## 一

以邓小平同志南方谈话和中共中央政治局全体会议为契机，我国改革开放迅速掀起第二次浪潮，改革开放巨轮隆隆向前，正把我国社会主义现代化建设事业推向一个新的阶段。在80年代沿海地区对外开放基础上，党中央、国务院连续采取一连串措施，营造出了富有90年代特征的对外开放格局。

这个新格局有三个特点：一是全方位开放，表现为东西南北中的全面开放，大大增加了我国对外开放的区域。同时，也由主要对港澳台地区和西方国家的开放转变为对世界各国开放，开放面大大增加。二是多领域开放，开放的重点或者说吸引外商直接投资的重点由过去的工业领域扩展到第三产业各领域，特别是开放房地产和零售商业外商投资迅速形成投资热，对市容市貌、社会消费及整个社会经济生活影响巨大。三是深层次开放，特别是沿江地区的开放，将在我国中部形成一条横贯东西的开放带，它将与京广走廊、新建京九线、南方丝绸之路、第二条欧亚大陆桥等开放、开发辐线纵横交错，让整个中国走向世界，也让世界走向中国。 对外开放的新格局、新形势，对新闻媒介的对外开放宣传提出了更高的要求，更艰巨的任务，当然也为传播媒介提供了空前广阔的舞台和难得的机遇。

## 二

我国新闻媒介关于对外开放的宣传不过十多年的历史。这并不奇怪，对外开放是党的十一届三中全会确定的政策，新闻媒介作为党的喉舌，只能在党的政策确定之后才加以宣传鼓动。当然，如果追溯远一点，50年代我国有过局部对外开放主要是对苏联、东欧等社会主义国家开放时期，那时候传播媒介对于开放的宣传也是局部的，甚至是有较大局限的。 党的十一届三中全会以来，也就是在改革开放第一次浪潮时期，我国传播媒介的对外开放宣传似可分以下几个阶段：第一阶段，时间在80年代初期。国家做出了建设深圳等经济特区的决定，对外开放宣传也就围绕特区建设展开。这个时期人们的兴趣点是在“特区”这个新事物身上，传播媒介对特区建设进行了连续不断的报道。特区开始成为中国开放政策的风向标，特区报道也开始成为报道领域的新角色。这个时期利用外资的宣传报道刚刚开始，由于长期形成的“慎外、惧外”心理，报道也显得拘谨、单薄。吸收外商直接投资报道较有规模并造成影响的，是最先对外开放的海洋石油对外合作领域。第二阶段，时间在80年代中期。这个时期党和国家适时扩大开放领域，开放了十四个沿海城市，批准设立了十二个经济技术开发区，随后又开放珠江三角洲、长江三角洲等。开放领域的扩大使开放报道的视野大大开阔，报道量显著增加，“三资”企业作为一个新名词，已为越来越多的人所熟悉。这个时期宣传报道形式趋于多样，有影响的通讯、报告文学开始出现，对外开放宣传作为宣传报道的一个重要领域逐渐形成。

第三阶段，时间在80年代中后期。这个时期是80年代第一次改革开放浪潮达到顶点时期，也是对外开放宣传一个高潮时期。随着海南大特区的建立，一股“海南热”席卷全国。中央又决定开放沿海二百多个市、县，形成沿海地区多层次开放格局。这个时期对外开放宣传来势猛、规模大，形式多、花样新，既有全景式报道对外开放形势的重头文章，又有《沿海开放万里行》的连续报道。最为难得的是传播媒介变消极传递消息为主动干预生活，就一些事件和问题如“北京吉普风波”“公文旅行”等组织报道，对改善投资环境起了积极作用。宣传报道还开始触及人们和生活方式变化等开放深层次领域，充分发挥了传播媒介组织、宣传、引导功能。1990年，中央决定开放开发浦东地区，可以说是我国对外开放工作进入新阶段的起点，起着承上启下的作用，而关于浦东开放的宣传，也可以视为新的阶段对外开放宣传的开端。纵观前十多年，我们的传播媒介在对外开放宣传方面从无到有，从少到多，从新奇生疏到驾轻就熟，走过了艰难而辉煌的历程，在党的新闻事业史上也记下了浓墨重彩的一笔。其主要成绩可以概括为：较准确、及时地传达了党和政府对外开放的决策、政策，形成了较好的对外开放舆论环境；较为迅速、全面地传递了中央和各地对外开放的各种信息，为对外开放事业做出了贡献；就新闻界本身来说，传播媒介的开放气息越来越浓厚，新创立了一批开放型报纸，并有一批对外合作报刊的产生和发展壮大。就后者而言，传播媒介不仅宣传了对外开放，同时其自身也成为对外开放事业的一部分。十多年的对外开放宣传也有不足之处。依笔者之见，主要是由于这是一个全新的领域，传播媒介在理论准备、报道组织、报道实际效果等方面与轰轰烈烈的对外开放大业相比显得不够充分，某些时候甚至有点仓促被动，在宣传的时机、报道的准确性方面也不无可挑剔之处。

## 三

总结十多年对外开放宣传的经验、教训，分析眼前的对外开放形势，加强对外开放宣传理论建设已成为摆在我们面前的迫切任务。社会主义国家的改革开放宣传是前无古人的事业，我们不能企望有现成的新闻理论加以指导，只能在实践中积累、创造和发展这方面理论。但理论建设不能总是滞后，否则在实践中就会走很多弯路。笔者认为，对外开放宣传应首先解决以下几个基本理论问题：一、什么是对外开放宣传或对外开放报道。对外开放宣传是指围绕党的基本路线的对外开放内容展开的一切宣传报道，其主旨是宣传党的对外开放政策，传播对外合作信息，促进对外开放事业的发展。邓小平同志在南方谈话中指出，“基本路线要管一百年”。对外开放是基本路线的重要组成部分，对其宣传也是一个长期任务，传播媒介应该将它和改革宣传一样作为基本报道主题加以研究。根据邓小平同志的思想，开放包括对内开放和对外开放两方面内容。对外开放宣传不等于对外宣传，对外宣传的对象是海外读者，而对外开放宣传还包括着国内读者，在某种意义上说，对外开放宣传所承担的对国内读者进行政策导向、信息传播及观念更新的任务，其复杂性、艰巨性并不次于海外读者，因此，对外开放宣传不仅仅是对外宣传机构的事，而应引起所有传播媒介及宣传部门的高度重视。二、对外开放宣传的范畴。对外开放从地域和对象上看是全方位开放，从领域上看则涉及经济、科技、教育、文化、政治等各个方面，但重点是经济领域。那么，对外开放宣传与经济宣传是什么关系呢？二者不能等同，但有交叉重叠部分。经济宣传范围很广泛，包括了对外开放宣传一部分，从建设开放的市场经济目标看，还是相当重要的一部分，但对外开放宣传的有些内容，如科技、教育、文化等领域对外开放情况，却非经济宣传所能囊括，反过来看，经济宣传在对外开放宣传中占有重要甚至是主导的地位，二者相辅相成，都是为宣传党的“一个中心、两个基本点”的基本路线服务。这里还有必要讨论一下改革宣传和对外开放宣传的关系。过去十多年没怎么单独提对外开放宣传，是因为常常把对外开放宣传纳入了改革宣传的范畴。改革开放作为一个基本点，可以视为一个大的系统，实际上，有些对外开放的措施也就是改革的措施。但改革和对外开放毕竟还有区别，否则这个基本点只提改革就行了。改革意味着自身的革故鼎新，而对外开放则是对外界的吸纳和输出，二者互有关联，但不可替代。同样道理，改革宣传也不能替代对外开放宣传。对外开放宣传有自身的运动规律和性格特征，在新闻宣传理论中应作为一个领域加以研究，在新闻实践中也应作为一个“口”或报道领域进行部署和调度。十多年的对外开放宣传明显弱于改革宣传，应该说有前者依赖于后者、未“分门别类”的原因。三、对外开放宣传的特征。对外开放宣传作为整个新闻宣传的组成部分，具有新闻宣传的共同特征，但共同中有个性，对外开放宣传在某些方面有明显的侧重和独特的要求。 对外开放宣传的内容虽然主要是国内的事情，但报道的着眼点却是国际性的，也就是说，从事对外开放报道不仅要考虑国内读者反应，更要考虑海外读者的反应。这就使得报道时机的选择格外重要，不合时宜的报道往往得到适得其反的效果。比如西方国家正在对中国某一产品进行反倾销指控，而你却发出了中国千方百计增加同一产品出口的报道，恰恰是授人以柄。对外开放宣传很多内容涉“外”，一篇不起眼的报道往往引起轩然大波，因此有很强的政策性，必须把握好分寸。我国与美国一公司签订了一份南海石油合作合同，有关方面很谨慎，仅让《中国日报》报道，国内报纸均未让报。即使如此，海外反响强烈，以至于此后两个月围绕南沙群岛问题成为国际新闻热点。对外开放宣传特别是对外宣传还有一个保密问题。对外开放宣传在针对性、客观性和服务性等方面，也有超过其他方面宣传的要求。

## 四

在对外开放进入全方位、多领域、深层次的新阶段后，对外开放宣传应该有哪些变化，或者说，应是什么发展趋势呢？笔者认为主要体现在大范围、多渠道、求深度三个方面。 大范围，即宣传报道范围的空前扩大，声势要比以前任何时候都高。如果说第一次对外开放浪潮热点集中在沿海地区的话，那么今后沿江、沿边地区也将成为热点或次热点，同时随着全国范围的对外开放步伐的加快，各地甚至老、少、边、穷地区也成为开放舞台上的角色。这样，传播媒介的报道对象、新闻采选范围就显著增加、扩大了。过去内地传播媒介对外开放宣传主要是介绍经济特区、沿海城市的情况，而现在在他们身边就有许多对外开放的新进展、新事物需要加以报道。最近一段时间，各地传播媒介就有大量关于本地新批出租土地、新建“三资”企业的消息，对外开放报道的量大大增加。有的地区还请兄弟传播媒介甚至花钱买港台报纸版面、买广电节目时间介绍投资环境和投资机会，呈现对外开放宣传内外结合、立体交叉、密集“轰炸”的新局面。多渠道，指利用多种传播手段从事对外开放宣传。既有报纸、新闻期刊，又有广播、电视；既有自办出版物，又有合资合作期刊；还要不断扩大利用计算机网络等信息网络，无孔不入地传播对外开放信息。在报道方式上，日常报道应常抓不懈，还要多搞一些集中、连续的报道，组织一些较大规模、较有影响的战役性报道。在新闻体裁上，要消息、通讯、言论十八般兵器一起上。对外开放宣传方面言论还比较少，1990年4月，中央决定开放开发浦东地区这样的大事，只有上海《文汇报》及时配了评论，而北京各报均无“声音”配合，窃以为很不应该。现在对外开放方面可以评论的问题不少，相信评论文章会逐渐多起来。求深度，即在对外开放宣传中把握发展趋势，深入揭示对外开放的必然性和规律性，避免报道给人以零打碎敲、断断续续的印象，更不能一有风吹草动，宣传就“走调”，给读者以错误的导向。海外读者主要是从我们的对外开放宣传中了解我国的政策、形势和发展趋势的，如果我们不在宣传中紧紧扣住对外开放政策不变的主旨，而不分场合地大讲抵制和平演变，就会让人怀疑开放政策的真实性和长期性，其结果是可想而知的。追求宣传的深度还包括要从历史的高度诠释一些问题，解除一些读者的思想顾虑。前几年，曾发生过将开发区视为“租界”的“洋浦风波”，风波之所以发生，与我们宣传工作未做到家不无关系。如果我们传播媒介在开放伊始，就深入、全面甚至是反复不断地讲清经济特区、开发区与保税区和“租界”的本质区别，讲清成片开发是国际上通用的一种开发方式，人们的误解也许就不会那么多。值得注意的是，目前社会上对开发区、保税区的模糊认识仍然不少，不正确的言论时有所闻，还有邓小平同志批评过的诸如“三资企业多了，就是资本主义多了”的说法，仍有一定的市场（尽管没有人公开议论了），因此，传播媒介在宣传报道中应做艰苦的疏导、说服工作。最后需要指出，新形势下的对外开放宣传还应纠正或防止一些不良倾向，这些不良倾向在前些年曾出现过，包括优惠政策上攀比倾向，各种洽谈会、新闻发布会过多过滥，而资料准备、项目论证工作很差的倾向，等等。随着对外开放区域和领域的扩大，开放热会持续升温，如何做到热而有度、热中有冷，新闻宣传肩负着的引导责任同样是艰巨的。

（丁士撰写，原载于《经济新闻研究》第73期，1992年10月15日）

# 建立经济宣传的多元化格局

社会主义市场经济给经济宣传带来的影响是全面而深刻的，其中之一就是促使经济宣传多元化格局的形成。换句话说，在市场经济条件下要搞好经济宣传，就要瞄准多元化的目标，发挥多元化的优势，努力提高经济宣传的整体质量和水平。

为什么提出经济宣传的多元化格局？理由有两个。第一，这是经济发展的需要。改革开放以来，我国经济发展取得举世瞩目的成就，综合国力大大增强，中国不再是个在经济上被人瞧不上眼的国家了。当前我国正在努力重返关贸总协定，我国的经济将在更大范围更深层次同国际经济接轨。经济的发展及其前景为经济宣传提供了更广阔的空间，也提出了更高的要求。目前的经济宣传是否适应了经济建设的需要呢？总的说，改革开放以来我国传媒认真贯彻党的“一个中心、两个基本点”的基本路线，为经济建设摇旗呐喊出了大力。但是，如果以更高的标准衡量，不足之处也是显而易见的。我们经济宣传的传播范围还有限，传播方式、方法和手段也未跟上世界潮流，特别是国际经济报道、经济信息市场，我们占的“份额”还很小（似乎与十大贸易大国之一的地位不相称），外面很少听到我们的声音。相反，国外传媒对中国经济及经济信息报道却是一个热门，美国、英国都有专门报道中国经济的刊物。因此，从中国经济发展，从中国经济将在世界经济中地位考虑，我们应未雨绸缪，早日构建经济宣传的多元化格局。提出经济宣传多元化格局的第二个理由是：这是新闻媒介竞争的必然。过去几年讲新闻竞争，多半是纸上谈兵，而自去年开始，我们每一个新闻从业人员已随时随地感到这种竞争的“火药味”了。上海“新闻战”硝烟弥漫，广东报纸南风北渐，京城报摊也成了新闻热点……竞争什么？从内容上看前一段主要是抢文化娱乐性新闻，以周末版最为突出，目前或下一段主要是经济新闻，《解放日报》扩到日出十二大版，明确提出让经济新闻唱主角。晚报也在经济新闻领域攻城略地，至于越来越多的经济电台，不仅省里办、市里办，县里也在办，大有从电视台手里收复失地的趋势。电视台开办“经济信息联播”节目显示了端倪，如果审批标准松动，各种商业电视台定如春笋破土，来势更凶猛。在市场经济条件下，尽管行政仍有约束力，但应经济发展而生、有利于经济发展的传播方式、传媒体制乃至传播格局，是任何力量也阻挡不了的。这是新闻事业发展的规律使然，我们只能遵循规律，而不能违背它。

说了半天，什么是经济宣传的多元化格局呢？这就是紧紧围绕经济建设这个中心，包括报刊、电台、电视台及信息网络在内的多媒体、多层次、多方位的经济宣传体系。一个国家经济发达之日，必定是这种经济报道体系先进完善之时。对这个格局的具体筹划、构建是宣传和新闻出版主管部门的事，我这里仅就《经济日报》在这一体系（格局）中的位置谈点思考和建议。

我认为，《经济日报》作为国务院直属的报纸，应在未来经济宣传多元化的格局中发挥一定的主导作用，即充当经济宣传“带头羊”，所以要加“一定的”，是因为未来的经济新闻、经济信息市场是谁也垄断不了的，可以多占一点份额，但不可独吞，市场经济管理体制也不会允许一家传媒垄断某一方面新闻和信息传播。当然，如果经济日报做得好，这个“一定的”也可以变成“相当大的”，能不能实现，就看以下“三多”做得怎么样了。

多媒体：《经济日报》已经不仅仅是报纸单一媒体，已有几张子报、几份杂志，还有信息网络，与海外合办的周刊、月刊等，可以说已有一个多媒体报业集团的雏形。但这远远不能适应经济和形势发展的需要。我们的主报还要考虑扩版，只有在信息量上覆盖别的经济报纸，才能说有“一定的主导作用”。报纸不仅要多版，还要多次出版，一些同志已提出办经济晚报或经济日报晚刊，这是值得考虑的建议；多地出版即出地方版也是一个思路。现在经济发展最快的是广东等沿海地区，我们曾经抱怨这些地区不重视日报（指发行不及其他地区），其实，他们暂时不重视的是我们《经济日报》，而对当地报纸如《广州日报》等，还是重视的。所以，我们还是要从自身找原因，应办一份这些地区读者喜欢看、离不了的《经济日报》地方版，如珠江三角洲版、长江三角洲版等。让经济发达地区人爱看的经济报，才是好的经济报，这个观点应该是立得住的。当然，作为北京的经济报，还是要走一条“中间路线”，让发达地区、贫穷地区都能看。

《经济日报》过去曾有办商业电台、电视台设想，现在仍应有这个设想。我们还可以考虑办经济新闻通讯社，向海内外经济报、台发稿。如果报社社址确定在王府井大街，我们还应办“荧屏报纸”，这种变动的广告牌将使报社获益匪浅。另外，对世界上流行的新的传播媒介和传播方式，也应予以关注并跟进开发。美国IBM和NBC开发了一种“新闻点播”，人们在家里通过电脑可以获取各种新闻信息；美国《新闻周刊》推出了一种“光碟杂志”，供人们在家庭电脑中阅读，谁能说，这些新传媒不是二十一世纪最流行的传媒呢？《经济日报》在各大报率先告别铅与火之后，应在追踪世界新的传媒技术方面再下功夫。

多层次：指经济报道要适应不同层次读者的需要。《经济日报》的深度报道、宏观经济报道历来为经济部门干部、企业家所重视，这方面的优势仍要保持和发挥。在报纸扩版和多种传媒办起来之后，不同的版面和媒体将吸引不同层次的读者。专业化分工是报纸版面的大势所趋，将来报纸版面越来越多，读者不可能通读所有的版面，而会仅阅读他喜欢的版面，对其他版面仅浏览一下。对报社所办的其他媒体，现在和将来都有一个针对不同层次读者作适当分工问题，否则各种媒体只有共性，缺乏个性，势必影响其发展。

讲多层次，还要处理好可读与可用的关系。《经济日报》前几年致力于解决可读性问题，卓有成效，市场经济提出后，可用性又摆到了重要位置上。可读和可用都是针对不同层次的读者和不同需要提出的。要将二者结合起来，还须做深入探索。

多方位：这既是指读者对象的多种类，又是指传播空间的广阔无限。《经济日报》不能仅限于国内读者，而应有更广泛的国际读者；报纸的服务对象也不应只有国内用户，而应有更多的国外用户。我们可以考虑办海外版、英文版，也可以更多地与外刊合作办刊。道・琼斯公司有一份世界有名的经济报纸《华尔街日报》，还与美联社、日本经济新闻合作办了多份刊物。竞争与联合，在市场经济条件下从来是相辅相成的。

以上就什么是经济宣传的多元化格局及《经济日报》的未来格局斗胆妄议了一番，那么建立此格局当前应做些什么呢？要点有三：

第一，制订一个既立足长远又切实可行的规划，所谓立足长远指规划要体现远大的目光和雄伟的气魄，以此吸引人才、凝聚力量，鼓舞报社同仁勠力同心，矢志奋斗。所谓切实可行，是指规划要有阶段性，近期计划是可操作的，而中长期计划也不是雾月镜花，不可捉摸。报社编委会已提出今年将制订《经济日报》发展规划，希望这个规划能考虑到报社多元化的问题。

第二，建立和健全适应新闻市场竞争的体制和机构。近期频有传媒内部改革的消息，《经济日报》在这方面不应太落后，要下定决心，早做动作。当然，体制和机构的改革不能指望一步到位，摸石头过河恐怕是难免的。最近一个时期，报社同仁就领导体制、机构设置、内部竞争机制等问题提了许多好的意见和建议，应选择其中可行的先予实施。

第三，建立一支社内社外相结合的多功能的队伍。经过“十年教训”，《经济日报》的采编队伍已比较成熟，今后要致力于培养一支懂管理、善经营的队伍，增加适应市场经济需要的另一种功能。随着报业技术水平的提高和设备的改善，技术队伍也越来越大。路透社1万人，技术和推销人员占了6400人，可见后者比例很大。路透社社长有句名言，“好新闻绝对是好生意”。说建立多功能队伍，也包含了将新闻和经营结合起来的意思。作为一个报业集团，要建立信息反馈网络，还要有一支庞大的社外专家、作者队伍。经济日报聘了一些顾问，今后应考虑定时定期地组织专家座谈，请他们就重要经济现象、经济问题及经济趋势发表见解，为报社事业发展献计献策，让他们真正成为报社的“智囊团”。

（丁士撰写，此文为1993年3月报社“市场经济与经济宣传”专题研讨会的演讲稿，原载于《经济新闻研究》第80期）

# 追踪经济热点　强化国际报道

## ——兼谈《经济日报》对国际经济热点报道的探索

### 一

冷战结束后，致力于经济发展与建设已成为世界性潮流，经济因素越来越成为当今国际关系中首要的关键的因素，国际竞争越来越多地表现为经济、科技为主要内容的综合国力的竞争。与此相呼应，我国各大报刊、电台、电视台和通讯社都普遍增加了国际经济报道的分量，在扩大报道面、开掘报道深度、丰富报道形式等方面做出了积极努力，使国际经济报道受读者重视的程度大大超过以往任何一个时期。

然而，相对于历史悠久且富有经验的国际政治、外交及军事报道，相对于十多年来一直处于中心地位而被着力经营的国内经济报道而言，我国传媒的国际经济报道还是一个比较薄弱的环节。

现实生活中的热点往往是新闻报道的重点。以国际局势而言，近些年的海湾战争、波黑战争乃至一些突发性灾害等，都被新闻界及时抓住并根据我国立场、政策做加以报道，以帮助读者认识世界。而在世界经济领域，随着世界经济向区域化、集团化、一体化方向发展，各国经济的合纵与连横、分离与合作乃至摩擦与冲突，都在时刻变化中，时时作为热点爆发。这些热点，已不仅仅是当事国的事，对其他国家乃至全球经济也会产生或多或少的影响。因此，有必要对其事件经过做全面报道，对其前景做有预见的分析，帮助读者认清问题的本质，同时帮助国内企业在国际竞争中立于有利地位。

那么，在纷纭复杂的国际经济现象和活动中，哪些可以算作国际经济热点并值得做出报道呢？根据经济日报的摸索，国际经济热点有以下三类：

一、突发性经济事件。如1995年巴林银行倒闭案、美日汽车贸易谈判、美迪士尼公司兼并ABC广播公司等都属这类事件。经济事件有大有小，能否构成新闻热点不仅在于事件规模，还在于其是否有典型意义。以巴林银行倒闭案为例，作为一家银行，巴林银行并不大，但它历史悠久，且以管理严格规范享誉银行界，这就提高了它的“热度”，特别是它倒闭所反映的金融衍生商品管理问题具有普遍性，因此对该案的解剖也就有了普遍意义。

二、反映世界经济新格局和大趋势的事件，包括非事件性世界经济新闻乃至与经济有关的政治新闻。比如一年一度的亚太经合组织会议，反映了作为世界两大经济中心的北美和东亚的经济发展与合作的情况，总是引人瞩目。又比如亚欧会议的召开，从表面看是两大洲包括政治、经济、文化在内的广泛合作，但深层又是经济因素将历史上一度极不平等的两大洲等推到了一起，也是亚洲和另一经济中心欧盟经济全面合作的开端。前一段发生的英国疯牛病本不算经济热点，但因欧盟禁止英国牛肉及牛肉制品出口引起纷争，涉及经济利益，并影响到一体化程度最高的经济集团欧盟的前途，也可以算是经济热点了。

三、与中国关系密切的世界经济动向问题。中国已是世界最大、人口最多的发展中国家，中国经济体制正在加快同世界经济接轨。可以说许多世界经济问题本身就包含中国因素，因而这些问题需要我们给予更多关注。《经济日报》1995年发表的《粮食：世界沉甸甸的话题》（获首届国际新闻一等奖）、《有人漫天要价有人蓄意阻挠》（获二等奖），基本都是从这一角度展开的热点报道。其他如亚欧大陆桥问题，也是立足在世界经济格局下看中国，因而受到读者好评。随着中国经济国际化程度的增加，这类热点会越来越多，报道的任务也会更加繁重。

## 二

国际经济热点提供的新闻资源之丰富，领域之广阔，并不代表凡作报道就能成功。精彩的热点报道须在选题、内容及形式方面精心策划、精心组织、巧妙安排，并适时发表，以取得最佳报道效果，实现主观愿望和客观效果的统一。根据《经济日报》组织报道的体会，搞好国际经济热点报道应在以下几方面狠下功夫：

首先，在选题策划上要选择最佳方案。热点专题报道不同于日常报道，报道前的策划和组织工作要耗费相当多的精力和时间，可以说，策划的水平决定着报道的水平。一年多来，《经济日报》国际经济热点报道标上专题的有十多个，但水平并不一致，究其原因，是策划水平的不一致。凡对专题情况研究较多、问题吃得较透、组织工作较细的报道效果就好些，反之效果就差些。比如，1995年为配合亚太经合组织大阪会议召开，提前一个多月就开始策划，并搜集资料、酝酿方案，最后确定的“亚太经济发展与合作”专题报道，前一个版以地图和统计表格为主，后一个版是从各个角度撰写的分析文章，整个报道有实有虚、有图有文，既有气势又有文采，见报后深得好评。而去年5月推出的发展中国家关税问题报道，虽然也考虑了我国去年4月开始大幅度降低关税的因素，但问题提得笼统，没有碰到读者的兴奋点上，加之因组稿工作拖延了时机，最终反应平平，没有取得预期效果。

世界经济热点专题报道的发表时机很重要，就突发性新闻来说，当然是越快越好，但有时快也有副作用，那就是容易失之肤浅。比如1995年 7 月美日汽车贸易谈判达成协议的次日，《经济日报》国际版经事先精心布置，推出了专题报道。驻外记者从日内瓦、美国等地迅速发回报道，内容也很活泼。但事后看看深度不够，因此，在求快的同时，要力戒浅。与此不同，1995年巴林银行倒闭，国际版没有天天追踪报道，但在事情刚一了结，就推出了《巴林银行的启示》的长篇专题报道，不仅综述了事情的来龙去脉，还侧重分析了事情发生的原因及对中国的启示。因其发表时间适当，报道有深度，许多读者即使读过许多零碎报道，对此文仍然评价较高、印象深刻。该文当年被评为经济日报十佳报道之一。

其次，在内容和题材安排上，追求最佳搭配，尽可能将热点问题讲深、讲透，发挥正确的舆论导向作用。要做到这点，关键是掌握好几个“度”。

一是报道面有一定广度。既有前方的现场报道，又有后方（国内）的专家分析；既有当事者的说法，又有旁观者的意见使整个专题富有立体感。《经济日报》驻外记者较多，目前在亚、非、欧、美建有20个记者站，通过编辑部的策划，搞同一专题的多侧面的报道，能够形成一股合力。去年元旦，编辑部组织部分记者站进行新年零点报道，这些驻站记者积极配合，纷纷到现场抓“活鱼”，整个报道在《万国曈曈日新桃换旧符》的大标题下，分“现场篇”“展望篇”“风情篇”和“抒怀篇”同时刊出，一幅环球辞旧迎新的画面生动展现于报纸版面上。由此得到启发，后来在“亚欧经济合作”等专题报道中，多次组织驻外记者“会战”，都取得较好效果。驻外记者对参加这种报道也很有兴致，尽管每次发表在版面上的文字不多，但专题报道是一个整体，大家都为这整体而高兴。

二是报道内容要有一定深度，力求揭示规律性的东西。根据《经济日报》国际部的理解，国际经济热点专题报道其实就是一种深度报道。有的报道内容安排上就有一种纵深感。比如前面提及的“亚太经济发展与合作”两个专版，就是由浅入深操作的。1995年初美元汇价暴跌，报纸适时刊出了一个由驻外记者撰稿的专题，后来觉得记者写这个问题毕竟不够内行，又花了很大精力，分别在纽约、波恩、伦敦等地约请几位外国专家撰文论述美元汇价问题，并配上照片集中刊出，增加了这一专题报道的厚度。

三是在对问题的分析、评价及前景预测的分寸把握上要适度，要有科学的态度。经济问题与现象之所以成为热点，是因为其本身在时刻变化中，不同的国家、不同的人从不同的角度都可能形成不同的看法。许多问题的本质往往为外象所包裹，没有科学的态度、求实的精神，是很难在短期内揭示本质的。这方面应该说有不少教训。比如1995年美元汇价暴跌，当时占主导的舆论认为这是美国经济地位下降的反映，认为此一趋势不可扭转，关于美元、日元和德国马克很快将“三足鼎立”的预测也出来了。包括《经济日报》的专题报道在内的许多报纸的报道一度也被这些舆论所左右，发表了不少持这一倾向意见的文章。后来美、日、欧联手干预汇率，稳住了美元汇价，事实证明，这一意见是有失偏颇的。而国家和企业因听信这种意见调整外汇结构所造成的损失，是无法弥补的。

当然，也有相对把握得比较好的事例。1994年下半年以来，美国世界观察研究所所长莱斯特·布朗根据他的研究结果，提出了“谁来养活中国”的观点，一时世界哗然。粮食问题是人类生存的基本问题，进行专题报道应该说是无可非议的，但怎么报道却颇费踌躇。作者通过参加布朗来访的座谈会和对有关专家的采访认识到，尽管不排除有人借粮食问题鼓吹“中国威胁论”，但就布朗而言，他是一个学者，他的错误产生于错误的研究方法和材料，而不一定出于某种政治需要，因此，对这种错误观点进行辩驳的最好办法是摆事实、讲道理。作者将中国粮食问题放在了世界粮食状况的大背景下考察分析，使整个报道立意较高，既对布朗的观点加以有力否定，又肯定了其中某些合理的因素，持之有据，言之有理，社会反响较好。

四是在报道形式上，力求新颖、别致，取得最佳效果。经济报道容易出现的问题是失之于枯燥，国际经济热点报道同样如此，尽管那些突发性新闻因其有爆炸性、对抗性往往能引起普通读者的兴趣，但对其他类型的热点新闻来说，如何在内容上尽量通俗、软化的同时，以新的形式吸引人，仍是个值得研究的问题。《经济日报》国际经济热点专题报道由于多以专版形式出现，因此在体裁的搭配、版面语言运用上有较大活动空间。比如选取能抓人的照片，并配上耐人寻味的图片说明；充分运用统计资料等等，均摸索了一些经验。特别是地图、图表加照片的运用，往往取得令人耳目一新的效果。去年为配合江泽民主席访问非洲六国，国际版在开辟“前进中的非洲经济”专栏，介绍六国经济情况之后，又在江主席离京当日刊出“非洲：潜力巨大腾飞有期”的地图、图表专版，用直观、形象的东西描绘非洲经济发展的前景，给人留下深刻的印象。

国际经济热点报道对我国新闻界来说还是一个新的课题。《经济日报》是一张以经济宣传为主的综合性报纸，一直将国际报道定位在重点进行国际经济报道。近两年在总结以前成功做法的基础上，有意识地追踪国际经济热点，开辟了不定期的“国际经济热点透视”专版，使之成为国际报道的“拳头产品”。热点专题报道也为提高整个国际经济报道水平找到了一个突破口。但也还存在许多不足之处，如有些本该“透视”的热点问题没有及时透视，有些问题“透视”得不清楚，至于在以专题、专版形式报道热点问题的同时，加强日常报道中热点问题报道的分量，并形成行之有效的报道方式，尚需进一步努力。

（丁士撰写，原载于《中国记者》1997年第5期）

# 从亚洲金融危机看国际金融报道走向

在世界经济区域一体化的背景下，作为经济血液的金融已不是一国孤立的金融，而是一种趋于全球化的金融。持续一年、迄今尚未结束的亚洲金融危机已经为此提供了新的也是最为有力的注脚。包括中国在内的世界传媒一年来高度关注这20世纪末重大经济事件，在报道规模和力度方面都做了前所未有的投入，把传媒传递信息和解释事件的功能发挥至极致。这些报道充分凸现了国际金融报道在国际经济报道乃至整个国际报道中的突出地位和作用，同时也对改进我们的国际金融报道很有启示。

## 敏锐判断事件分量　准确把握报道时机

1997年 7 月2日，当世界传媒的焦点还聚集在香港回归中国的世纪盛典时，很少有人注意到离香港很近的泰国发生的一件事。这一天，泰国政府宣布取消泰铢与美元的联系汇率，泰铢应声贬值。尽管世界重要传媒像路透社、《华尔街日报》亚洲版等及时报道了这件事，但大多数传媒并没有给予应有的重视，对事件的解释也仅仅就泰铢说泰国经济，且认为泰铢贬值“利大于弊”，有利于泰经济稳定。显然，传媒已看惯了东亚经济如日中天的美景，尽管1994年底美国一位名叫鲍尔·克鲁格曼的教授以“刻意挑衅的姿态”（克氏语）说东亚奇迹只是一个神话，由此引起过一场跨国界的学术论争；尽管近两年东亚经济增长率已一年年降低，但大多数人仍然愿意相信东亚经济高速增长是能持续下去的，前进中的问题无碍大局。

然而事实却是严峻的。几天之内，泰国的邻国马来西亚、印度尼西亚受泰铢挤压相继宣布取消与美元联系汇率或放宽对汇率限制，形成东南亚货币竞相贬值的第一波。国际传媒这时开始高度关注东南亚的金融局势了，并且以不遗余力炒热点的一贯做法，让东南亚金融动态成为国际经济、金融报道的主角。从 7 至8月亚洲货币汇率竞相下跌，到9月港台股（汇）市下跌导致全球股市震荡，再到11月韩国金融危机爆发及日本金融动荡，国际传媒的报道步步跟进、波峰迭起，视野开阔、重点突出，既及时传达了信息，又进行了切中要害的分析。

国内传媒对此次金融危机的报道跟进得也比较早。泰铢贬值之初，新华社当天就发布了消息，有些报纸如《光明日报》等随后发表了新闻综述，《经济日报》7 月1日刊出一个整版“泰国金融动荡”专题报道（该专版获第三届中国国际新闻奖一等奖）。但多数报纸一开始没有充分意识到这一事件的分量。随着危机进展，国内各大传媒均投入较多力量追踪这一事件。新华社驻亚洲几个分社每遇大的波动就发布综述，驻东京、华盛顿、纽约分社也经常推出有分量的分析报道。《人民日报（国际版）》开辟了“亚洲金融最新动态”专栏。《经济日报》在每一次大的波动之后均推出专题报道。其他没有驻外记者的报纸如《中国经济导报》《深圳特区报》等，也纷纷组织专家访谈，将金融危机的跟踪报道搞得有声有色。

在利弊俱至的全球化进程中，一国金融市场的变化很快便激起国际金融市场的波动，其他国家也会调整经济政策，采取相应措施。传媒应起到发现暗礁、鸣笛报警的作用，不能当“马后炮”。早在泰铢贬值半年之前，外国一个组织就发布预告说泰经济可能支撑不住，可惜这个信息没有引起传媒的重视。对国际金融报道来说，迅速及时地传递信息是第一位的。在网络新闻尚未普及，报刊及广播电视仍是主要传播方式的第三世界国家，尤其如此。中国传媒应该在及时报道金融动态、多从事件现场获得第一手材料方面下功夫；在预测和报道走势方面也应有先见之明，不能人云亦云。这些问题牵涉各大传媒驻外机构的技术手段、人员素质及总部的专家队伍等多方面，有待于我们全方位地努力。

## 洞察全球把握大局　立足本国引导舆论

亚洲金融危机持续时间长，波及面宽，对许多国家经济及整个世界经济都产生了影响。各国传媒的反应或正或反，或庄或谐。

各国传媒特别是发展中国家的媒介都对亚洲金融危机予以极大关注，希望亚洲国家和地区以及韩国尽快克服危机，走出困境，他们督促国际组织及发达国家适时施援。这从泰铢贬值之初，一些传媒乐观其走势，并对国际投机高手索罗斯提出批评等方面可以看到。那些有世界影响的媒介对危机蔓延过程的报道和分析基本是客观的。然而，也有一些媒介出于所在国的利益，对危机产生的原因和走势做了歪曲报道。危机发生之初，许多传媒提到三年前那场关于东亚经济是奇迹还是神话的争论，某些报道透出幸灾乐祸之意。美国传媒一度“事不关己”式的报道对美国政府长时间“隔岸观火”是有影响的（后来看到危机蔓延下去会影响美国经济才参与“救火”）。在一时备受关注的马来西亚总理马哈蒂尔与索罗斯互相指责的报道中，有些媒体把经济问题政治化，并明显倾向于后者。多数国家的传媒从对自己国家利益得失的角度看问题，如竞相讨论亚洲国家将来进出口是增加还是减少等。可鄙的是，某些传媒从一开始分析危机发生的原因，就把矛头指向中国，说中国1994年人民币贬值是此次危机的深层原因之一，以后又不顾我国对人民币不会贬值的反复申阻，妄称人民币将会贬值。这些都受到我国领导人及传媒的严厉驳斥。

近几年来，我国金融体制改革和开放进展很快，但尚未实现金融自由化，特别是人民币仅实行经常项目下自由兑换，未实行资本项目下自由兑换，使国际资本不太可能冲击人民币。加剧我国经济基础稳固，决定了亚洲金融危机虽对我国吸引外资和进出口等有一定影响，但不会对金融市场产生直接的冲击。尽管如此，亚洲金融危机对我国的金融改革开放和发展有着诸多启示，为我们敲响了金融风险的警钟。正是基于这种情况，我国传媒对金融危机报道的立场是一贯而坚定的。我国不仅直接参与援助受灾国家，还因保持人民币汇率不贬值，为稳定亚洲金融形势、克服危机付出了巨大的代价。应该说，我国传媒较好地宣传了政府的这一立场，在报道中对受影响的国家所遭受的困难寄予深切同情，对危机的产生做了客观而深入的分析。特别是立足于为本国提供警示和借鉴，发表了大量分析性文章，对明确金融改革方向、增加读者金融风险意识发挥了重要作用。针对一些传媒嫁祸于人的报道，《人民日报》《经济日报》等媒体先后发表文章进行驳斥。不足之处是，这些批驳不够及时，有的甚至晚于其他外国传媒对这些不实报道的批驳。在总结教训及于国内金融改革的启示时，一些文章过于强调稳健的一面，直到中央金融工作会议重申坚持改革方向，舆论总体上才趋于平衡。

可以预料，经济全球化将使具有全球影响的金融问题越来越多。正如全球化不排斥区域化和强化国家主权一样，传媒对国际金融的报道不会也不能丧失立场。发达国家如此，在全球化中处于劣势的广大发展中国家更应如此。当然，在肯定倾向性时，要注意客观、公正、平衡。

## 结合新闻普及知识　积极改进报道方式

金融报道专业性较强，对大众传媒来说，普及金融知识一直是国内金融报道的努力方向。这一点对于国际金融报道来说也不能例外。

亚洲金融危机从泰国取消联系汇率、泰铢贬值开始，很快影响到股市，后来一些国家和地区为了稳住汇率，又提高利率，以防止投机商贷款阻击本地货币。汇率、利率和股市呈现一种连环互动状态，一段时间内让人眼花缭乱，不明就里。尽管传媒在报道金融市场变化时不断请专家进行评说，但毕竟还是专业语言多，普通读者难以弄懂，以至在危机延续半年，传媒报道连篇累牍之后，仍有相当多的人士表示对危机不明白，这也是因为传媒的解释不够通俗明了。国内一些地区出现了盲目预测人民币会随之贬值、外汇黑市猖獗的现象。这一情况说明，在突如其来的金融危机面前，我们的传媒虽积极追踪报道，但在报道方式、报道的通俗化、大众化方面都存在明显不足。也有传媒意识到这一问题并做了积极改进，值得一提的是《经济日报》1998年3月发表的一组关于亚洲金融危机的对话，用通俗的语言解说了这场危机的来龙去脉和内在、外在因素。

西方国家现代金融知识比较普及，金融意识也比较强，新闻报道谈到汇率、利率和股市指数等，一般读者都明白是怎么回事。但许多西方记者在报道金融危机时，仍尽量用通俗、形象的语言来叙述，给人留下了深刻的印象，这是值得我国记者学习的。可喜的是，国内传媒在追踪报道危机过程中，也已开始采用图表、图样、照片等形式，一些资料采自因特网，许多专版做得图文并茂，很见功力，为形象、生动、立体地报道事件做了有益的探索。当然，比起西方传媒几乎是股市、汇率每有重大变动即在报纸和电视屏幕上做出示意图来，我们还有一段距离。报道金融市场变化，数字和图表是最生动、形象的语言，我国传媒应该大量采用这种语言。

## 鼓励读者参与讨论　培养国民风险意识

亚洲金融危机是发生在我们身边的让人惊心动魄的金融风暴。如果说以前世界上发生的金融危机对中国人来说还是“隔岸观火”的话，这一次已是火烧门前、兵临城下。我们在为邻国焦急，并量力而行参与“灭火”的同时，不能不为与这场危机“擦肩而过”而庆幸（当然受危机影响还是巨大的）。在国内许多关于危机的报道和分析文章中，这种情绪总是或多或少地表露出来。这是可以理解的，如果中国经济受到危机的直接冲击，国人生活像马来西亚人那样“一夜回到20年前”（马哈蒂尔语），我们的传媒散发的将是怎样一种情绪呢？防患于未然，自然地成为传媒报道工作的任务。

应该说，并不仅仅是中国传媒在从事这项工作，许多国家和地区的传媒都发表了报道和文章，从亚洲金融危机中总结教训，告诫把握好经济发展和开放的速度；也有不少文章就国际金融体系、本国对外经济政策及投资、贸易等问题进行了总结和反思，并且对东亚经济模式展开了讨论。

前文述及，金融危机发生使东亚经济论争旧话重提，并且集中在东亚经济模式上。一些西方传媒发表文章称危机的爆发意味着一度备受称道的东亚经济模式受到挑战。国内学术界也有此论。真的是这样吗？1997年1月19日，《经济日报》以刊登《韩国会成为第二个泰国吗？——兼论东亚经济模式的危机》一文开端，展开了一场颇具影响的关于东亚经济模式的公开讨论。1996年《经济日报》曾策划了三块专版展开对东亚经济增长方式的讨论，但只有金融危机爆发后，这场讨论才呈现出前所未有的热烈。随后几个月中，《经济日报》共刊出文章数十篇，加之其他传媒的呼应和传播，东亚经济模式争论在年终成为经济界的热门话题，讨论也受到不少外国记者的关注。

在此次国际社会关于东亚经济模式的讨论中，我国学者反应快，迅速提出自己的观点，我国传媒也立即跟进，与此前中国学术界、舆论界在关于东亚经济论争中反应滞后的情况相比，是一个明显的进步。这是我国传媒积极参与国际舆论斗争，同时对国内读者进行引导的一个成功尝试。

更迫切的引导在于强化国人的金融风险意识，让金融安全问题警钟长鸣。1997年底，国内各大传媒在策划年终报道时，均结合亚洲金融危机，把金融风险和经济安全问题列为重要选题。如《经济日报》年终专题（版）报道即以此为基调，刊出了《让金融风险警钟长鸣》《全球化呼唤重视经济安全》等多个主题专版，受到一致好评。可以预料，随着中国经济和金融进一步对外开放及与世界接轨，我们的传媒作为党和人民的耳目喉舌，将在金融“预警”方面发挥更大的作用。

（丁士撰写，原载于《中国记者》1998年第8期）

# 国际金融事件报道编与评

怎样才能报道好国际性金融事件？《经济日报》自创刊后就一直在探索和积累经验，到了20世纪90年代末，报道思路更明确了，那就是一方面尽可能迅速、全面地跟踪报道，满足读者越来越强烈的了解金融事件的需求，另一方面立足于对事件和观察分析，从中吸取其经验教训，向国内读者频敲金融风险的警钟。

我在国际部工作期间，恰好碰到上述金融事件和金融危机的发生，在组织报道过程中体会尤深。其中关于亚洲金融危机的报道，因跨时长、报道量大、影响较大而被选为《经济日报》深度报道的经典案例，主要作品还获得了中国国际新闻奖一等奖。但也有一些报道留有遗憾。总结其间得失，对应付越来越多的金融事件和金融危机报道应不无启示。

## 抓住银行事件做文章

1995年2月，我刚到国际部工作没几天，就发生了巴林银行事件：英国一家老牌投资银行因驻新加坡的一位经理人员的冒险交易而倒闭。此事迅速成为国际报道的热点。当时我刚从对外报道转入国际报道，情况还不熟悉，但面临这种国际热点，再仓促也得上阵。好在国际部的报道工作早有一定之规，驻外记者和编辑也很敬业，国际新闻版跟踪事件进展做了报道。从常规报道来说，也说得过去了，但我总有不过瘾的感觉，一是国际版当时是白天拼版，一些报道不很及时，二是报道内容相对有限，视野和深度都有欠缺，我觉得《经济日报》作为全国最大的经济类报纸，应该对这一重要事件有更充分的报道，而且还应该从中发掘更有价值的东西，使读者从这一事件得到一些启发和借鉴。

3月上旬事件告一段落后，我将这一想法在部门会议上说了说，得到副主任时雨等同事的赞成，而当时由国际部主办的“观察·借鉴”版的主编张杰也有同样的想法，正发愁到哪去组织这么一篇“总结性”的文章呢！热点新闻贵在趁热打铁，当时事件热度已开始下降，这时到外面组稿少说也要花上三五天时间，还是我们自己赶这篇稿子吧。

部门会议做出这一决定后，我自己挑头，找了两位出手快的同志一块商量了大致结构和主要观点，然后分头赶写“凑”成一篇。这是我到国际部后第一次调动大家“突击”赶稿，在关键时刻国际部同事互相支持，精诚合作，没被布置任务的同志也拿来了自己收集的资料，大家一心为工作的热烈气氛至今想起来还令人感动。

3月12日，署名为郭吉（“国际”谐音）的《巴林银行事件的启示》在“观察·借鉴”版上以专题形式见报了，由于它是第一篇在事件发生后全面综述和分析的文章，特别是及时归纳提出了几点启示，因此在社内外受到好评，当年还被评为《经济日报》年度十大好新闻。这篇分“事件始末”“案因探究”和“启示和借鉴”三大部分的综合稿，因为临时赶稿，写作仓促，也存在行文欠精练，文字风格不统一的问题，但瑕不掩瑜，其优点除上面说到的在全面提示事件意义方面先声夺人之外，我想还有下面三点：

第一，对事件的概述全面充分，让人对事件经过一目了然。或许有人会说，既然已做了追踪报道，再这么概述一次是否有啰嗦之嫌？我的观点是，在对一些事件的追踪报道中，读者往往很难对事件得出清晰的印象，因为这些陆续发表的零散报道提供的是多侧面、多角度的信息，有的甚至是互相矛盾的。在事件告一段落后有一个比较权威的概述，可以帮助读者理理头绪。何况还有一些读者是第一次阅读报道，对前期的报道并未有过全面接触。所以，我们觉得有必要在文章中编写“事件始末”一节，仅用千余字概述事件的过程和大致因由：

“1995年似乎注定要在世界金融史上显得不平凡。年初墨西哥金融危机带给人们的余悸未消，紧跟着又爆出另一噩耗：英国老牌的皇家银行——巴林银行2月27日突然宣布被迫倒闭。一座200多年正常经营的大厦倾覆在一个从事金融投机业务的银行经营者手中。它给金融界造成的震撼与惶恐着实不轻。

那么，巴林银行是如何被这一击致命的？给它带来厄运的灾星尼克·里森又是怎样演出的？

巴林银行原是英国一家历史悠久、信誉良好，并在世界颇有知名度的银行。在世界金融市场瞬息万变的复杂形势中，依然有着良好的业绩，去年的税前利润高达1.5亿美元。

尼克·里森是该行新加坡分行的经理，擅长从事极具冒险性的金融投机业务，并以此受到器重。不过最近的一笔在日本股票市场金额达270亿美元的投机生意不仅让里森身败名裂，也使巴林银行蒙受10多亿美元的巨大损失，并最终破产。

据调查，自去年底开始，尼克·里森认定日本股市将会上扬，未经批准就开始做风险很大的被称作“套汇”的衍生金融商品交易，期望着利用不同地区交易市场上的价差获利。在已购进了价值70亿美元的日本日经股票指数期货之后，里森又在日本债券和短期利率合同期货市场上作价值约200亿美元的空头交易。然而，这样做的风险极大。据估算，这笔交易将使巴林银行在日经指数下降到18500点以下时，每下降一点就损失200万美元。不幸的是，日经指数在今年1月份就真的降到了18500点以下。因此，里森又试图通过大量买进的方法促使日经指数回升，然而他的这一努力也失败了。随着日经指数的不断下跌，里森在这一“亏本”的交易中也越陷越深。2月23日，里森终于意识到，他已回天无力，不得不与老婆一起“失踪”。次日，新加坡分行发现这一价值10亿美元的巨额损失，立即报告英国巴林银行总部，不过为时已晚。

由尼克·里森操作的这笔金融衍生商品风险投资，就这样眼睁睁地使巴林银行的10亿美元化为乌有，况且这已大大超过了巴林银行的总资产。2月27日，英格兰银行宣布，拯救巴林银行的一切努力已告失败，这家银行即告倒闭。

一石激起千层浪。巴林银行倒闭的消息立即在全球金融市场引起剧烈震动。27日，东京股票市场日经指数下跌664.24点，并穿破17000底线，以16808点收盘。伦敦、法兰克福、巴黎和新加坡、香港等地的股票市场也受到冲击。英镑对马克的比价更是跌到创纪录的低点：1英镑兑2.3030马克。

与此同时，有关国家开始就此事展开全面调查，并追查肇事者里森的下落。

英国财政大臣克拉克2月27日宣布政府将采取紧急行动，英国金融监察局也开始调查研究该银行的有关资料及其内部监察系统。英国中央银行行长埃迪·乔治在这一事件的新闻发布会上更是说得明白：里森未经授权从事高达270亿美元的交易，而巴林银行竟未及时发觉，这是银行控制系统的失败。

就连3月2日在德国法兰克福机场上被捕的尼克·里森，也在为自己辩解说：他的上司和同事也同这一事件“有关”，因为他们都清楚他从事的这一风险行为。

目前，巴林银行已由荷兰最主要的金融机构——荷兰国际集团收购。该集团3月6日已初步完成了对这家银行的接管工作，并冠之以巴林银行有限公司的新名。尽管荷兰国际集团承诺巴林银行4000名职工及客户的利益不受影响，但巴林银行事件硝烟并未散尽。”

第二，在文章中介绍了与事件紧密相关的衍生金融产品和交易的知识。实事求是地说，对衍生金融产品的知识，我们也是在组织报道的过程中学习的，“现学现卖”或“现学现用”的情况虽然应该尽量避免，但新闻工作者有时又不得不这么做。需要注意的是，记者在现学现用中不应生搬硬套，而要尽可能自己弄懂了再通俗地告诉读者，这也是一种专业知识的通俗化转换和解读。当时，我们的文章基本做到了这一点，用不到五百字介绍了衍生金融产品知识及其在世界金融市场的地位：

“巴林事件后果之所以如此严重，还在于里森下赌注的对象不是现汇或股票、金融票据等有价证券，而是这些有价证券的派生物，即衍生金融商品。这就不能不提醒人们对衍生金融交易的不可测性和强大的破坏力引起广泛注意。

衍生金融交易作为近十年发展起来的一种相当复杂的投资手段，其交易涉及证券、外汇和利率等的调期、期货和期权交易宽广范围，并已取代传统的存、贷款业务而成为商业银行和信托公司的主导业务。它的特点在于可以用少量保证金做大笔交易，若运用得当，可用低成本获取高收益。而一旦市场走势与预期相反，投机者的损失也将是惨重的。据专家估算，目前世界上用于“套期保值”的基金只有500亿至750亿美元，它可动用的借贷资本却达5000亿美元，而从事的衍生金融交易的未偿合约的账面金额（虚拟资本）竟高达12万亿美元。其中有发生危机风险的大约占2%，也有2400亿美元！可见如果哪家大型金融机构在这方面失手，它惹下的乱子非巴林银行倒闭可比。据介绍，由于衍生金融交易的出现，许多欧美银行开始选拔头脑灵活、锐气十足的青年人冲锋陷阵，独当一面。而银行一般都采取利润提成的方式来奖励交易员，这就容易使他们变得很贪婪。谁能保证他们在金融市场上呼风唤雨时不失手呢！”

第三，将文章的重点放在提出启示和借鉴方面，对此分析比较全面透彻。其实我们注意到，在追踪报道事件的过程中，《经济日报》和其他媒体已经对事件的启示和借鉴意义有所涉及，只是不够深入和详尽。此文既然以此为题，又发在事件告一段落之后，这方面内容自然要有更高要求，应该说文章还是集中了当时学术界、金融界对事件研究的成果，做了较充分的概述和分析。如得出四点启示与借鉴，一是金融衍生商品是把“双刃剑”，应该充分认识到其利弊关系，加强监管方能除弊兴利；二是金融机构经营衍生商品，必须业务分工清晰、责权明确；三是金融机构应健全内部监测机制和有效实施风险控制；四是增加和规范中央银行的监管与金融机构的行为，预防和限制突发事件，缩小波及面。限于篇幅，这里不引原文，但其构架可见大概。

从巴林银行事件之后，我们对国际金融事件的追踪报道就形成了“惯例”：只要发生这类事件，前方记者自觉投入采访，后方编辑及时跟进指挥，充分利用“国际经济热点透视”专题版，适时进行集中报道，而报道的立足点也扣在观察与借鉴上。比如1996年6月日本发生了日本住商事件，该国超级大商社之一的住友商事有色金属部门一位主管，因擅自进行大笔铜期货交易，导致公司损失18亿美元以上，成为日本企业在海外交易史上最惨重的亏损。这也是近十几年来国际金融界发生的最大的一次亏损事件。我们在进行跟踪报道的基础上，就刊出了一期国际金融事件专题，主打文章的标题就是《国际金融监管须警钟长鸣》，结合以前的巴林银行事件进一步探讨衍生金融交易的风险，同时又不是全盘否定衍生金融工具，而是意在寻找管理上的漏洞，揭示深层原因，呼吁建立一种国际衍生金融交易秩序。

## 围绕金融危机打报道“组合拳”

1997年7月2日，当世界的目光还在香港回归中国这一国际热点上时，发生在泰国的一件事当时并没有引起很多人的注意。这一天，泰国取消了泰铢和美元的联系汇率，泰铢开始贬值。《经济日报》对此开始也未充分重视，加之报社在泰国没有派驻记者，难以进行采访调查，因此直到7月7日固定专栏《一周金融综述》刊出，才有《泰铢实行浮动汇率，美英股市频创新高》一稿见报。但随着泰铢持续多日下跌，我们意识到这不是一般的汇率变化，于是决定推出专题报道。

7月11日，已成为《经济日报》国际报道“拳头”产品的《国际经济热点透视》专版推出了“泰国金融动荡专题”。这期版面上有综述《泰国：金融动荡持续两年 汇率浮动步入新途》，有驻外记者采写的述评《泰铢浮动利大于弊》和消息《邻近国家采取稳定货币措施》，有专家的分析文章《泰国金融动荡的原因及影响》，还有我赶写的随笔《泰国不是“墨西哥”》。这是国内最早对泰国及亚洲金融危机进行集中报道的专题和专版，由于策划组稿较及时，内容丰富，有一定深度，版面图文并茂，比较美观，次年被评为当年中国国际新闻奖版面类一等奖。但在当时，我们没有想到，这只是持续半年多的亚洲金融危机追踪报道的序幕，这个专版也只是随后陆续刊出的多个直接或相关专版中的一个。亚洲金融危机，让我们打了一场持续时间最长、投入力量最多、报道影响也最大的战役性国际经济报道。

《经济日报》原社长武春河同志主编的《深度影响——经济日报系列报道经典案例》一书在介绍“亚洲金融危机报道”这一案例时认为，“1997年发生的亚洲金融危机是一次重大国际经济（金融）事件。《经济日报》对亚洲金融危机的跟踪报道，是在经济全球化背景下对重大国际经济（金融）事件一次较充分的战役性报道，也在经济全球化背景下对这类事件进行深度报道的一次较成功的尝试。”此评价是对国际部所有编辑及驻外记者辛勤工作的肯定，我个人认为还是恰当的。在那半年多的时间内，国际部就此段时间先后编发消息、综述、文章百余篇，主办相关研讨会两次，刊出相关专版6块。一段时间内亚洲金融危机报道成为国际新闻版的主体，并且随着东南亚金融危机在地域上的扩大和程度上的加深，报道也逐步推向深入，特别是有关话题讨论的同时展开，使报道没有就停留于事件的表面，而是引导读者加深对国际金融危机的认识，增强了金融风险意识，起到深度影响的效果。

《深度影响》一书中将这次报道为两个阶段，我也表示赞成，现根据我的记忆，对这两个阶段一些报道的策划、组织、刊登及时效等情况，一并做些介绍。

第一阶段，也可称亚洲金融危机开始阶段（1997年7月份开始到1997年9月份止）。通过及时刊发消息、综述、专题讨论等形式，重点报道和评论了发生在泰国进而蔓延到东南亚及香港的金融危机，对危机的影响做了初步分析。在报道方式上是用比较传统的新闻及专题报道、专家分析文章持续追踪，打的是一路“长拳”。

7月11日首组专题报道刊出后，通知所有驻外记者继续追踪泰国金融危机所带来的影响，尤其是对东南亚地区汇市、股市的冲击。随着泰国金融危机的扩散，泰铢贬值，印尼盾贬值，连新加坡和日本也受到了冲击，这些报纸都及时做了报道。

8月份，为了深入报道金融危机给国家经济生活带来的冲击，国际部编辑任振强利用到泰国采访其他事情的机会，实地采访泰国金融危机，发出了《访泰札记》系列报道，不但报道了泰国经济所处的困境，也报道了泰国为摆脱危机所做的众多努力。国际部副主任严恒元利用长期驻站国际金融中心之一——伦敦的丰厚积累撰写了三篇述评，题目分别是《对外开放要与国内改革协调》《引导外资投向 调整产业结构》和《提高引资水平 规避金融风险》，初步探讨了泰国金融动荡的启示。当时我们从主观上还是希望泰国尽快解决金融问题，所以报道中一般不用“金融危机”而用“金融动荡”一词。

但是，良好的主观愿望并不能改变残酷现实，泰国金融动荡逐渐蔓延到周边的马来西亚、印度尼西亚、菲律宾以及刚刚回归中国的香港，我们在持续追踪报道的同时，也加强了对事件的研究和探讨。9月2日，在金融危机开始两个月的这天，《经济日报》邀请了中国社科院、中国人民银行、中国银行、中国人民大学等单位的众多学者专家就金融危机的原因影响和启示进行了探讨，并从9月5日开专栏刊发“泰国金融动荡问题”座谈会上专家学者们的分析和看法。

第二阶段，也可称为亚洲金融危机扩大阶段（1997年10月份至1998年初）。东南亚金融危机逐渐扩大到韩国、日本，引起国际金融市场动荡。报纸在继续跟踪金融危机的蔓延和发展的同时就其所造成的影响在更深层面上进行分析和讨论，在国际经济问题上发出我们自己的声音和观点，在报道方式上综合运用了系列专稿、观点对立的问题讨论、系列对话等比较新颖的报道和讨论方式，打的是“组合拳”。

10月和11月，报纸追踪报道韩国和日本受金融危机的波及及其反应和对策。11月6日，再次推出一个整版的《国际经济热点透视》专题，刊出长文“全球股市大动荡回眸”，并配有图表。同时刊登的有分析文章《当前世界金融动荡原因浅析》和热点随笔《索罗斯赔得不冤枉》。从专题报道上说，这期专题和前面谈到的7月份的专题可以看作是两个报道阶段的标志性成果。对金融危机波及韩国，有人认为是韩国政府主导的、银行支持的以大企业为主的体制有问题，也有人认为韩国问题是发展中问题，是“繁荣后的调整”。为了让读者多侧面了解韩国金融危机的情况，报纸又在11月25日推出

“韩国金融危机专题”版，对此作了较全面的反映。

在报道韩国金融危机过程中，原国家计委一位年轻研究人员陈炳才投来一篇题为《韩国会成为第二个泰国吗——兼谈东亚经济模式的危机》的文章，我看后觉得很有新意，特别是从东亚发生金融危机提出东亚经济增长模式的问题，研究视野已跳出金融显得更长远一些。尽管作者提出的金融危机意味着东亚经济模式终结的观点我不太赞成，但就此问题进行讨论是有意义的。于是我在编发这篇文章的同时，加了一个简短按语，提出“对作者文中有何不同观点，欢迎读者来稿参与讨论”。该文11月19日刊发后，果然来了一些意见相左的文章，于是国际版在11月5日以“东亚经济模式出现了危机吗”为栏题，刊登了第一组讨论稿，以后又陆续刊登了几组讨论文章。其他报纸如上海《解放日报》也刊登了专家学者就东亚经济模式是否终结问题发表的文章。专题讨论显然从更宽领域、更深层面上探讨了金融危机的影响。

在第二个阶段后期，报纸结合国际“年终专稿”的组稿，进一步深化对金融危机和金融风险的认识。以12月5日刊登报社与国务院发展研究中心共同举办的“97世界经济形势研讨会”发言专版开端，五组“97世经话题”专版次第推出，其中“防范金融风险须警钟长鸣”“全球化呼唤经济安全”等专题，均将焦点对准亚洲金融危机，也把始于泰国的金融危机报道最终引向了防范金融风险、重视经济安全、调整产业结构的主题上，此一战役性报道在这一年有了浓墨重彩的终结。当然，第二年的报道仍根据形势发展在持续，特别是次年3月在“两会”期间，由总编辑艾丰主持策划、由严恒元、王智撰写的四篇“关于亚洲金融危机的对话”，进一步总结了金融危机经验教训及对我国的启示，也为这次报道跨年做了较圆满的结语。

## 及时发声影响舆论

亚洲金融危机发生后，我在一些场合如国务院新闻办组织的国际报道研讨会、中国记协组织的外国记者研讨会等场合介绍了《经济日报》追踪金融事件特别是亚洲金融危机报道的做法和体会，还为《中国记者》杂志撰写了《从亚洲金融危机看国际金融报道走向》一文，总结了几条。当时的主要想法是，在世界经济趋于全球化的背景下，作为经济血液的金融已不是一国孤立的金融，而是一种全球化的金融。亚洲金融危机得到了包括中国在内的世界传媒的高度关注，所以在报道规模和力度方面都做了前所未有的投入，把传媒传递信息和解释事件的功能发挥到极致。这些报道充分凸现了国际金融报道在国际经济报道乃至整个国际报道中的突出地位和作用，同时也给我们的国际金融报道如何把握正确的舆论导向留下了很多启示。

经过几年的“沉淀”，特别是离开国际报道阵地后再来思考这个问题，我认为首先当然还是要高度重视国际金融特别是金融事件和金融危机的报道，要舍得投入力量，舍得花版面，抓住时机进行深入报道。

在全球化进程加快的今天，国际金融市场与数不清的法人和自然人的利益息息相关，一国的金融风波往往迫使许多国家调整经济政策，采取应对措施。因此，对国际金融报道来说，迅速及时传播信息是第一位的，对网络新闻尚未普及、纸质传媒如报刊以及广播电视仍是主要信息渠道的第三世界国家来说，尤其如此。在利弊俱在的全球化进程中，传媒业应起到发现暗礁的报警作用，不能做“马后炮”。早在泰铢贬值之前半年多，外国一个组织就发布预告说泰经济可能支撑不住，但这条新闻被极大地忽略了。中国传媒应在及时报道国际金融动态、多从事件现场获得第一手材料方面下功夫，改变总是“慢半拍”的习惯，在报道走势预测方面也应有先明之明，不能总是人云亦云。当然，这些牵涉到各大传媒驻外机构的技术手段、采编人员素质等多个方面，有待于我们做全方位的努力。同时，在报道方式方法上还要根据实际情况的变化随时调整，并矢志创新，争取最佳报道效果。

领导的高度重视和全体采编人员的同心协力，是做好金融报道的前提。在关于亚洲金融危机的报道过程中，《经济日报》从报社、部门领导到普通编辑记者都是高度重视的，当时的社长徐心华、总编辑艾丰和分管编委谭鹏都对报道做过指导或参加有关研讨会，同时充分调动编辑记者的积极性，对他们提出的报道方案和意见建议给予积极支持和充分肯定，鼓励他们大胆地组织报道和尝试创新。记得当时刊登引发讨论的陈炳才的文章，因时间紧我是在电话里向艾丰同志汇报想法的，他当时就表态可以组织讨论。对报道的管理是宽是严过历来有争议，在我主持报社国际部工作期间，我的上级领导除前面提到的三位，还有在他们之前的老领导杨尚德、王昭栋等，都是善于把握宽严度的，因此部下工作时心情非常愉快，也能取得较好的成果。

在组织国际金融报道过程中，除了要调动各方积极性，做好对新闻事件本身的报道外，还要充分重视发挥言论的作用，尤其是重要事件处在关键时刻，媒体要敢于发言，善于发言，阐明我方观点，维护国家利益，影响国际舆论。在这方面，我在组织亚洲金融危机报道中做了一些尝试，取得一些效果，也有较深刻的体会。《深度影响》在选编亚洲金融危机的部分报道时，选了我的两篇言论稿，其实此次战役性报道中有不少佳作，特别是一些专家学者的文章和同事赶写的专稿，都是很有分量的。我写的几篇文章大都是为丰富版面内容而拿出来的“配件”，是“敲边鼓”的。虽不是主打文章，但也确实有感而发，想说道说道，让版面有观点，让报纸有声音。案例编选者或许正是从这方面考虑选编了我的文章。这里结合几篇文章的写作背景，谈谈对敢于就国际金融危机发言的几点认识：

第一，敢于发言，首先要选择恰当的发言方式。

过去报纸对发表评论非常慎重，拿不准就不发言，这种慎重是对的，因为轻易表态往往因考虑不周，泼水难收，会在舆论引导上造成麻烦，甚至给实际工作带来被动。但是，如果一味不表态，特别是该表态时也含糊其辞，同样也会于引导舆论不利，如果是涉及国家利益、政治斗争，还可能会给实际工作带来损失。所以，要具体问题具体分析，既要慎重稳妥，又要积极主动。这种态度落实到新闻工作中，关键在于怎么表态、怎么发言，也就是应选择恰当的表态和发言方式。方式选对了，有的看起来很难发言的事也可以发言了，反之，该发言的也可能发错了、弄砸了。

目前报纸言论的编排方式或者说发言方式大致可分三个层次。第一个层次，是代表报纸发言的本报评论员文章或短评之类文章，也是掌握最严的一个层次。这一层次的发言应该是最慎重的，拿不准的先不发言，一旦发言就必须立得住。第二个层次，是个人署名评论员文章。近年在一些媒体上署名“本报评论员某某”的评论时有所见，这种评论员文章比不署名评论员文章权威性低一点，比仅仅署作者个人姓名的言论权威性又高一些。这种署名的评论员文章在国际评论中还未见到，见得较多的是署国际部集体笔名的评论，如《经济日报》国际部长期用谐音“郭吉”做集体署名。第三个层次，就是比较多的个人署名言论，包括专家学者、社内编辑署名文章以及读者来稿，其观点更带有“个人性”。国外为了显示新闻的客观公正性，将言论和新闻分开版面安排，有专门的言论、观点版（Opinion），有的媒体还专门标明所刊登或播出人物访谈不代表媒体自己观点。目前国内一些报纸包括一些党报也纷纷开辟言论版，体现马克思主义主流意识形态指导下的多样观点和视角，但重要的言论如社论、评论员文章以及为重要新闻所配发言论等，仍刊登在要闻版。报纸有一个约定俗成，即个人署名文章中如排成楷体相对比较重要，也可以说介于评论员文章和署名文章之间吧。基于这些“行规”和约定俗成，对那些还没有结束的事件发表评论以个人署名文章或评论为宜。

正是基于这些考虑，在报道亚洲金融危机过程中，我们没有发过评论员文章，但报纸不表态不等于编辑没见解。作为编辑人员。要根据我国的外交及对外经贸有关政策，站在维护本国及发展中国家利益的立场上，适时评论事件，影响公众舆论。在策划7月11日报道泰国金融动荡的第一块专版时，有关部门还没有表明对这一金融事件的立场观点，事件的前景也不明朗，但我认为也可说道说道，特别是可以给正在战胜危机的周边友好国家泰国人民鼓鼓劲，于是我为专版赶写了一篇个人署名的言论：

## 泰国不是“墨西哥”

自1995年初墨西哥爆发严重金融危机后，“墨西哥式金融危机”就被看作是发展中国家经济发展的“滑铁卢”而警钟频敲。此次泰铢大幅贬值，开始就有人惊呼北美金融灾难要在东南亚重现，待泰铢很快趋稳，人们才松了一口气：泰国没有成为“墨西哥”。

国际传媒及金融专家在谈到泰国金融动荡时，不时将泰国与墨西哥类比，找出了一些共同之处，如本国货币大幅贬值，部分外资抽逃，邻近国家地区受牵累等等。但不同处也不少，如外汇储备比较多，在宣布泰铢汇率与美元脱钩后推出配套的措施使汇率很快趋稳，而最大的不同，则是在东亚经济持续增长的大背景下，泰国经济已有一定的基础，其前景也一直为各方所看好。此次金融风潮初步平息的情况说明，包括泰国在内的持续增长的东亚各国经济，是有抗“金融震荡”能力的。

不过，无须讳言，泰国及其他一些东亚国家经济在持续增长过程中，也积累了不少问题，有些甚至是比较严重的问题。这些问题受国际市场变化影响加之调控不当，往往首先在有经济血脉之称的金融方面发作出来。早在墨西哥金融危机发生后不久，就有专家警告东亚一些国家潜伏着发生同样危机的危险。去年6月又有权威机构直言泰国有受到“金融地震”的威胁。东亚金融及经济问题大多源于增长方式没有实现由粗放型到集约型的转变。前几年出现过克鲁格曼对东亚奇迹的质疑，近日又有人撰文从泰国金融动荡谈到东亚经济增长危机问题。看来泰国金融动荡的核心仍在经济增长方式上。如果说泰国之所以没有成“墨西哥”的话，是因为经过几年的论争与实践，泰国及东亚人对经济增长方式转变已越来越重视并渐见效果了；如果说泰国还是发生了金融动荡的话，那是因为泰国及东亚经济增长方式仍未完成根本性的转变。

金融危机并不可怕，金融专家说15年来世界平均每五周左右爆发一场金融危机。但危机不论大小，毕竟会给经济发展和人民生活带来不良影响，还是应尽力避免。愿泰国金融当局及人民继续努力，永远不蹈“墨西哥”旧辙；愿东亚人民齐心协力，永远不出现“墨西哥”式的金融危机！

（《经济日报》1997年月11日）

这篇文章的基调显然乐观了一点，在当时没有想到泰铢贬值只是亚洲金融危机的开端，其影响会那么大。但就当时掌握的资料，也只能做出这种判断，何况文章花了不少的篇幅分析泰国金融动荡的负面背景。记得在中国国际新闻奖评委会专家小组分析这一版面时，我曾就这篇文章标题和基调过于乐观表示遗憾，但其他专家以宽容的态度认为文章标题不错，基本观点也立得住。他们肯定《经济日报》难得这么快就抓住金融危机的滥觞进行专题报道，认为该文不影响版面得一等奖。

第二，敢于发言，还要适时抓住事件中的关键人物或关键情节发表言论，从小论大，反映民意。

大事件报道中要注意对小言论的运用，这种言论切口小，行文灵活，往往就实论虚，比起长篇大论或严肃的评论来可看性强，也更容易影响读者。从报纸版面上说，有篇轻松活泼或者短小精悍的楷体字文章，版面也显得丰富多样一些。在亚洲金融危机进入到全球金融动荡阶段，经济日报准备推出第二块专版，在策划时商定要有篇楷体文。正当我苦思写点什么好时，从报纸上看到金融投机大鳄索罗斯在香港等亚洲市场大赔一笔的消息，《索罗斯赔得不冤枉》的题目一下子跳了出来，立即提笔写就一文。与前文乐观鼓励不同，这篇文章很有点幸灾乐祸的味道，但就针对的人物而言，并不过分。金融投机家索罗斯是金融风暴中的风云人物，国际版在10月17日一期《泰国金融危机专题》中已刊登了一篇关于他的人物介绍，同时对他在亚洲金融危机中的表现继续追踪，想不到终于有了他投机失败的消息。读者对索氏的所作所为历来褒贬不一，而他当时在香港及亚洲的金融市场趁火打劫的举动无疑很让中国及亚洲人讨厌，因此抓住他失手赔钱的时机，揶揄讽刺一番，读者看了一定很开心。这也使文章具有幽默感。但这篇文章不仅仅是讽刺索氏，还就此讲了金融投机有得有失的道理，也算寓道理于嬉笑怒骂之中吧。

当然，按一篇杂文要求，这篇文章写得还是拘谨了点，没有放开，也缺少其他资料的印证。

## 索罗斯赔得不冤枉

据外电报道，在上周环球股市、汇市动荡之中，大名鼎鼎的“金融投机家”索罗斯损失惨重，他所管理的量子基金等六种基金共损失20亿美元。国际传媒纷纷用“栽了”“失手”等词形容索氏此遭走麦城，并说索氏已对一家刊物强调金融不稳定对社会危害极大。

索罗斯是近几年国际金融界炙手可热的人物，特别是在泰国金融危机中大赚了一把（据说赚了20亿美元），在香港世行年会上与马来西亚总理马哈蒂尔较劲，都使他声名远扬。这样的人在金融市场重重失手并说了一番不同以往的话，自然是个新闻。但仔细一想，索氏之赔也赔得不冤枉，理由如下：

大凡进入股市、汇市，有赚也会有赔，赚得多也可能赔得多，这是市场投机的规律，索氏并不能例外，此其一；

在股市和汇市有投资也有投机，这是正常现象，但投机过度势必给社会和个人带来危害，至于针对某一国家地区金融及汇率体制别有用心地大肆炒作，迫其就范，更应为国际社会所不齿。谁操纵市场，谁将受到市场的报复。索氏投机得过于张狂，如他反对一切联系汇率，非欲“炒”成浮动汇率而后快。投机商此一举动在泰国虽然得手，在香港却受到了打击。“成也萧何，败也萧何”，此其二；

近一时期国际金融市场风云激荡，正如专家们所说，此轮波动虽有结构调整因素，有其积极的一面，但投机活动猖獗也是重要原因。索罗斯近年在汇市、股市投机频频得手的事例，加剧并带动了汇市、股市的投机倾向。对这种过度投机行为的打击只是时间迟早问题。此其三。

总之，索罗斯失手给世人一个明确的教训：国际金融市场充满着风险，不可能有“常胜将军”，应力戒违背市场规律的炒作。据报道，索氏有关金融市场不稳定“足以摧毁社会”的话是在几个月前就说的，这说明索氏本人对金融市场的风险心知肚明，那么这几个月为什么还频频“冒险”，是欲罢不能，还是别有用心？人们不得而知。据称，索氏所属基金尽管损失惨重，但与年初相比，仍有百分之十几的盈利，索氏是就此“金盆洗手”，还是以此资本再到市场上搏杀一番？人们期待着下文。

（《经济日报》1997年11月6日）

第三，敢于发言，归根到底还要站好立场，注意维护国家利益，参与国际舆论斗争。

前面说过署名言论一般不代表报纸甚至国家观点，但不等于没有观点，更不排除作者采用或维护国家的观点，特别是在我国新闻体制下，在重大问题上的个人文章必须维护国家政府的立场。这一点外国读者也清楚，所以有时某些报纸上偶尔发表了一篇对某国不利的文章，该国外交官就会找上门来做交涉，海外媒体也会从国际关系的外交层面上加以解读。因此，在重大的问题上，我们一定要牢牢把握住正确的国际舆论导向，以国家利益为重，切不可天真地妄加评论，给外交及外宣工作添乱，甚至损害国家利益。

随着我国经济的发展及国际地位的提升，海外舆论加大了对中国的关注，中国的一举一动都会让人从各种角度做出分析，反华势力还会抓住一切机会鼓吹“中国威胁论”。在整个金融危机期间，中国表现出了一个负责任的区域及世界大国的气度：在周边国家和地区货币竞相贬值的潮流面前，中国中流砥柱。坚持人民币不贬值，对帮助周边国家抵御金融危机起到了重要作用。这一点至今为人乐道。但是，在金融危机过程中，对中国的做法妄加猜测、曲解甚至攻击的舆论也是存在的，如在危机开始之初，一些海外舆论特别是日本舆论在分析危机产生的原因时就把矛头指向了中国，明确说“其背景在于中国”。这种歪曲也是别有用心之词，尽管是海外媒体的一家之言，但很有鼓惑性。作为国家主流大报，我们应及时予以批驳，这是党报的责任所在。当然我们也会根据海外媒体错误观点发表的方式选择恰当的批驳方式，如对方将危机背景扯到中国的观点是在一篇文章中露出来的，那么我们也用署名文章的方式予以回应。于是，10月17日我们再次刊登关于泰国金融危机的专题报道时，我写了一篇随笔《危机的背景是什么？》，对日本媒体文章错误观点进行了批驳。以下是该文全文：

## 危机的背景是什么？

自泰国及东南亚金融危机以来，国际经济界、舆论界就此发表了大量的文章和评论。有些文章对事件的成因、教训做了分析，并提出了对策建议。在积极的、善意的舆论中，有一种观点显得很不协调，这就是说泰国金融危机与中国有关，把背景硬往中国身上扯。如《日本经济新闻》最近刊登的一篇题为《激变的亚洲经济》文章就很肯定地说，这场危机“其背景在于中国”。

这篇文章做出的论断，其“论据”无非是说中国前几年降低人民币汇率，增加了出口产品的竞争力，“抢了”东南亚产品出口市场；还有中国通过同外资合作提高了出口产品质量等等。其实，这些都是中国根据自身经济及外经贸发展情况采取的正常措施，也是许多发展中国家包括东南亚一些国家采取的措施，并不值得大惊小怪。说起来，日本与泰国金融危机的关系比起中国来更为直接和密切。众所周知，这场危机是泰经济过热所致，在为这种过热“加温”的大量外资中，日资占了很大一部分。危机的另一个重要原因是泰铢与美元联系汇率，而联系汇率出问题，与1995年以来美元兑日元持续升值，泰铢被绑在美元上“高处不胜寒”大有关系。这期间日元兑泰铢不断贬值，日本显然是受益者。日本媒体回避日元的影响，却说人民币的作用如何，这显然是不合适的。

在世界经济全球化加快发展的今天，任何一个国家特别是开放国家的经济都不可能与外界截然分开，经济和金融发生问题也就或多或少有着国际因素。就此而言，泰国金融危机的国际背景就是经济全球化，而不应是某一个或几个国家。全球经济是竞争经济，近些年东亚各国家地区你追我赶带来整个地区经济崛起的事实，正说明竞争才有活力。让经济及金融不出或少出问题的关键，是各国家地区决策当局搞好宏观调控，把握好发展和开放的闸门。这正是泰国及东南亚金融危机的教训所在。如果出了问题，同区域国家应提供力所能及的帮助，此次东亚多国和地区与国际货币基金组织联手贷款援泰正是这么做的。至于传媒及舆论，也应善意地帮助总结教训，客观地分析原因，不应幸灾乐祸，更不能趁机挑拨国与国之间的关系。

近年来某些国际传媒在报道和评论国际经济时格外“关照”中国，好事坏事都要让人品出个“中国经济威胁论”的味道，这是没有道理的。中国是发展中国家，中国经济在世界经济中所占份额很小，根本构不成什么威胁。国际经济界有识之士说得好，中国经济发展了，对世界有利。应该说，中国的发展是对世界的贡献，而绝不是威胁。

（《经济日报》1997年10月17日）

这篇小文一事一议，观点鲜明，从批驳错误观点来说，也是义正词严，说理有力，揭露了问题的实质。文章最后将立论适时做了引申，显示批驳这种错误观点的必要性。当然，今天看这篇文章也有不足之处，虽然当时国家领导人还没有正式宣布为帮助周边国家和地区克服金融危机中国人民币不会贬值，但实际上人民币一直保持在原来汇率水平上，所以当时在言论中是可以加上这一论据的。没有这样做，只能怪自己的金融意识还不强，也不够敏锐。

当然，作为党报工作者，在重大国际经济金融事件问题上维护国家利益不仅要及时体现在版面上，其他社会交往及学术交流活动也是可以利用的场合。《经济日报》开展关于金融危机是否意味着东亚经济模式终结的讨论，引起过较广泛关注。1997年底中国记协组织了一次有二十多家海外媒体驻京记者参加的研讨会，请《经济日报》和《金融时报》的同行在会上做主旨发言。我接到任务后，认为这是一个介绍我方观点的好机会，于是精心准备了一篇发言稿，重点介绍了中国在金融危机中的不凡表现，批驳了海外嫁祸于我的错误观点及舆论，还介绍了《经济日报》就金融危机所做的报道和讨论。参加会议的外国同行这时将我们当作了采访对象，纷纷发问。这次会后，我在香港英文报纸工作的同学说在路透社电稿中看到了关于我的发言的报道，法国《费加罗报》报也引用了我的发言，香港《南华早报》驻京记者后来还专门约我讨论关于亚洲经济增长方式问题。

我谈亚洲金融危机还有个背景，就是这年11月中央召开了金融工作会议，对防范金融风险提出了一系列方针、政策，也给我们国际金融及金融危机报道提出了新的任务及努力方向。中央对金融工作的重视，也使我们感到，我们从一开始对金融危机报道的高度重视和不乏创意的策划是对的，我们超常规报道国际金融事件的目的，就是既要通过对这次发生在“家门口”的金融危机的跟踪解析，在满足读者对此事的获知欲望的同时，参与国际舆论斗争，还要同时为国内读者敲响金融风险的警钟。应该说，我们做出了自己的努力，但探索是初步的，还留有不少遗憾，希望后人做得比我们好。

（丁士撰写，系社内业务交流讲稿，其中部分内容刊载于经济日报出版社《深度影响——经济日报系列报道经典案例》一书）

# 世纪之交的一抹重彩

## ——1999年《经济日报》版面革新纪实

在社会主义市场经济新时期，改革和建设大潮为经济报道提供了丰富的资源，同时也对经济宣传不断提出新的、更高的要求。作为全国最大的以经济宣传为主旨的报纸，《经济日报》在这方面肩负重任。1998年春节前夕，中共中央政治局委员、书记处书记、中宣部部长丁关根同志到经济日报社视察，对该报提出“深入生活、改进文风、办出特色、建设队伍”等四项要求，希望《经济日报》能形成与这一伟大时代相称的、富有改革精神的风格特色。

时代的要求，领导的期望，唤起报社员工昂扬的改革热情。经过一段时间的酝酿准备，一场版面革新活动终于在1999年蓬蓬勃勃开展起来。

### 结构调整　增量重质

1999年我们国家大事多、喜事多，对新闻媒介具有特殊的意义。为了在这不同寻常的一年更好地完成党和人民交给的新闻宣传任务，为了给跨世纪的《经济日报》抹上一道华丽重彩，报社决定这一年报纸扩版、改版，并以此带动报社各项工作更上一层楼。社长徐心华年初代表编委会撰文介绍新年打算时，提出了“增量重质，奉献精品”的要求，增量重质，结构调整被作为一个原则，在扩版、改版中加以执行。

增量：这一年报纸出版由每天8版扩大到主要工作日16版，实现了报纸从4版、8版到16版的“三级跳”，可以说办成了报社近几年一直想办的一件事。扩版为报纸向读者奉献更丰富的信息和更到位的服务提供了保障。

重质：扩版不能满足于简单的量的增加，更要求报纸质的飞跃。在扩版的同时必须进一步提高报纸的权威性、新闻性、时效性，增加有效信息量。

结构调整：随着版面数量的增加，报纸整体结构也需相应改变，这对报纸功能的发挥和报道效果的保证至关重要。为了真正实现“增量重质”的目标，《经济日报》将16个版4大张报纸划分为四个单元，即综合要闻单元、产经透视单元、各类周刊单元、专刊信息单元，分别体现报纸“重、深、活、专”的特点。这一结构在年中又根据读者反馈做了微调，如在产经透视单元中轮流刊出产经透视、农村经济和财经报道版，使报纸的内容更加符合读者需要。

改版、扩版的最终目的是为了使新闻宣传更有深度力度，给读者提供更多的新闻精品。正是基于这一认识，《经济日报》进一步发挥自己具有的深度报道的长处，抓住重大事件，加强报道策划，推出了一批精品。在今年全国人大、全国政协“两会”报道中，一组“两会前夕话形势”的述评有观点、有分析，十分抓人，《两会特刊》虽然受到后起者的挑战，但仍保持着整体质量高的优势。庆祝新中国成立50周年的报道更使报纸大放异彩。报社从6月份就开始进行报道策划，要求记者写出本报的“传世之作”、记者本人的“扛鼎之作”。从几个专栏的先期探路，到革命老区纪行及重走雪山草地专题次第推出，到“国力强了”“山河美了”“生活好了”“路子对了”“信心足了”五篇成就述评的刊出，从《铭刻在人民心中的碑文》《社会主义在中国的胜利》等编辑部文章隆重出台，到各界人士国庆寄语的刊出，最后是一组国庆专版如排炮轰出，使报道达到了高潮。这其中，确有不少佳作、精品，文章选题之新颖、采写的难度深度以及社会反响之大，都是往年所少见的。

## 风格定位　庄重大气

版面革新是一项涉及内容和形式的系统工程，其目标是造就鲜明的、与报纸身份相称的风格。《经济日报》作为诞生于改革开放年代的中央大报，在版面编排方面一直紧跟时代的步伐，以大方明快的特点，在诸多方面做出过积极探索。但总的来说，报纸的版面风格还不够鲜明成熟，版式也不够稳定，离时代的要求还有一段距离。

《经济日报》到底应该是怎样一种风格？丁关根同志视察报社时即提出这一问题，他希望《经济日报》的风格要与改革开放相称，要有改革精神。怎样才能做到这一点？需要经济日报人在实践中去探索。1999年，结合扩版、改版，《经济日报》对自身风格进行了积极也是艰苦的探索。

扩版之初，报社领导号召各单元、各专版编辑在版式编排上大胆创新。一时间，报纸的版面像百花盛开，多姿多彩，版面上的创造配以内容的增加每每给社内职工带来惊喜。但是，问题随之而至，版式是活起来了，但说不出一个整体风格，版与版之间差距过大，有的过于粗犷，有的过于秀气，有意见说，《经济日报》似乎是由几张风格不同的报纸拼凑起来的，这种批评在报社“扩版一个月研讨会”上有较多反映。为此，报社领导决定再开一次专门的“版面研讨会”，把版面风格探索推向新的阶段。

“版面研讨会”开得非常成功。部主任、版面编辑们在会上畅所欲言，力陈己见。社长徐心华、总编辑武春河认真听取了大家的意见，明确提出《经济日报》在内容上要做到质高、务实、创新，在形式上要做到庄重、大气、美观，版面特色呈现“大将风度”，要求各版都要在此定位下积极探索、创新，争取早日形成和谐的风格。

对于版面风格达成的共识最终要贯彻于编辑实践中。新闻版作为报纸的“龙头”，成为改革中的重中之重。“两会”报道之后，《经济日报》对编委值班制度进行调整，常务副总编辑罗开富侧重抓夜班工作，他第一轮夜班就连上了3个月，始终把新闻单元的版面编辑当大事来抓。负责组拼一、二、三、四版的总编室、国际部编辑们全力以赴，每天都为拿出符合“庄重、大气、美观”要求的版面仔细揣摩，反复尝试。一段时间内，夜班版面“倒版”几成常事，下夜班时间也比往常推迟了一两个小时。夜班编辑每有创新，白班同志便在社内评报中予以鼓励。总编辑武春河多次撰写评报意见，对夜班编辑的创新之举如开辟《数字新闻》《新闻走廊》专栏等，予以褒奖。新闻单元的版面革新也受到读者关注，许多读者反映《经济日报》新闻版比以前好看，新闻专业报刊也刊出文章称赞这一探索。

经过半年多的实践，《经济日报》新闻单元的版面风格终于确立，并且带动了其他单元版面风格的完善，在各部门的共同努力下，《经济日报》整体风格逐步趋于明朗和稳定。这一点在9至10月国庆50周年报道中得以初步检验。这次战役性报道一个重要特征是专版多，共出各类专版30多个，并且由不同部门组拼。这些专版不论在新闻单元还是在其他单元刊出，均庄重大气、风格一致。10月2日，为充分反映国庆庆典的气氛，报纸还首次打通一、四版突出处理国庆盛典消息、江主席检阅游行队伍和阅兵等大幅照片，给读者留下深刻印象，也把《经济日报》庄重大气的版面风格淋漓尽致地展现出来了。

## 机制创新　保持活力

在新闻竞争日趋激烈的今天，媒体的改革和创新不仅需要认真论证方案，努力加以落实，还需要努力营造一种机制，保证改革措施持续取得效果。这也是市场经济条件下报纸编辑管理亟须探索的一个课题。

《经济日报》在扩版、改版之初，就明确提出要建立一种全新机制，保证各项改革措施的实施，保证编辑工作的活力。在“三讲”教育活动中，群众普遍要求建立岗位责任制，实行分配制度改革，打破平均主义。为此，报社编委会在“三讲”整改方案中，将编辑部的整改工作重点确定为改革报社内部分配制度，建立全新办报运行机制，保证版面改革成果与报纸质量，并且明确提出要建立四大机制：

——建立以版面为中心，主编负责制为基础的采编运行机制。除新闻版外，所有专刊、专版均由主编对版面质量负总责，并接受对版面质量的考核即奖罚。

——建立以总编辑为首，值班编委协助评判的质量评价机制。每天对新出的报纸版面和稿件进行评级，如把专版分为A、B、C、D四级，其中前两级奖，C级不奖不罚，D级罚。将星级稿分为三级，分别给予奖励。评出的星稿、好新闻版面、好标题等，全部予以公布。

——建立以多劳多得，奖优罚劣为原则的分配激励约束机制。多劳多得，是量的考核，目的是使干多干少不一样。

——建立以精心策划和及时出击相结合的快速反应机制。报社建立以总编辑为组长，副总编辑和编委任副组长、各部主任为成员的重点报道策划组，每月至少召开一次策划会，就当月重点报道作出部署，由总编室及有关部门组织落实，并且鼓励编辑记者随时献计献策，凡由个人提供有创意的建议，一经采纳即给予奖励。为抓好及时性新闻，还建立了晨会新闻调度制度。这些措施经反复讨论，在今年9月开始落实，从初步反映看，效果是好的：编采人员普遍追求工作质量，编辑争编A级版，记者争写星级好稿。长期难以解决的分配平均主义、大锅饭问题也初步得到了解决，如9月份编采人员最高稿费（编辑费）、奖金收入与最低者相差数倍，体现了多劳多得、奖勤罚懒、奖优罚劣的原则，在全社上下引起很大震动。

近一年的版面革新，使经济日报人初步尝到了改革的甜头。目前，《经济日报》正在总结改版、改革工作的经验得失，并适时做出调整，制定出跨世纪的工作方案，以崭新的姿态进入新世纪。

（丁士撰写，原载于《新闻战线》1999年第12期）

# 第三部分

## 21世纪初：稻花香里说丰年

03

○　○　○　○

二十一世纪的第一个十年，中国报业迎来了硕果累累的金秋，但也感受到严冬将至的寒意。

新世纪之初，我们以《老报纸　新面貌——对传统主流报纸改革的观察与思考》《从“纪实”到“解读”：中国报纸视觉传播的自我超越》等记录了这个十年中报纸的新变化。在持续的版面研究中，对国外一些著名报纸的版面设计案例分析尤其受到国内报界同行关注，《谁在重新设计美国报纸？》等文发表后，全国各地多家报社邀请蔡雯为其采编人员做了相关讲座和业务培训。

这一阶段新闻业务改革引发了我们对诸多问题的关注和研究，《将新闻传媒建设成学习型组织》《新闻传播策划与组织的理论体系建构》《新闻信息源的开拓策略》《中国传媒新闻资源开发现状研究》《集优势资源打造主流媒体——对党报改革的思考和建议》《从“非典”报道看新闻编辑策略》《选题策划创新——战役性报道成功的关键》《宽视野·新视角·多视点——对新时期经济宣传报道的探索》等，是其中一部分成果。

2004至2005年，蔡雯获得富布莱特项目资助，赴美国进行为期一年的学术交流。出发前，围绕美国公共新闻传播课题做文献梳理和研究准备时，很偶然地发现美国在世纪之交的“公共新闻”运动在其本土乃至全球范围都产生了较大影响，撰写《美国公共新闻的历史与现状——对美国公共新闻的实地考察与思考》等文，最早向国内同行讲述了这场运动。此外，在美国的调研还发现，21世纪初美国报业已经在新媒体的冲击下陷入危机，“媒介融合”是传统媒体应对挑战的改革之策。2005年在《中国记者》杂志上发表的《新闻传播的变化融合了什么？——从美国新闻传播的变化谈起》，第一次将西方“媒介融合”的理论与案例引入中国，引起广泛关注。

回国后，蔡雯主持了教育部重大课题“媒介融合时代新闻传播改革研究”，发表《媒介融合前景下的新闻传播变革——试论“融合新闻”

及其挑战》《传统媒体如何决胜数字时代？——对英国三家著名媒体的调查与思考》等一系列论文和调研报告，并出版专著《媒介融合与融合新闻》。本书选编其中几篇文章，以反映当时国内外媒介融合发展的实际情况。

在这十年中，丁士从报社总编室主任到任编委、副总编辑，一直工作在新闻采编一线，为新闻专业期刊撰写的多篇文章记录了《经济日报》的改革新进展。蔡雯出国访学的同一年，他也恰有机会在中央党校学习了一年，回报社后开始分管新媒体和报网融合，直接参与规划和组织了报社融合转型的工作，应约撰写的《报网融合:党报发展的战略机遇》记载了这方面的实践。

我们二人同是中国新闻奖评委，而且还有两次一同出席评审会议。虽然我们曾约定尽力避免在一些工作场合同时露面，但因中国记协对评审专家抽签确定人选后不允许换人，最终还是成了熟悉的评委们打趣的对象。为遵守不能透露评审情况的规定，我们基本不写与评审有关的文章。唯一一次例外是，2006年中国新闻奖第一次将网络新闻作品纳入评奖范围，应《中国记者》约请，蔡雯撰写了《原创、互动与融合——解析网络媒体首次参评“中国新闻奖”》，文中点评的获奖成果展现了我国传统媒体探索网络化生存的最早期的实践。

感谢这个收获的季节，报业的蓬勃发展让我们也拥有了职业生涯中最美好的一段时光。

# 紧扣主旋律写华章

## ——《经济日报》“西部大开发”宣传报道纪事

世纪之交的中国正在响起一个激荡人心的时代强音：开发西部，缩小东西部地区发展差距，实现共同富裕。自1999年6月江泽民总书记在中央扶贫工作会议上明确提出这一战略目标，《经济日报》上上下下便意识到，又一次考验自己办报水平的时刻到来了。作为全国最高层次的经济大报，怎样为西部大开发摇旗呐喊、推波助澜？报社编委会带领各部门编采人员迅速展开了筹划和部署。

### 看准大方向 高扬主旋律——一个明确的报道思路

凡重大报道要取得成功，最重要的是把握正确的报道方向，报道方向正确，舆论导向才能正确。为准确、全面地理解党中央开发西部的政策精神，报社经济研究中心组织专人收集整理了公开发表的邓小平、江泽民、朱镕基等国家领导人对这一问题在各个时期的讲话和报告，以及中央经济工作会议、国务院西部地区开发领导小组对西部开发的要求与部署，汇编成册，认真学习领会。报社领导明确提出，要从全局上理解与宣传党中央对于西部大开发的战略思想，报道的高度、视野和规模应该与中央这一高瞻远瞩、统揽全局、面向新世纪的重大决策相匹配，报道的内容与形式要能够全面、准确而又生动有效地宣传中央的精神和政策，并有效地推进这一决策的贯彻落实。

在这一报道思想指导下，《经济日报》自去年下半年以来，就开始将宣传西部大开发作为宣传报道的一个主旋律推上版面。1999年11月29日头版头条就刊出《西部大开发 四川怎么办》，敏锐地提出问题。今年初“产经透视”专版更以整版篇幅集中报道“西部大开发 商机有多大”，传递给读者来自十几个部委的最新政策信息。从元月开始在第一版推出的“东人西行记”

系列报道、“西部开发新亮点”系列报道、“西部开发看重庆”重点报道，以及后来在两会报道中继续亮相的有关西部开发的宣传，直到4月份对中国东西部合作与投资贸易洽谈会所作的声势浩大的报道和评述，不断将报道推向深入，取得了良好的社会反响。在这个不同寻常的报道战役中，新闻版一直作为主力军领头冲锋，各专版专刊也不甘落后地次第上阵，如“产经透视”版、“科技经纬”版都从各自的角度作过西部大开发的专题报道。目前，宣传西部大开发的宣传仍在继续，一些更精彩的报道正在酝酿中。可以说，以如此众多的版面、如此巨大的规模、如此激昂的士气来弘扬一个时代的主旋律，在经济日报历史上也是罕见的。

## 版内外运筹 系统化操作——一种创新的宣传策略

重大报道选题，能不能有一种创新的宣传报道模式？如何才能使报道不流于版面上的热闹，使宣传效果真正将落到实处？这是报社领导层一直在思考的一个问题。宣传西部大开发，带来了一个创新宣传报道的良机。在报道尚未真正启动时，就已经提出了将报道策划与活动策划相结合、版面内外统一运筹的构想。

今年初，当系列报道“东人西行记”“西部开发新亮点”等在头版相继亮相，引起社会各界广泛关注时，报社一个史无前例的大型活动策划在悄悄进行。2月26日，《经济日报》首届高层经济论坛帷幕拉开，来自各政府部门、各西部省区的领导人和著名经济学家、知名企业家们汇集一堂，围绕“西部大开发”这一会议主题展开了热烈讨论，这一由报社创意与发起的活动为报道提供了又一个新的题材，编辑部门不失时机地推出了“西部大开发特刊”，系统而全面地报道西部大开发决策出台的历史，介绍西部大开发的各种优惠政策，集中刊登与会人士对这一决策的论点，并报道了西部各省区对开发西部的反响和打算。两期别具一格的特刊将已经为时数月的报道战役走向了高潮。

将西部大开发报道作为一个系统工程运作的策略，还表现在常规性报道与策划性报道的相互配合与呼应、各组系列报道的相互配合与呼应、新闻版与专刊特刊的配合与呼应上。仅在两会期间，报道的系统化运作也巧妙地贯穿在“两会特刊”上，从“两会前夕的思考”《瞩目西部开发》到“议政参考”版的集中报道《本土人才 西部的金子》，从在两代人思想撞击上思考西部开发的《在西去的列车的窗口》到尖锐提出问题的《西部开发热 还需冷思考》《少走弯路跑得快》等等，无不作为整个报道系统中的有机体，完善了报道的结构，丰富了报道的内涵。

## 参与式报道 交互式传播——一种灵活的报道方式

在《经济日报》西部大开发报道中，“东人西行记”是在社会上引起反响最大的一组报道，这组报道一开始就博得一片叫好声，后来还被西部一些地区汇编成成册下发，广为流传，而报道的成功缘于精心的策划和组织，缘于在报道方式上的大胆探索。

为了让报道不流于平面化、程式化，报社重点报道策划小组提出了一个大胆的设想：根据东部人士竞相“走西口”的情况，派记者和几位有代表性的东部人士到西部走一走，报道他们的所见所闻所遇所感，以此来反映东西部观念的差异，来洞察西部大开发所激起的波澜和变化。这个设想立即成为报社上下的一个共鸣点、共振点。经过精心的安排部署，两位记者陪同温州的一位政府官员、一位镇长和一位企业家上路了，他们途经五省区，历时半个月，结识了许多西部朋友，也遭遇了不少意外之事，这些故事连缀成16篇鲜活有趣，而又发人深思的连续性报道。比如西行的第一站还未到达，飞机因天气原因改降银川，“东人”们一下飞机就发现吃饭难、打车难、住宿难，于是提出了第一个问题：眼皮底下的钱为啥不赚？这篇报道在银川激起涟漪，市委书记、民航局领导立即向报社记者反馈了他们的思想，表达对记者与“东人”的感谢之情，这些反馈信息也迅速地公之于报端。还有《兰州拉面怎么“拉”》《咸阳城里论优势》《西安的活儿咋让温州人干了》等，也都是从“东人”的视角剖析西部落后的原因，寻找发展西部经济的对策。这些稿件大多寓新颖的观点于生动的故事中，读来趣味盎然而又深受启迪。

报社在报道开始之后，及时开设了新闻热线，接受来自读者的反馈，并将读者的意见及时刊登在报纸上。报社领导甚至应西部一位读者的要求，帮助读者和正在半途中的记者及东人们通上了电话，让报道中的主角、报道者与读者对话，他们对西部大开发的电话讨论也构成了系列报道中的精彩一章。正是这种参与式报道和交互式传播，使这组报道取得了不同凡响的效果，为西部大开发宣传抹上了亮丽的色彩。经济日报人将乘胜前进，精心策划和组织这组报道的姐妹篇“西人东行”，使西部大开发宣传成为一首更加恢宏的交响乐章。

（丁士撰写，原载于《新闻出版报》2000年5月8日）

# 选题策划创新

## ——战役性报道成功的关键

战役性报道是将战争用语借用到新闻传播领域中的说法，意指对重大事件、重大活动、重大问题进行集中与连续的报道，力图以浩大的声势、全方位的信息与纵深的拓展，取得良好的传播效果。在社会变动不断加快、新闻竞争不断加剧的今天，战役性报道在媒介上出现得也越来越频繁，如何做好这类难度较大的报道，成为新闻界共同关注的课题。

打仗讲究“知己知彼”，强调战略战术的运用，组织战役性报道亦同此理。《经济日报》作为党和政府指导和反映经济工作的重要舆论阵地，在长期的办报实践中一直将具有深度的战役性报道作为自己的拳头产品，精心设计，精心打造。从20世纪80年代讨论“关广梅现象”到20世纪90年代报道“开封何时能‘开封’”，直至较近的庆祝新中国成立50周年、迎接新千年和新世纪、资产重组、西部大开发等等，无不是作为重大报道战役进行部署，从选题的确立、计划的拟订、人员的调配到版面的安排，以及报道进程中的调整和控制，都是按重大报道“计划单列”的形式运作，逐步摸索出一套战略战术，领导胸有成竹，编辑记者轻车熟路，使得战役性报道屡屡产生良好的社会反响。然而，在实践中，我们也感到，随着形势的发展变化，一些传统的报道思路已经不太适应时代发展的需要，特别是一些传统报道手法像系列言论、述评、问题讨论、专题报道等由于各家报纸竞相采用，容易给人雷同之感，加之战役性报道有些还是各类传媒都下大力气，题材相同、素材相仿的一种报道，要想做得不同凡响，就需要不断创新。

创新从何做起？《经济日报》的尝试是，从选题策划入手，并以选题策划带动报道手法的突破，让战役性报道做到人无我有，人有我新，人新我深，在激烈的新闻竞争中保持自己的活力和魅力。

一、在话题同一的报道战役中，寻觅独家视角，找准切入点，以独特的方式重新整合信息，做到人无我有。目前我们国家正处在改革开放的攻坚时期，党和政府要求新闻媒介配合各项重大工作进行战役性宣传报道，而这类报道因为话题同一使报道出新具有难度。但是，如果我们根据报纸的性质、地位、发行区域、读者对象以及自身条件的不同，从自己的实际出发寻找独家的角度，还是能够实现对同一话题做出不同形式的表达。年初《经济日报》在策划关于西部大开发的报道时，就考虑到作为一家全国性经济报纸，应该用一种纵览全国的视角、立足经济发展的切入点，来设计这一报道。这种视角与切入点，要求报纸不满足于做好这次宣传报道的“规定动作”，在此之外还要摸索一种独特的整合信息的方式。为了让报道不流于平面化、程式化，报社重点报道策划小组提出了一个大胆的设想：根据东部人士竞相“走西口”的情况，派记者和几位有代表性的东部人士到西部走一走，报道他们的所见所闻所遇所感，以此来反映东西部观念的差异，来洞察西部大开发所激起的波澜和变化。这个设想立即成为报社上下的一个共鸣点、共振点。经过精心的安排部署，两位记者陪同温州的一位政府官员、一位镇长和一位企业家上路了，他们途经五省区，历时半个月，结识了许多西部朋友，也遭遇了不少意外之事，这些故事连缀成16篇鲜活有趣而又发人深思的连续性报道。像《兰州拉面怎么“拉”》《咸阳城里论优势》《西安的活儿咋让温州人干了》等，从东部人的视角剖析西部落后的原因，寻找发展西部经济的对策，寓新颖的观点于生动的故事中，读来趣味盎然而又深受启迪。报社在报道开始之后，及时开设了新闻热线，接受来自读者的反馈，并将读者的意见及时刊登在报纸上。报社领导还应西部一位读者的要求，帮助读者和正在半途中的记者及东部人士通上了电话，让报道中的主角、报道者与读者对话，他们对西部开发的电话讨论也构成了系列报道中精彩一章。正是这种参与式报道和交互式传播，使这组报道取得了不同凡响的效果，为西部大开发宣传抹上了亮丽的色彩。时隔3个月，《经济日报》又乘胜追击，精心策划和组织这组报道的姐妹篇《西人东行记》，使西部大开发宣传成为一首更加恢宏的交响乐章。

二、在报道话题难以先声夺人时，寻觅最佳契机，发掘独家信息，发出独家声音，做到人有我新。对于那些已经被媒介普遍关注和报道的话题，战役性报道的决胜关键便不在时效，而在时机。并且，时机的选择必须是合乎新闻传播规律的，也就是要用最新发生的事实作为引发报道的由头，再由这类事实引发深层次的思考。比如整治沙漠、保护环境是一个近年来热了很久的报道题材，《经济日报》也一直想在这方面做文章，并且想出过不少点子，可惜未及落实便有其他报纸抢先。今年入春后，我国北方地区风沙频仍，报纸刊发了一篇记者采写的反映内蒙古地区草原上发菜被搂、土壤暴露、环境破坏严重的新闻稿，这条稿件令报社领导思路顿开，决定发动农村部所有记者会同四川、内蒙古、黑龙江等地的驻地记者一同对发菜产地进行采访调查，由调查结果引发出对治理荒漠、保护湿地、推广集雨等更广泛内容的报道。经过记者们一个多月的努力，报社掌握了丰富的第一手材料，连续在四个周一的报纸上推出大篇幅的跨版报道：《荒漠化绝非危言耸听》《保护湿地，刻不容缓》《留住雨水，留住明天》和《沙化土地绝非不可治理》。这些超常规模的专版向读者提供了大量独家采访的信息，并且以具有强烈冲击力的大幅新闻照片和具有强势的版面编排，令人为之震撼，让广大读者对保护生态环境的呐喊产生了共鸣。我们认为，做好这类报道，需要保持敏锐的新闻洞察力，要时刻等待着最佳契机，并时刻准备着进行艰苦的采访调查。

三、在常说常新的报道话题中，以横向比较与纵向挖掘相结合的思路，实现对信息的重新组合和对事理的深度剖析，做到人新我深。社会变动的加速为新闻媒介提供了无数的新话题，也使一些老话题能够常说常新。比如人事制度改革、住房改革、企业改革等就是这类常说常新的话题，因为关于这一话题的素材是不断更新的。要把常报常新的战役性报道做得与众不同，选题策划的思路应该很独特。《经济日报》在组织重大经济报道战役时，努力追求的就是思路的独特性。家电企业竞相打价格战是持续多年的经济现象，并在进入新千年后愈演愈烈，中央和地方传媒均跟踪报道，出了不少新招、妙招。《经济日报》根据不断变化的市场情况，反复修改报道计划，最后确定用一边报道彩电降价进展情况，一边讨论价格战现象的方式进行一次战役性报道。在一个多月的时间内，共发报道和讨论文章30余篇，特别是讨论初期的《编辑部评说价格战》、后期的《专家学者评说价格战》以及讨论结束的长篇述评《价格战：怎么看，怎么办》，充分体现了此次战役性报道的理性和深度，起到了开阔思路、释疑解惑、引导舆论的作用。报社还运用横向比较和纵向挖掘相结合的思路，通过在一版开设《深度探析》专栏，对深圳的国企改革、青岛明星企业的管理、鹤岗住宅建设拉动经济增长、兴隆和滦平两县的差异等进行了调查与报道，这些报道由于不局限于某一报道对象，而是通过对同一类事物不同主体、不同形态的全面关照，通过各方面新闻素材的重新组合，使报道的整体效果大于对这些个体报道的效果之和，从而启迪读者对这些问题或现象进行深刻思索，取得更深入的认识。

当然，做好战役性报道不仅需要在选题策划上大胆创新，还需要在组织管理上、进程调控上进行更多的探索，这些探索将推动我国新闻媒介在现代化建设事业中发挥更积极的作用。

（丁士撰写，原载于《新闻战线》2000年第12期）

# 新闻传播策划与组织的理论体系建构

随着媒介市场竞争的加剧，我国各类新闻媒介对“策划”越来越重视和强调，1996至1997年，《新闻大学》《新闻界》《新闻记者》《新闻知识》等一批新闻学术刊物和新闻业务刊物曾先后开设专栏，集中对“新闻策划”展开过讨论，《新闻战线》《新闻出版报》等一批全国性新闻学报刊也发表了有关这一问题的研讨文章。但讨论虽然规模宏大，却未能达成共识。因为“新闻”一词，可以从多种角度和层次上加以阐释，如甘惜分教授主编的《新闻学大辞典》对“新闻”的解释就分作六个方面，一是指“人类特有的信息交流活动”，二是指“新闻媒介向广大受众传播的最新重要信息”，三是指“消息”这种新闻体裁，四是“泛指消息、通讯、特写中的各种题材”，五是指“新闻媒介报道事实的全部体裁”，六是“关于新闻的定义”，对定义又具体介绍了十多种。“新闻策划”一词中的“新闻”究竟指什么？讨论前并无明确的界定，讨论中也未形成统一的看法。

事实上，策划行为存在于媒介运作的各个方面。特别是在市场经济环境中，新闻媒介不仅作为舆论宣传工具发挥作用，而且还作为信息产业参与激烈的市场竞争，必须在复杂的政治环境和经济环境中选择和谋划自己的生存发展之道。因此，媒介新闻传播活动需要策划，媒介的广告、发行等经营活动也需要策划，对于各类报业集团、媒介集团来说，集团中各类媒介产品的分工布局、优势互补还需要更高层次上的策划。由此而言，“新闻策划”这一概念不甚明确的词有必要修正或界定，应把研究对象确定为“新闻媒介策划”，即研究新闻媒介生存发展的战略规划，包括对传媒的受众定位、经营方针、产品（通讯社新闻、报纸、杂志、广播电视节目等）设计、制作与营销、广告经营、员工构成、内部管理、资产资金、技术设备，以及传媒的其他各类经营活动和社会活动等等，进行运筹和规划。实际上，西方一些学者就是从这种广义的角度研究媒介的策划、组织、管理行为的，如美国学者康拉德·芬克（Conad Fink）1996年出版的专著《策略性的报纸管理》（《Strategic Newspaper Management》），除第一部分谈报业、市场、竞争者等基本理论外，第二部分谈的就是“领导与策划”（Leadership and Planing），“策划”一章中包括报纸的生存环境考察、报纸的市场定位、报纸的长期、中期与短期策划等内容。该书的第三部分“操作责任”（Operating Responsibilities），则分新闻、发行、广告、形象宣传、产品与新技术等若干方面介绍策划和管理实务。其研究范围之广超出了我国学者同期出版的媒介经营管理著作。

然而，如果将“新闻策划”研究的客体落实到新闻媒介运作的各个方面，在理论体系的建立和进行教学实践方面都会因为内容的庞杂而难以驾驭，而且这项研究还会与新闻传播学中的其他子学科如媒介经营管理、广告学、媒介公共关系学的一些内容等相重叠。另一方面，新闻媒介最基本的职能是传播新闻信息，因此新闻传播是各类新闻媒介运作的主体业务，研究媒介策划行为的一个重要课题就是研究媒介对于新闻传播活动的策划和组织。考虑到上述这些因素，笔者对自己1993年以来一直在做的这项研究才有了越来越明确的方向，1997年将博士学位研究课题确定为“新闻传播的策划与组织”，这样，研究对象就有了比较清晰的界定。

新闻传播的策划与组织，指的是媒介新闻编辑在新闻传播过程中所从事的决策与设计性工作，以及对新闻传播活动的组织和管理工作。具体说来，这项工作包括三方面内容：一、媒介定位与新闻编辑方针的确定；二、媒介新闻单元（指媒介产品中以传播新闻信息为主要职能的那一部分）的设计与采编机构的设置和管理；三、新闻报道的设计与组织。

新闻传播的策划与组织工作虽然主要由新闻编辑人员具体操作，但它又与编辑人员日常从事的编稿、组版这些微观编辑业务不同，它在更高的层面上把握媒介新闻传播活动的整体运行，对媒介产品的定位、形态、质量和风格作出决策和设计，并组织实施。因此，从媒介产业化发展的全局上看，“新闻传播的策划与组织”又是编辑工作与媒介的经营和管理相“接壤”、关系媒介发展战略的宏观性的、复合性的课题。正因如此，国外一些学者在研究媒介管理学时对媒介的定位与设计有所涉及，比如前面提到的美国教材《策略性的报纸管理》就谈到报纸的定位和策划。但这些研究主要还是从经营管理的角度切入，而非从新闻传播角度切入，因此对媒介产品具体内容与形象设计，特别是对新闻报道的策划和组织并未展开讨论。

我国学者对媒介经营管理的研究也在不断深入，有研究报业经营的学者认为，“报纸如果要想提高其经济效益，首先就必须提高报纸的服务质量，而提高报纸服务质量的努力与报社所有部门都有关系。”“这种编辑、印刷、发行与广告之间的互动关系决定了报业经营必须树立‘完整的报纸’经营观念，就是说报业经营要从编辑部门开始，各部门共同参与，协调一致。”[①]这种“完整的报纸”经营观念实际是一种以报纸编辑工作为报业经营起点的大经营观，它使报业经营的研究范围并不局限于媒介的发行、广告业务，而是将编辑工作也纳入了媒介经营的研究视野之中。我认为，在媒介产业高速发展的今天，编辑学研究同样也不应将研究的内容局限于编稿、组版这些具体的业务程序中，而应立足于媒介发展的全局，树立“完整的媒介”的编辑观念，在观照媒介经营的大视野下拓宽研究领域，发展与完善新闻编辑学理论体系。

研究“新闻传播的策划与组织”，不仅需要结合媒介经营来探讨媒介定位、媒介产品设计与新闻报道策划等问题，还要结合媒介内部管理来探讨新闻采编机制和采编流程管理问题。所谓“管理”，是指对人、物、事等组成的某一个系统的运动、发展和变化进行有目的的、有意识的控制行为。管理根据不同的目标和对象划分为不同的层次，与新闻传播相关的管理是较为微观的、媒介内部的“编辑管理”，是为了实现媒介的传播目标对采编人员、设备、资金等进行配置和控制的行为。“编辑管理”是“媒介管理”范畴中的一部分内容，但从我国现有的媒介管理研究成果看，有关“编辑管理”的研究成果尚不多，虽有少量著述如《广播电视节目管理》等涉及到广播电视编辑管理的内容，但大多数著作还是以研究媒介的“经营管理”为主，即侧重于印刷、发行、广告等经营业务的管理研究，专门研究采编业务管理的所见甚少，这也是新闻传播学的学科建设中亟待弥补的一个欠缺。

综上所述，“新闻传播的策划与组织”是媒介运作中的一项复合性的工作，是媒介编辑与媒介经营、管理相连接的一项传播业务，它的研究也需要借助于多学科的视野和理论成果，但从研究定位上说，“新闻传播的策划与组织”还是一项属于新闻编辑学范畴之中、相对于以往编辑学的研究内容而言更为宏观的课题。这一课题研究的最终目标是从学术理论上构建新闻传播策划与组织的思想体系，从业务操作层面上总结新闻传播策划与组织的规律、原则、方法和技巧。

一、策划与组织新闻传播的动因分析。我认为，动因主要有三：一是媒

---

① 唐绪军：《报业经济与报业经营》，北京，新华出版社，1999，第 187 页。

介与社会的互动。随着新闻媒介在社会中的地位越来越重要，媒介系统已经逐步发展成为整个社会结构的一个重要部分。媒介系统控制了社会发展所最需要的信息资源，个人、群体、组织以及其他社会系统以至整个社会都要依靠媒介控制的信息资源来实现其目标，各种政治势力、经济势力需要通过控制媒介来控制社会；另一方面，媒介系统也有自身的目标，需要借助其他系统所控制的资源来实现这些目标。因此，新闻传播虽然以客观存在的事实为传播内容，但这种传播活动本身却无可避免地具有目的性、功利性，策划与组织传播是所有媒介都始终存在的一种行为。

动因之二是媒介产业的运作。媒介的产业属性及其“利益组织”的特点，集中表现在媒介要在激烈的市场竞争中争取占有较大的市场份额，获取利润以保持媒介的生产与扩大再生产。媒介产业化使每一个媒介无可避免地面对着媒介市场问题。媒介市场，实际就是媒介、媒介的受众和媒介的广告商所有关系的总和。媒介产品生产经营的良性循环，起点在于媒介的产品定位、产品设计和生产。媒介产品策划，以及产品生产过程中新闻传播活动的策划与组织，是媒介发展战略中的重要一环，媒介的产业化运作程度越高，策划组织新闻传播必然越受重视。

动因之三是切合受众心理的传通追求。新闻媒介的一切传播活动都是为了实现信息在传播者与受众之间流动，只有通过有效的信息流动，并且使媒介发出的信息能够为受众所接受，媒介的各种功能如宣传教育功能、舆论监督功能、信息服务功能、文化娱乐功能等才能真正得以发挥，媒介作为一种特殊商品才能够在交换中实现价值补偿。因此，媒介新闻传播规律本身决定了传播者要追求传播的有效性，即做到“传通”。而“传通”关系能否建立，很大程度上取决于对受众的了解和把握，以及根据这种了解和把握对新闻传播活动进行策划与组织。

二、界定策划与组织新闻传播的客体与主体。策划与组织新闻传播的客体是策划主体自身所从事的新闻传播活动，而非策划主体所要反映的客观存在——新闻事实。大众传媒的新闻编辑对传播活动的策划主要是对媒介产品中新闻单元的策划，和对日常进行的新闻报道活动的策划。新闻单元，指的是新闻媒介产品中以传播新闻为主要职能的那些组成部分，包括报纸的要闻版和其他新闻版、新闻性的专版专刊，广播电视的新闻频道及新闻性栏目，网络媒介的新闻网页。新闻单元策划是新闻媒介产品策划的有机组成部分，其主要任务是在媒介整体定位的基础上，确定媒介的新闻编辑方针、确定新闻单元在媒介产品中所占的比重与规模、规划和设计媒介中以传播新闻为主要职能的版面、频道、栏目或网页。新闻单元策划还包括在策划方案试行和正式运行的过程中，不断接受反馈并修正方案的后续工作。因此新闻单元策划是一个在媒介产品生产过程中持续进行的过程。新闻报道活动，指的是新闻媒介采编人员日常从事的专题性的、阶段性的采编活动。新闻编辑为使某些报道选题获得预期的传播效果，要对新闻报道活动进行规划和设计，并且在报道实施过程中不断接受反馈、修正原先设计的行为，这就是报道策划。新闻报道策划也是一个需要在方案实施过程中持续运行的过程。无论是新闻单元策划，还是新闻报道的策划和组织，其目标都是实现对媒介新闻传播资源的最大发掘与最佳配置。

策划与组织传播的主体因策划内容的多样性往往表现为不同的人员组合状态。随着客观环境的日益复杂化，随着新闻从业人员策划意识的提高，策划主体逐步由“智多星”式的个体向“智囊团”型的群体转化是大势所趋，策划本身也在由以出点子为主的经验策划上升为全盘统筹的科学策划。而目前看来，我国传媒策划主体亟待解决的问题主要有：1. 策划主体缺乏相对稳定的组织机制，使策划的持续性、科学性受到影响。2. 策划编辑的素质与能力缺陷对策划水平形成制约。3. 策划主体的人才结构组合和合作水平影响策划的实施。

三、媒介定位与新闻单元设计的理论与实务。新闻媒介定位可以借鉴市场定位理论中一些适用的内容，但不能完全照搬这套理论。媒介定位要解决的问题主要有二：一是媒介的服务对象是谁，二是媒介为这些服务对象做什么。因此，媒介定位应该从两方面考虑，一是受众定位，二是功能定位。受众定位，指确定媒介的目标受众，是立足于对媒介市场的分析对媒介产品的市场占位做出决策。功能定位，指确定媒介所要担负的职能和所要发挥的功用，是立足于受众需求和传播目的对媒介产品的决策。功能定位是媒介实现传播效益，包括社会效益和经济效益的指向性规定。确定媒介的受众定位与功能定位要注意以下方面的分析研究：媒介受众的数量和购买能力；媒介受众的信息需求获得满意的度；媒介目标市场的占据情况；社会、政治、经济、自然条件等方面的发展变化；媒介本身的条件；成本投入与效益产出的比率预测。

媒介定位的客观依据是媒介生存环境和内部环境中各项因素的变动。直接影响媒介的外部环境要素主要有：受众、媒介的控制者、广告客户、传通中介、竞争者。间接影响媒介的外部环境要素主要有：政治因素、人口因素、经济因素、环境因素、法律因素、技术因素、文化因素。影响媒介生存的间接因素通过直接因素发挥作用，而且所有因素都是运动着、变化着的，一项因素的变化总会带动其他因素随之发生变化。而媒介内部条件的变化是媒介决策的另一方面依据。内部因素主要有：媒介的资金、设备和技术条件，媒介的人才资源、体制与管理水平。这些因素也是互相关联，而且能够彼此转化的。此外还有媒介进行传播的符号因素也是决策依据之一。

媒介的受众定位和功能定位决定了媒介的经营方针，媒介的编辑方针则是根据媒介方针（如办报方针、办台方针）对新闻传播活动作出的决策。目前我国一些媒介在制定编辑方针时，决策缺乏科学性，表现出来的问题主要有：对于新闻传播的受众对象决策不当，使媒介缺乏发展空间；对新闻传播的内容决策不当，使媒介的社会影响力受损；对传播的水准把握不当，导致媒介质量受损；对传播的风格特色不甚明确，导致媒介缺乏竞争力。

伴随着我国媒介产品的规模扩张，产品结构的改造频率也在加快，而且在市场经济新时期，媒介的改版日趋频繁，受市场因素的影响比之过去媒介的改版更为明显。与计划经济时期媒介的改版相比，市场经济时期媒介的改版会更充分地考虑市场竞争因素，在强调社会效益的同时还强调经济效益，媒介的主办者在改版决策中有更多的自主权，在了解受众需求方面有更完善的信息渠道和更加科学的调查手段，在媒介产品设计中也更强调独创性。

我国媒介的新闻单元目前所处的水平参差不齐，这与媒介的经济实力和人才资源的差异有关。总体上说，对新闻单元设置目前比较普遍存在的问题有：对新闻单元在整个媒介产品中的地位和规模把握不当，削弱了媒介进行新闻信息传播的主功能；新闻单元内部结构设置不合理，影响了新闻传播的整体功效；新闻单元中各部分的风格不相协调，有损媒介的整体形象；新闻单元结构的变动过于频繁，不利于稳定受众队伍。

新闻单元设计是一项难度极大的系统工程，整个操作过程大致可分三个阶段：预备阶段，设计阶段，方案试行阶段。掌握每个阶段的操作原理，是做好这项设计的关键。具体包括：

信息控制原理——新闻单元设计首先是一种决策性和设计性的工作，在整个策划过程中，策划者要通过对信息的获取、传输和加工处理，完成决策、设计、方案试行等工作。

创意构思原理——在新闻单元策划的主体阶段——方案设计阶段中，创意构思是核心。策划者要依据已经获取的信息，运用创造性思维方式，完成设计方案。

系统优化原理。策划工作必须遵循最优化原理把握策划的客体和策划工作本身，这样才能提高的策划的可行性和有效性。

在进行新闻单元策划时，一般同时要进行新闻采编机制的设立，以确保采编机制与新闻单元设计相统一。而目前我国一些媒介进行新闻单元策划时，采编机制不能与策划方案相配套，是一个需要引起重视的问题。这方面的改进，可以从结构和管理两方面入手来做：一是新闻编辑部组织结构的合理化。二是新闻采编流程管理的科学化。

应该遵循信息控制原理、创意构思原理和系统优化原理来进行。

四、策划与组织新闻报道活动的理论与实务。新闻报道策划与“新闻炒作”有本质的不同。要防止新闻报道策划“异化”为“炒作”，就要防止对形式范畴的把握脱离了报道客体的制约，以与报道内容不相称的形式夸大事物的某些细节。新闻报道策划应遵循的原则是：取信原则、创新原则、变通原则、实效原则、可行原则。

新闻报道策划有其客观存在的依据，它们是：可供传播的客体、受众的获知需求、实现传播的条件。新闻报道策划受到客观存在的制约，但报道策划者对客观存在又具有能动的反作用。

随着新闻报道策划在我国新闻实践中日益频繁地运行，我们获得了许多成功的经验，也存在不少困惑、矛盾和问题，主要有：报道策划中的时机把握和分寸把握问题；报道结构和报道方式的选择不当问题；报道策划缺乏预见性和应变性问题等。

要提高选题决策水平，首先要善于发现和获取新闻线索，其次要根据所掌握的线索，对与此相关的各方面情况进行调查了解，再在此基础上作出分析，最终确定报道选题。选题决策系统包括报道客体信息（背景性信息、前景性信息、相关性信息）分析、报道主体信息（人力资源信息、保障系统信息、传播符号信息）分析、报道环境信息（政策性信息、竞争者信息）分析和报道受体信息（需要性信息、期望性信息）分析。

报道选题与报道效果目标决定了报道结构和报道方式。报道结构是报道各组成部分相互之间的关系及其组合排列所呈现的外在形式。组成报道结构的要素主要有：时间、空间、角度、广度、深度、符号。目前比较常见的报道结构主要有四类：线型结构模式、放射型结构模式、收束型结构模式、网状结构模式。

报道方式指编辑将零散的新闻材料整合为报道整体的操作手法。目前我国媒介比较常用的报道方式主要有：集中式、系列式、连续式、组合式、受众参与式、媒介介入式、媒介联动式。

报道思路创新是报道策划过程中的难点问题。对于报道思路创新最有价值的信息组合方式主要有：类比组合方式、矛盾组合方式、因果组合方式、嫁接组合方式、多因组合方式、随机组合方式。报道思路创新需要灵活地运用以上这些信息组合方式，引发灵感，再通过系统思维方法，从整体的、动态的角度，对微观意义上的广义灵感进行有序化的编排、组合，产生更高层次上的报道设计方案。最后，还要运用系统最优化原理，对方案进行优选。

报道的组织结构设计是根据报道所要实现的目标来操作的，报道追求不断创新是报道的组织机构不断变化的动力。对于每一次报道来说，只要存在着创新的追求，那么报道的组织结构的设计就很难找到固定不变的现成模式。组织结构的各项要素在新闻报道的组织设计中都非常重要，它们是：工作设计、形成小组、建立层次结构、责权分配、协调与整体化。

策划与组织新闻报道的主旨在于对报道资源进行优化配置，以实现最佳传播效果。对报道资源的合理配置主要应考虑这几个方面：

人力物力配备与报道选题的重要程度、操作难度、运行环境相匹配。

派出人员和设备装置的组合结构合理、优势互补。

报道的前后两方力量能够配合和协调。

对实现人力物力配置正常运行的所有过程性细节有周密安排。

报道进程中的动态调整不仅仅是对报道资源配置的调整，还包括根据情况的变动，对原先报道设计的调整，调整的内容主要有：报道思路的调整、报道内容的调整、报道规模的调整、报道方式的调整、报道力量与报道机制的调整。

新闻传播策划的研究成果不仅能够直接用以指导媒介的新闻传播活动，而且还能够也必须纳入新闻传播学的教学之中。我认为，这方面研究成果在新闻院校专业教学中的落实主要有两条途径：一是将已经获得的理论成果补充到新闻编辑学的教学内容中，丰富和发展原来的学科体系。二是在继续推进这项研究的同时，独立开设高层次的专业课程。目前，这两方面的工作都已经展开，并且初见成效。相信随着这一课题研究的进一步深入，将会有更多的研究成果直接运用于新闻传播实践和新闻教学之中。

（蔡雯撰写，原载于《新闻大学》2001年冬季号）

# 老报纸　新面貌

## ——对传统主流报纸改革的观察和思考

我国报业在走过20多年改革历程之后，正处在一个加大调整力度和提升报纸质量的关键时期。报界内部，新兴的大众化报纸与专业报纸对传统主流报纸造成强大压力，市场分割更加细化，电子媒介、网络媒介对纸质媒介的冲击一直有增无减，历史悠久的老报纸对此感受愈深。放眼全球，加入WTO之后，新闻传播面临的全球化竞争对我国报纸更是一场严峻的考验。

正是基于对困难的预期和对挑战的应对，从20世纪末至今，我国传统主流报纸纷纷改版、锐意创新。考察世纪更替报纸更新的这段历史，从中寻求办报规律和办报艺术之真谛，对丰富和发展社会主义新闻传播学无疑具有意义。

### 报纸定位的调整：与时俱进

传统主流报纸指的是办报历史相对较长（可以追溯到改革开放初期甚至更早）、拥有相对稳定的并能代表主流意识形态的读者群，而且报道内容与国家大局、人民利益相关，在社会上具有较大影响和较高知名度的报纸。这些报纸多为综合性日报和著名晚报，而且主要是全国性报纸和省级报纸。

世纪之交，所有传统主流报纸都实施了大规模的改版。2001年，《人民日报》打破版面由部门分割的状况，按照党中央机关报性质、任务、要求和读者的阅读习惯进行了版面调整，形成重要新闻、深度报道和专版、周刊三大板块。这种调整基于对报纸定位的重新认识，读者目标指向全国各地的干部和关心国内外大事的、有相当文化水平的群众。改版后，全年可增加144个新闻版，加上各种专版和周刊，形成知识性、服务性、贴近性的优势，面貌焕然一新。

同时，省级机关报不约而同纷纷改版，构成主流报纸改革浪潮中壮观一景。1999年3月22日，《新华日报》继1995年改版之后，又实施新一轮改版。同样强调重新确定自己的定位。他们把核心读者群定为各级党政干部、知识分子、企业管理层等社会中上层人群，把具有中等以上文化程度的广大读者作为自己的紧密型读者群。由报纸定位的调整而带动的内容的调整，对于拓展主流报纸的读者群，加强报纸的吸引力具有深远的意义。由此，在多数省委机关报上，我们都会看到以版组划分内容的新格局，如《南方日报》以16块版均分四个版组的格局出现，打头的四块版分别是要闻版、经济新闻版、国际新闻版和广州新闻版。

报纸版组化的架构是报纸多版化的产物，它使报纸成为一种真正意义上的"信息超市"，方便读者各取所需。对传统主流报纸来说，它还使报纸的功能变得多元化，更适应时代发展的需要。报纸的版组架构本身反映出办报者对报纸定位的策略，正如《北京晚报》总编辑所言，"报纸的结构建设要抓住读者内在的、本质的、稳定的阅读需求"。"设计报纸的新闻结构同时还要适应自身的成长性，找到报纸与广告市场对接的生长区，找准与地区经济和地区消费水平一致的生长板块。"该报经过20世纪末期的改版，成功地以报纸结构的调整实现了对读者结构的改变，1998年至2000年，《北京晚报》的读者平均年龄下降了3岁，这种改变有力地带动了广告效益的上升。目前，还有更多的传统主流报纸在进行着《北京晚报》这样的努力。

## 信息结构的优化：读者为本

传统主流报纸信息结构的优化是这轮改版中引人注意的变化。如《经济日报》2000年元旦再次改版时，推出了崭新的第二版"宏观资讯"，加大该报作为全国第一经济大报的信息特色。他们换一种新闻分类思路，将第二版的内容定位为传递中央各部委的政策动态及相关消息、报道宏观经济现象、行业走势，对具有全局意义的经济热点、疑点、难点进行深度分析，为广大读者提供形势判断和经营决策的参考。"宏观资讯"版得到了读者和业内人士的好评。

信息结构的优化对于报纸功能的发挥和特色的彰显具有极其重要的作用，因为报纸之间的差异首先是信息结构的差异。在2001年，更多的报纸加大了信息结构调整的力度，如素以知识分子为核心读者群的《光明日报》《文汇报》，都强化了教科文卫方面的信息传播。这种变化使得这两家报纸重新回归文化大报的本色，在众多的综合性日报中逐渐显示出个性和优势，更适应报纸的读者需要。

信息结构的优化一方面表现为新闻相对于专副刊比例的加大，另一方面还表现在，本地区新闻信息在全部新闻信息中所占的比重进一步上升。如羊城晚报2001年8月1日改版时，新闻版总计达到了20版，并且全部在当天现拼。其中本地新闻、当天新闻和深度新闻是拳头产品，格外受到重视。

## 传播技巧的运用：追求实效

新闻媒介这一种特殊文化产品的核心竞争力主要通过新闻信息传播效果最终获得检验。因此，对传播技巧的改进，在报纸改革中广受重视，“新闻报道策划”在近几年成为热门话题便是证明。

相对于新型媒介，传统主流报纸在新闻传播方面积累了更多的经验，但也受到更多的束缚。

20世纪末期兴起的新型报纸在新闻传播活动中的创新，客观上激发了传统报纸的反省和变革。世纪之交传统主流报纸改版，对报道业务的改进伴随报纸定位调整和信息结构优化一同运行，而且这一改革的目标最终落实在让读者乐于接受甚至与读者相互交流的实际效果上。

这几年，国内外重大新闻不断，从香港澳门回归到北京申奥取得成功，从新中国成立50周年大庆到中国正式加入世界贸易组织，从亚洲发生金融危机到美国间谍机在南海撞击我军飞机……这些重大新闻发生之际，主流报纸都以迅速准确的报道和旗帜鲜明的言论，对社会舆论加以引导。在报道中对客观事实的全面提供、对报道深度、广度和权威性的追求、对相关信息的链接配置等，已成为主流报纸的共识。

更值得一提的是，主流报纸在承担宣传任务的新闻报道中，开始重视平民化的视角和互动式的运作，对改变长期以来新闻宣传居高临下的状况具有显著效果。如2000年初宣传“西部大开发”，《经济日报》根据东部人士竞相“走西口”的情况，派出两位记者陪同温州的一位政府官员、一位镇长和一位企业家途经五省区，发表了16篇鲜活有趣又发人深思的连续性报道。在社会上引起很大反响，这组报道后来还被西部一些地区汇编成册下发，广为流传。《南方日报》发起了“10+1：相约在西部”的新闻联合行动，和西部十家党报合作，通过两地记者的不同视角，在广东与西部的互动和观照中宣传西部开发，同样取得很好的社会效果。《浙江日报》在宣传本地改革经验方面进行了新的尝试，他们推出“钱江浪花”栏目，以图文并茂的形式、多样化的体裁和贴近生活的角度，受到读者喜爱，成为名牌专栏。

传统主流报纸还以机制创新、组织结构调整和采编管理的改善来保障和推进报道业务改革。《北京日报》从2000年春天开始实行“新闻监测”制度，《大众日报》2001年进行改版时，对原来的编辑部组织结构进行了调整，《羊城晚报》在改版时首先进行了人事制度改革，部门主任竞聘上岗……这些举措使老报纸焕发出新的生命力。

## 报纸形象的改进：大胆创新

在读者眼里，报纸变化最直观的表现是版面。如果将现在的主流报纸与十年前的同一报纸放在一起，会发现差异极大。

首先，图片在版面上的地位不断提高。新闻照片数量增多、篇幅加大，成组的照片大量采用，照片的质量也不断提高。北京申奥取得成功、中国足球队获得世界杯参赛资格这类重大新闻事件发生时，《人民日报》《北京日报》《羊城晚报》等一批主流报纸推出的“号外”，都以巨幅照片、醒目的标题给读者带来惊喜。《中国青年报》凭借一批优秀新闻摄影记者的实力，在版面上不断推出精彩的图片报道。另外，图示与新闻漫画在版面上也大量出现，它对主流报纸那些专业性强的“硬新闻”贴近读者、增强可读性具有重要作用。

其次，主流报纸在多版化的进程中，越来越重视版面的“导读”功能，对“导读”的强调甚至超过对版面“美化”的强调，这是由传者本位向读者本位转变的结果。如《经济日报》在头版开设了导读窗口，近期又进一步对版面编排加以改进，标题的字体种类相对减少，主题与辅题的字号差距加大，从而突出主标题，并加大留白，使版面显得疏朗、美观。还有《南方日报》《解放日报》《天津日报》《新华日报》《湖北日报》等一批省委机关报，近几年版面设计都日趋精美，既有强烈的时代感，又不乏大报风范。

第三，主流报纸普及了彩色印刷，进一步促进版面形象的改观。在彩报时代，色彩成为版面上最具有视觉冲击力的因素，这一因素用在大幅新闻照片、报头、版头、栏题上，使整个报纸一扫黑白灰时代的沉闷和单调，变得光彩夺目、美不胜收。

（蔡雯撰写，原载于《中国记者》2002年第1期）

# 宽视野·新视角·多视点

## ——对新时期经济宣传报道的探索

我国经济发展在新世纪的开端步入了崭新的阶段。在刚刚过去的一年中，世界经济增长明显减缓，而我国经济却仍然保持着较好的发展势头。加入世界贸易组织，将使我国在更大的范围内和更深的程度上参与经济全球化。这些良好态势为经济信息传播活动提供了更加广阔的空间，也向经济新闻工作者提出了更高的要求。做好新时期的经济宣传报道工作，需要深思远虑，积极创新。

### 以全球化的宽视野适应经济发展新形势

中国经济发展与世界经济进一步接轨，是新世纪我国经济走势的一大特征。去年11月召开的中央经济工作会议指出，当前，国际形势跌宕起伏，复杂多变，但从目前情况看，仍然可以得出三个基本判断：一是和平与发展作为时代的主题不会改变；二是世界多极化的发展趋势不会改变；三是我们面临的国标环境依然是机遇大于挑战。会议提出要密切关注和正确分析形势的发展变化，把困难估计得严重一些，把影响时间预想得长一点，把应对预案准备得充分一点，使2002年经济发展建立在扎实可靠的基础上。这一分析和要求提醒我们，经济宣传和报道，必须以对国际形势的把握和分析为基础，以能够有效地促进实际工作趋利避害，抵御和克服前进道路上的各种风险和困难为目标，也就是要比以前有更广阔的视野，非此，就难以圆满完成经济宣传报道重任。

作为全国最大的经济类综合性日报，《经济日报》负有引导读者全面准确地理解和贯彻党的经济政策的责任。在中央经济工作会议召开之后，报纸在头版头条位置刊登了评论员文章《全面认识当前经济形势》，以丰富的资料和确凿的数据向读者分析了我国经济发展的成绩和面临的问题，告诫人们，加入世贸组织总体上有利于改革和发展，但随着国内市场进一步开放，某些竞争力不强的行业和产品会受到较大的冲击，社会就业压力也会进一步加大。文章强调在这种压力面前要努力维护社会的安定团结，要善于抓住机遇，适时调整政策，同时广泛加强同世界各国各地区的交流和合作。在此之后，经济日报还连续刊发了《农业和农村工作的中心任务》《着力于培育和保护内需》《标本兼治整顿和规范市场经济秩序》《国债发行仍需保持一定规模》《继续努力扩大出口》等6篇评论员文章，都以纵观世界经济全局、把握本国经济发展实际的广阔视野，引导读者正确领会中央工作会议精神，充分认识当前的经济形势和任务。

我们认为，经济报道的全球化视野，就是要将中国经济发展放在世界经济的大背景下进行考察和研究，用联系的、发展的眼光看问题，而不总是孤立地报道一国一地的经济新闻。去年1月10日，世界贸易组织第四届部长级会议接纳中国为世贸组织正式成员。围绕这一重大经济事件，《经济日报》先后推出了四套重点、系列报道。第一组是“热点冷评看入世”系列述评，共计11篇，从不同的角度实事求是地分析了入世给我们带来的利益和需要解决的问题，同时也为读者研究、熟悉和运用世贸组织的规则提供一个参考。这组述评涉及面较广，如《强弱比较话优势》，以“寸有所长，尺有所短”显见易懂的语言道出了“国与国之间的优势、劣势，是通过比较显现”的道理，为广大读者的担心释疑。《你争我夺抢人才》则分析了面对跨国公司的人才竞争，中国企业应该根据国际惯例，更新观念，制定出具有前瞻性的人才战略。还有《进退到位说接轨》《是是非非破垄断》等，都是将中国经济问题放置于世界经济大格局下，对其改革发展提出建设性的意见和建议。

以全球化视野报道经济，还要求我们更加重视国际经济新闻信息的传播。因为加入世贸组织之后，中国经济与国际经济一体化，对世界经济报道的忽视会妨碍我们对国内经济报道水平的提高，还会造成媒介经济信息结构的不平衡，不利于读者全面深刻地理解党的经济方针和政策。正是基于这种考虑，《经济日报》2001年破例将《世界经济年终专稿》放到了一版重要位置，连续刊登了《美国经济与中美贸易》《俄罗斯经济已走出谷底》《欧盟经济：逆境中迈小步》《日本：经济滞缩蹒跚前行》《东盟：加快建设自由贸易区》等一组专稿。而且，报社还利用在世界各地有23个记者站，有一批对当地经济很了解的记者这一优势，策划组织了一批国际经济专题报道，帮助国内经济界人士开阔视野、打开思路。这些尝试得到了读者的好评。

## 以针对现实的建设性新视角改进传播效果

经济报道的一个重要目的是通过信息交流促进经济的发展，而这一目标能否实现，又在很大程度上取决于报道者对经济报道策略的把握。这种策略，包括对报道选题、报道内容的确定，也包括对报道切入角度的选择。这也是在网络等新媒体把新闻传播的速度、力度和大容量发挥到极致的今天，传统平面媒体的优势所在。

经济报道对象往往有复杂性、多变性的特点，许多经济现象和经济问题可谓“横看成岭侧成峰”，从不同的角度观察和分析，可能得到不同的结论。因此，在经济报道中，只有立足于既全面客观地揭示事实，同时又积极有效地引导舆论和促进实际工作这一前提，对报道的角度进行把握，才有可能使经济新闻传播取得良好的社会效果。比如，我国曾是大豆净出口国，近几年却成为进口大国，一年要进口1400多万吨大豆。面对WTO，大豆问题是涉农产业的一种折射，这个问题症结何在？中国大豆还有没有出路？上至中央领导，下到普通百姓，都十分关心。《经济日报》的记者对此进行了深入的采访调研，以充分的事实告诉读者《中国大豆还有戏》（2001年11月28日头版头条新闻）。报道的视角十分独特，记者从国产大豆与“洋大豆”的优劣比较入手，发现近年来进口的大豆多是转基因产品，而当今世界上对这类产品的安全性存在广泛争议。报道中引用专家观点说，欧盟等大豆消费大国对转基因作物的疑虑和排斥，为我国大豆出口提供了非常大的潜在市场空间。专家们还分析了目前国际贸易中对我国大豆出口不利的因素，建议应对WTO，还得从生产、加工、流通、贸易等多方面整体上提升我国大豆的国际竞争力。这篇报道在报道相关事实和专家观点时，选取的角度无疑对推进经济建设是富有建设性意义的。像这样视角独特的报道还有12月份推出的另一个头版头条《玉米经济在吉林》，它从玉米曾经是吉林省经济发展的“金砖”，总产量、人均商品量和出口量都曾为全国第一，而如今玉米却成了吉林经济发展的包袱这一现象入手，分析问题的缘由，报道吉林省领导采用了一种工业化思维方式解决玉米问题的思路和做法。这篇报道对引导读者深刻认识中央经济工作会议提出的推进农业和农村经济结构调整，提高农业效益，增加农民收入的大政方针有启示作用。

经济报道寻找切合实际需要的视角，能够使报道内容潜在的价值得以更充分的发掘，使报道主题得到更好的表现，这在经济日报多年来的新闻实践中一再得到证明。如2000年初《经济日报》在策划关于西部大开发的报道时，根据东部人士竞相“走西口”的情况，派出两位记者陪同温州的一位市政府官员、一位镇长和一位企业家走访西部五省区，推出“东人西行”系列报道，在社会上引起很大反响。还有去年策划组织的系列跨版报道《荒漠化绝非危言耸听》《保护湿地，刻不容缓》《留住雨水，留住明天》和《沙化土地绝非不可治理》等，也都是找准了问题的突破口，以大量独家采访的信息，令广大读者对保护生态环境的呐喊产生了共鸣。所以说，经济报道要对国家经济建设发挥建设性的作用，就要加强对报道的策划，要注意选择具有现实针对性的视角，这样才能将对现象与问题的揭示和解决问题的对策有机地结合起来，从而指导实践并获得实效。

## 以丰富而变化的多视点全面描绘经济建设图画

经济报道在我国新闻传播活动中占有越来越重要的地位，而经济领域的广阔性、专业性和复杂性，又使经济报道具有很大的难度。特别是面向全国的经济大报，如何通过经济新闻报道反映和推进全国的经济工作，而不至顾此失彼、畸轻畸重，是一个值得重视的问题。《经济日报》在实践中一直在探索一条将宏观经济内容报道和中观经济内容报道相结合的路子，甚至对一些具有代表性的微观经济内容也同样重视。这样做的目的，是力图以多样化的视点，全面反映和推进经济发展。

在宏观经济报道方面，《经济日报》将第二版改为《宏观资讯》，就是一种尝试。长期以来“二版现象”一直令报人们头痛，不少报纸的第二版作为第一版的承接或其他版的补充，定位不清，内容芜杂，不受欢迎。报社领导决定在新闻板块中换一种新闻分类思路，将第二版的内容定位为传递中央各部委的政策动态及相关消息、报道宏观经济现象、行业走势，对具有全局意义的经济热点、疑点、难点进行深度分析，为广大读者提供形势判断和经营决策的参考。经过一段时间的运行，《宏观资讯》版得到了读者和业内人士的好评，由此报纸的信息结构也更具有个性和特色。

宏观、中观与微观内容多视点的结合，在2001年《经济日报》关于入世的报道中再次得到实践。前文提到的“热点冷评看入世”系列述评是一组全球化视野的宏观性报道，紧随其后的“直面WTO”行业述评则是一组中观性内容报道。这组述评一共10篇，就读者普遍关心的农业、金融、证券、保险、流通、民航、电信和汽车等行业在入世后面临的挑战和应对策略进行了深入的分析，为这些行业如何在履行所作承诺的同时，充分享受世贸组织成员的权利，做到趋利避害出谋划策。较之宏观性报道，这组述评更有行业的针对性。与这组报道交错推出的，还有一组以《面对WTO，企业怎么干》为栏题的系列报道，从栏题可见这组报道选择了相对微观的视点，如通过对在竞争中成长的北京燕京啤酒集团公司、家电制造商美的集团、娃哈哈集团等企业的典型报道，介绍它们致力于科技创新、不断发展壮大的经验，为各类型企业迎接入世带来的挑战，与外国企业进行竞争，提供有益的借鉴。这组报道的实用价值较前两组报道更加明显。

同样是宏观和中观视点的结合，为地区发展呼喊、“号脉”早已是《经济日报》屡试不爽的传统报道“兵器”，从《醒来吧，铜陵》《开封何日能开封》及《给营口“号号脉”》到2001年《解放思想看江西》，都是通过解剖一个地区经济发展遇到的问题，就实论虚，揭示了贯彻我们党解放思想、实事求是思想路线的宏观意义。去年9月份刊出的《解放思想看江西》系列分为《跳出江西看江西》《跳出争论谋发展》《跳出惯性闯新路》《跳出旧制创新篇》多篇，从标题上可以看出触及问题的敏感性。这组报道着眼于江西省如何贯彻落实“三个代表”重要思想，使报道有了可以把握的方向盘，因而取得较好的效果。这一年还有关于温州柳市10年坚持打假成为低压电器之都的典型报道，关于天津、南京等地经济发展成就及战略选择的报道，关于珠江三角洲劳动密集型产业发展的报道，都因选题独特、视点新颖给读者留下了深刻印象。由此也说明，经济报道的多样化视点，集中反映在报道选题决策上，对每一个重大经济事件、经济问题、经济现象的报道，都应该站在不同的层面上进行思考，既高屋建瓴、高瞻远瞩，又脚踏实地、追求实效。无论是宣传报道经济结构的战略性调整，还是报道扩大内需；无论是宣传深化经济体制改革，还是宣传整顿和规范市场经济秩序，都要力争从战略、战役和战术的多重层面和各行各业各地区的多个视点全面把握。

此外，我们还应努力创新经济报道方式，力争使专业性强、指导性强的报道达到可读性强、说服力强，唯有如此，才能真正发挥全国性大报在经济建设中创造良好舆论环境的作用，才能使报纸的权威性和社会影响力同时树立起来。正是出于这种考虑，《经济日报》从去年10月开始在第一版推出了

《调研随笔》专栏。该专栏的稿件都是约请各地领导干部撰写的，如福建省省长习近平的《怎样做活特色经济这篇文章》、河北省省长钮茂生的《关键在于结合实际不断创新》等，从不同的角度反映了地方经济工作中的热点和难点，并且都是具有普遍性的问题，可读性强，又给人以深刻启迪。

综上所述，经济宣传报道恰逢我国经济腾飞之盛世，可谓舞台广阔、大有作为。我们应珍惜这千载难逢的机遇，加大新闻改革力度，继续开展业务创新，为我国经济发展起到积极的推动作用。

（丁士撰写，原载于《新闻战线》2002年第12期）

# 论新闻资源开发

新闻资源开发，伴随着媒介竞争的加剧正成为一个前沿性的课题。什么是新闻资源？如何开发新闻资源？不仅需要新闻实践中的积极探索，还需要学术理论层面的总结和研究。

我认为，丰富的新闻实践活动已经说明，新闻资源是新闻媒介从事新闻传播活动的社会资源，具体包括：1. 新闻信息资源——新闻媒介所拥有的新闻信息渠道及其产品，包括新闻提供者、新闻合作者、新闻线索、新闻稿件、新闻资料等；2. 新闻环境资源——新闻媒介所依存的社会环境为新闻传播活动所提供的资源，具体包括政策环境资源、经济环境资源、文化环境资源等；3. 新闻媒介资源——新闻媒介自身所拥有的新闻传播资源，具体包括资金、人才、设备、技术、载体、品牌、社会关系等；4. 新闻受众资源——新闻媒介的受众对象，包括显在与潜在的媒介消费者，但对新闻传播活动最有价值的主要是事实上已经作为读者、听众、观众存在的社会公众，媒介的社会影响力、广告吸引力依此存在。值得注意的是，所有这些资源都是不以人的主观意志为转移的客观存在，而且它们具有变动的特点、相互联系的特点和可以相互转化的特点。对新闻资源的开发利用直接关系到媒介的产品竞争力。

新闻资源开发是新闻传播活动以及新闻媒介产业发展的核心内容，是由新闻媒介主体（媒介管理者、新闻传播者、媒介经营者等）自主设计和运行的一项系统工程。那么，如何才能实现对新闻资源的开发利用？笔者以为应注意研究以下几方面内容：

1. 新闻资源的发现——资源开发的前提与起点

众所周知，新闻报道活动的展开起始于记者编辑对新闻线索、新闻素材的发现，媒介经营活动的组织开始于经营者对媒介受众、媒介自身优势以及媒介环境中各种有利条件的发现。发现新闻资源是开发新闻资源的前提，也是实施这项任务的第一重要环节。

新闻资源的发现一方面与新闻资源本身的存在状态相关，另一方面与媒介主体的信息渠道相关。

从新闻资源本身的存在状态来看，因为它包含的内容极其丰富，有人、财、物、信息、技术、政策、社会关系等等，因此新闻资源必然以千姿百态的形态存在。如果以新闻资源为人认识的难易程度为标准作一个粗略的划分，大致上有显性的与隐性的两类。所谓显性的新闻资源就是那些可利用价值比较明显、容易为人们发现的新闻资源，比如具有显著报道价值的新闻线索、对新闻报道有明显辅助作用的技术设备、成果卓著得到公认的名记者名编辑等，都属于显性的新闻资源。所谓隐性的新闻资源，则是那些可利用价值尚未明显表露出来、不太容易为人们发现的新闻资源。比如媒介潜在的受众群体、被芜杂内容甚至假象所掩盖的重要新闻信息、复杂而隐蔽但实际非常有价值的社会关系等。显性的新闻资源往往是为媒介共同认识并相互争夺的对象，但由于竞争激烈，要进行有特色的成功开发比较困难。而隐性的新闻资源对于媒介主体来说则相反，发现这种资源的难度较大，但正由于这种新闻资源不易被发现与争夺，一旦加以开发往往能够独树一帜，取得不同凡响的收效。所以，我们不难理解，为什么所有媒介都关注的重大报道要胜人一筹非常不易，在这种资源共享性的报道中只有获得更深层更独家的材料，或者找到与人不同的独特视角，才有可能赢得竞争；我们也不难理解，为什么已经成名的记者编辑身价日涨，而发现并起用那些尚未成名却具有成功潜质的新闻人才实际更能让媒介获得实惠。

从新闻媒介主体方面看，信息渠道的多寡是制约新闻资源发现的重要因素。随着媒介竞争的加剧，对信息渠道的开拓越来越受到重视，比如各类新闻媒介纷纷开设了“新闻热线”来征集新闻线索。据报道，在成都，《成都商报》和《华西都市报》打破了《成都晚报》的传统办报模式，以热线形式替代了后者所设的社会新闻部和通联部的功能。在郑州，《大河报》争夺《郑州晚报》的地盘也是从把热线作为办报的强项开始的，该报有6名值班员，24小时值班接听电话，并且每月评一次新闻线索奖，一等奖可获千元奖金。《郑州商报》在与之抗衡的措施中，把天天奖“线人”，一等奖500元作为砝码。在北京，一家新创办的报纸将读者热线版放在了报纸“封底”，并以高出其他报纸3倍的价格向“线人”付酬，在市场上站住了脚。而老牌的《北京晚报》的应对方式是，除了热线版外，都市版、社会版、百姓版纷纷开了热线。即使在报业竞争相对弱一些的兰州，《西部商报》也将其原有的一部热线电话扩展为10部，24小时部部有人值守（樊国安等《热线烤热都市报》，载《中国新闻出版报》2002年9月20日）。这些新闻热线的开设是发现新闻信息资源的重要策略，它实际上拓宽了媒介的信息来源渠道，增强了报社的新闻触角。在新闻报道活动中，新闻信息渠道的增加可以带来直接的收益，如《大河报》在热线开设后，每天平均接听整理有效线索近200条，该报的热线稿在自采稿中占了一半，有力地增强了报纸的新闻竞争力。同样，对于其他各类新闻资源的发现，也必须依赖各类相关的信息渠道，如果媒介不能掌握关于新闻资源的全部信息，往往会导致盲目的决策和行动。

2. 新闻资源的鉴别——资源开发的战略决策基础

新闻资源能否得到开发，以及开发的广度和深度，还在很大程度上取决于媒介主体对新闻资源的鉴别和认识，这也是开发新闻资源的战略逐步形成的基础。对新闻资源的鉴别和认识主要表现为：判断新闻资源信息的真伪、分析新闻资源的价值大小。

新闻资源信息的真伪之分，在于这类信息向媒介主体所展示的新闻资源是否与新闻资源客观存在的状态相符合。有时这类信息能够全面而准确地说明新闻资源的情况，有时只能说明一部分，还有一种可能是，完全与实际情况不符。新闻资源的价值大小之分，则在于这些资源所具备的可供媒介利用的潜质，如果这种潜质的开发利用给媒介带来的收益越大，其价值就越大。如近几年各类新闻媒介的改版越来越频繁，对媒介受众定位的决策以及媒介产品的设计，就主要依赖于对受众资源和媒介自身资源的了解和分析。所谓差异性的媒介定位、个性化的产品设计，本质上是由媒介的受众特点和自身优势决定的，如果不能全面而深刻地认识这些资源，就不可能产生正确的决策，不可能打造媒介的核心竞争力。

对新闻资源的鉴别是一项非常复杂的脑力劳动，主要凭借媒介主体的知识水平、分析能力和工作经验来完成。比如在新闻传播活动中，编辑每天接受的新闻信息是大量的，作为把关者，他在由记者（作者）到编辑的一级传播与从编辑到读者的二级传播之间，如同一个“过滤网”，把适合于读者的新闻信息筛选出来加以传播，这就要求编辑鉴别信息是否真实、全面、准确地反映了客观事物原貌；鉴别新闻是否为读者所欲知，甚至能预测新闻报道的社会效果；还要鉴别发布新闻的时机是否合适，等等。一般说来，理论修养、知识修养和职业道德修养越高的编辑，越具备对新闻信息资源的鉴别能力。长年从事编辑工作的人由于阅历广、见识多，经验丰富，这种鉴别能力也要较缺少经验的编辑强。

在新闻资源的鉴别过程中，信息库、信息工具的辅助作用也是不应忽略的。因为新闻资源的丰富性、复杂性和多变性决定了媒介主体不可能完全凭借自己的知识记忆和经验对其做出准确判断，而需要借助于查找相关文献资料、在各类信息载体包括互联网上进行相关内容的搜索，以及通过各种不同渠道获得的信息的相互比较研究，得出可靠的结论。

3. 新闻资源的转换——资源开发的必要中转环节

在新闻资源开发过程中，对资源的转换是非常重要的一个环节。这种转换大致有两种类型：一是由初级新闻资源向高级新闻资源的转换；二是由一种新闻资源向另一种新闻资源的转换。

所谓初级新闻资源指尚未作任何开发的原生态的资源，比如在媒介环境资源中存在着大量可供新闻传播的客观存在的现象、事件、问题，这些资源通过媒介主体的发现和鉴别之后，可以通过新闻采编活动转化为新闻稿件、新闻图片等，对于媒介来说，现象、事件、问题等客观存在是初级资源，而稿件、图片是由初级资源转换来的高级资源。当然，并非所有的环境资源都是初级资源，如针对媒介产业发展的相关政策法规、能够直接应用于新闻传播的现代技术设备等，就无须转换而为媒介所采用。需要说明的是，我们这里对新闻资源的初级高级之分，并不指资源的优劣差别，而只是对资源的媒介使用便利性的一种区分。比如在新闻媒介可以开发的信息资源中，新闻线索是需要转换的初级信息资源，而记者、作者、通讯员提供的新闻稿件则是高级信息资源。

不同种类新闻资源之间的转换，是一种更加复杂的运作。比如我们上面谈到的由新闻事实向新闻稿件的转换实际不仅是由初级资源向高级资源的转换，也是由环境资源向信息资源的转换。这种转换的要通过记者的新闻采访写作和编辑的修改把关才能完成，其操作过程比较复杂。再如媒介人才资源的获得，往往是媒介品牌、资金、体制等优势转换的结果。而媒介品牌资源，本身又是由诸多因素的转换获得的，并且一旦形成还可再转换为其他资源。经济日报副总编辑詹国枢在评说该报的优势时认为，经济日报的第一大优势是品牌优势，“报纸的品牌价值，实际包含了两部分。一部分叫作‘法定品牌价值’，它是先天的，由报纸的法定地位所决定的；另一部分叫作‘市场品牌价值’，它是后天的，由自己的努力创造的。”“经济日报是‘中央三大报’之一，也是‘全国六大媒体’之一。这是新闻界公认的、中宣部开会也常用的字眼。”经济日报的品牌优势一部分就源于这种法定地位。他还谈到，“在目前情况下，报纸作为党和政府指导各项工作的重要舆论工具，其‘法定’地位仍然非常重要。我们到各省市去采访，为什么省市领导再忙都要出面接待？我们搞的一些重点报道和批评报道，为什么会在全国引起那么大反响？为什么有报道中一点到某个地方，这个地方的领导就非常重视，立即过问，尽快答复和解决？一些省市领导和经济学者的文章，为什么希望能挤上版面？这都和经济日报的‘法定’地位有关。”同时他也提出“随着计划体制的逐渐弱化，无论哪类报纸，其‘法定品牌价值’都不可避免地呈现逐渐弱化之势，而报纸的‘市场品牌价值’所占的分量愈来愈重。我们必须引起足够的重视。”（詹国枢《说说经济日报的优势》，载《经济报人》2002年第1期）从这些陈述与分析中，我们可以看到，媒介所获得的政策资源向品牌资源的转换，以及品牌资源向信息资源的转换，包括品牌资源中不同因素的变化，都是值得注意的。

新闻资源的转换是新闻资源开发的一个核心环节，它总是以新闻资源的发现与鉴别为基础。同时，我们还应看到，在资源转换过程中，往往还会再度出现对更新的新闻资源的发现与鉴别。

4. 新闻资源的整合——资源开发的统筹与优化策略

新闻资源的整合是媒介主体根据多种或多项新闻资源之间的内在联系，进行统筹利用的一种行为，其目的是使这些资源发挥整体效果大于部分之和系统效应。整合是新闻资源开发过程中最具创新性的环节。

新闻资源的整合可以在多种层面上运行，我们大致上可对新闻资源的整合作以下粗略的分类：一是在新闻报道活动范畴中的资源整合；二是在新闻媒介整体经营层面上的资源整合；三是在媒介集团化发展层面上的资源整合。这三个层面是由局部到整体、由微观到宏观的。

新闻报道活动范畴中的资源整合主要是对与新闻报道相关的各类新闻资源的综合配置和利用，小到一块报纸版面上各类新闻稿件的配置，大到重大报道战役中人、财、物的配置，其目的是通过对新闻资源的优化配置与综合利用，取得最佳传播效果。如1997年7月1日香港回归之际，中央电视台从6月30日6时至7月3日6时的72小时中，以9套节目同时进行了报道。这场直播报道持续时间之长，程序之复杂，规模之大，涉及面之广，动用人力、物力、财力之多，不仅在中国电视上尚无先例，在世界电视史上也不多见，如果不精心组织，周密计划，对资源进行整合，这么大的活动便难以顺利进行。中央电视台为这次报道建立了“战时机制”，策划了详细的实施方案和倒计时表，同时制定了突发性事件的各种处理预案，并提前组织了4次包括各种应急方案演练在内的综合演练，逐一解决了演练中暴露出来的问题。像这样在新闻报道活动中进行资源整合的案例在今天已经很常见。

新闻媒介整体经营层面上的资源整合，则包含了媒介各方面业务活动中的资源整合，更重要的是，要通过各方面新闻资源的协同开发、通过各方面业务相互之间的联系协作，实现媒介整体化运作。以报纸为例，其经营的全部秘密就在于：报业是一个同时向市场提供两种服务形式的产业。一方面报纸以低于成本的价格向读者出售，在为读者提供新闻和其他信息服务的基础上赢得声誉，形成传播能力和影响力；另一方面，它再向广告主出售这种传播能力和影响力，在为广告商提供服务的基础上，实现报业运作过程中的价值补偿和价值增值。报纸能否取得良好的经济效益，要看它能否拥有足以吸引广告商的读者群；而报纸能否拥有这样的读者群，则要看报纸能否办得让读者满意。因此，报业经营固然需要做好报纸的发行、广告经营，但做好发行、广告的基础还是编好报纸。至于广播、电视、网络媒介，除收费的有线电视和网络媒介外，虽然有些媒介并不“双重出售”，但它们无一例外地都要靠广告收入支撑媒介的正常运转。而广告收益也同样取决于受众群，从而最终取决于媒介的传播能力和传播效果。媒介产业运作客观上要求对媒介对自己所拥有的受众资源、信息资源、广告资源等相互之间的联系有一个清醒的认识与把握，要通过对所有资源的整合实现媒介产业利润最大化。

媒介集团化发展层面上的资源整合，着眼点已经不是单一媒介的经营，而是作为利益团体存在的媒介集团的综合效益。这种整合是通过媒介集团中各个成员所拥有的新闻资源的统一配置与共享，实现成本最低化与效益最大化。如中国证券市场研究中心创办了四种媒介：《财经》杂志、《证券市场周刊》《财经时报》、和讯网站。这四种媒介的出版周期分别是月、周、日和实时，对财经受众群是一个较全面的覆盖，并且使媒介相互之间的品质差异适宜于细分化的媒介市场需求。这种媒介集团化发展的优势在于通过资源整合，可以实现资源共享。所以这四家媒介共同组建一个采访中心，这个采访中心所获得的信息、完成的稿件同时提供给月刊、周刊、日报和网站，从而降低了成本。目前，我国已经有为数可观的报业集团、广电集团，更大规模的拥有多种传媒的综合性集团也已诞生，新闻资源在集团化发展层面上的整合、产品链问题的研究正受到越来越多的重视。媒介集团中产品链的建构，本质上是对资源开发的综合性、连续性的一种操作，如新闻信息资源在报刊上实现第一轮开发利用，报刊的新闻作品便成为出版社、影视公司进行第二轮开发的资源，从而产生更新一代的成果。显然，媒介集团化发展，使资源开发的广度与深度与单一媒介的操作不可同日而语。

5. 新闻资源的展示——资源开发的成果表现策略

新闻资源的展示是资源的价值与使用价值获得实现的一个必经阶段，也是媒介主体对新闻资源的价值认识、类型转换与整合运用的外在呈现。对新闻资源的展示通常有两个层面上的操作：一是作为新闻传播内容的展示，二是作为媒介自身优势的展示。

作为新闻传播内容的展示，是通过新闻采编业务实现的，如报刊、广播、电视、网站上的新闻报道作品、栏目、版面、节目等，向广大受众展示的是新闻信息资源经过发现、鉴别、转换、配置之后的最终成果。新闻传播内容的展示，涉及到媒介自身结构、形态的设计，这是较为宏观的一项业务，如报纸的改扩版，要对报纸的版面总量、内容分工、整体结构、版组内容、专版专栏等进行规划，广播电视节目改版，也要对频道总量、频道功能、栏目设置、时段安排等进行设计，这些工作实际上为新闻信息资源的展示规定了一个总体性的结构框架，确定了新闻传播内容的信息门类、稿件总量、相互关系、表现形态等。其次，新闻传播内容的展示，涉及到编辑手段的运用，这是较为微观的一项业务，如报纸的版面编辑，要通过文字稿件、新闻图片、背景资料、图表、标题、提要等信息元素，以及位置、空间、线条、色彩等版面元素的组合搭配，向读者展示新闻的内涵与意义，并吸引读者阅读。

作为媒介自身优势的展示，更多地属于媒介公关范畴，即向社会公众展示和宣传媒介的各种资源，包括媒介形象、媒介品牌、媒介的受众群体、名记者名编辑、现代化办公设施、发行量、阅听率、广告收入等。我国越来越多的新闻媒介开始引入CIS（Corporate Identity System）即“企业形象识别系统”，也叫“企业形象战略”，我们看到一座座造型新颖、标志醒目的媒介大厦拔地而起，一辆辆装饰别致、标明身份的采访车在都市里穿行，一群群身着印有标识工装的报刊发行员奔忙于大街小巷的报摊之间……CIS的本质是以塑造形象为目标的组织传播行为，它以媒介的名称、标识、口号、建筑物外观、产品外观及品质，以及媒介的内部管理、对外交流等，构成媒介的总体发展战略。新闻媒介实施CIS也就是向社会展示新闻资源的过程，如经济日报曾在头版刊登公告，面向全国有奖征集社徽，以此加深人们对这家报纸社会地位的认识；新华社在全社职工中进行“新华精神”的讨论和征稿，实际是一次内部的媒介资源展示。

值得注意的是，媒介自身优势的展示有时与新闻传播内容的展示是结合在一起的，如2002年韩日世界杯足球赛期间，北京青年报推出了特刊《追“球”》，提前一个月就开始在报纸上进行宣传，向社会公布策划方案的核心内容——《追“球”》十大动作：赴31国探秘31支世界杯出线队；与31国权威媒体交换稿件，第一时间采用全球重要体育评论和报道；面对面采访历届世界杯金球、金靴奖得主；买断中外著名足球评论员世界杯评论文章；征集世界杯故事，扩大球迷范围；重奖邀请足彩高手在版面上打擂，指导彩民参加足球竞猜；办“北青酒吧”，邀读者和球迷参加精彩互动活动；招聘外语志愿者，打造本报多语种平台；派强大记者组赴韩日采访全部64场比赛；出版供收藏和张贴促销的对开海报。北京青年报以这样的策划方案赢得了广告客户的青睐，而这一报道方案的宣传本身就是一种对媒介自身优势的展示，它让社会公众看到该报具有雄厚的资金实力、强大的体育采访阵容、良好的新闻信息渠道。而在这次报道中，新闻传播内容的展示本身又是与媒介的公关活动相结合的，比如“北青酒吧”、足彩高手打擂的创意等为版面增加了新闻信息来源。从这一案例中，我们还可以看到，新闻媒介的资源展示与新闻资源的转换与整合是分不开的，这里面有社会关系、资金、人力资源等向新闻信息资源的转换，也有各不同类型资源的整合利用。

6. 新闻资源的增值——资源开发的价值提升策略

新闻资源的增值是对新闻资源的潜在价值进行进一步的挖掘，从而使价值获得提升的开发策略。新闻资源的增值中最引人注意的是新闻信息资源的增值，大体上有两种方式：一是以“产品链”模式使新闻资源获得增值；二是以“共享”模式使新闻资源获得增值。

“产品链”模式的增值大多在媒介集团化的层面上运行，它与新闻资源的整合密不可分。前面已经谈到，媒介集团中产品链的建构，本质上是对资源开发的综合性、连续性的一种操作，这种操作能够实现资源增值的奥秘在于，它使新闻资源的潜在价值通过多轮开发，获得多项成果，从而成倍地提升了资源的可使用价值。如2001年美国“9·11”恐怖事件发生后，新华通讯社利用自己强大的国际采访力量及时而全面地对新闻信息资源进行了采集编辑，以通讯社新闻稿、新闻音像报道、新闻图片等对新闻资源进行了第一轮开发利用，这种资源利用的价值在于出售通讯社的信息产品；新华社的社办报刊利用通讯社的有利条件，在前方记者的配合下分别从不同的角度对这一新闻事件进行了更具有深度和个性的报道，这是对新闻信息资源的第二轮开发利用；紧接着，新华出版社对这些新闻报道成果进行了第三轮的开发，编辑出版了一些反映与分析这一事件的书籍。由此我们可以看到，媒介集团化层面上的“产品链”模式对资源增值的实际收效。

“共享”模式的增值可以在媒介集团化的层面上操作，也可以在不同集团甚至不同媒介之间实现。如一些重大新闻报道活动中的“媒介联动”现象就是不同媒介对同一新闻资源的共享性的操作，当然，这种操作实现的增值不是以“产品链”的递进式的加工整合完成的，而是以同一时间内多样化产品平铺式的加工整合完成的。比如北京青年报在韩日世界杯足球赛期间与31国权威媒体交换稿件，第一时间采用全球重要体育评论和报道，就是一种稿件资源的增值，因为这种操作使这些新闻稿件的读者群得到了扩展，稿件的阅读率得到了提高。

能够增值的新闻资源同样是多种类型的，并不仅仅限于我们这里列举的信息资源。对于新闻人才资源、技术设备资源、受众资源等，同样可以通过精心的筹划实现增值。而这些资源的增值往往是信息资源获得增值的保证，或者与信息资源的增值有着紧密的联系。

在对新闻资源开发的规律进行上述简单的分析之后，还需指出的是，这些开发资源的规律和策略是相互联系的，有时还是相互包容、甚至并行的。我认为，对新闻资源开发进行研究，视野极其开阔，涉及到媒介的方方面面，这对推进新闻传播学研究具有理论意义与现实意义。

（蔡雯撰写，原载于《新闻战线》2003年第3期）

# 中国传媒新闻资源开发现状研究

## ——对我国六省区主要新闻媒介的调查报告

在新闻竞争日趋激烈的今天，媒介对新闻资源的开发能力作为媒介核心竞争力的重要组成部分正受到越多的重视。这种开发能力一方面决定了新闻传播的社会效果，另一方面也决定了媒介产品的市场占有率。可以说，无论从新闻学角度还是从媒介经济学的角度来看，对新闻资源开发的研究都是非常必要的。因此，笔者在主持教育部“十五” 社会科学规划项目“新闻报道策划与新闻资源深度开发”的研究时，设计并组织了对我国部分新闻媒介的调查，以期对我国媒介现阶段的新闻资源开发能力进行考察和分析。

调查设计主旨：新闻资源与新闻资源开发，都有着丰富的内涵。笔者在进行课题的理论建构时对此有较详细的论述[①]，概括而言，新闻资源是新闻媒介从事新闻传播活动的社会资源，具体包括：1. 新闻信息资源——新闻媒介所拥有的新闻信息渠道及其产品，包括新闻提供者、新闻合作者、新闻线索、新闻稿件、新闻资料等；2. 新闻环境资源——新闻媒介所依存的社会环境为新闻传播活动所提供的资源，具体包括政策环境资源、经济环境资源、文化环境资源等；3. 新闻媒介资源——新闻媒介自身所拥有的新闻传播资源，具体包括资金、人才、设备、技术、载体、品牌、社会关系等；4. 新闻受众资源——新闻媒介的受众对象，包括显在与潜在的媒介消费者，但对新闻传播活动最有价值的主要是事实上已经作为读者、听众、观众存在的社会公众，媒介的社会影响力、广告吸引力依此存在。所有这些资源都是不以人的主观意志为转移的客观存在，而且它们具有变动的特点、相互联系的特点，有些资源还有相互转化的特点。

① 参见蔡雯《论新闻资源开发》，《新闻战线》，2003 年第 3 期。

新闻资源开发是新闻传播活动以及新闻媒介产业发展的核心内容，是由新闻媒介主体如媒介管理者、新闻传播者、媒介经营者等自主设计和运行的一项系统工程。显然，对新闻资源开发的全方位的研究难度很大，因此，笔者选择从应用新闻学的角度研究这个课题，主要研究内容包括：1. 新闻资源的发现，这是资源开发的前提与起点；2. 新闻资源的鉴别，这是资源开发的战略决策基础；3. 新闻资源的转换，也是资源开发的必要中转环节；4. 新闻资源的整合，即如何对新闻资源进行统筹开发与优化组合；5. 新闻成果的展示，即研究资源开发的成果表现方式；6. 新闻资源的增值，即如何使新闻资源价值获得提升，包括以“产品链”模式使新闻资源获得增值，和以“共享”模式使新闻资源获得增值。

本次调查研究的设计，进一步缩小范围，以新闻报道策划和组织为切入点，考察我国主要新闻媒介在新闻报道层面上对新闻资源开发的现状，进而分析影响新闻资源开发的主客观因素、目前存在的问题和对策。为什么要选择新闻报道策划这样的切入点？因为对新闻报道的策划与组织是媒介传播活动中的一种中观层面的运作，介于新闻媒介产品定位设计这一宏观层面和单篇新闻稿件采编这一微观层面之间，包括对报道选题的决策、对报道方案的设计，以及在报道运行过程中不断接受反馈，调整报道方案，直至实现报道者所期望的最佳传播效果。可以说，新闻报道策划是在媒介产品生产过程中一种持续进行的工作，包含了上述新闻资源发现、鉴别、转换、整合等诸多环节，最能表现新闻从业者对新闻资源的认识水平以及对资源的开发能力。

调查对象与调查方法：为了使调查对象具有一定的代表性，课题组将调查范围选择为北京市、广东省、湖南省、河南省、西藏自治区和内蒙古自治区，这6个省区中既有东部发达地区的省市，又有中部地区的省份，还有西部少数民族自治区，基本可以反映我国目前处于不同发展水平的媒介的整体情况。对6个省区的媒介选择采用了统一标准，主要分以下几类：1. 省（区）级机关报如北京日报、南方日报等共6家，2. 省（区）级人民广播电台如河南人民广播电台、西藏人民广播电台等共6家；3. 省（区）级电视台如湖南电视台、内蒙古电视台等共6家；4. 省（区）级网站（主要由省级新闻媒介合办或省级报社主办）如千龙新闻网、南方网等5家（内蒙古日报网站在调查时尚未建成）；5. 省（区）级机关报主办的都市类报纸如大河报、北京晚报等共6家，外加省级晚报羊城晚报；6. 省会城市（自治区首府）机关报或晚报如广州日报、拉萨日报等共6家。7. 中央主要新闻媒介：人民日报、光明日报、经济日报、中央人民广播电台、中央电视台。共计41家新闻媒介。这些媒介是我国各地的主流新闻媒介，它们包括了报纸、广播、电视、网络媒介四种不同类型，涵盖了中央、省（区）、省会城市三个不同级别，报纸中既有机关报，又有市场化程度较高的都市类报纸，因而能反映我国媒介现阶段的全面情况。

具体调查对象是上述41家新闻媒介的总编室主任或主要新闻采编部门的主任、主编、制片人，他们作为媒介的中层业务领导具体负责新闻报道的策划、组织和实施，并对采编流程进行管理和监控。我们认为他们能够比较全面准确地提供所在媒介在新闻报道策划与新闻资源开发方面的情况，他们的新闻理念有一定的代表性，并会对所在媒介的新闻传播活动产生直接影响。

调查在2002年7月至2003年3月间进行，同时采用当面交谈与问卷调查两种方式。课题组成员分赴6省区与各调查对象面谈，帮助完成问卷填写，同时搜集第一手资料，如报道策划文案、相关采编管理制度、媒介内部的工作总结等。调查问卷的设计主要包括三方面内容：被调查者基本情况、被调查者对所在媒介新闻报道与新闻资源的认识、新闻报道运行现状与采编流程管理现状。问卷形式为半开放式，即提供多项可选答案的同时允许被调查者自由回答，但要求对每一问题的答案选择一般不超过4项。

**调查结果分析（一）：**

接受调查41家媒介新闻从业人员，男性35人，女性6人；年龄分布：30岁以下3人，30—39岁24人，40—49岁13人，50岁以上1人。他们当中大专学历4人，本科学历33人，硕士研究生学历3人，博士研究生学历1人。新闻传播学专业毕业的16人，非新闻传播学专业毕业的25人。新闻从业经历在5年以下的5人，6-10年10人，11-15年9人，16-20年11人，20年以上6人。我们发现，接受调查的40岁以下的部门主任、制片人一半以上在都市类报纸、电视台和网络媒介工作，这与这类媒介新闻从业人员普遍相对年轻是相吻合的。

本次调查的一个核心问题是我国新闻从业人员对新闻报道与新闻资源的认识。提问与回答的情况如下：

1. 应该根据新闻报道的哪些因素来评价报道水平的高低?

认为应该以“新闻的时效性”“报道内容的新闻价值”“报道的信息

含量”“报道的深度”这几项标准评价新闻报道水平的人分别为33人、27人、24人和22人，在被调查者中占到半数以上，说明绝大多数媒介新闻工作者的新闻理念是迅速报道新闻、重视新闻事件本身的价值、注重报道的信息含量、追求报道的深度。相对选择人数略少一些的评价因素是：“表现方式（如报纸的图文并茂、广播电视节目的节奏把握等）”“报道角度的选择”“言论或报道中的观点”“写作技巧（语言表达）”“报道取材”“新闻标题（新闻提要）的制作”等。在调查中选择上述标准的有约四分之一的媒介人员。这些选择说明，对报道方式方法的运用受到不少媒介的重视，这与我国传媒的新闻改革是从具体操作层面上率先展开的发展现实相吻合。此外，“报道的易读性”“新闻的编排制作水平”“报道的趣味性”“报道选题”“报道的连续性”“报道的背景资料”这些评价标准也均有3—6人提到。

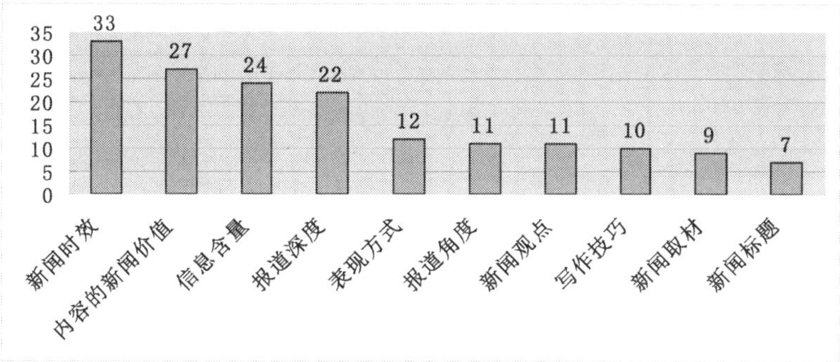


图1　新闻报道水平评价要素

2. 新闻报道水平的提高主要取决于哪些因素？

记者与编辑的业务能力是提高报道水平的决定性因素，持这种观点的人占到被调查者的80%以上，居主导地位。有16家媒介的中层采编人员认为，新闻单位领导的业务水平对报道水平提高起到关键作用。还各有近三分之一的被调查者分别提到了“上级领导理解支持”“新闻单位的用人机制”“有效的奖惩措施”“新闻采编管理水平”这些因素。由此，我们可以看到，新闻媒介的内部机制与管理、媒介内部领导者与媒介的上级领导者的素质，正在受到媒介从业者深切的关注，北京一家报社的编辑在问卷上特别写到，“新闻单位领导的业务水平和新闻媒介上级领导的理解支持很重要，有时记者、编辑有很好的想法，但上级领导不支持。领导对员工没有有意识的、有组织的培训，也不鼓励，报道水平很难提高。”

在上述因素之外，还有10位被调查者提出，“新闻采编人员敬业爱岗”对提高报道水平至关重要，有7位被调查对象认为，“新闻来源（如通讯员、作者队伍等）”对报道水平提高有决定性影响，有6位在广播、电视、网络媒介工作的被调查者提出，“新闻单位的技术设备更新”对新闻报道水平提高起决定性作用。此外，“新闻媒介所在地区的新闻资源”“新闻媒介本身的社会影响力”“新闻单位内部的人事关系”也各有三、四家媒介的新闻人员列为决定性因素之一。

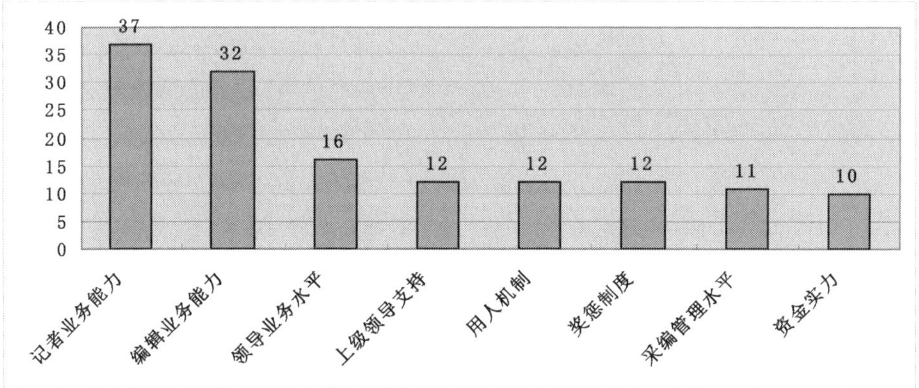


**图2　报道水平提高的决定性因素**

3. 谁最具备评价新闻报道水平高低的发言权？

在我们调查的41家新闻媒介中，有38家的媒介中层人员认为读者、观众、听众、网民最具备评价报道水平的发言权，新闻工作者对受众意见的重视在这次调查中表现得非常突出。与此相反，本单位领导的评价、新闻评奖对新闻报道水平的评判在新闻从业者心目中所占据的地位要低得多。另外，有18位被调查者认为，新闻报道“对实际工作的推动效果”对报道水平最有发言权，15位被调查者提出“新闻界专家”对报道水平最有发言权，“被转载（播）率”“媒介同行”的评价资格也分别得到了十多位被调查者的认可。有意思的是，“本单位的同事”“报道者自己”“报道对象”被所有调查对象排斥在“最有发言权者”之外，而“媒介的上级领导”也只有一位被调查者认为最具备发言权。

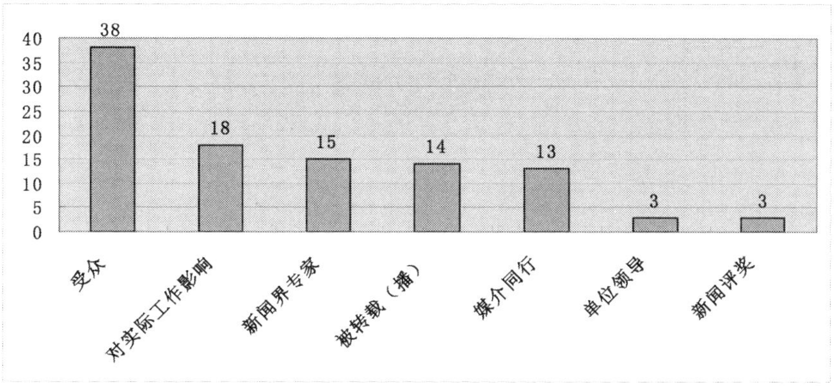


图3　新闻报道评判资格

4. 目前自己所在的媒介新闻报道水平如何？

被调查的41家新闻媒介中，有超过半数的媒介采编人员认为，所在媒介的新闻报道水平“一般”，认为水平“比较高”的有12家媒介的被调查者，还有3家认为“不太高”，3家认为“比较差”。这一调查结果显示，新闻报道水平的自我评价目前普遍不太高。

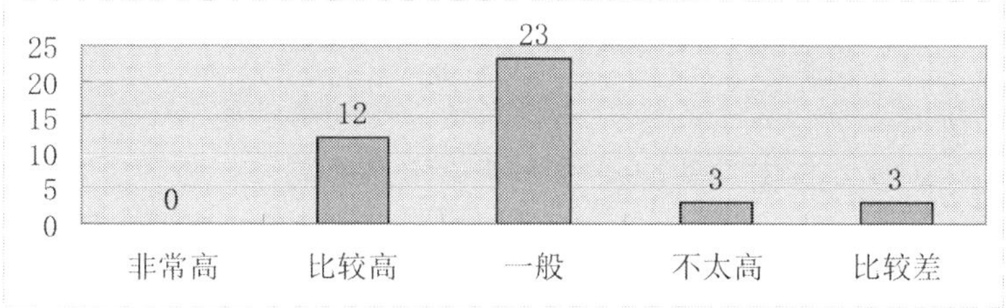


图4　报道水平自我评价

5. 根据目前所在单位新闻采编人员的素质和能力，可以如何评价新闻报道的质量？

与上一个问题相对应的是，37家新闻媒介的采编人员认为，根据自己所在媒介的新闻采编人员的素质与能力，目前的新闻报道只发挥了一部分水平，还可以做得更好。只有3家媒介的人员认为已经发挥了最好水平，还有1家认为基本没能发挥水平。

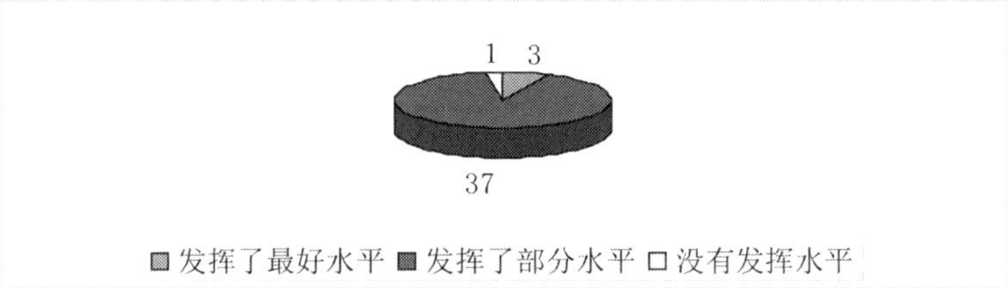


图5　新闻报道质量自我评价

6. 进行新闻报道的困难主要有哪些?

为什么新闻报道的水平对于大多数媒介来说不如人意?被调查者中有超过三分之二的人认为，主要问题是“上级领导不支持或不尊重新闻规律，行政干预太多”，还有近半数的被调查者认为，“媒介体制改革不到位，部门之间关系没有理顺”“采编人员缺乏新知识、新技能的补充学习”“采访经费不足”是主要原因。除此之外，被提到的妨碍新闻报道的因素还有“奖惩不明，不能调动积极性”“技术设备落后”“缺乏采编管理知识和经验”“被采访对象不配合”“媒介竞争太激烈，相互干扰大，工作受影响”“单位同事间合作困难”等。北京一家报社的编辑写道：“奖罚不明影响了员工的积极性，本报的效益在全国是最好的，但职工的工资水平并不高；各部门之间缺少沟通，领导的干预太多也是一个很重要的原因。”

我们还发现，提出“经费”“技术设备”困难的主要是电视台和网络媒介。少数民族地区的媒介则特别提出了新闻采编人力资源方面的困难，如西藏日报、西藏电台的两位主任都在问卷上写到，人才匮乏，缺乏优秀的采编人员，现有人员能力还不够强是做好报道的主要障碍。

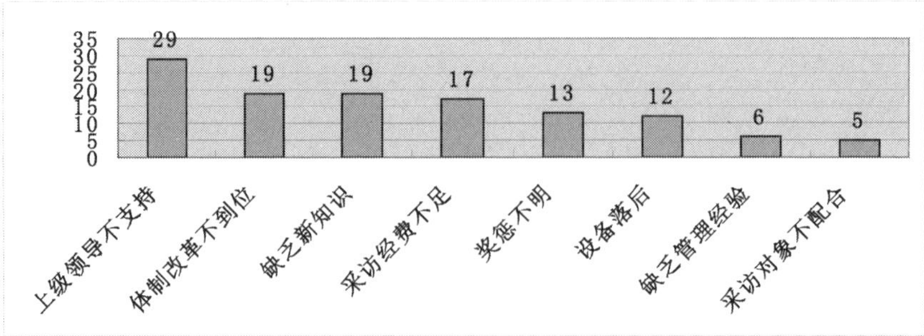


图6　对新闻报道产生妨碍的因素

7. 做哪类新闻报道难度最大？

与新闻界一贯的反映相一致，“批评性报道”是本次调查中被普遍认为难度最大的报道。此外，“突发性新闻事件报道”“调查性报道”“专业性报道”“会议报道”“重大活动报道”“成就性报道”“解释性报道”“领导人活动报道”“案件报道”也依次被认为是有难度的报道。

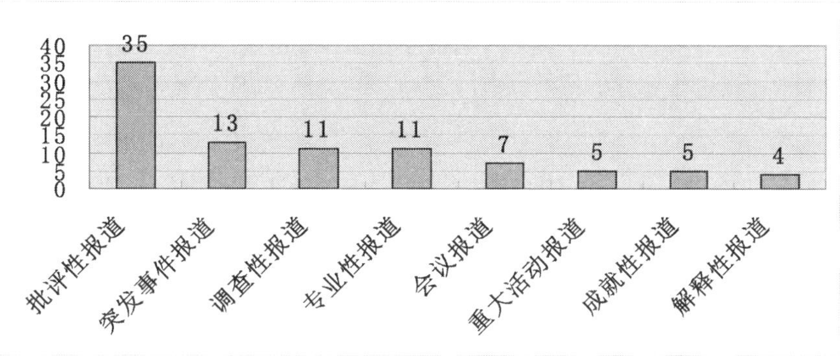


图7　难度较大的报道种类

8. 上述报道难度大的主要原因是什么？

与上述认为有难度的报道的类型相符合，被调查者在谈到报道难度大的原因时，最集中的意见是“外界干扰因素多、阻力大”，其次是“上级领导不支持、干预多”“采访对象不合作、采访难”“报道对象比较复杂，不易了解和把握”“发稿难度大”“报道者自身知识能力跟不上”“审稿太严”“报道次数多，难有创新和突破”“采访经费不足”等。

从这些问答可以看出，外部环境对新闻报道的限制，尤其是领导部门的干预是报道难度大的一个重要原因，郑州晚报一位主任特别写道：“主要是度上难以把握，难以达到上下两头满意。”另一方面重要原因是报道者自身的知识能力与现实工作需要不相适应，如知识老化、对现代技术的掌握不到位、缺乏创新思维和能力等。这些问题的解决要靠加快新闻体制改革、建立健全新闻人才的培养、使用、管理制度。

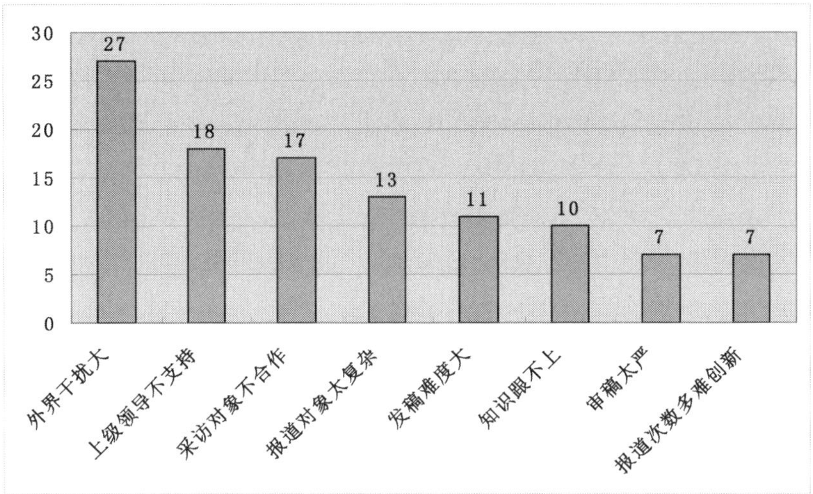


图8　报道难度大的原因

**调查结果分析（二）：**

本次调查的另一主题是新闻媒介对新闻报道的策划与组织机制、运行方法、采编管理流程及其管理制度。提问与回答情况如下：

1. 被调查者所在的媒介中，什么机构负责新闻报道的选题策划？

由于被调查的41家新闻媒介内部组织结构不同，调查结果显示，这些媒介的新闻报道策划和组织的机制也有所差异。在近半数的被调查媒介中，各新闻采编部门承担了新闻报道选题策划的任务，还有11家媒介的编委会、9家媒介的总编室、7家媒介的采访中心、4家媒介的编辑中心、4家媒介的新闻策划中心负有报道策划的职责（注：有些媒介同时有两个甚至更多的部门担任了策划职能）。但也有7家接受调查的媒介中没有专门的部门负责新闻报道选题策划工作。北京一家报社的编辑写到，“本报在新闻策划方面较弱，在重大活动报道中总是仓促上阵，一方面是没有专门的策划机构，另外没有专门的策划人才，主要领导也没有这方面的想法……报社内有新闻研究所，但实际上是个养老机构。”这种情况在我国各类型新闻媒介中有一定的代表性，应引起重视。

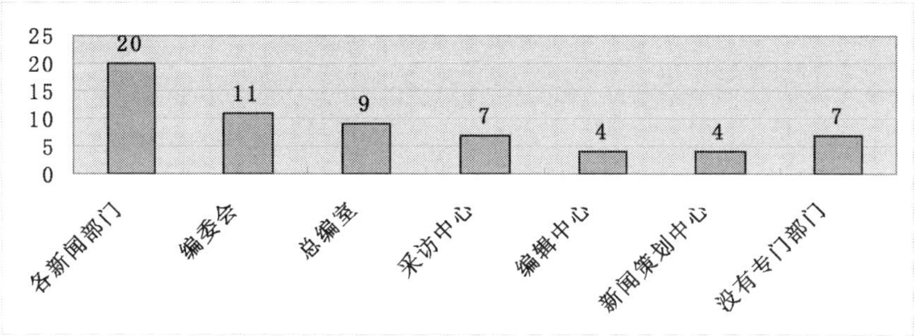


图9 负责选题策划的部门

2. 多少时间进行一次新闻报道选题策划活动？

接受调查的41家新闻媒介中，有24家进行周期性的新闻报道选题策划，其中每周进行一次选题策划的最多，有17家，其他媒介则每天一次到每季一次不等。不定期进行新闻报道策划的有16家（注：有一些媒介在周期性的报道策划之外，还根据需要临时进行非周期性的策划，不计入此列）。有一家网络媒介刚创办不久，选题策划尚未纳入工作议程。从调查结果可以看出，“新闻报道策划”的理念已经广泛地在新闻媒介中树立起来，但从管理和操作层面上看，这项工作又做得并不到位。将选题策划作为必不可少的业务环节纳入日常工作安排的媒介只略微超过半数。这种情况与我们前两项调查结论——新闻报道水平的自我评价（29家媒介的采编人员认为所在媒介的报道水平“一般”“不太高”甚至“比较差”）、新闻报道是否发挥了应有水平的自我评价（37家新闻媒介的采编人员认为只发挥了部分水平，还可以做得更好，1家认为基本没能发挥水平），呈正相关的联系。

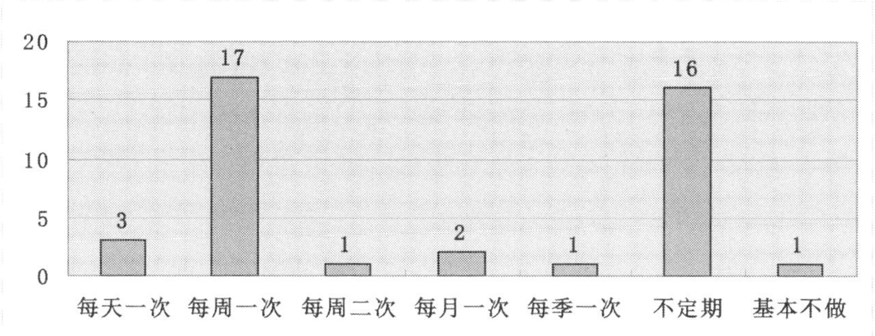


图10 报道策划运行周期

3. 负责进行新闻报道选题策划的是什么人？

新闻媒介中负责新闻报道选题策划的人员大致有媒介的领导人、媒介中层部门的领导人和普通记者编辑共三个不同层次的采编人员。在接受调查的媒介中，有4家媒介的社长（台长）、14家媒介的总编辑直接进行报道选题策划，有32家媒介的新闻采编部门主任、3家电视台的节目制片人、编导担负选题策划任务，还有7家媒介的编辑记者直接进行选题策划。此外，还有2家媒介设有专门负责选题策划的业务岗位。调查中我们还发现，在一些重视策划的新闻媒介中，往往有总编、主任、普通编辑记者多层次的人员担负选题策划任务，只是选题的层次、重要性不同。这种现象也说明对新闻资源的开发在媒介内部不同层次上都有运行。

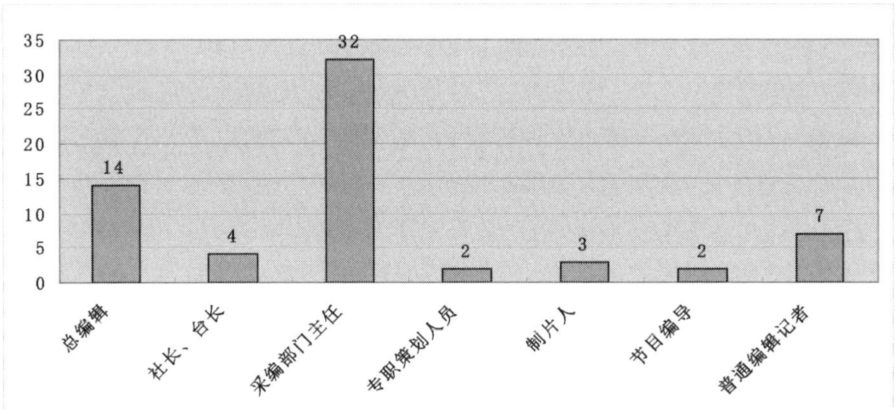


**图11　新闻报道策划主体统计**

4. 经过策划的报道在报道总量中大约占多大比例？

调查显示，在报道之前经过精心策划和组织的报道占报道总量不到半数的，有31家新闻媒介，其中有10家媒介这个比重还不到20%。这说明总体上看，我国传媒策划与组织新闻报道的专业水平还不够高，在大多数情况下，新闻报道的运行还处于任由记者编辑散兵游勇各自为战的状态，从媒介甚至媒介集团层面上对新闻资源的开发和整合都缺乏谋划和组织，更缺乏对媒介自身资源的整合利用，这对新闻竞争显然是不利的。

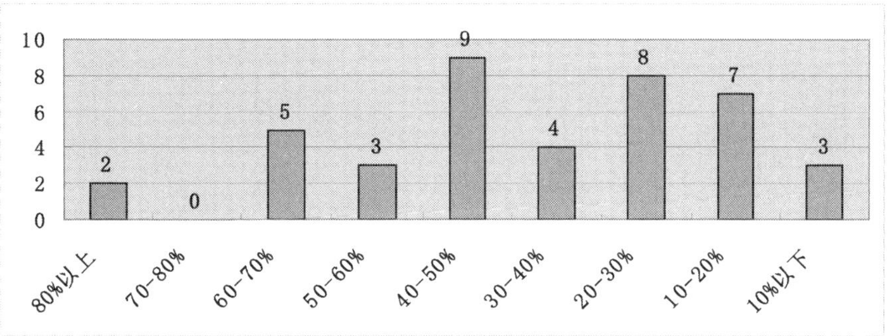


图12　策划性报道所占比例

5.被调查者所在的媒介对哪类报道比较重视策划和组织？

一半以上接受调查的媒介将“深度报道”“重大活动报道”“重要会议报道”列在重视策划的报道之列，“节日报道”“独家发现的新闻报道”“突发性事件报道”“批评报道”也受到10家以上的媒介的重视。此外，“社会新闻”“文体活动报道”也受到一些媒介的重视。比较而言，“专业报道”只被3家媒介提到，受重视程度不够。当然，这与我们调查的媒介大多是综合性媒介有关，但另一方面，这也反映出目前我国专业性新闻报道的水平不高，与这类报道没有得到应有的重视有关。我们认为，正因为综合性媒介的定位特点，要使专业性报道能够符合普通受众的需要和兴趣，更应该精心选择和设计这类报道的选题、方法和表现形式。

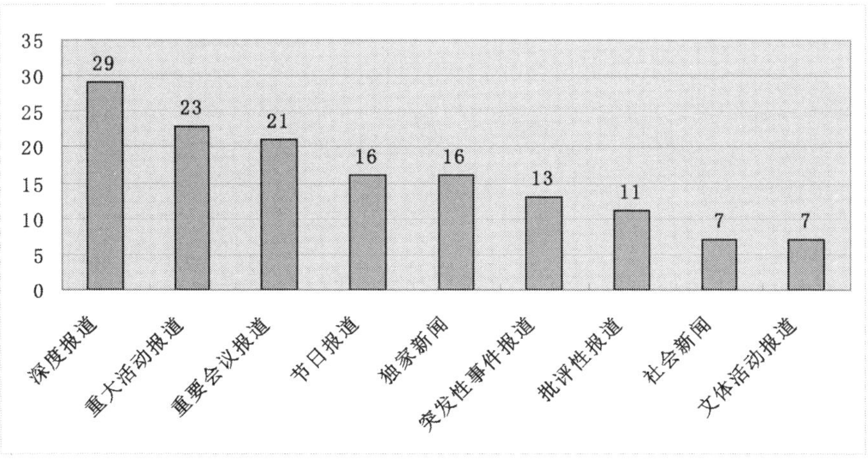


图13　策划性报道的主要类型

6. 策划新闻报道的主要目的是什么?

这一问题的调查结果表现了我国新闻工作的观念变革。有27家新闻媒介的被调查者将“表现媒介的水平和实力”列为策划报道的主要目的之一，25家新闻媒介的被调查者将“让报道具有轰动效果，以吸引受众，带动阅听率上升”作为主要目的之一。高居首位的这两项回答，说明媒介新闻人员对媒介形象和媒介市场反应的重视。有23家媒介的被调查者认为“完成上级交给的新闻宣传任务”是新闻报道策划的主要目的之一，这反映了我国主流媒介的一贯立场和宗旨。此外，“体现报道意图，实现专业追求”“使报道更符合媒介的定位和编辑方针”“使报道与竞争对手相差异，追求独家性”“吸引广告客户，带动经营”等也都有10家以上的媒介从业人员提到。从这些报道策划目标中我们可以看到，新闻报道者对媒介经营的重视，力图使新闻传播与媒介经营相结合的一种追求。但我们也不能不对经营目标对新闻报道的影响力过大可能带来的问题保持警惕。此外，接受调查的拉萨晚报一位副总编表示，该报进行新闻报道策划的主要目的还包括培养锻炼采编人员的业务能力。我们认为，确立这样的目标是很有远见的。

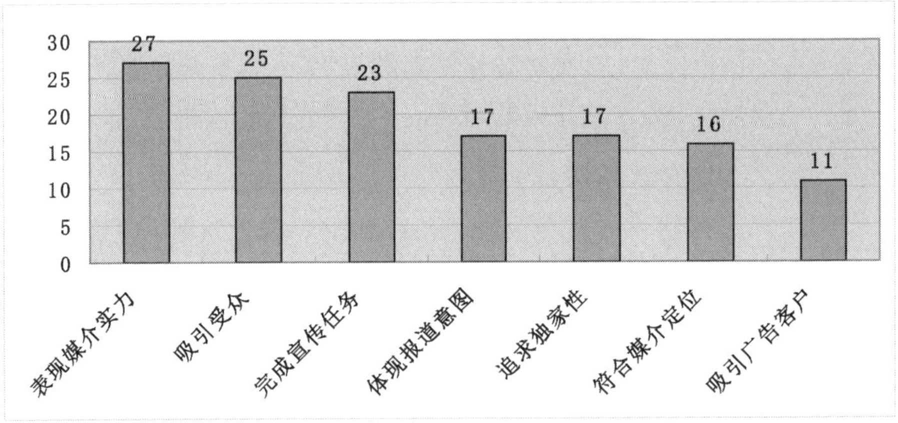


图14 报道策划的主要目的

7. 在策划性的报道中，运用最多的报道方式是哪些?

报道方式的选择和设计，是报道策划中最有创意的一项内容，它能够反映新闻传播活动中对资源进行开发、整合、表现的策略、方式和艺术。调查结果显示，有半数以上的媒介主要采用的报道方式有“连续报道”“集中报道”和“系列报道”，这是比较常见也比较传统的报道方式，新闻策划者对于这些方式显然驾轻就熟。有14家媒介的被调查者表示“受众参与式报道”是他们经常运用的报道方式，这种方式受到重视说明我国媒介对于受众的关注、对吸引社会公众参与到传播活动中来正在加大努力。

此外，有12家媒介经常采用“组合式报道”，有10家媒介采用“设计和组织一些活动，同时进行报道”的方式，有8家媒介重视采用“介入式报道”，有6家媒介重视采用“媒介联动式报道”，有5家媒介重视“与吸引广告相结合策划报道”，有4家媒介重视“与媒介发行相结合进行策划报道”。后几项报道方式在以往计划经济时期都是很罕见的，今天媒介对这些报道策划方式的重视，说明了市场竞争压力对新闻传播理念和方式的直接影响，表现了新闻业务领域中的不断创新和突破。但同时，这也可能带来一些问题和弊端，如“介入式报道”“与吸引广告相结合策划报道”“与媒介发行相结合进行策划报道”这些报道策划方式如果把握不当，都可能使新闻报道违背其真实、客观、公正的原则，我们应对此保持清醒的认识。

在上述报道方式中，“媒介联动式报道”是一个值得重视的报道方式，目前这种方式在媒介中运用得还不够广泛。北京一家报社的编辑接受调查时说，“联动式报道做得少，是因为单位不鼓励，也是出于办出报纸特色的考虑，不愿意与其他媒介合作。”这种观点反映了目前的一种矛盾心理，即对“媒介联动”这把“双刃剑”能不能用、怎样用的困惑。我们认为，应该从媒介的定位差异、形态差异等方面研究新闻资源的联合开发策略，这种策略本质上应该是追求差异性、错位性的开发，以避免信息重复和媒介产品的雷同，实现各联动媒介“双赢”或“多赢”。

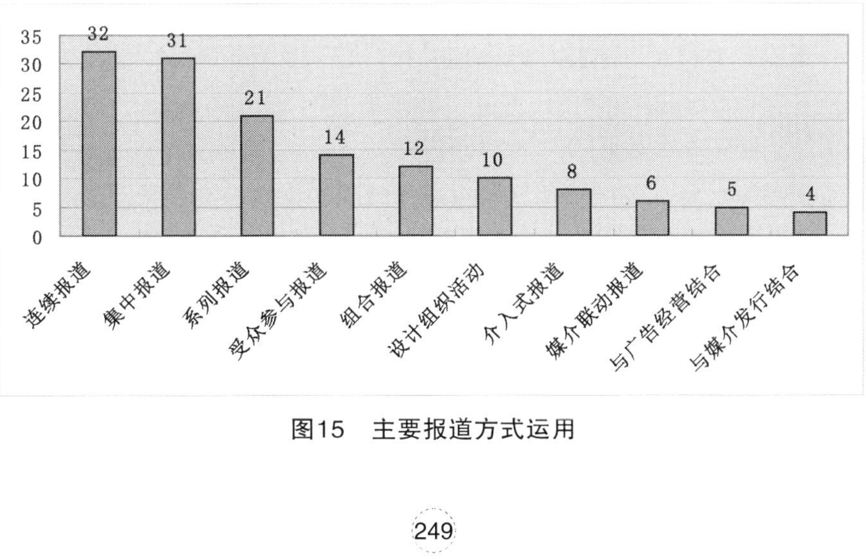


图15　主要报道方式运用

8. 报道选题策划在采编管理中是否作为一项制度要求执行？如是，是怎样规定的？

调查结果显示，有21家新闻媒介对报道选题策划有制度上的规定和要求，20家媒介没有这方面的制度规定。这说明总体上看，我国媒介在通过报道策划实现新闻资源开发方面还不够成熟和规范。

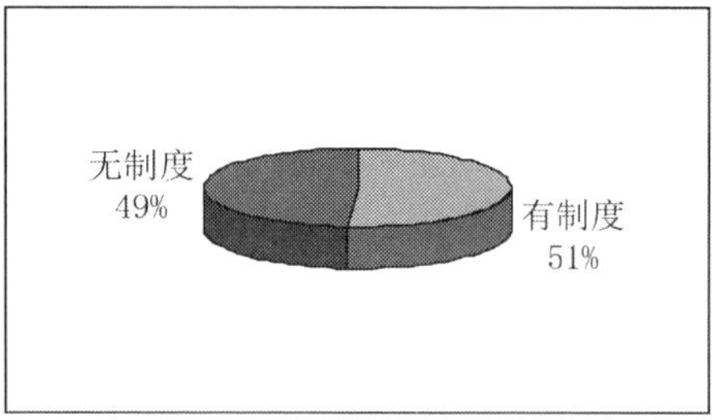


在建立了选题策划管理制度的媒介中，有些媒介出台了一些比较原则性的管理规定，如人民日报要求对重大报道定题目、定交稿和见报时间、定采访人、审稿人、定版面。经济日报要求各采编部门不定期进行策划，报社则专门设立了新闻策划部，负责整合全报社的资源进行报道的策划组织。羊城晚报要求对跨部门的报道、重大活动报道、节日报道和重大会议报道必须进行策划。内蒙古电台采访部要求各报道组负责人在每周一例会上报选题并进行讨论。呼和浩特晚报规定每日早会上所有记者必须汇报当日选题策划的情况，每周例会各采编部门汇报当周选题策划的情况，每月在全体会议上共同策划当月报道选题。拉萨晚报要求编辑记者每周报一次选题计划，根据计划的可行性或可操作性决定是否可采用。也有一些媒介对选题策划的管理更加细致，要求更加具体，如郑州晚报规定每位报道组长每月要完成8项选题策划。

从这次调查结果看，电视台普遍比较重视新闻报道策划，如中央电视台"新闻调查"栏目规定所报选题必须经过策划会讨论，在开拍前必须有一份较详细的策划文案。北京电视台新闻中心每周一进行包括制片人、主编、策划人员在内的选题策划会，对编导报上来的选题从采制视角、节目立意等方面进行论证、筹划。在网络媒介中，千龙新闻网对报道策划是比较重视的，新闻中心规定每周至少召开一次选题策划会，各部门每周也要开一次策划会，遇有重大活动，还临时召开专题策划会。

9.报道策划是否列入业务考核和奖励的范围？如是，如何执行？

调查结果显示，有20家媒介将报道策划列入了业务考核和奖励的范围，21家媒介则对此没有任何考核或奖励。这个情况应引起我们的重视。超过半数的媒介对新闻报道策划没有任何激励措施，对提高新闻报道水平、实现新闻资源的深入开发是极其不利的。

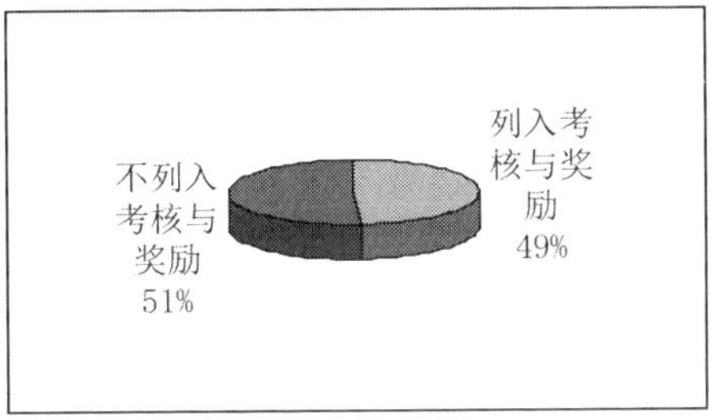


另外，从调查结果看，对报道策划的考核和奖励方法各媒介的做法大致有这样几类：

一是精神鼓励为主，如人民日报是在总结工作时给予表扬，在晋级时适当倾斜。河南日报也对成功的策划通报表扬，记为相关人员的工作业绩。

二是表扬的同时给予物质奖励，如内蒙古北方新报对好的策划性报道即时给予奖励，方法是发布“情况通报（表扬），并发给奖金”。呼和浩特晚报对成功的策划性报道每月进行奖励。三湘都市报根据读者和领导机构对报道的反映，确定相关人员能否获得当日好新闻奖、季度优稿奖和总编辑奖。

三是将报道策划与日常业务考核相挂钩，如中央电视台“新闻调查”栏目的考核与奖励以策划案的质量和难度为准。北京晚报将选题策划与责任编辑的业务考核评分相联系，与奖金挂钩。内蒙古电视台对每天发稿有自选题（即策划性选题）的数量考核，各档节目的考核标准还有区别。内蒙古电台、湖南电台对付诸实施的策划性选题在考核时给提出选题的相关人员加分。湖南电视台对被采用的策划要折算成每月记者编辑的完成的工作量。郑州晚报规定每位报道组长每月要完成8项选题策划，每少一项扣200元，每超一项奖200元。

四是综合采用上述多种方法，如河南大河报每周以部为单位开一次策划会，这些策划选题根据操作水平和运行结果计分，与年、月考核挂钩。另外还根据报道质量给予总编月奖、通报表扬等不同层次的奖励。千龙新闻网在每月度的评奖中专门列出“策划奖”，评出三至五项，奖金在工资中兑现。同时，部门策划工作在部门主任的工资系数中占20%，由新闻中心总监直接评定。

通过这次调查，我们认为我国新闻媒介对新闻资源的开发理念、开发策略和开发效果与以往相比都在变动、提高中，但目前的整体水平还不够高，新闻从业人员的积极性和创造力还没有得到充分的发挥。要迅速提高我国媒介的新闻传播质量，还应该内外双管齐下，标本兼治。一是加强新闻体制改革的力度，创造更宽松的新闻舆论环境，为新闻传播活动提供更广阔的舞台，同时加强规制建设，防止新闻传播活动中媒介权力的滥用，防止新闻报道产生不良社会影响；另一方面要加强新闻媒介内部机制改革，提高管理水平，同时加强对新闻采编人员的教育和培训，建立新闻从业者终生学习制度，提高他们的业务素质和能力。

（蔡雯撰写，中国人民大学新闻学院博士生唐宋、贾国飚、硕士生甘露、李勤、孟金霞、孙宏、纪亚琳、中央民族大学新闻系研究生刘国良协助作者完成了本次调查。原载于《新闻实践》2003年第5、6期）

# 从“非典”报道看新闻编辑策略

编辑策略是新闻业务范畴中的一个问题，它决定了编辑对新闻资源的整合利用，对各项具体编辑业务具有引导和约束作用，但编辑策略的形成与变化，又与媒介的外部因素以及媒介的经营方针有着紧密联系，在2003年引人瞩目的“非典”事件之后，重新审读有关这一事件的新闻报道，能使我们对这个问题有更多的认识。

## 影响编辑策略的外部因素

在新闻传播实践中，新闻编辑策略无疑体现着新闻传播主体的主观意愿，报不报道，如何报道，都是编辑策略指导和决定的结果。然而，“非典”的出现，特别是“非典”报道过程中的转折，向我们揭开了编辑策略背后更真实的东西，给了我们一个重新审视媒介环境和审视新闻传播的机会。

我们不妨先回忆一下“非典”报道的曲折。去年年底“非典”在广东出现，第一批病人陆续出院之后，就有专家建议向社会公布信息，但未被政府采纳，此后大量谣言在社会上流传，引起公众恐慌和形势一度失控。今年2月10日后，广东的媒介才对非典疫情进行客观报道并对舆论加以引导，立即起到稳定人心、平息抢购风波的作用。然而，广东媒介这番从缺位到复归的经历，并没有引起有关政府部门对媒介效应的深思，特别是在社会危机中如何正确运用媒介的反省。因此，在“非典”蔓延到北京及更多的地区之后，有关政府部门仍然重蹈覆辙，没有通过媒介及时向社会公众发出警报。直到4月20日，国家主席胡锦涛做出“不得瞒报、缓报疫情”的指示，21日卫生部和北京市两位要员同时被免职，面向中外记者的新闻发布会召开，我国各地主流媒体才真正介入了这一非常事件的传播活动中。

之后的一个多月中，“非典”成为各类媒介上出现频率最高的词，新闻媒介投入了很大的热情宣传对抗击“非典”的典型人物，以进一步动员起全社会的力量，增强人们的决心和信心。媒介在这方面的努力，得到了全社会的赞许。可是在对这些成绩做出全面肯定的同时，媒介在这一报道中时有出现的“失度”——过分渲染和煽情也受到了一些专家的批评。有学者指出，随便打开电视或一张报纸，什么“战争”“应急保卫战”“舍生忘死”“筑起铜墙铁壁”“勇闯非典病区”“围追堵截”“火线入党”等等，几乎到处都是。这种比喻性的说法，其好处是可以突出气氛，但无疑也会引起紧张和焦虑，后者恰恰是我们面对“非典”这种人类尚未完全认识的疫病，很容易产生而又必须避免的。批评者认为，“失度”在对医务人员的报道上更加严重。按理说，“救死扶伤”本就是医生护士的天职，但在“非典”报道中，一些媒介却把救治“非典”诠释成一场“生死离别”，“当媒介上出现的具有专业知识的医务人员，对上一线救治‘非典’似乎都是舍生取义一般，那又如何让普通的民众消除恐惧心理，相信‘非典’是可防可治？当那种‘探密式’的传染病区报道频频出现，又怎能使民众不对似乎从重重严密封锁中出来的治愈者乃至医务人员抱有戒心？抗击‘非典’需要信念，这信念是建立在对党和政府的信任，建立在对科学救治的理解和信心基础上的，既不是靠激情的鼓荡，也不是靠情感的演绎。况且由于各地疫情不一，医务人员所面临的压力和危险也各异，一窝蜂用同样的力度尽情歌唱赞颂，其必要性也让人怀疑。”①

非典报道的这段历程在中国新闻传播史上会留下一笔重要的记载，因为它对于新闻媒介也许称得上是一个重要的转折点。我国媒介对突发灾难性事件的报道，有望由此获得突破性的改革。因为我们看到了媒介最强大的一种控制力量——党和政府的媒介策略的一种变化，从在计划经济时期将媒介仅仅作为一种发号施令的宣传工具的习惯，终于开始转向对媒介的沟通功效和预警功效的重视。这既是对社会公众知情权的尊重，也是对新闻传播规律的尊重。

媒介在非典时期的转折，说明编辑策略是受到外部环境因素制约的，尤其是政治力量的控制。由此我们再一次看到，新闻改革是在政治改革和民主进程的框架中进行的，新闻专业主义作为一种职业精神，在现实中和政治控制力量的碰撞是不可避免的。正是这种碰撞，使新闻媒介对突发性事件逐

① 黄旦 严风华 倪娜：《全世界在观看——从传播学角度看“非典”报道》，《新闻记者》，2003年第6期。

步地养了“一慢二看三通过”的习惯，先要层层请示，待定下报道的基本调子，才可按此处理。甚至把突发事件报道简单地等同于负面新闻不敢公开。这些问题现在已经到了必须反思和解决的时候了。

## 影响编辑策略的媒介定位

“非典”不但给社会尤其是上层一个重新认识媒介及新闻传播的契机，也给了媒介一个自我反省的机会。当新闻传播的政策环境逐步宽松以后，我们的报道真的能够满足社会公众的信息需求，能够担当起正确引导舆论和服务公众的社会责任吗?

在这次“非典”报道中，总体上说媒介发挥了积极的沟通和引导作用，从及时报道疫情到动员甚至组织社会各界同心抗灾，从传播医疗卫生知识到提供与抗“非典”相关的各种社会服务如热线咨询、专家答疑等，都得到了社会肯定。各报根据自己的性质和特点策划和组织报道，也表现出一定的差异性。笔者请人大新闻学院的一位博士生以4月21日至5月21日的《北京日报》《北京晚报》《21世纪经济报道》《中国经营报》四家报纸为研究对象，进行了报道内容的分类统计和比较，统计结果如下[①]：

表 1

| | 政府活动 | 各类会议 | 疫情发布 | 社会新闻 | 经济新闻 | 教育新闻 | 科技新闻 | 文化新闻 | 体育新闻 | 法制新闻 |
|---|---|---|---|---|---|---|---|---|---|---|
| 北京晚报 | 105 | 12 | 31 | 395 | 32 | 48 | 42 | 24 | 34 | 45 |
| 比例 | 13.6% | 1.5% | 4% | 51.4% | 4.2% | 6.3% | 5.5% | 3.1% | 4.4% | 5.9% |
| 北京日报 | 193 | 40 | 31 | 410 | 63 | 23 | 37 | 28 | 9 | 23 |
| 比例 | 22.5% | 4.7% | 3.6% | 47.8% | 7.4% | 2.7% | 4.3% | 3.3% | 1.1% | 2.7% |
| 21 世纪经济报道 | 43 | | | 26 | 35 | | 11 | | | 6 |
| 比例 | 35.5% | | | 21.5% | 28.9% | | 9.1% | | | 5% |
| 中国经营报 | 3 | | | 13 | 70 | | | | | |
| 比例 | 3.5% | | | 15.1% | 81.4% | | | | | |

① 数据引自许向东的研究报告《从非典报道看新闻信息资源的整合》。

从以上数据中可以看到，报纸定位的差异对编辑新闻选择和编排的影响。《北京日报》和《北京晚报》作为综合性报纸，在“非典”报道中报道面较广，而《中国经营报》和《二十一世纪经济报道》作为经济类专业报纸，对“非典”的报道集中在经济领域，选题侧重点更倾向于报道、分析与非典相关的各类经济信息和经济现象。特别是《中国经营报》，“非典”经济新闻比例占到80%以上，其财经类周报的定位特色在报道选题方面是表现得很突出的。

但是，我们也应看到，新闻媒介在这次报道中暴露的种种问题：一是流于肤浅的报道远多于有深度的新闻，说明我们可能善于“煽情”而缺乏“理性”，这在前文中已有说明。二是缺乏相关的专业知识和研究问题的能力，比如“非典”对我国社会和经济发展的影响，是需要做解释性、前瞻性深度报道的，而这方面相比对医务人员的歌颂，媒介显得力不从心。财经类报纸在这方面比综合性报纸略显优势，如《中国经营报》5月19日的“热点三人行”栏目中刊出的《抗击“非典”下乡可能成为扭转城乡二元结构的拐点》，以及同日推出的八块版组成的“后SARS时期的营销攻略”特别报道，从选材的个性特点到报道深度的追求，都是比较出色的。而相比之下，这样的报道在我们传统主流报纸上则很少见。三是报道的同题重复和缺乏新意，尤其是机关报与市民报在报道选题方面的重复与雷同较多，这在报道医务人员忘我的工作、社会各界的广泛支持、政府领导的关怀与指挥这些选题方面，尤其表现得明显，从报道思路到新闻语言，都落入俗套。这说明在媒介市场细分化的时代，被宣传得很热的媒介定位在新闻报道层面上并未真正落到实处。

## 影响编辑策略的价值追求

“非典”报道的得与失，促使我们思考这样一个问题：在新闻传播中，作为把关人的新闻编辑，应该奉行什么样的编辑策略？在政治压力和市场压力的双重作用下，媒介怎样应对突发性的灾难新闻？是明哲保身地等待观望？是哗众取宠地争夺眼球？还是抱着对社会负责、对历史负责的态度，忠实于新闻工作者应该担当的使命？我想，答案是不容置疑的，但真正做到实处又是非常困难的。

我认为，新闻编辑策略，不仅是一种编辑对新闻报道的决策和谋略，更应该是一种价值追求的体现，这种追求落实在新闻选择和新闻编辑流程中，那就是以迅速、客观、深刻、独到为新闻传播的理想境界和专业准则，为此要从采编管理层面上建立有效的运行机制并采取保障措施。

“迅速”进行传播，要求我们打破“一等二看三通过”的旧习，以敏锐的新闻眼光随时捕捉社会的每一点变动，以敢担责任的勇气迅速进行报道。在采编机制上，要打破部门间的壁垒，防止记者因这种壁垒而产生的视野狭窄、为被采访单位代言、新闻敏感度下降等弊端。新闻媒体应该采取对新闻时效的奖励和对新闻漏报的处罚措施，并建立机动记者队伍应对重大突发事件，建立对突发性重大新闻的快速策划机制。

“客观”进行传播，要求记者以高度的责任感和过硬的采访技能进行深入现场的新闻调查，要求编辑严格把关。更重要的是，新闻报道要本着全面反映事实全貌的原则，注意从不同的角度、不同的层面展开，报道不同的观点和声音，而不是以偏概全，甚至“一面倒”。在这方面，我们应该借鉴西方媒介“平衡报道”的做法，学会以客观、平衡的报道实现有效的舆论引导。

“深刻”进行传播，要求记者编辑培养研究问题的习惯和能力，对事物的报道不只停留在事实的表象和细节上，而能够对其背景、相关事件或现象、发展前景、社会影响等进行全面深入的分析，真正为受众解惑释疑。新闻编辑不仅要有深度报道意识，还需要谙熟对新闻信息资源进行深度开发和优化配置的各种手法和技巧，具备过硬的业务功底。

“独到”进行传播，在今天新闻源越来越难以独家占据、资源共享性特征越来越明显的情况下，无疑是决定竞争成败的关键。“独到”是针对“共性”而言的，报道视角的独到，新闻观点的独到，报道结构和方法的独到，新闻表现形式的独到，等等，都是新闻传播者应该追求的。而“独到”的实现，又取决于创新思维的创新的积极性，新闻媒介必须建立一种鼓励创新甚至“强迫”创新的机制，才能使新闻报道水平不断地超越他人，超越自己，才能够保持卓越，保持个性。

（蔡雯撰写，原载于《国际新闻界》2003年第5期）

# 将新闻传媒建设成学习型组织

## ——培养新闻工作者的学习力是一个紧迫的任务

今天，“学习型组织”在充满活力的中国社会中已经成为使用频率极高的词。在学习贯彻十六大精神和“三个代表”重要思想的过程中，有关建立“学习型企业”“学习型社会”的新闻报道也在媒体上频频出现。对于传播这一理念的新闻传媒来说，更迫切地需要将自身建设成学习型组织，因为这项工作将决定媒介的核心竞争力和未来的发展前景。

近两年，我们在主持教育部“十五”社科规划项目“新闻报道策划与新闻资源开发”的过程中，为了对我国媒介的新闻报道水平、运作机制和资源开发能力有一个比较全面的了解，曾组织课题组成员分赴全国六省区市（北京、广东、湖南、河南、内蒙古、西藏）的41家主要新闻媒介（包括部分中央新闻单位，省级报纸、电台、电视台，中央和地方新闻网站）进行了实地调查。调查结果使我们深切感到，新闻传媒要提高质量，一个紧迫的任务是培养新闻工作者的学习力。

所谓学习力，由三大要素组成，第一是学习的动力，第二是学习的毅力，第三是学习的能力。促使我们关注媒介从业人员学习力问题的是这样一些数据和情况反映：被调查的41家新闻媒介中，有超过半数的媒介采编人员认为，所在媒介的新闻报道水平“一般”，认为水平“比较高”的有12家媒介的被调查者，还有3家认为“不太高”，3家认为“比较差”。这一调查结果显示，新闻报道水平的自我评价目前普遍不太高。37家新闻媒介的采编人员认为，根据自己所在媒介的新闻采编人员的素质与能力，目前的新闻报道只发挥了一部分水平，还可以做得更好。只有3家媒介的人员认为已经发挥了最高水平，还有1家认为基本没有发挥水平。

为什么新闻报道的水平对于大多数媒介来说不尽如人意？被调查者中有超过2/3的人认为，主要问题是“有些领导不支持或不尊重新闻规律，行政干预太多”，还有近半数的被调查者认为，“媒介体制改革不到位，部门之间关系没有理顺”“采编人员缺乏新知识、新技能的补充学习”“采访经费不足”是主要原因。除此之外，被提到的妨碍新闻报道的因素还有“奖惩不明，不能调动积极性”“技术设备落后”“缺乏采编管理知识和经验”等。

提高新闻报道水平的决定性因素主要是什么？80%以上的被调查者认为，记者与编辑的业务能力是提高报道水平的决定性因素。北京一家报社的编辑在问卷上特别写道，“领导对员工没有有意识的、有组织的培训，也不鼓励，报道水平很难提高。”有近半数的被调查者认为，“采编人员缺乏新知识、新技能的补充学习”是目前我国新闻报道水平不够高的主要原因。

上述这些情况说明，新闻媒介要提高新闻报道水平和媒介产品质量，必须提高新闻从业人员的基本素质和业务能力，加强人力资源管理。对于媒介来说，固然可以通过“人才引进”在短期内改变人员结构，提高竞争力，但从根本上说，媒介人力资源总体水平的提高主要还是通过对现有人员的教育培训来完成。

目前我国的新闻从业人员大多接受过高等教育，具备一定的专业知识和技能。但是应该看到，新闻人才的培养，学历教育只是基础，尤其在知识涉及面广、应用性强的新闻传播领域中，学习力的培养较之阶段性的学历教育更加重要。因为当代社会科技发展日新月异，知识总量的翻番周期愈来愈短，从过去的100年、50年、20年缩短到5年、3年。据国外研究机构测算，现在人们原有的知识正以每年5%的速度不断“报废”，如果不随时进行知识的更新和补充，10年后就会有50%的知识变得陈旧和老化。可以设想一下，如果一个人工作45年，其知识的更新量会占到他个人全部知识的80%到90%，这些新知识只有通过不断的学习才能获得。中国继续工程教育协会理事长庄毅说，“继续教育作为一种特定的教育形式，是对传统教育观念的深刻变革。过去的‘一次性教育’已为‘终身教育’观点所代替，在校教育已不是人生教育的终结，而是打基础阶段，人必须一生受教育，不断接受新知识。继续教育的主要对象是大学后在职专业技术人员，他们是科学技术的载体，又是社会生产力诸因素中最活跃的因素。他们有较高的学历、较扎实的专业基础知识，较丰富的实践能力和经验。继续教育是对在职专业技术人员进行专业知识和技能补充、增新、拓宽和提高的教育，着重开发其创造力和创造性思维，提高技术创新能力。”①新闻从业人员作为传播新知识新信息的专业人

① 鲁克成、罗庆生：《创造学教程》，中国建材工业出版社，1997 年版，第 205 页。

员，更加需要进行这样的终身教育。

新闻人员的学习力培养，仅靠个人的自觉性是不够的，媒介组织对这项工作起着至关重要的作用。我们应该看到，人的学习力，是所有企业和组织最本质的竞争力。如被《财富》杂志列为世界500强的大公司，堪称全球竞争力最强的企业。然而，1970年的全球500强，到80年代已有1/3销声匿迹，到20世纪末则所剩无几。这一嬗变，一方面反映了新科技革命风起云涌，新经济产业不断替代传统产业；但另一方面，也反映了许多大企业不善于与时俱进，跟不上时代发展的步伐，必然丧失竞争优势。正是基于对此形势的洞察，国际管理界推出了创造学习型企业的战略举措。最早提出“学习型组织” 概念的是美国麻省理工学院教授彼得·圣吉（Peter M.Senge）和他的一些同事，他们将系统动力学与组织学习、创造原理、认知科学、群体讨论与模拟演练融合在一起，希望在这样的组织中通过学习，培养适应变革和创造的能力。我国学者认为“学习型组织理论是在知识经济时代应运而生的管理理论，是当今世界最前沿的管理理论之一。”①这一理论的内涵可以概括为三个方面：

第一，学习型组织是全体成员能全身心投入并持续增长学习力的组织。一般认为企业的竞争，是人才的竞争、资源的竞争等等，但是学习型组织理论告诉我们，当今企业的竞争归根到底是学习力的竞争。不是说人才不重要，但是问题没有说到底。一个企业学习力比较强，那么几年以后，不是人才的会变成人才，是一般人才的会变成高级人才。

第二，学习型组织是能让全体成员活出生命意义的组织。一个组织，一个企业，只有让全体员工活出生命意义，把所有潜力都发挥出来，这样的组织才有活力。

第三，学习型组织是能通过学习创造自我、扩展创造未来能量的组织。学习只有一个目的：为了创新，为了创造未来。如果一个企业整天学习而不能把这学习转化为创造能量，这就不是学习型组织。

这些理论对新闻媒介是很有参考价值的。结合新闻传媒的特点，我们认为，要将新闻媒介建设成学习型组织，可以从以下几方面着手：

---

① 《“学习型组织”三问——张声雄教授访谈录》，中安网，2003 年 3 月 14 日。

## 一、建立“全员性”“全程性”与“专业性”“阶段性”相结合的学习制度

“全员性”，指媒介的全体员工作为学习主体，都应该参加学习并完成规定的学习任务。这不仅能全面提高员工素质，而且还能形成全体员工一致的媒介理念和价值观，使部门之间、员工之间能够更好地协作。目前我国媒介产品存在着诸多不足，如各组合部分之间的相互重叠、新闻报道的无序化、新闻信息与非新闻信息的相互冲突、媒介形象与风格的不一致与不稳定等，一个主要的原因是从业人员的媒介理念不一致，因为他们对媒介的认识往往受到其所在岗位的限制。一般来说，受过专业教育的新闻采编人员比较重视新闻专业立场和传播规律，而发行、广告人员则更多地关注市场变化和用户需求。从媒介整体利益来看，新闻传播与媒介经营本质上相互依存与支撑，但在实际运作中却又因很多具体问题发生冲突，是新闻重要还是广告、发行重要？一旦有广告商、发行对象提出一些特殊要求时，编辑部门与经营部门的冲突便在所难免，结果可能导致不良广告和“发行稿”对新闻版面的冲击。因此，有必要通过全体性的学习，培养所有员工的大局意识和长远意识，纠正他们从部门或个人利益出发的狭隘观念和短期行为。

与“全员性”相互补充的是“专业性”的学习，即针对不同类型的专业工作者的工作任务，安排各类专业培训。如针对新闻编辑和记者的采编业务培训，针对广告人员的广告业务培训等。如果说“全员性”学习旨在培养员工的媒介理念和基本素养，“专业性”学习则更加重视专业技巧和实际操作能力的训练。

“全程性”，指将学习贯穿于员工职业生涯的始终。做到这一点要求媒介巨大的投入。应该承认，在我国无论是历史悠久的全国大报、机关报，还是后发的都市报、新型专业报，大多数报社对员工的培养都投入不足。一方面原因是人手有限，编辑记者越是骨干越离不开岗位；另一方面原因是财力有限，对员工的培养难以长期有规律地进行，只能偶尔为之；还有一个担心是怕人才流失，担心送一些记者编辑到高校或去国外学习后，他们获得了更高的学位或找到新机会，会另攀高枝。

与“全程性”学习相对应的是“阶段性”学习，这在很多媒介都曾有实施，如围绕某些专业问题请专家学者来开设讲座，对新上岗的员工进行岗前培训等。“阶段性”的学习一般针对性强，有时还有“立竿见影”之效，但

这种学习如果不能有规律地持续，成为“全程性”学习框架上的有机部分，那么从长远看效果还是有限的。因此，我们认为媒介应该将上述四种不同类型的学习有机地组合，建立科学、完整的学习制度。

## 二、采取“学习性工作、工作性学习”的学习模式

媒介对从业人员的培养与高等院校的学历教育不同，它更加强调学习内容与实际工作的紧密配合，重视学以致用，追求实效。因此，应该将从业人员学习力的培养与他们从事的工作更加有机地结合在一起，使他们在工作中学习，在学习中工作。以我们的观察和体验，媒介须抓住这样一些重要环节：

一是将媒介改版与学习相融合。激烈的市场竞争使得新闻媒介的改版频率越来越高，改版是媒介产品经营策略的调整，也应该视作全体从业人员学习新知识、研究传媒业务和统一媒介理念的机会。如经济日报总编室近几年在完成繁重的编辑任务的同时，抓住各种机会进行业务研讨，先后举办了版面改革研讨及论文评比、“二版现象”研讨会及将二版定位为“宏观资讯”版的尝试等，通过不间断的业务研讨和练兵，使一批新入社的年轻人在这里迅速成长为业务骨干，总编室也因此成为中直机关文明单位。事实上，结合改版进行的各种培训在新闻界已经普遍进行，只是培训范围、学习内容、学习要求等有些还待规范。

二是将策划组织重大新闻报道与学习相融合。对于重大报道战役，应该将策划方案、组织实施的过程作为学习的过程，比如吸纳社外专家参与策划和报道，同时就可以安排讲座或报告，这样可以将外部的智慧和知识内化为媒介人员自身的财富。报道结束之后的总结也是发现差距、学习提高的机会。而目前这方面工作普遍做得不细，许多媒介的报道方案过后就找不到了，报道结束后也不总结和反思，这种只埋头拉车、不抬头看路的情况严重妨碍了新闻人员业务水平的提高。

三是将“新闻监测”“专家评阅”等与学习相融合。目前已经有一批有识媒介建立了“新闻监测”制度，如北京日报、上海新闻晨报等将新闻监测与编前会的改革结合在一起，随时发现新闻报道方面的遗漏和不足；还有一些媒介如中国青年报等聘请社外专家担任特约阅评人，定期提供意见和建议。这些工作实际上都可以同时成为新闻人员学习提高的机会，比如结合新闻监测结果针对问题所在进行业务培训，邀请阅评专家到报社开设讲座等。

将学习工作化、工作学习化，才能使学习更有成效，才能让员工在学习

过程中真正增长才干，并获得实现自我价值的满足和快乐。

## 三、与新闻院校合作，探索“项目”与“培训”相结合的多样化的学习途径

新闻院校尤其是名牌院系具有进行人力资源培训和媒介研究的资源优势，如中国人民大学新闻学院近几年来应深圳特区报业集团、哈尔滨日报报业集团等邀请，组织过多次中层人员的集中培训，培训内容根据媒介的需要制定，聘请专家也由报社“点将”，教学过程中还配合对兄弟媒介的实地考察，很有实效。人大新闻学院还为外地一些媒介开设过硕士学位证书班，帮助在职的新闻从业人员完成更高的学历教育，这种 “送上门”的教育方式得到了媒介的欢迎。

新闻媒介与新闻院校的合作，还应该再前进一步，将“项目”研究与人员培训相结合，比如新闻媒介与新闻院校合作进行新闻产品的监控和比较研究，进行媒介市场调查、改版策划等，同时将这些项目研究成果运用于员工培训，针对项目研究中发现的问题有针对性地组织专题学习。这样，既能有效地提高媒介从业人员的业务水平，又能使新闻院系的教师获得更好的理论联系实际的机会，进一步改进教育模式和教学质量，为新闻媒介提供更好的服务。

四、将学习力的培养与媒介的用人机制相结合，使其真正落到实处

新闻媒介建设成学习型组织，最关键的还在于体制改革和制度建设。为什么现在有些媒介的从业人员不重视学习甚至拒绝培训的机会？因为对他们学习力的考察还没有与其岗位、报酬、提职等挂在一起。国外一些著名媒介将安排员工进修学习作为对优秀员工的奖励措施，他们的编辑记者得到深造和学习的机会要比得到物质奖励更加珍惜，就是因为在竞争激烈的职场中，他们只有不断地学习新知识新技能，才能保住并提升自己的位置。而我国新闻媒介由于用人机制改革不到位，以及媒介管理中的漏洞，长期以来助长了一些从业人员的惰性，也使得媒介自身的利益面临着受损的危险。因此，我们要大声疾呼，加快媒介用人机制的改革步伐，加强人力资源管理，将职工接受教育培训的次数、时间长短、实际效果等作为岗位考核和晋升的重要指标之一，形成在新闻媒介不学习不提高就会被淘汰的环境压力，促成媒介从业人员的学习力迅速增长。

（蔡雯、丁士撰写，原载于《新闻战线》2003年第10期）

# 集优势资源打造主流媒体

——对党报改革的思考和建议

改革开放以来，中国报业迅猛发展，不断壮大的都市类报纸和各类专业性报纸，对传统党报（这里主要指各级党委和政府的机关报）的市场占有率和社会影响力形成了强大的冲击。党报如何应对这场挑战？党报的优势和出路在哪里？……这些问题和困惑，亟待正视和解决。

## 党报是不是主流媒体?

这是近几年在新闻业界与学界都有所争议的话题。不能不承认，相对于不断增长的非机关报纸的种类和数量，尤其是相对于诸多畅销报纸的发行量，机关报的市场份额总体上是呈削减态势的。这一现实，导致了“党报边缘化”之说，引发了党报是否主流媒体之虑。

党报是不是主流媒体？回答这个问题，首先要看主流媒体的标准是什么，其次要分析党报是不是符合这样的标准，或者是否具备成为主流媒体的条件。

关于标准问题，虽然至今并无定论，但有两点是能够得到共识的：一是主流媒体能够影响主流人群，也就是影响一个社会中最有话语权和行动能力的人群；二是主流媒体能够代表一个社会的主流意识形态，即反映主流人群对政治、经济、社会问题的态度和观点。如果据此分析，党报无疑是中国的主流媒体，至少具备成为主流媒体的条件。因为党报的核心读者主要是各级领导干部和关注社会发展的知识分子，党报的新闻传播必须紧密围绕党和国家的方针政策及主流意识形态来展开。从理论上说，目前中国还没有哪种报纸比党报更具备成为主流报纸的条件。

我们再来看党报在现实中的表现。众所周知，世纪更迭前后，几乎所有的党报都进行了较大规模的改版。2001年，《人民日报》打破版面由部门分割的状况，按照党中央机关报性质、任务、要求和读者的阅读习惯进行了版面调整，形成重要新闻、深度报道和专版、周刊三大板块。这种调整显然基于对报纸定位的重新认识，其读者目标指向了全国各地的干部和关心国内外大事的、有相当文化水平的群众。1至4版为新闻版，实行采编分开，形成新闻优势。5至8版为深度报道版，涉及政治、经济、文化、科技体育、国际各方面，实行编采合一，形成深度报道热点引导的优势。9至12版为各种专版和周刊，形成知识性、服务性、贴近性的优势。改版后，人民日报全年可增加144个新闻版，面貌焕然一新。

省级机关报的纷纷改版同样引人瞩目。1999年3月22日，《新华日报》继1995年改版之后，又实施新一轮改版。他们认为，以往的改版是在原有的党报模式中调整内容结构，而这次改版则要重新确定自己的定位。他们把核心读者群定为各级党政干部、知识分子、企业管理层等社会中上层人群，把具有中等以上文化程度的广大读者作为自己的紧密型读者群。基于这种定位，新华日报以三大版组的结构服务于自己的读者，A版组集中报道中央、省、市、县中心工作、国内要闻和省级机关工作、全省宏观新闻等，强调指导性。B版组集中报道读者爱看的国内外和省内新闻，强调新闻性。C版组集中报道省会南京的新闻，增加报纸的都市色彩。

2002年8月，《南方日报》在经过8个月的考察论证后进行改版，他们认为广东报业市场上目前还没有一份主打高端人群的综合性日报。根据对中国社会阶层变化和加入WTO以后社会发展趋势的分析，重新确定《南方日报》的市场定位为：办高端报纸，抓高端读者，占高端市场，把南方日报办成一份区域性、国际化的权威政经大报。新一轮改版的所针对的目标受众为：政府官员、科教人员、企业主管等高层次读者为主的覆盖全省、影响全国（包括港澳台地区）的读者群。

党报的改版行动向我们证明，影响主流人群、代表主流意识形态，正是这类报纸执着追求的目标。当然，党报是否能真正实现这样的目标，在实践中取得预期的效果，还有待于今后长期的努力。但是，我们应该看到，党报至少具有以下成为主流媒体的条件和优势：

一是人才资源优势。中国报业发展的历史原因使得一大批优秀的办报人才聚集在党报中，尽管这几年出现了一部分人才流失的情况，但总体上看，党报采编人员的基本素质和业务能力普遍较高，他们大多受过正规的专业训练，与社会各界保持着良好的关系，积累了一定的办报经验。

二是信息资源优势。中国政治体制的特殊性，决定了党报拥有更多的信息来源渠道，尤其是政府部门提供的信息资源，相比其他媒介的同行，党报记者在新闻采访中能得到更多的便利和支持，他们的报道也能得到更多的重视。体制因素对传统党报的支持和保护至少在现阶段是这类媒介的一种独有优势。

三是品牌资源优势。长期以来党报作为党和政府的“耳目喉舌”，在社会上产生了其他报纸所难以具有的威信。激烈的报业竞争虽然使市场化程度较高的报纸能够以内容的拓展和创新吸引读者，但虚假新闻和不负责任的炒作往往又使这些报纸的公信度受到损害，党报的信誉显然是其安身立命的一个重要支点。

四是政策资源优势。党和政府对于机关报的政策支持，是这类报纸发展的一大优势。这种支持体现在新闻生产、报纸发行等有形的方面，还体现在由于报纸的特殊身份而潜在的广告及其他经营活动、社会活动等方面的便利上。但我们也应看到，这方面的优势处理不好，也可能反过来成为前进的包袱，对报纸发展产生束缚和妨碍。

据此，我们可以说：在中国这样特殊的国情下，党报能够成为主流媒体，也应该努力作为主流媒体，对中国经济发展和社会进步产生更大的影响力。

## 党报改革的难点在哪里?

今年初，我们在做教育部十五社会规划项目“新闻报道策划与新闻资源深度开发”研究时，课题组成员对我国六个省区（北京、广州、河南、湖南、内蒙古、西藏）的主要新闻媒体进行了实地调研，其中包括对中央三大党报和六个省区的省级机关报进行了问卷调查，并对新闻采编部门负责人进行了访谈。尽管只是从报道的层面进行调研，但这9家报纸反映比较集中的一些问题，能够对党报目前的困境和困惑有所体现——

问题：目前自己报纸的报道水平如何？有6家党报认为水平一般，1家认为比较差，认为比较高的只有2家。

问题：报社编辑部多少时间进行一次新闻报道选题策划活动？有8家报纸

回答“不定期”，1家问答“每月一次”。

问题：报道策划在采编管理中是否作为一项制度要求执行？有6家没有制度，有3家作了制度规定。

问题：报道策划是否列入业务考核和奖励的范围？有7家没有列入，只有2家列入。

问题：哪类报道难度最大？答案最集中的是“批评性报道”（8家），“专业性报道”（4家），“突发性事件报道”（3家），“会议报道”（2家）。

问题：进行新闻报道的困难主要有哪些？答案最集中的是：“上级领导不支持或不尊重新闻规律，行政干预太多”（7家），“媒介体制改革不到位，部门间关系没有理顺”（6家），“奖罚不明，不能调动积极性”（5家），“采访经费不足”（4家），“缺乏采编管理知识和经验”（3家）。

问题：新闻报道水平的提高主要取决于哪些因素？答案最集中的是：“新闻记者的业务能力”（8家），新闻编辑的业务能力（8家），“新闻单位领导的业务水平”（3家），“新闻媒介上级领导的理解和支持”（3家），“新闻采编管理水平”（3家）。

9家党报对上述问题的回答至少说明这样一些问题：目前我国党报的报道水平还不能令人满意，新闻采编人员的业务水平还有待提高，对新闻报道策划的重视不够，对新闻生产的管理也有欠缺。而这些问题背后的原因是非常复杂的，反映出党报目前所处的困境：

首先是体制改革的难以到位。由于党报一方面是党和政府的舆论工具，另一方面又大都是自负盈亏的文化实体，因此其组织机制既不同于党政部门，又不同于一般企业。尽管这几年党报的改版与“改制”往往是配套进行的，但由于“改制”的根子在于人事制度和干部制度，并不是报社内部能从根本上解决的。从高层管理人员到普通编辑记者，在业务能力方面出现的欠缺，或者说有能力但没有能够充分发挥，一个很重要的因素是体制改革还不到位。如何在坚持“党管干部”的同时，真正将政治素质好、业务能力强的人选拔到领导岗位，并且对干部的职责和权力确立恰当的标准并进行有效的监督和考核？怎样以制度保证党报资产的增值，而不是变相流失？怎样真正做到全体员工的能上能下、能进能出、人尽其才、优胜劣汰？……这些问题仍然有待探索。体制改革不到位，党报人员的积极性就会受到影响，人才和资产都会流失，党报的优势也就难以全面发挥出来。

其次是党报人才队伍建设的困境。与上述体制原因相关，党报在用人机制、干部管理、利益分配等方面不如那些真正企业化经营的都市类报纸灵活，这一方面对党报人才队伍的稳定形成威胁，使得一些优秀人才流向其他媒介甚至其他行业；另一方面对后续人才的补充也造成妨碍，如名牌高校新闻专业的毕业生过去一直以进入大报党报为荣，近几年却越来越多地应聘加盟市场化程度较高的媒介。还有一个值得注意的现象是，那些继续留在党报的新闻工作者，由于没有像市场化媒介的同行那样面临激烈的竞争，可以懒懒散散、高枕无忧，缺乏学习、创新的压力与动力，整体素质和业务能力有下降趋势。长此以往，党报将难以拥有一流的办报人才，竞争力还会进一步受到损害。

第三是新闻生产流程管理不够专业化。现代社会中信息传播渠道越来越多，网络、手机短信这类新传媒正在吸引越来越多的人，传统新闻传媒的固有优势正在“信息过载”这样一个现实环境中被削弱。面对消息灵通的读者，版面数量有限的党报在信息规模上相对处于不利位置，要出奇制胜，就只有在报道内容的选择、加工和价值提升上做得更加出色。这不仅取决于新闻记者和编辑的素质，更重要的是靠新闻生产管理者的运筹帷幄和组织调度，而目前党报还缺乏经过专业训练的管理人才。

第四是党报现有的资源优势没有得到充分的开发配置，这与党报经营人才匮乏有关。长期以来，党报注重的是完成政治宣传任务，而对于报业本身的经营管理重视得并不够，在资源开发、经营创新方面缺乏锐气和活力。事实上，党报拥有一般报纸没有信息资源优势和品牌资源优势，问题是如何能够盘活党报的这些优势资源，而不仅仅是满足于完成上级领导交给的宣传报道任务。

## 如何将党报打造成强势主流媒体?

党报的定位和资源优势决定了它应该也能够成为中国的主流媒体，但现实中，党报与人们对主流媒介的期待还有差距。这种差距使我们思考：党报对其目标读者——主流人群的实际影响力到底多大？党报的内容和传播方式是不是完全能够满足读者的需要？党报对重大政治、经济和社会问题的报道是不是真正反映了主流人群的态度和观点？我想目前的回答可能是难以令人满意的。但同时我们也要看到，目前我国其他类型的报纸同样无法对上述问题交一份令人满意的答案。都市类报纸在社会新闻、资讯服务、娱乐休闲等方面游刃有余，但在重大政治经济新闻方面少有作为也难以胜任；专业类报纸在专业领域中开掘较深，但读者群与报道视野的局限也使它难以担当重任。中国的特殊国情，使得媒介的生态环境不同西方国家，我认为，未来中国强势主流媒体不可能自发地在市场角逐中诞生，它必然是多方面因素包括政策导向、市场因素等共同作用的结果。基于此，党报没有理由退出竞争，而应该通过加大改革力度，争取率先成为中国的强势主流媒体。一方面，考虑到党报的特殊性质，国家在缩减这类报纸总量的同时，应该进一步加大对党报的扶持，通过经济和行政手段使其能够获得资源配置的优惠；另一方面，党报自身却不能依赖国家的扶持过日子，要通过自身的改革和创新实现新的跨越。

第一，正确把握党报的改革方向，做好独家的拳头产品。党报改革，要坚持执政党的立场，真正为人民服务。这也是“三个代表”思想和“三贴近”原则对新闻传播的要求，即以贴近群众、贴近实际、贴近生活的办报作风，为最广大的人民群众的根本利益服务，传播先进文化，推动社会发展进步。在这样的政治方向指导下，做好党报的拳头产品——重大政经新闻报道。正如南方日报在改版时提出的，不与一般大众化报纸争娱乐、市井新闻方面的短长，而是把政经主流新闻做好做强，影响主流、高端读者，从而保持、巩固党的舆论阵地。事实上，如果党报能在新闻报道的策划和组织，在新闻的加工整合上多下功夫，舍弃那些言之无物的空话、套话、假话，真切地关注社会变化、关注经济走向，站在社会公正的立场，站在客观公平的角度，反映出真实的社情民意，用对重大社会现象的理性阐释，对新出台法规政策的权威解读，对社会和经济现象的专业化描述，对海量信息的筛选梳理，来深度介入、深切关注，为读者提供更有见地、更有价值的信息精品，将政经主流新闻做得读者喜闻乐见，而不是像过去那样高高在上，板起面孔教训人，那么，党报也就有了不可替代的独特优势。

第二，党报改革要提倡思路创新，鼓励风格多样化。虽然党报的性质和任务是一致的，但由于各地办报环境不同，报纸自身的基础和条件不同，党报在向强势主流媒体迈进的道路上也需要因地制宜，大胆创新。《广州日报》的成功就是办报思路创新的结果，但并非所有的市委机关报都能走《广州日报》的路子，其中的原因是很清楚的。《广州日报》以报纸版面规模的迅速扩张，实现了机关报与都市报功能的嫁接，从而扩大了读者面，取得了引人瞩目的业绩。这种改革的基础是区域经济发展能为报纸扩张提供强大的支撑。但对于大多数地区的党报来说，这种改革思路在当地是难以实施的。那么，只有根据自己的环境和条件进行探索，如考虑如何在报纸版面规模有限的情况下，集中优势资源打造某些有本地特色的新闻产品，如何在本地新闻资源有限的情况下，谋求与异地党报的资源共享和新闻联动等。再比如，中央级党报，也应该在报纸的读者定位、内容设计和风格特色上各有追求。这样，读者面覆盖全国的一个党报群体，才能以产品多元化、风格多样化形成整体效应大于个体之和的集团优势，实现党报的优势互补和影响力放大。

第三，党报改革要重视人才队伍建设和经营管理水平的提高。人力资源是决定党报未来发展的核心因素，党报迫切需要从体制改革入手，形成优胜劣汰的竞争机制，造就一种人人重视学习、个个钻研业务的环境，让那些不思进取或者“身在曹营心在汉”的人没办法在党报继续混日子。可以考虑通过分配制度的改革，让党报的管理人员和业务骨干的切身利益与党报的社会效益和经济效益更紧密地挂钩，以增强从业人员的责任感和成就感。党报的管理人员亟待学习专业的管理知识，这项工作不能仅仅靠管理者的自觉来完成，上级主管部门应该组织和安排一些切实针对其本职工作的学习，并将学习效果与对其工作的考核结合起来，以业绩测量来考察其学习效果，并相应做出人事调整，让那些不懂管理也不想学习的管理人员离开现在的岗位，让那些想干事、有能力干事的人来管理报社。

我们相信，进一步解放思想、与时俱进，是党报改革在新的形势下不断走向深入的必由之路。

（蔡雯撰写，原载于《新闻记者》2004年第3期）

# 提高报道时效　创新报道形式

## ——《经济日报》改进新闻述评报道

新闻述评是《经济日报》常用的一种新闻体裁。在20多年办报实践中，《经济日报》发表了一大批引起社会反响的优秀述评作品，也培养了一批善于采写述评报道的记者。但进入新世纪新时期，传统的新闻述评出题路数和表达方式乃至版面处理都越来越难以适应形势的发展和读者阅读口味的变化，提高报道时效、创新报道形式、讲究实际效果成为我们改进述评报道的努力方向。

### 选好报道时机，是搞好述评报道的前提

《经济日报》曾用述评这种体裁进行过各种报道，如就一个企业发展发表过《首钢启示录》系列述评；就地区经济发展刊登过《香香臭臭话广东》等述评报道；就整个经济形势组织过《走向改革》《走向开放》《走向小康》系列述评。在最近几年的报道中，我们感到随着经济社会变化的加快，对述评报道时宜性要求提高了。什么时候发表述评，什么样题材的报道可以选择新闻述评这种形式，成为述评报道能否取得预期社会效果的一个前提。经济日报根据实际情况在选题时机上注意把握住以下两个关节点：

一是当宏观经济形势及政策发生较大变化、决策机关需要解释、读者急需解惑的时候。宏观形势变化常常会成为社会关注的热点，这个时候最需要媒体加强报道，进行舆论引导。因为每个人能够直接体验到的是微观经济现象，对宏观经济，读者很大程度是通过大众媒介来“感觉”的。述评报道的特点正在于，它不是简单地报道一个一个的事实，而是通过对事实前因后果的描述，通过记者的议论即“评”来对事物变化做出判断和评价。所以，这样的体裁最适合进行宏观经济形势的报道。

每当宏观经济形势发生变化，需要舆论引导公众对形势做出正确认识的时候，《经济日报》就会发表述评来进行解释。这样的事例在《经济日报》20多年的办报实践中不胜枚举。最近的一个成功范例是关于部分行业投资过热的报道。去年下半年以来，钢铁、水泥、电解铝等部分行业投资过热引起人们的关注，出现了经济是否过热的争论。究竟应该怎么认识经济形势，编辑部根据社会舆论的实际，及时策划了《直面当前经济热点》系列述评，对部分行业投资过热的情况进行了分析。接着，我们组织了《辩证认识当前经济形势》系列述评，从银行贷款、部分行业投资过热、物价变动等几个方面进行分析，对当前经济形势发展变化的方方面面进行剖析，引导受众对形势作出正确的判断。报道发表后，不但得到宣传主管部门的表扬，而且受到读者的欢迎。中宣部有关材料认为《经济日报》对当前宏观经济调控报道的思路和方法符合中央精神，是正确的，其言论和典型，具有现实的指导意义。

二是在某一个时间点上，人们对社会整体形势有认识需求的时候。在特定时间里，人们会对特定的东西感兴趣。就新闻报道来说，在特定的时间段里，人们会对某一类报道产生强烈的需求。新闻报道的实践告诉我们，当人们在某一个时间点上，对社会整体形势认识产生浓厚兴趣的时候，也正是新闻述评发挥作用的好时候。

这样的时间点通常有哪些呢？重大节日，政治生活中一些重要事件发生的时候比如党代会、人代会，重大纪念日等等。《经济日报》时常利用这样的机会，以经济述评的形式对整体形势进行报道。这样的报道因为号准了社会舆论的脉搏，往往能收到好的效果。在我国加入世界贸易组织前后，《经济日报》版交替推出从宏观、中观、微观三个层面的系列立体性的报道：微观层面发表了《面对WTO企业怎么干》《面对WTO政府职能怎么转》等报道；中观层面通过《直面WTO行业述评》深入探讨和分析了一些焦点行业，包括电信业、纺织业等加入世贸组织后面临的挑战和机遇；宏观层面则推出《热点冷评看入世》系列述评，深入剖析加入世贸组织对我国宏观经济运行的影响。在迎接党的十六大召开的日子里，经济日报策划了“走进小康——跨世纪的新变迁”和“走进小康——新视野·新变迁”两组述评报道，生动反映党的十三届四中全会以来，人们生活发生的新变化。这些报道因为时机把握得好，满足了社会舆论的需求，所以、得到了读者欢迎，发挥了很好的舆论引导作用。

## 创新报道形式，是增强述评吸引力的关键

在新闻竞争加剧的今天，形式创新是增强新闻报道吸引力的重要方面。没有引人入胜的形式，即使好的报道内容其传播效果也要大打折扣。形式创新正在成为新闻媒体提高自身竞争力的重要手段。

述评是新闻报道的一种形式，这种形式在版面表现形式上也需要创新，通过新的采写和版面编排形式，形成视觉冲击力，强化报道效果。

篇版联动，对述评报道创新做出有益尝试。过去，我们的述评报道往往在篇幅上比较长。长篇幅可以把事情说明白，但在生活节奏日益加快的今天，人们不想花长时间去读完。针对这种变化了的情况，最近几年，我们在述评报道中尝试以篇版联动的形式来进行。所谓篇版联动，就是把述评报道放到后面的版面上，以较长篇幅分析和报道，而在头版以消息的形式把述评的精髓内容介绍出来。发在头版上的消息，一般只有五六百字，概要地介绍述评内容。这样的编排，大大方便了读者阅读。如果没有时间阅读述评全文，读者只要把头版“消息体”的述评内容看看，也能大致知道述评要说的话题。而时间充裕的读者，则可以仔细去阅读后面的述评以及相关的背景资料等。

同样一篇述评的内容，在一版发消息，在后面的版面上发述评，会不会有内容上的重复？这是我们日常需要回答的问题。报纸版面非常宝贵，如果同样的内容在不同的版面上出现，尽管“模样”不同，读者也不会满意。所以，“消息体”的述评与真正的新闻述评在内容上要有所“分工”。在迎接党的十六大的报道中，我们推出的“走进小康——跨世纪的新变迁”系列述评，第一篇报道是《用的变迁》。在头版我们配合这篇述评发表的是一则《用的消费出现重大飞跃》的报道。发在一版的这则报道介绍了专家的观点，而且以统计数据说明了我们在电脑、手机等方面的情况，还以恩格尔系数的变化来说明消费支出的变化。而在第五版的述评报道中，则以《从千元级到万元级》《从实物消费到服务消费》《从追求产品拥有到追求心理享受》这样几个小标题，以生动的事例来说明，过去13年来人们在“用”上所发生的巨变。这些具体的分析与一版报道中的数据和观点交相呼应，互为补充。这样，就使述评报道克服了篇幅长、阅读不容易的缺点，同时，在一版“露脸”也增强了报道效果。

“述”与“评”分离延伸，对述评报道编辑手段进行新的探索。新闻述评，顾名思义，就是一种边述边评、夹叙夹议的文体。新闻述评的优点在于，它不仅报道新闻事实的来龙去脉，而且对事实的意义做出解释和说明。所以，如果从内容上分析，一篇好的新闻述评一定包括新闻事实和评论两个部分。有时候，往往是事实淹没在评论里，或则反之，精辟的评论被冗长的事实叙述所遮挡，难以吸引读者的眼球。

近年来，我们注意运用编辑手段对述评报道进行加工，以增强其吸引力。编辑手段对述评报道的加工，大致可以概括为“述”与“评”的分离延伸。就是说，在版面编排形式上，我们常常以资料、图表、相关链接、编辑提示等手段，把述评的基本资料和背景突出出来，这样既方便了读者阅读，也美化了版面，而且丰富了述评的报道主题。2003年11月15日是我国加入WTO两周年的日子，经济日报策划了一组回眸两年的报道。这组报道的本身是新闻述评，但在版面的安排上，每篇报道都配发了背景资料和相关链接。如在“政府职能转变”这个专版上，以述评为主体，同时安排了两栏介绍我国政府职能转变历程的背景资料，其中摘录了党的十二大以来的重要文件中关于政府职能转变的论述，使读者对这个问题有了一个宏观而总括的认识。而述评本身则省去了对职能转变过程的描述，这样，即使报道篇幅有所收缩，又使版面丰富多彩。在近年的实践中，《经济日报》的述评报道在版面编辑手段上，还运用图片和图表来介绍述评中涉及的数据和新闻事实，都收到了好的效果。

## 改进述评采写，是搞好述评报道的根本

决定新闻报道乃至报纸的竞争力和效果的，最终还是报道的内容。在当前报界新闻改革热潮中，不少报纸提出了“内容至上”“内容为王”的改革重点，新闻述评内容的改进当然不能例外。从《经济日报》的实践看改进新闻述评内容的方向主要体现在以下两方面：

一是通过深入采访寻求独家材料。和事件性新闻、工作通讯等体裁相比，新闻述评的采写要求更高。采写新闻述评不但要了解一个一个的事实，而且得认识它们之间的关系，还需要对新闻事实有整体的把握。但是，因为新闻述评是一种夹叙夹议的新闻报道体裁，所以，实际工作中常常有些人以议代叙，以掩盖采访的不深入；或者以资料的雄砌来代替对事实的分析。还

因为新闻述评往往是对一个时期情况的“述”，或者对一类事实的“述”，所以，在采访中有些人就放松了要求，往往通过网上找或者用其他方式来“收集”采访资料，而放弃了采访。以这样的方式写出的新闻述评很难吸引读者。因此，改进新闻述评报道，仍然要在新闻的采访和写作上下功夫。

《经济日报》记者采写新闻述评时，仍然坚持在深入上努力。这种深入表现在写作时常常以细节和情节打动读者。2001年11月，为迎接我国加入WTO，《经济日报》推出“直面WTO行业述评”，其中第一篇是关于金融行业的《金融改革之路不再漫长》。这篇述评的开头是这样写的：“11月11日，星期天。中国人民银行大楼里却没有以往周末的宁静。就在多哈会议通过中国加入世贸组织的当天，央行新闻发言人迅速做出反应，不仅及时向外界披露了中国加入WTO中国银行业开放的承诺与步骤，同时也提出金融业应对挑战的六大措施。很多媒体注意到，这一举动不同于央行一贯沉稳的做法，当然敏感的记者们也会由此想到，从这个非同寻常的周末开始，这座大楼和中国的银行业都将面临更深远的变革。”如果没有到中国人民银行去采访，如果没有仔细观察，记者就很难找到这样一个独特的细节，很难通过这样一个细小的角度来切入银行改革的大题目。

二是通过博采众家发表独到见解。在许多述评报道中，我们会看到，记者常常引述不同专家的，常常概述不同的事例来分析其中的关系，探析事情的前因后果，预测形势的发展。这不但要求记者有高于别人的分析概括能力，还要求记者能深入采访，以第一手的事实来支撑自己的分析。有些述评之所以没有吸引力，除了因为作者本身缺乏积累外，还与没有独到的观点有关。如果新闻述评仅仅是把已经发表过的新闻“述”在一起，然后加上一些无关痛痒的“评”，说一些人所共知的空话，这样的报道就失去了它应有的作用。《经济日报》像重视其他报道的采写一样，重视新闻述评在采访和写作上的改进，鼓励和要求记者以深入实际来提升述评报道的高度。

（丁士、魏永刚撰写，刊于《新闻战线》2004第6期）

# 美国“公共新闻”的历史与现状

## ——对美国“公共新闻”的实地观察与分析

2004年夏天我到美国进行为期一年的学术研究，带去的研究课题是“美国媒体对公共事件的新闻报道研究”。2003年在为此做前期准备时，偶然从国外文献中发现了美国新闻界近十几年围绕“公共新闻”的一场争议，于是就所能接触到的有限资料，进行了粗略的梳理，并撰文介绍给国内同行。[①]文章发表后，“公共新闻”迅速成为国内新闻界关注的话题。江苏卫视《1860新闻眼》播出一周年的纪念研讨会受此启发，将主题确定为“从‘民生新闻’到‘公共新闻’”，宣称该栏目的新闻实践是“公共新闻”；越来越多的电视台推出了“公共新闻”栏目，并不断有新闻媒体的同行通过电子邮件向我咨询有关美国“公共新闻”的情况。几乎与此同时，国内出版了由美国学者埃弗利特·E·丹尼斯、约翰·C·梅里尔撰写的《媒介论争：19个重大问题的正反方辩论》中文版，这本书将美国“公共新闻”列为“论争”之一。

然而在出国前，我与一些来自美国的学者讨论此课题时，有人告诉我“公共新闻”在美国已经成为过去。我到达访学的第一站——波士顿大学传播学院后，与一些教授谈及此，也有人说“公共新闻”在美国已经结束了。我对这个本来就涉猎不深的课题感到困惑。

于是，我到波大图书馆浩如烟海的专业书籍中浏览查找，一共发现了近十本书名中就有“公共新闻”（public journalism或civic journalism）这一关键词的专著和教材，出版时间全部集中于20世纪90年代，似乎在证实上述观点。但一个意外的发现是，议程设置理论的创建者之一麦考姆斯（Maxwell McCombs）教授2003年出版的新著《新闻学的两个W——公共事件报道的为

① 参见蔡雯：《“公共新闻”：发展中的理论与探索中的实践——探析美国“公共新闻”及其研究》，《国际新闻界》2004 年第 1 期；《美国新闻界关于“公共新闻”的实践与争论》，《新闻战线》2004 年第 4 期。

什么与是什么》（The Two W’s of JournalismThe Why and What of Public Affairs Reporting），以相当多的篇幅论及“公共新闻”，并且还引证了多本“公共新闻”专著中的观点和论述。

为什么在一些美国学者认为“公共新闻”已经结束的情况下，这位国际知名的新闻传播学专家会写这样一本书？他对众说纷纭的“公共新闻”怎么看？我立即通过朋友与远在得克萨斯奥斯丁大学的麦考姆斯教授取得了联系，向他咨询有关这本新著以及美国公共新闻的情况。教授很快回复了电子邮件，他在信中写道：“公共新闻是新闻研究中一个具有丰富研究内容的领域，在20世纪90年代已经进行的研究只是一种简单的描述性的研究，通常是对特定的公共新闻报道的案例研究。这种研究现在减少了，但是有关新闻的角色这样一些基本问题仍然有待回答。换句话说，我们需要关于新闻和受众的基础性的、理论性的研究。比如，“两个 W”这本书的第五、六两章就对这样一些有意义的研究内容描绘了一个大致的轮廓。（原文：Public journalism is a rich area for new research. Much of the research done in the 90s was simple descriptive research，usually case studies of specific public journalism projects. There are fewer of those now，but the fundamental questions about the social role of journalism still need answers. In other words，we need basic，theoretical research about journalism and its audiences. For example，the discussion in Chapters 5 & 6 of THE TWO W's outlines a number of interesting research projects.）

随着更多地阅读和交流，我发现，“公共新闻”在美国的发展实际上已经走得更远，美国学者1999年撰写的那本《媒介论争：10个重大问题的正反方辩论》已经远不能表现它后来的状态。

“公共新闻”，到底在美国发生过什么？还将发生什么？在我们将这个概念引入中国的时候，应该持一种什么样的态度和视角？学术探索的职业本能使我在这个还很感陌生的国家里开始了力所能及的涉猎和思索，希望我在美国获得的感受和认识能再一次与国内的同行们分享。

## “公共新闻”：发生在美国的一场新闻改革运动

通过美国最大的网上书店Amazon.com我邮购了所有能供货的“公共新闻”著作，利用波士顿大学图书馆的网络资源还找到了一些相关的论文和资料。在我对所有这些著作与论文进行了粗略的浏览，特别是对美国新闻媒体十几年来所做的“公共新闻”的代表性成果做了大致的阅听之后，结合对美国媒体正在进行的2004年总统大选的报道（政治选举是美国“公共新闻”最重要的领域之一）的观察，初步得出了这样一个结论：20世纪90年代在美国兴起的“公共新闻”是一场声势浩大的反潮流的新闻改革运动，这场运动在美国社会发展中所产生的影响和作用远高于它所获得的学术价值。在这场运动中，一大批新闻传播研究者、新闻职业从事者、新闻教育工作者联合行动，新闻媒体、新闻院校、社会团体和社会公众等多种力量共同投入，使得这场运动已经不局限于也不应该被视同为一般的学术论争，虽然学术辩论是其中不容忽视的方面。更值得关注的是，这场运动已经并将进一步推进美国新闻传播理论与实践的发展。

我在之前的文章中已经谈到，最早提出“公共新闻”理论的学者是纽约大学新闻学系主任Jay Rosen教授，他在美国已经被公认为是“公共新闻”运动的学术领袖。他的代表性观点是，“新闻记者不应该仅仅是报道新闻，新闻记者的工作还应该包含这样的一些内容：致力于提高社会公众在获得新闻信息的基础上的行动能力，关注公众之间对话和交流的质量，帮助人们积极地寻求解决问题的途径，告诉社会公众如何去应对社会问题，而不仅仅是让他们去阅读或观看这些问题。”他认为新闻业是健康的公共生活中的重要组成部分，“所有被公共生活包围着的人——记者，学者，政治家，市民，左派，右派，中立者……，都应该认识到，如果市场取代了公众而成为现代社会中唯一的舞台，我们将全部沉沦。”[①]与他持相同看法的还有其他一些学者和新闻记者，他们早在20世纪90年代初就经常切磋这个话题，讨论如何使新闻媒体担当起更积极的角色，去加强公民的职责和权益保护，推动公共讨论和复兴公共生活。

然而，一种学术观点如何会引发一场全国性的媒体运动？背后有着很复杂的内幕。Jay Rosen在其代表性著作《新闻记者的工作目标》（What Are Journalists For）的前言中感谢的第一个人是David Merritt，此人是堪萨斯州《威奇塔雄鹰》报（Wichita Eagle）的编辑，是最早与他观点一致并将其付诸实践的人。这家报纸在1990年当地州长的竞选报道中进行了一次以往做法完全不同的试验，报道的重点不像通常的选举报道那样放在竞选活动本身，如只重视候选人的活动和得票变化等，而是把候选人的施政主张也即与目前

① Jay Rosen, “Public Journalism: A case for scholarship”, Change, May 1995, 42-43

存在的社会问题紧密关联的内容作为报道主题，围绕这些问题展开深入的调查，提供全面的背景，同时在公众中进行民意测验，再以民意调查的数据分析为依据来讨论那些得到公众最多关注的问题。该报在这次选举报道中一共讨论了十个问题，每个都配以长篇的背景分析，连续在星期日的报纸上作为专题推出，栏题是“他们的立场（Where They Stand）”，将两个竞选对手的不同观点放在一起进行对比性的报道。这样的报道不但表达了民意，更重要的是能促使竞选人重视民意，形成与民众的对话。该报认为，这样的报道模式才是真正的公共新闻报道，它的规则非常清楚，那就是“给读者以机会在最大程度上了解竞选者在与堪萨斯人利益相关的每一个主要问题上的立场”，同时，也告诉竞选人：“你要说对于核心事件最有意义的内容，我们将报道它并会持续报道它”。①

两年后，这家报纸又做了一个试验，更准确地说是组织了一次活动，而且是联合当地的电视台KSNW-TV和广播电台KNSS一起来做的。这个活动的主题是“人民的方案（People Project）”，副题是“我们自己解决问题（Solving It Ourselves）”，活动共持续了十周，先是由媒体对威奇塔地区的居民进行采访，一共做了193次各为时两小时的采访，调查居民对生活中的问题以及对政府管理的认识，调查结果证明，老百姓对公共事件、政治管理程序、教育体系、法律体制等实际都很不了解，而且对自己身边出现的问题感到难以解决，对公共社区具有寻求对策、解决问题的作用根本没有意识到。报纸连续出版专刊发表了有关社区问题的报道，如犯罪问题、公寓式学校的问题、居民的工作与生活压力问题等，刊登服务性特写和代表不同观点的文章，以寻求解决问题的方案。每一期专刊都以深度报道为主打，向读者解释问题的根源，分析它为什么会难以解决，鼓励大家从不同的角度来考虑这些问题，读者以来访、来信、电子邮件、传真等多种方式出谋划策。每一个主要的问题都形成了一场讨论，报纸上还为此专门开设一个栏目，叫“起点（Places to Start）”，并在这个栏目中登出了对这些问题的解决直接负有责任的机构的名称、地址、电话号码。电视和广播与报纸同时进行这些报道，为公共参与讨论提供了空中论坛。这次活动因为媒体联动产生了巨大影响，直接推动了问题的解决，也使得“公共新闻”获得了最早的实践成果。所以，Jay Rosen在书的前言中写道：“如果没有Wichita Eagle，这位我称之为第一公

---

① Jay Rosen, “What are Journalists for?”, Yale University,1999,44-45

共记者的人，那么这本书中的观点可能到现在还不能问世。作为我的合作者和朋友，他促使我一直关注这样一项事业，并为其他同行提供了一个公共新闻的范例。”①

《威奇塔雄鹰》报是美国第二大报系奈特—里德报业集团旗下的日报之一。在这个报业集团中，与David Merritt一样成为Jay Rosen的支持者的，还有一位更重要的人物，他就是James K. Batten。1988年，有着多年新闻工作经验的James K. Batten坐上了美国第二大报系奈特—里德报业集团CEO 的位置。1989年3月，James K. Batten在加利福尼亚大学发表演讲时说：“公共事务变得越来越复杂，个人生活变得越来越忙碌，而个人欲望的放纵是没有节制的，我们不能不担忧，谁来真正关心公共利益？”②出于这样的忧虑，他宣称支持“公共新闻”，而且采取了实质性的行动：一手促成奈特基金会（the Kettering Foundation）拿出一百万美金资助这项事业，后来又促成皮尤公益信托基金（The Pew Charitable Trusts）设立了一个鼓励新闻媒体开展 “公共新闻”实践活动的奖项。这个奖项的名称就是“詹姆斯·巴顿优秀公共新闻奖”（ James K. Batten Award for Excellence in Civic Journalism），基金会宣布要以此纪念这位为公共新闻做出了贡献、已在1995年因患脑癌去世的人。

资助美国公共新闻事业的还有很多其他的基金会和研究机构，其中值得一提的是凯特灵基金会（the Kettering Foundation）。1993年该基金会资助Jay Rosen教授主持“公共生活与新闻媒体”（the Project on Public Life and the Press）项目，直接促使公共新闻实践及其研究在更广的范围中展开，一批新闻媒体记者和新闻研究者加入了这个行列，项目的成果是一本专著，名为《做公共新闻》（Doing Public Journalism），由Jay Rosen作序，Authur Charity受委托编写。这本书中除了第一章谈公共新闻的基本理论，后面五章都是通过具体的案例总结公共新闻的业务实践。

我认为，对美国公共新闻运动推进作用最大的还是“詹姆斯·巴顿优秀公共新闻奖”的设立。这个奖项每年以25000美金作为奖励，吸引了一大批新闻媒体包括报纸、广播电台、电视台投入到这项运动中，据统计，这些媒体分布的地区遍及美国47个州。 皮尤公益信托基金成立了管理这个奖项的皮尤中心（Pew Center），并开设了专门的网站。该中心宣告自己的职责是：作为

① Jay Rosen, “Public Journalism: A case for scholarship”, Change, May 1995, X

② Scott Sherman, “Civic Journalism” ,Columbia Journalism Review,Nov/Dec2001,

"公共新闻"的培育中心，促进新闻媒体改进自己的报道，使更多的民众加入到公共生活中。该中心的工作内容包括八个方面：

1. 评选与奖励优秀公共新闻报道

2. 资助公共新闻项目

3. 开设公共新闻实验工场（Workshops）

4. 建立公共新闻档案，对所有重要活动记录存档

5. 出版有关公共新闻理论与实践的一系列著作

6. 制作出版公共新闻的视频产品

7. 编辑出版季刊《公民催化剂通讯》（Civic Catalyst Newsletter），报道公共新闻最新进展

8. 为公共新闻的重要论述提供展示平台

上述八个方面的工作成果都非常丰富，至今仍然能在这个网站上看到，虽然这个中心随着"优秀公共新闻奖"（1993—2002年）的结束，2003年后已经不再存在。我想，一些美国学者告诉我"公共新闻"已经不存在，可能就是因为主持这场运动的这个核心机构已经不存在了。

"公共新闻"在多大范围内影响了美国？我们可以从这样一些数字中有所感觉：在运动开展的十年内，美国共有30多家新闻媒体的公共新闻报道获得了"优秀公共新闻奖"，有226家新闻媒体参与的120多项公共新闻计划获得资助，有3520多名新闻记者参加了49个"公共新闻实验工场"，有10000多个新闻工作者和公民领袖阅读皮尤中心的季刊。

## "公共新闻"新动向：与"参与式新闻"相融合

作为媒体运动的"公共新闻"在美国已经结束，但"公共新闻"实践和研究现在并没有画上句号。除了我前文中谈到的像McCombs这样的著名学者在精心建构公共新闻的理论体系之外，最早发起运动的那批学者也同样还在积极活动。一批新闻学教授组建了"公共新闻兴趣小组"（Civic Journalism Interest Group），作为"美国新闻与大众传播教育协会"（AEJMC）下属的一个分支机构，每年都召开会议研究这个领域中的问题。一个有趣的现象是，这个机构中最有代表性的学者大多都有新闻媒体的从业经验，有些人还采写过一些很著名的新闻报道。如现任这个小组负责人的Leonard Witt教授是在2002年才由明尼苏达公共广播电台转到肯莱兆州立大学（Kennesaw State

University）做传播系教授的，在此之前他是电台公共新闻项目的主持人，他主持的公共新闻报道还获过奖。“公共新闻兴趣小组”办有自己的网站（CJ Web），并出版电子季刊《公共新闻兴趣小组新闻》（Civic Journalism Interest Group News），报道这个领域中的最新动向和研究成果。

更值得注意的是，美国“公共新闻”运动结束以后的2003年2月25日，一个国际性的“公共新闻网络”（Public Journalism Network）在“美国公共新闻兴趣小组”的基础上建立起来了，这个组织宣称自己是一个世界各国有志于“公共新闻”的新闻记者与新闻教育工作者的国际性联合会，并对自己的工作目标做出了以下承诺：

1. 建立“公共新闻网站”（PJNET），不断发布有关“公共新闻”研究和实践的最新信息；

2. 举办“公共新闻”国际论坛，促进世界范围内的新闻记者、新闻教育者和公民展开关于新闻自由与民主的讨论；

3. 为最好的“公共新闻”思想提供园地，促进“公共新闻”由关注政治选举迈向更广阔的公共领域；

4. 实现新闻学教育的超越，为新闻职业人员、研究人员和学生提供相关资源；

5. 举办年会，2004年“公共新闻”的国际性年会已于2月在亚特兰大地区召开；

6. 提供网络资源服务，为新闻记者和新闻教育工作者提供有关“公共新闻”的在线服务与付费的特殊服务。

“公共新闻网络”建立以后，已经有几十个国家的新闻记者和新闻学者加入了进去，这个组织中的美国学者也先后到很多国家向新闻界同行传授他们的研究和实践成果。

在与美国同行的交流中，我发现，有关“公共新闻”的争议一直都存在。因为从新闻实践的层面来看，“公共新闻”的做法与美国长期以来强调“客观公正”“保持中立”的新闻传统是格格不入的，它倡导新闻媒体对报道客体的“介入”，主张记者到社会公众中去，发动和组织讨论，进行民意测验，建构公共论坛，力图通过与公众的互动，找到解决问题的方法。这种“反潮流”的做法在美国受到批评和抵制不足为奇。

让我感到耳目一新的是，在美国最早倡导“公共新闻”的学者已经置十几年以来从没有停息的非议于脑后，大胆提出了更新的观点并且开始新一轮的试验。

一个典型的代表还是纽约大学新闻系主任Jay Rosen，他认为，网络技术为“公共新闻”的发展开辟了一个新天地，因为“读者和观众现在有更丰富的可供选择的新闻来源渠道，他们越来越自信，也越来越丧失对传统新闻媒体的敬畏。” 2003年10月他在《哥伦比亚新闻评论》（Columbia Journalism Review）上发表了一篇题为《权威的条件》（Terms of Authority）的文章，从当年3月美国出现了第一位“独立的网络记者”说起，分析了传统媒体面临的新环境以及“公众”的新含义。文章谈到，在伊拉克战争中，有一位曾经做过报社记者的人Chris Allbritton开设了个人的博客网站，独立进行战争报道，他到伊拉克战场上采访的经费是用他的网站用户购买他提供的新闻的钱来支付的，在美国共有23000人成为他的用户。Jay Rosen将这种情况与十八世纪少数欧洲商人花钱购买新闻信的情况相比拟，认为新闻媒体的发展出现了有趣的回归，二十世纪达到发展顶峰的大众传媒现在已经面临着新的挑战，虽然像《纽约时报》这样的主流媒体不会因为这些个人网站的出现被挤垮，但是它们的权威性已经受到挑战。他还进一步提出，“虽然不是每一个公民都会成为记者，但是每一个记者都能够在网络上形成一个迷你型的公众群体。”“网络上的新闻交易，意味着一种新的公共领域，在这个领域里每个读者都能成为作者，而且人们对新闻的这种‘消费’是在他们更主动地寻找正在发生的新闻、有时候还相互合作的情况下完成的。”①

这种变化，让美国“公共新闻”的倡导者们意识到，“公共新闻”可以从20世纪由媒体发动公众讨论，寻求公共问题的解决方案的模式，进入到社会公众可以不依赖传统媒体，自主发表观点、形成舆论甚至组织、进而影响媒体、影响公共事务决策的新的阶段。

Jay Rosen的观点在一批主张“公共新闻”的学者和记者中再次得到了共鸣。“公共新闻”一词让他们感到已经不能完整地概括今天的新闻实践，因此有人提出“公共新闻”的下一步发展将和“参与式新闻”（Participatory Journalism）融为一体，进入一个新的阶段。

“参与式新闻” 是美国新闻界近两年刚提出的一个新名词。在英文中“Participatory”的含义是“提供参与的机会的、供人分享的”，这里是指普通公众可以借助现代网络技术主动地加入到传播活动中。美国学者最初在研

---

① Jay Rosen，Terms of Authority，Columbia Journalism Review，2003，10

究这个现象的时候还先后用过“开放信源新闻”（Open-source Journalism）、“个人媒体”（Personal Media）、“草根报道”（Grassroots Reporting）、“博客新闻”（Blogging Journalism）等名称，最后得到大家较一致认可的是用“参与式新闻”（Participatory Journalism）。目前我在美国所看到的这方面的研究成果大多还是对这一新现象的描述和总结，如有人对“参与式新闻”做了大致的分类，有人分析了这一现象对传统媒体的影响等。上述Jay Rosen的那篇文章实际也属于后者。

有趣的是，当年倡导“公共新闻”的学者今天可以借助网络技术直接开始新一轮的实践。Jay Rosen本人已经成为一个著名的“博客”，他的个人网站“新闻思考”（Press Think），在美国2004年大选活动中影响很大，2004年美国民主党大会在波士顿召开时，他就以“博客”身份列席会议并进行了采访报道，他的评论文章更是通过自己的网站流传甚广，还被一些传统媒体转载。而这次美国总统大选中有一大批“博客”参与了新闻传播，这在美国新闻史上还是第一次。

现任“公共新闻兴趣小组”负责人，同时也是“公共新闻网络”主席的Leonard Witt教授也有自己的博客网站。2004年8月，“公共新闻兴趣小组”在加拿大多伦多召开了年会，Leonard Witt在会上正式提议，鉴于“公共新闻”在美国的现实发展，可以考虑将“公共新闻”与“参与式新闻”相结合，改称为“公共与参与式新闻”（Public and Participatory Journalism）。[①]这次会议还形成了一个报告，首先谈到改名的必要，然后就谈到“公共新闻”实践的最新使命，提出要教育人民（包括同行、学生和所有实践者）有关信息来源的重要性，因为信息来源是公共新闻实践中最重要的东西。报告还拟出了“公共新闻兴趣小组”在2005年美国新闻与大众传播教育协会年会上将能提供的小组讨论议题，包括对博客、互动性的网络技术等实践工具的应用研究、对正在变化中的“受众”角色的研究、对公共新闻教学实践的研究、对学生媒体与社区新闻的研究、对如何为普通公众提供公共新闻业务培训以及教育者本身要做哪些准备的研究等。

值得注意的是，美国的一批公益基金会又在继续支持新一轮的“公共新闻”实验，如前面谈到的奈特基金会继1993年资助“公共新闻”一百万美元

---

① Leonard Witt, “Do we need a name change?” Civic Journalism Interest Group News, Winter 2004

之后，在2003年又新设了一个“巴顿奖”（the Batten Awards）来鼓励新闻改革。与过去不同的是，这个奖强调要以新的理念和技术手段、以刚刚露出苗头的新的传播模式来促进公共参与社会生活，因此奖励对象已经不限于新闻媒体，更多的是在支持博客网站。这个基金会在马里兰大学菲利普玛瑞新闻学院（Philip Merrill College of Journalism，the University of Maryland）建立了一个新闻实验室，并称其是“以新技术帮助人民更有效地投身公共事务来创新新闻实践的孵化器”，是主持过“公共新闻”运动的“皮尤中心”的延续。2004年10月，这个实验室宣布以100万美元的投入，在后面两年中资助20个左右的项目，进行“公共新闻”的风险性实验。

我还看到一条消息：密苏里新闻学院新近获得了310万美元的公益基金资助，将建设一个现代化的新闻研究和实验基地。该学院院长称这个机构将致力于促进新闻记者、新闻教育者和社会公众走到一起进行新闻改革实验。[①]

## 对美国“公共新闻”的认识与思考

美国的“公共新闻”运动，实际上是美国一部分新闻工作者在新的历史条件下对新闻职业进行反思和批判的结果。20世纪末期，一方面美国的国内经济发展和国际外交事务不断面临新的矛盾和挑战，许多问题需要通过民主政治寻找正确的解决途径；另一方面越来越多的民众却对政治趋于麻木、对公共事务日益疏远，参与选举投票的人越来越少，影响到国家政治肌体的健康运行。看到这种矛盾的一批新闻工作者不能不感到忧虑。与此同时，新闻界自身也面临困境：一方面要坚持捍卫“客观报道”的传统，保持与公众及公共生活的距离，另一方面又因媒介竞争的利益驱动，出现了新闻娱乐化、庸俗化的倾向，新闻媒体的社会地位实际在降低，受众的大量流失让新闻媒体越来越感到不安。这样一些复杂的缘由和情绪，导致了一批新闻工作者的自我反省和职业批判。他们追问“新闻工作到底是为了什么”“什么样的新闻才是好新闻”“记者的社会责任到底是什么”等等。这场反思的结果最终体现到行动上，出现反潮流的“公共新闻”运动成为历史的必然。同样是出于这样的忧虑和反思，后来又有越来

① Tom Warhover, “$31-million grant at Missouri connects with civic journalism”, Civic Journalism Interest Group News, Winter 2004

越多其他国家的新闻工作者参与到“公共新闻”的行列中，将其发展成一个世界范围的新闻改革运动。

近两年，“公共新闻”在美国的最新发展，实际已经有点偏离它最初的方向。因为事实已经证明，20世纪末的“公共新闻”运动，实际上是以新闻媒体和职业记者为主导的，因为它是一场声势浩大的新闻报道业务改革和职业记者的行动，虽然普通公众在这场改革中的作用极其重要，但媒体在其中的组织和领导地位是不容置疑的。而“公共新闻”走向“公共参与式新闻”，实际上已经在质疑新闻媒介的权威地位和主导作用，其性质已经转向另一个层面，一个目前还不是很明朗、很确定的层面，其最终结果还有待观察。

但无论如何，“公共新闻”在美国的出现对社会发展和新闻媒介自身都产生了巨大的影响。尽管一些新闻从业人员和新闻学者对此一直持否定态度，但一部分媒介的“公共新闻”实践客观上迫使所有的媒介都不能不反思自己的公共新闻报道，更多地关注公众的意见和反应。我看到，在2004年美国总统大选报道中，很多媒体已经不再像过去那样单纯做“赛马”式的报道，只关心竞选人的活动和得票变化，而是用更多的版面和时段让公众讨论在选举中争论最激烈的问题，如伊拉克战争、税收政策、社会安全等与公共利益关系紧密的话题，比较布什和克里在这些问题上的不同主张及其可能带来的社会影响。这种报道视点的转变实际正是“公共新闻”所倡导和希望的。在这次美国总统大选中，公民投票人数远远高于以往，这固然与目前美国的特殊形势有关，但新闻媒体发挥的作用应该也是一个重要因素。

“公共新闻”还在一定程度上推动了新闻传播学研究与新闻教育的发展。比如议程设置理论的创建人之一McCombs教授以“公共新闻”实践为基础，正在进一步拓展新闻传播理论的研究。他和Davis Merritt合写的最新著作《新闻学的两个W——公共事件报道的为什么与是什么》，对受众理论、媒介的议程设置功能等都有新的阐述。如在第六章《新闻的三类公众》（Three Public for the News）中，他将公众分成“信息寻求者（Information Seekers）”“监听者（Monitors）”和“旁观者（Onlookers）”三种类型，具体分析了每种类型的公众特点及其对新闻传播的态度，再据此研究新闻的角色和功能。他认为，“新闻从大众传播中区分出来，简而言之是因为它对国家和社区公共生活的健康发展负有责任，而伴随着媒介与大众传播企业的不断扩张，新闻与娱乐之间的界线已经变得模糊不清，这是一个值得讨论的问题。”他提出，“现实中存在着对每日新闻需求不同的三类公众，新闻媒体有责任与这三类公众都进行有效的交流。这就需要在认真地、具有专业水准的选择上建立每一天的媒介议程，它还需要准确判断公众对这些议程的反应、准确测量公众的直接反馈，这种反馈能够反映新闻记者作为公共交流者这样一种重要社会角色的有效性。”①

“公共新闻”运动的兴起，还促使美国一批新闻院校重新审视新闻教育，对新闻人才的培养目标和课程设置有新的思考和尝试。有些新闻传播院系还将“公共新闻”列入了新闻业务课程的教学范畴，最近的一项试验是在2004年春季，威尔克斯大学（Wilkes University in Wilkes-Barre）新闻系的“高级新闻写作：公共新闻”（Advanced News Writing: Civic Journalism）课程就进行了一学期的公共新闻教学实验。学习这门课的本科学生在任课教师Andrea Breemer Frantz的带领下，对当地存在的公共问题进行了大规模调查。他们先是邀请一批分管不同领域工作的政府官员为学生开设了50分钟的讲座，谈自己对目前存在的各种问题的看法，据此发现一些线索和主题，然后要求每个学生针对其中的一个问题到居民中去深入调查，再采访有关专家，并到图书馆中查找历史资料，完成对问题的深度报道。这期间学生们还深入社会组织了多次座谈会，探讨解决问题的方法，并独立完成了一系列围绕这些问题的新闻专题摄影。在整个教学和实验过程中，这门课程的教学案例就用的是“皮尤中心”那些获得了“优秀公共新闻奖”的“公共新闻”。最后，这个班的学生不但每人写出了深度新闻报道和拍了新闻照片，还集体合作完成了一本131页的书，书名叫《威尔克斯-巴里：关于2004年挑战与需求的快照》（Wilkes-Barre, PA: A Snapshot of its Challenges and Needs in 2004），书中涉及到的问题有犯罪、人才流失、艾滋病、贫困人口、环境污染等等。学生在针对各种问题的讨论中发现，当地民众的信心和士气不足是发展的最大障碍，据此，提出的解决问题的思路是，从具体的事情着手，给公众以鼓舞，逐步取得更大的成果。其中有一个提议就是美化环境，建议在市中心建一个公共花园。这门课程的最终成果提交到了市政府，建花园的提议还被政府采纳了，现在

① Davis Merritt, Maxwell McCombs: The Two W's of Journalism /The Why and What of Public Affairs Reporting , Lawrence Erlbaum Associates,Inc. 2003 56-58

这个城市因为这次新闻教学改革多了一个新花园[①]。

“公共新闻”的发展，还促使美国新闻院校更加重视新技术与新媒介的发展，并纷纷开设了相关课程，如我目前所在的波士顿大学传播学院，就开设了“多媒体出版”“计算机辅助新闻报道”“新闻研究方法与深度报道”（注：新闻研究方法不是指学术研究的方法，而是记者在新闻报道工作中需要采用的研究方法）等专业课程。对传统媒体报道业务的传授与对新媒体技术的运用已经在美国新闻教学体系中融为一体，这是值得我们学习借鉴的。

同时，我们也应看到，“公共新闻”作为一项发展中的实践，在理论建设上还不完善，这与美国的新闻学教育工作者大多是从记者编辑转行到高校任教有一定关系，他们的职业背景使他们很容易与媒体联合进行新闻改革实验，但在学术研究上的深入和突破却相对难一些，这方面的研究还有待传播学者从更基础也更艰深的理论范畴中展开。但这种情况也给了我们另一方面的启示：新闻研究、新闻教学和新闻实践的结合，恰恰因为新闻学者的这种职业背景能在美国做得比较成功。目前，美国新闻教学改革基本能够与媒介的现实需要保持同步，新闻学者对新闻媒体的影响也比较明显，一些目光敏锐的新闻学者不但能成为新闻改革的精神领袖，而且在新闻传播业务的改革中能起到引航和先锋的作用。这一点也是值得我们学习借鉴的。

今天，“公共新闻”正在我国新闻界引起越来越多的重视，全面了解和认识美国“公共新闻”的发展轨迹，借鉴其于我有益的东西，是非常必要的。我国正处于社会转型期，稳定、改革、发展、创新是这个时代的主旋律。面对潜在的社会矛盾和各类问题，如何疏导和化解？通过加强公共新闻传播、进一步发挥新闻媒体的沟通和引导作用，其现实意义不言而喻。然而，我们也必须看到，中国的特殊国情和文化传统决定了我们的新闻传播体制，决定了当代中国新闻媒体的历史使命。我们要建立和发展的“公共新闻”必须是适合本国国情的、有利于国家发展的“公共新闻”，而不是对西方媒体的照搬或盲目仿效。这方面如何去做，还有待我们研究的深化和实践的创新。

（蔡雯撰写，原载于《国际新闻界》2005年第1、2期）

---

① Andrea Breemer Frantz：Innovations In Teaching，http://www.pjnet.org/innovations.shtml，2004，11

# 新闻传播的变化融合了什么？

## ——从美国新闻传播的变化谈起

在传播技术和媒介产业都处于世界领先水平的美国，新闻传播正在发生一场前所未有的变化。这一年我在走访到的所有地方，从新闻媒体到新闻学院，总能听到两个使用频率极高的词："融合媒介"（convergence media）和"融合新闻"（convergence journalism）。以培养新闻人才著称的密苏里新闻学院今年还要开设一个与融合新闻有关的新专业，而这方面的培训已在不少新闻院系和媒介组织中展开。

### 融合媒介：利益驱动下的竞争策略

"convergence"这一英文单词原义是"集中"，"convergence media"，顾名思义就是将各种不同类型的媒介集中在一起。这样的构想其实在国际互联网诞生之前就出现了，最早的想法是通过放在电视机上的机顶盒，将电视和电脑合为一体。随着网络技术发展，媒介融合的前景大大超出了人们的想象，英国知名媒介技术专家Paul Woolmington这样描述未来的媒介消费：消费者能在任何地点获得所有他需要的信息，掌上电脑既是网络浏览器，又是无线传呼机和电话机，电冰箱上有连接互联网的屏幕，电视机带有网络搜索和播放功能……我们接受所有信息都能瞬间即得。[1]这个描述即将变成现实。

对于已经拥有若干种类的媒介并期望在未来的市场上获取更多利润的美国传媒公司来说，要将技术发展提供的可能性转变为媒介产业的现实经营模式，无疑是一场从经营理念到业务流程的全方位变革。虽然在美国目前还没

---

① Paul Woolmington，Convergence, media and marketing:an eye for an I，http://iaa2000.atalink.co.uk/html/p020.htm,2005\6\20

有哪一种媒介能够在市场上完全取代报刊、广播和电视，但美国一些传媒集团已经在21世纪初开始了对现有媒介进行融合的尝试，这种业务流程的整合无疑为将来运用新媒介争夺市场打下了基础。最早做这项实验的是论坛公司（The Tribune Company）和媒介综合集团（Media General Inc.）。论坛公司的实验以芝加哥论坛报和佛罗里达的奥兰多哨兵报为基地，媒介综合集团的试验以佛罗里达的坦帕先驱报为中心。

论坛公司在芝加哥除了拥有著名的芝加哥论坛报等报纸，还拥有多家电视台、电台和网站。芝加哥论坛报新建了多媒体新闻编辑部门，作为与其他媒体合作的桥梁。当电视台需要由报纸最早进行报道的新闻素材时，这个部门负责提供。该部门的编辑还会与编辑部管理人员讨论哪些新闻可以由其他媒介再度传播，哪些记者可以到电视台电台去接受采访、协助兄弟媒介完成报道。由于这种操作方式并没有打破各个媒介的相对独立性，美国学者称这种合作模式为"协商模式"（negotiation model）。显然这是一种松散的合作模式。

在奥兰多哨兵报的实验与前者不同，是以一种称为"恒星飞船"（starship）的概念来操作的，各种不同媒介的新闻部门负责人以固定会议的形式坐到一起来讨论新闻报道，分享新闻来源，研究各自的报道如何做，相互之间如何合作。这种模式被称为"合作分类模式"（co-ordination model）。媒介综合集团在佛罗里达的实验更进了一步，被称为"合作操作模式"（co-operation model）。该集团设立了"多媒体新闻总编辑"岗位，该总编的责任是统管各类媒介的新闻报道，负责对各重大新闻报道的策划，并组织各类媒体的记者一起工作，协同完成报道。这种模式使多媒体编辑走到了新闻采编流程的核心位置上。[①]媒介走向联合运作，不仅在美国发展迅速，而且在欧洲、新加坡、中国香港等国家和地区也已经出现。耐人寻味的是，这一改革浪潮中最积极的大多是报纸，这也许是因为报纸在媒介竞争中感受的压力最大，寻求出路的心情也最迫切。

值得关注的是，今天，美国报纸通过与网络融合已经开创出了一片新天地。美国西北大学媒体管理中心主任Michael P. Smith在新近发表的文章中说，"一度使报纸忧心忡忡的互联网，已经成了报纸最好的伙伴。"[②]他认

① Stephen Quinn, Knowledge Management in the Gigital Newsroom, Focal Press, 2002, p65-69

② Michael P. Smith，New Uses for the Internet，http://www.mediamanagementcenter.org/updates/mainstory.asp,2005\6\18

为网络帮助报纸开发了新的受众群体，一个最典型的例子是芝加哥论坛报。1996年该报创办了名为“MetroMix”的娱乐性网站，很快成为一个成功的品牌。调查发现，这个网站的用户中竟然有60万人是从来不读芝加哥论坛报的，于是报社开始研究如何让这个庞大的人群成为报纸的读者。决策是，专门为这些人办一张报纸，这张新报纸就是刚刚办了两年、在年轻人中很走红的新生代都市小报“红眼”报（RedEye），这家报纸的娱乐版至今还叫“MetroMix新闻”，网站的品牌效应在传统媒体上延续。从某种意义上说，“红眼”报算得是第一家由网络派生的报纸，而美国仿效此法的报社据说还有不少。

更让美国报界欢欣鼓舞的是，报纸在网络上的收获日见丰硕，印刷版的销量萎缩得到了另一方面的补偿。尼尔森调查公司今年新公布的关于网络用户情况的最新统计数据表明，今年三月，报纸网站用户人数比去年同期增加了三点一个百分点，达到历史最高水平。从二月到三月一个月的时间中，报纸网站的页面点击率增加38%，人均访问时间增加5%。这些数据，进一步验证了尼尔森公司一年前就得出的调查结论：报纸网站在美国已经成为人们获得地方新闻的第一渠道，有45%的网民从报纸网站上查阅新闻。在美国排名最靠前的25个媒介区域市场中，有22个市场里的报纸网站用户人数多于其他类型的网站用户，而且平均年龄更低、受教育程度更高、消费能力更强、平均花在网络上的时间比非报纸网站的用户多一倍。去年已经有84%的报纸网站用户通过网络购买商品和服务，远远高于全部互联网用户59%的平均比率。早在2003年，就有8亿110万美金的广告投进了报纸网站，报纸网站吸引广告的能量还在进一步增长中。

今年4月美国报纸协会在旧金山召开年会，一批地方报纸负责人和新闻研究专家发布了他们对报纸在网络上发展的最新实验成果和研究成果。会议的第一个主题就是“重塑多媒体平台上的未来：报纸出版人的高水平讨论会”（Shaping Your Multi-Platform Future： A High-Level Symposium for Publishers）。加州地方报纸创办的一些成功网站如Bakotopia.com、网上免费报纸The Northwest Voice等的成功经验受到关注。

正是看到了报纸与网络结伴的良好前景，美国纽约时报公司、华盛顿邮报公司等传统媒体公司近一年中纷纷收购网站，意在将传统媒体的内容优势转化成新媒体的市场利润，推进媒介融合的进程。

在这场新闻传播战略调整的背后，起决定因素的动因是什么？我认为，是经济利益驱使。

首先，从各个媒介独立经营转向多种媒介联合运作，尤其是在新闻信息采集发布上的联动操作，能够最大限度地减少人力、资金和设备的投入，降低生产成本，使集团利润最大化。其次，不同类型媒介的联合运作，能够对已经占有的媒介市场起到保护作用。比如报纸因为电视、网络媒介等竞争对手的出现市场不断被侵袭，发行萎缩和广告销量下降势所难免，产品单一、单独运营的报社很难应付市场变化。但在集中和融合的媒介集团中，不同的媒体可以通过某种流程控制实现资源重整，电视台帮衬报纸、报纸联动网站、网站呼应广播电视，利用各自的介质差异，在新闻信息传播上实现资源共享而又产品各异，化竞争为合作，结果就能联手做大区域市场，并且在这一市场上占据垄断地位。我认为，从这个意义上说，“convergence media”，不只是简单的“集中媒介”，而是相互合作、相互融合，你中有我、我中有你。因此，用“融合媒介”来说明这一现象更加准确。美国新闻学会媒介研究中心主任Andrew Nachison将“融合媒介”定义为：“印刷的、音频的、视频的、互动性数字媒体组织之间的战略的、操作的、文化的联盟”[①]，他强调“融合媒介”最值得关注的并不是集中了各种媒介的操作平台，而是媒介之间的合作模式。这一观点不无道理。

## 融合新闻：新闻传播业务的一场变革

媒介融合，除了媒介经营模式的变化，最大的改变是新闻传播业务流程的设计及其管理。对此，不妨以美国媒介综合集团作为个案略加分析，这一集团的媒介融合被公认为是最有成效的。

2000年，媒介综合集团投资4000万美金在佛州坦帕市建造了一座传媒大厦，取名“坦帕新闻中心”（Tampa's News Center），将属下的坦帕论坛报及其网站Tampa Bay Online、电视台WFLA-TV，还有集团网站TMO.com的编辑部门全部搬了进去。当时报社有210人，而电视台只有92人，电视台希望利用报纸的新闻采编力量扩大报道面和提高报道质量；而报纸看好电视的是其拥有150万个家庭用户，这是远远大于报纸读者群的一个市场。对网站来说，则可

① Andrew Nachison，Good business or good journalism? Lessons from the bleeding edge, A presentation to the World Editors’ Forum, Hong Kong, June 5，2001

以更方便地将报纸和电视的新闻信息全部搬到网络上，并根据网络的特点衍生出新的内容和产品。但是，如何才能真正实现资源共享和效益共增？还需要创造一套崭新的采编流程管理模式。

综合媒介集团完成这一整合的关键决策是设立"多媒体新闻总编辑"，统管三类媒介的新闻报道。担此重任的是Steve DeGregorio，此人此前已在WFLA-TV工作了11年。走上新岗位后，他的主要任务是发现适合在报纸、电视和网站上同时报道的重要新闻线索，进行报道策划，并组织和落实报道。每天上午他要召集三次会议：电视台九点的晨会，网站九点半的会议，报社十点半的编前会。他说自己的工作"如同要把一群野马圈进畜栏，总是有大量的谈判，做大量的策划方案，还要确定不能出现重复性的报道。"①

被统一管理的编前策划会使得三类媒介在新闻采编方面实现了联动，但这种联动并没有固定的模式，完全根据新闻事件的价值和媒介当时的条件而定。

比较有代表性的报道案例有：坦帕论坛报报道过一条社会新闻，有一个小型飞机的飞行员突然发病，机上一位乘客操纵飞机平安着陆。这条新闻由报社一位记者和电视台记者联合进行报道，电视播发这条新闻也是两人署名，因为报纸记者的新闻稿成了电视后续报道的新闻背景。还有一例是，电视台报道当地一位参加奥运会的游泳运动员在印地安纳接受审判，这条电视新闻是由报纸记者拍摄报道的，观众还在电视上看到主持人对这位报纸记者的访谈，电视新闻结束时，主持人还提示观众可以到网站上去获取这一新闻的更多信息。类似的报道还有很多。

在没有固定模式的联动新闻报道之外，也有一些相对稳定的合作形态。如坦帕论坛报的商业编辑Bernie Kohn在每周一的早间电视新闻中做一段专题节目，网站编辑Adrian Phillips每周在电视的早间新闻节目中亮相三回，电视台专门报道医药新闻的记者Irene Maher在报纸上开设了一个两周一期的固定专栏。媒介融合，使大量的新闻信息在同一栋建筑中流动，报纸、电视和网站分享着彼此的消息来源和新闻生产力，这种合作的结果是把每一个入伙媒介的市场都进一步做大。

媒介融合当年7月份的市场调查数据显示，WFLA-TV收视率比前一年同期上升了3%，坦帕论坛报的发行量较前年同期增长了5千多份，但周日版

① Joe Strupp，Three-point Play, Editor & Publisher, August 21, 2000

的销量有所下降。网站的进步更明显，7月份的页面点击率比5月份上升了35%。需要说明的是，坦帕湾是美国排名第13位的电视消费市场，WFLA-TV的竞争对手非常强大，包括了分属于哥伦比亚广播公司、福克斯、美国国家广播公司的多家地方电视台，在这样一个竞争白热化的地区，当地新闻是电视台吸引观众的拳头产品，综合传媒集团通过媒介融合弥补自家电视新闻的不足，的确是明智之举。现在，这个集团的融合媒介之举已经从坦帕发展到该集团属下媒介相对集中的另外五个区域性的市场。

融合媒介，导致新闻传播业务变革的必然结果就是“融合新闻”，美国也有学者称之为“多样化新闻”（Multiple-journalism）。无论在美国还是在其他国家和地区，“融合新闻”今天都仍然处于探索阶段，但随着宽带网的普及，“融合新闻”必将成为新闻传播的主流，而且这种融合的成果将越来越多地以网络传播的方式呈现出来。

更值得我们思索的是，未来的新闻竞争必将因为互联网的存在而冲破国界和地域的限制，西方媒介集团可能会通过融合媒介和融合新闻的优势，实现在全球范围内的媒介产业垄断和文化侵略，这不能不引起我们的重视。事实上，媒介融合在美国本土已经受到了一些人的批判，被认为严重影响了一个地区的声音多元化，不利于美国的民主政治。但网络技术的发展，事实上进一步推进了媒介的融合，传媒企业对利润的追逐也是西方国家无法改变的事实，所以，媒介融合的推进之势不可逆转。由此看，加快我国媒介产业结构的调整，迅速提高我们融合媒介和融合新闻的能力，已经是迫在眉睫的任务。

我认为，从新闻传播业务角度来说，“融合新闻”最值得研究的有两点：

一是传播业务整合和流程管理。传统的新闻业务是以单一的媒介形态为基础的，所运用的技术手段也相对有限，如报纸新闻局限于文本和图片传播，电视新闻主要以图像和声音传播为主。在这样的基础上，各媒介形成了自己的新闻采编流程，日报按24小时的周期运转，电视根据新闻滚动与栏目架构的需要操作。而“融合新闻”恰恰要打破这样的限制和流程，要在全方位的技术运用和所有形态的媒介介质基础上整合新闻传播，建立新的流程。在这样的背景下，采编管理不再是一报一台自行其是，新闻传播越来越体现为团队合作，而非编辑记者个人的智慧。

因此，我们就需要研究，新闻可以呈现的类型和表现方式到底有哪些？如何在不同的载体上进行分配？比如我们知道，新闻大致可以分为突发新闻报道、常态下的一般性新闻报道和非常规的深度报道等，对媒体而言，不同类型的新闻其操作方式也是不同的。比如我们用“融合新闻”的思路来做突发新闻报道，派往现场的就必须是一个小组，包括最好的电视录像记者和最有经验的文字记者，带去数码摄像机、数码相机，在后方与他们配合的还要有图表制作的专家、设计网络交互式传播的专家等。这个团队的第一批作品是简讯、简要电视新闻、现场照片，网络与广播、电视可能是首选载体。后续报道能够包含更多的文字信息和图表，还可能产生深度报道，与此相关的背景资料、各方反馈等也将不断递增，这时报纸的深度报道优势将更能体现，网络传播的互动性特点在后期也更能充分地实现，而且应该以信息总汇的优势成为其他媒介可以依托的受众服务平台。

更重要的变化是，在团队作业的前提下，新闻采集与新闻载体是分离的，团队成果不为某一个载体所独有，载体的使用完全以新闻传播的整体效果最优化为目标。从管理学的角度说，这是一种最复杂的网状组织结构的管理，每一套新闻产品生产都对应所有的媒介，每一个媒介都能在成套的新闻产品中获得最适合自己的那一部分。而整体上看，这些新闻产品是有差异的，包括内容的差异、角度的差异、表现形态的差异等等。也正是这些差异，使各媒介的定位差异得以实现。

如果说，前几年我们在研究新闻报道策划时所关注的“媒介联动式报道”是一种偶然的、自发的、小规模的“融合新闻”，那么在融合媒介的时代，“融合新闻”则是常规性的、有组织的、制度化的操作。对我国新闻传媒集团来说，这显然是一个有待探索的新课题。

“融合新闻”值得研究的第二点是，新闻人才需求的变化。从美国的案例中可以看到，在融合媒介后，需要两类新型人才：一是能够在多媒体集团中进行整合传播策划的高层次管理人才；二是能够运用多种技术工具的全能型记者编辑。

第一类管理人才不同于传统媒体的管理者，他必须是精通各类媒介的专家，知道技术发展为新闻传播所提供的可能性，知道如何运用这些技术使新闻内容得到更好的表现。因此，懂新闻、懂技术、懂管理而且擅长策划，是这种人才的必备素质。这类人才不是高校能够培养的，只能在媒介竞争中大浪淘沙磨练出来，具有多种媒介工作经历并有管理才干的业务人员成才希望更大。

第二类人才的主要特点是技术全面，凡是有新闻素养的从业人员经过技术培训都可能做到。这类人才在美国被称为“背包记者”（backpack journalists），目前美国有一大批新闻院校、新闻媒体和媒介组织正在进行这类培训，很多文字记者在学摄像技术，报纸编辑在学音频视频编辑和图表制作等。

当然，也有学者认为，在短期内这种“背包记者”并不是所有媒介都需要的，如密苏里新闻学院Daryl Moen教授在和笔者交流时说，“我个人并不认为会有很多人成为‘背包记者’，但是这种人才在某些地方会有用武之地。”他说的“用武之地”主要指人力资源有限的地方媒体和派驻外地及国外的记者站。美国媒介综合集团的案例倒是证明了这一点，该集团所融合的媒介都是同处一地的地方媒体，派往异地采访的记者都是多面手。如该集团中有一个名叫Jackie Barron的女电视记者，曾用四周的时间在安东尼奥采访一个重要的联邦案件，她每天的工作日程是：早晨6点给网站写一篇专栏文章，介绍案件的情况，然后到法院去采访当天的最新进展情况，上午10点通过电话给电视台发去最新报道；下午两点半到三点编制一个晚间电视节目传回去，然后再回到法院采访下午的进展情况，通常到晚上7点才结束采访；最后，还要给第二天出版的报纸写一篇新闻稿。据报道，这样高强度、高难度的新闻工作也使一些记者因承受不了工作压力而离开媒介综合集团，还有一些人对自己付出与得到的报酬不相称提出了异议。由此来看，在对新闻从业人员提出更高的要求时，媒介的资金实力和管理水平也受到了挑战。

融合媒介与融合新闻，对我国新闻媒介包括新闻传媒集团来说，还是一个崭新的课题，这个课题的研究视角当然不仅仅限于新闻传播业务，还可以从传媒文化、媒介经营等其他方面展开。我们相信，这个新领域中的探索具有重大现实意义，它将有益于我国传媒产业的发展和新闻传播水平的提高，有益于我们参与全球化的新闻传播竞争。

（蔡雯撰写，原载于《中国记者》2005年第9期）

# 谁在重新设计美国报纸?

“重新设计”（Redesign）自20世纪末以来一直是美国报界的一个热门话题。1982年《今日美国》报问世，以全新的版面形象震撼了报坛，巨大的图片、彩色的报头、醒目的标题、静态的版式以及首创的图解天气预报……吸引了读者的目光，也昭示着报纸形象还有变化发展的空间。此后，重新设计的浪潮席卷西方报坛。

“重新设计”在美国报界的含义与我国报纸的“改版”是相对应的。美国新近出版的编辑学教材在对专业术语的界定中，强调“设计”（Design）与“组版”（Layout）是完全不同的两个概念“，设计”不仅仅是形式范畴的操作，还包括对整个报纸内容结构的设计，如设计版组与分页、规定各版的内容分工，然后才是对版式、编排技巧的确定。而“组版”不过是在“设计”完成之后，每天将稿件编排到早已设计好的版式框架中，只是一种微观层面上的业务环节。

## 两栖专家设计美国报纸

在我国，改版都是由报社的最高领导机构组织实施的，版式设计也是由报社内部专业人员来负责。美国的情况则不同，很多报纸在重新设计时要花重金雇用专业设计公司或社外专家来操作。

为美国报纸重新设计的专家不少人同时具有新闻从业经验和艺术设计专业背景。比如主持《华尔街日报》重新设计的马里奥·R·加西亚，就有新闻工作经验，他创建了名为加西亚传媒的设计公司并担任CEO，30 多年来为450多家新闻媒体做过设计，并在多所大学担任过新闻学教授，出版了十几本有关版面设计和网页设计的著作，在14个国家开设过报纸设计的讲座。他的公司成员虽然只有20人，但却在美国、德国、阿根廷都设有办公室，因为与他们合作的媒介不只是美国的报纸。这个公司的设计人员也大多做过新闻院系的教授，或有媒体工作经历。如为《华尔街日报》改版设计操刀的罗瑞森就曾在南佛罗里达大学任教，加西亚自己多年前则在锡拉库斯大学大众传播学院教授学生版面设计课程，他在教学中一直把《华尔街日报》当作教学素材，让学生重新设计这家报纸的版面。通过教学，他既教会了学生版面设计，同时又掌握了年轻人对这家报纸的看法，这对他很有帮助，因为《华尔街日报》的改版宗旨就是既不能丢掉老读者，又要吸引年轻人。他早在1999年就为《华尔街日报》的亚洲版、欧洲版做过重新设计，因为效果不错，接着担纲美国本土版的设计。

在美国最著名的也是全世界历史最悠久的新闻学院密苏里新闻学院，教报纸编辑的教授达利・R・摩恩也是这样一个在高校与报社间游刃有余的“两栖”专家。他早年在三家报社做过编辑，当教授后还为多家报纸做过重新设计，并在世界各地传授版面设计技巧。

这些既有专业学养又有丰富经验的报纸设计专家，已经成了美国报纸重新设计的“编外主力军”。与一般美术设计师不同的是，他们不仅是艺术设计方面的行家，而且还懂新闻、了解媒体，尤其对报刊的视觉传播有着独到的见解，知道如何将内容与表现形式相统一。在报纸纷纷上网后，他们的设计对象也由纸媒体延伸到国际互联网上。为了宣传自己，也为了招揽更多生意，他们大多还办有公司或个人网站，并编教材、写专著、开办各种专题的工作作坊、云游四海传道授业……在参与媒体实践的同时，也挣了大把金钱。

就报社而言，要请知名专家来为报纸重新设计自然花费不菲。但为了能在激烈的竞争中保持优势，很多报纸还是义无反顾地大把花钱。1998年《波士顿先驱报》为了遏止发行量下滑，请加西亚重新设计。这次重新设计耗时近两年，花费高达1000万美金。也有一些地方小报财力不足，邀请专业公司重新设计要精打细算。如阿肯色州西北部的本顿县有一家发行量一万份的社区报纸《本顿县每日纪录报》*Benton County Daily Record*）也在2000年做了重新设计，报纸请了一家专业设计公司，每天1500美金，并负责五位设计专家到报社工作期间的食宿。设计的时间一共五天，总花费没超过一万美金。

## 美国报纸重新设计的理念和方式

由报社以外的专家来重新设计，并不等于报社无所作为。相反，美国报纸对重新设计都有很明确的目标，整个设计过程是内外两股力量冲撞与磨合的过程。

《华尔街日报》本土版的重新设计前后用了21个月，两个小组共同工作，一方是设计专家组，另一方是由报社副总编辑和艺术指导领队的编辑组。数百次的意见交流和磨合才形成统一的设计思想认识，并且落实在实际操作中。

《华尔街日报》的设计理念是要在保持自己传统风格的基础上，增加现代感。既不能丢掉原有的形象特征，又不能随便仿效其他报纸的时尚做法。所以，大到整体内容结构的调整、每一版组的形象特征，小到每一个版面元素的规定、每一种色彩的选择，都是慎之又慎。设计中最大的动作是头版开始变彩色，整张报纸的彩页数量也有所增加，另外新增一个版组“个人化日报”。此外，每一版组的首页由六个基本栏变为五个基本栏，栏距加大，版面更加疏朗大气。这些变化与报纸传统风格的维持又是融为一体的，如头版引入了色彩，但将色彩种类做了严格规定，一是只能用淡淡的薄荷绿、天空蓝和柔和香槟色，二是这些色彩的使用位置固定不变。这种用色策略是为了使报纸继续保持高雅、高档的品位，不让熟悉这家报纸的老读者感到任何不适。对传统风格的保持，还表现在对垂直式版式、对头版上小块手绘人物头像等一些传统做法的延续上。这次重新设计不仅形成了版式模本，而且还专门出版了一本操作指南《〈华尔街日报〉版式》，厚达283页，在报社编辑部内发放和使用。这本书共分八个部分，第一部分是导论，介绍报纸的设计理念与出版这本书的主要目的。第二部分是版面基本指导，主要介绍报纸的分页规则、格子（Grid，是西方报纸版面的基本结构要素）和色彩规范。第三部分是稿件结构规范，包括对稿件编排的具体要素如标题格式、正文排列格式、专栏格式、图片格式、字体字号等的规定。第四部分是报道插入要素规范，包括导读、引文、 配发资料的编排规定。第五部分是版组指南，主要是报纸各个版组的编排以及其中的图片编辑规范。第六部分是版面附件设计与固定使用规范，主要涉及报头、版头等。第七部分是社论与来论页编排规范。第八部分是特刊编排规范。

《本顿县每日纪录报》在2000年重新设计时，也提出了明确目标：“树立更加现代、专业的形象以更好地服务于读者，更好地推进报纸发行，成为社区新闻信息的第一来源。”[①]并进一步对设计提出了四点要求：改进报纸对读者的可用性；使版面编辑更容易操作；强化内容的传播效果；表现报纸的定位。

具体做法是：

第一，以更加简洁醒目的字体取代原来复杂花哨的标题字体，在报名区域设计固定的图示导读，为精彩新闻设计形式固定的提要，确定整个版面上

① BrassTacks Design,Case Studay, http:// www.brasstacksdesign.com

标题的层次系统，使读者通过标题就能识别新闻的价值，这些方式使报纸的易读性、可用性得到加强。

第二，采用“沙袋”（Sandbagging）式组版方式，即设计一种固定不变的版式，版面上作为视觉中心的照片位置事先挖空，一般情况下，编辑只要把稿件填进去就行。另外，要求多采用美联社的照片，因为作为社区小报没有能力自己拍摄大量的新闻照片，而美联社的照片能够保证画面质量。报社建立“主打照片截止时间制度”，每天下午五点要开编前会确定第二天的主打照片，并落实相关文字的编写任务。版面以格子式的模块结构为基础，规定字体字号，并编写版面设计样本一书，作为版面编排规范强制执行。设计方案中还提出了在报社建立资料馆的要求。这些措施使报社提出的“版面编辑容易操作”的目标能够实现。

第三，设计重要新闻的提要制作方式，要求提要与主标题有不同的角度；将重要新闻的导读放在报名区域，并且以视觉形象表现新闻价值；第一版上新闻标题按层次系统设计，以帮助读者了解整张报纸上最有价值的内容；必要时采用相关链接、关键词标注等为读者提供相关信息。这些方式使版面形式能够为内容服务，突出新闻价值。

第四，报纸设计通过对视觉效果的强 调、对专业水平的要求，与当地竞争对手有所区别；通过强化深度报道的版面效果，使报纸与当地广播电视相比有自己的优势；同时，要使版面设计有助于报社网络版的编排，可以将报纸上的内容略加变动直接搬上网络，并使读者能通过电子邮件与编辑沟通。这些方式使报纸的定位特点在重新设计中得到强化。

## 由美国报纸重新设计引发的思考

我在美国对200多家报纸的版面进行了比较研究，其中有世界著名的严肃大报，也有名不见经传的社区报纸，发现它们从报型、纸张到版式、风格，差异非常之大。没有看到对《今日美国》等大报“克隆”的情况。这与美国报纸普遍追求独家特色的设计理念有关。其中，除了采用模块式结构、静态式编排这些普遍做法外，还有更深层面的东西值得琢磨。

一、报纸设计应该与编辑部建章立制相结合，形成系统严谨的操作规范。

重新设计是对传统报纸编辑业务的一种变革，从报纸的生产流程角度看，实际是将后期的操作环节前置，在新闻采集还没有开始的时候已经完成了展示新闻成果的载体的设计；也可以理解为，事先为新闻信息的装载做好了“容器”。这与传统编辑学强调的操作规程——“先采后编，先稿后版”是相悖的。但恰恰是这一变革使报纸真正实现了现代化的生产作业，为提高工作效率、保证产品质量奠定了基础。

美国报纸请社外专业人员担纲设计，不仅仅是对报纸整体形象的重新规划，同时还引入了新的设计理念和操作技巧。但是，这种做法本身是有风险的，外来的专家能否完全领会与实现报社的意图是一方面，更大的问题是，如何保证设计方案在实际运行中不因专家的撤离而变形或“缩水”。很多美国报纸行之有效的做 法是，借重新设计之机为编辑部建章立制。最典型的案例就是《〈华尔街日报〉版式》了。这本由设计专家起章、由报社内部印发的大厚书，实际是《华尔街日报》的“版面编辑大法”，是所有采编人员必须照此执行的业务规范。《〈华尔街日报〉版式》图文并茂，易读易懂，大大方便了组版编辑的日常操作。

当然，并不是所有报纸的版式规范都会做得像《〈华尔街日报〉版式》一样复杂而精致，但是在重新设计中建立规范，是几乎所有美国报纸都要做的一项工作。

除了针对版面编排本身的规范，重新设计时编辑部制度建设也会受到重视。设计专家在为报纸重新设计时，要研究报纸的整个采编流程，这也是有些大报重新设计要历时一两年的原因。专家们会在充分研究之后提出对采编流程管理甚至编辑部组织结构的意见和建议。

二、将报纸设计与编辑人员的业务培训相结合，全面提高专业水平。

既然花费重金请来高人，就一定要“吃干榨尽”，把内部人员培训一番。所以，几乎所有报社都要求设计专家在完成设计之后，为报社编辑人员开设讲座并直接指导操作，直到完成若干成功的版面，真正掌握了规则和技巧。在这个过程中，专家们的教学内容非常丰富，涉及到色彩培训、图片编辑技巧、图表制作等等。所以，美国报纸的重新设计同时也是全面提高员工素质和专业技能的一次内部“练兵”。

顺便提一下，美国新闻学院中版面设计是一门独立的课程，教师本人就有这方面的从业经验，有些教授还是世界知名的版面设计大师，教学中强调实际操作训练。我在波士顿大学传播学院和哥伦比亚大学新闻学院访学时，发现这门课程全部是在多媒体教室中上，绝大多数时间是教师指导学生用电脑设计版面，色彩、结构这些基本理论讲授穿插其中，动手操作在整个学期中贯穿始终。而且，美国新闻学专业的硕士生课程中也开设了“高级版面设计”课程，学生也都是在老师指导下直接在电脑上完成版面设计。与美国高校相比，我们这方面的课程设置、教学水平包括教学条件都还有待提高。

三、报纸设计与报道策划相结合，优化报纸生产流程。

美国媒体很重视策划，虽然他们不用“策划”一词，而说“计划”（Plan）。而且，美国新闻学院的专业课程教学中早已包含了这方面内容，一些编辑学、媒介管理学教材，都对这个问题有所涉及。如前面提到的密苏里新闻学院教授达利·R·摩恩就编有一本非常畅销的版面编辑教材，已经出到第四版，书名叫《报纸编排与设计团队操作方法》，除了讲述版面设计的原理与技巧，很大篇幅在分析如何通过编辑部的流程管理和团队运作来实现版面设计目标，而团队运作的精髓就是报道策划与版面设计的结合。他在书中写到，20世纪90年代，美国报纸编辑部出现了两个变化：一是出现了设计编辑（Design Editor），这个岗位不同于一般组版编辑，其地位在很多报社相当于助理总编辑，不仅对整个报纸版式负责，而且对报道内容也有发言权；第二个变化就是以版组或版面的需要为基础，形成团队，由负责采写的记者与负责版面的编辑两类人组成，他们一同策划报道选题，设计报道内容和形式。特别策划的报道在一些报社是作为项目管理来运行的。设计编辑在所有日常报道与特殊项目中都有发言权，而且要为记者编辑提供指导意见。他还特别谈到特殊项目的策划与运行通常会以人数更多的团队来操作，如一个策划性的深度报道，团队成员通常会包括记者、项目编辑、设计编辑、文字编辑、图片编辑、美工、助理总编辑、管理编辑（相当于国内报社的副总编辑）等，他们要一同研究确定报道方案，设计版面编排，再根据版面需要，分工去获取各类材料，做成各类“零部件”，最后组拼到一起。[①]这种团队操作方法使报道策划与版面设计结合在一起，使每一个工种一开始就明确地为最终的版面成果而努力，优化了整个采编流程。另外，由于设计编辑本身是团队成员之一，他既懂新闻也懂设计，是所有版面的监控者，因此能够保证在增强报道效果与保持版面风格之间找到平衡。

（蔡雯撰写，原载于《中国记者》2005年第5期）

---

① Daryl R. Moen，Newspaper Layout and Design A Team Approach，pg 145-147,Iowa State UniversityPress,2000.

# 媒介融合前景下的新闻传播变革

## ——试论“融合新闻”及其挑战

伴随着数字技术的广泛运用与网络传播的迅猛发展，传媒形态的推陈出新与传媒产业的整合重组已是当今全球性的热门话题。在这一变局中，新闻传播也正应势而动，从规则、流程到渠道、方式都在发生巨变。突破传统的载体藩篱，以“融合新闻”赢得竞争，成为新闻传播变革的必然走向。

### “融合新闻”的现实基础

“融合新闻”（convergence journalism），在西方新闻传播界已经不是新名词，也有美国学者称之为“多样化新闻”（Multiple-journalism），主要特点是采用多媒体手段进行新闻传播活动。“融合新闻”的尝试在美国开始于21世纪初，最早做这项实验的是论坛公司（The Tribune Company）和媒介综合集团（Media General Inc.）。这两家公司都以自己所拥有的并且同在一个地区的报社、电视台和网站作为基础，构造了不同类型的“融合新闻”的平台，并取得引人瞩目的成果。在澳大利亚、新加坡等国家，“融合新闻”也同样有所收获。

显然，“融合新闻”的前提和基础是“融合媒介”（convergence media）。大众媒介从各自独立经营转向多种媒介联合运作，尤其是在新闻信息采集发布上联合行动，能最大限度地减少人力、资金和设备的投入，降低新闻生产成本。而且，不同类型媒介的联合运作，能够对已经占有的媒介市场起保护作用。比如报纸因为电视、网络媒介等竞争对手的出现市场不断被侵袭，发行萎缩和广告销量下降在所难免，产品单一、单独运营的报社很难应付市场变化。但在集中和融合的媒介集团中，不同的媒体可以通过生产流程的设计与控制实现资源重整，利用不同类型媒介的介质差异，在新闻信息传播上实现资源共享而又产品各异，化竞争为合作，结果就能联手做大区域市场，并且在这一市场上占据垄断地位。因此，美国新闻学会媒介研究中心主任Andrew Nachison将“融合媒介”定义为：“印刷的、音频的、视频的、互动性数字媒体组织之间的战略的、操作的、文化的联盟”[①]，他强调“融合媒介”最值得关注的并不是集中了各种媒介的操作平台，而是媒介之间的合作模式。这一观点不无道理。

笔者认为，“融合媒介”还有一层值得重视的含义，那就是在数字技术与网络传播推动下，各类型媒介通过新介质真正实现汇聚和融合。据英国《自然》杂志报道，一种可折叠的电子纸已经研制成功。像电子纸这类新介质，甚至今天我们还难以想象的更新一代的媒体，能将报纸、收音机、电视机、电脑、手机等等信息终端的功能和特点汇聚于一体，通过无线传输，成为未来人们获取新闻信息的接受终端。对于这样的新媒体而言，“融合新闻”必将超越“媒体组织之间的战略的、操作的、文化的联盟”这一界定，不只是“媒介之间的合作模式”，而演变成一种独立运行、流程完整、操作规范的新闻生产模式。虽然今天我们还难以预言“融合新闻”的最终形态，但可以确定的是，现在我们已经面对的所有媒介上的新闻，从传统的报刊新闻、广播新闻、电视新闻，到被视为新媒体成果的网站新闻、手机短信新闻、手机报纸新闻、电子报纸新闻、电子杂志新闻，以及基于ＲＳＳ的聚合新闻、基于WEB2.0技术的博客新闻，等等，都是孕育培养“融合新闻”的土壤。

在我国现阶段的新闻传播中，各类型媒介的共同参与和互动为推进“融合新闻”准备了条件。一方面，新媒介在不断加盟新闻传播阵营，从商业门户网站到功能强大的搜索引擎，纷纷借助于传统媒体的新闻生产力，通过汇聚新闻信息，在新闻传播中扮演着重要角色。此外，手机短信近年来在政府公共信息发布和新闻传播中的功能越来越引人注意；个人媒体如博客等在新闻传播中的作用同样不容忽视。

另一方面，传统媒介在新闻传播活动中对新媒介的借助和运用已成习惯，如用计算机辅助新闻报道、通过手机短信获取新闻线索、利用手机和网站搭建受众参与直播节目的平台、将博客内容转载（播）到传统媒介上，等等。更进一步，传统媒介通过数字化技术和网络传播途径，直接衍生出了新

---

① Andrew Nachison，Good business or good journalism? Lessons from the bleeding edge, A presentation to the World Editors’ Forum, Hong Kong, June 5，2001

媒体，如电子报纸、手机报纸、电子杂志、网络广播、网络电视等。这些新媒体本身已经是“融合媒介”的成果。

可以说，在全球范围内“融合媒介”与“融合新闻”今天都还处于探索阶段，但随着宽带网的普及，“融合新闻”必将成为新闻传播的主流，传统新闻媒介走向网络化生存是大势所趋。

令人忧虑的是，“融合媒介”目前在我国还面临着行业壁垒和规制障碍。如网络电视兼容了电信网络和广电内容，其发展受来自电信、广电、文化部三部委的共同监管，当电信运营商进入广电领域，行业之间的利益纷争便成为这一新媒体发展的绊脚石，去冬今春在福建、浙江出现的阻击网络电视的风波就是一个典型例证①。此外，我国传媒集团跨地区、跨行业的发展同样面临着因行政区划、行业分割等因素而起的困扰。因此，要真正盘活我国媒介资源，推进“融合媒介”和“融合新闻”，做强做大我国的媒介集团，加大体制改革力度迫在眉睫。

## “融合新闻”促使新闻传播发生的变化

“融合新闻”，无论是作为媒介组织间的合作，还是作为未来新媒介的新闻生产模式，都是对传统新闻传播范式的整合与重构。虽然这种整合与重构刚刚起步，但我们已经能够看到新闻传播实践中正在出现的以下变化：

一、新闻信源结构与新闻传播主体发生变化。在传统大众媒介垄断新闻传播的时代，为新闻媒介提供信息的主要是政府机构、社会团体和企业组织，承担采集与发布新闻信息的主要是职业新闻工作者及作为“准新闻工作者”的新闻通讯员。虽然不少媒介开设了热线电话，或通过来信来访渠道获取来自民间的信息，但这类信源在数量上远不能与前者相比，采用率也较低。新媒介的出现，使普通公民获得了从未有过的参与新闻传播的能力，他们借助手机、博客、播客、BBS等，发布新闻表达观点。在全世界范围内，“草根记者”在重大突发事件现场发布的新闻一次次产生了全球性的轰动效应，从东南亚海啸到英国伦敦地铁爆炸事件，第一时间发出的现场新闻报道都出自普通民众而非职业记者。虽然专业媒介组织在新闻传播中依然占据主导地位，但不能否认的是，新媒介正在改变大众传播的面貌，个人对个人、

① 参见杨莹《网络电视搅动电视产业利益链》，《传媒观察》2006，3

个人对多人、多人对多人的传播网络已经形成，传者受众一体化将成为新闻传播的主体特征。

目前，我国博客已经突破4000万，平均每天有30.5万篇博客文章被上传到网上①，这一巨大的新闻信息源已成为传统媒体开发利用的对象，如杭州的《都市快报》在对哈尔滨停水事件的报道中就连载了东北市民的博客日志②。手机媒体也同样催生出新的新闻信息源，《北京青年报》等地方报纸开设了彩信新闻栏目，广泛征集读者用手机拍摄的新闻现场照片。凡此种种，说明新闻传播主体在由职业新闻工作者独家垄断转变为职业人员与社会公众共同分享，新闻信源也随之发生了结构性的变化，博客越来越多地从由个人化媒体走入大众传媒，来自普通民众的新闻和言论在新闻传播中占据越来越大的比重。值得我们注意的是，这种改变也使得新闻传播效果具有越来越大的不确定性，新闻媒介组织对新闻传播的控制也越来越难。

二、新闻媒介组织结构与工作流程发生变化。“融合新闻”在21世纪初出现，是以媒介之间的合作以及媒介组织结构与工作流程的改变为前提的。如美国媒介综合集团2000年投资四千万美金在佛州坦帕市建造了一座传媒大厦，取名“坦帕新闻中心”（Tampa's News Center），将属下的坦帕论坛报及其网站Tampa Bay Online、电视台WFLA-TV，还有集团网站TMO.com的编辑部门集中起来运行。集团设立“多媒体新闻总编辑”，统管二类媒介的新闻报道，使三类媒介在新闻采编方面实现了联动。③未来更新一代的“融合媒介”，会以一种什么样的组织结构和工作流程完成新闻的采集和制作？则是目前还很难回答的问题。

在我国，这样的尝试也已经开始，如河南报业集团进行了报网互动的尝试，《河南日报》与河南报业网共同主办《焦点网谈》栏目，每周二、四在报纸上刊登两个整版；报社的总编和记者们协助网站开设《总编在线》《记者连线》栏目，网站则为报纸提供征稿园地④。浙江日报报业集团与浙江移动、浙江在线合作开通《浙江手机报》，推出全国首家数字报纸，并与北大方正合作开发了“数字报刊与跨媒体出版系统”，实现传统报纸、数字报

---

① 参见姚志锋《博客——互联网的新经济时代》，《中华新闻报》2006，3，29

② 参见樊一彪《站在新媒体的肩膀上——从哈尔滨停水事件看传统媒体的报道创新》，《新闻实践》2006，1

③ 参见蔡雯《新闻传播的变化融合了什么？——从美国新闻传播的变化谈起》，《中国记者》2005，9

④ 参见朱夏炎《让报纸与网络共赢》，《新闻战线》2006，3

纸、光盘出版以及全文数据库产品一体化生产和多元化出版。实践证明，报网互动能为区域性报纸打破传播的地域限制提供渠道和平台，直接带动媒介影响力的增强和经济效益的增长。

三、新闻载体性能与新闻传播方式的变化。与报纸、广播、电视这些传统的大众传媒相比，通过互联网传播的新一代媒介实现了载体性能的根本改变，为新闻传播变革提供了更广阔的舞台。因为普通民众能够通过发送手机短信、撰写博客日志、发起网络群聊，在任何时间任何地点对任何人进行传播，因此，从整个社会范围来看，新闻传播方式从传统媒介主导的单向式变为专业媒介组织与普通公民共同参与的分享式、互动式，大众传播与人际传播更加紧密地结合与汇流。这种新格局一方面造成新闻信息供给过剩，另一方面也促成人们对专业媒体组织整合、诠释信息的更多依赖。相对于新媒体而言，在专业人才、传播经验和社会公信力等方面具有优势的传统媒体，更具备诠释新闻的资格和能力。但如果不注意通过与新媒介的融合扩充信息容量、改变新闻传播方式，传统媒体整合加工新闻信息的水平将很难提高。

随着技术发展，网络媒体的融合功能仍在不断增强，接受与发布新闻的手段和方法也越来越多样化，新闻信息传播将普遍采用多媒体方式，最终在新的终端介质上实现听、读、看、写、说、录等等手段的自由选择和组合，新闻传播体现出更加自由、更加人性化和更加方便快捷的特点。值得重视的是，随着传播手段和方法的改变，对新闻传播内容整合加工的难度也越来越大，如何对内容精准定位、对表现方式适当选择、对传播流程有效地进行控制与管理，成为所有新闻媒介面临的新问题。

## “融合新闻”带来的挑战

首先，“融合新闻”对媒介规制和内部管理提出了新的要求。因为融合新闻以融合媒介为基础，因此妨碍融合媒介的管理体制需要改革，要打破媒介管理区域分割、行业分割的藩篱，使媒介集团跨地区、跨媒体发展更加顺利。在媒介集团内部，也需要进行组织机制与管理模式。因为传统的新闻传播业务是以单一的媒介形态为基础的，所运用的技术手段也相对有限，如报纸新闻局限于文本和图片传播，电视新闻主要以图像和声音传播为主。在这样的基础上，各媒介形成了自己的组织结构和新闻采编流程，日报按24小时的周期运转，电视根据新闻滚动与栏目架构的需要操作。而“融合新闻”恰恰要打破这样的限制和流程，要在全方位的技术运用和所有形态的媒介介质基础上整合新闻传播，建立新的流程。在这样的背景下，采编管理不再是一报一台各行其是，而是跨媒介的团队合作，是多种媒介新闻生产流程的重组和整合。新闻采集一次性完成，新闻加工方式与发布渠道却是多元化的，新闻信息资源由此能得到全方位的深度开发，新闻产品链由此形成。在“融合新闻”的框架下，我们需要针对更加小众化、更精准的媒介定位，制作适合不同对象的多样化的新闻产品，并且在新闻传播中与公众分享与互动。比如用“融合新闻”的思路来做突发新闻报道，派往现场的就必须是一个小组，他们不再是报纸的记者或者电视的记者，而是为集团组织中所有的媒体采集新闻的专业记者团队，他们的新闻作品是多媒体形式的，文字报道、新闻图片、现场录音、新闻录像等一应俱全。而且在专业人员从事新闻采集加工的过程中，社会公众发布新闻信息和表达观点的权力得到充分尊重，来自公众的信息本身就是新闻内容的重要组成部分。在团队作业的前提下，新闻采集与新闻载体是分离的，团队成果不为某一个载体所独有，载体的使用完全以新闻传播的整体效果最优化为目标。从管理学的角度说，这是一种最复杂的网状组织结构的管理，每一套新闻产品生产都对应所有的媒介，每一个媒介都能在成套的新闻产品中获得最适合自己的那一部分。而整体上看，这些新闻产品是有差异的，包括内容的差异、角度的差异、表现形态的差异等等。也正是这些差异，使媒介定位的差异得以实现。

第二，“融合新闻”对职业新闻传播工作者提出了更高的要求。从美国已经获得成功的“融合新闻”案例中可以看到，融合媒介后需要两类新型人才：一是能够在多媒体集团中进行整合传播策划的高层次管理人才；二是能够运用多种技术工具的全能型记者编辑。

第一类管理人才不同于传统媒体的管理者，他必须是精通各类媒介的专家，知道技术发展为新闻传播所提供的可能性，知道如何运用这些技术使新闻内容得到更好的表现。因此，懂新闻、懂技术、懂管理而且擅长策划，是这种人才的必备素质。这类人才不是高校能够培养的，只能在媒介竞争中大浪淘沙磨练出来，具有多种媒介工作经历并有管理才干的业务人员成才希望更大。

第二类人才的主要特点是技术全面。如美国媒介综合集团所融合的媒介都是同处一地的地方媒体，派往异地采访的记者都是多面手，他们能够同时为报纸写文字稿件、为电视拍摄新闻节目、为网站写稿。这种全能型的新闻人才是可以通过对现有的新闻专业人员的技术培训来获得的，目前美国有一大批新闻院校、新闻媒体和媒介组织正在进行这类培训，很多文字记者在学摄像技术，报纸编辑在学音频视频编辑和图表制作等。美国的一些著名新闻学院已经开设了“融合新闻”专业。在我国，这方面人才的培养还需要加大力度。

第三，“融合新闻”需要公民具备更高的媒介素养。因为“融合新闻”不仅是各类型专业媒介新闻传播业务的融合，也是普通公民借助网络媒介参与新闻传播的一种“共享式”的新闻实践活动。当媒介组织之外的个人能够成为新闻传播者的时候，新闻媒体不仅将更加“分众化”，而且将越来越多地扮演“公共交流平台”的角色。在这个平台上，职业新闻从业人员与社会公众是平等的，新闻与观点的交流与交锋在所难免，信息良莠不齐、鱼龙混杂也在所难免。如何更好地使用媒介，提高对新闻信息的辨别力，并在新闻传播活动中遵守法规、加强自律，成为每一个参与新闻传播的公民都面临的新问题。因此，在加快法律建设步伐的同时，加强对国民的媒介素养教育非常重要。这种教育是在新闻传播专业教育之外的更加普及的教育，应该从中小学生抓起，在全社会范围内展开。

（蔡雯撰写，原载于《国际新闻界》2006年第5期）

# “原创”“互动”与“融合”

## ——解析网络媒体首次参评“中国新闻奖”

2006年中国新闻奖评选最引人瞩目的变化是网络媒体首次参评。这一代表主流新闻价值观的最高奖项将“网络新闻评论”“网络新闻专题”和“网络新闻名专栏”增列其中，说明网络新闻传播的地位与作用终于得到了官方与业界的高度重视。

在江西南昌的定评会上，笔者有幸作为评委参加了网络新闻和名专栏的最后一轮评选。与过去我参加的中国新闻奖评选不同，分会场中悬挂的大屏幕上闪动着彩色网页，放置一侧的放音机和录像机则是为播放参评“名专栏”的广播和电视节目准备的。评委们笑言：“我们是一个多媒体评审小组。”的确，这次评审使我们得有机会检阅了我国四类主要新闻媒体的代表性成果，也由此引发了对新闻媒体未来发展的讨论与思考。

### 标准与方法：如何评价网络新闻传播有待探索

网络新闻传播因为数字技术与网络技术的运用而具有与传统新闻媒介不同的特点，归纳起来，主要有传播速度快、信息容量大、多媒体传播和互动传播这几方面优势。今年中国新闻奖的评选标准中，明确提出网络新闻“要体现网络特色，充分运用多媒体手段”，并有具体说明，如“网络新闻评论作品必须是新闻网站首发的原创评论。”“网络新闻专题要求主题重大、新闻性强、特色鲜明、发挥网络容量大、采集广、时效快、交互性强等优势，页面设计体现新闻性、可视性与艺术性的完美统一。”“网络新闻专栏（包括论坛）要求选题重要，信息量大，交互性强，图文并茂，有比较固定的位置。”

在定评会上，我们还看到参加初评的专家们提交上来的一个更细致的评价标准，共分三个方面：一是政治性标准。“‘政治性’是一个不容置疑的基本前提，在评奖过程中可以从选题的角度进行把握。其关键是从选题的侧重点及其效果上考量，这些重大选题主要包括重大事件、典型人物报道、中央经济政策，等等。”二是新闻性标准。“网络新闻专题的‘新闻性’应该与传统新闻媒体的新闻性有所区分，尤其是对‘新鲜性’这一传统新闻价值观上的区分，网络新闻已经突破了‘新近发生事实’的界定，首先，表现在对即时新闻事件的报道，在获奖作品中比较明显地体现在突发事件上；第二，表现在对一些历史题材的把握中，它们主要是报道非事件性新闻，比如抗战、长征等题材。”三是网络性标准。“该标准主要从技术呈现进行评价，包括：网络视觉设计、互动性功能的展现、访问速度，等等。”由于初评委员都是网络研究专家和网络媒体的领导，他们对于网络新闻的评判无疑有相当周密的考虑。

经过两轮评选最终获得中国新闻奖的网络新闻评论、新闻专题和名专栏确实比较全面地体现了上述评价标准。与入选的传统媒介的新闻作品一样，网络新闻的选题都具有重大政治意义和社会影响，如人民网的评论《我们怎样表达爱国热情》、北方网的评论《面对洪战辉，拷问我们缺欠什么？》、新华网的专题新闻《网民感动总理　总理感动网民——总理记者招待会上答问》、荆楚网的专题新闻《中部崛起》、四川在线的专题新闻《四川纪念红军长征70周年》、央视国际的专题新闻《“神舟六号”今秋遨游太空》、中国新闻网的专题新闻《中国国民党主席连战访问大陆》、光明网的专题新闻《时代英雄交响曲——全国模范教师北大教授孟二冬》等，揽括了最近一年中影响深远的诸多大事。

与传统媒体不同的是，网络新闻作品突出体现了网络传播的特点和优势。如获得网络新闻专题一等奖的《网民感动总理　总理感动网民——总理记者招待会上答问》是新华网精心策划组织的一个专题报道，在温总理记者招待会召开前三天，网站以“温总理记者招待会，你想问什么？”为题，公开向网民征集问题，并将网民的帖子在新华网首页发布，这些问题涉及到反腐败、社会保障、经济问题、三农问题、教育问题、国企、港台、外交等多个方面。温总理在记者招待会上回应了网民的提问，他说：“其实关心两会的是全中国人民。昨天我浏览了一下新华网，他们知道我今天开记者招待会，竟然给我提出了几百个问题。我觉得他们对国事的关心，深深感动了我。他们许多建议和意见是值得我和我们政府认真考虑的。”新华网立即推出“点评总理记者招待会，温总理深情回应网民”的引导帖文，获得了网民30万次点击跟进和约2000条的帖文回复。整个报道还链接直播的视频音频、现场图片，形成了互动性专题。其实，几乎所有参评中国新闻奖的网络新闻专题都开设了论坛与网民互动，并且在传播手段上都采用了音视频等多媒体方式，在新闻信息发布上做到“实时”“全时”，在相关资料链接上充分发挥了网络的“海量”优势。

值得我们注意的是，相比传统媒体，网络的新闻传播效果能够得到更加及时和准确的反馈，在各网站的申报资料中，我们无一例外地看到了这些网络新闻作品所获得点击率或跟帖数的说明。网络的这一特点提示我们，对网络新闻传播的评价是否应该更多地以网民的反应为依据？当然，点击率高并不代表新闻质量一定就高，因为虚假新闻标题和不健康的报道内容也能赢得高点击率，何况点击率本身还能够人为制造。但是，传播效果好的网络新闻一定有很高的点击率，这是不容置疑的。只是对点击率的考察需要通过更科学的技术手段和更可信的组织机构来把握。我认为，除了点击率，论坛中的相关跟帖、其他媒体的转载率更值得看重。而且需要考察的不仅仅是数量，还应该有对跟帖内容与转载媒体的权威性、影响力的分析。当然，这会大大增加评审工作的难度，一个可行的办法是组织有关专家对重大网络新闻报道进行全程跟踪研究并做出相关统计和分析，为中国新闻奖评选提供相对公正的依据。顺便提一句，纽约时报网络版在向网民推出“最受欢迎的文章排行”时，采用了“最多E-mail推荐”“最多博客引用”“最多搜索的关键词”这样一些统计指标。国外同行在这方面一些思路与举措值得我们参考。

## 网络原创与新闻联动：媒体网站优势彰显

中国新闻奖要求参评作品必须原创的规定，使新闻媒体主办的网站与商业网站的差异得以显现。这次评奖，至少传递给媒体网站三个信号：一是新闻的原创能力是媒体网站参与竞争的独家利器；二是与母体媒介新闻联动、资源共享是媒体网站发展壮大的有效策略，三是获得当地政府支持，致力于建设区域性或专业性的门户网站，有可能使媒介网站后来居上。

众所周知，我国现阶段对网络媒体从事新闻业务的管理制度实际为媒体网站撑起了一把“保护伞”，尽管商业网站能够以强大的经济实力和先进的技术力量“网聚天下新闻”，但不能获得新闻采访许可证、在新闻传播方面有“寄生性”是其致命弱点。传统媒介越重视自己的数字化网络化转型，商业网站的日子就会越不好过。今年中国新闻奖评选将网络媒体纳入其中，实际上是为传统媒体拓展网络市场吹响了进军号角。一位同是评委的中央大报负责人在会上对我说，他们报社今后要把网站建设作为重中之重。河南报业网的负责人告诉我，河南省政府已经决定投资几千万将报业网改造成本省门户网站，并力求形成地方新闻传播的独家优势。

媒体网站有理由对自己更加自信，因为新闻原创能力是这类网站的核心竞争力，也是其有望获得政府支持和公众关注的主要缘由。问题是，我们如何才能真正发挥好原创新闻能力？在大家还为网络新闻的知识产权问题而困惑的时候，在网络媒体尚未在传统媒体的大家庭中获得足够重视的时候，在传统的新闻理念和操作规则依然主宰着媒介集团内部的资源分配和流程管理的时候，这一问题的根本解决显然还有待时日。

本届获奖的网络新闻个案，并不能很好地给出我们这个问题的答案，但对我们思考这个问题还是颇有启迪。

一方面，网络原创新闻与传统媒体的原创新闻一样，来自于独家的新闻发现和信息采集，并利用网络传播速度快的优势先声夺人。今年中国新闻奖初评入围的12个网络专题新闻中，有3个专题报道突发性灾害（黑龙江水污染、浙江台风、江西九江地震），三家网站都是在第一时间发布了自采的新闻稿件，显示出媒体网站在突发性新闻报道中的独特优势。

另一方面，网络的新闻原创还能够通过编辑对传统媒体新闻信息的二度开发，以及运用网络特有的互动功能和多媒体制作技术等来实现。比如在网络新闻专题中开设论坛、记者开博客、进行网络民意调查等，都能使一些共享性的新闻题材延伸出新的内容和形式。如四川在线的“四川纪念红军长征70周年”专题新闻大胆引入了网络游戏的元素，策划并设计了“网上重走长征路”活动，突出互动功能，并且以音频、视频、动画、文字等多媒体手段再现长征重大事件，做到了对严肃主题的宣传寓教于乐，区别与所有传统媒体的同题宣传报道。还有一些网站在进行新闻报道的同时利用网络互动组织公益性活动，也形成了独家特色，像大江网在“江西万众一心夺取抗震救灾胜利”专题报道中搭建的“网络世界 爱心无限——全世界网友援助江西九江地震灾区”的活动平台就是一例。

由于媒体网站所依托的母体媒介（包括三大类传统媒体及媒介集团）大多采编实力雄厚、公信力较高，母体媒介的新闻资源自然是媒体网站可以充分开发利用的对象。本届中国新闻奖的入选网络作品证明，新旧媒体的新闻联动，是媒体网站在重大新闻传播中能够胜人一筹的重要原因。

其实，我国报纸与网站“新闻联动”的实践早在五年前就已开始。2001年广西南丹发生矿难时，人民网上发布的第一篇公开报道是人民日报驻广西记者站的记者采写的，而内参报道则通过人民日报标有“特急”字样的“信息专报”送达中央。紧接着，人民日报的公开报道与人民网强国论坛上每日逾万的跟帖，汇聚成强大的舆论力量，最终促使问题得到解决。如果说，最早的这次“报网联动”还是一次偶然的尝试，那么今年入选中国新闻奖的网络新闻专题和名专栏则向世人证明，媒体网站与母体媒介的新闻联动已经运行得非常普遍而娴熟了。如央视国际报道神舟六号遨游太空时，网站与CCTV新闻频道、中文国际频道电视直播报道相呼应，实时滚动发布最新消息，共发布新闻1725条、图片512张，运用电视信号开展30多小时网上直播，制作50多条精彩视频点播节目供网友随时欣赏，并在网上开展“观众调查”和“提问征集”等活动，全天开通互动论坛，日均在线用户达14000人次以上。此外，大江网报道抗震救灾、四川在线宣传“四川纪念红军长征70周年”等也都采用了媒体联动的方式。

“新闻联动”指在重大新闻报道活动中不同媒体联合进行报道，资源共享、相互配合又各具特色。当“新闻联动”从一次性的新闻报道活动延伸到长久性的新闻媒介运作中，还会形成更高层面和更加稳定的“报网互动”“台网互动”。河南报业集团总编辑朱夏炎认为“报网互动是报纸平稳过渡到网络平台的最佳选择”①，今年荣获中国新闻奖网络新闻名专栏的《焦点网谈》就是这一战略构想的实践成果。由《河南日报》与河南报业网共同主办的这一栏目，稿件在网站上首发，报纸在每周二、四刊登两个整版的同名专版，并且24小时开通手机短信平台，接收群众的建议与投诉、收集新闻线索。在河南报业集团内，新闻资源共享的方式不止这一专栏，报社的总编和记者们协助网站开设《总编在线》《记者连线》栏目，网站则为报纸提供征稿园地。据了解，目前“报网联动”“报台联动”的媒介还有很多，如大江网和江西日报、浙江在线与浙江报业集团，等等。

---

① 参见朱夏炎《让报纸与网络共赢》，《新闻战线》2006，3

## 从“互动”到“融合”：新闻媒介任重道远

从“翻版”到“原创”，从“联动”到“互动”，媒体网站的不断进步令人鼓舞。但应该看到的是，无论是媒体网站还是其母体媒介，对于新闻资源的共享与交互开发目前都还处于初级阶段，和纽约时报公司等一些西方著名新闻集团相比，我们的差距还很大。媒体网站的发展迫切需要进一步创新经营理念、改革采编机制和培养新型人才。

首先，要树立“融合媒介”与“融合新闻”的新理念，从媒介产业战略转型的高度进行媒介组织重构和采编流程再造。一直以来，媒体网站在传统媒介的组织架构中是作为一个二级甚至三级部门设立的，其功能局限于母体媒介的第二发布渠道，在新闻传播策划、采编力量调配上没有职权也难有作为，更谈不上独立经营和开发新产品。结果，媒体网站的影响力远远小于商业网站，而传统媒介因为想扩大传播范围，又将自己耗费巨额成本采制的新闻廉价甚至免费奉送给商业网站，反过来进一步加剧了自家网站的门庭冷落。这一怪圈实际暴露出传统媒介经营理念的滞后和战略决策的失误。如果我们看到在数字技术与网络技术推动下传播媒介推陈出新并相互交融，所有媒介的最终目标都是最大限度地争夺受众的注意力，那么，受众向哪里流，媒介就应该向哪里走。既然网络传播必将成为主流，传媒的数字化网络化战略转型就势在必行。转得越早，机会越多，成本越小。

在这样一个视野下，“报网联动”“报网互动”只是“融合媒介”的萌芽。因为报网互动是将报纸与网站作为独立存在的两个新闻生产部门，在两者之间进行新闻联动与合作。“融合媒介”则不同，它是将不同媒体的新闻采制集中于同一个采编中心，报纸、广播、电视、网站、手机等都只是这个采编中心发布其产品的不同渠道。以这样一种方式完成的新闻就是多媒体的“融合新闻”，这种新闻产品具有对报道内容“一网打尽”的“排他性”特点，采用多媒体的制作形式，适合于集团内部的各个媒体根据自己的定位与特点进行选择和组合。我认为，传统媒体的改革方向就是要通过组织重构和制度建设，实现对新闻资源的合理配置和充分开发，以“融合新闻”的排他性和影响力开拓市场、赢得竞争。对于传统媒介而言，这次转型最大的挑战不是技术攻关，也不是资金投入，而是观念、机制、流程和业务管理的创新。

“融合媒介”与“融合新闻”目前在西方国家也是最前沿的新闻传播课题，美国已经有多家媒介集团在进行尝试，并且已经取得了一些成功经验。如媒介综合集团（Media General Inc.）于2000年投资四千万美金在佛州坦帕市建造了一座传媒大厦，取名“坦帕新闻中心”（Tampa's News Center），将属下的坦帕论坛报及其网站Tampa Bay Online、电视台WFLA-TV，还有集团网站TMO.com的编辑部门集中起来运行。集团设立“多媒体新闻总编辑”，统管三类媒介的新闻报道，使三类媒介在新闻采编方面实现了联动。[①]这一集团的成功经验表明，大众媒介从各自独立经营转向多种媒介联合运作，尤其是在新闻信息采集发布上联合行动，能最大限度地减少人力、资金和设备的投入，降低新闻生产成本。而且，不同类型媒介的联合运作，能够对已经占有的媒介市场起保护作用。“融合媒介”组织中的新闻生产需要针对更加小众化、更精准的媒介定位，制作适合不同对象的多样化的新闻产品，并且在新闻传播中与公众分享与互动。

从“互动”转向“融合”，最终将不仅是报网融合、台网融合，还将是冲破行业壁垒和行政区域割据的更多类型媒介的融合。这场变革，一方面考验着新闻媒体管理者的胆识和管理水平，另一方面也对新闻从业人员提出了更高的要求。“融合媒介”的管理人员必须是精通各类媒介的专家，知道技术发展为新闻传播所提供的可能性，知道如何运用这些技术使新闻内容得到更好的表现。因此，懂新闻、懂技术、懂管理而且擅长策划，是这种人才的必备素质。做“融合新闻”记者编辑必须在业务上技能全面，他们能够同时为报纸写文字稿件、为电视拍摄新闻节目、为网站写稿，并擅长于运用网络工具进行信息收集和分析、与网民互动。目前这种新型的新闻传播人才还非常缺乏，需要新闻传播院校在人才培养模式、专业方向设置和教学内容上加大改革力度，也需要新闻媒介加强对在职人员的业务培训。

（蔡雯撰写，原载于《中国记者》2006年第8期）

---

① 参见蔡雯《新闻传播的变化融合了什么？——从美国新闻传播的变化谈起》，《中国记者》2005，9

# 全面宣传贯彻落实科学发展观 不断提高经济报道质量和水平

党的十六届三中全会提出的科学发展观正在成为时代的最强音。科学发展观，第一要义是发展，核心是以人为本，基本要求是全面协调可持续发展，根本方法是统筹兼顾。这给我们改进新闻宣传、提高新闻报道，特别是经济报道的质量和水平指明了方向。

## 一、用科学发展观指导经济宣传，就是要牢牢抓住以人为本、全面、协调、可持续发展，让经济宣传导向正确，基调鲜明，讲究实效

1. 全面协调可持续发展的科学发展观的基本要求，也是经济报道的基本要求

近两年，《经济日报》注意防止报道中出现单项发展和只讲速度的倾向，注重报道内容的平衡，现在一般单说高速度、高增长、高指标的报道很难在报纸上刊出了，大家渐渐习惯拿全面协调可持续发展的尺子来衡量报道。我们还通过策划几套大的系列报道使全面协调可持续发展报道成为经济报道的基调。

环境问题是全面协调可持续发展报道的重要内容，2006年《经济日报》重点做了水文章。报社经过认真策划，派出多路记者，沿着国内主要的河流和湖泊进行调研考察，对河流湖泊的治理、环保与经济发展关系进行深入探讨和报道，相继推出了“城市河流”“湖泊”“运河”三个系列报道。

获得2006年中国新闻奖系列报道类一等奖的“城市河流，让我们重新认识你”，主要由10组主打报道和几组延伸报道组成：

8月3日1版《北京：科学治理重开源》，点评《改善城市生态环境的重要一环》，评论员文章：《坚持贯彻落实科学发展观搞好城市河流治理与开发》；8月5日1版《上海：又见苏州河水清》，点评：《尊重客观规律打

持久战》；8月6日1版《天津：一河带起两个“海”》，点评：《城市也要反哺河流》；8月 7 日1版《广州：协调推进治珠江》，点评：《通力合作自律发展》；8月8日1版《南京：内外秦淮显生机》，点评：《再现“桨声灯影”》；8月9日1版《沈阳：重现浑河生态景》，点评：《环境优化经济增长》；8月14日1版《南昌：让水成为城市品牌》，点评：《“节水减污”是治本之道》；8月15日1版《西安：绘出治河新蓝图》，点评：《走科学发展的道路》；8月19日1版《成都：府南河后看沙河》，点评：《顺应自然人水和谐》；8月20日1版《扬州：重视综合治理实现碧水长流》，点评：《水城共生良性循环》；8月9日16版观察与借鉴专版——《国外城市河流治理面面观（上）》；8月16日16版观察与借鉴专版——《国外城市河流治理面面观（下）》；8月22日11版，纵深篇之一《“生态路”该怎么走？》；8月23日11版，纵深篇之二《“经济账”该怎么算？》；8月24日11版，纵深篇之三《“统筹牌”该怎么打？》。

这些成组报道分别以通讯、专家点评和图片的形式，详细报道了北京、上海、天津、广州、南京、沈阳、南昌、西安、成都和扬州10个城市治理城市河流的情况，并请国家环保总局、水利部、建设部等政府有关部门权威人士进行点评。同时，分别推出了两个整版的《国外城市河流治理面面观》，介绍了巴黎塞纳河、伦敦泰晤士河、瑞士莱茵河、德国莱茵河、维也纳多瑙河、首尔清溪川、华盛顿波托马克河、渥太华里多运河、新加坡河的治理情况。两个专版充分发挥报社驻外记者较多的优势，集中揭示国外治理河流的经验和措施，拓宽了城市河流报道的视野，增强了报道的可读性和借鉴性。

在各系列报道中，我们注重选题的整体性，比如年底推出的“探访京杭大运河”包括以下这些篇目。航运篇：《一条水上运输大通道》，旅游篇：《一道贯穿南北的风景线》，经济篇：《一条流金淌银的经济带》，环保篇：《绘一幅美丽的亲水画卷》，调水篇：《一项世人瞩目的新纪录》，水利篇：《做一篇科学发展的水文章》。各组标题比较工整、主题鲜明集中。6个一版消息加上后面的6个专版，围绕航运、旅游、经济、环保、调水和水利6个主题展开，内容丰富，图文并茂。

2. 认清国情，统筹兼顾，搞好重点报道

科学发展观要求协调发展，统筹兼顾。地区差别大，城乡发展不平衡，农村人口多，可以说是我国最大的国情。我们的经济宣传一定要从国情的实际出发，离开了国情，不说犯导向错误，也会出现偏差，起码不全面。比如在经济报道中“三农”报道就值得注意。“三农”问题是重中之重，党报党刊等主流媒体必须予以高度关注。《经济日报》一直重视“三农”报道，近年来不断加大“三农”报道的力度，宣传的内容与报道方式也有了新的变化，积极探索在发展现代农业中推进社会主义新农村建设的新办法、新途径和新模式。

比如，我们注意在“三农”和其他经济领域结合部上做文章，反映各行各业服务“三农”、支持“三农”的情况，注重“三农”与其他领域统筹兼顾。报道重点由报道地方政府多、各级领导干部言论多，转向了对农民关注多、服务性报道多、反映农民心声多。以农村信息化深度调研这套系列报道为例，在此次大型系列报道中，记者分“东、西、南、北、中”5个区域进行了入村采访和深度调研，通过不同的典型集中解剖其特点。随后与相关职能部门和各运营商进行沟通，从“三农”信息服务的“最后一公里”该怎样铺通这一迫切需要解决的问题上切入，寻找解决问题的突破口。报道中所介绍的浙江“数字化”进村入户，广西“信息化推动农村特色经济发展”，陕西“电子农务”促进农业增产农民增收，吉林以“12316新农村热线”为基础，全方位促进信息进村入户，河南“远程教育搭起新农村致富金桥”等做法都给人以启迪。评论员文章《抓住关键环节推进农村信息化建设》指出，农村信息化的关键是“低价、适用”。该判断一语中的。这组报道既有横向的覆盖面，也有纵向的深度；既有来自田间地头的新鲜事，也有来自部委的政策信息。报道刊出后，除受到有关政府官员和专家学者的关注外，还有许多读者纷纷来电、来函表达出他们的意见和建议，充分肯定这套报道非常及时，且针对性强，为进一步推动我国农村信息化工作提供了有益的借鉴。

科学发展观要求我们注重资源节约，建设资源节约型社会。人均资源占有量不大是我们的国情，因此，建设资源节约型社会成为必然选择，这也是我们的媒体长期的重点报道选题。

节能减排涉及我国所有地区、行业。国务院为促进节能减排目标的实现采取了有力措施，包括在媒体上公布各地GDP单位能耗指标，如最近公布2007年上半年全国单位

GDP能耗因此降低2.7%。节能减排为我们媒体提供了广阔的报道空间。《经济日报》可以说把十八般武艺都用上来抓节能减排报道。

2007年4月，我们刊发了《节能的潜力到底有多大》《节能降耗需要什么样的保障措施》《如何实现“十一五”节能降耗目标》3篇系列述评。对比国

外能源利用率，我们的记者总结了5个方面的差距：一比单位产值能耗。2000年按现行汇率计算的每百万美元国内生产总值能耗，我国为1274吨标准煤，比世界平均水平高2.4倍。二比单位产品能耗。2000年，我国电力、钢铁、有色、石材、建材、化工、轻工、纺织8个行业主要产品单位能耗平均比国际先进水平高40%。三比主要耗能设备能源效率。2000年，我国燃煤工业锅炉平均运行效率65%左右，比国际先进水平低15至20个百分点。四比单位建筑面积能耗。目前，我国单位建筑面积采暖能耗相当于气候条件接近发达国家的2—3倍。五比能源效率。我国能源效率比国际先进水平低10个百分点。根据有关单位研究，按单位产品能耗和终端用能设备能耗与国际先进水平比较，目前我国的节能潜力约为3亿吨标准煤。因此，3篇述评通过深入地研究比较得出结论，节能的潜力在于不断优化经济结构，加快技术进步，提高管理水平，倡导全民参与。

4月19日的《能源周刊》以《让节能成为一种习惯》为主题，在《身边故事》《节能妙招》和《节能小贴士》栏目中分别介绍了“工作节能——信手拈来”“家庭节能——精打细算”“出行节能——量力而行”“消费节能——观念转变”的道理、常识和建议。譬如说，我们的专家算了这么一笔账，如果我们采用节能光源，照明用电量可下降60%，一年能节约740亿千瓦时的电，相当于节约2989万吨标准煤，如果把国内现有的1.3亿台冰箱全部换成节能冰箱，每年可节电431.32亿千瓦时，两者相加，相当于省出一个多三峡水电站的发电量。

为了在广大群众中普及节能知识，《经济日报》在2007年6月推出了关于节能灯的问卷调查及市场反映情况的大型系列报道。报道以编辑部开展的一次有关节能灯推广使用情况的千人问卷调查活动为开端。几十名年轻记者不畏酷暑，到街头、到商场向读者发放问卷和采访。6月23日在头版头条刊发《千人问卷调查情况分析表明——节能灯推广使用潜力巨大》，并配发评论员文章《努力提高节能灯普及率》。同日在 7 版推出“让更多的节能灯亮起来”系列报道，首期刊出了“节能灯市场千人问卷调查结果”和普及知识。接下来刊发专版《进一步研究和关注节能灯市场》，主要针对灯具市场、汽车配件城及公共场所作出了调查报道。本报同时进行了“节能产品市场调查”。在“家电篇”中，本报记者赴百货店、连锁店、大型超市、大卖场，对节能产品的供应数量、种类、档次、价格以及销售、消费者认知等情况进行调查，勾勒出节能产品的市场生态和节能产品的生产、结构、技术等状况，还配发言论《让节能产品在市场上唱主角》。

调查发现，76%的被调查者希望节能灯能够在质量和性能上有所提高，延长使用寿命，改进和提高照明效果，超过一成的被调查者表示，不选用节能灯的原因是“因为使用寿命太短节能不节钱”。报道刊出后，厦门某节能灯生产企业的老总来函说：“这让我们照明行业汗颜。我们作为其中的一员，深感责任重大。”这位老总介绍了自己十多年来在改进节能灯质量方面所做的努力，例如进行上中下游产业链全流程改进，在精细化工艺方面提高水平，集成电路技术的支持也加大了力度。《经济日报》的调查还表明，虽然全球90%以上的节能灯在我国生产，但我国居民节能灯的使用率却不到一半。这其中，除了产品本身原因外，还有一个原因不能不提，那就是国内优秀企业大都是做出口出身，这些年出口需求不减，利润稳定。而国内市场由于企业小、散、差，品牌杂、质量差，影响了国内市场的需求，影响了这类企业的发展。因而，对于整个节能灯行业来说，不仅需要企业自己努力，行业也要团结，国家更要支持，当然包括我们媒体在内的社会各界也应当正面宣传倡导。

3. 重视以人为本，让经济报道更多地见物也见人

科学发展观的核心是以人为本，以人为本内涵非常丰富、涉及方方面面，落实到经济报道上就是应重点改变长期存在的“见物不见人”的偏差，更多体现经济活动中人的作用，对人的关心。《经济日报》2006年初推出的《记者亲历》专栏，当时的指导思想是让记者贴近实际生活、深入基层群众，更形象生动地反映经济活动中人的作用。记者下矿井当“矿工”，到田间当“菜农”，进超市“卖年货”，随民工春节返乡，通过观察体验，反映基层群众，特别是那些艰苦行业一线群众的辛勤劳动，反映他们的奉献和人性之美。

譬如说4月30日一版刊登的记者亲历专栏稿件《春满茶园采茶忙》。

文中讲述我们的记者来到了广西壮族自治区昭平县天鹅塘的茶园里。记者从未进过茶园，更未亲手摘过茶叶。看了一眼旁边采茶工的动作，感觉挺容易的，就模仿着摘起茶叶来。没想到刚摘第一根芽，旁边的采茶工卢依坚就提醒道：“你摘芽的方法不对，不能用指甲掐断，要用手指握住芽儿横向用力把它折断。用指甲掐断的话，断口处会呈现黑色，影响茶叶的品质。”记者不敢大意了，耐心地向采茶工人请教起来。采茶动作看似简单，其实讲究还挺多，它要求采茶人眼快手准。采茶人要采的是枝头刚生长出来的嫩

芽，要选那些叶子小、芽突长、品质好的芽来摘。同时，为了保证劳动效率，又得下手快。根据茶叶形状，采茶分为双芽和单芽，两种茶形的采摘方法也不同。对于高等级的茶叶，采茶操作更是要求严格。我们的记者在文章里描述说，自己是初次采茶，只能用一只手一片芽一片芽地摘，而采茶工们则是双手齐下，动作协调，让人觉得眼花缭乱……采了一个小时，我们的记者感觉到腰酸腿疼。

文中描述场景感极强，好像自己就在那片绿油油的茶园里，从这里再引出茶农增收、茶叶市场的建设与管理这些话题，就显得轻松自然了。

这个专栏创办以来，始终有较高的阅读率。可见记者与读者、被采访者的“换位思考”“换位体验”对于经济报道也很重要。

## 二、提高经济报道质量水平，必须让采编人员在“三贴近”上下功夫，突出特色，突出主题宣传，提高经济新闻的社会影响力

要不断提高经济报道的质量和水平，使之更加符合科学发展、共建和谐的要求，必须进一步落实“三贴近”原则。新闻报道只有做到贴近实际、贴近基层，才能为广大受众所接受，才能提高新闻媒体的社会影响力。可以说，以“三贴近”的新闻报道正确引导舆论本身就是主流媒体的努力方向。

随着科技进步带来采编手段的改进，特别是通讯业的飞速发展和网络的普及，确实实现了“秀才不出门，能知天下事”了，记者通过网络了解情况，通过电话进行采访，甚至仅根据网上资料就能“攒文章”的情况并不少见。但是，随之而来的问题是，记者对实际情况的了解少了，对一线群众的感情淡了，反映在报道上是高高在上的报道多，来自一线的报道少，虚张声势的概括多，真情实感的描写少，这样的报道难以担起客观反映社会现实、服务经济建设的重任。

为了全面反映各地落实科学发展观的情况，也为了解决记者深入实际不够的问题，《经济日报》2006年5月开始推出“又好又快发展新看点”大型系列报道。这套报道计划用2～3年时间派出二百多名记者深入全国六百多个县市采访，为每个县刊登一篇报道，为每个省区采写一篇长篇通讯。2006年启动以来，已先后派出13个采访组，深入山东、河南、陕西、辽宁、江苏、江西、贵州、云南、海南、广东、湖南、安徽、浙江等省区近三百个县（市、区）进行调研采访，报道了各地全面落实科学发展观、锐意进取，开拓创新，努力实现经济社会又好又快发展的新成就、新进展、新经验。这组超长

系列报道，由于其聚焦基层，大多是记者走村串户采访来的新闻，能够反映省区落实科学发展观的思路和全貌，因此受到各地的重视和欢迎。采访组所到过的省区党委或政府“一把手”都亲自接受采访，不少省区领导对报道做出批示，一些地方党报甚至市场化媒体都纷纷转载《经济日报》的这组长系列报道。

提高经济报道的质量和水平，一个重要标志是媒体的特色报道鲜明，主题宣传有影响力。

《经济日报》近几年抓了一个主题宣传，就是自主创新的宣传。从2004年《经济日报》推出汽车工业自主创新报道以来，每年都有新套路，每年都有新突破，形成了一个持续几年独具特色的主题宣传。对我国汽车产业有两种“声音”，一种是说中国的汽车产业因为规模小，现在还达不到自主创新的程度，还不能进行自主创新；一种是说我们面临着巨大的市场空间，中国作为一个经济体必然会产生拥有自主知识产权的汽车企业。报社编委会认为，有必要通过报道来反映自主创新的信心，通过典型报道来解剖、总结，为汽车行业的自主创新鼓实劲。2006年11月30日头版头条发表的《中国汽车自主品牌的里程碑》一文，受到了中央领导同志的肯定。接着，本报又独家推出了“国产汽车·自主品牌巡礼”系列报道，选取奇瑞、吉利、红旗、夏利、长安等品牌，以通讯及图片、背景等组合表现形式，在一版刊发。这种全面深入的报道，很好地展示了我国自主汽车产业的发展全景。如2006年12月至2007年1月关于自主创新的重要篇目：

12月3日，《奇瑞：自主品牌开发渐入佳境》；

12月6日，《吉利：踏上自主创新的成功之路》；

12月10日，《“红旗”轿车：创新写出新篇章》；

12月12日，《夏利：在自主创新的道路上提速》；

12月14日，《中华轿车：自主品牌的新跨越》；

12月18日，《金龙：勇当自主品牌客车先锋》；

12月20日，《福田：创新铸就商用车自主品牌》；

12月22日，《长安，增强核心竞争力》；

12月25日，《江汽瑞风：坚持自主创新形成市场优势》；

12月28日，《长城汽车：脚踏实地自主创新》；

12月29日，《重汽：打造中国重型汽车第一品牌》；

2007年1月5日，《荣威：高起点的自主品牌》。

关于自主创新的主题，《经济日报》在发表一系列评论进行深刻阐述的同时，还从典型区域、典型企业、典型人物三个层面展开报道。区域层面的报道有：《自主创新·柳州创造探秘》《自主创新看深圳》和《自主创新·再探广东发展轨迹》等等；企业层面的报道有：《自主创新·领先一步看海尔》《柳暗花明看奇瑞》《自主创新榜》等；人物层面的报道有《自主创新先锋 拼搏奉献楷模·2005年国家科学技术奖获奖者业绩选介》等。这些典型报道因为具体、生动、鲜活而得到广泛认可。

（丁士撰写，在贯彻落实科学发展观研讨会上发言，
原载于《中国编辑》2007年第6期）

# 传统媒体如何决胜数字时代？

## ——对英国三家著名媒体的调查与思考

数字技术与网络技术的发展促使传媒市场重新洗牌。在这场技术革命引发的惊涛骇浪中，传统媒体如何才能立于不败之地？不同的媒体会有不同的思考与选择。今年7月我们在英国带着这个问题走访了泰晤士报、英国广播公司（BBC）和金融时报，发现这几家久负盛名的传统媒体在竞争策略选择上有着共同的着眼点，这对我们认识传统媒体数字化变革的内在规律或许能有所启示。

### 以整合传统媒体的优势资源提升竞争力

已经走过240多年历史的泰晤士报目前正处在数字化转型的关键时期。在这家报社，我们与泰晤士报网络版执行副总编辑帕明德·巴瑞（Parminder Bahra）交谈了近两小时，话题集中于泰晤士报的数字报业实践。泰晤士报于1997年推出网络版，在此之前已经有每日电讯报等少数几家报纸“触网”。10年过去了，报纸网络版的同质化倾向在英国已经出现。

英国报业竞争白热化由纸媒蔓延到互联网上并不奇怪。在国土面积只有我国陕西省大，人口只有5800万人的英国，报业市场争夺历来很激烈，新媒体带来的冲击进一步加剧了报业危机。21世纪最初5年中，英国报纸的发行量总体上下降了1/5，正是这种压力使英国报纸在21世纪初纷纷开始小报化改革。2003年，泰晤士报正式推出了版面缩小一半的小开本以吸引那些乘坐地铁和公共汽车的上班族，发行量有显著上升。相比1993–1996年间该报以“价格战”战胜竞争对手，这一举措显然更有影响。小报化的浪潮后来席卷到美洲，也影响了亚洲。但是，报型的改变、版式的革新并不是挽回读者的唯一方法，更不是最有效的方法。因为世界各地的统计数据都表明，年轻人接受信息的渠道比之他们的前辈要更加多元化。网络传播与移动载体必将成为新闻与信息传递的主流。传统媒体如果不运用数字技术和新媒体开拓新的市场，将难以应对局势的变化。一场数字报业之战就是在这样的背景下拉开了帷幕。

泰晤士报积两百多年办报经验，早已形成了自己的传统与风格。1981年被默多克的新闻集团购买之后，报纸总体风格进一步软化，栏目设置向多元化方向发展，更多地采用大幅彩色照片，还创办了一个很重视视觉效果的杂志型日刊T2作为报纸中相对独立的一叠。2003年改为小开本后，编辑手法更为灵活。据巴瑞介绍，目前泰晤士报的发行量是每天65万份，星期日泰晤士报是每天130万份。这样一份有影响力的报纸如何把自己的优势转移到数字世界中，一开始并不是很清楚，甚至还走了弯路。巴瑞说："初期的网络版只是转载报纸的部分内容，在加快新闻更新速度后，一度想追赶通讯社。后来我们认识到这是错误的。通讯社每时每刻都有人在不断更新新闻，而网络版做不到。报纸网络版的定位应该是新闻加评论，重在评论。"

现在，网络版每个月的读者约1000万人，页面点击量为每月6500万。1000万网络版读者有45%是国外的，美国读者占 35%，其次是加拿大、澳大利亚、新西兰、印度等国，也有少量中国读者。要为这样人数众多而又种类复杂的受众群体服务，不是易事。

当我们问到，泰晤士报网络版是否考虑到国内读者与国外读者的不同兴趣和需求，从而在内容及报道方式上有所不同时，巴瑞回答："我们已经意识到这一点。有的新闻只能吸引某些地区的网民读者，而有些新闻能吸引全球的读者。如美国总统大选，在国内出版的泰晤士报就不会作太多报道，但网络版因为有这么多美国读者，报道要比报纸起步早，也更有深度和广度。网络版请泰晤士报驻美国记者更多地为自己写稿。另外，因泰晤士报属新闻集团，该集团在美国也有许多媒体，网络版还会与这些媒体合作，实现资源共享。"

1000万网络用户中，既读泰晤士报又看网络版的读者占到22%。我们针对这些数字的问题是："网络版既要与报纸有联系，又要有所区别；既要完成对纸媒内容的重新整合，又要根据网络的特点添加新的内容和功能。目前泰晤士报网络版的频道设置与泰晤士报的内容设计是基本一致的，你们在这方面有什么考虑？"

巴瑞回答："由于网络版的内容主要来自泰晤士报和星期日泰晤士报，

内容上有所重叠是无法避免的。但网络版可以充分利用本集团的优势，将集团内各报纸杂志最具实力的栏目进行重新组合，以一种全新方式呈现给读者。例如我们有一个‘女性’专栏，内容来源不只一个。有关女性工作的内容取自泰晤士报的专题版，而有关女性健康的内容则取自星期日泰晤士报的新闻版，还有时尚内容来自杂志。‘技术与网络’专栏也是一样。此外就是加强内容的综合性和链接性。网络版与报纸相比，内容更丰富，而且可以链接到其他相关网站，为读者提供更多相关信息。还有，运用多媒体技术，建立网上社区、网上论坛，读者可以留言、发表评论，以及声像资料。如这个周五午夜哈利波特第七卷将出版，周六的报纸只能发表一个很短的消息，最多再配一个关于前六本书的小评论，具体情况会请读者参阅网络版。此时，网络版就表现了优势，我们能马上组织人快速阅读全书，在网络版上发表内容梗概和书评，并可以用声像资料报道该书，时效性比报纸强。网络版的重要性体现在，它是报纸的延伸，它提供了一个全新的无缝隙的平台，突破了报纸传统上的局限，可与新闻事件同步，在时效和新闻报道的深度广度上都能有所突破。”

在泰晤士报上，我们看到不少新闻稿件的标题旁边有一个“T”的特殊图标，图标下的文字告诉读者该新闻的相关资料或更新内容在网络版上刊登的网址。正如巴瑞所说，报纸与网络版的联动，为读者提供了更多的信息和更高质量的服务。

和泰晤士报一样，金融时报也将网络版作为拓展市场的新武器，但比泰晤士报多开发出了一块领地：手机新闻。而且从2003年开始，金融时报还推出了针对中国读者的中文网站（www.FTChinese.com）。目前负责该中文网站的恰好是本文作者蔡雯早年在复旦大学新闻系读书时的高一级同学张力奋。张先生在自己的办公室里兴致勃勃地向我们展示自己的网站、当天的发稿单和新出炉的手机新闻等，说目前在伦敦的中文网站工作人员只有七八个人，在北京有四十多人。北京的编辑将每天的金融时报翻译成中文传回伦敦，由他们最后选编上网发布。除选登报纸内容外，他认为最精彩的还是自己特约专家的原创稿件。他说，“在金融时报，所有的记者编辑都和大学教授一样享有学术休假，每三年有一个月，大家利用这段时间做研究，写自己感兴趣的东西。这个制度，还有金融时报重视研究、尊重专家的氛围吸引了一批优秀的人才，他们甘愿放弃银行的高薪，来这里做专栏作家。”在金融时报第一叠的最后一版有一个名为“LEX”的固定专栏，该栏目就是由多名专栏作家撰写的，每日一篇。这个栏目在网站上也是当红品牌，很受读者推崇。负责这个栏目的首席评论家马丁·沃尔夫（Martin Wolf）曾任世界银行经济学家，他对全球财经的精辟评析获得了世界各地决策人士和学者的高度推崇。传统媒体的优势资源在新媒体上的延伸也由此可见一斑。

其实，金融时报网络版（英文版）一开始也是印刷版的翻版，工作人员只有15名。2000年2月改版，企图办成全球性的商务网站。现在，网站上除了报纸内容之外，还有各色各样的其他信息和服务产品，如专题、会议、报告、书籍、资讯等。我们在金融时报上，看到不少新闻稿件末尾有参见其网络版的提示，有些是提供更多的资料或评论，有些是提供报道对象的网址，而专栏作家的文章末尾则都标明了其电子邮箱，供读者通过网络与其互动。该网站创办初期采用免费制，因而迅速拥有了很高知名度。2002年5月开始实行收费制，对不同用户收取75到195英镑的年费，据记载，当时用户量不但没有下跌，反而明显上升。收费后免费试用15天的订户中78%成了签约订户，很多新增用户来自美国以及世界其他国家和地区。[①]2003年下半年网站首次赢利。2005年金融时报又推出了免费下午版，向订户简要介绍当日重要财经新闻以及评论，但读者如果要获取具体细节，就需要访问网站上的PDF版。到2005年4月，签约用户达到5.3万名，在线收费已经能够支持网站的基本营运支出。

## 以组织重构、流程再造与新产品研发开创未来

当传统媒体将网络、手机等新载体作为自己开拓市场的利器，启动数字工程的时候，必将面临种种障碍与难题，如资金和技术瓶颈、管理难度加大、赢利模式不明、媒介文化隔阂，等等。而要真正实现传统媒体的优势资源向新媒体转化，媒介组织的重构与采编流程再造，也成为当务之急。这几方面的问题目前在英国三家媒体中也都处在研究和探索中。

在BBC的新闻大楼里，我们在几乎每个角落都能看到高悬的电视机正在播放来自世界各地的现场新闻图像，编辑们可从中获得最新的情况，根据自己栏目的需要采用这些素材或进一步向记者约稿。我们还看到网站的编辑与

① 参见万鑫《英国金融时报发展策略浅析》，载中国新闻传播学评论（CJR）http://www.cjr.com.cn

电视新闻编辑在同一个办公室里工作。这些情景令人想到去年BBC新推出的“创造性的未来”计划，这个计划的核心内容就是要筹集数十亿资金开拓数码媒体领域，使媒介形态“超越广电”（Beyond broadcasting），创造出一个“按需索取的世界”（World on demand），以吸引更多的年轻人。具体的行动方案包括：重新打造 bbc.co.uk网站，开放令所有竞争对手望而生畏的逾40万小时电视节目储备库，容纳更丰富的个人化音视频和用户生成内容，打造一个类似于新闻集团MySpace.com的网络社区；创办一个全新的针对12–16岁儿童的品牌，内容包括长篇剧、喜剧、纪实和音乐节目，并通过宽带、电视和广播等“全平台”（pan – platform）传播；为受众通过宽带门户收看收听体育、音乐、健康和科普节目开发更方便的接入方式，即对元数据进行重新分类，让用户更容易在BBC庞大的节目资源库中找到所需内容；加大对广播、电视、宽带和移动播放器上不间断新闻播报的投入，如尝试把时事新闻节目《全景》改版成10–15分钟的短节目，以满足手机等便携终端用户的需求，从新闻的播报者（broadcaster）向新闻的便利提供者（facilitator）角色演变；提高体育和娱乐新闻的质量，并且任命一名专家型体育编辑；实施“全平台”的BBC音乐战略，鼓励受众通过BBC的播客创办个人化的音乐电台，把BBC建设成为“未签约乐队的最佳去处”；开发一档名为《历史目击者》的增加知识修养的在线节目，鼓励受众自己制作和分享他们在过去100年里的记忆和经验，等等。①

与我们座谈的BBC国际台（BBC WORLD）负责人里查德·波特（Rechard Porter）说：“创造性未来计划的宗旨，就是要实现广播、电视、网络包括手机的一体化，每周七天、每天 24小时，为用户提供他们想获得的信息和服务。”也是为了这个目的，BBC正在进行新闻机构重组，比如让原来分属不同部门的记者编辑坐在一起办公，要尽可能避免过去那种几个部门的记者都出现在同一新闻现场的资源浪费情况。现在，已经基本能做到负责新闻采访的部门给不同的编辑部门提供素材，实现资源共享，降低生产成本。

在泰晤士报，我们同样看到了类似BBC的工作场景，网络版编辑与报纸编辑在同一间办公室里忙碌。网络版执行副总编辑巴瑞说：“你们来的时间非常巧，从这周开始，报纸和网络版的新闻部门合二为一，正式搬到一起办公。媒体融合的目的是把网络版和报纸都办成各自领域最好的传媒，报纸全

① Creative Future - BBC addresses creative challenges of on-demand[R]. http://www.bbc.co.uk.

面深入，网络快速不断挡、不漏报，所谓无缝隙新闻。至于如何才能实现这个目的，我们还要探索。我觉得未来6到12个月会有很大变化。网络版鼓励各个栏目自行找到最适合自己的方式，最终的目标是让记者人人都既给网络版又给报纸写稿。”

在金融时报，张力奋听我谈到前两家媒体的做法时不以为奇，说：“我们这里早就这样做了。”2000年2月，金融时报宣布将网站的新闻编辑部与印刷版的新闻编辑部合并，建立共同的新闻编辑部。当时这样做的目的主要是为了避免报纸与网站对同一新闻的报道立场不一致，出现两种声音。合并时，报社对广告队伍、销售队伍、公关队伍和管理队伍也进行了培训，使他们既懂得印刷版的《金融时报》业务，也懂得电子版的《金融时报》业务。同时还招聘了100名记者。显然，当时出于“统一立场”考虑的机构重组，实际上对后来实现资源共享和报网一体化起到了决定性作用。

在组织重构时，新闻媒体总是面临种种阻力。巴瑞说目前在泰晤士报，年轻记者对待变化适应能力较强，他们愿意为网络版工作，而已经为报纸工作了20或25年的老记者们因为已经习惯了报纸的工作方式，对转而给网络供稿有一定抵触情绪。在人员管理方面，报纸与网络版的编辑记者在雇用合同上的工作时间是一样的，都是8小时，但大家加班都很普遍。网络和报纸工作人员的具体岗位工作要求会有不同，但泰晤士报的指导思想是不以新闻载体来区分工作人员。因为泰晤士报的新闻标准是一样的，集团对于在这两个不同媒体中工作的人员的评价体系也是一样的。

比较而言，运用新技术开发新的产品和服务，对于习惯于平面运作的报纸来说难度更大一些。但是在泰晤士报，这方面的努力还是获得不少成果。比如他们发现网络版至少一半以上的读者是通过google、yahoo等搜索引擎才来到网络版的，网络版吸引读者的方式与报纸不同。因此，就组成了专门的技术小组从搜索关键词着手，每天都密切跟踪，提交给网络编辑部一份名单，列出网上最受关注的关键词排名，网络版的校对编辑会在文字处理过程中尽量多用名单上的关键词，当然前提是保证泰晤士报的新闻标准不会被降低。再比如，他们还在尝试广告的优化配置，即把广告与网站上文章的内容挂钩。目前泰晤士报网络版已经有一套名为“快速（FAST）”的智能软件系统，如把该系统用于旅游栏目，它会阅读旅游栏目的所有文章，给每篇文章总结出几个关键词，再把关键词相同或相近的10到20篇文章归为一组，然后由记者来检查软件分组是否妥当，因为有时候软件也会出错。最后，根据文章分组进行广告分组，决定哪些广告出现在哪组文章里。现在泰晤士网络版有75万篇文章（已删除了一些老的）可供这种分类和广告配置。这样，就可以进一步提高广告效果，这也是探索赢利模式的一种思路。

在英国三家媒体访问期间，我们不断地想起也提起“媒介融合”这个词。其实，英国这些著名媒体的探索都还只是“融合”的起步。传统媒体在“融合”的大潮中正在经历的这场变革，值得每一个传媒人注目和深思、自省和奋进。

（蔡雯撰写，原载于《国际新闻界》2007年第9期）

# 信息时代我们怎样报道新闻？

## ——从河南几家报纸“大白菜滞销”的报道说起

在传播渠道越来越多、沟通越来越便捷的信息时代，任何新闻都有可能被迅速扩散并面对公众的质疑。媒介生态的改变，正在对新闻报道的质量提出了越来越高的要求。去冬今春，因为河南省夏邑县大白菜滞销而引发的一系列报道，以及后来相关媒介之间的争执与批评，再一次说明了这个问题。

最早发现这条新闻并进行报道的是《河南日报》。去年12月10日，该报发布了一条500余字的消息《商丘夏邑李集镇两万亩大白菜急寻销路》，称“夏邑县李集镇高双庙村及附近村庄约2万亩优质大白菜现在亟待收获，但因没有销路，眼下还长在地里，村民们非常着急。”“村民们说，去年每公斤大白菜能卖到两角多钱，每亩地能卖2000元左右。可今年只有安徽一家泡菜厂前来收购，并且价格是按亩算，一亩地只能卖1000元多一点。”这条消息还谈道：“据了解，春节一过，白菜就会长芽，也就会失去应有的食用价值，那时这些大白菜就只能白白扔掉。”因此，在消息的末尾，是一句忧心如焚的间接引语：“守候在地头等待客户的村民说，希望需要大白菜的客户赶快与他们联系，不要让他们一季的辛苦化为乌有。”

《河南日报》的这条新闻不仅在一些网站上得到转载，还引起了有关部门的重视，如河南省商务厅和郑州特办立即与商丘夏邑县商务局取得联系，了解大白菜目前的销售情况后，随即于次日与商务部新农村商网取得联系，希望借助商务部“新农村商网”对接平台帮助河南夏邑县农户解决2万亩大白菜销售难的问题。据新农村商网报道，截止到12月19日，该网站已采集大白菜求购商信息12条，促成一笔总金额127.2万元的大白菜意向成交。

为什么夏邑县的大白菜会卖不出去？《河南日报》抢先发布的消息并没有能回答这个问题，这就给同地区其他新闻媒体留下了后起直追、大做文章的空间。12月30日，河南商报在“调查”版上以近乎整版的篇幅揭开了谜底，标题是：《油价攀高“连累”白菜滞销运费高过菜价，夏邑上亿斤大白菜被“冷落”地头》。这条新闻中占篇幅最多的被采访对象是夏邑县王集乡张楼村村支书华健亚。调查报告中写道：“华健亚说，如果气温连续6天低于零下5摄氏度，大白菜肯定要被冻坏。今年村里共种了2000亩的大白菜，目前才卖出了500亩的。” “华健亚说不出太多原因，他只知道这绝对和油价上涨有关。” 华健亚给记者算的多笔账都在这篇报道中有记录，如“‘郑州几大蔬菜批发市场的大白菜批发价在0.17元到0.20元之间，而从夏邑拉到郑州的大白菜成本价就已超过0.20元，你说有哪个收购商愿意到夏邑来收？’华健亚说，目前他们也没有好办法，只有耐心等待。”“华健亚算了一下每亩大白菜的种植成本，种子费15元、鸡粪150元、复合肥115元、尿素90元、农药50元、耕地30元，每亩花费共450元。每亩地收白菜1万斤，每斤只要能卖5分钱，就能收回成本。‘只要现在有菜贩子来，我一毛钱都卖。与其让白菜烂到地里，不如便宜点卖出去。’华健亚说。”对此记者的评价是：“想卖一毛钱一斤，华健亚的期望有点高了。张楼村许多村民告诉记者，每斤只要给9分钱，他们立马就卖。”

仅从稿件本身来看，河南商报的报道比河南日报的短消息无疑是深入了一步，记者的采访也细致得多，在最后一段“记者观察”中，还进一步谈到，“其实今年受油价影响的不仅仅是大白菜，萝卜、菠菜等大田菜今年也不太好卖。”问题是，这条看似揭开了“谜底”的报道，究竟会产生什么样的传播效果？这条新闻所揭开的“谜底”是不是全部真相？

今年1月11日，同在郑州的另一家晚报也用了整整一个版对此事件进行了“揭秘”，而且矛头直指前两家报纸。这篇发表在“独家责任”版上的新闻做了这样的标题：《夏邑白菜滞销之后的媒体“杀跌效应”》。稿件中写道：第一篇报道“为夏邑引来了收购白菜的客商，但是，白菜价格却降低了。”“李集镇高双庙村村民高峰告诉记者：‘当时，夏邑的白菜价格为每斤一毛五左右，报道以后，客商只愿意出一毛一。如果是一毛一这个价格，我们的白菜早就卖完了，可是，没办法啊，客商不愿出高价，硬拖着也不是办法，我们也只有先卖一点了。’就在夏邑白菜价格稍有抬头之时，2007年12月30日，又有媒体报道‘运费高过菜价，夏邑大白菜滞销’，并称这是夏邑白菜即将烂在地里的主要原因。此消息一出，夏邑立即引来了北京、山东等地的客商，但是，这些客商认定‘夏邑白菜滞销，再不出售，很快就会烂在地里’。并以此来压低白菜价格。夏邑的白菜价格也从媒体报道前的每斤一毛二、一毛三，被客商压低到九分。”

晚报的记者还专门针对商报的报道，再次找到了华健亚。稿件中有这样的记录：“‘我真是怕媒体了，我真是冤枉，你不知道，我都快成夏邑菜农的罪人了！’见到记者，华健亚的第一句话略显激动。”“华健亚说，白菜销售不如去年是事实，油价上涨，运费高也是事实，‘可我从来没说过白菜快要烂在地里了，媒体这样一报道，很多外地客商都以为夏邑白菜真的卖不出去，快要烂在地里了，结果，纷纷压价，现在，很多菜农见我，都说白菜价格低是怨我了。’”

从晚报提供的上述事实来看，当地报纸在此前的报道可能确有副作用，不能否认夏邑县大白菜价格被客商压低与新闻报道过于详细地描述一些菜农求售心切的细节有关。但是，如果把白菜价格下跌归因于“媒体杀跌”，显然有失偏颇，不够客观公正。其实，在晚报这条稿件中，已经提供了不支持该新闻标题的事实。稿件中出现的被采访对象中有一位是夏邑县委宣传部新闻科科长苗育才，“说起白菜滞销原因，苗育才坦言：‘油价上涨，运费过高是一个原因，但只是诸多原因中的一个，绝对不是主要原因。’苗育才分析道，全国种植白菜的面积增大，白菜又普遍丰收，市场供应过足，才是白菜销售较往年缓慢的主要原因。‘2007年，国内部分地区受涝灾，纷纷改种大白菜，面积大、产量高，加之同时上市，造成白菜价格下滑，影响了夏邑白菜销售。’”“苗育才说，运输成本增加，缩小外地客商的利润空间，外地客商还在等待观望中，也是一个原因。除此之外，菜农的心理也决定了白菜的销售，‘白菜耐储存、销售周期长，销售旺季一般在1至3月份，加之2007年前期价格高，菜农根据以往经验，温度降低或下雪之后，白菜价格肯定会有所上升，所以，菜农不愿现在低价出售。’”

这些文字说明晚报记者的采访比之《河南商报》的记者又深入了一步，因为采访对象已经不再只局限于菜农，所以对白菜滞销的原因找到了新的也更加全面的答案。但令人感到遗憾的是，这篇报道并没有将这方面的事实深挖下去，这些最有价值的内容只占了全文不到六分之一的篇幅，记者的兴趣和着力点显然放在了对同行报道的批评上，因此，揭露“媒体杀跌效应”成了这条新闻的中心思想。

后来跟进的这两家报纸的报道，在网络上传播得更广，河南夏邑县的大白菜问题因而成了公众关注的热点，新闻媒介的所作所为也成了公众评议的话题。但令人啼笑皆非的是，有些网站在转载这条新闻时，似乎唯恐“大白菜滞销”的紧张气氛还不够，自作主张地夸大事实，火上浇油。如上海一家门户网站在转载河南商报的调查报告时，把报纸原来的标题《油价攀高“连累”白菜滞销运费高过菜价，夏邑上亿斤大白菜被“冷落”地头》改成了《运费高过菜价 河南夏邑亿斤白菜烂在地里》。事实上，在《河南商报》的稿件中，根本没有“亿斤白菜烂在地里”这样的字句，网络标题与新闻事实已经严重不符，新闻标题实际上在制造“假新闻”。无怪乎华健亚对采访他的晚报记者诉苦说：“我从来没有说过白菜快要烂在地里了”，“我真是冤枉”。可叹的是，这位记者也没去查证一下，到底是谁冤枉了他的采访对象，就径直把板子打在了同城报纸身上。

这场由诸多媒体共同掀起的“风波”，令人感慨，更发人深思。前不久笔者把有关大白菜滞销的多篇文字报道带到了中国人民大学新闻学院的课堂上，让这些将会成为新闻工作者的大二学生做一次“裁判”，自由发表意见。经过一堂课的阅读、讨论和分析，学生们得出了一致的结论：所有这些新闻报道都有这样或那样的问题，这样做新闻是不能令人满意的。这也是我所期待的答案。作为教新闻编辑的教师，我希望自己的学生能够在现实中发现问题，通过案例研究去领悟做好新闻传播工作的社会责任和专业技巧。

我还告诉学生，要看到在这场新闻风波的背后，最令人忧虑的是当前在我国新闻界普遍存在的肤浅和浮躁。这种肤浅和浮躁通常会有多方面的表现，比如因为市场竞争激烈，新闻媒介在巨大的压力下求胜心切，有些记者一旦得到了某个新闻线索，为了抢发新闻先声夺人，往往会放弃深入调查，在没有全面占有事实材料的情况下就匆忙写稿发稿，结果导致报道肤浅甚至出现以偏概全和事实差错；比如因为同城多家媒体在进行同一选题的报道时，一些记者为了在竞争中压倒对手，往往把新闻采访的关注点放在寻找其他媒体的漏洞上，在采访和写作时容易主题先行，结果可能从一个极端走向另一个极端，非但不能全面、客观地反映事实的真相和本质，反而致使新闻变味，媒体之间相互攻击，在社会上造成不良影响，也降低了所有卷入其中的媒介的公信力。

令我们深思的还有网络传播。网络一方面在放大传统媒介的新闻传播效应，使传统媒体的报道为更多的人知晓和关注；另一方面，网络也可能会成为扭曲新闻事实的“哈哈镜”，因为网络的新闻编辑同样会出于“吸引眼球”或“击败竞争对手”的目的而对新闻稿件进行“再加工”，而且不少网络编辑还缺乏新闻专业训练，并不了解新闻规则，他们随意截取传统媒体的稿件，添油加醋地制作哗众取宠的标题，使那些没有时间详细阅读全文的读者被欺骗和误导。

信息传播的数字化、网络化造就了信息时代，信息时代的到来也使得所有媒介面临着更加激烈的竞争和更加严峻的考验。今天，在我们对现实社会中各类事件、问题和现象进行报道的时候，不仅需要探求事实真相、追求真理的勇气，不仅需要踏实严谨、深入细致的采访作风，还需要有更开阔的视野、更多元化的视角和更高的思想境界。尤其是当前我国正处于社会转型的特殊时期，面对千变万化、难以把握的复杂环境，人们越来越难以用自己的已有经验和知识框架去应付层出不穷的矛盾和问题，受众不仅需要媒介告诉他们有关客观世界的最新变化，还希望新闻报道能够为他们解惑释疑、引路导航。对于新闻从业者来说，应该自觉地树立起正确的新闻价值观。新闻报道的功能不仅仅是告知，还应该“阐释”“剖析”和“预警”，应该以理性的事实选择和诠释使新闻报道具有建设性意义。如果说，新闻调查能够以真实准确的事实因子为社会大众提供一种思考判断的基础，那么，在这种基础上进一步赋予更充分的背景、前景和相关性信息分析，使社会大众获得寻找方向和对策的参照系统，才是一种更具有人文关怀精神也更具有说服力的新闻传播。拿大白菜滞销的报道来说，如果最先发表这条新闻的报纸在一开始就抱着更加负责任、更有建设性的态度来思考这条新闻应该怎样能做，那么即使要抢时效也不会对夏邑县大白菜滞销的原因只字不谈。作为党报，在率先发布这条新闻的时候，更应该对紧随其后的更深入的调查、对解决问题的方案的探讨有一整套报道策划和部署，而不会坐等其他报纸来“拾遗补阙”。

从某种意义上说，传播者的新闻价值观决定了新闻报道的水平和境界，也决定了媒介的品质和风格。重视新闻事实的“异常”“趣味”“冲突”“人情味”等最能吸引和打动受众的因素无可指责，但局限于此往往会忽略了新闻事实中更有价值的内涵。新闻报道揭示新闻事实的过程、表现和细节非常必要，但满足于此又往往会“不识庐山真面目，只缘身在此山中”。事实上，任何客观事物都是存在于一定的社会环境中的，它与外部事物有着千丝万缕的联系，它是其他客体发展变化之“果”，还可能再成为其他事物发展变化之“因”，这种横向联系为揭示事物的本质提供了必要的参照系。另一方面，事物的发生与发展都会经历由量变到质变的过程，新闻报道不过是选择某一个特定的时间域来展示它的最新变化，而要把握这种变化的来龙去脉，还需了解关于客体的纵向信息。新闻报道是否能够给公众一个相对合理的信息结构，直接影响着人们对事实的认知、评判和自我决策。而要使我们的媒介正确引导社会舆论，传播者自己首先要有对客观事实的高屋建瓴的把握，以及对新闻信息加工整合的业务能力。这方面正是在信息时代我国新闻工作者亟待加强和提高的。

（蔡雯撰写，原载于《新闻记者》2008年第4期）

# 从“纪实”到“解读”：中国报纸视觉传播的自我超越

## ——以今年若干重大新闻报道的版面创新为例

报纸版面创新，是我国新闻业务改革最早获得的成果之一。因为相对于新闻内容和新闻体制改革，属于形式范畴的版面变革风险要小得多，政策上也宽松得多，加上电子排版技术和彩色印刷技术在20世纪的最后十年迅速普及，这一领域取得突破性的成果理所当然。20世纪90年代中期曾有多家新闻学刊以版面创新为热门话题进行过报道和研讨。

然而，如果与西方国家的优秀报纸相比，我们在版面上的视觉创新其实是非常有限的。在美国等西方国家，由于有职业化的专家组织为媒介设计提供智力支持，有诸多新闻传播学院开设了平面设计、图表制作等专业课程培养设计人才，而且许多报社还将图表设计制作设置为独立的重要部门……这些中国尚未具备的条件导致了中西方报刊设计水平的差距。因此，我们看到1982年诞生于美国的全国性通俗报纸《今日美国》开创的“静态式设计”和“快餐式编排”至今在全球影响深远，历届全球报刊设计大赛中的获奖作品基本都出自西方设计师之手。今年夏天，北京大学新闻传播学院举办了一场有关视觉传播的研讨会，来自北京某报的一位美术设计部主任非常沉重地说：我们与西方优秀报纸设计水平相差有20年！如果把中国报纸相互比较，最差的和最好的也相差了大约20年。显然，对当代中国报纸编辑来说，如何将以版面设计为主导的视觉传播推向更高的水平，还是一个严峻的课题。

值得庆幸的是，我国报刊设计在1990年代改革初见成效的基础上没有停止前进的步伐。记得十年前报刊编辑们在业务研讨时还很少谈及西方报纸，而今天，我国最优秀的一批版面设计师已经主动与国际新闻编辑设计协会（SND）建立了联系，参与这一国际性组织并成立了全球中文报纸设计分会，不仅要更好地借鉴学习国外的先进经验，还要将自己的设计成果放到全球比拼的平台上。我认为这本身就是令人惊喜的突破。

更值得我们关注的是，今年先后发生的一系列重大新闻事件和活动，为中国报纸的编排设计提供了一个难得的创新契机。从年初的冰雪灾害，到5月汶川地震，再到8月北京奥运会成功举办，新闻媒体为及时、准确、全面地进行报道使出了浑身解数，令我们在悲喜交替中看到了报纸设计水平的跨越式提升。这种提升可以毫不夸张地说是一种令人鼓舞的“自我超越”，主要表现为下面几点：

**（一）从局部出彩到整体创意：版面设计的重点发生了转移，追求新闻与设计的融合令视觉传播进入新的境界**

报纸版面是新闻内容整体编排布局的产物。整体性和结构性是版面编辑区别于单稿编辑的地方，也是报纸版面设计应该强调的主旨。然而，我国报纸在这方面长期以来比较薄弱。改革初期，报纸版面的变化其实主要体现为局部的创新，比如加大某些新闻图片的面积，构造版面的视觉重心；加大加粗一些重要的新闻标题，使其更加醒目等。1994年之后彩色印刷在报界开始普及，色彩的使用也同样表现出这方面的问题。比如除彩色图片之外，一些编辑有意在个别标题、栏头、线框上使用彩色，甚至为某些稿件的文字部分铺彩底，导致版面色彩杂乱如同调色板。事实上，随意使用的色彩难以成为版面上固定而有序的元素，朝令夕改，时有时无。结果，色彩纷呈的版面虽然给人以新意，但彩版对新闻主题的表现效果却难如人意，有时甚至帮了倒忙。有些报纸近年来频频扩版，但各版组及各个版缺少统一的规划设计，任由各版主编自由编排，结果标题字体字号各搞一套，版头栏头缺乏统一包装，无法塑造特色鲜明的整体形象。

为什么整体性、结构性的设计难以到位？主要与版面编辑的自身局限性有关。由于长年从事新闻编辑教学和研究，笔者在为各类报社提供培训时接触过的编辑不下千人，发现大致可分两类：一类是从新闻学或其他与报道领域相关的专业出身，能够把握新闻内容，文字功底也较好，但缺乏美术设计的专业基础；另一类是美术和设计类科班毕业，有较好的美术功底和设计能力，但对新闻传播的特点和规律不太熟悉，往往会为设计而设计、为色彩而色彩。这两类编辑其实都很难胜任报纸版面的整体性设计，因为整体性设计的关键是将新闻中最有价值的内容以最恰当的表现形式呈现在读者眼前，它要求版面编辑将对内容的把握与对形式的选择进行有机的结合，通过版面引导读者去认识世界和思考问题。正如西方有学者提出的“媒体的设计反映了一种看世界的方法”，“版面设计的标准已经从传统的新闻范畴转向了各种方法的综合运用”[1]，如果编辑只能认识到新闻的价值所在却不善于用各种方法去表达自己的认识，或者反过来，虽然掌握了各种表现方法但却不能深刻理解自己所要表现的对象，那么，都将不可能完成真正意义上的新闻设计，而只能是有新闻无设计，或者有设计无新闻。

要改变新闻与设计“两张皮”的尴尬，必须把对新闻内容的策划组织与对版面的设计结合为一体。这样的尝试在我国报界已经开始，今年的重大报道中一些报纸有非常出色的表现。如年初我国南方发生冰雪灾害、5月份汶川发生地震之后的“全国哀悼日”以及8月份北京奥运会期间，多家报纸都将报道策划与版面设计融为一体，推出了相关的专刊、专版和专栏，从内容结构到版面形象都堪称精品。

仅举一例：哀悼日的三天中，不少报纸将头版整版或部分区域铺黑，版面部局性处理大都比较到位。但普遍的欠缺是，未能将三天的版面围绕同一个主题进行整体化设计。《北京晚报》与众不同，将三天的报纸设计成了一个完整的哀悼日系列（图一）。这三天的头版将报头从常规的左上角位置移至版面正上方的中心位置，通栏予以突出，使版面变得通透、大气。在色彩的选择上也是独树一帜，整版以白色为底色，并将报头以下的版面用黑色粗线框起来，与纯净的白色形成了强烈对比以表达浓烈的哀思，版面显得肃穆而庄重。简明扼要的黑体大字标题，凸显出当天报道的主题，也与黑字报头形成上下呼应，营造出强烈的视觉效果，深深感染读者。头版中央精心挑选的照片经过别有用意的裁剪，形状与大小保留得恰到好处，并且特意保留了彩色，图片四周大面积的留白使整块版面意境深远。每块头版上只有两个字的黑粗大标题，已是极端简化，但却和图片一起，完整地表达出了人们的情感：19日头版上降下的五星红旗展现了全国人民对地震遇难者的“哀悼”；20日那一双噙满泪水的眼睛，说明地震是所有中国人挥之不去的“国恸”；而21日那张救援人员抬着伤者向上攀爬的图片，则表达了我们面对灾难毫不退缩，以求“永生”的坚毅。

值得一提的是，《北京晚报》在哀悼日的第32版，即与头版相连的最

① 参见（美）塞西莉亚·弗兰德等《美国当代媒体编辑操作教程》，南方日报出版社，2008，第446页

后一个版上，有意挑选了以前从地震灾区移植到京的代表性植物：北川鸽子树、都江堰大百合、阿坝的小叶平枝栒子作为新闻主体，版面仍以白色为底色，与头版一样采用黑色粗线框将版面围起来。这些图片上植物主体保留了彩色，而背景则变成黑白。这一处理可谓一举三得：黑白色的背景和黑色粗线框寄托了哀思；植物主体的绿色象征着灾难中顽强不屈的生命；“封底”与“封面”在设计上完全一致的风格，增强了报纸的整体视觉效果和感染力。

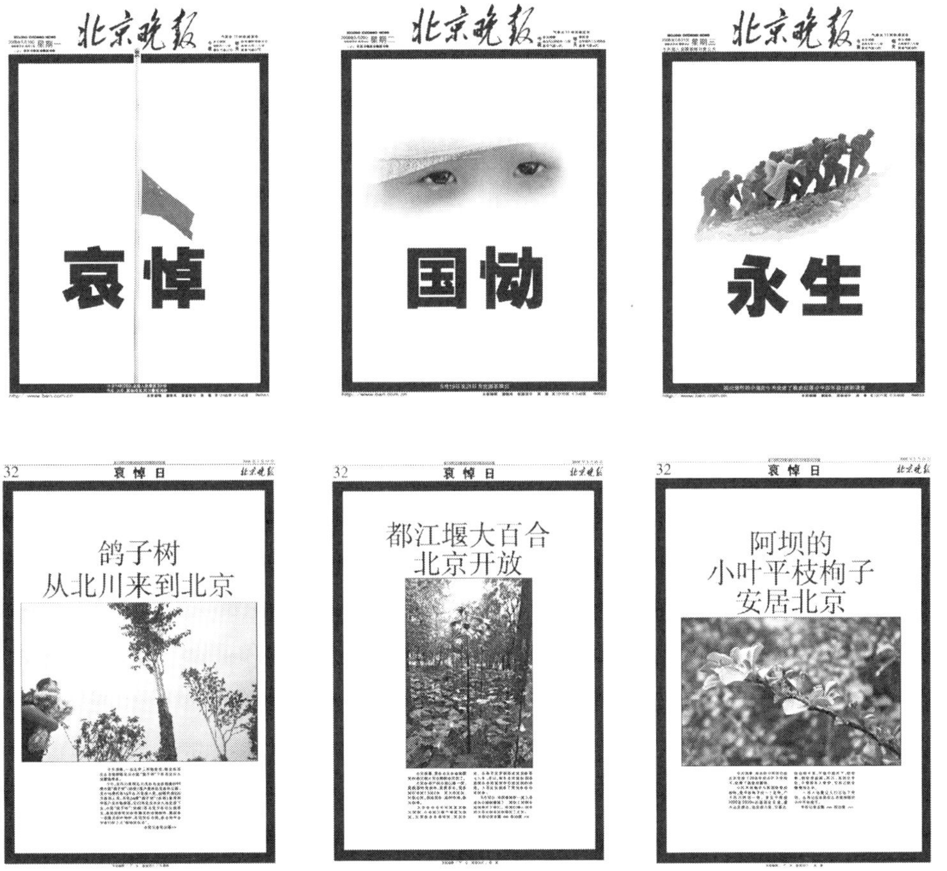


图一：《北京晚报》三天哀悼日的头版与第32版

此外，《北京晚报》三天哀悼日的其他版面设计也都能与报道主题相呼应，呈现出一致的风格和气氛。如19日打通二、三版对当天早上天安门的升旗进行了报道，跨版大标题是：“庄严国旗为死难者而降”，以“今晨目击”的记录体写作和众多图片，记录了这个特殊的日子。20日则以报道头一天的默哀为主，同时独家采访国旗护卫队和升旗手，讲述哀悼日不寻常的升旗故事。21日，“北京行动”成为了亮点，全方位地报道了北京对灾区的支援。可以说，《北京晚报》在这三天中真正实现了新闻与设计的水乳交融，以最富有表现力的形式完成了新闻主题的递进和延伸。

**（二）从强调装饰到追求表达：对设计元素的运用发生了观念性变化，版面语言对新闻内涵的表现力得到提高**

我国报纸版面设计的传统是强调版面的“美化”，所有的版面元素过去都被看作是“美化版面”的工具和手段，甚至连新闻图片在早期也只被看作是装饰版面的工具。这些传统观念至今还在影响着我国报纸设计，今天我们在不少报纸上仍然能看到为了搭配文字稿件而采用的与新闻内容毫无关系的图片，以及对表现新闻主题毫无作用而且还会妨碍阅读的彩色底衬。更严重的是，有些版面盲目追求感观刺激，对版面元素的使用失当，表现形式与新闻内容极不相称，比如将新闻价值和技术质量都不高的照片处理得过大，将不重要的新闻标题做得比报名还大，造成了哗众取宠的“泡沫版面”。

但是，我们也看到，一批优秀的版面编辑正在从这种“为设计而设计、为色彩而色彩”的误区中走出来，他们开始将图片、色彩、线条、字符、留白等版面元素作为内容的一部分来看待，或者说，将这些元素建构的版面语言放在了与新闻内容同等重要的位置上。如今年年初的特大冰雪使十万人滞留在广州火车站，《广州日报》的头版头条（图二）以通版宽、近半版高的新闻照片作为头条标题的底衬，这张照片带给读者的视觉冲击比文字描述更有震撼力，而醒目的粗黑体主标题压在照片上端，恰恰能为之“点睛”。这块版面所使用的版面

Guangzhou Daily
广州日报
大多数人的选择往往就是最正确的选择
销量决定报纸影响力
广州站
温家宝在冀京考察春运工作 强调要让群众平安回家
十万旅客滞留广州站
部分省市50年一遇雪灾让春运工作雪上加霜

图二：《广州日报》冰雪灾害报道的头版

元素精简而到位，没有任何多余的装饰，但却非常成功地展现了《广州日报》的地方特色和新闻理念。

色彩对新闻内容的组织作用和表现能力，是彩报时代最值得设计师们琢磨的专业课题之一。令人欣喜的是，在今年的重大报道中，一些编辑对此给出了出色的答卷。《北京青年报》在一块有关冰雪灾害报道的版面中，实现了色彩、图示与新闻主题的完美结合（图三）。与冰雪这个主题相关的色彩是纯白和透出寒意的蓝色，这两种色彩被编辑用来作为统帅整个版面的基调。上半版的示意图在这样的基调上非常清晰地标明了在中国版图上遭受雪灾的地方及灾害的严重状况，而地图左侧叠放的一幅彩色照片的局部构图，以“风雪路归人”的实景将新闻主题呈现出来，同时也使整个版面在沉静的基调上增添了跳跃和靓丽，更能打动读者。版面上端的通栏标题“罕见大雪冻住半个中国”不仅在词义上为这块版面上所有的图示、照片以及文字报道点了“睛”，而且标题本身的艺术化处理也让人过目难忘，那个最大的、深蓝底色上挂满冰霜的“冻”字，让人能一眼看透这个版的新闻要旨。

B1
国内新闻
罕见大雪冻住半个中国

图三：《北京青年报》冰雪灾害报道的版面

与北青报冰雪报道版异曲同工的另一个设计是《北京日报》主办的“北京奥运会官方会刊”的一个“赛场”版（图四）。编辑同样选择了蓝白两色来统帅版面，但这里的蓝是以水立方的图

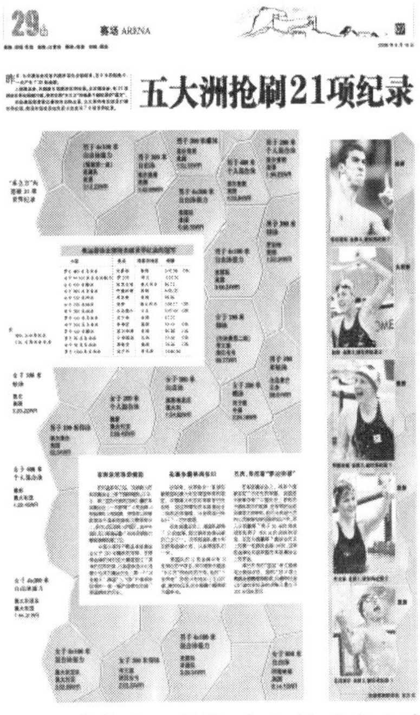
29日
赛场 ARENA
五大洲抢刷21项纪录

图四：《北京日报》主办的“北京奥运会官方会刊”的“赛场”版

形来衬托的，它让读者宛如走入了国家游泳馆，在一汪碧水中感受“五大洲抢刷21项纪录”的奇迹。而版面右侧纵列的一组破纪录运动员的照片，与水立方图形间刻意隔出了较大的空隙，以及水立方底纹上两块反白的文字报道上下呼应，令整个版面在变化中达到了重心均衡的美感。

这些优秀的版面设计告诉我们：图片、色彩、留白等等版面元素不但能够组织内容，还能够创造意境、赋予意义。只有恰到好处地使用这些版面元素，才能形成不被误读的版面语言，使新闻的内涵和意义得到最充分地表达。

**（三）从平面纪实到深度解读：多元化设计方法的运用使平面媒体扬其所长，视觉传播效果的改进为报刊描绘了美好前景**

我国报纸的版面创新是从重视新闻照片起步的。自20世纪末报界提出“图文并茂，两翼齐飞”，以照片作为版面的视觉中心逐渐成为共识。照片能够形象地记录历史和证实新闻，即使在以视频见长的电视、网络等一代又一代新媒体的冲击之下，报纸依然能靠新闻照片对精彩瞬间的定格，吸引读者的视线。可以说，“平面纪实”将是纸媒体在设计中永远不能放手的“利器”，报纸视觉传播的设计，首先需要以新闻图片与文字标题或说明的结合，展示新闻的现场气氛，放大最感人的细节，凝固最难忘的瞬间。这一点也为多年来版面创新的成果所证明：1990年北京第一次举办亚运会，大幅新闻照片的采用使报纸版面一改旧貌；1997年香港回归祖国，已经披上色彩的新闻照片占据了几乎所有报纸的重要版面，更加令人惊艳。今天，我们看到了这种变化的延续，一批批优秀摄影记者与优秀版面编辑携手合作，让重大新闻爆发时的报纸变成了绚丽的史册，人们争相购买和珍藏。报纸的号外也已脱离了它本来的功能和意义，成为一种历史的纪念和情感的载体。

但是，如果让报纸的视觉传播仅仅停滞在“纪实”上，那么，我们的设计水平将永远无法与世界最高水平相比。我曾在美国多所新闻院校中看到“信息图表”类的专业课程，这类课程训练学生以各类照片、图画、表格、色彩和文字的整合，形象化地讲述并分析新闻。而在美国的许多报纸编辑部中，专职的图表编辑作为懂新闻、懂设计也懂相关电脑技术的复合型人才受到了更多的重视和优待。因此，西方报刊的优秀设计能够超越“平面纪实”的水平，而以多元化的设计方法，力求揭示新闻的深层意义和影响，不仅对新闻的相关要素进行形象化解释，还要对与新闻相关的知识进行形象化传播，让读者在最节省时间成本的情况下，获得最丰富的信息。这种努力使报纸的设计进入了一个新的境界：深度解读。

应该看到，在数字技术与网络传播严重动摇了传统媒体统治地位的今天，“解读”其实比“纪实”更能发挥报纸的优势和潜力。因为在时效性和形象性的比拼中，报纸处于劣势，而利用报纸的品牌和公信力，对新闻进行独家解读，赋予其更丰富的意义，则能扬长避短。

然而，“解读”比“纪实”对版面编辑的挑战性也更高，它要求编辑拥有丰富而又专业的知识、独特而敏锐的视角，以及灵活而多样化的设计技巧。令人高兴的是，我们一些编辑在这方面的探索初见成效。如在北京奥运会圣火全球传递开始前，《北京青年报》的“瞰奥”特刊以整版图示向读者讲述了圣火点燃仪式的全过程（图五）。编辑将剪辑后的新闻照片和其他设计元素如有特定图案的底纹、图画等进行了组合，配以解说性的文字，线索清晰地展示了圣火点燃的每一道程序，并提示了其中的意义。

“北京奥运会官方会刊”开设的“三维”专版也是设计与制作都堪称精美的图示新闻版。如7月28日对国家体育馆的报道《玻璃造中国“折扇”》（图六）即把场馆平面、外观图和场馆内部立体分解图结合在一块，对国家体育馆进行介绍，这是编辑对原本复杂、枯燥的比赛场馆介绍所进行的

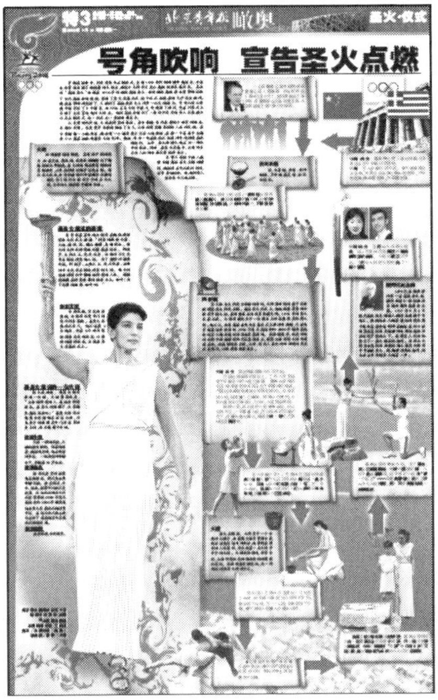
号角吹响 宣告圣火点燃

图五：《北京青年报》“瞰奥”特刊的图示版

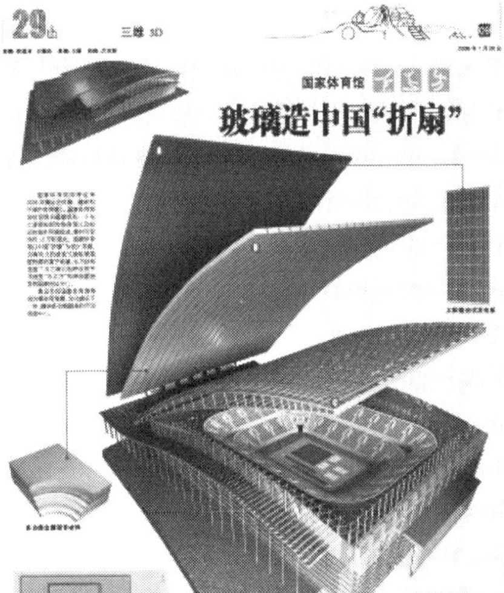
三维 3D
国家体育馆
玻璃造中国“折扇”

图六：《北京日报》主办的“北京奥运会官方会刊”的“三维”版

2008奥运风·中国乐章

非常中国 非常艺谋

奉献色彩盛宴

超越人海战术

图七：《南方日报》的“2008奥运风”特刊版面

突破和创新，加强了报道的可读性和易读性。立体化的动态效果远胜于平面静止的图示，“三维”版条理清楚、通俗易懂，充分考虑了各层次受众的收受水平；画面形象美观、活泼、新颖，极易吸引受众眼球。同时，对各场馆建筑特色的介绍，展现出建筑的高科技含量，在《国家体育馆玻璃造中国“折扇”》中，就着重介绍了国家体育馆的太阳能光伏发电板、夹层式清噪系统和可再生资源循环利用系统，凸显了科技奥运的理念。奥运会开幕以后，“三维”版又结合每天赛事的热点，对混合泳、花剑、皮划艇激流回旋等比赛项目进行了三维图示说明，帮助受众了解一些项目的历史发展和场地规则，在帮助读者更好地观赏比赛的同时，还传播了体育知识、推广普及了相关的运动项目。

对新闻事件的“解读”不仅能使新闻传播更加具有深度和广度，还能给读者提供一种文化和艺术的享受。《南方日报》的“2008奥运风”特刊以《非常中国非常艺谋》为主题对奥运会开幕式作了解读（图七），编辑以通版大照片营造出夺人声势，图片与版头相一致的色调使整个版面显得高雅而富有艺术气息。编辑以简约的版式结构和大胆的留白烘托出代表中国传统文化的9种艺术的文字简介和评析。这块版告诉我们，解读新闻需要采用的版面元素是极其丰富的，不仅是图片、色彩，还有版面结构、留白、线条等所有我们所能想到的要素，都可以成为编辑引导读者领悟新闻核心价值的“指路牌”。

在我们盘点今年的报纸设计成果时，有惊喜也有忧虑。必须承认，我国报纸的设计水平是参差不齐的，本文列举的一些个案并不能代表整体。一方面，受传统观念、管理体制和自身惰性的影响，设计创新在不少报社还举步维艰；另一方面，受市场化、商业化因素冲击，版面设计对新闻品质的追求往往会受到外部因素的干扰。如在今年全国哀悼日中，仍然有多家报纸将彩色广告刊登在头版上；平日里，常常有重要新闻受广告或关系稿挤压，难以在版面上成为“亮点”；如同“调色板”一般的低俗版面至今依然常见……这类问题的存在，提醒我们：中国报纸设计水平的全面提高还有很长的路要走。

（蔡雯撰写，原载于《新闻记者》2008年第11期）

# 报网融合：党报发展的战略机遇

随着数字技术与网络技术的快速发展和普及，党报作为影响决策人群和引领社会舆论的主流媒体，面临重大发展机遇。通过报网互动、报网互补及报网一体，实现“数字化转型”，提高党报的国际国内传播能力和舆论引导能力，增强党报的事业基础和经济实力，不仅是形势发展的迫切要求，也是传媒发展规律的必然选择。从已经的实践和未来的走向看，报网融合正成为党报发展的必由之路。

## 以报网融合实现党报资源的总量递增与优化配置

党报的特殊地位使其能有独特的办报资源，比如有丰富的新闻来源和信息渠道、专业水平较高的新闻采编团队、党和政府所给予的政策支持，以及总体素质较高的读者群和长期以来形成的品牌资源等。这些资源无论在什么样的情况下都是党报值得珍惜的宝贵财富。但也应看到，网络媒体一方面在千方百计地“借用”甚至“争夺”传统媒体包括党报的资源，另一方面又凭借与生俱来的介质特点拥有了传统媒体所无法具备的另一些资源。最有代表性的例证是，商业门户网站通过廉价甚至无偿使用传统媒体的新闻成果，把自己打造成传统媒体无法比拟的“新闻总汇”，夺走了本属于传统媒体的一部分读者；网络媒体还能以其强大的资金实力和灵活的体制，分流本属于传统媒体的专业采编力量；网络传播的互动功能和网络媒体的海量优势，使一些网站能够将自己的服务对象转化为提供各类稿源的“编外作者”，从而获得传统媒体无法拥有的“信源”和“人气”；网络媒体的传播速度优势、多媒体形态优势和互动优势，都是其对抗传统媒体的有力武器，尤其是在突发性事件报道、公众普遍关注的热门话题报道中，网络媒体往往占据更有利的位置，置包括党报在内的传统媒体于被动地位。也就是说，党报要做大做强，最大的竞争对手已经不是传统媒体，而是以网站为代表的新媒体。因此，党报只有寻找到破解这一困局的良策，才能在数字时代的媒体竞争中立于不败之地。

赢得竞争的良策是“以报网融合制网”，就是通过对党报集团中办报资源与网络资源的整合配置，实现“报+网＞网”的竞争格局。与报纸融合的网站可以是党报集团自己的网站，也可以是通过媒体并购或战略合作所获得的其他网站。但必须强调的是，“报+网”不是物理学意义上的简单叠加，而是通过资源重新整合配置产生全新的媒体组织的“化学反应”。

从我国报业发展实践来看，报网融合本质上是一个由报网互动走向报网一体的演变过程。报网互动是报网融合的初级阶段，报纸编辑部与网站编辑部在这一阶段还是两个独立存在的媒体组织（有些报社甚至将网站编辑部门作为报纸编辑部中一个独立的下属机构设立），办报与办网在这一阶段是两个独立的组织分头承担任务。报网互动大致有报纸借助网络技术进行新闻信息传播活动如搜集线索和资料、将报纸的内容借助网络进行二次传播、报纸与网站合作进行新闻报道，以及共同开设某些专栏形成相对固定的合作板块等几种方式。这些互动方式都在一定意义上促进了报与网之间的资源共享和优势互补，取得了不少成功的经验。

报网一体是报网互动进一步发展的融合形态。所谓“一体”，既指报纸与网站在组织结构上的“一体”，又指报纸与网站的新闻生产流程上的“一体”。《上海证券报》2006年3月在改版中与中国证券网全面融合，实行一个班子，一套架构，不设立重叠机构，并对报网统一业务生产流程，统一考核，可能是我国报界最早的报网一体的尝试。后来的改革实验就多了，就党报而言，有烟台日报传媒集团成立全媒体新闻中心筹建小组，按照全媒体战略的实施计划，采用集团研发的“全媒体数字复合出版系统”，进行“从集团层面再造采编流程，并实现内容集约化制作”的课题实验；《杭州日报》则一个编辑部同时运行报网两个终端等。

从报网互动走向报网一体的融合，能实现党报资源的总量递增的优化配置，这样不仅党报集团中原有的各方面办报资源能够继续发挥作用，还能够将网络新媒体的资源优势增加进来，并在所有可以开发的资源中实现有机的资源重整。这种资源整合还可能实现“1+1＞2”的实际效果，如获得中国新闻奖首届网络新闻名专栏的“焦点网谈”栏目，就是河南日报报业集团整合报纸与大河网及手机短信平台三方面的资源与渠道创办的，该栏目成功之处就在于将党报的权威性和品牌优势与新媒体的互动和海量优势相结合，因此能够取得比较突出的传播效果。

## 以传播手段创新增强党报的舆论引导能力

报网融合使得党报集团的资源得到总量递增与优化配置，带来的最直接的效果就是使党报的新闻宣传有可能迈上新台阶，实现以往单独办党报时不可能实现的舆论引导能力。

胡锦涛同志2008年6月考察人民日报社时明确指出："要把提高舆论引导能力放在突出位置，进行深入研究，拿出切实措施，取得新的成效。"[①]刘云山同志2009年2月到经济日报社考察调研时强调要"努力形成报网互动、报网互补、报网一体的传播格局。"[②]近一时期，党报及新闻宣传战线围绕提高舆论引导能力进行了热烈而深入的讨论，而报网融合作为提高舆论引导能力的重要途径已成为大家的共识。

党报的舆论引导能力取决于它能够真正到达的人群的数量、它提供的内容及服务的质量。从这些方面来说，报网融合进行新闻宣传必然远胜于党报单打独斗的新闻宣传，因为报网融合能扩大党报的读者覆盖面，其即时传播的速度、海量的新闻背景链接及问答释疑的互动性等，都有助于使舆论引导和宣传效果最大化，尤其是能够影响习惯于使用新媒体的年轻一代。党报如果不与网络融合，就无法扭转读者老龄化的趋势，影响力也必然随之式微。

在新时期，党报提高舆论引导能力的出路在于创新，在于对原有的报道内容、采编机制、传播手段进行系统而全面的创新。而报网融合作为传播手段的一项重大创新，既为党报提高舆论引导能力开辟了新的途径，又为其他方面的创新提供了实施平台，从这一点看，党报舆论引导能力能不能提高、能提高多少，关键就看创新力度有多大，成果有多丰硕。为此必须做到：

创新的理念。党报有较长的办报历史和成熟的办报经验，但对于新技术与新媒体的认识和把握却往往不够，对于新媒体带来的挑战和困难容易产生畏难和排斥心理，加之人才队伍、资金、经营管理等方面的现实困难，对于报网融合缺乏动力和信心，守成之念往往大于创新之勇，如果不能改变这种心态，对媒体发展缺乏长远眼光，将难以使党报做大做强。

创新的机制。包括改造党报现有的组织结构、新闻生产流程，制订更加

---

① 胡锦涛：《在人民日报社考察工作时的讲话》，《人民日报》2008年6月21日。

② 参见《刘云山在中国经济网考察调研》，中国经济网2009年2月13日。

科学合理的管理制度。良好的机制是一切组织实现变革和增强活力的基础，报网融合对党报最大的冲击也在于此。从报网互动走向报网一体，我国党报在融合的进程中一直不断探索着机制变革的路径。先是组建跨媒体的临时性报道组织，以项目管理的方式实现“融合新闻”，如有的地方组建了由报纸、电台、电视台等多个媒体的记者构成的联合报道组。也有一些报社组建虚拟的跨媒体报道组织，以推进报纸与网站的资源共享，如“即时播报记者小组”同时为报纸和网站提供时效性强的新闻。还有报社对媒体组织结构进行局部性的重构，如增设“滚动新闻部”，作为报纸与网站融合的内容策划与管理机构，实施每周7天、每天24小时全天候连续不断的跨媒体传播。《人民日报》今年7月在扩版的同时组建新闻协调部，并将国内国外72个记者站改设为分社，看来也是在资源整合和报网融合方面着力向前推进。《经济日报》最近也做出了加强报网互动、推进报网一体的具体工作方案，探索建立促进报网融合的新机制。

创新的报道。即在报网融合的平台上实现内涵非常丰富的业务创新，包括报道策划创新、新闻内容创新、报道形式创新。报网融合，使党报面对的传播对象由传统的“受众”变成了传播的参与者甚至“报道者”；党报的传播内容将不单纯地由党报自己来决定，参与传播的普通公众有可能通过新媒体来参与“设置议程”，近两年网络上曝出的新闻事件和热门话题被报纸跟随的事例已经频频发生，形成了对党报的直接挑战；党报的报道形式将因融合从单一的文本加图片走向多媒体、从单向宣传走向互动传播；党报的传播手段也将更加多元化，不仅仅是报纸，还有网站、手机报、电子阅读器，以及目前我们还难以想象的新媒介。

上述这些变化的因素都是党报实现新闻创新需要研究和利用的。针对这些变化加强新闻报道策划，需要着力在新闻内容的贴近性、传播方式的互动性方面下功夫。一些成功案例说明，在媒介融合的新时代，最有影响力的内容往往是与群众切身利益关联最大、并且由媒体和公众共同创造的。值得注意的是，在这些传播活动中，专业新闻工作者仍然是新闻报道的主力，他们能以专业的眼光、技能和社会赋予他们的权力对最有价值的事实进行深入调查。但不能忽视的是，公众在新闻传播中的主动权越来越大，他们不仅能提供新的事实或线索，还可以对专业记者的报道进行补充或质疑，他们的观点与意见构成了新闻内容的重要部分。以内容共同创造与互动传播为报道创新的突破口，实际上是组织了更广泛的社会力量投入到党报内容的生产中，能够极大地丰富新闻的内涵并拓展新闻的外沿，使党报的新闻宣传取得更好的实效。但这方面的创新同样会使党报面临新的问题，比如对网络内容的把关和引导、对网络负面影响的规避和消解，都需要我们有更多的智慧和勇气。

## 以报网一体实现党报的品牌延伸和水平提升

报网融合，不仅有提高新闻宣传质量的价值，还能对党报集团的经营和党报事业发展起到推进作用。如果说，传统意义上的党报主要是党和政府的舆论宣传工具，报网融合却必然拓展党报的功能，使其在担负新闻宣传这一主要职能的同时，承担起更多的社会公共服务和文化产业建设的职能。因为通过报网融合，党报将有可能在做好新闻宣传的前提下，进一步利用新技术和新载体，使新闻和资讯进一步向知识转化，使新闻报道延伸和派生出更多的内容产品和后续服务。从这个意义上说，党报将不再只是功能单一的新闻宣传机构，还是集团产业链中处于上游位置的内容生产机构，也是文化产业中提供原创素材与初始成果的知识生产部门。

随着网络媒体传播力和影响力的提升，越来越多的党报和所属网站在报道、设置议题、引导社会舆论方面协同行动，取得报网一体、报网双赢的效果。如《经济日报》和中国经济网抓住《食品安全法》今年6月正式实施的时机，开展了一次联合宣传报道的协调行动，先是由网站邀请国家质检总局等部门官员就食品安全这一热点问题做在线访谈，报纸则根据访谈内容做整版的深度报道，然后召开由报社和卫生部等五个部局主办、中国经济网承办的“2009中国食品安全高层论坛”，全程视频和图文直播，报纸在刊登论坛发言摘要的同时，连续用3块专版介绍外国完善食品安全监督体制和支撑体系的做法，放大传播效应，扩大传播效果。这次协同报道中有上万网友跟帖提问、发表意见，通过公众的广泛参与取得了积极的社会影响。

从人民网、中经网等中央重点新闻网站的实践来看，中央党报可以通过报网融合为广大公众参政议政提供服务平台，为中央政府部门与群众之间的沟通搭建更好的桥梁，为企业发展提供更加具体的决策咨询和信息服务。地方党报在我国报业集团及媒体集团中占据重要位置，它们在报网融合方面往往走在前面，探索更为积极大胆，如在通过报网融合实现更多样化、常态化的社会服务，甚至进一步打造出媒介集团的产品链方面，都有新的探索。当然这些都仅仅是开始，随着网络技术的进步和体制的创新，党报作为传统媒体必将在嫁接新媒体的征途上，迈出更大的步伐，也使党报品牌内涵不断丰富，实力不断增强。

媒介融合为党报的发展提供了机遇，但也不能忽视挑战。要清醒地意识到在这条道路上面临的重重困难和障碍，包括一些党报集团发展新媒体资金来源的匮乏，报网体制差异对融合的阻碍，办报人员对融合的不适应和抵触情绪，采编人员的业务能力不胜任，经营管理方面的相对落后和不能适应，等等。对于那些已经在融合之路上走在前列的党报集团来说，同样有许多问题有待解决，如目前滚动新闻的报道主要集中在重大新闻和突发新闻上，而对于常态新闻如何实现滚动播报？如何保持不同媒介的新闻产品差异化？如何采取有效的激励机制推进各类媒体的协调发展？等等，都需要进一步探索。

（丁士撰写，原载于《新闻战线》2009年第10期）

# “公民新闻”的兴起与传统媒体的应对

## ——对西方新闻传播变革的观察与分析

网络的出现赋予了普通公民一种崭新的角色：新闻报道者。当年美国“德拉吉报道”对克林顿丑闻案的揭露无疑是这种新角色的证明，它使大众媒体感受到了另一类挑战者的存在。在网络传播更加普及、媒介规制也相对宽松的一些西方国家，普通人发布新闻乃至创办媒体的案例层出不穷，“公民新闻”（citizen journalism）成为引人瞩目的热门话题，而传统媒体在“公民新闻”的挑战下所采取的种种应对策略更是值得关注和研究。

### 一

何谓“公民新闻”？国外各类媒体有不同的阐释。如公民新闻网站的先驱——韩国公民新闻网站Ohmynews的口号是“人人都是记者”，强调普通公众对于新闻信息报道的参与；美国公民新闻网站New West则选择用“未经过滤的”这个字眼来形容由受众投稿发布的信息，以此强调这个网站和传统媒体新闻发稿机制的不同并对网站所提供的信息属性进行了界定。除此之外，网站还为新闻提供者制定了一套规则，号召大家“不要被‘公民新闻’这个字眼吓倒。你发布的信息也没有必要就必须是经过深思熟虑的编排好的文章。它可以是一篇慷慨激昂的演说，可以是对某一事件的大声疾呼；它可以是一篇短小的评论，也可以是一篇小说，任何你想写的东西都可以通过我们的网站进行发布。我们就是要听到你们心中最真实的声音。”[①]

研究新媒体的美国专栏作家马克格拉泽（Mark Glaser）认为，“‘公民新闻’就是让没有经过专业新闻训练的普通公众通过运用新的传播技术和网络全球传播的特点来创作新闻信息，在为传统媒体提供的新闻信息增加新的

① http://www.newwest.net

素材的同时也可以通过这种方式对媒体所提供的信息进行查证和检验。这些工作可能由某个人自己来完成，也可能由很多人共同完成：你可能会在自己的博客或网络论坛上写一篇关于自己所在城市某些问题的报道；你可以在自己的博客上检验主流媒体上的文章是否有误或存在偏见，并给予指正；你可以把自己抓拍到的有价值的数码照片发布在网络上；甚至你可以摄制视频短片发布到像Youtube这样的网站上。如果亲历重大突发事件的发生，你提供的文字或影像资料甚至可以影响整个历史。”①还有美国学者认为，“公民新闻”使新闻的定义在经历了很多的曲折和反复之后似乎又回到了起点。因为当美国第一修正案被采用之时，出版自由指的是任何人都有运用出版机构自由出版的权利，而不仅仅是某一组织机构从事新闻出版的自由。

“公民新闻”使人们注意到，大众媒体的职业记者并不一定是它所报道领域的权威专家，很可能对于某一领域而言，受众或受众集体的智慧更应该受到关注。在新媒体技术日益发展的今天，受众可以一改往日在新闻信息传递过程中的被动地位而积极主动地参与到信息的制作和传播中来。他们不再被大众传媒所设置的议题牵着鼻子走，对于重要的新闻信息可以有自己的判断。

除了公民新闻网站，“公民新闻”还有多种表现形式，如新闻跟帖、BBS、博客、维基百科等。

## 二

“公民新闻”对传统大众媒体的最大挑战是，它打破了传统媒体在新闻传播中的垄断和特权。各国的传播学研究者曾对大众传播所下过各种各样的定义，他们共同强调的一个特点是：大众传播中的传播者是从事信息生产和传播的专业化媒介组织。因此，在我国最通用的传播学教材中有这样的归纳：“大众传播是指专业化的媒介组织运用先进的传播技术和产业化手段，以社会上一般大众为对象而进行的大规模的信息生产和传播活动。”②这个定义表明了传统媒体的特殊地位，普通公众只能是信息的被动接收者。但“公民新闻”改变了这一切。

互联网的出现尤其是新的传播技术的发展带给人们以前所未有的体验：他们可以在网络媒体上记录自己的衣食住行和日常琐事与网民分享；他们可

① http://www.pbs.org/mediashift/

② 郭庆光，《传播学教程》，中国人民大学出版社，1999，111页

以用手中的移动设备记录发生在自己身边的重大突发事件并将其传递到世界各地；他们还可以就传统媒体的某些报道进行补充和评论，甚至对某些不实或歪曲报道提出质疑，从而使事件真相大白于天下……

"公民新闻"的涌现及活跃，从一定意义上讲，代表了普通大众对主流媒体精英霸权的抗争，它使新闻的采访权和编辑权不再为少数人所垄断。它打破了传统的新闻生产流程，通过多渠道的新闻信息报道满足日益多元化发展趋势下公民的知情权需求。公民新闻让话语权利从"少数人"回归"多数人"，这显然更符合新闻传播的要旨所在——"让最广泛的受众听到来自各方的最真实的声音。"

在《我们媒体》（*We the Media*）一书中，丹·吉尔默（Dan Gillmor）这样总结"公民新闻"对传统媒体的影响："草根新闻从业者摧毁了传统媒体对于新闻的垄断权，并将新闻从说教变为对话。"[①]"公民新闻"使传统意义上的受众转变为新闻信息的提供者，受众之间也可以通过网络这方寸之地进行几乎没有界限的交流和沟通。这超越甚至颠覆了新闻事业的传统理念，对新闻业的影响巨大而深远。

其次，"公民新闻"还使传统媒体的信源结构发生了变化，传统媒体对新闻信息的"议程设置"功能受到影响。

美国传播学家M.E.麦库姆斯和D.L.肖在1972年发表的论文《大众传播的议程设置功能》中指出，大众传播具有一种为公众"设置议程"的功能，传媒的新闻报道和信息传达活动以赋予各种"议题"不同程度的显著性的方式，影响着人们对周围世界的"大事"及其重要性的判断。[②]也就是说，大众传媒决定了新闻信息的发布，传统媒体的编辑和记者在新闻信息的收集和传递过程中扮演着"守门人"的角色。最终什么样的新闻可以通过大众传媒进入普通民众的视线不仅取决于新闻信息的属性和重要程度、传统媒体新闻信息采集的能力，还与传统媒体在社会中所扮演的角色以及它们既定的立场和政治倾向有关。媒体给受众所展示的不一定是其周围世界的原貌，人们从它那里得到的只能是大众传媒操作之下的"虚拟真实"。

"公民新闻"的出现不但极大地丰富了传统新闻媒介的新闻来源，同时也引领了一场新闻信源的革命。以突发性新闻事件为代表，其报道方式正

---

① Dan Gillmor，"We the Media: Grassroots Journalism，by the People，for the People"，O' Reilly Media，2004

② 同3，214页

逐渐从以往的专业记者报道方式向专业记者与公民记者相结合的报道形态转变。在新闻事件现场，任何一位公民，都有可能是“临时记者”。任何一位公民，也都有可能成为信息来源。公民记者在扩大传统新闻媒介报道面、弥补重要新闻专业记者不在现场这一缺陷的同时，也开创了一种全然不同于传统专业记者的信源采集形态。因为公民记者的身份通常是多重的，他既可以是新闻事件的当事人，又同时是新闻事件现场的目击者和采访者。除此之外，到BBS、个人博客、公民新闻网站等公民新闻载体上寻找新闻报道线索已经成为传统媒体记者编辑的常规作业，很多有价值的新闻信息都得益于此。

2005年7月7日伦敦遭受恐怖袭击，伦敦地铁公交车内连续发生6起爆炸，除了交通受到巨大的破坏之外，还造成了惨重的人员伤亡。由于事发突然，传统媒体普遍缺席。在这种情况下，BBC和《卫报》先后在自己的网站上设立了专门的目击者照片区，鼓励受众把在现场拍摄到的照片或视频通过这一栏目发布。最早的图片在爆炸案发生一两个小时后就出现在了这一区域，此后，BBC几乎每天都能够收到由公众拍摄的录像短片和图片。当天世界上许多家报纸的头版头条，采用的都是由受众提供的一组用手机拍摄的地铁爆炸现场人们逃跑的照片。正是普通公众提供的影像资料弥补了传统媒体记者在重大突发事件中的缺位，这些资料也起到了记录历史瞬间的作用。

Nowpublic网站是加拿大一个“供大家分享的新闻网络”，它鼓励公众把任何形式的新闻信息在自己的网上发布，无论是文字，图片还是视频。2005年6月，一场致命的飓风袭击了阿曼。当美联社的记者动身前往现场报道时，网站众多的公民记者已经在Nowpublic登出飓风的照片，速度之快令人吃惊。这些照片和目击者报道使这一网站一夜成名。目前Nowpublic已经成为全世界非常有影响的公民新闻报道网络，它的创始人、首席执行官布罗迪认为，传统媒体的主导地位正在受到新传播技术的挑战，而公民新闻网站在突发性事件的报道方面具有先天的优势。正是由于在突发事件中的出色报道，Nowpublic于2007年获得1060万美元注资，并有望在近期发展为世界上最大的通讯社。

用布罗迪自己的话说，Nowpublic是新闻预警系统：“我坚信像Nowpublic这样的公共新闻网站将占领突发新闻报道的战场，新闻分析则留给报纸和通讯社去做。这就是我们制造的新闻传播领域的大变局。”[1]

---

① http://www.npost.com/interview.jsp?intID=INT00164

## 三

“公民新闻”的兴起，使传统媒体处于全新的传播语境中，如何应对这种新变化，是所有大众传媒都无可回避的问题。在西方国家，越来越多的大众媒介投入到了对“公民新闻”的研究和运用之中。它们的实践探索表明，拥抱“个人媒体”和“公民新闻”，能够使传统媒体更为开放、更有活力，并获得更好的传播效果和更多的市场份额。

从当前的媒介实践来看，传统媒体对“公民新闻”的应对主要通过如下的方式进行：

1. 利用新媒体、新技术创建面向普通公民的评论与意见反馈平台

传统媒体开放公共评论，其实就是给受众提供一个对专业新闻记者报道内容进行反馈的机会，受众可以对新闻报道内容进行补充、评论或批评质疑。通过这个渠道的开辟使传统媒体了解受众对于这则新闻信息的态度和报道中存在的问题，为后续的新闻报道提供借鉴。有些受众会对文章细节做补充，补充作者所遗漏的内容，或增加一些记者所不知道的信息，这些都会使记者所报道的新闻信息更加丰富全面。如美国全国性报纸《今日美国》所开设的网站Usatoday.com在每一则新闻信息的下方都设置了一个按钮，读者可以点击这些按钮把自己喜欢的信息推荐到其他网站，如Digg，Yahoo Buzz等与其他网友分享。通过发布或者提交自己的相关信息，读者可以对文章相关内容进行投票，投票之后这些新闻信息就会按照一定的Digg机制显示在Digg，Yahoo Buzz等网站的首页上。在这一环节，读者不仅是信息的接收者，同时也是信息的发布者，而且在一定程度上还是信息的筛选者。而在Usatoday网站，读者的对新闻信息的“推荐指数”（Recommend）也会在该文章的标题下方明显位置标示出来。此外，该网站在新闻信息的最下方还提供读者与网站编辑及读者之间相互交流的空间。在登录之后，读者可以通过留言的方式对这一信息提出自己的观点和看法或对文章的细节进行必要的补充，也可以通过文章上方的“评论”（Comment）按钮查询其他人对于这则信息的留言。

美国著名新闻网站CNN，每一则新闻信息都会由特定软件搜索出其中的关键字，而根据这些关键字，网站即在文章的下方提供有关信息的博客链接，这样，除了从CNN上获取了关于事件的信息之外，如果对这一事件感兴趣，受众还可以通过点击这些博客链接获取更多细节，这样，整个事件的画面就更加丰满了。

2. 主动开设“公民新闻”类的频道或栏目

“公民新闻”的出现使新闻生产不再是少数媒体机构中编辑和记者的专利，“多数人向多数人传播新闻”的媒体形态促使现有传媒格局重组，传统媒体与“公民新闻”的融合已经为大势所趋。西方一些传统媒体顺应潮流，利用网络开设“公民新闻”频道或栏目收到了良好的传播效果。如2005年10月，在美国新奥尔良市遭遇“卡特里娜”飓风袭击的当天，CNN在其官方主页上，增加了一个名为“公民记者”（Citizen Journalist）的板块，凭借这一新型新闻采集渠道获取大量的一手资料。目击者们在这个板块上发布了大量文字及影像资料，加上专业记者所收集的信息，CNN对这一灾难性事件的全景式报道，实际是专业新闻报道和业余新闻报道（“公民新闻”）的完美结合。之后，CNN于2006年8月15日正式推出了公民报道栏目“我报道”（I-Report）。2007年2月，路透社的非洲网站“路透非洲”（Reuters Africa）也开设了公民博客的新闻报道。阿根廷一家名叫Clarin的报纸最近也开通了一个博客网络平台，为普通民众提供了自己传递新闻信息的一片天地。①

3. 传统媒体建立独立的公民新闻网站

除了在自己的网站上开设公民新闻频道或板块之外，还有一些媒体建立了独立于自己之外的公民新闻网站，利用这些网站为传统媒体提供鲜活的报道素材，使两者的互动与融合为新闻传播格局注入新的生机和活力。

在西班牙语世界，多数具有影响力和吸引力的公民新闻网站背后都有报纸的支持。西班牙报纸El Pais建立了一个名叫“我，新闻记者”（Yo, Periodista）的公民新闻网站，在这个网站内，读者可以通过发表评论，文字，照片和视频等多种形式参与到信息的传递和分享中来。这家报纸办这一网站的目的，除了给受众提供一个话语表达的天地之外，报纸也可以从普通公众所提供的信息中获取非常有价值的新闻信息进行深挖和处理，以此来丰富报纸记者和编辑工作的盲区——和Nowpublic的创始人布罗迪的看法惊人地相似。这些类似的网站都包含着公众对于“公民新闻”的共同期待：架起传统媒体和公众之间的桥梁，用自己的语言让读者知道更多关于自己社区内的重要信息。

应该看到，“公民新闻”已经是遍及全球的一种新闻传播新景观，在我国同样有新闻媒体注意到这种变化，并开始了这方面的探索。2006年12

① http://www.periodismociudadano.com

月1日，《成都商报》的社会新闻版开设“QQ记者”公民报道专栏“城事e闻”，打出“每个公民都是记者，网友都来发布新闻”的口号。所谓“QQ记者”是那些加入了《成都商报》建立的QQ群的普通公民，报社有两个专职记者轮流与“QQ记者”进行互动交流，根据他们提供的信息判断新闻价值，指导对事件的报道。“QQ记者”报道了自己的所见所闻之后，由这两个专职记者进行核实、编辑、加工，然后在“城市e闻”栏目刊发。

传统媒体建立独立的公民新闻网站的做法同样在我国初见端倪。在《中国日报》支撑下成立的直播客（www.moobol.com）就可以看作是一个公民新闻网站，它是全球最大的华人草根资讯门户，通过计算机的自动分析及专业的人工遴选，向公众提供图文并茂、真实发生的社会信息。这个以“把你看到的拍下来”为口号的网站鼓励网友自己用数码相机和手机记录生活中一切有意义的事情，并且标注相关标签信息，从而建立日益专业、庞大的社会信息数据库。

在台湾也出现了同样的情况，如Peopo公民新闻台（www.peopo.org）是台湾公共电视台于2007年4月30日创办的公共新闻网站，它提出的口号是：“你的小故事就是我们的大新闻”。Peopo公民新闻台的运作模式仿效韩国的Ohmynews，要经过真实的身份认证才可以成为网站的公民记者，所以公民记者必须填写个人数据，提交身份证件复印件，再经客服人员电话联络核对无误之后才能在网站上报道新闻信息。Peopo公民新闻台引入了社群共治的概念，是网络社群经营的一种集体实践，虽然不审核任何公民记者上传的报道，但设有检举机制，以此对新闻传播中的虚假信息进行揭露和纠正。

“公民新闻”实际上是对大众媒体新闻报道的一种补充和完善，因为再大的媒介也有自己的触角所不及的地方，再专业的新闻记者也有自己观察事物的“盲点”。传统媒体与“公民新闻”的互动和融合可以使受众关注的各类议题更容易聚焦呈现，从而使新闻报道更贴近民众的需要。同时，这种融合还将有助于扩大新闻传媒的影响力，有助于推动整个社会的民主进程与和谐发展。

当然，大众媒体与“公民新闻”的结合也将面临一系列的新问题，如怎样对“公民新闻”这种自发的新闻传播活动进行适当的引导，尽量避免新闻传播中的各种失范行为和负面影响？如何在与公众的互动与交流中提高新闻的品质？如何改革传统编辑部的组织机制和提高记者编辑的业务素质，才能适应这种新闻传播的变革？等等，都还有待更深入的理论思考和实践探索。

（蔡雯、郭翠玲撰写，原载于《新闻战线》2009年第9期）

# 第四部分

## 21世纪10年代：冬至阳生春又来

04

○　○　○　○

21世纪的第二个十年，中国报业进入严冬，无论是报纸总量、版面数量还是市场占有率、广告收益都剧烈缩减，报业转型和融合发展是这一阶段的核心任务。

在移动互联网、大数据、云计算、人工智能等现代化技术的推进下，媒体形态与新闻产品以前所未有的速度推陈出新，如《人民日报》从传统平面媒体转变成为拥有报纸、杂志、网站、电视、广播、电子屏、手机报、微博、微信、客户端等十多种载体、数百个终端的媒体集群。我们对这段发展历史有较多记录，如《试论新闻编辑对记者博客的资源利用——以人民日报记者博客的个案研究为例》《媒体微博：新闻传播变革的试验区——从地方报纸两会报道中的微博利用说起》《微信公众平台：新闻传播变革的又一个机遇——以“央视新闻”微信公众账号为例》等文章集中讨论了传统媒体运用网络社交平台加速融合创新的一些做法及效果。

2014年，中央全面深化改革领导小组第四次会议审议通过了《关于推动传统媒体和新兴媒体融合发展的指导意见》，体现了执政党要充分运用新技术新应用创新媒体传播方式，占领信息传播制高点的决心和意图。在中央的统一部署下，传统媒体进一步加快融合转型的步伐，打造“中央厨房”、建设自主可控的新型媒体平台、创办新型媒体智库等，都取得了阶段性的成果。我们发表的《从“中央厨房”建设看新闻编辑业务改革》《5G时代新型主流媒体的机遇与责任》《媒体办智库：转型期的实践探索和理论发展——对2008—2018年媒体智库及相关研究的分析》等文章，围绕近几年媒体融合创新的个案、问题与趋势做了一些探讨。

在社交媒体、个人媒体彻底改变了传播生态之后，专业新闻媒体如何重塑公信力和影响力成为难题。《质疑面前，专业媒体的新闻报道问题出在哪里？——对2014年引发争议的新闻报道的综述与研究》《网络传播中的“标题党”现象评析》《走向专业化与开放性相融合的新闻传播——试论社会化媒体影响下的新闻业务改革》《从面向“受众”到面向“用户”——试论传媒业态变化对新闻编辑的影响》等几篇文章表达了我们的忧思和观点。

传统媒体面对前所未有的经营压力，在体制机制改革、队伍建设、内容改进等方面做出了比以往更多的努力，管理部门也做了诸多指导和督查，各类专题报告会、研讨会不断召开，丁士曾代表报社参与多项活动并发言，本书也有摘选。

西方报界这一时期也同样在探索新路。继20世纪末美国“公共新闻”运动之后，欧美国家出现的“建设性新闻”“方案新闻”等新一轮改革运动再度引起国内新闻界的关注和讨论。应中国社科院新闻研究所邀请，蔡雯在国际学术论坛上发表了《从西方新闻改革运动看职业新闻观念转变——“建设性新闻”“方案新闻”“公共新闻”评析》，此后又发表《试论中国新闻的“建设性”——基于我国专业媒体新冠肺炎新闻传播的观察和思考》等，继续这一课题的本土化研究。

2020年，人类社会因新冠病毒传染在全球的蔓延、全球性经济下滑等事件陷入危机，新闻传媒业也面临着更多的困难和挑战。面对各种矛盾和冲突，人类社会更加需要健康而负责任的新闻业，需要通过新闻传播和公共交流，实现民族之间、国家之间的相互信任和理解，以及人与人之间的相互关爱和支持。

我们期盼，报业涅槃能够迎来新闻业的再度兴盛，新一代专业媒体和职业新闻工作者能够为中华民族伟大复兴以及全人类的和平幸福做出更多的贡献。

# 试论新闻编辑对记者博客的资源利用

## ——以人民日报记者博客的个案研究为例

在传统的报纸编辑部中，新闻编辑工作的主要内容主要是策划（包括新闻产品策划与新闻报道策划）、稿件编辑和版面编排三大部分。编辑要把采访、通联、美术、校对、电讯、资料等工种和环节有机地串通起来，使报纸的出版工作得以有条不紊、贯彻始终地进行；把很多人的劳动汇总起来，实现和完成组织宣传任务；防止各种差错见报，以保障宣传和传播的质量。[①]因此，新闻编辑工作的特点被概括为新闻传播活动的“总设计”与“总指挥”、新闻传播活动的“集大成”和“总把关”、对新闻素材进行“再认识”和“再创作”。[②]

新闻编辑要完成上述工作任务，必须以发现、开发、利用媒介所拥有的新闻资源为手段。所谓“新闻资源”，是指新闻媒介从事新闻传播活动的社会资源，具体包括：1. 新闻信息资源——新闻媒介所拥有的新闻信息渠道及其产品，包括新闻提供者、新闻合作者、新闻线索、新闻稿件、新闻资料等；2. 新闻环境资源——新闻媒介所依存的社会环境为新闻传播活动所提供的资源，具体包括政策环境资源、经济环境资源、文化环境资源等；3. 新闻媒介资源——新闻媒介自身所拥有的新闻传播资源，具体包括资金、人才、设备、技术、载体、品牌、社会关系等；4. 新闻受众资源——新闻媒介的受众对象，包括显在与潜在的媒介消费者，但对新闻传播活动最有价值的主要是事实上已经作为读者、听众、观众存在的社会公众，媒介的社会影响力、广告吸引力依此存在。值得注意的是，所有这些资源都是不以人的主观意志

① 叶春华：《报纸编辑》（修订本），福建人民出版社，1992年，第1-3页。Ye Chunhua, Newspaper Editing(Revised edition), Fujian Renmin Press, 1992, p1-3.

② 蔡雯：《新闻编辑学》，中国人民大学出版社，2006年，第41-45页。Cai Wen, News Editing, Renmin University Press, 2006, p41-45

为转移的客观存在，而且它们具有变动的特点、相互联系的特点和可以相互转化的特点。对新闻资源的开发利用直接关系到媒介的产品竞争力。[①]在数字技术与网络传播被传统媒体广泛运用之后，媒体的新闻资源发生了很大的变化，新闻编辑开发利用新闻资源的诸多重要环节也有所改变。一个值得关注的新现象是：网络传播扩大了新闻编辑进行资源开发的信源，记者博客作为网络传播的一部分，成为亟待编辑去开发的丰富资源。本文通过对人民日报记者博客的个案研究，探讨新闻编辑对记者博客的资源利用。

**（一）人民日报记者博客的特点**

“人民日报编辑记者博客频道”2009年5月上线，至当年12月就有66名人民日报及海外版的记者编辑开设博客。频道首页划分为最新文章、内容归类、排行榜、博客名录等部分。内容分为“思想·评论”“生活·随感”“工作·笔记”“域外·见闻”等四部分。每月根据相关数据，推出编辑记者博客月排行榜。榜单内容包括最热博文TOP10、最热博客TOP10、发表文章最多博客TOP10、最热部门TOP5。相比其他网站上的博客，人民日报记者博客具有以下与众不同的特点：

1. 博客的内容设置和形象包装重视整体设计与个性张扬相融合。在内容设置上，人民日报记者博客的固定版块包括个人资料、博客文章列表、我的好友、最新评论、最近访客、日历表、统计信息等。这由平台本身提供，尽管排列位置不同，但在每个人的博客上都是固定内容。博客均以博主实名命名，标示在页面上方。个人资料展示博主照片、工作经历，“加为好友”和“留言”功能方便网友与其交流。

如果说固定版块形成的固定形象让人容易识别，那么博客的版面包装和风格则体现了个人色彩，更显活泼。如海外版总编辑詹国枢的博客选择了金黄麦田作为模板，与头像的浅黄背景相得益彰，符合资料说明中“貌忠厚，性温和”的形象。经济社会部冉永平的博客则采用茂林修竹的绿色背景，配以王维《竹里馆》的书法，展现了博文从容不迫和沉静的风格。空军出身的徐建中的博客背景是蔚蓝的海洋和天空，喜欢摄影的他专门设置了相册专辑，配上了《小白杨》等军旅音乐。这些风格和设置折射出了记者的个人喜好和表达习惯，有着强烈的个性化色彩，使其从固定版块的形象中展现个人

---

① 参见蔡雯：《论新闻资源开发》，刊于《新闻战线》2003年第3期。Cai Wen, On exploring news resource, News Front, 2003, vol.3.

特色。

2. 博客内容与新闻报道的相关度较大，同时又具有个人生活经历和思考的内容，注重意见表达与网友互动的结合。作者选取2009年8月份最热博客top10排行榜的记者博客作为研究对象，将这10个博客2009年8月至10月的文章作为样本进行了分析。数据显示，意见表达是记者博客的最大主题，占34%。记者在报纸写作过程中被新闻客观性所压制的个人意见，通过博客评论的方式得以展现。此外，体验式采访记录、业务探讨、意见表达、采访边角料等与新闻采写紧密相关的主题占62%。博文描绘了生动的现场、新闻背后的新闻，新闻生产的过程和采访细节，有力地丰富和补充了报纸的报道。不涉及新闻报道的生活记录、生活思考和其他内容比例相对不大，但通过个人生活的点滴记录建构了记者的普通人形象。

此外，记者博客还是传受双方进行及时有效互动的良好平台。网友在91%的博客中留言，对文章阐述的观点、补充的新闻事实进行评论，或支持或反对，既有只言片语，也有大段论述。28%的记者在博客文章中回复了网友留言，有的解答网友提问，有的表达节日祝福，甚至有记者专门撰文回应网友的异议，产生观点交锋。

**（二）人民日报编辑对记者博客的利用**

记者博客既与新闻报道相关，又与网友、读者相连，拥有丰富的可供媒体使用的资源。人民日报的编辑对这一资源的开发和利用主要表现在以下几方面：

1. 借助博客配合报纸的报道。记者将事件现场的情况发表在博客上，针对报道领域或社会热点问题发表意见，或者以回溯的手法写出采访背后的故事。编辑将这些内容搜集起来并整合成网站的专题，就可以从不同侧面、不同体裁、不同细节配合报纸的报道。这一点在2009年江西老区行中体现得尤为突出。

在新中国成立60周年之际，中央主要新闻单位的采编骨干到红色故都和中国革命摇篮——瑞金、井冈山，了解国情、体验生活，接受革命传统教育。由于报纸篇幅有限，为期一周的活动在报纸上只刊登了15篇文章，且均为500字左右的短文。而博客则为这次活动补充了大量丰富的内容，包括参与式报道、采访边角料和意见表达等。编辑将报纸报道、博客文章整合成为人民网的报道专题。

图1　人民网江西老区行专题

编辑整合了体验式采访的博文，使事件更具现场感，让读者身临其境。夏珺在博客中写道：

“来到井冈山，我给当地一位认识的朋友打电话，听筒里传来一阵悠扬悦耳的《请茶歌》。

在井冈山，随时随地都能听到“红歌”，商店里、饭馆里、大街上，到处都在播放“红歌”。入乡随俗，我们在重走红军挑粮小道时，也唱着“红歌”鼓舞斗志，在乘车途中，与导游拉歌也是唱“红歌”。今晚抵达“红都”瑞金，晚饭席间，瑞金的同志更是搞起了“红歌”互动，我们五六个记者轮番上阵，兴之所至，我也上去唱了一首《红星照我去战斗》……”[1]

编辑整合了记者的采访边角料，打破报纸篇幅和报道重点的限制，多方位呈现老区行活动。上海分社姜泓冰在活动中被分到赣州医院体验生活。她在报纸上仅发表了一篇400字的报道，大量采访和心得放在了十篇《江西赣州医院体验采访手记》之中。博文对写病历的浩繁工程、儿科夜班的小心谨慎、眼科手术中医生的压力、医患纠纷和医闹等现象都做了详细描述。这些采访展现了基层医疗工作者的工作环境和精神面貌，触及现实问题。编辑将这些内容集中起来，通过网络传播，丰富了报纸对这次活动的报道。

2. 鼓励记者开辟业务研讨专区，通过交流提高采编水平。海外版钟嘉的“采编随想”栏目针对记者编辑的关系、教实习生做采编等问题发表意见。人

① http://blog.people.com.cn/blog/c49/s301266,w1251046062517761。

民日报总编室李智勇在阅读其博文后，在自己博客“谈点艺”版块发表了《也谈直接引语和间接引语》，对钟嘉的观点进行补充，增加实例，让经验更易被理解和吸收。海外版副总编辑刘国昌在留言中鼓励这种通过博客进行的业务交流；“有交流，有碰撞，就有提高。希望这种风气推广开来！”[①]他认为：“我们内部也有一个纸质版的编采业务研究，阅读范围有限。但是我在博客上写业务探讨的文章，好多人都看，而且觉得这个对怎么弄版面很有启发。业务探讨这类内容是一种弥补，是对报纸报道的补充和延伸，大家也互相提高了。”[②]

3. 通过博客促进记者编辑与网友、读者的互动。海外版总编辑詹国枢经常回复博客中的留言。他认为：“其实回复读者评论，也是一种交流，且也并不费事，抽空写几句而已。写博的目的之一，就是与人交流。”[③]因此不管是否认识留言者，他都很认真地回复。受众通过博客认识了记者并将其视为“自己人”。有读者说：“读寓意深刻、通俗幽默的文字，是一种愉悦、一种欣赏、一种享受。每每读到詹国枢的文章，我就有这种感觉。”[④]文坛亮剑则认为：“身为国内顶尖级主流媒体的老总，想来定是深居象牙塔养尊处优，‘金贵’得不得了。及至看到此文中‘皮实’二字，却使平淡如沙粒的我辈陡感亲切，一下子拉近了贵报老总与普通读者的距离。”[⑤]

**（三）启示：记者博客资源开发策略及其意义**

从人民日报记者博客的实际效果中，我们看到，新闻编辑利用记者博客进行辅助报道，交流采编经验，搭建与读者沟通的桥梁，不但使博客资源得到充分的开发与利用，还促进了传统媒体与博客等网络媒体的融合。这一个案研究，给我们以下启示：

第一，在新媒体环境下，新闻编辑可以而且有必要利用新的技术和新的载体更深入地开发媒介的新闻人才资源与新闻信息资源。新闻资源是一切新闻传播活动得以存在的基础，因为所有新闻报道以及新闻媒介产品的生产，都是以开发和利用新闻资源为前提的。新闻编辑利用博客挖掘记者的采访资源，培养其多媒体报道的能力，有助于促进媒介融合。

报纸的定位、公正客观的表达要求和版面的有限，使报纸只能呈现记

---

① http://blog.people.com.cn/blog/c49/s292784,w1245738411606481。

② 摘自 2009 年 10 月 21 日人民日报海外版副总编辑刘国昌的访谈内容。（Taken from the interview of Liu Guochang, deputy editor of People’s Daily Oversea Edition.）

③ http://blog.people.com.cn/blog/c49/s86122,w1249287639735631。

④ http://blog.people.com.cn/blog/c49/s86122,w1251182197013621。

⑤ http://blog.people.com.cn/blog/trackback.do?wlog_id=1256607648553660。

者采访过程中的一小部分内容。记者花费大量时间、精力搜集到的大部分采访录音、笔记、材料都被浪费。如果编辑鼓励记者把这些新闻资料资源整理出来放到博客上，形成对报道领域的深刻把握和职业活动的经验总结，就能起到提高报道质量的作用。此外，鼓励记者把对新闻事件的看法、采访边角料、体验式报道记录等报纸承载不了的内容发表到博客，可以使记者同时为报纸和网络提供内容。如此一来，编辑既有效利用了新闻资料资源，起到整理、沉淀的作用，又充分挖掘新闻人才资源，使其提供适合不同媒介形态传播的内容，也就是利用不同类型媒介的介质差异，在新闻信息传播上实现资源共享而又产品各异，最终实现不同类型媒介的融合。

第二，记者博客打破了媒介组织内部沟通的级别、地域、媒体类型等障碍，形成全通道式传播网络。编辑可以也应该借助博客在组织内部进行互动，有利于增强组织凝聚力，调节内部社会关系。

在传统的报纸媒体编辑部中，工作交流通常由处于信息中心的一个人分别向几个人传递信息，属于控制型传播方式。负责某一部门的主任、编辑分别与这一部门的记者就采编问题进行沟通，而记者则很少与其他部门的编辑交流业务经验。记者博客的出现改变了这些组织内部的传播方式，形成全通道网络。这个网络是开放的，其中每一个人都通过博客与其他人保持直接沟通，彼此相互联系、相互了解。组织内部的记者在网站上开设博客，可以拆除部门、等级的藩篱，使普通记者可以直接与总编辑对话，国内记者可以直接与驻外记者交流。网络版与纸质版、母报与子报、国内版与海外版、总社与分社的记者通过博客相互认识，交流采编经验，以文会友，共同提高业务素质。同时交流生活经历、分享生活思考。

当一些编辑记者首先开设博客并体会到内部交流的乐趣之后，会邀请身边同事加入开博行列，形成博客交流的良好气氛。望海楼编辑傅振国在接受笔者访谈时说："他（詹国枢）这博客写得好，谈人生，谈国家也好，他的点击率非常高，比我高多了。同时他又带动着我们人民日报海外版的很多编辑。我们人民日报海外版在人民网开博的比例远远超过了大报。这也和他的带动作用有关系。"①

第三，编辑还能够通过记者博客构建组织外部形象。公共关系原理显示：

① 摘自2009年10月22日人民日报海外版傅振国的访谈内容。Taken from the interview of Fu Zhenguo, editor of People’s Daily Oversea Edition.

一个组织的社会公众形象是由组织群体传播行为和组织成员的个体传播行为共同造成的。公众不仅通过组织有计划的集中传播活动来认识和评价组织，而且通过日常与组织成员个体的直接交往活动来具体“感受”组织文化风格。

从形式上看，记者博客的固定版块形成了媒体的统一形象，记者资料展示了记者作为普通个体的亲和力，为记者作为媒介组织成员与社会公众进行交往提供了心理基础。从内容上看，意见表达、生活经历占据大部分，为读者提供了一个倾听记者心声、了解记者个性的机会和渠道，使记者在报纸上公正、客观代表第三方发言的形象转变为情感丰富、有血有肉的个体形象。博客频道编辑王洋说：“记者首先是个人，有个人的故事，其次他是人民日报的一分子，我们希望他能通过博客来跟网友交流这张报纸，也是侧面的宣传人民日报。我们希望通过这些活生生的人来跟网友来交流。然后让他拉近他跟人民日报之间的距离。”①

从受众角度看，受众通过博客了解到新闻背后的新闻，增强对事件完整性和多维度的认知，同时还可以透过惯常的写作风格和记者“熟识”，建构心中的媒体组织形象。网友沁梦在留言中说：“再知老詹，是在人民网的博客首页，高高闪动的头像自信而又睿智。……我就这么认识了老詹，不知他的气质到底是什么，不知他的声音是否满口四川方言。也不知他性格中的喜怒哀乐。但我知道了他为人的朴实，做文章的勤奋，知道了他知识的渊博，思维的深刻，更知道了他作为报人给社会的奉献和社会对他的认可。”②记者作为媒介组织一员与受众进行的互动，传递了组织信息。受众与记者的良好交往会帮助其建构对于组织的正面形象。

由此可见，记者博客为新闻编辑的资源开发提供了丰富的信源。新闻编辑应该发挥“总设计”与“总指挥”的作用，对博客的新闻素材进行“再认识”和“再创作”，以整合的形式呈现。这样既可以提高编辑的资源开发与整合能力，又提供了适合报纸、网络等不同介质传播的内容，增强媒体的竞争力。

**（四）思考：记者博客资源开发的问题及改进方法**

目前，人民日报新闻编辑已经对记者博客频道的资源进行了一定的整合与开发，取得了初步成效，然而也还存在一些不足，需要在以后的发展过程中继续改进。

---

① 摘自2009年10月15日人民网博客频道编辑王洋的访谈内容。（Taken from the interview of Wang Yang, editor of www.people.com.cn.）

② http://blog.people.com.cn/blog/trackback.do?wlog_id=1255679722691430。

首先，媒介传播符号有待丰富。记者借助博客的多媒体平台增强了摄影、写作评论的能力，打破了文字记者和摄影记者、记者写报道和编辑配评论等职业分工的藩篱，使新闻从业人员的素质得到全面锻炼。但总体而言文字、图片还是占大多数，视频、音频、图表等方式采用得较少。尽管记者尝试了多种报道方式和写作风格以适应网络传播的需要，但还是习惯于用文字、图片等报纸惯用的传播符号来描述和评论某一新闻事件，忽视视觉性非语言符号（图像）、听觉性非语言符号（音响）的传播，尚不能做到多媒体全方位的报道。目前一些媒体领导也意识到了这一问题，人民日报新闻协调部主任曹焕荣在访谈时就表示，将要求记者把采访录音、资料视频等整理发布到博客上。

其次，利用博客进行多媒体运作尝试的意识并没有普遍形成，有些记者还未养成跨媒体思考的习惯。比如江西老区行活动结束后，很多记者的博客就停止更新，没有继续下去。博客辅助报道这一好做法没有得到固定和制度化。再如，有的文字记者不习惯与其他媒体的摄影记者合作，不愿意分享消息来源，缺乏融合报道的团队合作意识。博客频道王洋说："有的记者认识不到网络的意义，不愿意带上人民网视频记者去采访。其实带上视频记者，会丰富记者的报道。因为他没有意识到有多少网友关注了这些视频，进而关注记者的报道和记者本身。只有他们从中获利，或者意识到好处，才会喜欢这样做。"[①]如果记者缺乏融合报道的思维而局限在传统的单个媒介思考方式之中，那么组织的媒介融合会因为受到记者的心理抵触而难以进行。

由此看来，记者博客在发展的初期仍然存在一些不可回避的问题。比如在传播符号的丰富程度上需要继续丰富，好的做法、尝试有待固定和制度化，跨媒体的思维方式在融合报道的实践中要继续培养等等。这些问题并不妨碍其客观上取得的积极意义，但是如果处理不当，会影响这一新事物的继续发展，因此新闻编辑必须予以重视。

西方媒体记者博客的出现比我国早，采取了辅助报道的专业主义发展路径，组织化色彩浓重，编辑职能体现得较为充分。在整体内容设置、资源整合发布以及组织管理方面有固定的做法和制度化的实践，而且随处体现了编辑的策划、整合作用。考察其经验可以为新闻编辑对记者博客的开发利用提供借鉴和参考。

首先从内容上看，记者博客均讨论公共议题，不涉及个人经历、生活思

---

① 同12。Taken from the interview of Wang Yang, editor of www.people.com.cn.

考等私人领域，且编辑对每一博客都设置了固定主题。以《华尔街日报》记者博客为例，其板块被分为节日消费、经济及相关法律、汽车展、股市、健康投资、财富报道以及相关数据分析。记者按照编辑预设的范围提供自己报道领域的信息，这些文章为博客所特有，没有在印刷版上刊登，表现了记者对选题的自我价值判断。由于编辑设置了主题的范围，博客沿袭了该报提供经济类信息和数据分析等资讯类服务的优势，而具体选题的选择、稿件修改、标题制作、表达方式、发表与否的控制权则留给记者，从而提高记者采写的积极性。

其次在新闻产品的发布上，记者博客注重与报纸形象的统一和报纸内容的配合，体现编辑对外在形象资源和内在内容资源的整合。以《纽约时报》为例，其纸质版因很少使用鲜艳色彩和照片而被称为“灰色贵妇”。其记者博客界面也保留了同样的风格。博客名称为色彩简单的招贴画，文章标题是淡蓝色，除文字之外，其他部分大量留白，给人以疏朗大气的印象，是纸质版版式风格的延续。

Opinion
Opinionator
Goodbye to All This

图2　纽约时报博客截图

The New York Times

图3　纽约时报头版

统一的界面削减了记者的个性色彩，看似缺少活力，但是整体的统一构建了本媒体区别于其他媒体的独特形象。媒体的不同传播平台拥有一致的形象也是媒介整合的一个部分。因此，编辑引入了企业识别系统中的视觉识别系统，通过文字、图形、商标、颜色等进行形象塑造，为记者博客设计与传统媒体一致的形象，整合形象资源。

当然，记者博客形象只是编辑整合的外在资源，在此基础上，编辑还整合了内在的内容资源，使适合不同媒介特质的传播内容相互配合地发布出来。

以《卫报》对英国人体器官移植的报道为例。编辑首先在网站首页上更新了这则消息，配发新闻照片，还提供文字报道、视频报道以及记者博客的链接。负责撰写文字消息的记者在博客上发表对这一事件的评论。报纸随后刊登记者的文字稿件，同时配上评论员文章。编辑以记者手记的方式展现新闻，使记者博客成为整个报道的一部分。在对这一事件的报道中，记者不仅为《卫报》撰写消息，也为网站中的博客提供内容。编辑把记者博客的内容和视频、照片等形式结合，整体展现新闻事件，将报纸和网站连接起来，使两者不再是相互竞争的媒体，而是媒介组织输出内容产品的不同平台。所有的采编、经营人员并不是单独为报纸或网站工作，而是在为报网整体融合的这一新媒介工作。

再次，编辑还非常注重采用先进技术提高互动的便捷性，并利用读者推荐提高博客知名度。《卫报》《每日电讯报》《今日美国》《纽约时报》等媒体的记者博客都设置rss订阅功能，受众可及时了解博文更新情况，提示阅读。同时采用一键分享的方式让读者将喜欢的博文复制到Facebook、MySpace上，扩大文章的阅读范围。网民还可通过twitter、digg、Yahoo Buzz等方式相互推荐优秀博文，把文章筛选的权利交给了网民。当一篇博客文章得到足够多的票数，它将会显示到首页。这样既给记者带来了提高博文质量的压力，又使优秀文章经过网民筛选后获得推荐而扩大传播范围，提高博客的影响力。

总而言之，记者博客作为连接网络新媒体与报纸传统媒体之间的桥梁，具有推动报网互动的作用。在未来报网互动向报网一体发展的过程中，新闻编辑若能充分挖掘博客资源，通过其带动记者认识水平和业务素质的提高，增强组织的内部交流和外部良好形象，就能够使媒体在互动的探索中占领先机，丰富经验，提高自身竞争力。

（蔡雯、莫妤撰写，原载于《国际新闻界》2010年第4期）

# 媒体微博：新闻传播变革的试验区

## ——从地方报纸两会报道中的微博利用说起

刚刚过去的2010年被称为“中国微博崛起年”，新华社相关报道称“微博的发展给传播领域带来了颠覆式的变化”。[1]的确，仅新浪微博一家平台，一年内用户数就从零蹿升到了5000万，这个数据给所有的大众传媒都带来压力。在2010年，很多突发性新闻的传播起始于微博这一个人媒体，新闻竞争已经不再只是大众媒体之间的较量，自发的、碎片化的个人传播随时可能聚合成一股冲击和制衡大众传媒的力量，并影响事件发展的走势。对此，一向以主流媒体自居的传统媒体都在思考如何应对。

开设媒体微博，将微博的能量整合到自己的资源中，这是许多传统媒体迅速做出的反应。早在去年全国两会期间，《人民日报》、新华社与央视等一些知名媒体就推出了自己的微博，还有一些报纸开辟了微博板块，选择重要的、贴近生活的博文刊登出来，创新了两会报道方式。今年年初，又到了地方两会成为媒体关注焦点的时候，我们发现，地方报纸对微博的利用相比去年又有一些新的变化。微博对于传统媒体来说，显然已经是新闻传播业务变革的一个新的试验区。

### 媒体微博：从信息发布平台向公共交流平台的延展

1月19日，广东省两会尚未召开，《广州日报》便在封二版的头条位置刊出了巨大标题：“本报邀您‘微博问政’”，副题是：“广州日报微博已开通代表委员今日上午做客本报权威在线与您互动”。报社第一批邀请了5位

① 新华社2010年12月21日电：《微博开启民意表达新方式》（“新华视点”记者 李柯勇、涂洪长、刘娟）

嘉宾，有大学教授、企业家、艺术家、律师等。同时还公布了广州日报两会报道组17位记者的微博名称与网址。值得一提的是，《广州日报》除了在自己主办的大洋网上开微博，还同时在新浪、腾讯、139、网易上推出了官方微博。显然，利用人气更旺的多家商业网站推广报纸的微博，是一种非常聪明的做法。目前在各大门户网站上推出媒体微博的报纸已经非常多，目前在新浪微博上的报纸微博就已经有300多种。

在北京市地方两会期间，《北京青年报》也在两会专版上推出了一个新栏目："@两会微访谈"。这个栏目的依托也是新浪微博上的北京青年报地方新闻版组的官方微博。报社从1月15日开始每天邀请一位嘉宾到微博上与博友互动，回答大家的提问，记者将微博上交流的内容进行选择和整理之后以对话形式刊发到报纸上。报纸每天公布次日嘉宾的身份和互动的时间，吸引读者参与。由于微博上的交流是自由、开放的，博友们会有各种不同角度的提问，所谈论的内容也都是大家共同关心的；嘉宾们身份多样，他们与博友互动的话题涉及到城市交通、房价和房地产调控、基础教育、城市文化、蚁族、动物保护和环保、民生民政、拆迁、钉子户等等，都是当下社会上最热点的问题。

这两家地方报纸的做法传递给我们一个信息：传统媒体的官方微博在新闻传播活动中的功能正在发生变化，媒体不仅把微博作为新闻发布的渠道，还会通过精心的策划和组织，将自己的微博打造成公共交流的平台，使其与新闻报道更好地相互嵌入和融合。

### 观察一：报纸微博的显现形式

笔者浏览了新浪微博频道"媒体汇"栏目中的300多个报纸微博，发现其中大多数是汇集报社多位记者个人微博的"集体页"。这种状态倒是体现了微博的"原生态"。因为微博作为一种非制度化的传播方式，更多地体现人际传播活动的特点。它不受人为制度的约束和影响，具有自发性和非强制性，是一种自由表达和主动接收的传播活动，在传播过程中传受双方是地位平等的。因此，报纸微博以汇集记者个人微博的形式出现，可以使每位博主保持其独立的风格，有自由发挥的空间。这一类微博发布的信息既有与新闻职业工作相关的信息，比如采访的过程和感受、专业方面的交流和讨论等，也有大量与本职工作和所在媒体无关的信息，如记者编辑个人的生活琐事记录、生活随感等。

也有一些报纸微博是以报社、报纸网站的名称或者某一版面、栏目以及编辑部门的名称统一命名的，如“浙江日报”“哈尔滨日报”“中国日报网”“人民日报社会版”等等。这些微博有的有记者署名，也有一些不署名。以这种形式出现的报纸微博显然更多地受到媒体制度的规范和媒体组织的把关，所表述的内容主要与本职工作或本单位相关，或者是与报纸上正在关注的各方面话题有联系。相对于记者个人的微博，这类微博更多地表现出集体创作、代表媒体形象的特点。

还有一些媒体微博与前两类又不同，不是固定的、长期的存在，而是某一媒体在某一时间段中为某新闻专题报道而特别设立的。如去年2月28日至3月14日期间，新华社的“新华视点两会微博”上线，用893条微博为受众解读了当年两会的主要内容。微博140字的限制，迫使其采取截取会议报告中的重点数据和重点论述的手法，将长篇报告分解成易读易懂的片段，帮助受众快速获取信息。同年4月26日至6月1日，新华社又推出了“新华视点世博微报”，通过673条微博对上海世博会进行了展示，内容包括对世博筹备工作的报道、对园区各场馆的图文展示，以及世博会历史的相关介绍等。这类媒体微博实际上是借用微博渠道为新闻报道服务，内容紧扣报道主题，专业特点非常突出。

### 观察二：报纸微博的功能设置

微博具有强大的媒介融合功能，因为它能让用户同时使用手机、电脑等多种客户端发布信息，传播渠道更加多样化，与各类媒体之间的联系也更紧密，而且传播速度快、影响范围大。对于传统媒体来说，如何利用微博的优势弥补自身的不足，报纸微博已有的探索值得总结。

第一，媒介品牌推介的功能。这是很多报纸微博都具有的，具体表现为微博名称区域中写有媒体的自我介绍和自我宣传，如上海新闻晨报的微博：“中国最大城市最有影响力的一份都市报；每天有60万读者阅读我们的报道。我们的口号是：追求最鲜活最实用的新闻！”上海第一财经的微博：“第一财经是中国最具影响力、品种最完整的财经媒体集团，致力于为中国广大投资者和商界、经济界人士，以及全球华人经济圈打造最权威的财经信息平台。”与这类自我推介的文字一同出现的，通常还有报社的网址、热线电话号码等。显然，对于报纸微博来说，它的品牌宣传的功能可能是首先受到重视并最容易得到实现的。

第二，推送内容、拓展新闻报道的功能。报纸微博一个突出的特点是不断将报纸上最有价值的内容通过微博向公众进行推介，包括对正在采访中的新闻进行滚动播发。对于具有媒介融合理念和技术的记者来说，新闻报道已经突破了单纯做平面媒体的操作模式。南方都市报记者张东锋在一篇题为《“爱疯”（iPhone）记者》的文章中写到，很多报刊和门网站的频道栏目越来越重视通过微博“推送”即时新闻，对资讯的获取也更加动态化和及时，“在这种情况下，无论是报纸还是电视台记者都不可能像以往那样带上摄影、摄像记者，四平八稳地做报道，而必须通过不断提供及时的资讯强化受众‘黏性’。”而且，“除了及时之外，还要求新闻产品的多样性：从文字、图片到视频。”[①]微博促使传统媒体的记者正在变成跟踪事件发展、用多媒体手段滚动发布新闻的“全媒体记者”和“连续报道记者”。如果没有这样的记者团队，微博对于传统媒体的价值将无从实现。

第三，公共交流和引导舆论的功能。相对于其他媒体，微博最大的优势在于它能够让公众参与内容的创造。众所周知，微博并非只是博客的简化版，每条140字，用电脑、手机随时能上，这样简单的技术设定直接带来了“平等”的效应。无论百姓、机构还是社会名人，在微博平台上大家都是平等的。2010年甘肃舟曲泥石流灾害中，19岁男孩王凯第一时间在微博上呈现灾情，被媒体称为“一个人的通讯社”，便是一例。由此来看，微博对于传统媒体的挑战源于此，对于传统媒体的价值也同样在于此。意识到了这一点的报纸在自己的微博上向大家发出了邀请。如《中国计算机报》微博的自我介绍区域中写道：“你们对IT界有什么想知道的或是某些与IT挂钩的遭遇可在微博上告之，我和我的同事会：（1）以采访、调查的形式为您报道；（2）在微博上直接探讨”。今年地方两会期间，广州日报和北京青年报利用微博进行的报道策划和组织，更加体现了传统媒体对微博作为公共交流平台的功能的重视。1月19日，广州日报的大洋网“权威在线”进行“微直播”，5位委员代表手捧IPAD和网友展开互动。短短2小时就有上百名网友进行了互动，苏忠阳委员的微博激增380多名粉丝。在这样的交流中，媒体实际上通过组织讨论，很巧妙地进行了舆论的引导。

## 思考：媒体微博的风险与防范

微博对记者和媒体带来了怎样的影响？人民网舆情监测室研究发现，

① 张东锋，《“爱疯”（iPhone）记者》，刊于《中国记者》2011年第1期

2010年度社会热点事件的当事人几乎都在微博中留下了清晰可见的身影，说明微博已经改变了信息和舆论传播格局。“数量庞大的传统媒体从业者迅速在网络中成长为意见领袖，他们在互联网上短平快和无障碍地报道新闻、尖锐评说时事的方式，比他们从业的传统媒体更具活力，而且逐渐形成了名人效应，引起全社会的广泛重视。”①也是看到了微博的能量，越来越多的新闻媒体鼓励记者编辑开设和利用微博。至去年底，仅新浪微博上经过认证的媒体官方微博总量已经高达1855家。这也带来了一个新的问题：媒体如何对微博进行把关？去年12月中国新闻周刊官方微博因把关不严，发布了金庸病逝的虚假消息，以致相关的副总编辑等多位责任人引咎辞职或受到处罚，在新闻界广受关注。即使有些记者的个人博客不作为媒体官方博客的组成部分而独立开设，但作为记者的博主，在微博上发布的新闻会不会被公众视同为其所在新闻媒体的报道？如果这些微博出现了事实差错或者观点错误，会不会殃及其所在媒体的声誉？这些问题也同样需要慎重对待。

据报道，路透社去年颁布了《网络报道守则》，首次对记者使用社会化媒体制定了详细规范。该守则明确写道：“鼓励记者充分使用社会化媒体，但同样希望记者能完全了解使用社会化媒体的风险——尤其是对路透独立、不偏袒著称的声誉的威胁。”“网络打破了记者作为自由人和作为专业人士之间的界限，记者应该明白，在社会化媒体上，职业行为和个人行为是不能截然分开的。记者同样应该意识到，即便是使用隐私设置等方式，在社会化媒体上张贴的内容仍然会被公众获知。”“记者应该意识到，即便是在虚拟世界中，也始终会有“第二人核查”的，因为你的上司或主编，始终都在用专业眼光审视你所有的帖子。”“记者还应该记住的是，消息来源、同事同行、竞争对手，以及未来的雇主，也都在留意着你的帖子。其实，即便不会引发法律纠纷，一条负面评论还是会引发读者的揣测：这仅仅是个人观点，还是从某种程度上反映了发表这篇评论的机构的态度呢？”②美国《华尔街日报》也发布了详细的规则来规范员工使用微博，如“当你把秘密的线人加为关注者之前，要请示编辑”“不要（在微博上）讨论尚未发表的文章、已经参加或者准备参加的会议、曾经做过的采访”，要求记者和编辑在微博上采访时保持中立的态度等。这些警示和要求是有参考意义的。

---

① 刘鹏飞，《2010：网络舆论格局新及传统媒体的作为》，刊于《新闻记者》2011 年第 1 期

② 新华社新闻研究所编译自《路透社报道手册》2010 版，中国电子商务研究中心发布，网址：http://b2b.toocle.com 2010 年 07 月 16 日

微博对于记者和媒体的价值不仅在于传播新闻，更在于通过与公众的平等对话影响舆论。在去年江西宜黄强拆自焚事件中以微博进行直播报道的《凤凰周刊》记者部主任邓飞曾表示，“我一直很满意我的博客生活。可一篇博客文章点击量再大，也只能限定在一个空间里，而信息在微博的传播速度和广度远胜之前任何媒介产品。”他认为当具备了足够多的关注者和良好的信誉度之后，微博就可以变成一个意见广场，爆发出某种惊人的力量。“对我来说，微博最妙之处在于，一些被传统媒体视为禁忌的事情，在微博大海被你一句我一句说来说去后，逐渐褪去敏感，变成寻常事物，言论自由的空间由此一点点扩张。”[①]这番话道出了一种现实存在，同时也令人深思：当记者成为网络意见领袖，他们的微博粉丝人数甚至超过了所在媒体的受众人数时，记者在微博上表现的立场观点如果与其所在媒体相悖，媒体组织应该如何应对？也许，在新闻从业圈内，我们能够对个人行为与职业行为加以分辨，但在不知内情的公众眼中，记者身份与新闻媒体的关系恐怕难以分割，尤其是在讲述以记者身份获取的种种信息的时候。

在社会化媒体的影响力日益彰显、各类媒体走向融合的大变局中，大众传媒要保持对舆论的引导力，无疑需要自己的记者编辑学习掌握各种新技术和新的传播渠道，成为公共交流中的舆论领袖。微博在这场新闻传播的变革中是一个非常有价值的实验区，它为新闻工作者提供了一个实现专业理想和职业使命的新的舞台。微博一方面在改变新闻传播的生态环境，另一方面也在改变新闻采集、写作和编辑的具体业务环节。对于大众传媒来说，如何在新闻传播策划中重视对微博的利用，创造出更有效的新闻传播模式，还有待继续探索。

（蔡雯撰写，原载于《新闻记者》2011年第3期）

① 晋雅芬，《微博成舆论监督新战场》，刊于《中国新闻出版报》2010年11月8日07版

# 从面向“受众”到面对“用户”

## ——试论传媒业态变化对新闻编辑的影响

新媒体的崛起与媒体融合的深入推进，使传媒业态发生了巨大的变化。新闻媒体的编辑们开始使用新的信息终端、面对新的服务对象、担负新的工作任务，编辑工作的理念和方式因此有所改变。本文以近几年的新闻编辑业务案例为观察对象，试对传媒业态变化带给新闻编辑的影响加以分析。

**（一）从单媒体内容生产向多种媒体内容生产转移：新闻编辑面对更加细分的“用户”**

以历史的眼光来看，发端于报业的新闻编辑业务发展到今天已经进入了一个面貌全新的“大媒体业”时代。“大媒体”（mega-media）的概念是美国学者凯文·曼尼（Kevin Maney）提出的，用以描述传媒业部分领域全面竞争的现象。当传统大众传媒业、电信业、信息（网络）业都将统合到一种新产业之下，这个新产业就是“大媒体业”。[①]

中国报业向“大媒体业”进发的号令实际在2005年8月就由国家新闻出版总署报刊司发出了，那年召开的第二届中国报业竞争力年会上首次提出了“数字报业”这一新概念。次年8月，正式启动“数字报业实验室计划”，全国15家媒体以及提供技术支持的北大方正、诺基亚（中国）、中国网通3家公司，成为首批试点单位。第一阶段的实验确立了数字报业的9大创新方向，即报业数字信息资源平台、电子网站、电子商务平台、电子阅读器、移动采编系统、户外互动媒体、手机报、手机二维码、多媒体数字报刊。新闻出版署编印的《2007年中国报业发展报告》中将数字报业的主要内容概括为：“建构数字化、网络化的信息资源聚合平台和传播平台，重组运营组织和业务流程，发展数字化内容产品，开拓增值服务业务，调整报业传统营收结

① 参见王菲：《媒介大融合》，广东，南方日报出版社，2007年，第5页。[Fei Wang, Media Grand Convergence, Nanfang Daily Press, Guang Dong, 2007, P. 5.

构，巩固核心竞争能力，进一步增强报纸出版业在多元传播格局中的影响力和竞争力。”①

五年过去了，从全国性报纸到地方报纸，从综合性报纸到专业性报纸，都在数字化转型或者说向“大媒体业”转向的道路上迈出了或大或小的步伐。如作为党报“旗舰”的《人民日报》在2009年7月进行了历史上的第四次改版，除了增加报纸版面，在体制和资源整合方面的改革力度都超过以往。2010年《人民日报》进一步提出“传统媒体与新兴媒体并举、建设全媒体传播格局”的构想，“朝着努力建设报网一体化发展、品牌优势突出的国际一流媒体的目标迈进”。②处于东南沿海发达地区的党报《杭州日报》于2009年开始实施“一个编辑部，一套人马，同时运营两个媒介终端（报纸和网站）”，该报总编辑今年初公布了一条令报界感到振奋的消息：2010年1至10月，杭州日报网营收达到600多万元，全年营收比前一年翻一番半，而运营成本只在500万左右，所以2010年实现赢利。他还宣布报社在网站良性运转之后，又于2010年推出了手机终端“城市通”，“杭州日报自实施互联网战略以来，已经从传统意义上的平面媒体，颠覆性地转型成为融报纸、网络、手机为一体的全新媒体”。③

2010年苹果新品ipad问世激起了报业又一轮扩展终端的热浪。有学者研究发现，ipad上市仅5个月，在App store（苹果商店）里可供下载阅读的报纸就达到了849种，在过了20天后，又增加到971种，堪称与日俱增。其中大多是英文报纸，但中文报纸也在不断增加。“从10月4日以‘最受欢迎’报纸（刊、台）软件的排序（中国注册用户）看，前12名依次为：CCTV、南方周末、凤凰娱乐周刊、南都报系、中文报刊（一个集束式软件，内含24种报纸）、凤凰移动台、BBC News、牛壹周（一种基于ipad的电子杂志）、凤凰卫视、中国新闻周刊、东方早报、人民日报。除了BBC以外，都是中文媒体。”④虽然对于ipad是否能够帮助报业找到新的赢利模式目前尚有争议，但它将报纸读者推向又一新的“用户端”，在带给他们新体验的同时，也向作为“内容提供者”的编辑提出了新的课题。

---

① 林江主编：《2007年中国报业发展报告》，北京，社会科学文献出版社，2007，第149页。

② 吴恒权：《报网融合：既是现在，也是未来》，《新闻战线》，2010年，第8期。

③ 赵晴：《只争朝夕地推进传统纸媒的互联网战略——以杭州日报近两年的实践为例》，《新闻实践》，2011年，第1期。

④ 吕怡然：《报纸将在平板电脑上变形转型？——ipad上的中国报纸以及初步阅读体验》，《新闻记者》，2010年，第11期。

其实，不仅仅是报业，所有传统媒体的融合之路都是从只做一种媒体向同时做多种媒体的“大媒体业”转变的过程，这个转变对于编辑最直接的影响是，他们过去习惯面对的大规模的“受众”（读者、观众、听众）变成了操控各种信息终端的更加细分化的“用户”。编辑的工作内容、工作性质和工作目标也随之发生了改变。

在新闻传播学中使用频率很高的“受众”一词，不言而喻地让人理解为“被动的信息接受者”。“受众”的被动性其实是由传统媒体单向传播的特性决定的，因为过去传播的主动权一直掌握在编辑手里。而今天，各种新的信息终端层出不穷，当这些终端也被纳入到新闻组织的产品集群中后，编辑面对的就不只是传统意义上的“受众”了，而是形形色色的“用户”——手机上网用户、网站客户、电子阅读器使用者、ipad爱好者，等等。虽然他们仍然在接受新闻组织提供的新闻内容，但他们在整个新闻传播链中的地位和作用已经与过去有了很大不同。这是因为，几乎所有新终端都是网络技术支持下的产物，包括有线的和无线的，而web2.0填平了终端使用者与内容提供者之间的鸿沟。技术带来了两个方面的改变：

首先，编辑与“用户”处于完全平等的地位，这是对过去传统媒体格局下“传者”和“受众”关系的彻底颠覆。编辑如果不能对媒体和“用户”的关系重新认识，就不可能胜任传统媒体转型赋予自己的新任务。

其次，媒体是可以被“用户”自主使用的沟通工具，而不只是消极接受传播的信息载体。社会化媒体的兴起尤其向我们证明了这一点。大众媒体虽然由专业人员负责内容生产，但它与社会化媒体的相互影响、渗透乃至融合已是不争的事实，编辑如果把办报纸的传统思路照搬到新媒体上，注定不会成功。

也许，在新闻学中引入“用户”这个词容易引起争议，因为从字面上看它经济色彩很重，容易让人担心对新闻媒体的公益性和人文精神的排斥。但“大媒体业”的形成却使所有新闻工作者必须面对这样一个充满矛盾的现实：一方面不能放弃新闻专业立场与原则，另一方面又要在新的传媒生态中为公众所乐意接受。如何在两者之间找到平衡，需要的不只是理论构想，更重要的是脚踏实地的实践探索。

**（二）将大众媒体与社会化媒体相互嵌入：新闻编辑需要重视传播活动中的“用户体验”**

社会化媒体（social media）是一种给予用户极大参与空间的新型在线媒体，博客、维基、播客、论坛、社交网络、内容社区等是其具体的实例。社会化媒体与大众媒体最重要的区别是，它把传播的主动权交给了用户，从定位到设计和管理都非常重视“用户体验”。美国弗雷斯特研究公司在研究了社会化网络如MySpace和 Facebook、“用户创作内容”型网站如YouTube、Helium、Wiki等之后，得出一个结论：“人们通过网络技术，在与人互动的过程中获得彼此想要的东西，而不再通过企业这种传统渠道获得。而这，已然成为一种社会趋势。”[①]这个分析恰恰说明了为什么近几年来社会化媒体对大众媒体包括门户网站在内都形成了巨大的冲击。

社会化媒体对大众媒体的新闻传播产生了什么样的影响？2010年作为中国人“微博崛起年”为我们提供了许多生动的案例。人民网舆情监测室研究发现，2010年度社会热点事件的当事人几乎都在微博中留下了清晰可见的身影，说明微博已经改变了信息和舆论传播格局。“数量庞大的传统媒体从业者迅速在网络中成长为意见领袖，他们在互联网上短平快和无障碍地报道新闻、尖锐评说时事的方式，比他们从业的传统媒体更具活力，而且逐渐形成了名人效应，引起全社会的广泛重视。”[②]也是看到了微博的能量，越来越多的新闻媒体鼓励记者编辑开设和利用微博。至去年底，仅新浪微博上经过认证的媒体官方微博总量已经高达1855家。

不少新闻媒体已经把微博作为新闻报道的一个组成部分。2010年全国两会期间，《人民日报》、新华社与央视等一些知名媒体都推出了自己的微博，还有一些报纸开辟了微博板块，选择重要的、贴近生活的博文刊登出来，创新了两会报道方式。今年年初，地方报纸的两会报道对微博的利用进一步有新的变化。如1月19日，广东省两会尚未召开，《广州日报》便在封二版的头条位置刊出了巨大标题：“本报邀您‘微博问政’”，副题是：“广州日报微博已开通 代表委员今日上午做客本报权威在线与您互动”。报社第一批邀请了5位嘉宾，有大学教授、企业家、艺术家、律师等。同时还公布了广州日报两会报道组17位记者的微博名称与网址。《北京青年报》也在报道地方两会的专版上推出了一个新栏目：“@两会微访谈”。这个栏目依托该报地方新闻版组在新浪微博上的官方微博，从1月15日开始每天邀请一位嘉宾到微博上与博友互动，回答大家的提问，记者将微博上交流的内容进行选择和整理之后以对话形式刊发到报纸上。报纸每天公布次日嘉宾的身份和

① （美）查伦李（Charlene Li）乔希·贝诺夫(Josh Bernoff)：《公众风潮 互联网海啸》（Groundswell Winning in a World Transformed by Social Technologies），北京，机械工业出版社，2010年，第11页。

② 刘鹏飞：《2010：网络舆论格局新及传统媒体的作为》，《新闻记者》，2011年，第1期。

互动的时间，吸引读者参与。由于微博上的交流是自由、开放的，博友们会有各种不同角度的提问，所谈论的内容也都是大家共同关心的；嘉宾们身份多样，他们与博友互动的话题涉及到城市交通、房价和房地产调控、基础教育、城市文化、蚁族、动物保护和环保、民生民政、拆迁、钉子户等社会热点问题。

上述个案说明，传统媒体的官方微博在新闻传播活动中的功能正在发生变化，媒体不仅把微博作为获取新闻线索和发布新闻的渠道，还会通过精心的策划和组织，将微博打造成公共交流的平台，使其与新闻报道更好地相互嵌入和融合。

除了微博，博客、维基、播客、论坛等社会化媒体也都是大众媒体在新闻报道中频繁利用的资源。越来越多的大众媒体通过网络开发论坛、博客、播客、微博、SNS社区、手机报和手机电视等，扩展新闻产品的多样化形态。如杭州《都市快报》开创的网络社区“19楼空间”已经成为杭州网民首选的网络社区，在口碑和经营上都取得了成功。

对于新闻编辑来说，要通过大众媒体与社会化媒体的相互嵌入来实现更有效的传播，需要充分研究社会化媒体的特点，并重视在大众传播中的用户体验设计。

所谓“用户体验（User Experience，简称UE）”，最早被广泛认知是在20世纪90年代中期，由用户体验设计师唐纳德·诺曼（Donald Norman）提出和推广。ISO 9241-210标准将用户体验定义为“人们对于正在使用或期望使用的产品、系统或者服务的认知印象和回应”。最初的用户体验产生在IT应用设计领域，主要是来自用户和人机界面的交互过程。但人们很快发现，“实际上任何个人、任何产品、任何行业的竞争背后都是用户体验的竞争。掌握用户体验，就可以掌控未来大业。”[①]

用户体验必定影响大众媒体的变革。美国学者尼葛洛庞帝曾预测：“未来的界面代理人可以阅读地球上每一种报纸、每一家通讯社的消息，掌握所有广播电视的内容，然后把资料组合成个人化的摘要。这种报纸每天只制作一个独一无二的版本。”[②]现在看来，个人化媒体显然更接近于尼葛洛庞帝预言的“我的日报”，或者更准确的说是“个人门户”。当越来越多的人习惯

① 引自百度百科，“用户体验”，网址：http://baike.baidu.com/view/274884.htm#sub5077647，时间：2011年1月30日。

② 尼葛洛庞帝：《数字化生存》，海南，海南出版社，1997年，第181页。

于通过“个人门户”获取信息，新闻媒体如何才能让自己的内容进入他们的视野，或者被他们乐意去主动搜取？是自己也做终端，还是借助别人的终端只做内容？这让许多传媒当家人一直很纠结。

其实，媒体的竞争策略总是以发挥自身资源优势为明智之选。对于传统媒体来说，最大的优势还是专业化的新闻生产能力。解放日报报业集团社长尹明华认为，“新媒体对市场的每一个吸引力都因为报纸不具备”，所以，“传统媒体与新媒体的融合绝不是两个载体的结合，真正的重点应该是：运用你的独特去战胜对手的不具有。”在他看来，很多媒体人只会做报纸而不会做移动终端的内容。“比如，解放日报集团现在有10多张报纸，每份报纸都有教育或时尚的内容，所有这些教育和时尚的内容组合在一起可以重新编张报纸。”他认为传统媒体的一些表达让人不舒服往往与分类不当有关，而谁来分类？往往还要靠现有的采编人员，然而，事实上却是“很少有人能够完全胜任”。“内容”“表达”“编排”，所有这些的落脚点仍然是“体验”。①

确实，新闻媒体是否能够像社会化媒体一样重视和尊重用户体验，将决定其内容优势在新媒体环境下最终能够发挥到多大。

**（三）提高专业素质和技术能力：新闻编辑的职业门槛越来越高**

新闻传媒业正在发生的变革，要求新闻编辑在保持传统媒体时代的职业道德和专业精神的同时，还要进一步提高素质和能力。

第一，对多种媒体的内容生产进行统筹策划和资源配置的能力。这对于媒体集团中的高层编辑人员尤其重要。媒体融合在新闻业务层面上就是对新闻资源和采编力量的重新配置，包括对媒体组织机制和新闻生产流程的重新建构。同时为多种终端的用户提供新闻内容的编辑部，对新闻传播的策划与管理已经完全不同于单媒体时代。目前的情况是，许多媒体集团已经完成或即将完成“全媒体新闻生产中心”的建设，在组织和技术层面上推进了新闻采集的一次性、一体化和编辑加工的多层次、多样性，能够针对不同的用户提供适宜的内容产品，以最低成本获得最大效益。但新的生产体系是否真正能够发挥其应有的潜能，关键还在人。如果执掌这一生产体系的高层编辑不懂得各类终端的性能差异，不能对它们之间的分工和协作进行合理设计，很

① 张垒、周新宇：《“我们正在迎接钟摆的回归”——传统媒体怎样找回竞争力》，《中国记者》，2010年，第12期。

可能会导致“千报一面”在新媒体集群上“重演”。

第二，对多样化的新闻信息来源进行辨别和对新形态传播进行把关的能力。这一要求高于传统媒体对新闻编辑的“把关”要求。社会化媒体的崛起极大地丰富了新闻信息来源，同时也给编辑把关增添了难度，在采用博客、微博、论坛上网民们发布的信息时，稍有不慎就会出现差错。如2010年12月中国新闻周刊官方微博因把关不严，转发了一条个人微博上发布的金庸病逝的虚假消息，以致相关的副总编辑等多位责任人引咎辞职或受到处罚，在新闻界广受关注。此外，新技术的应用在丰富了传播形态的同时，也使新闻造假变得更加容易，近几年在一些新闻摄影大赛中曝出的“PS”照片造假屡见不鲜，音视频的普遍采用同样也为新闻造假提供了新机会。所以，在新的传播环境下，新闻编辑对“真实性”原则的坚守还需要与时俱进，探索新的操作规程和把关技巧。

第三，对繁杂而碎片化的信息进行整合、对嘈杂的社会舆论进行平衡与引导的能力。这对媒体与“用户”之间建立良好关系、保持媒体的公信力至关重要。传统媒体与新媒体的融合、大众媒体与社会化媒体的相互嵌入，带来了舆论生态的根本性变化。在“人人都有麦克风”之后，传统媒体对新闻传播中的舆论控制力被不断削弱，记者采写的新闻比以往更多地受到公众的质疑和核查，媒体公信力面临前所未有的挑战。

作为职业编辑，今天已经面对这样的现实：1）不能指望记者是新闻现场的第一报道者，总能有其他人抢在前面做出报道；2）无论记者多么努力地调查，都可能会有人比他知道得更多并且乐于向公众做“个人播报”；3）无论记者多么有专业知识，都还会有比他更专业的专家站出来指责报道中的疏漏和瑕疵；4）无论媒体如何表态，都会有人不同意媒体的观点并且用跟帖、微博等公然反驳。

在这样一种传播语境中，编辑应该重新思考媒体的功能。新闻媒体是否可以成为与公众合作播报新闻、共同创造内容的平台？是否可以把对舆论的引导融入与公众的平等交流和协商中？如果能够改变我们的位置和姿态，新闻传播应该能够获得更好的效果。而要做到这一点，编辑就要善于选择和重组自各方面的碎片化的信息，以事实真相的逻辑力量去换取公众的信任；要善于平衡各种不同的观点，给各方以平等发言的机会，在协商对话中寻找解决问题的路径，赢得公众对媒体的尊重。

第四，全面掌握传播技术，对新闻产品不断创新的能力。这是媒体业态变化对其从业者最基本的要求。在越来越多的媒体集团中，生产多种媒体产品的一体化的数字新闻生产平台已经投入使用，不少记者也是全媒体式的装备：电脑、手机、录音笔、摄像机等一应俱全。相对于记者，编辑的分工依然比较具体，有人侧重于版面合成，有人侧重于手机发布，有人侧重于网站编辑等。但是，这种分工并非大家关起门来各搞一摊，而是全媒体生产格局下的“分兵把守”。在新型的媒体集团中，新闻资源要在内部打通共享、各终端的内容生产要相互衔接、各有差异并且相互配合，要求每一个编辑都必须具有全局意识，不能只懂自己把守的这一摊，而不了解其他媒体的特性，以及集团摆兵布阵的意图。所以，只有全面掌握多种媒体的基本知识和技术，同时又特别擅长某一类型媒体的业务技能，才能适应现代新闻传播的要求。也只有具备全面的媒介知识和技术能力，才能在多种媒体协同发展的情况下，让自己分管的那一部分业务扬长避短，实现新闻产品的不断创新。

（蔡雯撰写，原载于《国际新闻界》2011年第5期）

# 经济宣传要找准三个结合点

随着我国经济发展进入新常态，经济增速、发展方式、经济结构和发展动力等都处于转向和调整的过程之中，经济发展向形态更高级、分工更复杂、结构更合理的阶段演化。认识新常态，适应新常态，引领新常态，是当前和今后一个时期我国经济发展的大逻辑，也是经济宣传的主基调。

作为党中央、国务院指导全国经济工作的重要宣传阵地，《经济日报》认真履行主流媒体的使命和职责，周密布局新常态下的经济宣传，不断提高经济报道的质量和水平，力求在增强舆论引导能力上有新提升，在现代传播体系建设上有新进展，充分发挥中央党报和经济大报在经济报道领域的“旗舰”作用，唱响中国经济光明论。

## 上接天线，下接地气——把全局观念和基层发现结合起来

当前，世界经济仍处于深度调整之中，我国经济下行压力加大，发展中的深层次矛盾凸显。经济建设是党和国家的中心工作，经济宣传是新闻舆论工作的“重头戏”。越是经济下行压力加大，越是要积极主动地做好经济宣传，为经济平稳健康发展提供有力的舆论支持。

报纸的读者是多层次的，经济报道要想高出一筹，必须做到“上接天线，下接地气”。一方面，宣传、解释好中央关于经济工作的重大决策，最大程度地使广大人民群众了解决策的内容、意义及其贯彻落实的具体化过程、情况和问题，把中央的决策部署向全社会讲清楚，把有关政策背景和取向讲明白，把对老百姓的利益安排讲透彻；另一方面，必须高度重视群众在经济生活中最关注的问题，给予正确的引导并帮助予以解决。

树立全局观念，首先就是要找准新常态这颗经济宣传的“定盘星”，正确解读经济发展新常态，深入阐释新常态的新特点、新变化、新要求，把中央的精神讲清楚、将透彻。《经济日报》通过深入宣传阐释总书记系列讲

话精神，准确解读中央出台的各项改革举措，帮助读者正确理解和认识新常态。通过组织撰写系列评论和理论文章，阐释“四个全面”战略布局，阐释中央政治局会议对经济形势的分析判断和决策部署，深入分析经济新常态的内涵和特征。

通过主动设置议题，破解改革难点，为深化改革营造舆论环境。《经济日报》围绕稳增长、宏观调控创新推出“中经观点”系列述评，围绕政府职能转变、国企改革、中小企业运行推出系列报道，引导干部群众正确理解中央创新宏观调控的政策组合，认识新常态下稳增长要有新思路、新状态、新举措。《经济日报》还把新常态报道与对经济形势的分析解读结合起来，组织的编辑部文章《论中国经济发展新常态》和《挖掘新动力 开拓新格局》等，被《人民日报》、新华社等转载。围绕月度、季度、半年度和全年经济数据的发布，推出“从数据看经济新常态”“读研究报告看经济形势”“中国经济纵横谈”等分析报道。这些报道有事实有理论、有图表有数据、有案例有对比，有助于帮助读者了解到我国经济仍处于合理区间，认识到适度降低经济增速是我国的主动选择，认识到虽然面临较大压力，但我们仍然有信心、有能力完成全年经济社会发展主要目标任务。

在进行经济形势宣传的时候，一定要做到实事求是，既要充分肯定取得的辉煌成就，又要全面理性地分析面临的困难和挑战。既要纵向比较，也要横向比较。如果没有纵向比较，就看不到进步；如果没有横向比较，就看不到差距。经济形势宣传不能讲空话、套话、大话，要把我们走过的发展道路、我们面临的各种困难、我们将要达到的发展目标，原原本本地告诉读者，从而解疑释惑、凝聚共识，更好地动员和团结广大人民群众，增强克服困难的勇气，增强面向未来的信心。

树立全局观念，除了“吃透上头”，还要“摸准下头”，把宏观和微观结合起来，紧扣社会关切，深入基层实际。全面深化改革带来许多新变化，例如释放了市场活力，营造了大众创业、万众创新的浓厚氛围，服务业蓬勃发展，科技创新和成果转化应用带来新的增长点，“互联网+”成为驱动经济发展的新引擎，中国装备正大步走向世界等等。《经济日报》深入挖掘、充分宣传新常态下的新亮点、新变化、新探索、新经验，强调我国发展仍处于可以大有作为的重要战略机遇期，有巨大的潜力、韧性和回旋余地，引导人们把握基本面，坚定做好经济工作的信心。

通过开设“新作为 新亮点”“走向世界的中国品牌”“深化改革 创新

驱动”等专栏，集中推出一批实体经济转型升级、创新发展、提质增效的典型，做好成就报道。在“中国故事”版推出风采系列，集中报道科技领域典型人物事迹和一线劳动者的感人事迹。进一步放大新增长点，提振信心。推出“中国制造2025”系列述评“站在‘互联网+’的风口上”系列述评“中国企业走出去和推进国际产能合作”系列通讯“大众创业、万众创新”系列报道和“一带一路在行动”系列报道，集中展现我国当前正在破茧而出的新的经济增长力量。

## 外行乐看，内行愿看——把专业性和可读性结合起来

长期以来，经济宣传存在着专业性不强，照搬文件、套用概念、堆砌数据等问题，报道往往浮于表面、深不进去，“外行看不懂，内行不愿看”。面对传播和舆论格局的深刻变化，迫切需要提高经济宣传的专业性和可读性。

在当前错综复杂的国际国内形势下，经济发展的新问题新挑战持续显现，经济领域热点难点问题不断，解疑释惑、统一思想、凝聚共识的任务很重。党中央国务院采取的涉及国计民生的重大经济政策和具体改革举措倍受社会关注，及时权威专业地解读这些政策和措施，是对经济宣传的基本要求。

《经济日报》以建设高端权威、国内一流、国际知名的财经大报为目标，努力成为党中央、国务院指导全国经济工作的重要宣传阵地、企业获取经济信息的重要渠道、国际社会观察中国经济形势的重要窗口和人民群众参与经济生活的良师益友。在对经济发展新常态的报道中，《经济日报》认真探索新时期经济报道的特点和规律，努力实现经济报道专业性和可读性的统一，做到内行不觉浅，外行不觉深。

专业性首先体现为牢牢把握政策解读的权威性、主动权和主导权。每当重要政策出台之际，《经济日报》及时采访相关部门领导同志和专家学者，第一时间进行解读，把政策的背景依据、目标原则、主要内容讲透彻、讲清楚，牢牢把握政策解读的主动权、主导权。针对当前我国经济发展面临的一系列问题，实事求是地做好解释引导工作，既回答“怎么看”，也说明“怎么办”，既“解扣子”，又“指路子”。围绕股市、债市、楼市等话题，推出深度分析，旨在引导建设一个理性、健康的资本市场，服务实体经济发

展。围绕就业、医疗、养老等，经济日报加强民生报道，充分体现中央保障和改善民生的决心。

专业性还体现为主动回应社会关切，敢于“迎难而上”，准确判断、科学分析当前我国宏观经济运行走势，稳妥把握经济发展新常态中的关键问题和敏感问题，解疑释惑、凝聚共识。通过“正本清源理性看”“中经观点”等专栏，刊发了《唱衰中国也要有点常识》《不“唯GDP”并非“去GDP”》“无须过分渲染通缩预警”等系列述评和专栏文章，及时回应经济领域容易误读误判的热点问题，纠正错误观点，还原事实真相。推出“科学认识新常态”专栏，树立问题导向，直击热门话题，从话发展、看速度、论调控、议投资、话经营、说风险、评心态等角度，帮助读者系统深入、科学理性地认识理解新常态。

老百姓经济活动和经济生活的活跃程度，是国家经济状况和经济形势的重要反映。从距离群众最近的角度来报道经济工作，是搞活经济宣传、提高可读性的重要一环，这不仅是为了取得更好的信息传播和舆论引导效果，也是群众观点和群众路线在新闻实践中的具体体现。我们要着眼于人民群众参与经济活动和经济生活，设身处地开展宣传，引导人们正确看待当前矛盾、客观理性参与经济活动。

《经济日报》围绕读者普遍关心的热点、难点、焦点问题，设置议题、及时回应，努力在报道中把握舆论引导主动权。及时准确传播中央关于经济工作的决策部署，深入解读有关政策精神，分析产业行业发展态势前景，总结宣传推广有关典型经验，为经济实体特别是中小企业主生产经营提供参考借鉴；客观分析楼市、股市、债市、汇市行情和发展趋势，及时传递有关信息，为百姓投资理财提供指导和意见建议；密切关注、及时报道市场行情和物价走势，为群众的生产经营提供实用信息和基本知识。既做到了着眼于宏观，又能把问题讲得很具体，针对性很强，实际工作者读了会感到很解渴，提升了报道的可读性。

## 国家站位，全球视野——把传播理念和传播能力结合起来

在经济全球化的新形势下从事经济报道，必须拓展全球化视野，统筹国际国内两个大局，运用国际国内两种资源，用更宽阔的视角解析国际国内经济形势、现象和问题。既要向国际人士全面准确地解读中国的经济政策，及

时发出“中国声音”；又要帮助国内读者充分客观地了解国际经济走势，深刻阐释“中国立场”。在涉及国家利益的重大经济问题上，用“国家站位、全球视野”及时有力地发出与中国经济实力相适应、与中国国际地位相适应的声音，在中国与世界沟通的有效平台上，展现完整的国家形象。为此，主流媒体必须不断丰富传播手段、拓展传播渠道、提升传播能力，尽快形成与我国经济社会发展水平和国际地位相适应的国际传播能力。

在打造主流权威、国内一流、国际知名的财经大报的过程中，《经济日报》注重以全球化视野关注国内国际两个舆论场。对内，顺应新媒体时代的传播规律，加快布局全媒体战略，推进融合发展取得实质性进展；对外，加强国际传播能力建设，着力打造融通中外的新概念、新范畴、新表述，讲好中国故事，传播好中国声音。

党的十八大以来，《经济日报》积极探索主报、中经网和“两微一端”三大平台的融合发展路径，“多形态、多平台、多层次”的全媒体传播格局渐具雏形，集群效应正在显现，经济宣传和舆论引导的阵地逐步拓展到网络新媒体特别是移动互联网。新媒体平台影响不断扩大，按照中央推进媒体融合发展的总体要求，2012年，经济日报开始发力新媒体建设，2012年底开设了法人微博，2013年中开设了微信公众号，今年3月上线了“中国经济”客户端，6月还将上线更完善的新版客户端“经济日报”。目前，各平台粉丝接近700万，微信单日阅读量平均超过8万人次。新的传播技术和平台改变了传统报道的话语方式、呈现方式和阅读体验，让传播更加迅速，更为有效。

今年全国两会期间，《经济日报》新媒体平台推出的《今年两会，你应该知道的那些事儿！》《详解政府工作报告》《融合背景下，我们这样报道两会》《带你追随习大大的两会足迹！》等5套动图，单条平均阅读量达20000人次。其中，《今年两会，你应该知道的那些事儿！》阅读量43000多人次。

《经济日报》法人微博还是新浪微博“经济课堂”话题主持人。“经济课堂”专栏结合当前经济话题和大政方针，普及经济知识、厘清认识误区，服务经济社会发展大局，推出过《2.1%的赤字率高不高？》《为啥要关注葱姜蒜价格走势？》《中国的银行是如何赚钱的？》《历次牛市是如何被终结的？》等篇目，专栏创办至今，仅新浪平台的阅读量累计已超过2亿人次，5.2万人次参与讨论。5月18日起，经济日报微信推出“财经早餐”，汇聚当天最重要的要闻、财经、国际和社会资讯，推出以来，平均阅读量已达数万人次。

在内容、形式和渠道创新的背后，是一系列机制和制度的支撑。《经济日报》提出报网博一体互动的采编流程再造方案，以综合新闻编辑平台建设为中心，整合新闻采集和发布渠道，建立24小时新闻生产加工体系，实现新闻信息在不同传播形态间的无障碍流动。流程再造立足于准确把握不同读者的需求，形成内容生产、渠道推送、界面体验的多样化。加强主报、网站和“两微一端”的联动互动，报纸报道注意从新媒体收集线索，新媒体加强对报纸内容的二次传播；利用报纸出版和新媒体传播的时间差和不同特点，初步形成了新媒体注重时效和容量、主报注重权威和深度的互补模式，全集团新闻信息资源得到深度整合，新媒体传播的集群效应和宣传合力得以释放。

加强国际传播能力建设，还要善于“借外人之口说中国之事”。《经济日报》集中办好“海外看中国”等专栏，组织采访国际上对我们的积极评价，借海外经济组织、智库机构、经济学家和权威人士之口，客观理性地分析中国经济形势，有理有据地批驳境内外唱衰中国经济的杂音噪音，唱响中国经济光明论和发展机遇论。同时，利用举办各种论坛和媒体交流的契机，有针对性地向外介绍中国经济形势、中国经济新常态的特点和亮点。由《经济日报》、台湾《经济日报》《香港经济日报》共同主办的两岸及香港《经济日报》财经高峰论坛自2011年以来已成功举办五届，在两岸及香港各界引起热烈反响。

中国的发展离不开世界，世界的发展也离不开中国。中国经济的一举一动，牵动着百姓生活，也牵动着整个世界。加强和改进经济发展新常态下的经济宣传，弘扬主流舆论，对于稳定人心，提振信心，在全社会营造稳中求进、攻坚破难、改革创新的良好氛围，具有极其重要的意义。主动适应和引领经济发展新常态，更加重视经济宣传，进一步做好经济宣传，是主流媒体需要不断探索、锐意创新的历史使命和时代课题。

（丁士、张双撰写，系2015年5月在经济宣传研讨会上的发言）

# 用“走转改”提高经济新闻宣传水平

在新闻战线开展“走转改”活动，是推动新闻事业健康发展的基础性工程，也是党报创新新闻宣传、扩大主流媒体影响力的重要举措。在经济新闻传播领域，这项活动对提升经济新闻宣传的质量和水平同样具有重大意义。

## 一、“走转改”是加强新闻队伍建设，改进新闻宣传的重要途径，也是解决经济宣传“为了谁、依靠谁、我是谁”问题的重要手段

深入开展“走转改”活动，是坚持以人为本、贯彻党的群众路线的生动实践。胡锦涛总书记在庆祝中国共产党成立90周年大会上的重要讲话中指出，来自人民、植根人民、服务人民是我们党永远立于不败之地的根本，必须牢固树立马克思主义群众观点、自觉贯彻党的群众路线，始终保持同人民群众的血肉联系。宣传思想文化工作承担着宣传群众、动员群众、服务群众的庄严使命，本质上就是群众工作。中央媒体作为党和国家的喉舌，每一篇作品、每一个举动，都应坚持人民至上的价值观、人民是真正英雄的唯物史观，都应反映群众最关心、最直接、最现实的利益问题，想群众之所想，急群众之所急。这也就是刘云山部长所说的“为了谁、依靠谁、我是谁”的问题。

在经济新闻宣传工作中，“为了谁”，实质是搞清经济宣传报道的目的。经济宣传从大的方面说是服务大局、服务党和政府的中心工作，同时也要为报道对象服务、为读者服务。媒体受众定位不同，报道的内容也有所侧重，但服务国家经济建设和社会发展这个大局，服务社会大众的目的是一样的。一些媒体或一些报道出现问题和偏差，根子往往出现在这个根本问题上。有的经济报道主旋律不强、报道重点不突出，还有的常有杂音、噪音，导向不正确；有的报道选题轻率随意，离群众关心的太远，读者自然不爱看，有的满足的是部分读者低俗、庸俗需求，甚至出现调侃、娱乐化的倾向；还有报道不顾客观公正的原则，专为某些利益群体服务，搞起有偿新闻甚至有偿不闻。凡此种种，都是因为对经济报道“为了谁”有模糊认识，丧

失了新闻报道为了人民、服务人民的神圣感。

经济新闻宣传“依靠谁”，实质是要搞清新闻报道的主体。经济宣传要依靠各级党组织和政府，依靠在经济建设一线的众多经济组织和机构，最根本的是依靠广大人民群众，让人民群众在媒体上，在报道中占据主体位置、唱主角。这方面总体做的不错，但存在问题和不足也不应忽视。比如在报道的内容安排中，对各级领导干部的活动非常重视，但对基层单位及一线职工的努力工作却反映不足；对企业家特别是“能人”十分关注，对其周围的普通群众却往往忽略。又如在工作方式方面，一些新闻工作者过于依赖网络，不再深入基层深入群众，靠网上东抄西拼，闭门造车炒“冷饭”。事实证明，不走基层，就拿不到第一手新鲜、独到的素材，就抓不到“活鱼”，也就写不出生动活泼的作品，说不出新话、说不出老百姓的话，也就不能准确地把党和政府声音送到千家万户，更无法主动做到从大局、全局出发。

经济新闻宣传中“我是谁”的问题，实质是明确报道者的身份定位。党的新闻工作者不是“无冕之王”，不是社会经济生活的旁观者，而是社会进程的参与者，是党同人民群众之间的桥梁和纽带，承担着宣传群众、动员群众、服务群众的庄严使命，担负着上传下达、通达民情、化解社会矛盾的神圣职责。新闻工作者的政治品格、业务能力、工作作风，决定了自身素质的高低，其中思想素质尤为重要。党的新闻工作者要坚定贯彻执行党的实事求是的思想路线。这是认识世界和改造世界的根本要求，也是开展经济新闻报道的基本思想方法、工作方法。在经济报道中，贯彻执行实事求是思想路线的状况总体是好的，但也有一些编辑记者很少下基层，很少接触群众，使得报道不能准确地反映所报道对象的本来面目，也无法做到说实话，甚至报道一些表面的现象误导读者；有的则是到了现场，但采访不深入、不全面，报道有失偏颇；还有的违背了新闻真实性原则，人为编造，道听途说，使虚假新闻屡禁不止，无论对报道对象还是对记者和媒体自身都产生了负面影响。这些问题如果不重视、不警惕、不纠正，其消极影响和后果不可低估。从这个意义上说，深入持续开展“走转改”，非常必要。

## 二、调动多种新闻手段，采取多样形式，把经济宣传“为了谁、依靠谁、我是谁”的答案落在实处

党的新闻工作者面对“为了谁、依靠谁、我是谁”的问题，可以用“为了人民大众、依靠人民大众，我是人民大众的一员”来回答，但真正的答案

应该在行动上，体现在具体工作成果上。对党报采编人员来说，就是报道采写得怎么样，报纸办得怎么样，群众的评价怎么样，特别是后者，才是最终检验答案的地方。

1. 抓好主题宣传、成就宣传和经济形势宣传，从服务大局高度回答“为了谁”问题。

主题宣传、成就宣传是我们党宣传工作的一条重要经验。各媒体尽力弥补过去存在的宣传味过浓，陈旧老套，感染力差，群众不爱看的不足，通过基层蹲点调研挖掘典型事例，捕捉生动细节，尽量用群众的语言，把大主题转化为百姓身边的故事、身边的感动，具有很强的针对性和指导性，提升了宣传效果。特别是主动回应社会关切，主动引导舆论热点，深入基层捉活鱼，通过调研式采访，准确把握经济脉搏，提出对经济形势的研判，把专业经济报道做得更有针对性、可读性，提高了经济报道的吸引力。如针对我国的中小企业普遍面临经营困境。《经济日报》及时推出了“中小企业调研行”特别策划，派出30多人的调研组赴珠三角、长三角地区和福建省等中小企业密集地区，进行1个月的深度调研采访，获取丰富的第一手资料，以30篇稿件、7个专版的篇幅，归纳了中小企业面临的融资难、生存难、成本上升、转型升级、开拓市场等5个方面的问题，分析了其原因及对策，同时配发了5个典型案例及点评，做到了既提问题又分析原因，报道全面、真实、客观地反映了当前我国中小企业生存发展状况，为相关部门提供了决策依据，进一步增强了广大中小企业经营者的信心，充分体现了《经济日报》作为中央主流媒体的舆论引导作用。又如从8月1日起，《经济日报》开始推出以“科学发展 成就辉煌”为主题的《迎接党的十八大特刊》，其中以“口述实录”形式展现普通人十年变化与收获的“百姓记忆”专版，由于记者按“走转改”要求深入基层采访，听最普通的群众谈他们的经历和感受，从百姓视角折射十年来我国经济社会取得的新成就，内容朴实感人，文风清新活泼，说服力、感染力、可读性强。这是对如何从百姓视角展现“科学发展 成就辉煌”这一宏大主题的有益尝试。

2. 抓好来自基层一线的鲜活报道，多写基层群众，多用群众语言，着力解决经济新闻宣传“依靠谁”的问题。

聚焦基层人物，反映他们在经济建设中的生动实践和无私奉献，不仅弥补了经济报道“见物不见人”的不足，为报纸版面增添了生机，更为媒体所有采编人员确立了一个信念：人民群众是经济报道的依靠对象，是报纸版面的主角，他们的生动实践和喜怒哀乐是我们必须时时刻刻予以关注的。“走转改”活动开始以来，各媒体纷纷刊发了采访各行各业基层小人物的报道，报道的对象既有山村老农、铁路养护工、油田野外作业者、城管队员、乡间电影放映员、矿井下的采煤工等传统职业从业者，也有城市外来工、软件工程师、“月嫂”等新岗位新职业，反映了改革发展大时代基层人物的生存状态。

当然，主流媒体还要反映主流人群的辛勤工作和奉献精神，反映与中心工作相关的大主题。《经济日报》这方面有所探索，如关注国有企业的发展，开辟专门栏目讲述国企故事；关注边远地区人们工作、生活的情况，开辟了“边疆口岸行”专栏；就是对期货这样很专业的领域，也策划了“农产品期货蹲点调研”活动，刊出了系列专版，力求通俗形象地反映专业问题。报纸多次推出“问政于民、问计于民、问需于民”专版，刊发基层特别是市县一级领导干部深入基层的调研报告和蹲点日记包括“援疆干部手记”和“援藏干部手记”，生动反映基层干部带领群众发展、为群众解决实际困难的思路办法和具体举措；还通过“读者之声”专版加强政府部门与群众的互动，刊登群众反映的困难问题和有关部门的答复，真正成为党和政府联系群众的桥梁纽带。至于那些“季节性”报道，更是重心向下，力求出新，如在重要版面连续推出“走基层 转作风 改文风·麦客日记”系列报道，共刊发10篇来自麦收一线的报道，记者深入山东、安徽、河南、江苏等农业大省，与农机手一路随行，采访农机手千里驰行、下田收割的作业情况，不仅以小见大，反映出今年夏收的新变化、新亮点，还通过简洁的描写和对话，让我们认识了一个个勤劳忠厚有个性的新时代麦客。

3. 通过多领域、多层次、高频率的“走转改”，对采编人员进行国情教育和专业实战演练，解决好“我是谁”的问题。

“走转改”活动的开展非常及时。近年来，新闻队伍进来不少新人，大多是从家门到校门再到单位门的“三门”干部，大多数还是独生子女，很少受到逆境的磨练。媒体虽然也想了一些办法，对他们进行培训和锻炼，如上夜班，到记者站挂职等，但毕竟不成系统和规模，效果有限。特别是，这些在网络时代成长起来的新一代，很多人对国情缺乏了解，“言必称欧美”，对我们的主流价值缺乏认同，对我们新闻宣传的方式方法缺乏了解和热情。这就使新闻媒体培训任务十分繁重。“走转改”无疑为这种培训提供了最好的大环境和最合适的时机，为锻炼干部、培养年轻人、造就人才提供了新机遇。基层是新闻工作者成长成才的沃土。许多媒体的重点报道，都是按照

“骨干带队、青年为主”的原则，让青年采编人员在采访写作中唱主角。一批年轻人不怕艰苦，深入一线，思想上、感情上、认识上、语言上都发生了升华，最重要的是，年轻的编辑记者们在“走转改”活动中深刻体会和践行了新闻工作者的价值观——把新闻写在人民群众心坎上。拿今年春节来说，《经济日报》许多记者放弃了家庭团聚、放弃了节日休息、放弃了舒适生活，深入基层、深入群众，乘农民工专列、到西藏过年、从新疆到河北再回到新疆行程千里。他们与农民工一起挤火车返乡、与打工妹一起吃年夜饭、在大年三十采访消防队员、在雪域高原感受铁路职工的情怀，独特的采访体验让年轻记者深受感动，他们用脚丈量，用心感受，找到了一个新闻工作者的价值，写出了一批有温度、有深度，有激情、有思考，有数量、有质量的报道。新入社的年轻记者说，“做一名记者，只有在基层，我们才能看到这些坚守的普通人；只有在路上，我们才能感知这一颗颗有力跳动的爱国心；也只有在现场，我们才能最准确地记录下历史前进的每一寸坚实轨迹。”

### 三、在更宽领域、更高层次开展“走转改”，更好地回答“为了谁、依靠谁、我是谁”，担起和完成经济新闻宣传和舆论引导的重任

“走转改”一年来成效显著，但这仅仅是开始。面对复杂多变的国际形势，面对艰巨繁重的国内改革发展任务，我们不敢有丝毫懈怠，就经济新闻宣传而言，仍应继续回答“为了谁、依靠谁、我是谁”问题，重点在三个“两”上狠下功夫。

一是更好地服务国际、国内两个大局。全球化主要是经济全球化。如果我们的经济报道跟不上经济全球化的步伐，就谈不上影响力。因此我们既要立足大地，也要放眼全球，报道国内经济注意国际经济，报道国际经济留心国内经济，在国际国内经济报道越来越难分开的今天，要严守新闻报道全面、客观、真实的原则，严守维护国家利益的底线，要不断增加一手报道、一线报道，增加我们经济报道国际传播的影响力。我们要把握国内经济宣传脉搏，坚持团结稳定鼓劲、正面宣传为主，多反映振奋人心的变迁变化，多展示改革开放的成果成就，为社会增添温暖、给人们提振信心；既正视基层发展面临的现实问题，真实反映普通群众的愿望要求，又要充分反映各级党委政府的积极努力和社会各界的关心支持，防止片面单纯地揭示问题、凸显矛盾，引导人们正确认识社会转型期的现实国情，鼓舞士气、凝聚力量，更

好地发挥经济新闻报道的建设性作用。

二是着眼于更广大的读者群体，更快打通传统媒体和新媒体两个“舆论场”。以互联网为代表的新兴媒体与传统媒体形成了新的竞争，特别是微博与社会舆论无缝对接，形成日益强大的舆论场，对我们传统媒体舆论场形成挑战。作为纸媒，我们的报道必须要高出一筹才能赢得受众，巩固已有阵地，同时我们要通过加大“报网互动、报网互补、报网一体”力度，通过开通与粉丝互动的官方微博等方式进入社会媒体，打通两个舆论场，增加对整个社会舆论的影响力。

三是提高自身素质，更好地把握新闻宣传和经济两个规律。经济新闻宣传既带有新闻宣传的一般规律，也有自身的独特性。比如分析经济形势，既要看微观、宏观，也要看中观，要遵循经济规律。走转改报道多是从宏观着眼，从微观着手的，只有综合考察整体与局部、局部与局部之间相互依存、相互制约的关系，才能写出更多既符合新闻宣传规律又符合经济规律的好报道。

（丁士撰写，系2015年5月在“走转改”主题研讨会的发言）

# 文化强国建设中的传媒产业

党的十七届六中全会提出建设文化强国，极大地鼓舞了人心，也让我们工作在新闻传媒领域的人深感责任重大、任务艰巨。新闻传媒是文化建设的重要组成部分，传媒产业的强大直接影响到文化强国战略的实施。中国传媒人应深入思考如何建设文化强国，进一步探讨文化强国建设与传媒产业的关系，充分发挥传媒产业在建立文化强国过程中发挥的作用，为建设文化强国做出应有的贡献。

## 没有强大的传媒产业，就不可能有文化强国

强大的传媒产业，有助于提升我国的文化传播力。在全球化趋势和西方文化的冲击下，中华文化迫切需要文化自信、文化自觉、文化自强，提升文化影响力，突破西方强势文化的包围与侵蚀，自立并繁荣于世界文化之林。作为既是文化的重要组成部分又对传播文化至关重要的传媒产业，在网络技术的推动下正呈加快发展甚至超前发展之势，对提升文化的传播力，确立在全球文化竞争中的地位和优势起到重要的作用。

目前，我国文化传播力明显提升，具体表现在：传播平台越来越多、传播内容更加丰富、传播方式更加多样、传播覆盖面越来越广、影响力越来越大。但是，在西方强势　文化的冲击和现阶段我国国情的制约下，我国在建立健全一整套传承本土文化、融合外来文化，既实现自身发展、又利于对外传播的中国文化战略机制方面许多工作刚刚破题，我国文化传播力总的看还比较薄弱，特别是传播平台知名品牌缺乏，传播内容贴近市场不够，传播方式分散陈旧，传播人才队伍不足不齐，与建设文化强国有着很大的距离。

传媒业是满足人民群众精神文化需求的内容产业，是提升文化传播力的“基础产业”。在国家经济加快发展的背景下，传媒平台建设已经具备了良好的经济技术条件和覆盖格局，决定今后的大趋势也是快速发展，其重点还

是内容建设。

传媒产业反映的是当代中国的国情、社 情、民生，内容丰富多样、鲜活生动，传递的是当下中华民族最富生机和活力的生存状态信息、具有鲜明中国特色的传统文化和具有民族风情的地域文化。承担起传播这些文化的重任，对内增加凝聚力，对外增强影响力，使中国文化成为世界文化体系中最鲜亮、最醒目的一部分，对丰富世界文化宝库做出重 要贡献，这需要中国传媒业有强大而丰富的内容建设。

在综合国力竞争的世界格局下，传媒起着宣传教育、娱乐大众作用的同时，信息服务功能得到充分发挥。产业则以其市场的“原动力”把这一功能发挥到极致。美国文化之所以在当今世界强势传播，正是依靠其强大的传媒产业实现的。今天世界的各个角落，不仅有可口可乐、麦当劳，更有美国大片、美国电视台的新闻直播以及其他传媒首发的各种关于世界的消息和观点，人们享受着信息服务的便利和周到，也在不知不觉中接受着其传播的价值观。全球化不应是“西方化”，而是应着眼于世界各种文化的均衡发展，并非“我花发时百花杀”的霸气和独大。世界需要与美国文化相抗衡的其他文化，许多人看好并寄希望于中华文化，希望中华文化能解决西方文化的偏差、缺陷和问题，因此，做强内容传播，一方面吸收包括西方文化在内的有益营养，抵御“一体化”的侵蚀，另一方面把中国文化加快传播出去，并在此过程中实现中华文化的丰富与升华。这是中国传媒产业肩负的历史职责。

以互联网、手机为主的新传媒的发展，为增强文化传播力提供了前所未有的机遇和条件。近年来，互联网影响力、宣传力不断提升，成为社会舆论的放大器，成为民智汇聚和舆论监督的重要阵地。在此背景下，把互联网建设好、利用好、管理好，促进传统媒体、新媒体的融合，对于构建文化传播战略体系，推进文化大发展、大繁荣具有十分重要的意义。网络媒体的突出特点就是互动规模大，参与人数多，服务应用丰富多彩。截至2001年底，我国网民总数已突破5亿，互联网普及率为38.3%，微类型、多终端、个性化成为网络信息传播新的突出特点；我国手机网民数量达到3.56亿。网上信息的获取、发布、利用、消费更加便利，大大拓展网络信息传播渠道，丰富网上信息内容。

互联网特别是移动网络、社交网络的发展有着我们当下难以想象的发展前景。互联网新技术的发展，促生并强大传媒产业的新锐——网媒产业。我们可以预言，网媒产业可能是未来社会规模最大、参与人数最多、影响力最强的产业。我国网媒产业及互联网产业呈现出独特发展模式，其显著的特点就是门户网站、大型商业网站都参与了新闻的传播与再传播。在这种发展态势下，传统媒体创办的新闻网站面临着严峻的竞争。所幸的是，决策层没有用发展中国传统“事业单位”的方式发展新闻网站，而是选择“报（台）网互动、报（台）网互补、报（台）网一体”的产业发展新模式，通过转企改制乃至上市融资，做大做强网站，使之参与市场竞争。目前以人民网为代表的一批新闻网站正进入上市准备渠道，它们在市场获得的当然不仅仅是发展现代传媒所需要的资金。随着三网融合的推进，网络媒体产业前景更加广阔。当前的问题是如何加大改造传统媒体的体制机制，使新旧媒体早日实现一体化，作为建设文化强国的一支新军发挥应有的作用。

## 传媒产业发展有赖于加快体制改革，建立现代传媒企业制度

体制改革是传媒产业发展壮大的加速器。近年按照中央确定的文化体制改革的路线图和时间表，非时政类报刊的转企改制有序推进，传媒产业的体制机制正呈现新的局面。文化行业具有一定特殊性，须保证国有绝对控股之地位，须坚持正确的舆论导向和出版方向。因为大多属于事业单位，要顺利地完成非时政类报刊改革，促经营性文化事业单位转企改制，形成以股份制为主要形态的具有生机和活力的市场微观主体，需要改革计划经济体制下形成的国有文化事业单位的体制弊端；需要解决人员身份转换和历史债务问题，使转制单位甩掉包袱，焕发活力，轻装上阵；需要充分吸收社会资本进行股份制改革，建立和完善法人治理结构；还需要完善和落实配套政策，总结和推广试点单位的改革经验，以有利于文化生产力发展为原则，因地制宜，继续进行积极的探索。

转企改制是艰苦复杂的系统工程，检验的标准是能不能真正成为市场主体，适应并赢得市场竞争。这方面有许多工作要做，树立传媒品牌，制定品牌战略，并以此带动传媒企业及产业的发展是其中重要的一环。媒体品牌，是媒体的差异化标识，是媒体权威性、公信力、影响力和竞争力的物化力量。在社会思想多元、多样、多变特征明显的背景下，在传播技术日新月异的更新换代中，传媒产业在市场竞争中取胜、提高舆论引导能力，离不开传媒品牌的打造。只有树立良好的品牌形象，才能提高媒体的感召力、吸引力，既有效引导社会舆论，又能赢得受众、赢得市场。

传媒走品牌发展之路，才能更好地提高舆论引导能力和现代传播能力。对内，以品牌促进产品生产、推进管理体制改革，实现媒体生产要素的优化配置；对外，以品牌树立信誉、增强亲和力，培养社会情感认同、价值认同、文化认同。具体到党报集团，打造品牌传媒，就是要在舆论引导中当好主力军、做强主阵地，进而培育和形成更大的社会影响力、更强的行业带动力和品牌辐射力。难以想象，一个文化强国没有在国际上有较强实力和较大影响力的传媒企业。世界500强榜单上，中国企业的数量正不断增加，我们希望尽快看到传媒集团的名字。事实上，中国一些传媒的知名度在世界上也是很高的，如人民日报、新华社、中国国际广播电台等，他们在海外代表着中国媒体乃至中国的形象。这些传统的品牌应“走出去”，同时加快形成经济实力和优势。尽快打造一批在世界排名靠前、符合传媒业发展规律和经济发展规律的传媒产业“巨无霸”，不仅是扩大话语权的需要，更是实现文化强国的重要支撑。

## 发展壮大传媒产业应坚持主题主线，坚持社会效益和经济效益相统一

党的十七大提出科学发展的主题，转变经济发展方式的主线，发展壮大传媒产业也应紧扣主题主线，既要加快发展，更要均衡发展、可持续发展。

将科学发展观落到实处，要解决传媒产业内容发展过程中出现的不正之风，也应解决发展方式方面存在的问题，加快资源融合，实现传媒产业由“粗放型”向“集约型”转变。

应该说，我国传媒业基本格局还延续着计划经济时期形成的条块结合、宝塔状分布状态。如中央、省、市的三级党报（部分县办有党报）、中央各部委（单位）也大部分办有一报一刊一出版社。这种格局的优势是系统层级分明、职责明确，较好发挥组织动员功能。但随着经济体制改革的深入，特别是政府机构改革中部分部委撤并，一些行业报转向行业协会或报业集团。随着报业改革的推进，报业开始了波澜壮阔的资源整合和市场竞争，报业格局正向富有张力和活力的方向变化。但上述报业大格局应该说还没有发生大的变化，也难以适应形势需要，比如有些不正之风就与一些报纸“活不好”也“死不了”的处境有关，当然更说不上适应建设文化强国的要求了。我们传媒产业的实力总体上不强，特别是缺少在世界上与我国政治、经济地位相称的强势媒体。这不能不说是让中国传媒人汗颜的地方。以经济类报纸为

例，纵观百年历史，大国崛起都伴随着有世界影响的经济大报的崛起。英国有《金融时报》，美国有《华尔街日报》，日本有《日本经济新闻》，而中国目前经济报纸十分繁荣，出现了一批以《经济日报》为代表的有影响的经济、财经大报，但显然还缺乏一张有世界影响力的、与国家经济地位相称的财经大报。近些年不断有财经报纸提出以办中国的华尔街日报为目标，但他们要么偏重行政渠道，要么偏重市场，符合上述要求的财经大报至今没有出现。近年来，经济日报按照中央领导的要求，以把《经济日报》办成“高端权威、世界一流、具有国际影响力”的财经大报为目标，坚持“新闻立报、深度立报、特色立报”，积极探索中国特色财经大报的发展路径，做出了自己的努力，取得一些进展，但要真正实现这一目标，显然需要更多更艰苦的努力，也需要各有关方面更大力度的支持。

传媒产业转变发展方式有两个问题需要探讨：

一是处理好社会效益和经济效益的关系。一种观点认为，传媒发展公益部分讲社会效益，而产业部分讲经济效益。虚假报道频频发生、有偿新闻屡禁不止、低俗之风　难以根治，应该说与此观点影响有关。在转企改制过程中，尤其要防止偏向经济效益不顾社会效益的倾向。一些企业界人士就曾对传媒转企后的企业舆论生态环境表示担忧。解决这个问题，就应确立两个效益都要、两手抓的指导思想，同时严格实行新闻采编和经营分开，实行更严格的监管。只有这样，才能保证传媒产业又好又快发展。

二是要鼓励竞争，有序竞争。可以预见，随着转企改制的推进，媒体竞争会加剧，提供的信息服务质量会有更高的要求。这正是改革要达到的目的。不过竞争的环境也更严酷，这就产生了营造有利于公平竞争的环境问题。市场性媒体自不待言，主要通过组织动员订阅的党报也有竞争的问题，有观点认为，国家及地方党政机构办的媒体，应由财政供养，无须参与市场竞争。个人认为做大做强传媒，增加财政对传媒业支持是必需的。事实上，近年来各级财政对党报党刊的发行都采取或部分采取了“购买服务”等方式，大力支持了党报的发展。然而，这样做并不意味着党报不需要竞争。因为没有竞争力就没有活力和吸引力，也就没有了影响力。所以，党报党刊还是要有适度竞争，这种竞争即使存在于各级党报党刊之间，也是非常必要的，当然竞争应该是有序的，其程度也是可控的，目的就是把党报党刊办得更具吸引力和影响力。

（丁士撰写，原载于《新闻战线》2012年第3期）

# 走向专业化与开放性相融合的新闻传播

## ——试论社会化媒体影响下的新闻业务改革

在网络传播技术的推进下，社会化媒体（social media）自20世纪末期诞生以后呈现出增速不断加快的趋势。论坛、维基、播客、博客、微博、社交网络等，作为新型的能够提供用户极大参与空间的在线媒体，具有传统大众媒体所不具备的优势，它们在社会生活中产生的影响越来越大。虽然社会化媒体以网络社交和网络协作为其主要功能，但它所支持的在线活动中也包含大量的新闻信息的传播。可以说，在社会化媒体日趋活跃的新环境下，新闻传播活动已经在性质和机理上有了很大变化。因此，由职业新闻工作者承担的新闻报道业务亟待针对这种变化，进行调整、改进和创新。

### 一、媒体社会化对职业新闻工作者的挑战

在过去由传统媒体主导的新闻传播活动中，职业新闻工作者是新闻采集、编排和发布的主体，他们的工作任务与专业技能构成了新闻业务的主要内容。社会化媒体的出现，使原本由记者编辑承担的一些专业性的工作迅速转移到了社会化媒体的用户身上，正如华尔街日报中文网的一位编辑感言，“在自媒体时代，大众传媒作为新闻机构的功能多半已被网络和自媒体所取代”。[①]这种变化对于继续在大众媒体从事新闻报道的记者编辑来说意味着什么？

在社会化媒体诞生之前，新闻信源向社会公众的新闻信息发布必须依靠职业记者及他们所生产的大众媒体这个“中转站”才能完成，作为新闻信息接受方的“受众”也只有依靠大众媒体才能及时而广泛地获知社会正在发生的最新变动。而社会化媒体出现后，受众（现在称为“媒体用户”也许更适合）、传播者、媒体和信源这些概念间的界限变得模糊了。因为掌握了“自

① 转引自夏德元《传媒有传播常识的责任》，《文汇报》，2011年12月25日，第8版。

媒体”的用户有时就是信息来源，与过去不同的是，他们今天能够越过记者和大众媒体直接发布新闻。同时，通过各类社会化媒体接受新闻信息的用户也可以随时随地、自由地参与到新闻传播活动中，为揭示真相提供事实依据，甚至成为新闻传播中的意见领袖，对事件的发展起到关键性的作用。因此说，在某些时候，用户、传播者、媒体、信源可能合为一体。

社会化媒体带给职业新闻工作者的最大挑战是：信源、传播者、媒体、受众之间的关系变化改变了新闻传播的性质和形态，新闻报道既是职业化的工作，同时也是全民参与的公民新闻活动。在外延和内涵都发生了变化的新闻传播中，职业新闻工作者不再是新闻传播活动中唯一的主体，他们的角色定位和工作职能需要重新认识，专业标准和职业规范也需要相应调整。

微博在这两年的表现为此提供了颇有说服力的例证。自2009年微博问世以来，其用户一直呈现狂飙式增长，每年增长超过1亿。至2011年底，我国微博客用户已经超过了3亿，注册账号达到7亿，每天发博量约2亿条。据新浪微博风云榜2012年年初的统计，人气最高的是名人微博，排前14位的名人微博粉丝人数都已经超过千万，远远超过媒体微博和政府微博的粉丝数量。名人与新闻历来有着千丝万缕的联系，无论是发生在名人身上的事件还是名人对社会事件的看法，历来都为大众媒体所关注。而微博让名人直接面对社会公众，成为他们发布新闻或观点的“第一媒体”，大众媒体往往变成其跟随者。

政府作为新闻的另一种重要信息来源，同样利用微博减少了对大众媒体的依赖。2011年12月人民网舆情监测室联合新浪微博发布的《2011年政务微博报告》称，截止2011年11月初，通过新浪微博认证的各领域政府机构及官员微博已经达到19104家，其中政府机构微博10271家，个人官员微博8833个。在地域上已经全面覆盖全国34个省、自治区、直辖市及特别行政区。值得关注的是，一些政务微博的覆盖面和影响力已经超过许多公开出版的报刊，报告中透露，目前新浪微博已有17家政府机构、9名官员的官方新浪微博粉丝数超过百万，如“平安北京”开通一年收获粉丝200多万，网友评论18万多条。[①]而国家行政学院电子政务研究中心2012年2月8日在京发布的《2011年中国政务微博客评估报告》显示，截至去年底，中国政务微博客总数达到

① 参见人民网舆情监测室：《2011 年新浪政务微博报告》，百度文库，http://wenku.baidu.com/view/ccf59aee551810a6f4248605.html，2011 年 12 月 13 日 .

50561个，较2011年初增长了776.58%。该报告评估对象为在新浪网、腾讯网、人民网、新华网四家微博客网站经过认证的党政机构微博客和党政干部微博客。

政务微博是改变新闻传播路径与模式的社会化媒体的又一个典型代表。和我们早已经熟悉的“公民报道者”一样，政府机构通过自己开设的社会化媒体发布新闻信息，成为新闻信息传播活动中的一股新生力量，在去年备受关注的四川会理县ps 事件、上海地铁追尾事故、甘肃正宁县校车事故等多起突发性公共事件的传播过程中，政务微博所发挥的作用都非常突出。政府部门虽然还会通过新闻发布会等传统方式动员大众媒体进行报道，但他们在面对突发事件时的第一反应是通过自己操控的媒体（政务微博）直接面对公众。

从理论上说，社会化媒体赋予所有社会组织和个人一种新的能力，使他们在新闻传播活动中能够为大众媒体设置议程。大众媒体的社会影响力逐渐被消解已经是不争的事实。美国等西方国家传统媒体大幅度萎缩，固然与经济危机造成的经营困境有关，但更本质的推动力其实还是社会化媒体的崛起、信息传播渠道的剧增。这种局面虽然在我国暂时还没有大规模出现，但一些细微的变动同样值得重视。如2011年12月29日湖北的《体育周报》宣布停刊。最后一期报纸上刊登的《花开的声音——本报停刊辞》中写道：“从2000年的第一缕曙光升起，到2011年的夕阳最后湮没，《体育周报》伴随着您走过了十二个年头。随着现代新闻传播手段的日新月异，我们这份一周两期的体育专业报已无法满足受众的信息需求，而湖北日报传媒集团跨越式发展的迅猛态势，也迫切需要更加符合市场规律的新媒体强势介入。”[①]

当然，新闻业不会因为任何一种媒体形态的消失而消亡，但职业新闻工作者所从事的新闻业务如何在社会化媒体兴盛的新环境中不断改进和创新，却是迫切需要研究的课题。

## 二、新闻生产的新特征：专业化与开放性的融合

面对日益活跃的大众化的公民新闻活动，职业新闻工作者应该承担什么样的任务？新闻业务的发展会呈现出怎样的特点？这些问题在当下的新闻组织中暂时还没有确切的答案，但正在实验中的“媒体融合”与“融合新闻”

① 体育周报编辑部:《花开的声音——本报停刊辞》,《体育周报》, 2011年12月29日, 第一版。

实践，为寻求答案提供了一些依据。

对于传统媒体来说，与新媒体融合，向“全媒体”集团转型，新闻业务领域的最大突破就是能够把网络传播的互动性、全民参与、对话交流的优势和传统媒体强大的新闻生产能力相嫁接，从而改进新闻报道的业务流程，提高内容质量，增强新闻竞争力。

比如，在新闻采编中，微博这类社会化媒体已经成为职业新闻工作者的一种专业工具。如中国青年报特别报道部副主任刘万永认为，记者可以通过微博实现身份与职业的拓展。他以自己的采访经历证实了微博对记者的三大作用：发布新闻线索，动员社会资源；发现新闻线索，助力记者采访；建立职业共同体的平台。①

又如，传统媒体通过与微博、社交网络这些社会化媒体相互嵌入和协同运作，创造出了新闻报道的新模式。2010年全国两会期间，《人民日报》、新华社与央视等一些知名媒体开始推出自己的微博，还有一些报纸开辟了微博板块，选择重要的、贴近生活的博文刊登出来，使两会报道面貌一新。2011年地方两会期间，广州日报、北京青年报等一批地方报纸更进一步，纷纷开设“微博问政”“@两会微访谈”等新栏目，邀请代表、嘉宾与博友互动，话题涉及到城市交通、房价和房地产调控、基础教育、城市文化、蚁族、动物保护和环保、民生民政、拆迁、钉子户等等热点问题。对于大众媒体，微博既是公共交流的新平台，又是新闻发布的一个新渠道，通过报道策划，传统媒体与社会化媒体可以实现对接，融为一体。

然而，社会化媒体的运用也会使记者编辑面临更加复杂的舆论环境，面对更大的风险。如2010年12月中国新闻周刊官方微博因把关不严，发布了金庸病逝的虚假消息，以致相关的副总编辑等多位责任人引咎辞职或受到处罚，在新闻界广受关注。另外，媒体组织目前还面临一个共同的难题：记者编辑个人开设的博客、微博等如果发布不当内容，可能会对其所在的媒体造成损害。很多媒体为此推出了新的规定或向其工作人员提出种种建议。

利弊共存，悲喜交加，是传统媒体与新媒体融合过程中最深切的体验。近几年，媒体形态的变化特别是随之而变的媒介经营模式一直是最受业界与学界关注的问题，这些课题直接关系媒体自身利益与进退存亡，其重要性毋庸置疑。但我们还应该更进一步地追问：在媒体市场高度碎片化、人人都能

---

① 参见刘万永：《记者微博：身份与职业的拓展》，《南方新闻研究》，2011年第30期。

办媒体的今天，由职业新闻工作者主办的大众媒体必须具有什么样的核心价值才能不被替代？在信息冗余而且在网络上免费可得的情况下，什么样的新闻内容能有资格有偿销售？在公民新闻报道者日趋活跃之时，职业新闻工作者的使命和任务又是什么？……

思考这些问题，同样可从社会化媒体的风卷云涌中得到某些启示。三年前，微博取代博客，成为最耀眼的个人媒体。而今年初有报道称，某知名门户网站的微博已经有不少名人离开。有学者对此分析说，“其实大家在最开始对微博所抱的期望并不符合微博本身的特质，人们忽略了它的商业性，反而对其他方面的作用过于重视，到后来发现与期望不同的时候，自然有人离开，有人失望。”这篇报道还引用了乔新生的观点：“工具的进步非常快，微博很可能就会被新的工具代替，不会太远，就在2012年。当然，和微博同样的，新的工具也仍旧是商业产品，谁抓住了机会，谁就能赚钱。但是不要对它有太多商业工具之外的期待。”①

其实，媒体的商业性与新闻的公益性从来就是一对矛盾，在网络没有出现之前，这对矛盾已经在传统媒体中上演了无数的悲喜剧。西方一些报社以“国家与教堂之争”来比喻经营权与编辑权间的冲突与纠纷，认为应该在两者之间构筑一道墙。事实上，这道墙很难经得起现实利益的诱惑与敲打。如今，传统媒体还没有解开这道难题，又因为与新媒体公司的跨界融合面临更大的困境。手机报就是一例。据调查，我国手机报的分成比例一般为：移动运营商分50%，其余一部分归CP（内容供应商，媒体）和SP（服务提供商），最后，报社的分成一般为四分之一。②运营商不仅在手机报上获益甚丰，更重要的是，他们会以强势地位对内容加以干涉。如2008年北京奥运会期间，运营商就要求几家发行量比较大的手机报以软文的形式为他们做宣传。可见，在这场媒体变局中令人担忧的不只是传统媒体，更是新闻。美国普林斯顿大学社会学和公共事务教授保罗·斯塔尔去年发表文章认为，“数字革命带来了坏消息”。因为“对新闻企业有利的事不一定对新闻报道有利。民主社会或许需要找到新的办法既支持新闻业同时又确保它的独立性。”③像手机报这类融合媒体的现状让我们看到新闻媒体与运营商的利益分

---

① 引自周怀宗：《微博，当追捧不再时》，《北京晨报》，2012年1月18日。

② 参见尹韵公：《中国新媒体发展报告2010》，社会科学文献出版社，2010年7月，第153页。

③ 转引自吴万伟译：《数字革命带来的坏消息》（原文作者保罗·斯塔尔，译自《欧洲杂志》2011-8-16），《青年记者》，2011年9月上。

配结果是新闻生产的成本得不到应有的经济回报，更严重的是，这种合作对新闻的客观公正原则可能会造成伤害。

不过，如果我们换一个角度看问题，商业性对新闻的伤害越深，高品质的新闻内容可能会越凸显其价值。数字化、网络化造就了迅速普及的社会化媒体，让人们获取信息的渠道剧增，发表的欲望也得到空前的满足。但同时，所有人的信息环境也都变得更加嘈杂而且良莠难辨。越是人人都有麦克风，越是需要能够登高望远、引领舆论的责任媒体。因为通过各种社会化媒体自由发布的信息往往是真假混杂的，碎片化的；各种意见表达也主要是从表达者自身的立场、角度和利益出发的，包括政务微博这样的机构媒体，也同样是站在政府机构的立场上说话的。今天，中国经过三十多年的改革开放，已经出现多元化的社会阶层和利益集团，社会矛盾冲突较为激烈。要化解矛盾，维持社会的稳定和谐发展，就需要大众媒体能够站在公共利益的立场上，担当“社会守望者”“矛盾协调者”的角色，通过客观、平衡、公正的报道揭示真相，维护正义，促成社会各方的相互谅解、沟通并达成共识。这也正是职业新闻工作者在新的历史条件下应该承担的职责和使命。

要完成这样的使命，新闻内容生产从理念到方法都需要变革，其主要特征将是专业化与开放性的融合。专业化是指新闻报道作为一种职业行为，应继续坚持新闻专业主义精神、新闻职业道德规范、业务操作的专业化标准等；开放性是指新闻报道在面对社会化媒体和公民报道者的新形势下，需要突破传统的报道理念与操作方式而有所创新，包括强调以社会协作进行新闻报道的开放性原则，有助于聚合社会资源的新闻生产流程的开放性设计与管理，更加重视沟通对话的新闻编辑部的开放性文化，等等。

专业化与开放性相融合的新闻生产，主旨是将公众参与纳入到专业化的内容生产中，形成专业新闻报道与公民新闻活动的融合机制与互补效应，提高新闻传播的质量。可以说，新闻业务的改革方向就是通过开放性提升新闻报道的专业化，同时又通过专业化促进新闻传播的开放性。唯有如此，无论媒体形态与传播技术如何变化，新闻及新闻工作者的价值才会永远存在，并且是人类社会发展中不可缺失的力量。

## 三、新闻业务改革中的坚守与突破

专业化与开放性相融合，落实在新闻业务中，对媒体机制、新闻生产流程及其中的所有工作环节都提出了更高的要求，一方面是对几百年新闻业中最有价值的专业传统的坚守，另一方面是对不再适应新形势的传统观念和操作模式的突破，其中度的把握、分寸的拿捏，需要在实践中慢慢摸索。

（一）在新闻发现这一环节，要求记者编辑在保持对一切事物的好奇心和质疑态度，具有敏锐的新闻观察力的基础上，构筑更加具有开放性的新闻信源接入平台，同时以更审慎的态度进行新闻鉴别。无论在记者编辑个人操作的层面上还是在媒体组织的制度设计层面上，都需要建立和各类新媒体包括社会化媒体相连接的沟通网络。这方面已经取得了一定的经验，如前文中谈到的记者利用微博收集线索、报社利用微博创新两会报道等，都值得肯定。西方一些著名媒体还通过对新闻生产机制的改造将公民新闻纳入了专业化内容生产的轨道。如CNN五年前就创办了“公民新闻平台”，目前拥有100万注册的“公民记者”。这些人上传的视频虽然全部都在网站公开，但编辑会挑选其中最有新闻价值的视频，约请CNN采访部门和驻外记者进行核实，包括补充采访调查。只有经过编辑审核的视频才会被加V（vet，指经过诊断和检查），并作为CNN的播出素材纳入相关报道中。[①]显然，职业新闻工作者在新闻发现这一重要环节上的工作机制已经发生了变化，大众媒体如何利用新技术创建新闻信源接入平台，不断拓展自己的信息渠道，整合社会资源，还需要更多富有创造性的设计。同时，在利用这些社会资源时，也需要更加慎重和周密的鉴别。

（二）在新闻采集这一环节，要求记者在继续保持亲临现场、深入调查的工作作风的基础上，还要通过报道思路的创新和技术手段的运用，获取更丰富的新闻素材，使新闻报道在客观、公正、平衡这些专业标准上达到更高水平。如通过社交网络邀请公众参与，获取更丰富的事实性信息，完成深度调查；通过互动平台和各种社会化媒体尽可能全面地获取观点性信息；通过社会网络寻求专家与同行的专业协作，以更深入地挖掘新闻的潜在意义。这些都需要记者以及媒体组织的巧妙设计。纽约时报为了更深入地报道现实重大问题，创办了一个“头脑论坛”（Talking Heads）吸引社会精英人士一起来讨论，并用网络摄像机录制整个谈话过程。有学者认为这家报纸“不仅把自己看作是内容创造者，也看作是一个社区的建立者。它的‘刊登一切适合刊登的新闻’（All the News That's Fit to Print）的口号已经被替换为‘所有的

① 参见Craig Silverma：How CNN's iReport verifies its citizen content，Jan. 26, 2012，http://www.poynter.org/latest-news/regret-the-error/160045/how-cnns-ireport-verifies-its-citizen-content/

一切都是关于对话’（It’s All About the Conversation）”[①]。这样的信息采集方式虽不适用于所有新闻，但具有启示意义。在利益多元化、社会矛盾冲突激烈的社会转型期，专业新闻工作者的职责首先是告诉人们真相，其次是促成在尊重事实基础上的社会共识。而真相的揭示只有通过对所有与事件相关者、所有知情者的调查才有可能做到，共识则需要通过平等、充分的意见发表和沟通、协商才能达到，职业新闻工作者应该利用自己的职业身份和媒体资源，在这两方面尽到责任。

（三）在新闻内容表达这一环节，要求记者和编辑在坚守真实、准确、严谨、生动这些常规标准的基础上，更加重视小众化、定制性传播趋势下的多样化形式和风格，并通过协作机制的建立，让公众成为新闻内容生产的合作伙伴。伴随着新闻接受终端的多样化，针对不同用户采用不同的新闻表达方式越来越重要。用户的新闻体验是决定新闻表达策略和方法的核心要素，在新闻语言的运用，图片、图表、动画、音视频的编辑以及版面语言的运用等方面，都需要周密细致地考虑用户的需要和感受。更重要的是，新闻表达不再是记者编辑作为唯一主体的讲述，而是尽可能让社会公众参与其中的集体创作。《纽约时报》在报网合一之后，所有记者都成为“连续报道记者”，他们在网络上滚动发布的新闻都为网民提供线索、表达意见预设了通道，网民可以为报道提供新的线索或资料，也可以对报道提出意见或建议，这些反馈性信息经过记者核实后会成为后续报道的组成部分。他们认为记者完成的“升级版”和“终极版”报道已经不是记者个人的作品，而是协作的成果。社会学家赫伯特·甘斯认为，“新闻本身不局限于对真实的判断，它也包含了价值观，或者说，关于倾向性的声明。”[②]在社会利益多元化导致立场观点难于一致的情况下，对新闻生产流程设计的改革显得特别重要，它使新闻采编由过去封闭在编辑部中的专业行为变成了向公众开放的社会协作，这一改变会令新闻内容更加全面、平衡而富有公信力。

（四）在新闻信息整合这一环节上，要求编辑在尊重事实、揭示真相的前提下，更加重视事实性信息的深度和广度，重视意见性信息的全面和平衡，并通过对各种技术工具和报道形式的整合运用，提高新闻报道的说服力和影响力。在传统媒体中，新闻信息整合是最能体现编辑思想和创造力的业

---

① 胡泳：《报纸已死，报纸万岁——报纸转型的关键策略》，《新闻记者》，2011、11。

② Jans,H.J: The messages behind the news. Columbia Journalism Review, Jan.-Feb.P40-45,1979。

务环节，如“版面语言”在漫长的办报历史中一直受到重视，因为它以专业手段整合各种版面元素形成版面整体，体现了编辑部对新闻内容的评价和态度，实现舆论引导。当报社的产品线延伸到印刷机以外，手机、电脑、IPAD等都成为内容发布终端的时候，新闻信息整合因为技术手段的全面性有了更大的操作空间，但这方面的实践水平目前还有待提高。更值得研究的是，信息整合的目标是什么？答案还是与大众媒体所要扮演的角色相关。作为“社会守望者”，媒体不仅要告诉人们正在发生或发现的事实，还需要把这一事实放在更深远的历史背景和更复杂的现实环境中，还原其在社会系统中的相关联系和本质意义，帮助人们认识世界；作为“矛盾协调者”的媒体，不仅要让矛盾各方的立场观点得到充分表达，还需要为他们搭建对话和沟通的平台，促成矛盾的化解。这些功能都要靠编辑对信息的整合来实现。也是从这个意义上说，面对社会化媒体，专业新闻工作者不仅需要新闻专业素养，还需要有相关报道领域的专业训练，成为专家型的记者编辑。只受过单一新闻学科训练的人将难以胜任未来的职业要求。当然，对于传播技术的掌握与运用更是毋庸赘述的，比如多媒体传播技术、新闻互动的设计与管理等，但所有技术都只是实现媒体功能的工具，要警惕技术的运用不当可能对内容造成损害。

（五）在新闻发布这一环节，要求在总结过去单一媒体运作经验的基础上，探索针对多样化的新闻终端进行新闻产品合理配置和新闻信息动态发布，形成具有联动效应和整合优势的新闻发布策略。在媒体集团中，使用的传播终端越多，对媒体定位和产品设计的要求就越高，定位精准、产品个性化甚至定制化服务是努力方向，要尽量避免产品的同质化。新闻发布需要根据不同媒体的定位与特点，把握好发布的时机、发布的内容及形式，以及各终端之间的联动和配合，这样才能既保持各个媒体的竞争力，又形成产品链，实现媒体品牌的塑造、管理和维护。我国一些传媒集团已在一些重大报道战役中对此有过探索，如在上海世博会期间，中央人民广播电台派出了500多名采编、技术等人员组成世博报道组，全面调动13套无线广播频率、中国广播网、央广手机台等新媒体资源，全方位多角度报道上海世博会的盛况。中央电视台、人民日报、新华社等也都在世博会期间对各种发布渠道进行了整合。但总体上看，不同媒体间的协同配合，特别是常态机制的形成，仍然还需进一步研究和探索。更应研究的是，如何通过新闻发布这一环节建立媒体与公众的新型关系？纽约时报一直在这方面进行尝试，2011年4月他们在

iPad上推出了个性化新闻聚合服务News.me，让用户可以获得在 Twitter上所关注的人正在分享和阅读的文章，这一服务增强了媒体用户的黏度。我国媒体在新闻应用服务的开发等方面还有待突破，必须改变以往传统媒体单向传播的习惯，巧妙设置与各类社会化媒体的连接点，才能使新闻内容产生连锁性的传播效果，实现大众传播与网络人际传播的融合，从而增强媒体的舆论引导力和社会影响力。

综上，在社会化媒体崛起的新的历史时期，新闻业务改革必然向专业化与开放性相融合的方向发展。但也要看到，这场改革不仅需要新闻业界的共同努力，也还需要外部条件的支持配合，特别是以政治体制改革为前提的民主政治环境、以媒介规制改革为前提的媒体生态环境的改善，以及全体公民道德水平和媒介素养的提高，等等。新闻业务改革需要新闻界与全社会的共同努力与协作。

（蔡雯撰写，原载于《国际新闻界》2012年第11期）

# 网络传播中的“标题党”现象评析

“标题党”在新闻传播领域中早已不是新鲜话题，但“标题党”现象因网络传播兴盛而有发展壮大之势却不能不引起警觉。

本年度因标题而惹是非的网站又有不少，最引人关注的案例可能要数5月29日腾讯网转载《环球时报》社论《反腐败是中国社会发展的攻坚战》时，将标题改为《环球时报：要允许中国适度腐败，民众应理解》，一时间引起轩然大波。《环球时报》官网微博立即发表声明，指责腾讯网对标题的恶意改写“误导读者阅读”，并称“对环球时报可以批判，拍砖，但这种篡改术如果受到鼓励和效仿，将是中国舆论之大不幸。希望全国的网络编辑不论左右，都反对、远离这种做法。”围绕此事网上舆论打起了口水战，有人说“没看出原文有‘要允许中国适度腐败’这层找骂的意思”，也有人认为“原文就是这个意思”，“腾讯网的标题是很到位的总结”。[1]一些专家也就此发表评论，如认为“仅就腾讯转载《环球时报》评论改标题而言，腾讯侵犯了《环球时报》评论文章完整的版权”，但恰恰是因为这个被改换的标题，“《环球时报》的这篇评论一下子被全国，乃至世界瞩目。”[2]

腾讯网的这一标题事件是否应该划入“标题党”之列？可能暂难达成一致意见。但此事很快以腾讯网公开刊发致歉声明，承认“因改了原文标题导致不必要的误解，造成不良影响，在此向环球时报致歉”而画上句号，已经足以警告网络编辑：慎做标题！

---

① 转引自叶紫杉：“适度腐败”事件怎么回事？环球时报腾讯网关于“要允许中国适度腐败民众应理解”纠葛全过程，华讯财经网，http://finance.591hx.com，2012年05月30日

② 参见陈力丹的新浪博客：传媒间批评正常，转载要尊重版权，http://blog.sina.com.cn/chenlidan，2012年06月02日

## 网络何以壮大“标题党”？

“标题党”这个名称是在有了网络之后才逐渐为大家熟悉的。有学者认为“标题党”发源于网络BBS，原指以娱乐方式加工标题来吸引点击量的网络贴主群体以及与之相关的网络现象。[①]如果说，通过制作与新闻内容并不相符的标题以达到吸引眼球的目的，是“标题党”最典型的特征的话，那么“标题党”现象实际上早在网络出现之前就已经有了，只是没有被贴上“标题党”这个标签而已。不妨翻阅一下我国改革开放后出版的第一部报纸编辑学教材，其中就列举了这样一条体育新闻标题：《中国柔道队员再试身手主队愈战愈勇三胜一平》，这是报道1980年中日柔道比赛的一条新闻，如果仅看此题，读者会以为中国队获得胜利了，但一读正文就会知道上了标题的当，因为事实是中国队三胜一平四负，以一分之差负于日本队[②]。教材的主编们以此反面案例说明新闻标题的制作要求，第一条就是“题文一致”。令人遗憾的是，在被称作中国报业发展“黄金时代”的20世纪末期及21世纪初，与新闻内容不一致的标题在各地的晨报、晚报、都市报等市场化报刊上屡见不鲜。平面媒体还没有面临网络及新媒体围剿的时候，便已经为了争夺报业市场开始操练“标题党”的伎俩了。

随着互联网的普及与新媒体的发展，受众获取新闻的途径已发生重大变化。2012年7月19日中国互联网络信息中心（CNNIC）发布的《第30次中国互联网络发展状况统计报告》显示，截至2012年6月底，中国网民规模达到5.38亿，其中约有3.92亿用户使用网络新闻服务，使用率高达73.0%；中国手机网民规模达到3.88亿，其中手机网络新闻服务使用人数占58.3%。[③]互联网和移动网络成为人们获取新闻的主要方式。较之传统媒体，网络新闻题文分家的特点和单行题的排列方式决定了其对标题文字的依赖更强。没有一个吸引人的标题，新闻内容甚至无法呈现在受众眼前。

目前国内商业门户网站大都没有新闻采访权，其新闻频道只能转载传统媒体的报道，且转载时编辑只可以改动标题，没有改动稿件原文的权力。我

---

① 参见李立：《网络传播中的标题党现象解析》，刊于《东南传播》2009年第5期

② 参见郑兴东等：《报纸编辑学》，第124页，中国人民大学出版社，1982.

③ 转引自第30次中国互联网发展状况统计报告，网易科技，http://tech.163.com，2012年07月19日

国《互联网站从事登载新闻业务管理暂行规定》第七条规定："非新闻单位依法建立的综合性互联网站（以下简称综合性非新闻单位网站），具备本规定第九条所列条件的，经批准可以从事登载中央新闻单位、中央国家机关各部门新闻单位以及省、自治区、直辖市直属新闻单位发布的新闻的业务，但不得登载自行采写的新闻和其他来源的新闻。非新闻单位依法建立的其他互联网站，不得从事登载新闻业务。"[①]按照新闻界惯例，我国媒体在采用新华社的电讯稿（通常指新闻稿）时可以根据自身对消息重点的理解改动原稿的标题而不必与新华社协商，但不可以改动行文或增补内容。受此制度约束，网站新闻频道的编辑们不得不在标题制作上出奇招。

网络媒体转载传统媒体报道中的"标题党"行径愈演愈烈，其根本原因在于对经济利益的追逐，是由网站的盈利模式决定的。广告是门户网站最主要的收入来源。发展的早期各门户网站主要采取的计费方式是CPM：Cost per thousand impression（千印象费用），即网上广告产生每1000个广告印象数的费用，按广告投放次数而非投放时间长度收费。随着网络广告行业的发展，又出现了CPC这种计费方式，且越来越受到广告主的青睐。CPC即Cost per thousand click（千人点击成本）模式，以广告图形被点击并连接到相关网址或详细内容页面1000次为基准的网络广告收费模式。此外还有CPA：Cost per action（每行动成本）和CPR：Cost per response（每回应成本）等计费方式。[②]

无论哪种收费方式都以广告所在页面的访问量为依据。网站发行人必须吸引更多人来访问网站页面，才有可能提高点击率，实现对广告的点击、行动及回应等受众行为，进而获得收入。

在经济利益的驱使下，网站的新闻编辑们为吸引受众眼球、提高点击率，在转载传统媒体的新闻报道时不惜歪曲文章原意，抓住公众关注的焦点加以突出，"语不惊人死不休"。尤其是在媒介市场竞争激烈、新闻资源相对匮乏且同质化加剧的今天，此类标题一经流传能引发强烈关注，带来更多点击量。

① 转引自国务院新闻办公室 信息产业部发布互联网站从事登载新闻业务管理暂行规定，中国政府网，http://www.gov.cn，2000年11月06日

② 参见娄卓男：《论网络广告的定价方式》，刊于《现代情报》2003年第6期

## “标题党”如何吸引眼球?

最近几年，网络媒体在转载传统媒体报道时自行拟定标题导致原意被曲解、在社会上引起巨大反响的事例层出不穷。如2010年两会期间，《新京报》的一则报道《李毅中：“日记局长”若属实严肃处理》被网易全文转载，标题改为《最高检官员谈日记局长：贪官背后都有一段辉煌》，导致被报道者遭受网友痛骂，相关跟帖达到了36万条之多；今年6月《中国青年报》的深度调查《曾让瓮安不安的小镇救赎之路》被搜狐新闻转载，标题改成《瓮安官员谈打砸事件黑势力：某种意义系政府养大》，也引起巨大的社会反响。被网络编辑修改得戾气十足的标题总能引来上百次的转载和成千上万条跟帖，成为网民“泄愤”的出口。

略作归纳，此类“标题党”采用的拟题手法其实非常简单，只需在新闻事实中截取能够戳中社会痛点的一个片段，或从受访者话语中截取一句能够激起网友怒火的话，然后套入“某某称……”“某某：……”的句式即可。

当前社会正处于急剧转型期，社会矛盾尖锐。“标题党”刻意突出新闻事件中的不和谐音符，从新闻事件本身或新闻当事人的言论中挖掘敏感话题大肆渲染，以掀起社会舆论的浪潮。涉及贫富差距和社会不公的如贪污腐败、权力寻租、暴力执法等议题和与民生息息相关的房价、食品安全、医患关系等议题常常为网站编辑所用，俨然成为他们的“操作秘诀”。

如某网站6月12日在显著位置有一篇《解放军承认最大敌人是腐败 正严重影响战斗力》，表明来源是《解放军报》，而实际上是截取了军报原报道《保持军队党组织和干部队伍的纯洁性》的一部分内容并改写了标题。又如“两会”期间住建部部长姜伟新谈到房价时说到未来20年房价上涨的压力仍然很大，但中央抑制房价的决心更大。许多媒体都以《住建部长：未来20年房价上涨压力仍然很大》为标题，对中央抑制房价的决心只字不提，故意营造房价仍将上涨的恐慌气氛。

社会新闻的编辑更是将这一标题制作手法发挥到极致。前不久一则题为《北大校长称美国教育一塌糊涂》引发网友关注，其实北大校长是在肯定了美国教育的前提下指出了一些问题而已，他说的是美国在其价值观传播教育上一塌糊涂，而非“美国教育一塌糊涂”。再如哈尔滨医科大学一名未成年患者3月23日持刀砍死一名27岁实习医生，某网站为此进行了一次有6161人参加的调查，其中4018人对此表示高兴。对此央视制作了一期节目，批评该调查是在鼓励仇恨。而各大网站在转载央视报道时却将题目定为：《调查称超六成民众对哈医大杀医案“高兴”》，严重扭曲了原节目的内容，造成恶劣影响。

## “标题党”伤害了谁?

“标题党”之风愈演愈烈，最直接的受害者首先是新闻当事人。

社会节奏的加快和信息的爆炸使得受众习惯于快餐式的信息消费，其阅读习惯逐渐呈现一种“秒读”的状态，越来越多的读者通过阅读新闻标题判断内容。《中国青年报》日前发布的一份万人调查的数据显示：受访者中20.1%的人平时看新闻只看标题不看正文；66.3%的人会在看完标题之后快速浏览新闻；只有11.2%的人会详细阅读正文。[①]标题使读者形成先入为主的印象，在很大程度上影响了受众对新闻内容的理解。

对于只阅读新闻标题和被标题吸引、并未仔细阅读新闻内容的受众来说，曲解原意的标题往往招致网友对报道的错误解读，随之而来的是群体围攻和网络暴力，对新闻当事人的声誉和心理都造成了严重伤害。如2011年3月，正值两会期间，多家网络媒体纷纷刊载了对政协委员、中国城建控股集团总裁于炼关于房价问题的一个访谈。百度新闻首页的焦点新闻栏目的标题为《委员：高房价是好事》，凤凰网的报道题为《全国政协委员于炼：高房价说不定是好事》。这些新闻引发网友纷纷拍砖，评论多达一万余条，骂声一片。有网友评论道：“说高房价是好事的人身上肯定没有道德的血”“像于炼这样的委员，应该撤他的职！”甚至有网友对其进行人身攻击，留言评论“河南人啊，让我说你什么好”“要有道德也当不了中国的开发商”。[②]然而，如果认真听一下现场记者对于炼的录音报道，会知道于炼的原话是：“目前问题并不是高房价问题，而是民生问题，解决了大家的基本住房需求，高房价说不定是一件好事”。网站编辑在拟定标题时故意省略前后文语

---

① 转引自洪欣宜、向楠：万人民调：六成受访者曾受耸人听闻式新闻误导，中青在线，http://zqb.cyol.com，2012年05月29日

② 转引自徐维强、王佳、王莹：全国政协委员于炼：高房价说不定是好事，凤凰网，http://news.ifeng.com，2011年03月03日

境，截取受访者的只言片语进行放大，严重背离了受访者原意。前文中谈到的网易转载的报道改题为《最高检官员谈日记局长：贪官背后都有一段辉煌》，被报道者、最高检副检察长姜建初也同样身陷困境。有网友跟帖："狗屁辉煌，什么叫辉煌？大多数人都知道那才叫辉煌。被抓了大家才知道，那叫贪污"。[①]评论大多言辞激烈，火药味十足，跟帖成为"谩骂和攻击的海洋"。

其次，"标题党"在伤害公众的同时也伤害了媒体自身。

由于网络传播快餐化的特点，对于只读标题不看正文的网民，不实标题便等同于不实报道。公众的知情权受到了伤害，情绪被误导，甚至还可能产生不正当的行为。而伤害公众的媒体也往往要为自己的错误付出代价。如2009年清华大学哲学系教授肖鹰起诉网易侵犯其名誉权，源于网易娱乐频道在2009年3月25日刊发一条题为《清华教授肖鹰：郭德纲才是文化流氓》的300字的消息。经法院审理，"文章标题显然缺少确凿证据，造成读者相信肖鹰本人确做出该明确表述的误导，且客观上增加了对肖鹰不良评价的网络评论，"其行为 "确已损害肖鹰的合法权益，导致其人格减等，应构成对其名誉权的损害"。最终法院判决网易公司败诉，赔偿肖鹰名誉损害赔偿金一万元，并支付5500元的公证费。此外，网易公司还须就侵权行为向肖鹰书面道歉，并在刊登侵权报道的相同位置连续刊登5日。[②]这一案件以司法手段对"标题党"行为加以制裁，造成广泛影响，对媒体本身也带来严重损害。

而且，靠标题吸引受众，实则歪曲原意、文不对题，仔细阅读新闻且较有判断力的网友在被骗之后往往大呼上当，心生反感。长此以往受众将产生防备心理，无益于网络媒体建立自己的公信力和社会影响力。更重要的是，网络媒体尝到"标题党"新闻的甜头，越来越频繁使用，甚至固定化、常态化，从短期看的确提高了网站收入。但这种对利益的短线追逐不利于网站的建设和长足发展，最终受损害的还是媒体自身。

最后，"标题党"最严重的危害是破坏了社会的正常秩序和稳定发展。

由于"标题党"涉及的报道领域往往与当下最敏感的政治改革、社会矛盾冲突、以及关系群众切身利益的民生新闻等有关，与新闻事实不相符的标

① 转引自最高检官员：局长日记事件揭示贪官真实一面，网易新闻，http://news.163.com，2010年03月10日

② 转引自张国：八卦新闻玩"标题党"惹祸 清华教授打赢网易侵权案，中青在线，http://article.cyol.com，2009年11月11日

题很容易激化社会矛盾，挑起公众情绪，甚至诱导错误行为，带来难以估量的后果。这对于化解社会矛盾、保持社会稳定发展极为不利。

综上，网络新闻标题制作显然不只是编辑的业务技巧问题，还是其职业道德、社会责任感的具体表现。在激烈的新闻竞争中，固然要提倡新闻业务创新，但这种创新不能以违背新闻专业规范和职业道德为代价，更不能因媒体或编辑个人的眼前小利而造成对公众和社会的损害。

（蔡雯、周明阳撰写，原载于《新闻记者》2012年第12期）

# 微信公众平台给新闻传播带来的变革和机遇

## ——以“央视新闻”微信公众账号为例

微信是腾讯公司2011年1月推出的一款支持语音、图片、消息和多人群聊的即时通讯工具，经过两年的时间迅速发展成为了拥有超过3亿用户的重型互联网产品。其中，作为附加功能模块的微信公众平台提供了与特定群体进行全方位沟通的渠道，很快成为各类媒体试水新闻传播新模式的试验场。

今年两会期间，央视新闻频道开始微信的试运营，并于4月1日正式推出认证公众账号。在央视新闻频道播出微信公众账号上线的消息后，仅第一天订户增长数就超过22万，收到用户回复信息12万多条。目前，央视新闻微信公众账号的订户已经超过60万，成为了最具影响力的微信公众账号之一。

综观央视新闻公众账号两个月的运营情况，微信在新闻的精准推送、弥补传统媒体互动性不足，以及在突发性事件中争取新闻报道的时效性等方面体现出优越性。这一个案可以给我们带来诸多启示。

### 一、观察：央视新闻利用微信做了什么？

对于用户而言，微信是日常的移动通讯工具，但对于媒体而言，通过微信可以把新闻信息直接推送到用户的手机上。除了主动推送以外，微信的自动回复功能够让用户通过关键词主动获取最新的新闻资讯，无须人工的繁琐重复。这些功能和几近100%的受众到达率，让微信成为了传统媒体通过新媒体拓展用户资源的利器。以央视新闻为例，目前微信公众账号承担了以下几项功能。

1. 推送频道优质资源

在央视新闻公众账号编辑团队经过历次调整，先后向订户推送过央视主持人口播语音信息、独家视频信息，并形成了目前“早晚推送精选新闻图文专题，随时推送重大突发新闻独家资源，以图文素材为主，注重多媒体搭配”的推送模式。

在日常精选新闻的选取上，央视新闻一般为订户选择四条消息，包括一条重大新闻、一条央视的独家报道、一条民生、一条网络热点。在实际操作上还会灵活变通，比如新闻中心重点项目的推介、互动话题等。下一阶段，编辑团队已经达成共识，将更加注重公众账号的消息质量，严格控制推送次数和推送消息的数量。

2. 和电视节目开展互动

电视媒体封闭的传播形态使它在新媒体环境下流失了一部分受众。无论将微信定位为即时通讯工具还是具有潜力的社交媒体，依托强关系的互动性都是微信最突出的特征之一，这为弥补传统电视节目互动性不足提供了一种解决思路。

在两会期间，央视新闻与晚间的《24小时》节目组进行合作，推出“微观两会”，每天对一个两会热点话题进行征集微信评论，每天的回复量都在2万–3万。与微博互动的“留言板”效果不同，在微信平台上的互动更为私密，类似于“小纸条”的功能。从编辑团队的整理结果看，相比微博的网友评论来说，微信网友的回复质量要更高。

3. 增强突发新闻的报道时效

微信在重大突发性新闻面前展现出了惊人的力量。以央视新闻频道对于“4・20”芦山地震的报道为例，央视新闻官方微博于当日8点09分发出了地震的第一条微博。经过简单编辑，第一条微信信息“四川雅安发生5.9级地震”于8点16分向所有订户推送，在媒体微信账号中是最快的。随后，央视新闻又陆续推送了其他六条信息给订户。（表1）考虑到微信消息在发送的同时几乎就被接收，在当日订户接收到有关地震报道的信息中，央视新闻推送的信息在客观上占有一定的优先度。

表1　央视新闻公众账号4月20日推送信息

| 信息序号 | 推送时间 | 内容与作用 |
|---|---|---|
| 1 | 8：16 | 单条文字信息，发布地震新闻 |
| 2 | 9：09 | 单条图文信息，集纳了最新的震级数、灾情速报和一段网络视频，还有网友发在网上的图集以及重庆记者的连线内容 |

续表

| 信息序号 | 推送时间 | 内容与作用 |
|---|---|---|
| 3 | 10：22 | 图文征集微信，“请大家微信告诉我们现场情况” |
| 4 | 12：47 | 李克强乘专机前往灾区及最新的伤亡数字 |
| 5 | 13：37 | 图文专题，包括李克强总理赴灾区、救援车翻下悬崖、雅安加油和雅安电视台记者穿婚纱直播四条精选消息 |
| 6 | 19：16 | 图文专题，主推紧急寻亲平台 |
| 7 | 21：31 | 微信直播信息，订户可以通过微信实时收看新闻频道地震直播节目 |

与此同时，央视新闻频道在20日晚间将微信二维码挂在了电视屏幕上，吸引观众关注微信直播消息。这期间，央视新闻公众账号订户增加了10万，微信辅助地震新闻报道收到了很好的效果。

## 二、思考：微信使新闻传播发生哪些改变？

微信自身的传播特征决定了它将对传统的新闻传播模式产生新一轮的冲击。综观央视新闻等媒体已经或正在采取的措施，笔者认为：微信在新闻内容的生产、推送、接收和反馈四个环节为新闻传播带来变革。

1. 新闻生产：加深与用户的协作

（1）信息源和采访方式

“自媒体时代，人人都可以成为记者”，微信让这句话更加真实。目前，微信支持上传视频、文字、语音、图片，一对一传播的私密性又能够提升订户的报料意愿，每一家媒体都可以通过建立自己的订户报料资源库。

同时，微信公众平台为媒体大范围“海采”提供了渠道。微信反馈及时、快速、经济，而且形式丰富，当类似“你幸福吗？”这样的大型社会性议题需要进行海采、特别是对时效性有较高要求时，完全可以通过微信公众平台进行。

（2）编辑方式

目前多数媒体的新媒体部门刚刚成立，编辑分工多有重合，同时各类新媒体之间、新媒体与传统媒体之间也未能很好地相互联通，与报纸、电视媒体成熟的编辑系统相比，缺乏专业的新媒体编辑平台。微信公众平台的用户分组管理功能具有一定的参考价值：将各个发稿中心和记者站存入不同的组，当所属中心或站点区域收到新闻线索时，微信编辑可以立即通过微信与这些记者联系，记者也可以立即通过微信上传文字、图片或视频报道。分组对接功能实现以后，结合微信公众平台目前的素材存储和管理功能，微信新闻编辑的成本将大大降低，效率也会大为提升，有利于媒体内部资源的优化配置。

（3）新闻产品

“36氪”等自媒体账号由于自身灵活个性、亲近网络的特点，受到了广泛的关注。这对传统媒体的产品设计有所启示。例如，央视新闻频道利用自身名牌主播的品牌优势，二次开发媒体自身的新闻资源，可制作一些针对微信平台的独家产品，并注重与电视新闻产品形成差异化，将带来可观受众回流量。我们看到，一些都市报的微信平台已经把内容做成导航式的，如《三湘都市报》的微信平台通过手机用户发送“0”开户平台导航，用户接着输入1–8的数字，可以查看本周微关注、收看明哥说事、知晓天气、开怀一笑等；《温州都市报》微信平台的指令导航服务，可以获取温都新闻、影讯、天气预报等。这种分类推送供用户自选的内容，无疑带来更好的用户体验。

2. 新闻推送：细分式、精准性

微信公众平台的后台可以获取订户的全部信息，并提供了强大的订户分组功能，可以按地域、性别、喜好、需求等不同的指标分组。这为新闻信息的分组精准推送提供了实现渠道。

分组推送即微信公众平台在群发消息时，可以选择性别、分组、用户所在地区等属性，或者根据消息的类型和地域进行有选择的定向投放，将消息发送给某一类用户。例如涉及北京市的公共政策新闻其他地区用户可能不太关注，媒体就可以单独向北京市的微信订户推送；一些地方发生突发事件时，媒体也可以向关联订户发送求证信息。分组推送一旦实现，能够避免用户的信息过载，让媒体的各类信息资源发挥相应的最大价值。

3. 新闻接收：用户真正把握主动权

（1）碎片化地管理时间

目前，微信公众账号订户接收的大多是图文专题信息。图文专题分为一般分为三级阅读界面（“央视新闻”等少数媒体为二级界面）：第一级包含新闻标题、图片和文字导读；点击进入第二级界面，订户可以看到长文的主要段落（或短文的全文）；在二级阅读界面的下方，通常包括“阅读全文”的链接，点击进入后可以在原始网页阅读新闻全文。

表2　人民日报微信公众账号三级阅读界面阅读用时

| 阅读界面 | 字数范围[①]（字） | 占用时间[②]（秒） |
|---|---|---|
| 一级界面 | 10–30（各标题） | 1.2–3.6 |
| 二级界面 | 230–480 | 27.6–57.6 |
| 三级界面 | 1200–2700 | 144–324（即2.4–5.4分钟） |

从表2可以看出，媒体公众账号图文专题三级阅读界面的设置便于订户根据时间情况和兴趣爱好自主选择阅读深度，管理碎片化的新闻消费时间。

（2）打通客户端，让订户自主选择接收

利用微信推送的信息流量不能太大，否则会对订户带来过大的信息负担和经济负担。与此相比，新闻客户端对新闻的容量更大，但在编辑方法和内容呈现上和微信精选新闻的编辑方式比较相近。央视新闻等媒体已经通过技术手段将微信与新闻客户端打通，订户看到感兴趣的内容可以导入到客户端详细浏览，由被动接收转为主动地、有选择性地接收。

4. 用户反馈：为新闻机构提供更多资源

以往，报纸、电视等媒体想要获得受众对于媒体内容的反馈评价需要投入大量的人力、精力。以电视媒体为例，一直以来用收视率评价节目内容，但收视率的数据是非常粗糙的，很难做准确的数据分析。在微信平台上开发评分功能、或者在每条信息推送之后直接收取用户的私密反馈留言，加以汇总和分析，将使媒体对内容产品与受众需求的契合度有更清晰的认识，以便及时调整和改进。媒体也适合通过公众平台来做一系列问卷调查、栏目测试等，这对新闻内容生产具有极大意义。

## 三、推论：突破瓶颈，微信公众平台将迎来高速发展期

从观察和调研结果看，目前媒体在微信公众平台上发展的阻力主要集中在三个方面：

（1）同质化现象严重

尽管对推送的信息内容严格把关，很多媒体公众账号在选材上并没有跳出新闻选题重要性、显著性等要素羁绊。以今年4月9日为例，根据不完全统

---

① 数据基于2013年4月人民日报官方微信公众账号所有消息平均得出。

② 以“页面字数 / 正常阅读速度500字每分钟”计算得出。

计，有“央视新闻V”“新京报V”“京华时报V”“南方日报V”等12家主流媒体微信为订户选择推送了“撒切尔夫人逝世”的相关新闻，“京华时报V”“南方日报V”甚至将其作为当日推送的唯一消息。同样的情况也出现在波士顿爆炸案、复旦投毒事件等议题上。事实上，相关信息在当天被各类媒体多次曝光，订户对此已经非常熟悉。各个媒体公众账号之间选题的同质化、微信与其他媒体平台信息内容的同质化，不但会造成受众的信息过载，也不利于微信媒体化长期发展环境的营造。

二是形式同质化。微信平台即时语音消息等特色并没有被媒体重视，千篇一律的组合图文专题并不能体现微信公众平台的媒体功能优势，也很难维持受众的好奇心。相比前几年大热的彩信手机报，除了运营成本低廉以外，组合图文专题并没有更多优势。

（2）数据分析匮乏

当前版本的微信公众平台功能设计尚不完善，如每日微信订户的增减只有一条简单的曲线显示。虽然经过历次版本的更新，已经能获取一定的用户基本个人信息，但使用终端、浏览内容及阅读高峰期、低谷期等重要信息仍然无法从后台获取。此外，每条内容被点击的情况，哪些人做了二次转发，信息有没有形成爆发点这些值得媒体关注的数据，公众账号后台尚无法获取。

（3）推广力度不足

相对于商业类公众账号，目前媒体公众账号缺乏类似有吸引力的推广手段，如央视新闻目前主要依靠粉丝沙龙、语音对话等基于订户兴趣的手段。这意味着，媒体公众账号很难触及到媒体兴趣圈以外的订户；当订户量达到相对饱和以后，一旦有订户的兴趣点发生变化，就会出现负增长。

可喜的是，上述问题已经被试水微信的多数媒体和微信平台意识到，各方也合力推出了一些解决方案。

微信的精准推送让“渠道为王”“终端为王”再一次回归到了“内容为王”，同质化严重已经被多数媒体列为了最急需解决同时也最具备解决可行性的第一问题。例如我们在调研中了解到，央视新闻经过历次调整，将“热点、突发、互动”作为微信新闻选题的标准，并打算放弃每日固定时间推送早晚报的固定模式，让微信新闻更加灵活；人民日报社打算与人民网舆情监测室合作推出一系列有质量的舆情栏目，并在下一阶段重点推送《人民日报》的独家资源。

此外，微信后台的进一步开放和第三方开发商的介入将逐步解决平台功能不完善的问题。央视新闻自身攻克了在微信信息中插入视频播放器的技术难题，人民日报开发的微信菜单树功能也已经上线测试。另外，与第三方开发商合作，开发数据分析、评论搜索、二维码扫描地点追踪等附加功能也将逐一得以实现。

微信媒体化的战略地位正在被多数媒体重新认识，加大推广力度成为了战略部署中的重要环节。通过屏幕、网页、报纸版面等增加二维码曝光量、举办有奖关注活动等方式将为更多媒体所采用。

我们相信，微信对于新闻媒体而言，不仅是一条新的内容推送渠道，更是一次发掘无限的用户资源价值，将传统媒体自身的品牌优势向新媒体领域延伸拓展的难得机遇。

（蔡雯、翁之颢撰写，原载于《新闻记者》2013年第7期）

# 矢志改革推进媒体融合发展

中央全面深化改革领导小组第四次会议通过的《关于推动传统媒体和新兴媒体融合发展的指导意见》提出，整合新闻媒体资源，推动传统媒体和新兴媒体融合发展，是落实中央全面深化改革部署、推进宣传文化领域改革创新的一项重要任务，是适应媒体格局深刻变化、提升主流媒体传播力、公信力、影响力和舆论引导能力的重要举措。推动媒体融合发展，要将技术建设和内容建设摆在同等重要的位置。同时，须按照积极推进、科学发展、规范管理、确保导向的要求，推动传统媒体和新兴媒体在内容、渠道、平台、经营、管理等方面深度融合，着力打造一批形态多样、手段先进、具有竞争力的新型主流媒体，建成几家拥有强大传播力、公信力和影响力的新型媒体集团，形成立体多样、融合发展的现代传播体系。

媒体融合发展是大势所趋，本身也是传媒业的最大改革。我们的传媒业要落实好中央的部署、推进宣传文化领域改革创新的进一步深化，不断研究解决原来存在和新出现的问题，使媒体融合发展跟上时代的步伐，增强信息生产和服务能力，更好地传播党和政府声音，更好地满足人民群众的信息需求。

## 一、媒体融合发展存在的问题

从前些年的“报网互动、报网互补、报网一体”到今天成为国家战略的融合发展，由主流媒体率领的全国传媒业大变革、大转型近年取得了显著成绩，融合发展的观念深入人心，中央和地方相关部门都对媒体融合平台建设给予了多方面支持，大多数传统媒体以“两微一端”为主要传播方式的新媒体框架也基本建成运营，展现出令人期待的美好前景。但是，要达到中央和受众的要求，还有许多工作等着我们。根据相关的研究结果，结合我们在实际工作中的感受，目前传统媒体在融合发展中存在的问题主要体现以下五个方面：

首先，传统媒体人才流失和人员队伍不适应并存。当前传统媒体人才流失严重，一些有创新能力的骨干人才因为经济待遇和发展瓶颈限制，纷纷离职。坚守在媒体的人相当一部分还习惯于传统采编工作方式，缺乏新媒体意识和技能，难以适应媒体融合发展需要。与此同时，高校毕业生特别是优秀学生到传统媒体的就业意愿不强，一流的人才难以补充到传统媒体，让人对融合发展后劲担忧。

据一些媒体调查，近年随着采编人员的年龄增加，队伍老化情况日趋严重，一些员工不愿意学习新媒体技能，难以承担新媒体工作。有家大报采编部门主任除个别人以外，年龄都超过五十岁，未来几年每年都有人到龄退休。比例不高的中青年骨干还往往被挖改行到公司企业，或者被市场性网站挖走，甚至下海办起自媒体。新媒体工作人员基本是新招考的高校毕业生，而新进人员技能虽好，但掌握党媒基本规则还有个培训、培养过程，更别说好不容易培养起来的人往往又被市场化媒体高薪挖走，形成主流传统媒体不断招人培训，市场化媒体不断从主流媒体引进成熟人才的怪圈。另一调查表明，因薪金差别较大，包括新闻传播专业在内的优秀毕业生已不把媒体作为进入职场的第一选项，他们更愿去政府机关、国企乃至市场性网站。没有一流的后续人才补充，传统媒体在与市场网站和自媒体竞争中很难占据优势。

其次，传统媒体技术应用滞后和技术创新不足并存。目前许多传统媒体办的新媒体还是利用商业网站的平台和技术，自主研发新产品很少，即使有应用，时间也滞后，传播力有限，媒体平台的有效整合也存在技术瓶颈。如报纸的出版流程和“两微一端”及所属新闻网站的刊出流程在时间和质量方面都存在一定差异。若要建立起这些平台之间的互联互通，需要强有力的技术支持，而传统媒体技术人员始终处于后勤服务地位，仅仅用于维护采编和印刷网络技术维护，技术人才明显不够，往往成为融合发展的瓶颈。与之相关的是传统媒体的硬件设备更新也比较难。

第三、媒体融合资金困难与投资效率低下并存。新媒体用的是新技术，而新技术的采用需要快投入、高投入。市场网站以及一些自媒体产品，能充分利用国内外资本市场上的各种投资，迅速发展起来，而主流媒体自有资金有限，主要依靠财政资金进行技术改造，虽然近年中央和各地财政部门启动了对融合平台建设的资金投入，但在投资规模和效率方面还有一定距离。投资方式多是财政拨付的方式，也存在手续繁杂、时间较长、资金运用效率低下等问题，与媒体技术的快速发展很不适应。

第四，传统媒体经营能力衰退与创办新媒体效益不佳并存。面对新媒体特别是自媒体的冲击，传统媒体的传播力及经济利益受到越来越严重的影响，收益大幅度下降。不论是党报、都市报还是广播电视台，这一现象都较普遍存在。与此同时，创办新媒体及融合发展还属于投入期，有限的新媒体广告经营收入很难弥补传统媒体广告下降，更不要说新媒体投资回报了。研究、分析、探索新兴媒体的内在规律，不断提高自身的竞争力是传统媒体必须要面对的问题，而这方面工作尚未取得突破性进展。一些专家甚至认为，传统媒体办的新媒体还没有回收投资的成功案例，其盈利模式尚需做艰难探索。

第五，传统媒体的影响力下降与知识产权保护问题并存。影响力问题要具体分析，如由于国家政策支持，一些党报的发行量近年还在上升。但这是就特定读者群而言的，就全社会受众来说，传统媒体的影响力是下降的。不说年轻一代几乎不看报纸、电视，中老年人也大多从手机上获取新闻。传统媒体办的新媒体虽然发展较快，但除《人民日报》、新华社和中央广播电视总台等少数几家新媒体传播力较强外，其他各家新媒体自身传播力有限，要靠市场性网站和平台“二次传播”来扩大影响。传统媒体的稿件和音视频作品长期被商业网站无偿转用，近年随着知识产权保护的推进，无偿转发转播大为减少，但在“渠道为王”的时代很难做到公平。传统媒体有求于大平台、大网站，往往忍痛“贱卖”，知识产权得不到充分保护。这种不公平的合作、不对等的竞争还在延续，对传统媒体生存发展形成了巨大的压力。

上述传统媒体在媒体融合与转型时期面临问题，有着深刻的背景，是融合发展过程中必须面对的困难和挑战。

## 二、融合发展所遇问题之原因及解决路径

传统媒体和新兴媒体融合发展是中国新闻界自20世纪末以来持续探索的工作。以报纸为例，从最早办报纸网络版，到办新闻网站，从在PC上起步到办移动的微博、微信及新闻客户端，传统媒体跟踪先进技术应用，不断推出新媒体及产品，做出了很大努力，也取得了明显成绩。但是，由于主流媒体办的新媒体从一开始就实行“报网分设”“台网分设”的方式，虽然注重互动互补，但二者并没有实现融合发展，甚至在推动新闻网站改企上市过程中拉开了差距。

媒体融合存在问题有着路径选择的历史原因。这方面与国外融合发展较早的媒体还是有差异的。应该说，无论是发达国家还是发展中国家在媒体融合发展方面都走过艰难历程，发达国家媒体相对来说融合早一些，步子快一点。比如在英国，BBC在21世纪初把以前独立的电视、广播和网络新闻运营平台整

合成一个跨平台多媒体新闻中心，一套人马、一个平台生产出多样态的产品。“BBC记者”接到采访任务之后为BBC所有媒体供稿。记者写完稿只是全媒体运作的开始，编辑负责各取所需进行“深加工”，然后重新“排列组合”，生产出各种形态的新闻产品。全媒体记者对内容产品的生产质量和数量负责，媒体编辑要对媒体及版面、节目的定位和风格负责。2007年我随团访问英国默多克新闻集团的天空卫视，看到的就是这种融合运作。发展中国家媒体融合步伐相对要慢许多，2011年我们访问泰国《民族报》，接待我们的老总半天才出来，抱歉说正给部主任们开会部署转型工作，主任们抵触情绪大，说服多花了时间。我只好幽默地说，这个议题中国报纸也不轻松。这是一句大实话。国内当时有少数媒体在报网融合采编方面反应较快，如山东的《烟台日报》2008年就实行“一次采购，分头加工”的融合采编体制，我当时分管报网融合，还在出差时顺道去该报社作了参观交流。大多数媒体限于“报网分设、体制不一”以及观念、技能、资金等方面原因，报网融合工作要么等待观望，要么动作缓慢。尽管中宣部和财政部拨出资金支持中央主流媒体融合发展项目，就我们这种体制机制的媒体而言，其实是在等待着更高层的发动和推动，也只有中央高度重视，才会给全国媒体带来一场深刻的变革。

好在这个等待时间并不长。十八届中央委员会全面深化改革领导小组在2014年把媒体融合发展列入议事日程，第四次会议通过了《关于推动传统媒体和新兴媒体融合发展的指导意见》。《意见》内容很丰富，去年以来我们媒体都在学习贯彻，我理解以下几点尤其值得关注：一是把融合发展列为推进宣传文化领域改革创新的一项重要任务，二是提出要将技术建设和内容建设摆在同等重要的位置，三是要求传统媒体和新兴媒体在内容、渠道、平台、经营、管理等方面深度融合，着力打造一批形态多样、手段先进、具有竞争力的新型主流媒体，建成几家拥有强大传播力、公信力和影响力的新型媒体集团，形成立体多样、融合发展的现代传播体系。这三条充分体现了融合发展的重要性，特别是把技术建设提到与内容建设同等重要的地位，抓住了网络时代技术领先的关键要害。至于提出打造一批新型媒体集团，则描绘出了融合发展的具体目标。值得注意的是提到五个方面的深度融合（后来的会议文件增加到九个方面），都关系媒体体制机制的改革和创新，正是解决前文提到五个“并存”问题的密钥，也是媒体融合发展重要着力点。

就管理体制和用人制度看，传统媒体大多是事业单位体制，机构固化，人员稳定，调整部门机构要先报编制部门审批，人员的级别待遇在调整岗位时也要照顾周全，这种状态明显适应不了媒体融合的新的要求。传统媒体所属网站和下属报刊大多已转企转制，除一些领导之外，人员都是市场招聘，工资、福利待遇及管理模式都与传统媒体存在较大差别。在媒体融合发展中因此很难实现人员整合，在业务合作中也暴露出“同工不同酬”“外行指挥内行”等矛盾现象。有媒体为使生产流程融合，一度把报纸和网站的同类部门合并运行，但因人员编内编外身份不同、工资待遇不同，矛盾频出，最后不得不再分开。

媒体作为既有产业属性又有宣传功能的特殊行业，不加限制的市场竞争将给社会舆论环境及党和人民事业带来损失。事实上，以经济新闻领域为例，目前除主流媒体外，就有海外财经媒体和金融机构办的财经网站、大公司办的财经网站、市场类财经媒体和网站以及越来越多的自媒体，这些媒体从各自的利益和立场发文发声，平时关系不大，一到关键时刻如今年股灾时期，就会干扰党和政府的主流声音，对舆论环境造成不好的影响，因此不可等闲视之。

这些情况说明，媒体融合必须对传统媒体的体制机制做出改革，传统媒体如果不从体制和机制方面创新，用互联网思维设计自己的产品体系、产品架构，再造业务流程，融合发展就会流于形式，传统媒体和新媒体仍然“你是你，我是我”，只有改革了体制机制，做到“你就是我，我就是你”，才能最终实现融合发展的目标。

## 三、深化改革未有穷期

网络媒体及产业的快速发展，对媒体融合提出了加快步伐的要求。据统计，“十二五”期间，移动互联网引领中国互联网发展兴起“第三波浪潮”。移动宽带（3G/4G）用户累计达到6.74亿户，公共及家庭Wi-Fi无线网络环境日益普及，WLAN公共运营接入点（AP）总数达到604.5万个。移动网络应用跨越式发展，手机超越电脑成为中国网民第一大上网终端。全国手机网民规模达5.94亿，使用手机上网比率相比PC多20.5%。手机应用软件（APP）爆发式增长，主要应用商店规模超过400万个，更多网民选择在手机端使用新闻、搜索、社交、消费、订票、娱乐等应用。在这种新的传播格局下，信息传播呈现移动化、社交化、视频化、个性化和碎片化特点，大数据和云计算在传播活动中发挥越来越大的作用，这也使得传统媒体无法在原有的体制机制上适应变化，某些方面出现了“水土不服”的现象。传统媒体的受众规模不断缩小，市场份额逐渐下降，应与新兴媒体加快融合实现转型升级，避免被时代抛弃。

为此，加快媒体融合发展需在以下诸方面发力：

1. 建议高层继续加大对主流媒体和媒体融合的支持力度。尽管学术界对主流媒体的定义有讨论，但谁也不否认，主流媒体代表了社会核心价值观，影响着主流人群，所以对主流媒体的支持，就是支持改革和发展大业。支持和鼓励主流媒体与新兴媒体融合，目的是要保持和增强主流媒体的影响力、传播力，给人民群众提供更好地信息服务和舆论引导。目前主流媒体经营环境困难，各级党委政府要舆论上不断鼓劲、政策上不断支持，包括以鼓励创新、宽容失误的包容胸怀，使之有良好的改革和融合发展环境。

2. 尽快推进体制机制层面的融合。由于各种历史和现实的原因，媒体融合发展中无疑会出现两种机制的碰撞。新媒体通常是市场化体制机制，传统媒体通常是事业体制机制，两种体制机制在资源配置上的区别是显而易见的。媒体融合发展本身也包含了两种体制机制的融合，如何同时发挥两者优点和避免两者的不足，需要进一步在政策上探索和实践，同时需要顶层设计加以引导。应该积极推进传统媒体和新兴媒体由“两制”向“一制”融合，起码在新闻采编上做到一个采编平台、一支采编队伍、一种用人机制、一个考核标准、一个营运体系。在改革和发展过程中，要尽量消除差别和歧视，排除与时代发展趋势不相符的东西。

3. 创新资金和技术支持的方式方法，保证融合发展的效率和进度。目前国家支持媒体融合项目申报，评审和实施稳妥严格，但效率还不够高。加上技术更新换代很快，像前几年风行一时的微博乃至正在发展的新闻客户端，一些项目建成之日也就是落后之时。所以，应调整采购政策，改进相关财务制度和审计制度，让新媒体项目上得更快。要改变按传统的“排排坐吃果果”的支持方法，根据社会需求有差别地支持不同媒体。可学习资本市场上风险投资的方法，多支持那些在市场上崭露头角的产品和项目，更多地让市场来决定投什么投多少。有的媒体虽然总体融合水平不占先，但有一个或几个产品有前途，就应及时给予投资支持。

4. 加大对知识产权的保护。对专业媒体发布的原创性新闻应该采取充分的保护措施，让商业网站逐渐从“综合新闻网站”位置上退出去，也就是要让门户网站真正只做穿门而过的门户，而不是最大的新闻综合网。新闻产品的知识产权保护要有组织地进行和推进。

5. 进一步加快全媒体牌照开放与整合。由于媒体的融合发展，媒体的分类如果仍局限在以渠道划分，难免有些不合时宜。报纸、电台、电视台等的称呼已不能涵盖现实媒体内容和传播的实质，内宣外宣的人为切割也不符合网络时代的现状。因此，须加强全媒体牌照的整合。譬如，经济日报报业集团已经在做视频和音频内容并打通了境内外传播渠道，广播传媒也在做多语种的图文出版。在鼓励媒体融合发展的同时，应鼓励和放开媒体牌照，或者彻底统一媒体牌照，不再区分媒体渠道；统一管理制度，不再各设监管尺度。这样就会大大加快相应的媒体融合与资源整合。

媒体融合需要方方面面支持，当然最主要还是需要媒体自身的努力，媒体自身改革的勇气和魄力才是决定性因素。中央部署媒体融合后，各级主流媒体闻风而动，加大了融合发展的步伐。我所在的《经济日报》就在主报、两微一端和中国经济网层面逐步实现深度融合。首先体现在日常报道的流程方面，每日的晨会、统稿会、编前会，报网博三个媒体的人员一同参加、一起策划，沟通选题和稿件。已经实现了高质量的报道内容第一时间在两微一端和网站渠道得到传播，实现多媒体平台协作与共赢。原本《经济日报》只是一份平面纸媒，但是通过报网博等多媒体的融合发展，初步实现了全媒体平台的协作和共赢。中国经济网于2014年7月正式推出“中国经济网络电视”（CEN），实现了电脑、手机、平板等多屏幕的24小时滚动播出，目前每日播出原创内容节目已达到3小时。电视栏目内容进入多家卫视、地方电视台、数字频道，实现网站原创节目在部分省市的落地。除了国内，内容传播还积极拓展海外渠道。例如在习主席访美期间，邀请权威嘉宾就热点进行访谈解读。近期，经济日报客户端的上线，加上微信微博，实现了媒体平台上的全面融合，中国经济网的微信公号用户也突破了60万，在全国新闻网站类微信公号中传播力名列第一。多个平台之间协调报道、合作推广，大大丰富了宣传报道的渠道和工具。例如，在“三经论坛”“食品安全论坛”等大型活动中，全部实现了音视频和图文的现场直播、报纸专版和网络专题的联动。报纸的部分重点内容通过网站的多语种频道进行了全球的推广，重点稿件还通过两微一端平台推广以扩大影响，这些均显著地增强了《经济日报》的传播力和影响力。

融合发展是新闻事业发展到今天遇到的一个时代课题，也是我们这一代新闻人必须应对的挑战，更是壮大和巩固主流舆论的迫切需要。新闻事业的改革需要我们的顽强努力，更离不开社会环境的鼓励和支持。相信在中央高层的指导下，中国新闻界能够通过媒体融合为中国改革事业写上更加靓丽的一笔。

（丁士撰写，系2015年11月在浦东干部学院学员论坛上的发言）

# 质疑面前，专业媒体的新闻报道问题出在哪里？

## ——对2014年引发争议的新闻报道的综述与研究

对新闻业和新闻从业者来说，刚刚过去的2014年都是无比艰难的一年，用“多重困境”来形容一点不为过。新闻人的“自我焦虑”在2014年达到了峰值，行业危机感、理想模糊和生存压力使得媒体人离职现象前所未有的突出。另一方面，“技术冲击”对传统新闻业务的冲击和解构在2014年愈发强烈，信息发布门槛的降低使得自媒体进一步繁荣，打破了专业媒体垄断信息生产的格局，受众获得信息的渠道选择更多；大数据技术、信息可视化的成熟改变了传统新闻千篇一律的报道模式，职业新闻工作者的工作内容和工作方式也相应地有所调整。

更严重的困境是，公众媒介素养的显著提升消解了媒体的权威性，受众对专业媒体的报道更加挑剔，加之不少媒体在转型期间被质疑和批评成为常态，媒体正陷入“不被信任”的危机之中，“专业媒体的新闻报道应该怎么做？”成为了共性的困惑。回顾2014年，专业媒体对重大、热点事件的报道并不能让人感到满意；尤其在微博、网站、微信等网络空间中，专业媒体的新闻报道或多或少都存在明显的问题与不足，专家学者、媒体同行甚至普通网民对此留下大量反思性的言论。筛选一份热点事件的新闻媒体反思榜单，总结热点事件中专业媒体的新闻报道遭到集中诟病的问题，鼓励媒体抱着“有则改之无则加勉”的心态正视这些问题，对各方的反思言论加以梳理并基于反思意见提出具体的应对策略和改进建议，对媒介的健康转型具有深刻的现实意义。

### 一、2014年热点事件报道媒体反思榜单

#### （一）研究背景

在2014年的网络舆情热点事件中，由于新闻媒体行为失范导致舆情异常走高、激化舆论场对立的案例数量显著增加。这些报道对整个新闻行业的转

型和发展带来了不利影响，也在一些问题上激化了社会对立、增加了社会矛盾和风险。

其实学界和业界都有针对这些问题报道的反思，但由于交流与合作欠缺，各自都存在问题，以致不成体系，最终缺乏影响力。一些舆情研究机构对热点事件的传播过程进行了详细的解构和还原，但受长期舆情研判的固有思路和模式限制，很少从媒体的角度思考问题、寻找策略；而高校和一些个人研究者由于缺乏有力的数据支持，大多是根据理论和经验进行学理性推断，难以深入开展研究。学界的一些反思成果如《新闻记者》杂志每年推出的年度虚假新闻评点报告，《2014年虚假新闻研究报告》也已经发布。但随着新闻传播变革的深入，专业媒体报道的失范问题早已不局限于“虚假新闻”的范畴；目前的相关反思成果并不能系统、细致地反映专业媒体在网络空间中报道失范的具体问题。

### （二）研究方法

研究者通过与“人民在线”（人民网舆情http：//www.peopleyuqing.com/）合作，对2014年全部的网络舆论热点事件进行了梳理，整理出了全年舆情热度超过10000的20个热点事件，并按舆情热度由高到低排序，见表1。

表1 “人民在线”统计的2014年热点新闻事件

| 时间 | 事件 | 舆情热度 |
|---|---|---|
| 2014.4.22 | 快播涉黄被调查 | 7732743 |
| 2014.3.8 | 马航航班失联 | 4646629 |
| 2014.3.1 | 昆明火车站暴恐 | 2587621 |
| 2014.3.29 | 文章“出轨” | 1301604 |
| 2014.1.3 | 接种新生儿疫苗死亡事件结果通报 | 1149150 |
| 2014.4.21 | 香港幼童便溺 | 1044543 |
| 2014.2.9 | 东莞扫黄风暴 | 594656.3 |
| 2014.5.28 | 招远邪教血案 | 329906.8 |
| 2014.9.3 | 21世纪经济报道案 | 272093.9 |
| 2014.8.10 | 湘潭产妇死亡 | 198889.5 |
| 2014.9.2 | 哈尔滨杀警越狱犯高玉伦被抓 | 143768.5 |
| 2014.10.14 | 晋宁征地冲突2500万征地补偿 | 89839.9 |
| 2014.4.22 | 壹基金遭质疑 | 88789.7 |

续表

| 时间 | 事件 | 舆情热度 |
|---|---|---|
| 2014.8.20 | 上海地铁老外晕倒乘客无一相助 | 82984.5 |
| 2014.7.19 | 红十字会赈灾送棉被 | 75941.1 |
| 2014.10.23 | 95后少女用身体换旅行 | 58108.7 |
| 2014.6.29 | 广西男孩杨六斤事件 | 53651.9 |
| 2014.2.19 | 复旦投毒案审判 | 53081.4 |
| 2014.8.4 | 云南鲁甸地震中与“浑水煮面”事件 | 33825 |
| 2014.9.16 | 吴良镛讲座上的睡觉学生 | 11402 |

随后，研究者按照以下4个标准对事件进行了二次筛选，最终选取了10个反思意见多元、传播节点突出的事件，并按时间顺序排序组成了2014年的新闻报道媒体反思榜单，见表2。

1. 从传播效果看，所选取的事件曾在一定时间范围内形成网络舆论热点，具有较高的相关新闻数量搜索量、网页点击率和微博讨论热度。

2. 从传播路径看，部分媒体失范的报道成为推动舆情走高的关键节点，或者部分失范报道本身就是舆论的焦点所在。

3. 从传播反馈看，网络舆论中有针对相关新闻报道的具体意见和反思，发表意见者包括专家学者、网络意见领袖、媒体同行和普通网民。

4. 从传播主体看，相关新闻报道有明确的消息源媒体，所有的反思意见有原微博和网页可以查证。

表2　2014年热点事件报道媒体反思榜单

| 时间 | 热点事件 | 问题报道消息源媒体 | 舆情热度 | 微博转发与评论数据 | 反思集中点 |
|---|---|---|---|---|---|
| 1.3 | 接种新生儿疫苗死亡事件结果通报 | 中国经营报、21世纪经济报道、东方早报等 | 1149207 | 37116 | 报道方式欠妥、专业素养缺失 |
| 3.1 | 昆明火车站暴恐案 | 新华网、凤凰网等 | 2587520 | 1146472 | 媒介伦理问题、专业素养缺失 |
| 3.8 | 马航航班失联 | 央视新闻、人民日报、新华网、南方都市报等 | 4645893 | 35907668 | 报道方式欠妥、专业素养缺失、媒介伦理问题 |
| 3.29 | 文章出轨 | 南方娱乐周刊等 | 1300360 | 8474820 | 媒介伦理问题 |

续表

| 时间 | 热点事件 | 问题报道消息源媒体 | 舆情热度 | 微博转发与评论数据 | 反思集中点 |
|---|---|---|---|---|---|
| 4.22 | 壹基金遭质疑 | 北京青年报等 | 88786 | 589732 | 专业素养缺失、媒介伦理问题 |
| 6.29 | 广西男孩杨六斤 | 广西卫视、南方都市报等 | 53701 | 334044 | 角色定位偏差、专业素养缺失、媒介伦理问题 |
| 7.19 | 红十字会赈灾送棉被 | 新华网、中新网等 | 76010 | 305176 | 角色定位偏差、专业素养缺失 |
| 8.4 | 解放军浑水煮面 | 中广网、环球时报等 | 33908 | 235068 | 角色定位偏差，专业素养缺失 |
| 8.10 | 湘潭产妇死亡 | 华声在线等 | 198944 | 651592 | 专业素养缺失、媒介伦理问题 |
| 9.16 | 院士讲座上的睡觉学生 | 中青在线等 | 11493 | 53612 | 角色定位偏差、专业素养缺失、媒介伦理问题 |

注：本榜单由人民在线（人民网舆情）提供数据支持和基础案例，舆情热度通过综合百度网页相关数、百度新闻相关报道量、新浪微博转发评论量、平面报刊相关报道量、微信相关文章数、天涯论坛相关发帖量、人人网和开心网相关文章数量计算得出。

## 二、2014年热点事件报道表现出的问题与引发的反思

从媒体反思榜单可以看出，2014年专业媒体对热点事件的报道中较为集中和突出地表现出了报道方式、角色定位、专业素养和媒介伦理四方面的问题，引发了社会较为广泛的争议和批评。

**（一）过于碎片化的报道方式和内容呈现，让媒体报道难以还原事实真相**

新媒体渠道极大地缩短了媒体信息发布的周期，降低了信息发布的成本，成为不少媒体追踪突发重大新闻的首选平台。2013年，主流媒体利用微博、微信等新媒体平台在突发重大新闻的报道上取得了亮眼的成绩。以“4·20”芦山地震的报道为例，“央视新闻”微信当天推送了7组图文资讯，既在第一时间完成了信息核实与发布工作，又承担了社会动员和网络救援的任务，“碎片化”在突发灾难报道中展现出了惊人的力量。

而在2014年，越来越多的媒体介入到这种“碎片化”的竞争中，网络空间中信息资源泛滥与受众注意力资源稀缺的矛盾愈发凸显。一些媒体为了争夺关注度，“有闻必发”而不加辨析与核实；在新信息匮乏的时候，媒体甚至以连续煽情、生造话题的形式牵制受众。大量冗余、无效的报道充斥在微博、微信上，非但不能帮助受众还原事实真相，信息的过载增加

了还原事实的难度。频繁的信息发布使一些主流媒体在相关报道中大失水准，屡屡陷入被质疑和诟病的困境中。“马航航班失联”就是其中问题最典型的案例。

**案例：“马航航班失联”**

在MH370航班失联以后，3月8日8时26分，中国新闻网快讯称“马来西亚航空公司与载239人的飞机失去联系”。该消息通过@中国新闻网、@央视新闻、@新华视点、@人民日报等转发而迅速扩散，并占据当日各大门户网站首页位置。截至3月16日0时，仅@央视新闻发布的与飞机失联事件相关微博即达310条，转发超过5000次的微博超30条。由@央视新闻主持的“马航飞机失联”话题一周微博讨论量达到5675310条。由此可见，微博成为了公众关注“马航航班失联”事件进展的重要信息平台，@人民日报、@央视新闻等主流媒体法人微博在此次报道中占据了主导地位。

【问题】

在广泛关注引发巨大信息需求后，以网络为载体的新媒体信息发布灵活迅捷的优势显露无遗。但在事故发生的几天内，媒体大量发布的微博消息中对受众有突破性价值的新信息并不多，高频率的更新却加剧了受众接收信息的混乱程度，整个事件被彻底地碎片化解构，受众完全不知道如何“核实”与“组装”媒体提供的大量零碎的信息。这是在“马航航班失联”事件中媒体报道被质疑的焦点问题。

比如，一些媒体为抢时效性，大量转发未经核实的外媒消息，只是打上“转”或者“求证”的标签后便迅速在其法人微博发布。新华网3月8日上午发布快讯：“越南媒体8日报道说，越南搜救人员当天在越南南部金瓯省西南120海里处发现马来西亚航空公司吉隆坡至北京航班失联客机信号。”“越南媒体”就是一个非常含糊的说法，既不能体现消息源的权威性，又没有留下查证的线索。类似“据外媒消息”的短语在相关报道中反复出现，媒体报道中出现了同一时间不同媒体发布的消息大相径庭甚至同一媒体上午和下午发布的消息截然相反的情况，大大损伤了媒体的公信力。

【反思】

1. 对过于“碎片化”原因的反思

突发事件缺乏可以依赖的新闻“框架”。“马航航班失联”事件突破了“国内新闻”与“国际新闻”所限定的新闻框架和报道理念。这种特殊性使得媒体在“框架”上无所适从，国内媒体和驻外记者都没有能力和资源独立地进行深入挖掘。而事件本身又具有高度的不确定性，媒体各自发布的消息被迫止于有限的见闻，结果只能报道“碎片”而不是事实本身。

过度使用转引式的报道，新闻的“内生产”泛滥。在网络空间里与“马航航班失联”相关的报道，很多不是针对失联事件本身，而是对已经爆出来的新闻进行再加工和整理，也就是学界所说的“新闻内生产”。转引式报道不可避免地带来了两个问题：第一，新闻的同质化。新闻报道看上去铺天盖地，实际上只是几个有限信源不断地被转载和重复；第二，新闻核实能力的下降。[①]媒体来不及去核实事实上也无法去核实自己转引的信息。

2. 对大量“无关碎片”——情感性报道带来副作用的反思

在没有获取新消息的情况下，大量媒体微博反复而密集地将“马航航班失联”的舆论关注导向“默默祈祷”“等你回来”，频繁的煽情引发了受众不满情绪的爆发。一个副作用是伤害受众。时评人郭松民在微博上直言：“马航事件中主流媒体表现煽情太过，满纸满屏都是‘等你回家’，其实是对家属的二次伤害。为什么不坦率地告诉他们亲人已无生还希望？为什么要给他们这么多惠而不费的廉价安慰？为什么不把注意力转向真相与善后呢？”[②]另一个副作用是降低事实性报道的传播效果。一连多日大量类似的微博反复出现，让很多受众非理智地坚信飞机没有失事，而对有事实依据的负面报道持抵触态度，变相增加了还原事实的难度。

**（二）止于“发布信息”而非对事实真相及原因的深入挖掘和阐释，使专业媒体人的角色与普通网民无异**

技术革新为新闻的实时传播提供了契机。以微信公众账号为例，一组图文资讯从发布到传达至移动终端，仅有几分钟的延时。在一些突发事件中，自媒体上的UGC内容由于更接近现场，且没有编辑、审查等环节的限制，往往能比专业媒体更快地发布消息，通过微博和微信朋友圈转发形成舆论热点，给专业媒体带来不小的竞争压力。

面对自媒体的挑战，部分媒体过分追求“新闻实时”，渴望在第一时间另辟蹊径，抛出别人没有发现的问题。这种急于抛出问题的态度，加上报道的半途而废，没有能够揭示事实真相和事件全貌，造成了事实上的新闻“烂

① 王辰瑶、汪子钰（2014），内爆：不确定时代新闻生产的逻辑——从马航客机失联报道谈起，《新闻记者》（5），52-57

② 郭松民（2014），新浪认证微博，检索于 http://weibo.com/1065618283/AAdLtjOq5?from=page_1005051065618283_profile&wvr=6&mod=weibotime

尾”，而让读者“悬疑”。随着舆论新热点的不断出现，这些“烂尾”新闻迅速被媒体和受众遗忘。一些媒体草率地抛出问题，结果被网民群体或媒体同行推翻，成为笑谈。

事实上，专业媒体的报道策划、事实核实、深度阐释正是媒体剖析问题以至促进有关主体解决问题的关键，也是专业媒体区别于自媒体的优势所在，学界开始重新审视“新闻延时”的价值，反思部分媒体和媒体从业者舍本求末，忽视了自身的核心竞争力，将新闻报道工作止于“发布信息”而非“促进问题的解决”，使专业媒体人的角色与普通网民无差，降低了整个行业的水准。

**案例一：“院士讲座上的睡觉学生”**

2014年9月16日，中青在线网刊登了一组题为《九旬院士站着做报告九零后学生趴着打瞌睡》的图片新闻。随后，@中国青年报根据这组图片新闻发出了一条主题为“老院士站着讲大学生趴着睡”的微博，受到了大量微博网民的关注。根据《中国青年报》记者的描述，“当时工作人员怕出现意外，专门搬了把凳子坐在报告台吴老身后。而台下坐的首都多所高校近6000名新入学的研究生一片片‘倒’下。”

【问题】

在这一事件的报道过程中，@人民日报、@央视新闻、@凤凰网和@中国青年报是微博传播的关键节点，这些媒体法人账号发出的微博来源却一律都是中青在线早些时候发布的图片新闻，并不见其他媒体和记者的相关报道。

在相关报道引起舆论争议以后，《中国青年报》并没有能够有效地呈现事实，缓解网络空间中的意见纠纷；绝大多数参与事件热度推动的媒体，也仅仅将工作止于转发和评论。对“睡觉的是哪些人？”“他们为什么睡觉？”“类似的讲座中如何能避免有人睡觉？”这些值得推敲和深思的问题，大部分专业媒体和记者没有去做，而是留给了网民和社交媒体零零碎碎地去做。

**案例二：“解放军浑水煮面”**

2014年8月4日，在云南鲁甸地震救援过程中，中广网一条名为《云南重灾区物资缺乏 救援人员用浑水煮面》的报道引起了舆论的关注。8月5日，《环球时报》发表一篇《救灾部队：浑水泡面不属实勿轻信伤害前方士气》的报道，称该报记者向前方救灾部队求证时得知这是一则假新闻。在此期间，舆论风向连续反转。6日6时41分，中国之声特别报道部官方微博称，浑水煮面发生的具体时间是8月4日，发生地点为震中龙头山镇的龙全中学，因为地震水质浑浊，特殊情况下只能用浑水煮泡面。真相逐渐明晰，《环球时报》出面道歉。

【问题】

有研究者将这个事件比作报道评论栏里常见的“歪楼现象”——一篇本身存在问题的报道，很容易被某一个楼层的评论曲解，而受众却觉得相比于原报道这种“曲解”更值得相信（文不弱，2014）。央广网消息发布得太急太快，以至于一些与常识相悖的问题还没有得到深入解释（比如“浑水煮面”发生的具体地点、特殊情况下用浑水煮面而将汤水倒掉的处理细节），报道就进入了舆论的视野。只不过，这一次主导“歪楼”的也是专业媒体。

【反思】

1. 对“角色模糊”不良影响的反思——新闻人的身份消解

受互联网的影响，“大规模业余化”的趋势越来越突出，并且在传媒业表现得最为集中。“专业的媒体”正在被这种趋势所消解。如果媒体从业者不能重新准确地界定“职业优势”，角色迷惘就会成为一种常态，新闻报道的质量将继续下降，形成一种恶性循环，职业新闻人的身份消解最终必将导致新闻业的消解。

2. 对寻找新的“目标角色”必要性的反思

在新闻信息生产主体极大丰富的情况下，专业媒体若只固守信息提供者角色，在竞争中必然会日显劣势，甚至会渐失其存在价值。因此，“寻找新的角色目标，就成为新媒体环境下传统媒体谋求生存与发展和寻求自身新的价值增长点的急务。”寻找职业新闻人新的“目标角色”，实际在于证明专业新闻工作的无可取代性，寻找转型中新闻业新的生存根基。

**（三）感性判断取代理性思考，评论先于报道，新闻专业主义精神被质疑**

新媒体的传播特点和思维方式使媒体和受众都容易产生“先入为主”的现象：媒体往往根据最先获取的素材预设一个报道的框架，根据框架再寻求自己所需要的素材作为佐证；而不是在不断积累和挖掘新素材之后，站在一定的高度上审视问题全貌，对报道进行相应的调整。受众则容易被媒体的第一判断所干扰，对后续的反驳、辟谣的消息关注积极性不高。在新媒体平台上，新闻报道的深度正被不断削弱，取而代之的是各种形式花哨的评论专题或者网络意见调查，“新闻专业主义精神是否还存在”成为值得深思的问题。

**案例：“接种新生儿疫苗死亡结果通报”**

2013年底，湖南等地17名新生儿在接种康泰乙肝疫苗后死亡；2014年1月17日，国家食品药品监督管理总局、国家卫生计生委通报乙肝疫苗事件调查结果表示：“综合现场检查、产品抽验结果以及病例调查诊断情况，未发现深圳康泰生物制品股份有限公司生产的乙肝疫苗存在质量问题。”然而，由于在调查期间媒体报道“先入为主”的不当表现，让权威机构发布的调查通报受到舆论质疑和诟病，国产疫苗陷入信任危机，相关产业受到重大打击。

【问题】

1. 背景材料先入为主：受相关报道经验限制，第一时间将事件与“山西问题疫苗”相联系，在微博上大量铺叙山西问题疫苗的相关背景，误导了受众。

2. 报道前提先入为主：以“新生儿死亡的原因是疫苗有问题”作为报道的前提假设，在此基础上进行采访、报道和评论，如被@新京报等媒体法人微博大量转发的《“夺命疫苗”三涉事企业无新版GMP认证》等报道，从标题开始就反复强调“夺命疫苗”的概念。

3. 事实判断先入为主：在两部门联合发布结果通报以后，因为与自己预设的情况截然相反，部分媒体站在“自己是正确的”预设立场上，刊发评论，带动受众对权威部门展开质疑。尽管科学调查证明17名儿童在接种疫苗以后死亡是偶发事件，由于此前媒体在微博上反复而密集地追问和质疑，导致错误的舆论意见长时间无法扭转，后期多数客观、中立的报道被受众选择性忽视。

【反思】

1. 对缺乏专业主义精神之具体表现的反思

专业主义精神缺失，使得媒体从业人员的“万金油”综合征表现得更加突出：过分依赖通稿、对各方面知识的深度储备不足，导致面对突发事件时无法做到客观和准确。专业媒体在相关报道中缺乏技巧，不能够有效地统筹专家资源协助自己解决问题，以至将小问题夸大，过度解读，反映出媒体从业者自身新闻业务素养不过硬的缺陷。

2. 对缺乏专业主义精神之不利影响的反思

专业主义精神的缺乏导致专业媒体报道失实（报道部分或整体与事实不符）和报道失准（在专业知识或数据上偏离标准）的问题成为常态；更严重

的是，它会让受众认识和解读社会问题的方式发生变化——从关注核心问题转为关注繁杂的边缘问题，比如在“接种新生儿疫苗死亡结果通报”中，很多受众无意识地卷入“国家食品药品监督管理总局与国家卫生计生委是否可信”的争论之中，过分关注外围人物和机构、过分夸大间接过失。

**（四）“一味制造噱头”与“过度迎合受众”，新闻伦理道德底线受到挑战**

我国社会正处在复杂、多元的转型期，政府与公权力、教育与科技、卫生与医疗改革、就业与社会保障、生态与环境问题等都是2014年持续受到公众关注的社会热点。媒体议程与往年相比有了明显的改变，更多介入社会公众普遍关心的问题，以求新闻报道更加“接地气”，许多媒体正在探索一条“以受众（用户）为中心”的转型道路。

受众导向最直接、显著的效果就是能争取更多的点击率和关注度，从而提升媒体的影响力和竞争力。但在实际操作中，一些媒体过度迎合受众，使得媒体立场和受众需求的杠杆失衡，新闻的伦理道德底线受到强烈冲击。大量“泛娱乐化”“标题党”“贴标签”的报道充斥在网络空间中，助长了网络戾气，招致广泛的质疑和批评。

**案例：“湘潭产妇死亡”**

2014年8月10日，湘潭市某妇幼保健院发生一起产妇死亡事件。8月12日17时23分，湖南省网络媒体“华声在线”发布了一篇题为《湘潭产妇死在手术台医生护士不知去向医院称已尽全力》的报道。这则报道被网络媒体转发后冠以各种标题，标题中凸显“产妇惨死”“护士医生跑路”“死者赤身裸体”“满口鲜血眼含泪水”等，相关报道无不将涉事医院塑造成了草菅人命、管理混乱的医院，把道德批判的矛头对准了医疗机构，把患者死亡的责任引向了医务人员。这则新闻经过门户网站的转发，吸引了近40万网民参与话题讨论，成为8月份互联网舆论高热事件。而经过权威机构的鉴定，湘潭产妇死亡事件调查结论为产妇的死亡原因符合肺羊水栓塞所致的全身多器官功能衰竭，并不构成医疗事故，这与多数媒体预置的结论相去甚远。

【问题】

在医患矛盾突出的今天，医疗领域已经成为媒体推出“重大新闻”的高产空间，受众也乐于阅读相关报道，并就媒体经常曝光的“医护人员玩忽职守”“医药价格猫腻众多”等问题发表观点（赵金，2014）。为了迎合受众的这种心理，许多媒体人在报道医疗新闻时，选择性地忽视一些重要的事实和科学性解释，靠抢眼的标题和耸人听闻的细节吸引受众，激化医患对立，加深社会偏见。

【反思】

错误的报道出发点加剧“舆论错焦”现象：一些媒体为了被受众喜欢和接受以免遭受非议和孤立，十分关注其他媒体账号“大热”的微博，相互转载变成自己的内容以迎合受众变成了一种行业潜规则。在部分事件的报道过程中，自家媒体虽然没有记者在场，但如不转发跟进，不免错失了一个赢得大量“转发、评论数据指标”的机会；看到具有抢眼“潜力”的报道，就重拟一个骇人听闻的标题为我所用。在本身专业知识匮乏的情况下，制造噱头的报道出发点使得舆论错焦的现象进一步加剧。

需要补充说明的是，在2014年遭到普遍质疑的新闻热点事件中，很多相关报道同时兼具以上两个甚至更多方面的问题。以“院士讲座上的睡觉学生”事件为例，除了《中国青年报》记者角色定位出现偏差的问题以外，在事件的传播扩散过程中，部分媒体在不了解事实真相的情况下第一时间刊发了“独家评论”“专家视点”“微言”等评论性文字，言辞激烈，让在场的学生、高校教育制度成为众矢之的，主导了网络道德审判的进程；受“先入为主”的影响，互联网上一些理性解释和反思的声音被选择性忽略；媒体转发的微博标题被一再修改，网络编辑们通过塑造“院士与研究生”“老人与年轻人”“站着讲课与趴着睡觉”的一组组对比画面，用巨大的反差制造噱头，@凤凰网更是在微博标题中悄悄加上了“90后”，网民对90后大学生群体的声讨引发争议。

此外，在2014年热点事件的报道中，还有一些反思的声音比较微弱，或是由于相应的问题还没有表现得更为足够突出，但也值得专业媒体关注。如随着信息可视化的普及，在媒体狂热追捧“大数据”的时候，一些学者和网民开始注意到“大数据”并不能完全取代专业记者的作用，“可视化”并不等同于新闻深度；媒体发布在网络空间中很多可视化报道，正在让受众由新鲜转为疑惑，在从采访驱动到数据驱动的变化中，是否忽视了采访的作用和文字的解释力？怎样平衡可视化的数据图表与具有解释力的新闻语言，还需在今后进一步探索。

## 三、应对所反思问题的建议

从媒体报道反思榜单可以看出，专业媒体如今面临的信任危机，究其根源，问题大多出在媒体本身。出现“转型迷惘”的困境，首先是“人”的问题——许多专业的媒体人降低了对自我的要求，受社会浮躁风气的影响目光变得短浅，只考虑眼前或者短期内的收益，致使问题报道不断。管理体制的沉疴、新闻教育和研究机构对新闻实践的支持力度不足等，也是亟待重视的重要原因。要解决2014年热点事件报道中出现的问题，对媒体人、媒介管理和新闻教育都提出了具体的要求。

**（一）加快角色转型**

“人人都有麦克风”并不意味着人人都有能力核实新闻事实、推进问题的解决，而这正是职业新闻工作的优势所在。角色转型意识要求媒体从业者既能发现新闻，又能主动调查和核实事实；既能揭示真相，又能引导舆论、促进问题得到解决。也就是说，职业新闻工作者首先要担负新闻报道的责任，为受众还原事情的真实面貌；其次要担负媒体的社会责任，在提出问题的同时能为解决问题做出初步探索。在2014年问题报道中体现出的媒体人的角色是单一的“发现信息——发布信息”的“情报员”，这个角色应该转变为“发现问题——传达问题——启发思考——集纳众议——形成合议”的社会管理参与者角色。

**（二）重视内容建设**

在传统媒体与新兴媒体融合发展的今天，一些媒体耗费大量财力人力铺设新渠道、开发APP应用、建构科学的数字付费系统却无法提供真正有公信力、受到用户欢迎的内容。移动互联网与移动终端的广泛普及加快了新闻产品的转型换代，但仅仅靠新颖的多媒体展示和互动设计，并不能让用户对与其需求不相匹配的话题保持长久兴趣。新闻产品的核心价值最终还是要靠内容来奠定，只有那些真正触及了人们痛点、共振点的内容，再加以新技术手段的包装设计以及人性化的应用支持，才能形成有竞争力的新闻产品。参考国外优秀媒体的数字化转型道路可以发现，这些报纸在积极拥抱新媒体、不遗余力地推动数字化转型的同时，始终把优质内容的生产放在第一位。在唱衰传统媒体的声音持续高涨的今天，一旦有热点事件发生，专业媒体的报道仍然是大量受众选择获取信息的第一来源，这是因为专业媒体生产的内容在权威性、专业性、可靠性上仍然具有不可取代的优势，无论栏目如何翻新、新媒体渠道如何变更、互动如何设计，专业媒体安身立命的根本始终是不可取代的“内容”。

新时期的内容建设对媒体人的专业素养提出了更高的要求：在热点事件

面前要摆脱“通稿依赖症”，从被动报道到主动独立地挖掘、质疑和批判；拓展报道视野，优化知识结构，善于统筹各种资源分析问题并引用到专业报道中，提升报道深度；等等。

**（三）改变管理思路**

2014年的问题报道中，一部分问题源自于媒体内部不科学的管理模式。许多媒体机构领导层过分看重数据指标，给一线工作人员施加了过多考核压力，导致新媒体的“从众”“低俗”等问题愈演愈烈。如果阅读量、转发率、评论数还是媒体考核编辑的三大指标，编辑迫于生存压力还会变着法子“打擦边球”“标题党”“标签党”“制造噱头”等现象很难从源头上根治。新媒体报道的“质”也应该科学地纳入评估体系中，一篇能够引发舆论正面回应、推进问题和事件解决的报道，更应该获得媒体管理层的肯定和尊重。

涉及媒体伦理道德的问题则反映出我国的相关政策法规领域还存在缺失。这些政策法规的“盲区”需要有关管理部门引起重视，制定相应的引导策略和惩罚措施，专业媒体的行为失范不能与普通网民的过失等同视之。如果没有法律强有力的约束，在当前的传播环境下，媒体自律只能是一个苍白无力的口号。

**（四）加强教育和研究**

新媒体的发展推动各类媒体机构岗位不断调整和扩充，一些新上岗的从业人员并没有受过专业新闻教育，致使他们在日常工作中的行为和判断容易受到误导发生偏向。为了减少报道失范的发生，新闻教育机构应该给予媒体机构针对性的支持，通过培训、讲座等形式对媒体从业人员进行职业教育。一方面要协助提升从业人员的业务素养，让他们有能力策划报道、独立采访、核实信息与发布报道；另一方面更要填补他们在新闻专业原则、媒体社会职能、职业道德与职业规范等方面的素养空缺。

2014年，新闻传播研究领域刊发了大量针对问题报道反思的文章，其中不乏具有业务指导性和启发性的金玉良言，但相似的问题还是在新的热点事件报道中反复出现。如果高校、传媒研究机构、媒体能够联合起来加强研究和交流，让学界的智库作用系统、有效地支持传媒业界实践，有望帮助困境中的新闻业迎来曙光。这也是本文对2014年度引发争议的报道及反思加以梳理研究的愿景。

（蔡雯、翁之颢撰写，原载于《国际新闻界》2015年第3期）

# 从“中央厨房”建设看新闻编辑业务改革

## 一、“中央厨房”建设开创新闻生产的新模式

“中央厨房”的概念源自餐饮业，原指统一采购、标准化生产、集中分发配送的大厨房模式。这一概念在21世纪初被我国新闻传媒界借用，表达了对新闻内容生产适应媒体融合需要，实现“一次采集、多次加工、多媒体发布”的构想。2014年3月，人民日报成立媒体技术股份有限公司，承建人民日报社媒体融合发展的技术平台、运营平台和资本平台，以“中央厨房”正式命名，这一概念在全国范围内引起了广泛的关注和热议。

其实，纵观我国媒体融合的进程，类似“中央厨房”的设计和实验已经有不短的历史。如2005年，南方报业传媒集团曾提出构建“新闻数码港”设想，碍于条件不成熟未能实现。2008年3月，烟台日报传媒集团成立全媒体新闻中心筹建小组，按照全媒体战略的实施计划，采用集团研发的“全媒体数字复合出版系统”，进行“从集团层面再造采编流程，并实现内容集约化制作”的课题实验，2009年“全媒体新闻中心”正式运行，在行业内产生了一定的影响。

2013年，十八届三中全会提出整合新闻媒体资源，推动传统媒体和新兴媒体融合发展；2014年，中央全面深化改革领导小组第四次会议审议通过了《关于推动传统媒体和新兴媒体融合发展的指导意见》，媒体融合上升为国家战略，对于“中央厨房”建设是一次极大的推动。这一年，除了人民日报开建“中央厨房”，羊城晚报报业集团也开始搭建全媒体采编大平台，展开了内部机构重新设置和硬件技术升级，纸媒、网站、微博、微信等多元平台24小时不间断发布新闻；成都传媒集团数字采编中心正式运营；广州日报社成立“中央编辑部”。到2015年7月，经过半年试运行的新华社全媒报道平台正式启动，一年内推出了300多组“新华全媒头条”，2016年8月，新华社与首批42家传统主流媒体签署协议，成立全国首个国家级开放全媒体平台，新平台具有内容生产、渠道分发、版权追踪等功能，共享新华社全媒体传播渠道。2016年10月，人民日报社融媒体工作室计划正式启动，目前已有麻辣财经、学习大国、新地平线、半亩方塘、一本政经、智理行间、国策对话场等27个融媒体工作室的新闻产品实现了线上线下深度融合[①]。2017年1月，中国青年报在周六、周日不再出版纸质报纸，取而代之为“移动周末版”；南方都市报成立的“智媒体实验室”推出写稿机器人“小南”。同年2月，经济日报全媒体中心“中央厨房”启动试运行，创新实现“一支队伍采集、多个平台生产、多个渠道分发、全部流程调度”的运行机制。

综上，从2014年到2017年，经过三年的探索和实验，我国媒体“中央厨房”建设从摸索经验走向阶段性总结和面向全国的理念推广、手段复制和经验传播。2017年初，中宣部部长刘奇葆在推进媒体深度融合工作座谈会上，把“中央厨房”定义为“龙头”和“标配”[②]。同年3月，刘云山在人民日报社“中央厨房”调研时强调，媒体融合已经到了向纵深推进的关键阶段。

综合中央及地方媒体的改革实践，可以看出，“中央厨房”模式改变了传媒组织运行的动力机制，为新闻生产提供了新技术和新平台，开创了新闻内容生产的新模式。具体而言，“中央厨房”改变了既有的新闻媒介资源、信息资源、受众资源和环境资源，实现了新闻资源开发与利用的四轮驱动：一是基于组织结构调整、技术平台建设与空间平台设计，重新整合新闻媒介资源；二是基于新闻生产流程再造，快速、全面、深入呈现报道，挖掘新闻信息资源的价值；三是加强用户连接，对公众进行新媒体赋权，以新的机制开发新闻受众资源；四是顺应新闻环境资源，在瞬息万变的信息环境中把握主动权。

从本质上讲，“中央厨房”改革的关键在于新闻生产者对自身以及外部资源的创新性开发与利用，而新闻编辑作为新闻生产活动的重要主体，承担着资源开发、生产创新和理念升级的新任务。基于“中央厨房”建设的视角看新闻编辑业务改革，我们认为，这次变革不同于以往单一媒介的内部改革，它要求新闻编辑以协作共赢为目标，重新挖掘媒体资源潜力，这种开放的姿态和包容的格局，或许将使传媒组织在多元格局下探索一条可行的转型之路。

---

① 数据统计截至2017年3月28日笔者截稿之时

② 来自刘奇葆在推进媒体深度融合工作座谈会上的讲话《坚定不移推进媒体深度融合 打造新型主流媒体》.

## 二、“中央厨房”模式下新闻编辑的角色之变

传统定义中，编辑是新闻生产主体的重要组成部分，承担着设计新闻信息载体、策划组织新闻报道、修正把关新闻作品、整合展示新闻信息、组织引导新闻互动和公共交流的工作。当前，随着技术、经济、政策等因素变化，新闻生产进入全新时代。一方面，媒体种类越来越多，各类传播渠道的功能面临分化；另一方面，传媒集团的资源聚焦，通过“中央厨房”进行集中开发和报道创新。“中央厨房”模式重构了新闻生产流程，优化了新闻传播渠道，为信息资源增值开拓了一片新天地，也实现了对新闻编辑角色的再定义，达到集约生产、全面联动和效率最大化。在新环境带来的挑战下，新闻编辑作为新闻策划的总指挥、新闻资源的总调度、新闻素材的加工员、公共话题的策展人，承担着旧时代和新时期所赋予的多重角色。

这里，我们以中央媒体的代表人民日报“中央厨房”为例，分析新闻编辑的角色转换及其业务改革。人民日报社于2015年两会期间首次试行“中央厨房”工作机制，统筹全报社的资源，协调大报编辑部、新媒体中心、人民网等各个部门的人财物力，既为人民日报各类终端提供新闻，也为国内外媒体定制多语种全媒体产品。制度改革带来生产效率的突破。2015年全年，人民日报社启动“中央厨房”机制12次，其中包括博鳌亚洲论坛2015年会、总书记出访巴基斯坦和印度尼西亚等活动报道，总计发布新闻产品2100多件，国内外各类媒体转载54000多次[①]。2016年两会期间，人民日报“中央厨房”以218个产品，2000多家媒体的覆盖量，被中宣部称为“中国两会新闻的世界工厂”。2017年两会报道中，“中央厨房”以165个报道版面，39个短视频及H5产品，96件融媒体工作室作品，再创历史新高[②]。

近几年来，以媒体业务的供给侧结构性改革为支撑点，人民日报“中央厨房”进行了诸多尝试，包括编辑部结构改造、采编发流程再造、新闻生产机制重构、报道叙述方式升级，这些改革都涉及新闻编辑自身的角色转换和编辑工作的任务转变。具体表现为两个方面：

第一，“中央厨房”推进了新闻生产的流程再造，在新的协同式生产流程中，新闻编辑作为组织者和协调人的角色，统筹资源的功能更加凸显，

---

① 数据来源于《融合坐标——中国媒体融合发展年度报告（2015）》. [M]. 北京：人民日报出版社.

② 数据来源于2017年3月15日《人民日报》第13版

合作意识尤其重要。人民日报建设“中央厨房”的重要目标之一是“打通壁垒”，更加有效地进行资源整合。因此，“中央厨房”正式上线后的第一个任务，是在2016年全国两会期间从报社12个部门抽调了采编、技术人员47人组成“中央厨房”运营团队，具体分为内容制作、运筹推广和可视化三个小组，以组织机制的创新带动了新产品的生产。2016年10月以来，“中央厨房”孵化的跨部门融媒体工作室拓展了报纸版面的内容空间，报社的传统编辑记者可兼任工作室负责人，通过沟通机制实现与媒体技术公司、人民网等单位技术人员的协作生产；通过报网互动形成良性循环，线上线下有效联动。具体来讲，融媒体工作室的作品以二维码为接口返回《人民日报》版面，读者可扫码登陆人民日报客户端等新媒体平台，进一步获取同一新闻主题下的多媒体作品，媒体深度融合的发展水平达到新高度。

协同式的新闻生产带来了新闻报道的多样化呈现。2017年两会期间，《人民日报》推出“融两会”专栏；国策说工作室在两会开幕日推出“两会即时看”系列数据解读报告；3月4日起评论部推出《两会侃侃谈》微视频，每期三分钟，每集一个评论员出镜解读两会热点，这是评论部评论员首次大规模出镜，引发网友追捧。H5作品《2017我来北京开两会》《两会喊你加入群聊》《我们给总书记寄明信片》《跟票圈好友请个假，我去人民大会堂听报告了》，互动游戏《厉害了，word检察官》《我的两会秘密花园》《我也想当国旗手》在微信平台传播广泛。微视频《当民法总则遇上哪吒》古为今用，通俗易懂解读时政新闻。

在“中央厨房”这种全媒体生产平台上，新闻编辑的组织与协调功能不仅局限于报社内部，还跨越组织界限，整合行业资源，实现多元协同报道。2017年两会期间，包括河南日报报业集团、广州日报报业集团在内的多家媒体入驻人民日报“中央厨房”大厅，来自豫、川、湘、鄂、苏、粤的6家媒体在人民日报“中央厨房”合作推出了H5作品《您又有6位亲友来电》。多媒体互动形成深度催化，在两会的版面编排上形成不同部门间的作品搭配。比如，3月8日要闻2版头条《严字当头 扶真贫 真扶贫》来自政文部记者吴储岐的两会文字报道，下方二维码搭配了评论部“两会侃侃谈”微视频第5期盛玉雷的扶贫解读《你送我羊，可我的家里没有草原》，在同一话题下，版面编辑让不同部门、不同形态的作品相互呼应组稿，使报道更为全面丰满，增强了可读性。

新闻编辑在新闻传播过程中一贯担负着选题决策和产品设计工作，并通过对新闻素材的再认识和再创作，实现新闻产品价值的提升。“中央厨房”建设使新闻编辑履行这一传统职责要跨越更高的门槛。编辑必须探索如何通过对新闻素材的跨界、跨单位整合加工，实现新闻产品报道内容、呈现形式和风格特色的全面升级。以人民日报“中央厨房”的H5游戏《我的两会秘密花园》为例，这一产品由“麻辣财经”工作室、“一本政经”工作室和“半亩方塘”工作室合作出品，大报传统编辑首先为H5产品策划出创意和文案，随后提交“中央厨房”进行评估，通过审批的项目由“中央厨房”调动资金、技术和资源进行孵化生产，编辑全程与媒体技术公司、人民网的美编和技术人员沟通协作，跟进产品进度并提出修改意见①。可见，在跨部门的多媒体内容生产过程中，传统报社编辑仍然承担着策划设计的重要角色，而实施者的角色则交付美工、编导、程序员等专业技术人员。在此过程中，编辑不仅需要具有新媒体内容生产的创新精神，保证产品内容在多媒体平台实现的丰富性和生动性；更要培养齐心协力的合作精神，通过团队的力量实现内容联动生产。“麻辣财经”工作室牵头人李丽辉在2017年两会报道后表示：“在两会我不是一个人在战斗。作为一个团队，‘麻辣财经’工作室要同时为新媒体和报纸提供不同产品，全方位报道好两会。以前大家写稿子不需要 ‘露脸’，现在音频视频、H5动漫都得招呼，没点‘看家本事’还真不行。”②

第二，报道方式升级对新闻编辑提出新要求，新闻编辑开始扮演多媒体产品策划人、制作人的角色，多元知识储备和跨界报道能力的重要性不言而喻。在融合传播环境中，编辑若想继续担任公共论坛主持人和新闻话题引导者，就必须走到新媒体平台上，用精品赢得受众的喜爱和认可，进而引导舆论走向。一个世纪前，徐宝璜在《新闻学》中对新闻编辑的本义概括有四点：翔实、明了、简单、材料适当之安排③。然而，随着新技术的迭代升级，传统的编辑生产方式已难以为继，一味固步自封、因循守旧，必将面临“自说自话”和“受众流失”的困境，当下的传统媒体编辑还需要具有担当“多面手”的意识。

2017年两会期间，人民日报客户端推出特别视频节目《厉害了我的两会》，每期节目为5分钟，前一半由两会特刊七版主编赵婀娜盘点当日新闻，

---

① 材料源自作者对《我的两会秘密花园》编辑、“一本政经”工作室成员史一棋的采访

② 说说我的融故事 .[N]《人民日报》, 3 月 15 日两会特刊, 第 15 版 .

③ 徐宝璜．新闻学 [M]．北京：中国人民大学出版社，1994：56.

后一半由人民日报总编室社会版主编李智勇进行热点点评，每期播放量都过百万。传统报纸编辑赵婀娜做起了出镜主持人，在节目中以“老娜”自称，语言风格清新、活泼、生动、接地气，除了视频节目主播，她还担任了《两会进行时》直播节目的特邀嘉宾、中央厨房“半亩方塘”工作室负责人，以及两会特刊的版面主编。她说，“在新媒体日新月异的今天，努力让自己成为一名‘十八般武艺样样精通’的全能型编辑记者，我们每个人都在努力”①。

“中央厨房”这一新的工作平台要求新闻编辑不断适应传播载体和形式的变化，把传统优势加速向互联网拓展和延伸，抢占新媒体的传播高地。2016年，“中央厨房”数据新闻与可视化实验室创立了“国策对话场”微信公号，并在其中打造了一个叫“众议厅”的微社区。为什么要新创办这样一个公号和社区？部门主任关玉霞解释说：“当前，时政新闻的解读稿件多采用中办、国办的统一稿件，‘国策对话场’希望能突破现状，做出老百姓看得懂的时政新闻，用图解、大数据、H5这些生动形象的多媒体方式，挖掘政策文件中的新闻要点。我们所有融媒体产品的下方，都会带有‘国策对话场’二维码，引导读者来到微信公号平台，参与话题讨论。可以说，我们想把公众都吸引到这个平台上，为老百姓打造一个了解时政，参政议政的空间。”②

同时，“中央厨房”团队还会对公众讨论内容进行大数据分析，“二次加工”成新闻产品或研究报告，反馈报告通过内参直达中央决策层。从本质来看，“国策对话场”是“中央厨房”为用户搭建的公共话语平台，为公众参政议政开辟新媒体空间的公共领域。在这一过程中，编辑记者担任新媒体场域中的公共话题“主持人”，用户发表的观点、看法成为“深度新闻”和舆情报告的素材，被纳入到新闻生产中。这种共同参与报道策划的方式，将进一步促进“中央厨房”与受众的实时互动，无缝对接，为新闻报道的模式创新提供了有利条件。

重新定义编辑生产，准确把握用户需求，不仅需要编辑自身的能力素质提高，还有赖于机制变革和指标升级。为了攻下深度融合的“腊子口”，人民日报社加大了“中央厨房”改革力度，对报、网、端、微的采访力量实行统筹管理和打通使用。人民日报社设立总编调度中心作为指挥中枢，并建立总编协调会制度、值班总编辑制度等；成立采编联动平台并分设编辑中心、

① 说说我的融故事 .[N]《人民日报》，3 月 15 日两会特刊，第 15 版 .

② 笔者访谈资料，“中央厨房”数据新闻与可视化实验室主任关玉霞 2016.7. 北京

采访中心、技术中心，三者联席办公、全天值守；进行考核奖励机制创新，建立融合传播部门考评制度，强化绩效考核，实行优稿优酬，根据新闻传播力排名进行奖励[①]，这从绩效考核体系上对编辑记者的能力素质和角色定位提出新要求，未来的编辑不仅要排得了版面，也要上得了镜头；不仅要精通融媒体新闻的报道策划，也要懂得新式设备的使用原理。

## 三、"中央厨房"常态化运行对新闻编辑提出更高要求

当前，人民日报"中央厨房"已经取得了一定的成就，从数据上看，人民日报客户端的用户自主下载量达到1.54亿，法人微博在人民网、新浪网、腾讯网三大平台上的粉丝总数突破8900万，海外社交平台账号粉丝量及关注订阅数3370多万[②]。3月28日，人民日报微信的订阅用户数超过1000万[③]。然而，我们仍需清醒认识到，改革的本质在于利益格局的重新分配，随着"相加"到"相融"的深入推进，"中央厨房"面临的最大挑战不再是"做增量"而是"去存量"。诚然，搭建全媒体平台大厅、设立融媒体工作室，有助于生产渠道的多样性和产品形式的丰富性，但编制体制、机构职能和人员配置的调整才是决定"中央厨房"改革成败的关键因素。据了解，报社希望通过进一步的机制改革，实行采编分离，进一步突破部门壁垒，统筹报、网、端、微的采编资源，真正实现"中央厨房"由战役性临时机制向常态化运行转变。不可否认，下一步改革必将涉及部门及编辑记者的切身利益，需要以更大的决心攻坚克难。

目前，"中央厨房"建设在我国还处于初级阶段，越来越多的媒体正在加入了探索行列，所面临的问题也有一定的共性。"中央厨房"的成败不仅取决于国家层面的战略部署和媒介组织的宏观规划，还取决于传媒组织内部成员的思维转型和能力提升。具体到新闻业务领域，应该看到，新闻编辑在"中央厨房"中的定位目前还不够清晰，其岗位职能也有待更加明确。而随着媒体融合进一步深化，将有更多的新闻编辑从原来的部门和岗位进入"中央厨房"，担负起统合新闻资源、生产多样化产品、面对新媒体用户的任务，他们所面临的挑战和压力也将是前所未有的。"中央厨房"的常态化运行，对新闻编辑提出了更高的要求。

---

① 材料部分来源于《深度融合 构筑媒体新版图》.[N].《人民日报》2017年1月5日，要闻1版头条.

② 数据来源于《深度融合 构筑媒体新版图》.[N].《人民日报》2017年1月5日，要闻1版头条.

③ 数据截至2017年3月29日笔者截稿前

首先，需要编辑进一步提高思想认识水平，对新闻媒体融合发展的必然趋势和进一步深化改革的必要性有更加充分的理解，站在大局的立场看待个人和所属部门的得失，理解并配合改革实施。担任领导职务的编辑更应具有担当精神和奉献精神，做好榜样、带好头。思想认识水平的提高还包括对新媒体环境下的新闻传播规律有更深刻的理解，对受众需求和心理有更准确地把握，自觉反省并改变那些不适应新媒体新环境的新闻观念和业务模式。

其次，需要编辑更加坚守新闻职业道德规范和新闻专业精神，进一步完善自己的知识结构和专业技能。一方面，编辑在策划时要增强新媒体环境中的信息捕捉能力，保持对新闻点的敏感性。另一方面，编辑也要加强鉴别能力，在鱼龙混杂的网络传播环境中把好关、守好门。特别需要警惕的是，在数据指标考量下，阅读量、分享量正异化为衡量新闻价值的至高标准，不少媒体急功近利，为了速度不顾真相，为博眼球不顾操守，无原则地迎合用户，无底线地推送内容，以致不少缺乏理性思考、精神营养和审美趣味的低俗有害内容行销一时。在这种逐利心切、充满浮躁的社会氛围中，新闻编辑要保持定力，坚守新闻职业道德和专业规范，尤其不易。但只有做到这一点，才能为公众提供优质新闻内容，真正对社会进步做出贡献。

（蔡雯、邝西曦撰写，原载于《编辑之友》2017年第6期）

# 5G时代：建设新型主流媒体的机遇与责任

技术发展一直在带动和助推新闻业的变革。今年6月，中国广电和三大基础电信运营商一同获得了公信部颁发的5G商用牌照，我国正式进入5G商用元年。5G对新闻业的影响也再度受到关注。在我们跨入这个技术造就的新时代的同时，也同时经历着国际间政治和经济力量博弈而发生的一系列变化，从中美贸易战到香港街头暴力事件，中外各类媒体包括自媒体在内的种种表现，从另一个角度展示出技术推进中的新闻传播的复杂生态。

当今林林总总难以计数的信息传播媒介，哪些才是最有影响力的？近期有学者做了小范围的问卷调查，发现“微信群竟然是信任度最高的媒体，超过纸媒、电视等传统主流媒体”，“阅读新闻使用最多的终端是智能手机，几乎是100%，最少的是报纸，连电视亦不到1/10。”由此认为，“5G将彻底颠覆主流媒体的概念”[①]这是一个很有意思的话题。当我们立足于新闻业变迁的视角来看5G时代的种种可能性，确实不能不追问：什么样的媒体才能真正成为主流？一贯以主流为己任的传统主流媒体，能够把握这一次技术升级的历史机遇，在风云变幻、百舸争流中再立潮头，引领方向吗？

## 一、技术升级引发的困境和问题还要靠技术来“解铃”

移动通信技术从1G发展到4G，数据传输速率不断提升，为BAT（百度、阿里巴巴、腾讯）为代表的互联网公司以规模经济模式率先取胜创造了机会。在信息传播领域中，传统媒体在规模经济主导下的流量之争中因为在基于社交的关系链传播和基于AI的算法型的内容推送方面先天不足而明显落伍，市场份额和影响力都严重受损。传统媒体的衰退引发的一些问题，值得深思。

长期以来，传统媒体机构受到党和国家的严格监管，以报道新闻、宣传

① 匡文波《5G将彻底颠覆主流媒体的概念》，刊于《编辑之友》2019，6

政策和引导舆论为己任，而互联网平台恰恰不同，是以汇集流量和沉淀用户迅速跑马圈地，获取投资回报。当4G时代各大信息聚合平台成为传播的主要端口后，传统媒体的渠道失灵，受众流失，不得不寄身于外部平台，按平台方制定的业务体系和游戏规则行事，实际上沦为这些平台的内容供给方。比如，微信公众平台媒体对媒体的推送权限做了严格规定，媒体的内容要被依照《微信公众平台运营规范》加以审核；抖音和梨视频等也都制定了时长标准，传统纪录片因不合乎要求而被排除在手机应用之外。在平台的竞争规则诱导下，一些媒体为了迎合年轻用户，把严肃新闻改造成为答题游戏。凡此种种，说明新闻媒体在平台公司的"驯化"下，逐渐丧失了自主权。这种现象并非只在我国才有，有研究发现，《纽约时报》新闻报道平均单幅的字数下降了24.3%[①]。近几年中不少新闻媒体迫于市场压力而缩编，首先撤除的是承担深度报道、调查报道任务的相关部门，也从另一个角度反映出传统新闻业的危机。

当微博、微信等社交平台在信息传播中扮演越来越重要的角色，传统的编辑"把关"与内容分发模式越来越多地被机器和算法取代。正如一些学者批评的，在市场利益的驱动下，用户喜欢、利润丰厚的内容模式就会被广泛采用，而帮助公众了解什么才是最重要、最值得关注的公共事务这些原本属于传统媒体的职责，在互联网资本入驻新闻传播行业以后，正在逐渐被淡化[②]。这种变化一方面导致了"假新闻"和"洗稿"现象泛滥，另一方面还引发"信息茧房"和"圈层化"的问题。当用户局限于自己所感兴趣的内容，只与和自己立场观点相一致的人交流，必然会失去对外部环境的整体了解与把握。而圈层之间的对立和群体的极化也容易发生，从而引发舆论危机和社会动荡。

5G时代，我们需要警惕这些问题进一步强化。因为互联网平台强大的资本和技术优势历来是新闻媒体无法比及的，而互联网公司对经济利益的追逐和专业新闻媒体对社会效益与公共价值的追求又是必然的差异和矛盾。事实已经证明，互联网平台并不可能像专业媒体一样自觉承担社会责任和自觉维护公共利益，要解决当下社会信息传播的生态问题，必须重新认识和确立

① 网易新闻学院．手机看新闻，多长篇幅的内容人们更喜欢？ [EB/OL]. http://dy.163.com/v2/article/detail/D89UMLT305118VJ5.html.2018-1-16

② 史安斌，王沛楠．传播权利的转移与互联网公共领域的"再封建化"——脸谱网进军新闻业的思考 [J]. 新闻记者 .2017（1）：20-27

专业新闻媒体的价值。无论从保证社会正常运行还是促进新闻业健康发展来看，都需要传统主流媒体加大自我改造革新的步伐，努力建设成新型主流媒体，在社会舆论场中发挥更大的影响力。而实现这种转变，还是要依靠技术升级，5G就是解开这种困局的一把钥匙。

有学者提出，5G开启了互联网发展的"下半场"，为专业媒体带来了前所未有的机会。随着BAT企业"跑马圈地"式的发展模式的终结，"5G时代极大促进社会的'线下'生活向着'线上'转移，因此，需要更具专业分工的'在地性'资源与力量的协同和参与，仅仅靠互联网公司的'连接力'已经难以承担起'线上'社会生活'加宽''加细'和'加厚'的任务和要求。在这一新的发展阶段上，BAT公司构造自身价值的重点已然不是规模化地将自身做大，而是促成社会的、商业的、文化的及个人的资源与能量在自己已有的粗放型的连接平台上生根发芽开花结果。换言之，帮助更多的人、更多的企业、更多的机构在自己的平台上获得成功，这就是在5G时代的BAT企业的未来价值发展的方向所在。对于传统媒体而言，互联网发展'上半场'时所遭遇的问题大多数已经不成其为问题，比如在5G时代，'流量（用户）'流失的危机在BAT（或取代BAT的其他互联网公司）的平台上已经是随处可得的富余资源。换言之，流量不是问题，用户也不是问题，你有没有某种专业的服务于用户的适用能力才是问题。在这种情形下，传统媒体只要善用'在地性'的优势，就能获得非常好的发展机遇"①。虽然这些分析和预测还有待实践检验，但其理论逻辑是成立的。传统主流媒体应该抓住这一历史机遇，有所作为，重新建立自己的地位和影响力。

## 二、5G前的技术应用实验为打造新型主流媒体奠定了基础

从我国传统主流媒体近十多年来在互联网和移动通信技术推进下，持续进行的融合和转型的实验来看，这些媒体在改革的决心、探索的耐力和创新的精神方面已经具备了良好的基础。

5G之前，各项新兴技术已经在新闻传播中得到很好的应用。一个最有代表性的观测点是全国"两会"，每年一度的"两会"既是各类媒体角逐的"主战场"，也是各种新技术亮相的最佳"展台"。有研究者将2005年以来"两会"报道所运用的热门技术（包括依托于某项技术所出现的新型平台，

① 喻国明《5G时代传媒发展的机遇和要义》，刊于《新闻写作》2019，3

如微博、微信等）进行了总结和梳理，制作成“技术变迁时间表”，让我们看到迅速发展和迭代的技术，一直是推进新闻媒体变革的重要力量之一。

表 1　两会报道中的技术变迁时间表[①]

（注：加粗项表示当年首次在两会报道中使用）

| 年份 | 当年两会报道中的技术运用 |
|---|---|
| 2005 | **SMS 及 WAP 技术（手机报）** |
| 2006 | 手机报 |
| 2007 | 手机报、手机互联网（WAP）、**流媒体技术（手机电视）、手机语音（IVR）、web2.0 网络新技术（博客、播客）** |
| 2008 | 手机报、播客、博客、论坛、Flash |
| 2009 | 手机报、**网络视频直播、移动电视** |
| 2010 | **微博、3G 无线互联网技术（手机直播）**、音视频访谈直播 |
| 2011 | 微博（微直播、微访谈） |
| 2012 | 专题网站、**两会手机客户端、裸眼 3D 显示屏** |
| 2013 | 微博（人民日报法人微博首次参与两会报道）、**即时通讯工具（微信）**、视频直播 |
| 2014 | 微博、微信、中文客户端、**谷歌眼镜**、4G、**短视频（秒拍）、大数据** |
| 2015 | H5、**二维码**、虚拟动画人物、微视频、**新闻游戏**、大数据 |
| 2016 | H5、**360 度相机**、VR（**虚拟现实技术**）、移动视频直播、大数据 |
| 2017 | 互动式 H5、VR、**AR（增强现实技术）、人工智能技术（智能虚拟机器人、实体机器人）、多信道直播云台、无人机**、移动直播、大数据 |
| 2018 | **情感交互技术、写稿机器人、微缩定格动画**、短视频、大数据、算法 |
| 2019 | **5G+VR、GIF 动态图解、全息 3D 强影** |

技术变迁的历史也是媒体变迁和新闻变革的历史，新闻生产在这段历史中发生了诸多变化。

一是新闻生产主体的变化。从博客、播客等自媒体的兴盛到微博、微信等网络社交平台的活跃，新闻传播主体突破了职业工作者的范围，扩展为所有愿意发布所见所闻所思所想的普通民众。近两年人工智能技术的应用，机器也成为新闻传播主体的一个组成部分。虽然机器背后是操控它的专业人员，但“人机合作”相比单一的人类传播者，依然是一种“质变”，而且人

① 引自李忻蔚《技术如何影响新闻生产？——基于对 2014 — 2019 年人民日报“两会”报道的案例研究》，中国人民大学 2019 年硕士学位论文

工智能发展的前景目前尚不可定论，利益与风险都需审慎评估。

二是新闻产品的变化。近年来令人耳目一新的新闻产品如可视化信息图表、H5、小游戏、VR/AR视频等层出不穷，大数据技术的发展创新了新闻解读模式。如人民日报2017年的H5作品《傅莹邀请您加入群聊啦》，上线第一天点击量就突破600万次，成为现象级产品。2018年，新华社推出的纪念改革开放40周年的H5产品《给旧时光上色》，让网友对H5中的旧照片上色的过程中，去回忆改革开放时期的种种时光，再度引发刷屏效应。VR全景式报道自2016年起几乎成为各大新闻事件报道的标配，人民日报2019年还推出三场“5G+VR”直播活动。新华网2018年引入“Star”生物传感智能机器人，能够检测出观众在听政府工作报告时的情绪变化，并通过人机交互等技术转化为数字，精确分析出观众“心潮澎湃”的瞬间，据此绘制出“情绪曲线”，生产出国内首条生理传感新闻。同年11月，新华社与搜狗公司合作，推出全球首个AI合成新闻主播，在2019年“两会”期间播报新闻。可以肯定，随着不同的技术开始“跨界”整合，新闻产品的呈现方式将更加新颖和多样化。

三是新闻生产方式的变化。技术成为新的内容生产力，带动新闻生产所有环节发生变化。首先是选题策划，以往传统媒体主要依据时事热点、宣传管理部门的指令、媒体同行的选择和编辑记者的经验等确定选题，由于技术的限制，难以得到动态、全面的反馈信息，并及时进行动态调控。技术的发展促使记者编辑可以利用大数据系统对热点事件的传播方式、传播轨迹、传播人群进行分析，找到受众关注的问题，更加及时地发现与跟踪新闻线索，更加迅速准确地预测热点发展趋势，对信息的抓取也更加精准及时。人工智能、大数据、互联网的发展还促使可供媒体选择挖掘的新闻素材呈现几何倍数地递增，如人民日报“中央厨房”开发的“线索与热点发现系统”，与腾讯、搜狗多家知名互联网技术公司合作，对几十万家新闻网站、微博公众号、微博账号、论坛进行全网实时监控，在第一时间捕捉到舆情热点，方便记者编辑及时获取线索信息。

其次，在内容采集环节，可穿戴设备、无人机、电子芯片等已经成为媒体人的“千里眼”和“顺风耳”，是新闻信息的搜集利器，能够将一手信息在第一时间带回，并提升了信息挖掘的广度与精确性，为优化和拓宽新闻信息源起到了关键性作用。随着人工智能技术的不断进步，利用机器人等智能系统进行新闻采访成为新热点，新闻采集智能化水平进一步提升。2017年“两会”期间，新华社派出机器人“i思”，在会议现场采访代表委员，同时智能收集相关数据并进行分析。2018年新华社和阿里巴巴共同研发出国内第一个媒体人工智能平台“媒体大脑”，运用云计算、物联网、大数据、人工智能等技术，能够迅速扫描数亿个网页，从中收集文本、图像、视频等数据。除此之外，VR摄像机、直播云台、可穿戴设备等各类高科技多媒体装备使记者的捕捉能力和报道能力增强。

第三，在内容加工环节，技术驱动下的编辑流程更加集约，制作方式更加高效。近年来，各大媒体相继推出“中央厨房”，进行集约化的新闻生产，如人民日报社的“中央厨房”将技术部门、设计部门与报社的编辑部、新媒体中心等各个部门统筹到一起，打破了不同部门之间的“无形壁垒”，汇集视频剪辑师、图像设计师、程序员等众多技术人员的技术团队和数据与可视化团队，与编辑人员在同一空间内同时进行内容的写作、编辑、视觉设计、视频制作、H5制作等，对新闻素材进行深度、全面、多样的加工。

上述新闻技术应用所取得的成果为传统主流媒体在5G时代加快融合转型的步伐打下了良好的基础。5G使数据传输速率提升了100倍，网络的超级链接能力比之前强大得多，万物互联的智能世界将成为现实。5G的速率会使终端用户体验“无限网络容量”的便捷和愉悦，给基于VR（虚拟现实）技术的产品和服务带来无限的发展空间。5G的低时延还将催生出更多的场景应用，将为媒体的功能定位和产品创新提供更多的想象和可能。因此，借助5G，已经拥有良好基础和独特资源的传统主流媒体，通过进一步的改革和努力，完全有可能扩大传播力和影响力，成为新一代主流媒体。

## 三、建设新型主流媒体需要固本与创新并举

从当下信息传播的现状看，载体与渠道早已不再稀缺，内容质量的角逐将是竞争的关键所在。5G技术的普及，使作为社会运行基础保障设施的信息传播系统发生了巨大变化，为专业新闻媒体以高品质内容走出之前的困境创造了机会，在新的历史发展时期，有志于成为主流的媒体应该把握机遇，找准方向。

可以预见，5G与人工智能技术的发展，内容生产包括新闻信息采制传播活动中的“人机协作”将占据越来越大的比重，那些简单的、智慧含量不高的工作将越来越多地由机器承担，媒体从业人员可以把更多时间和精力放在更加专业和更高品质的内容生产上，例如撰写新闻评论、设计和完成智库产品等，这既是专业新闻重塑和主流媒体建设的方向，也是下一步改革的着力

点所在。

其次，新型主流媒体的价值并不首先体现于经济效益（虽然经济实力是衡量媒体成功与否的重要指标），而是凸显于社会影响力。在之前的市场竞争中，专业媒体在生存压力下不得不迎合市场需求，出现了本位缺失、资源浪费、竞争力消解等一系列问题。近两年，国家对于媒体发展的政策导向有所变化，如推进建设县级融媒体中心，为经营不善的报业集团建立合理的“退出机制”等，都是为了更好地统筹资源，引导媒体为国家发展大局服务。5G必将促进传媒格局的进一步变化，一部分优秀媒体可望闯出新路、再创佳绩，其职能也会发生一些变化，比如从功能单一的新闻机构转向功能多元化的新闻与公共服务型组织，这种转变在近年来一些专业媒体的智库化转型实践中已经初显端倪。

基于上述分析，我们认为在新的历史条件下，要建设新型主流媒体，应该在“固本”的基础上寻求“创新”，对媒体的定位、目标与职能重新认识和长远规划，积极进行新的探索。

1. 要担负起探寻真相、引导舆论、服务社会的责任

社会的发展和变化在加速，但人们对外部世界的了解要靠“真实、客观、全面、公正”的新闻传播来实现，永远都不会改变。5G技术，以及日臻完善的大数据分析技术，为媒体探寻真相、核查事实提供了更加便捷的条件，但这类非营利性的工作最终还是要靠有责任心和专业精神的职业工作者来承担，而不能指望互联网平台和机器自动完成。有人发现，“今日的‘真相’，已经是由谷歌搜索排名最靠前的结果来定义了。”①在5G对“提速传播”进一步有所促进之后，专业新闻媒体应该与非专业媒体和个人媒体有所区别，要重新思考“慢新闻”的积极意义。在国外，目前已经出现了不少由慈善机构和NGO组织牵头的“事实核查类新闻（FCJ）”的机构，来协助专业媒体核查新闻信息的真实性准确性，专业新闻媒体更应该在这方面严于自律，有所作为。也只有那些能够以负责任的新闻报道重新树立起公信力和影响力的媒体，才有能力在纷繁复杂的社会变动和舆论喧嚣中引导公众冷静思考，保持理性，也只有这样的媒体才能堪称主流媒体，为人类社会的和平和发展助力。

① 尤瓦尔·赫拉利．今日简史：人类命运大议题[M]. 林俊宏译．北京：中信出版，2018：50

2. 应加快建设自主平台，突破现有的平台垄断

专业新闻媒体手中拥有大量优质内容资源，过去因为受制于平台方提供的分发渠道而无法发挥最大价值。5G技术有望帮助这些媒体建立与用户的直接连接关系，从而摆脱外部平台的控制。此外，5G也为专业新闻媒体打造自主平台提供了强大的支持。习近平总书记在十九届中共中央政治局第十二次集体学习时提出，“要抓紧做好顶层设计，打造新型传播平台，建成新型主流媒体，扩大主流价值影响力版图”，为我国媒体的发展指出了方向。我们看到，在媒体自主平台的建设中，一些硬件商和通讯运营商成为其合作方，取代了先前的互联网平台公司。如2018年底中央广播电视总台联合三大运营商和华为公司，合作建设国家级5G新媒体平台，目标定位于“自主可控”和“具有强大影响力”。还有，利用5G网络积极布局内容云，加快用户数据库的建设，也都是建设新型主流媒体的有效举措，将对未来的传播格局产生深远影响。

3. 积极拓展媒体职能，借智库建设提升专业新闻的品质和服务

人工智能技术的普及一方面把新闻从业人员从简单、重复的信息生产中解放出来，另一方面也抬高了专业媒体内容生产的门槛。在技术赋权下，媒体用户和各类非新闻机构都已经成为内容生产的生力军，除了UGC（用户生产）和OGC（机构生产），MGC（机器生产）也正受到越来越多的重视，由新闻媒体的专业人员担负的PGC（专业新闻生产）与前几者的合作和竞争是亟待研究的新课题。对媒体来说，未来生存空间和其产品定位、设计和创新紧密相关。要跳出传统媒体的运营范式，充分开发媒体的各类资源，不再局限于做好新闻内容的采制和传播，还要运用大数据加强预测性、对策性信息的生产，为政府、企业等各类特定对象提供更细分化、个性化的产品和服务，向智库智囊的角色靠近。

近几年来，面对互联网和新媒体的冲击，已经有越来越多的专业媒体开始以智库建设带动自身转型，提升权威性和专业性，同时以为政府、企业提供决策咨询和信息服务，开辟新的发展之路。据南方都市报总编辑梅志清2018年在“智库型媒体发展高峰论坛”上报告，该报实现了近六年来营业收入首次正增长，其中数据收入、新媒体收入占40%，实际利润逐渐接近历史最好时期。这一成绩很大程度上得益于报社在2018年2月成立南都大数据研究院，确立了“打造中国最具影响力的智库型媒体”的目标，推出了一系列新内容产品。

4. 在积极拥抱新技术的同时坚持正确的价值观和技术理性。

新技术不断为媒体发展创造新的机会，但同时也会因使用不当而导致行业失范现象和职业伦理隐患，如对用户数据的收集与使用屡屡出现侵犯个人隐私权，转载和“洗稿”引发版权问题等。5G对新技术的运用提供了更多便利，对媒体建成主自平台、拥有更强大的数据库、内容生产更加智能化等有所助益，新闻媒体一方面要积极拥抱新技术，加快建设新型主流媒体的步伐，另一方面又要理性地使用新技术，防止技术这把“双刃剑”的负面效果。目前，人工智能和算法等技术不断提高新闻生产和传播的效率，但是效率并不是新闻业的唯一目的，在这一过程中，人的价值判断与掌控把关应始终处于主导地位。英国标准协会（BSI）曾于2016年发布一套广泛性原则，其中提出“人类是负责任的主体，而不是机器人；要确保找出某个机器人的行为负责人的可能性”值得我们借鉴和思考。未来，“人机协同”进行新闻内容生产和传播将成为常态，而在此过程中，也一定会出现“人机博弈”的新问题，媒体人在顺应技术变革的新闻实践中，还要坚守对人民负责、为社会服务的初心，进一步提高价值判断能力，坚持伦理和职业道德。

新闻从业人员还要警惕对于技术的滥用和误用，避免自身被技术所裹挟。引进各种新技术，不只是为了创造新的产品形态，更是为了追求产品的公共价值，让媒体更好地服务于社会公众。应当针对不同报道题材和报道对象做到内容与形式的合理化和相统一。比如时政类新闻不应过度追求“沉浸”的效果，严肃的战争议题、死亡议题不适合以娱乐游戏的形式再现，刺激和血腥的场景也不适合通过VR等形式“真实”地呈现，以免给受众带来伤害。技术应用还应和选题相匹配，故事性较强的题材更适合运用虚拟现实技术进行加工，给受众以代入感和深刻体验；故事性不强的时政类新闻，更适合采用交互式H5、动画等简洁生动的形式传递最重要的信息，帮助受众理解原本相对晦涩的内容。

总之，新技术应用不只是操作层面的业务技能，更是从业者的价值观和社会理想的一种体现。打造新型主流媒体，对于媒体从业者的理想信念、社会责任心和职业道德的要求要比以往更高更严。

（蔡雯撰写，原载于《学术前沿》2019年第11期）

# 媒体办智库：转型期的实践探索和理论发展

## ——对2008—2018年媒体智库及相关研究的分析

说到媒体的转型和发展，突出技术和平台等现代性要素的“媒体融合”无疑是最受关注的焦点。其实，在融合的热潮下，还有一股深流值得探究，那就是媒体以创办智库来带动转型。虽然涉足于此的媒体只是一部分，但这种转型试验对于媒体和新闻业变迁的驱动和导向却引人深思。媒体智库的一些创办人、参与者和对此现象有兴趣的研究者们，曾经以“媒体智库”“传媒智库”“媒体智库化”“媒体型智库”“智库型媒体”“智库化媒体”“媒体智库化转型”等五花八门的概念对这种改革实验做出过描述或界定，但各类散论并未达成一致的共识，一些争议与观点分歧尚待厘清。为了能够全面了解媒体转型中的智库实践及其研究情况，我们决定以文献分析为基础，汇总和梳理所有相关研究成果，从中发现媒体以智库推进转型的历史脉络，以及研究者和实践者在这一进程中观点和认识的发展变化。然后，再选择最重要的部分媒体个案进行调研，以期对目前未能形成共识的问题有更进一步的观察和思考。

### 一、媒体办智库的实践历程及研究概况

笔者首先以“媒体智库”“传媒智库”“媒体智库化”“媒体型智库”“智库型媒体”“智库化媒体”“媒体智库化转型”作为关键词在中国知网和百度搜索引擎进行了主题与关键词检索，对以上每个关键词检索所得的文献按照“发表年度”排列，选取符合研究主题的文献，逐一剔除与研究主题无关以及对研究内容不具有贡献意义的文献。在阅读和梳理以上所得文献资料的过程中，再根据其中“引文”和“参考文献”部分列出的其他文献进行检索和补充。截止到2019年3月，共收集和分析了135篇文献资料。

## （一）研究成果及其研究对象的基本情况

根据全部文献的发表时间和数量的统计，可以看到这基研究的热度在2008年至2019年间的起伏变化（表1、图1）。同时，对这些文献中所有提及到的媒体创办的智库也按照时间顺序排列和统计，同样能够反映媒体智库成立数量的变化（表2、图2）。

表1：各年份文献发表数量统计表

| 时间（年） | 文献发表量 |
|---|---|
| 2008 | 14篇 |
| 2010 | 1篇 |
| 2011 | 1篇 |
| 2012 | 2篇 |
| 2013 | 2篇 |
| 2014 | 5篇 |
| 2015 | 21篇 |
| 2016 | 15篇 |
| 2017 | 14篇 |
| 2018 | 57篇 |
| 2019 | 3篇 |

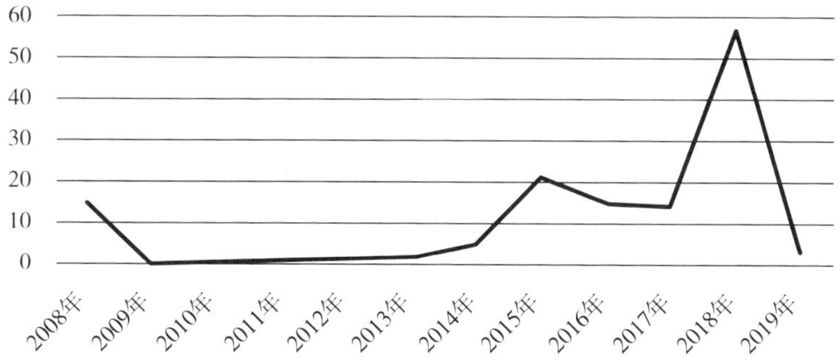


图1：各年份文献发表数量趋势图

表 2：文献中列举出的已知的媒体创办的智库[①]

| 成立时间 | 名称 | 发起媒体 |
|---|---|---|
| 1983 年 | 新华社新闻研究所 | 新华社 |
| 1992 年 | 世界问题研究中心 | 新华社 |
| 2002 年 | 新闻研究中心 | 人民日报 |
| 2003 年 | 经济观察报研究院 | 经济观察报 |
| 2007 年 | 第一财经研究院 | 上海文广新闻传媒集团 |
| 2008 年 | 人民网舆情监测室 | 人民网 |
| 2011 年 | 新京报传媒研究院 | 新京报 |
| 2012 年 | 三农研究院 | 南方报业传媒集团 |
| | 南方民间智库 | 南方都市报与奥一网 |
| | 江厦智库 | 宁波日报 |
| | 人民网财经研究院 | 人民网 |
| 2013 年 | 瞭望智库 | 新华社 |
| | 南方防务智库 | 南方报业传媒集团 |
| 2014 年 | 南方舆情研究院 | 南方报业传媒集团联合中山大学、暨南大学等 |
| | 企鹅智库 | 腾讯 |
| | 原子智库 | 腾讯 |
| | 智库中国 | 中国网 |
| 2015 年 | 财新智库 | 财新传媒 |
| | 长江智库 | 湖北日报传媒集团联合湖北省委党校、湖北省经济学会、光谷联合产权交易所等 |
| | 搜狐财经思想库 | 搜狐网 |
| | 人民网新媒体智库 | 人民网 |
| | 南风窗传媒智库 | 广州日报 |
| | 羊城晚报智慧信息研究中心 | 羊城晚报报业集团联合百度、国双科技等 |
| | 光明日报智库研究与发布中心 | 光明日报 |
| | 光明日报城乡调查研究中心 | 光明日报 |
| | 21 世纪经济研究院 | 21 世纪经济报道 |
| | 凤凰国际智库 | 凤凰网 |
| | 江苏紫金传媒智库 | 南京大学、江苏广电集团、新华报业传媒集团、凤凰出版集团、江苏有线电视集团等 |

① 该表中 2019 年的统计结果为截止到 3 月份的数量。

续表

| 成立时间 | 名称 | 发起媒体 |
| --- | --- | --- |
| 2016 年 | 封面智库 | 四川日报报业集团与阿里巴巴集团 |
| | 盛京汇智库 | 沈阳日报社 |
| | 中国经济趋势研究院 | 经济日报 |
| | 广州日报数据和数字化研究院 | 广州日报 |
| 2017 年 | 光明智库 | 光明日报 |
| | 国是百人会 | 中国新闻社 |
| | 网易态度智库 | 网易 |
| | 中国经济时报国研经济研究院 | 中国经济时报 |
| | 国研经济研究院东海分院 | 宁波日报报业集团与国研经济研究院 |
| 2018 年 | 四川日报大数据媒体智库 | 四川日报 |
| | 羊城晚报传媒智库 | 羊城晚报 |
| | 南方传媒智库矩阵（包括南方经济智库、南方法治智库、南方教育智库、南方城市智库、南方党建智库、南方数字政府研究院、广东乡村振兴服务中心、南方周末研究院、南都大数据研究院、南方舆情数据研究院十大智库） | 南方报业传媒集团 |
| | 佛山传媒智库 | 佛山日报社和佛山市社联 |
| 2019 年 | 新京报智慧城市研究院 | 新京报 |

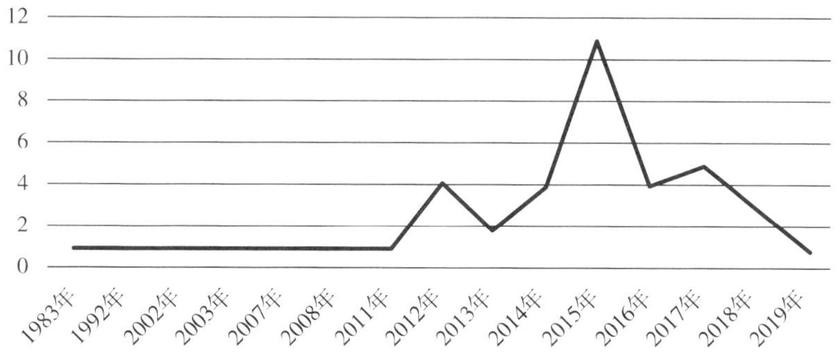


**图2：上述媒体智库各年份成立数量统计图**

将两幅折线统计图对比，其总体趋势基本相似，媒体智库成立较多的年份，相应的研究文献也随之增多，可见学界的研究热度随实践热度产生和变化。

值得一提的是，我们在文献梳理中发现，我国新闻媒体创办研究机构是从1983年新华社成立新华社新闻研究所开始的。其后，陆续有其他各类媒体也成立了类似的研究机构。但是，在2008之前，这类研究机构并没有被视为媒体智库，直到2008年之后，才有一些论文作者将这些早期的研究机构与媒体的智库化转型相联系。因此，文献证明，把媒体创办智库作为一个独立议题进行讨论，起始于2008年，晚于相关实践活动的起步，这一时间断层也说明认识滞后于实践的发展。

**（二）研究人员的构成**

在把握研究与实践的整体进展情况后，为了能够更好地理解文献中不同作者的观点，笔者对133篇文献中所有作者的身份和职务等信息进行了统计和分析。①根据文献中列出的作者简介，所有的研究主体即文献写作者大致可以分为学界研究者和业界人士两种类型。其中，学界研究者还可具体划分为研究机构的研究者，大学学者、学生和期刊记者三种，业界人士可具体划分为某个媒体智库/智库化项目的创办者、主持者、负责人、管理者、工作人员和其他媒体从业者两种。通过统计各类型作者的比例，如图3、图4所示，业界人士在所有研究者中占据了较大比例（58%），具体来看某个媒体智库/智库化项目的创办者、主持者、负责人、管理者、工作人员（20%），其他的媒体从业者（40%）以及大学学者、学生（23%）这三种细分类型的研究者对该研究主题比较关注。

**表 3：所分析文献的研究主体数量统计表**

| 统计内容 | 类型 | | 数量 | 比例 |
|---|---|---|---|---|
| 研究主体（文献写作者） | 学界研究者 42% | 研究机构的研究者 | 17 | 15% |
| | | 大学学者、学生 | 26 | 23% |
| | | 期刊记者 | 5 | 4% |
| | 业界人士 58% | 某个媒体智库 / 智库化项目的创办者、主持者、负责人、管理者、工作人员 | 20 | 17.5% |
| | | 其他媒体从业者 | 46 | 40.5% |

① 作者身份和职务的信息依据是文献中标注的作者信息部分，没有标注作者信息同时经搜索后仍无相关信息的作者样本不计入统计。具有多重身份的作者，分别以不同身份计入统计结果。同一作者前后身份有变化的，分别以文献写作当时的身份计入统计结果。

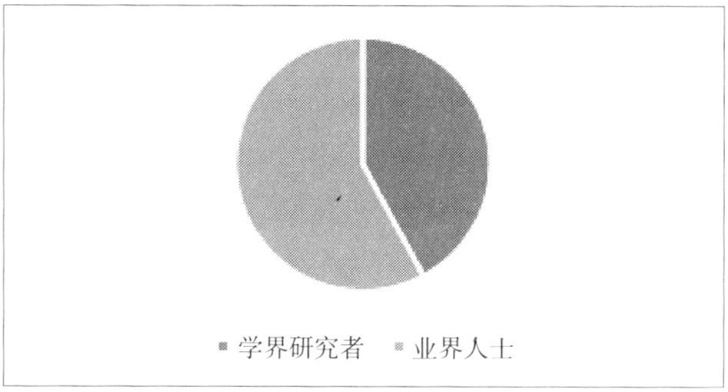


图3：各类型作者所占比例统计图

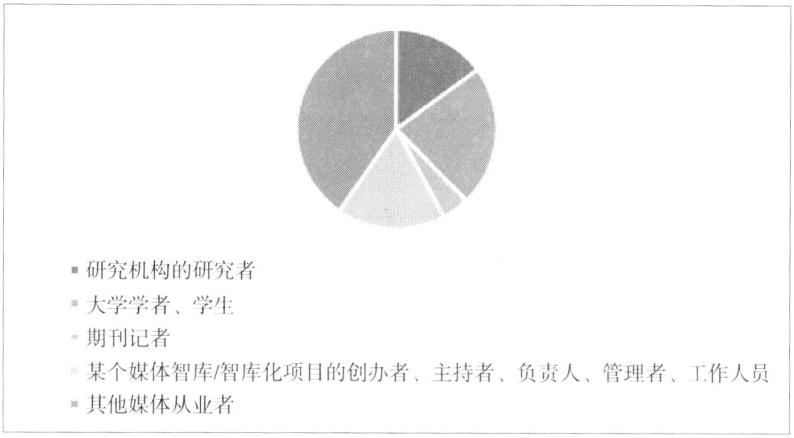


图4：各细分类型作者所占比例统计图

## 二、研究发现

目前，我国媒体的智库化转型主要通过媒体创办智库、开发智库业务来实现，通过对文献资料的文本内容进行梳理和分析，笔者认为根据媒体创办智库这一实践活动的目的和任务，我国媒体办智库的实践过程可以分为两个阶段，同时伴随着实践的发展，研究者们的认识也有相应的转变。

### （一）2008—2013年：内向阶段，为媒体自身发展出谋划策

2008年《青年记者》曾以“智库通未来”作为当期的主题，介绍了业界出现的媒体借助智力资源谋划自身发展的现象，阐述了专家对这一现象的认识与思考。在此之前，1983年—2008年之间，也有媒体陆续开展智库活动并成立了相关机构，但在2008年前并无文献单独将这一实践与媒体和智库联系起来看待并当做一个媒体现象进行研究。在此之后一直到2013年，学界关于

"媒体与智库"的研究有所减少，数量只有零星几篇，内容也是延续着这一专题的讨论发表见解和介绍业界实践情况。针对当时媒体实践中出现的这一现象，学界提出了传媒智库的概念，指为媒体自身发展建言献策、提供战略指导的智力资源和机构。喻国明将传媒智库定义为"专长于传媒领域筹谋和调研的专业智力服务机构"[①]，陈会君、丁汉青对传媒智库的表述与喻国明相似，认为传媒智库"是传统意义上的智库在传媒领域的衍生，即为媒体出谋划策的群体和组织"[②]。

其他的研究们通过一些具体案例，列举了当时出现的媒体智库的类型，主要可以划分为"内脑"和"外脑"两种类型。内脑指媒体内部设立的智囊机构，包括三种类型。第一种是战略和运营研究机构，具体指"在传媒业改革发展的过程中，传媒集团内部诞生了一些新生的职能和智囊组织——集团战略发展研究机构和战略运营机构"[③]。郭全中也将媒体设立的战略部门看作媒体内脑的一种类型，列举了南方报业传媒集团于2004年设立战略运营部、广州日报报业集团设立战略品牌部以及浙江日报报业集团下设事业发展中心、华商报下设战略投资部作为战略管理部门的案例[④]。同样，曾春光也将广州日报于2006年5月成立的负责建设和维护广州日报品牌的报社品牌部和2007年初成立的市场规划部门企划中心视为其内脑[⑤]。第二种是传媒集团下设的新闻研究所，负责研究新闻业的发展趋势、新闻业务相关课题和专题，例如南方报业传媒集团下设的新闻研究所，其编撰的《南方传媒研究》结合南方报业的实践，探讨传媒业的未来发展趋势以及传媒业发展中的采编和经营管理等实际问题，从而为传媒业提供指导。除以上两种类型外，还有学者将媒体设立的博士后工作站也视为传媒内部智库的一种，认为媒体可以在博士后进行科研工作的同时，使其参与媒体集团的战略和管理的实际工作，为媒体出谋划策。

外脑即指媒体外部的智囊团，主要包括三种类型。第一种是学者专家，杨超认为"用外脑就是借用媒体单位以外的人才，一般可以以顾问的方式，聘用本地或者省级的专家、学者，支付一定的报酬，同时根据聘用协议给所

---

① 喻国明（2008）。关于传媒智库及其运作法则的断想。《青年记者》，（03），14-15。
② 陈会君、丁汉青（2008）。英国传媒智库状况及启示。《青年记者》，（03），24-26。
③ 梁金河（2008）。传媒内部智囊：笃情的探索与尴尬的现状。《青年记者》，（03），21-22。
④ 郭全中（2008）。当前传媒业的智库建设。《青年记者》，(03)，15-16.
⑤ 曾春光（2008）。广州日报：内外借智创新制胜。《青年记者》，(03)，20-21。

聘顾问一定的研究课题，要求在一定的时间内完成；定期召开顾问专家会议，解决媒体发展中的难题。”①郭全中也认为科研机构和高等院校的研究人员是传媒机构外部智库的一种，例如南方日报、广州日报、浙江日报等市场化程度较高的传媒集团通过与外部研究人员建立通畅的沟通渠道，借助其智力资源。第二种是专业咨询机构，鞠宏磊认为主要有三类——依托于高等院校新闻传播学科的科研院所，以读者调查、收视率调查为核心业务的媒介数据调查公司，一般性的企业管理咨询公司②。第三种是专业智库，例如刘刚介绍的浙江日报经济部与浙江省公共政策研究院进行的合作③。

以上这些形式的媒体智库，主要立足于媒体自身发展出谋划策。但在当时的媒体实践中，也有媒体本身具备了生产智慧和思想的功能，可以跳出媒体自身，承担起智库的角色，为其他机构出谋划策。对于前面提到的学者们对于媒体智库的理解，陈会君、丁汉青将其称之为智慧输入型传媒智库，后面这一种称作智慧输出型传媒智库，即“某个传媒个体依据自身对信息的占有优势，利用新的技术或成立新的组织，对自己原创性的信息进行聚合、整理、分析，从而通过对需要此类信息的组织机构产生指导作用来获取利润。”④比如成立于1992年11月的新华社世界问题研究中心，每年向中央报送大量参考资料，对中央战略决策、外交决策、处理国际关系发挥重要参考作用，同时还承接各部委委托的大量课题，对相关政策出台起到重要参考作用。再比如龚周方提到的2008年1月17日羊城晚报报业集团成立的全国首家媒体“外脑库”，通过聘请经济学界、社会学界和实业界有影响力的专家和企业家组成智囊团，共同谋划广东以至全国社会经济科学发展的新途径⑤。

**（二）2013年之后：外向阶段，为政府和社会提供决策咨询和研究服务**

2012年中央经济工作会议上习近平总书记指出要健全决策咨询机制，按照服务决策、适度超前的原则，建设高质量智库；2013年，党的十八届三中

---

① 杨超（2011）。借用外脑 挖掘内脑——智库的运用对地市级媒体的启示。《中国地市报人》，（10），20-22。

② 鞠宏磊（2008）。传媒“外脑”的功能与价值。《青年记者》，（03），22-24。

③ 刘刚（2012）。借智库之言 强媒体之音 以浙江日报经济部与浙江省公共政策研究院合作为例。《新闻实践》，（10），55-56。

④ 刘刚（2012）。借智库之言 强媒体之音 以浙江日报经济部与浙江省公共政策研究院合作为例。《新闻实践》，（10），55-56。

⑤ 龚周方（2008）。羊城晚报“外脑库”：当代传媒影响力模式的产物。《青年记者》，（03），19-20。

全会提出，加强中国特色新型智库建设，建立健全决策咨询制度，并首次在中共中央文件中提出智库概念；2014年10月27日，中央全面深化改革领导小组第六次会议审议了《关于加强中国特色新型智库建设的意见》；2015年1月，中共中央办公厅、国务院办公厅印发《关于加强中国特色新型智库建设的意见》；2015年11月9日中央全面深化改革领导小组第十八次会议通过《国家高端智库建设试点工作方案》；2017年2月6日，中央全面深化改革领导小组第三十二次会议审议通过了《关于社会智库健康发展的若干意见》；2017年，党的十九大报告指出“深化马克思主义理论研究和建设，加快构建中国特色哲学社会科学，加强中国特色新型智库建设”；2018年3月，原国家新闻出版广电总局印发《关于加快新闻出版行业智库建设指导意见》……在建设中国特色新型智库的国家战略之下，媒体也纷纷布局智库建设。

对于媒体建立的智库，研究者们将其定义为媒体智库，但此时的媒体智库则与前面提出的媒体智库有着根本的区别。黄楚新提出“媒体智库就是以媒体组织、媒体机构为主体办智库、进行智库建设，是媒体与智库的结合。媒体智库是利用媒体优势资源，以开展深度研究为核心业务内容的研究性平台或机构。”[①]王莉丽认为“所谓媒体智库，是指有一定公信力、传播力和研究能力的大众传媒设立的公共政策研究机构，其主要功能是政策研究与建议、舆论引导与公共外交。”[②]里昕提出媒体智库“是指由媒体主导发起设立，为政府、社会提供决策咨询和研究服务的研究咨询机构。”[③]根据上述研究者的定义，可以总结出此时学界对媒体所办的智库的认识有几个要点：1. 媒体创办的；2. 是智库分类中的一种，成果类型是智库产品；3. 是提供政策研究和决策咨询服务的机构；4. 服务对象是政府和社会而不是针对媒体本身。与之前研究者们提出的媒体智库相比，其任务不再是为媒体自身发展出谋划策，而是真正作为一个智库机构为政府、社会、企业或其他机构提供决策咨询和研究服务。

媒体创办智库的动因不只是国家战略的号召，政策环境仅是外因，从为媒体自身发展出谋划策到为政府、企业、社会服务，最根本的原因是媒体内部的转型需要。研究者们也认识到了这一转变，正如秦福贵所表达的观点：“传媒智库发源于媒体的研究部门或媒体引入高校、科研机构的智力支持，

---

① 黄楚新，王丹（2016）. 媒体智库：发展路径与关键。《新闻与写作》，（01），13-16。

② 王莉丽（2018）。中国媒体智库的定位与发展路径。《新闻战线》，（03），39-41。

③ 里昕（2018）。中国媒体智库的发展特色及发展建议。《社会科学文摘》，（01），113-116。

虽然没有正式命名为智库，但已具备智库的功能。这种智库多是智力输入型，即为媒体自身的发展提供智力支持。伴随着互联网的高速发展，传统媒体受到了巨大冲击：受众数量减少，广告收入呈现断崖式下跌，人才流失严重……面对这种情况，智力输入型智库虽然能够暂时帮助媒体解决一些经营管理问题，但无法从根本上推动媒体的转型。具有战略眼光的媒体已经意识到这一点，开始着手在智力输入型智库的基础上，建立外向型智库，即智力输出型智库，真正意义上的传媒智库开始零星出现。"[①]

针对这一转变，有研究者提出了内向阶段提到的机构不能认定为媒体智库的观点，依据在于智库的性质的是外向的。里昕在《中国媒体智库的发展特色及发展建议》中提到"并不是每个媒体发起设立的研究机构都是智库，只有致力于为政府、社会、企事业单位等外部单位提供决策咨询和研究服务的机构才是智库，而定位于内部研究机构，仅为所在媒体单位提供服务的研究机构不能称之为智库"[②]。窦丰昌则列举了几个例子进行区分，他认为一些媒体组建的研究院、研究室和研究部，大部分都定位于内部研究机构，仅为所在媒体机构提供行业动态、政策研究和决策参考，因此不能认为是媒体智库，例如粤传媒研究院、新京报研究院、广州日报研究室……但也有一些媒体组建的研究机构是开展对外研究的，比如南风窗研究部长期承担"调研中国"项目的运作，具备了智库的功能，可以被认为是媒体智库。[③]

## 三、研究争议与讨论

### （一）由主办者的复杂性引发的争议

【实践】随着媒体创办智库热潮的开展，除了依靠自身力量，还有一些媒体开始联合其他机构的力量，整合多方资源共同合作创办智库。比如，2014年南方报业传媒集团联合中山大学、暨南大学等成立的南方舆情研究院；2015年湖北日报传媒集团联合湖北省委党校、湖北省经济学会、光谷联合产权交易所等机构成立的长江智库；2015年羊城晚报报业集团联合百度、国双科技等等成立的羊城晚报智慧信息研究中心；2015年南京大学联合江苏

---

① 秦福贵（2017）。互联网思维视角下传媒智库建设策略。《中国传媒科技》，(01)，46-48。

② 里昕（2017）。中国媒体智库的发展特色及发展建议。《智库理论与实践》，（05），42-49。

③ 窦丰昌（2015）。南风窗传媒智库：下一个30年的现实路径。《传媒评论》，（11），32-34。

广电集团、新华报业传媒集团、凤凰出版集团、江苏有线电视集团等成立的江苏紫金传媒智库；2016年四川日报报业集团与阿里巴巴集团成立的封面智库；2018年佛山日报社和佛山市社联合成立的佛山传媒智库……这种媒体智库的出现反映了一种新的趋势——媒体不再仅仅依靠自己的力量，而是寻求多方合作，整合各个行业的优势资源，打造更强大的媒体智库。

【争议】多种力量合作创办的媒体智库的出现引发了研究者们的争论，争论主要集中在江苏紫金传媒智库是否可以属于媒体智库的范畴这一问题上。由于江苏紫金传媒智库成立的主导机构不是媒体而是高校，但又有媒体联合参与建立，其主办者较为复杂，且媒体在其中的地位比较特殊，因此引起了研究者们的关注。窦丰昌认为“这是一个高校智库，但又和一般的高校智库不同，它由江苏各大传媒集团注资成立基金，基金收益用于支撑智库研究与相关活动、在这个意义上，它有了一定的传媒特色，名字也叫紫金传媒智库。”里昕认为“智库必须由媒体主导发起，有的智库虽有媒体参与发起，在名字中也有传媒等字眼，但是由高校等其他机构主导设立，在高校挂牌，应定义为高校智库”。对此，有的研究者则认为，由传媒集团内部生成的叫作内生型传媒智库，由传媒集团资助或参与的可以称作外生型传媒智库，他们都属于媒体智库。比如张艳、杜浩依据主体构成角色将当前我国的媒体智库划分为内生型传媒智库、外生型传媒智库、媒体和智库自建传播平台这几种形式，认为外生型传媒智库是由传媒集团与外部组织联合创办的传媒智库，比如紫金传媒智库和财新智库与莫尼塔（上海）投资发展有限公司联合组建的财智莫尼塔研究平台。作者认为“这种外生型传媒智库具有部分的传媒基因，又具有相对的独立性，可以联合政府、企业、高校的行业精英，有效配置优势资源，是媒体寻求生产创新的一种路径探索。”①。王辉耀、苗绿也认为紫金传媒智库、第一财经智库/研究院、羊晚智慧信息研究中心、教育部人文社科重点研究基地跨学科智库联合体、国研经济研究院东海分院、佛山传媒智库/研究院等智库属于外生型媒体智库。②

【我们的观点】这一问题的争议是由于随着实践的发展媒体智库的创办主体出现了复杂性的特征而出现的，可见随着实践的进一步发展，研究者们的认识和思考也会随之发展，并不断产生新的问题和讨论。同时，这一现象

① 张艳，杜浩（2017）。传媒智库的类型、瓶颈及生态网络构建。《中国传媒科技》，（01），43-45。

② 王辉耀，苗绿（2018）。如何建设好媒体智库。《传媒》，(15)，9-10。

也反映出媒体在创办智库的实践中出现了产业融合的趋势——新闻业与其他行业的边界正在逐渐模糊，通过与智库的融合，以及在创办智库过程中与其他行业机构进行资源整合，媒体的业务范围不再局限于传媒业，也可以跨行业研究其他领域的问题，以往只有其他专业机构才能做的业务，如今媒体也可以做并且可以做好。

**（二）由模式的复杂性引发的讨论**

【实践】2015年之后，越来越多的媒体开始投身智库建设，尤其是面对互联网和新媒体的冲击，传统媒体纷纷以智库建设带动自身转型，提升自身权威性和专业性。同时，为政府、社会提供决策咨询和研究服务的功能也为媒体开辟出了一条新的盈利和价值变现之路。在智库化转型的道路上，每一个媒体的具体做法都各不相同，具有各自的定位与特色，因此实践的多样性和复杂性使得研究者们对智库化转型的路径、目的产生了不同的理解。

【讨论】有的研究者认为媒体智库化是通过创办智库，将媒体打造成为具有智库功能的智库型媒体。智库型媒体的本质仍然是媒体，新闻生产仍是其主业，智库是对媒体原有形态与功能进行补充和完善。王漫认为，媒体在智库化转型的实践中有两种模式，一种是智库型媒体，即在报道中呈现出高度的专业性、在业务上呈现智库化的特点，这种模式比较初级；另一种是打造媒体型智库，即媒体建立智库并带动媒体转型。两种模式在实践中都有存在，是并列的关系，第二种模式是最主要的。[①]还有的研究者认为，媒体智库化转型是从“智库型媒体”到“媒体型智库”，比如2016年10月13日《光明日报》第14版《媒体智库的责任担当》一文中，作者李慧提到“互联网时代，智库与媒体正在实现深度融合发展。特别是在新媒体迅猛发展的时代大潮中，传统媒体转型发展迫在眉睫，智库化、专业化成为传统媒体转型的重要选择。如何发掘深度和专业优势，打造媒体智库，进而从‘智库型媒体’迈向‘媒体型智库’，逐步构建起一个全新的媒体转型生态系统，成为亟待破冰的课题。”[②]这种观点认为智库化转型通过建设媒体智库，最终是将媒体打造成具有媒体特性的智库，实现从媒体向智库的转变……这些不同的观点说明了由于不同媒体具体实践模式的复杂性，研究者们对于媒体智库化转型的理解有所不同。

---

① 王漫（2018）。《传媒津津道 | 智库型媒体的两种演变路径》。检索于 https://www.sohu.com/a/252080081_644338

② 李慧（2016 年 10 月 13 日）。媒体智库的责任担当《光明日报》,14。

【我们的观点】媒体的智库化实践不仅带动了自身的转型，也为媒体提供了一种新的盈利方式，因此未来会有更多的媒体创办智库、将智库功能置于其业务的重要地位。但是不管实践如何发展，笔者认为智库化转型中媒体的本质不会改变，媒体智库是媒体进行智库化转型的方式，不会像一些研究者所提出的最终取代媒体、使媒体发展成为一个智库。通过与智库融合，媒体将会更加强大，而不会消亡或者发展成为其他形态。

## 四、结语

从为媒体自身发展出谋划策，到智库角色凸显为政府和社会提供决策咨询与研究服务，媒体的眼光不再局限于内部发展，而是瞄准整个社会各行各业的发展，将智库发展为一项新的功能和业务。媒体的智库化实践不仅带动了自身的转型，也为媒体提供了一种新的盈利方式，因此未来会有更多的媒体创办智库、将智库功能置于其业务的重要地位。同时，在智库化转型所构建的新的新闻业生态中，由于媒体本身的性质、定位、受众类型等因素的不同，其智库化转型的具体模式和路径虽具有一定共性，但绝不是千篇一律的。可以预见，当越来越多的媒体走上智库化转型之路，未来在创办智库和开展智库业务的实践中，媒体将会努力在研究领域、面向对象、服务范围等细致的方向上相互有所区分、形成独特优势，以提升自身的竞争力。目前来看，我国媒体智库化转型仍然处于起步阶段，未来发展如何仍然面临着许多的未知数，随着实践的发展，研究也将面临更多新的问题，引起新的讨论。

（蔡雯、蔡秋芃撰写，原载于《国际新闻界》2019年第11期）

# 从当代西方新闻改革运动看职业观念转变

## ——“建设性新闻”“方案新闻”“公共新闻”评析

“建设性新闻”（constructive journalism）21世纪初在欧洲出现后，作为一种新的新闻现象引起了国内学者的关注。同一时期在美国还出现了“方案新闻”（solution journalism，亦译为“解困新闻”）。这两者从新闻理念到实践模式都非常相似（也有学者认为“方案新闻”是“建设性新闻”的一种形式），它们都关注社会公共问题，寻求解决措施与具体行动方案。再向前回溯，还可以发现20世纪末在美国兴起的“公共新闻”运动也与此有极大的相似性和相关性。

“公共新闻”的研究20世纪末期起始于美国，一批参与或指导“公共新闻”的学者如纽约大学新闻学系主任杰伊·罗森（Jay Rosen）教授、伊利诺伊大学的克里夫德·克里斯蒂（Clifford Christians）等以及一些地方新闻工作者发表了大量文章并出版了一些专著，论述这一运动的动机和理由，总结媒体的实践。同一时期，“公共新闻”的反对者包括一些学者和一些媒体从业者也发表了批评性文章。2004年，笔者在做富布莱特项目研究的前期准备时注意到美国新闻界围绕“公共新闻”的争议，就当时所能收集到的有限资料向中国同行做了介绍，《美国新闻界关于“公共新闻”的实践与争论》发表后引发关注。[①]同一年，美国学者埃弗利特·E·丹尼斯（Everette·E·Dennis）、约翰·C·梅里尔（John·C·Merrill）撰写的《媒介论争：19个重大问题的正反方辩论》中文版在国内出版，“公共新闻”是其中的辩论议题之一。此后，更多学者和新闻从业者对“公共新闻”展开了研究，从理论到个案，涉及面甚广，研究热度持续长达三年左右。

21世纪“建设性新闻”“方案新闻”是兴起于西方语境的一种理念与实

① 蔡雯：《美国新闻界关于“公共新闻”的实践与争论》，《新闻战线》2004年第4期，第78-80页。

践，其研究同样起始于发源地。欧美学者的相关成果既有对“建设性新闻”历史脉络的梳理，也有对其在不同国家的具体实践的考察，以及操作技巧的讨论。2014年以后西方学界开始较为集中地对“建设性新闻”展开探讨，并于2017年10月在丹麦奥胡斯大学召开了首届全球建设性新闻大会。我国学者对“建设性新闻”的关注大约在2015年前后，最早介绍这一改革的学者有杨建宇等。①王君超等对“解困新闻”（“方案新闻”的另一译法）也有分析。②总体上看，国内学者对“建设性新闻”“方案新闻”的研究主要在业务层面，历史维度的考察和学理层面的剖析相对较少。本文基于个人的前期研究及跟踪观察、调研，试对“公共新闻”“建设性新闻”“方案新闻”做整体性分析和评议。

## 一、“公共新闻”“建设性新闻”“方案新闻”：具有共性的新闻改革运动

20世纪“公共新闻”的兴起与21世纪“建设性新闻”“方案新闻”的出现相隔只有十几年，虽然名称各不相同，但新闻实践活动中的诸多相似性却值得我们注意。

第一，行动主体的身份特征相仿。无论是“公共新闻”还是“建设性新闻”“方案新闻”，都是由这样几部分人构成的：

一是专业媒体的职业新闻工作者，他们起主导作用。在“公共新闻”运动开展的十年内，美国共有30多家新闻媒体的公共新闻报道获得了“优秀公共新闻奖”，有226家新闻媒体参与的120多项公共新闻计划获得资助，有3520多名新闻记者参加了49个“公共新闻实验工场”。“建设性新闻”主要是西欧和北欧的媒体从业者做了最早的探索，如英国的《卫报》、BBC等重要媒体的新闻记者编辑。“方案新闻”则是美国的一种新闻改革实践，专业新闻工作者在其中发挥主要作用。值得一提的是，20世纪组织“公共新闻”项目的主要是美国地方性媒体，有全国影响力的新闻组织基本没有参与，有些还持反对意见。而到进行“方案新闻”实践的却已不再限于地方性媒体，一些主流新闻媒体也有积极表现，如纽约时报在其官方网站开通了专栏“Fixes”，旨在“寻找社会问题的解决方案以及它们能够运作的原因”。③

---

① 杨建宇:《方案新闻及其在<西雅图时报>的实践》,《当代传播》2015年第3期,第66-67页。

② 王君超：《新闻报道的“解困”之道》，《中国报业》2014年第1期，第88-89页。

③ The New York Times：“Fixes，”https://www.nytimes.com/column/fixes，2019年11月1日。

二是新闻教育工作者和研究人员，他们积极参与改革实践或者成为支持改革的观察者研究者，一些人甚至成为改革运动的精神领袖。一批新闻学教授组建了“公共新闻兴趣小组”（Civic Journalism Interest Group），作为“美国新闻与大众传播教育协会”（AEJMC）下属的一个分支机构，每年都召开会议研究这个领域中的问题，他们的理论支持和对媒体实践的总结，对改革运动起到重要推进作用。在“建设性新闻”发展过程中，高校教育工作者同样是重要参与者，如2016年成立的“建设性协会”（Constructive Institute）的合作伙伴中就有多家学术机构如奥胡斯大学、南丹麦大学、斯坦福大学等，协会的办公地址也设立在奥胡斯大学。高校学术人员对于新闻改革项目的评估、指导、总结以及对新闻记者的培训都做出了重要贡献。

三是社会公众，他们在新闻媒体机构的发动和组织下参与新闻议题的讨论和相关的社会活动，成为新闻传播活动的重要参与者。无论是“公共新闻”还是“建设性新闻”“方案新闻”都是围绕公共性的社会议题，力图将业界、学界、公众团结在一起，形成对话沟通，促进问题得到解决。也有研究发现，“建设性新闻”活动中有公民新闻媒体的自发参与，如2015年依靠众筹活动而创立的英国的网站Positive News。这一网站专注于高质量、独立的建设性新闻报道，关注进步、可能性与解决方案。[①]

此外，一些基金会、社会组织在这两轮新闻改革中都发挥了重要作用。丹尼斯谈论“公共新闻”时指出，“三个主要的基金会——凯特林、奈特和皮尤集团——为纽约大学和另一项华盛顿特区的项目提供资金。这些基金会正朝着新的新闻道德紧锣密鼓地前进。这个新的新闻道德敦促媒介更多地卷入当地社会，像一位评论家所说的那样‘参加游行’，并帮助拟定和解决社会问题。”[②]“建设性新闻”出现后，作为重要协调机构的建设性协会于2016年创立，旨在于帮助记者和新闻机构使用建设性报道方式，为他们提供相关的培训和实践的机会，同时促进独立的学术研究。建设性协会的成立与运作，获得了一系列基金会的资助，包括赫尔辛金圣诺马特基金会（Helsingin Sanomat Foundation）、保险基金（Tryg Foundation）、奥胡斯斯蒂芬德斯基金

① 郭浩田：《新闻建设性与建设性新闻：一种正在兴起的新闻理念与实践的考察》，硕士学位论文，中国人民大学新闻学院，2018年，第24页。

② 埃弗利特·E·丹尼斯、约翰·C·梅里尔：《媒介论争：19个重大问题的正反方辩论》，王纬等译，北京：北京广播学院出版社，2004年，第114页。

会（Aarhus Stiftstidendes Fond）等。另一个重要协调机构美国的方案新闻网络（Solutions Journalism Network）也同样获得了一系列基金会的资助，包括盖茨基金会、福特基金会、洛克菲勒基金会等。[①]

第二，新闻改革的目标相近。都是以公共议题为关注焦点，以促进公众交流、寻求问题的解决方案为主要目的，希望促进民主社会向更好的未来发展。

“公共新闻”的目标曾被北卡莱罗那大学新闻与传播学院教授菲利普·梅耶（Philip Meyer）归纳为六个方面：

一是对重新树立公共意识的一种期望。公共意识是一个社会存在的基础，公共意识的消减与报纸读者的减少是有因果关系的，实际上报纸和读者都是社会体系中的一部分，对公共生活的不关心，使得读者不再需要报纸。

二是更长时间的注意力的保持。新闻媒介不能总是从报道一个事件迅速地转向另一个事件，而应该对那些重要的公共问题保持更长时间的关注，直到这些问题的所有方面都为公众了解，并且使他们能够认真地思考和做出决策。

三是深刻地解析引导我们生活的社会系统的愿望。仅仅关注事件本身的报道，不但在时间跨度上是受限制的，而且在内容挖掘上也是肤浅的，不能帮助读者看到事实背后所潜在的社会问题的根源。

四是对中间部分的更多关注和少走极端。从概率统计学角度说，绝大多数的人，以及他们的行动，是处于中间部分的，而不是处于两个极端的少数。但传统的新闻报道往往只是关注处于“极端”的反常情况。

五是有关政治争论的报道应重视内容，而不是技巧。如总统大选类的报道，应该更多关注的是这类选举对公众利益和社会发展的影响，而不是竞选活动本身及竞选者的表演。

六是培养公众思考能力的一种愿望。因为表述自己的观点固然重要，但了解他人的看法也同样重要。新闻媒介应该帮助社会的每一个成员去了解他人，促进人与人之间的相互理解，这是“公共新闻”的重要的一个方面。[②]

“公共新闻”对于公共利益和公众对话的强调，以及对处于非极端位置的“中间人群”的关注，被“建设性新闻”继承和发扬。略有差异的是，“建设性新闻”更加追求正面的激励效应，“方案新闻”更加重视问题解决

---

① 郭浩田：《新闻建设性与建设性新闻：一种正在兴起的新闻理念与实践的考察》，硕士学位论文，中国人民大学新闻学院，2019 年，第 29 页。

② Meyer, Philip. “Public journalism and the problem of objectivity，” August 1995 conference of Investigative Reporters and Editors (IRE).(http://www. ire. org/pubjour. html). 1995.

框架。但它们都一样强调记者是社会现实的建构者，都关注信源的多样性，聚焦公共议题，将读者视为积极行动的公民。有学者研究“解困新闻学”（“方案新闻”）时也发现，这类新闻重视通过对公共事务的介入，探索解决问题的途径，因此认为它与出现于20世纪90年代致力于报道社区事务的“公共新闻学”有交集，同时在报道取向上，符合20世纪80年代始于西方的“希望新闻学”的理念。这种理念可以归结为两个“H”——“Help”和“Hope”。记者通过新闻报道为社会的急切问题提供对策，并且给予读者希望。①

第三，新闻传播策略相似。都是专业新闻机构围绕公共议题或问题策划报道及行动方案，发动和组织公众参与，并且在基金会的支持下，通过与一些高校和社会组织的合作，展开各类活动，扩大社会影响。

两轮新闻改革实践表现出非常相似的策略：社会协作，这也是“公共新闻”“建设性新闻”和“方案新闻”不同于以客观报道为主旨的传统新闻活动的地方。投入这两场新闻改革运动的媒体都不满足于作为置身事外的观察者和报道者，而是对所报道的社会问题持明确的立场和导向，主动寻求外部力量的支持和公众参与，促成社会协商和对话，并对协商对话的过程及相关内容进行报道，直接影响甚至改变报道客体，实现媒体的政治主张。从新闻内容生产与传播的实践过程来看，新闻个案因报道对象不同各有差异，难以归结于某种固定的模式，但总体上都呈现出“媒体聚集公共议题+组织公众对话+相关活动支持”的框架。

“公共新闻”最初是从政治选举报道开始的，如《威奇塔雄鹰报》在州长选举中，将候选人的观点与社会议题紧密结合，并开展民意调查，让读者了解在他们所关心的议题上的候选人的不同立场。类似的报道模式随后扩展到了城市预算、邻里关系、种族冲突等各类公众议题。“建设性新闻”关注最多的是地区层面、社区层面的议题，也是公众通常能够参与、发挥作用的领域。有西方学者通过相关案例的分析，总结了建设性新闻的四种操作原则：公共导向、方案导向、行动导向和未来导向。②如《卫报》2016年在官方网站上推出了一个专门的“建设性新闻”栏目，取名“对策与创新”（Solutions and Innovations，2018年2月改名为The Upside），在发刊词中，强

① 王君超：《新闻报道的“解困”之道》，《中国报业》2014年第1期，第88-89页。

② Hermans, L.& Drok, N.，“Placing constructive journalism in context，” Journalism Practice,vol.12，no.6, 2018，pp.679-694.

调该栏目“专注于建设性故事、创新和致力于改变世界的人”。[①]

这个栏目由几位编辑和《卫报》驻世界各地的记者合作完成报道，内容涉及企业、环境、社群、健康、科技等多个领域，其2019年1月报道刚果民主共和国如何消灭昏睡性脑炎的新闻还获得了“全球新闻未来奖”（The Future of Journalism Global Award）。尽管该栏目没有出现在纸质版上，但是一些有影响力的报道会被报纸采用，而且还每周固定出版一份周报，总结一周以来的建设性新闻报道。与《卫报》类似，《纽约时报》也开设了专栏Fixes，意思是“修复”，其宗旨为“关注社会问题的对策，以及这些对策为何能够运作”。

基于上述共同的特征，我们认为“建设性新闻”“方案新闻”在可以被视为“公共新闻”的发展，或者说，是“公共新闻”在新的历史条件和传播生态下的复兴。而且，我们依然可以把它们都看作是新闻改革运动。

2004年笔者在美国的调研发现，20世纪末“公共新闻”能够成为一场运动，推进作用最大的是“詹姆斯·巴顿优秀公共新闻奖”的设立。这个奖项每年以25000美金作为奖励，吸引了一大批新闻媒体包括报纸、广播电台、电视台投入到这项运动中，据统计，这些媒体分布的地区遍及美国47个州。皮尤公益信托基金成立了管理这个奖项的皮尤中心（Pew Center），并开设了专门的网站。该中心宣告自己的职责是：作为“公共新闻”的培育中心，促进新闻媒体改进自己的报道，使更多的民众加入到公共生活中。该中心的工作内容包括八个方面：

1. 评选与奖励优秀公共新闻报道
2. 资助公共新闻项目
3. 开设公共新闻工作坊
4. 建立公共新闻档案，对所有重要活动记录存档
5. 出版有关公共新闻理论与实践的一系列著作
6. 制作出版公共新闻的视频产品
7. 编辑出版季刊《公民催化剂通讯》（Civic Catalyst Newsletter），报道公共新闻最新进展
8. 为公共新闻的重要论述提供展示平台

上述八个方面的工作成果都非常丰富。这个中心随着“优秀公共新闻

---

① Mark Rice-Oxley: “Fed up with all the dreadful news out there? Then click here,”2016年6月1日，https://www.theguardian.com/world/2016/jun/01/and-now-for-something-completely-different-some-positive-news，2019年11月1日。

奖”（1993—2002年）的结束，2003年后不再存在，我所接触到的美国同行也大多认为“公共新闻”到此结束了。但我发现，在2003年2月25日，一个国际性的“公共新闻网络”（Public Journalism Network）在“美国公共新闻兴趣小组”的基础上建立起来了，这个组织宣称自己是一个世界各国有志于“公共新闻”的新闻记者与新闻教育工作者的国际性联合会，有几十个国家的新闻记者和新闻学者加入了进去，这个组织中的美国学者也先后到很多国家向新闻界同行传授他们的研究和实践成果。

“建设性新闻”“方案新闻”目前还在发展中，与“公共新闻”一样，它们也得到了基金会的资助，吸引了高校和一些社会组织的加盟，如前文中提到的由基金会支持成立的“建设性协会”与“方案新闻网络”分别是“建设性新闻”和“方案新闻”的重要协调机构，其成员、定位、功能十分相似，它们最重要的作用都是建立了一个社群网络，通过一系列的线上和线下的活动，将新闻从业者、教育者、研究者、社会公众联合在一起。欧洲的一些新闻传播院系开展了一系列有关“建设性新闻”的学术讨论和研究，有些高校还开设了相关课程，如荷兰的温德斯海姆应用技术大学（Windesheim University of Applied Sciences）开设了《走向建设性》（Going Constructive）课程，丹麦和瑞典的DIS（为来自北欧地区及以外的学生提供在丹麦哥本哈根和瑞典斯德哥尔摩学习的一个项目）也开设了《改变新闻：建设性新闻》课程。在美国，“方案新闻网络”2013年以来和155家新闻机构建立合作关系，通过线上或线下的方式培训了超过一万名的记者和编辑，由方案新闻网络所提供的建设性新闻培训素材被全美17家新闻院校采用。此外，“方案新闻网络”与美国、菲律宾、法国、乌干达的共9个当地社区建立了合作关系，目的在于将社群与新闻媒体联结起来，促进社区公共议题的呈现与建设性方案的产生。该组织还与美国天普大学（Temple University）新闻与大众传播学院合作开发了课程。①由这些活动可以看出，“公共新闻”“建设性新闻”和“方案新闻”都不是普通意义上的新闻媒体机构的业务改革活动，而是由众多新闻媒体联合发起的有目标、有组织的新闻改革运动。

① 郭浩田：《新闻建设性与建设性新闻：一种正在兴起的新闻理念与实践的考察》，硕士学位论文，中国人民大学新闻学院，2019年，第29页。

## 二、围绕新闻改革的争议及职业价值观转变

“公共新闻”运动20世纪末至21世纪初在西方引发了激烈论争，《媒介论争：19个重大问题的正反方辩论》一书中概括了支持方的观点，认为“公民或公众新闻是健康的媒介发展趋势”，“对公众新闻记者来说，公共服务和社会责任更为重要”。反对方则回应，“公民或公众新闻是媒介的不良趋势”，认为“它改变了记者的职能。几十年来，是社会工作者在倡导建立社会机构以组织社会资源来解决具体的社会问题，不管是健康保健品发放、禁毒还是其他。……但对一月一次尽量客观地报道新闻为己任的记者来说就是不合适的了。”①

对“公共新闻”最大的困惑是认为这个理论与新闻报道的客观性原则相矛盾，菲利普·梅耶认为，“理论的初创者们没有对公共新闻这个概念给出定义，而且在理论框架上也是比较模糊的。也许初创者认为，这是一个正在发展中的理论，过早做出定义会限制它的发展”。他对“公共新闻”有目标从六个方面做了前文所述的归纳总结，并认为公共新闻记者“与传统的新闻记者作为自由社会的‘看家狗’（watchdog）的努力是一致的。这些目标的核心，是促使记者在信息过载的时代中更好地当好‘看家狗’”。他认为，从这个意义上说，“公共新闻”也是“焦点新闻”（focus journalism）和“论述新闻”（discourse journalism）。②

2004至2005年笔者美国做项目研究期间发现，无论是高校还是媒体，围绕“公共新闻”的争议都一直存在。因为“公共新闻”的实践模式背离了“客观公正”“保持中立”的西方新闻传统规范，它倡导新闻媒体对报道客体的“介入”，主张记者到社会公众中去，发动和组织讨论，进行民意测验，建构公共论坛，力图通过与公众的互动，找到解决问题的方法。这种“反潮流”的做法在美国受到批评和抵制不足为奇。

笔者在2005年完成的研究报告中曾作出分析：“公共新闻”运动是美国一部分新闻工作者在新的历史条件下对新闻职业进行反思和批判的结果。20世纪末期，一方面美国的国内经济发展和国际外交事务不断面临新的矛盾和

---

① 埃弗利特·E·丹尼斯、约翰·C·梅里尔：《媒介论争：19个重大问题的正反方辩论》，王纬等译，北京：北京播学院出版社，2004年，第114-117页。

② Meyer, Philip. “Public journalism and the problem of objectivity,” August 1995 conference of Investigative Reporters and Editors (IRE).(http://www. ire. org/pubjour. html). 1995.

挑战，许多问题需要通过民主政治寻找解决途径；另一方面越来越多的民众却对政治趋于麻木、对公共事务日益疏远，参与选举投票的人越来越少，影响到国家政治运行。与此同时，新闻界自身也面临困境：一方面要坚持捍卫“客观报道”的传统，保持与公众及公共生活的距离，另一方面又因媒介竞争的利益驱动，出现了新闻娱乐化、庸俗化的倾向，新闻媒体的社会地位实际在降低，受众的大量流失让新闻媒体越来越感到不安。这样一些复杂的缘由和情绪，导致了一批新闻工作者的自我反省和职业批判。他们追问“新闻工作到底是为了什么”“什么样的新闻才是好新闻”“记者的社会责任到底是什么”等等。这场反思的结果最终体现到行动上，出现反潮流的“公共新闻”运动成为历史的必然。①

世纪之交，互联网的发展为普通人参与新闻传播赋权，美国最早倡导“公共新闻”的一些学者很敏锐地把握了这一变化。杰伊·罗森教授提出，“虽然不是每一个公民都会成为记者，但是每一个记者都能够在网络上形成一个迷你型的公众群体。”“网络上的新闻交易，意味着一种新的公共领域，在这个领域里每个读者都能成为作者，而且人们对新闻的这种‘消费’是在他们更主动地寻找正在发生的新闻、有时候还相互合作的情况下完成的。”② 这种观点在一批支持“公共新闻”的学者和记者中再次得到了共鸣，他们认为“公共新闻”的下一步发展将和“参与式新闻”（Participatory Journalism）融为一体，进入一个新的阶段。2004年8月，“公共新闻兴趣小组”在加拿大多伦多召开年会，决定将“公共新闻”改名为“公共与参与式新闻”（Public and Participatory Journalism）。③

这一时期受关注的研究热点还有“开放信源新闻”（Open-source Journalism）“个人媒体”（Personal Media）“草根报道”（Grassroots Reporting）“博客新闻”（Blogging Journalism）“公民新闻”（citizen journalism）等，这些新概念都与普通公民利用新媒体成为新闻报道者有关。同时，美国的一些基金会也继续有所行动，如1993年曾经资助“公共新闻”的奈特基金会2003年又新设了一个“巴顿奖”（the Batten Awards）来鼓励新

① 蔡雯：《美国公共新闻的历史与现状——对美国公共新闻的实地考察与思考》，《国际新闻界》，2005年第1期，第16页。

② Jay Rosen, “Terms of Authority,” Columbia Journalism Review，vol. 10, no.10，2003，pp.14.

③ Leonard Witt, “Do we need a name change?” Civic Journalism Interest Group News, vol. Winter, 2004，pp.15.

闻改革。与过去不同的是，这个奖强调要以新的理念和技术手段、以刚刚露出苗头的新的传播模式来促进公共参与社会生活，因此奖励对象已经不限于新闻媒体，更多地是在支持博客网站。这个基金会在马里兰大学菲利普玛瑞新闻学院（Philip Merrill College of Journalism，the University of Maryland）建立了一个新闻实验室，并称其是“以新技术帮助人民更有效地投身公共事务来创新新闻实践的孵化器”，是主持过“公共新闻”运动的“皮尤中心”的延续。

“公民新闻”21世纪初是全球关注的热点，对“公民新闻”是否能够取代专业新闻也有争议。众多研究发现，与专业新闻相比，“公民新闻”潜在的问题很多，首先是缺乏事实核查机制，容易出现新闻失实。网络推手会通过策划一系列的虚假报道，来博取眼球、赚取钱财，造成恶劣的社会影响。① 而且，“公民新闻”大多关注生活琐事，尽管与公共生活息息相关，但是过度地碎片化呈现容易淹没更值得重视的关乎公众共同利益的重大严肃议题。此外，公民报道者能够及时地爆料第一手新闻资料，却难以深入挖掘真相。过于情绪化的表达，也对促成社会公众的理性交流、达成解决问题的共识也难有作为。显然，良莠不齐的“公民新闻”不仅难以做到“公共新闻”所倡导的关注与解决公共问题，有时还会加剧社会舆论的分化和对立，增强公共危机和焦虑感。

除了“公民新闻”呈现的问题，值得注意的是，20世纪末“公共新闻”运动的主要参与者是地方性媒体，西方新闻媒体长期以来对负面事件的关注一直占据新闻的主体位置，也引发公众的不安和厌倦。国际新闻媒体协会新闻主管尼古拉·布伦南·图帕拉（Nicola Brennan-Tupara）批评道，“我们被负面新闻轰炸太久了，现在我不能直面电视新闻了。电视上没有一件事令人感到好过。我感到悲伤、生气，因为我无法帮助那些受穷的人。以及，为什么他们还在受苦？为什么没人去做些事情，或者至少去开个工作组会议？我们能不能有一些令人振奋的故事？”②

“建设性新闻”“方案新闻”就是在上述背景下出现的。英国《卫报》编辑部于2016年上半年做过一次读者调查，调查的问题是：读者认为《卫

① 李华，蒙晓阳：《网络推手对参与式新闻的操纵及其治理》，《当代传播》2017年第1期，第84-87页。

② The International News Media Association（INMA），“Why Stuff is embracing constructive journalism，” https://www.inma.org/blogs/media-leaders/post.cfm/why-stuff-is-embracing-constructive-journalism，2018年7月31日。

报》的报道缺失了什么？读者更希望看到什么？调查结果显示，大量读者认为《卫报》的报道总是倾向于悲观主义。甚至有读者质问：为什么只有坏消息的新闻才被视作真正的新闻？这些读者反馈引起了编辑部的反思。这次调查促使《卫报》编辑部认为新闻不仅仅反映社会，还塑造（shape）社会，正是这一认识，促使《卫报》在官方网站上推出了前文中谈到的“对策与创新”专栏。①

有全国影响的主流媒体大多持观望甚至反对态度。而21世纪“建设性新闻”“方案新闻”却不再像前一轮改革那样引发激烈争论，并且有一些主流媒体参与了这一轮改革。如BBC从2016年开始在世界新闻频道推出了一个系列专题《我的完美国家》（My Perfect Country），邀请听众基于自己所处的现实参与讨论，每一期都介绍一个国家及其面临的问题，以及这个国家的政策是如何解决这一问题的，以期为解决世界许多国家的共同问题提供相互镜鉴和可能的方案。

这也说明，西方新闻界面对日益加深的社会危机和行业危机，从原先的观察者转变成公众对话的组织者，其一贯坚守的职业理念和新闻传统逐渐发生了动摇。

其实，“建设性”作为一种新闻理想早在100多年前就被美国新闻界的前辈提出。1914年，密苏里新闻学院的院长沃尔特·威廉姆斯（Walter Williams）在《记者的信条》（Journalist’s Creed）中写道：“我认为成功的新闻应该这样，或者说这样的新闻最应该成功：坚决地独立，不为观点之骄傲或权力之贪婪所动，建设性的，包容但从不疏失，自控的，耐心的，总是尊重读者但从不害怕”。②“建设性”在这里指的是新闻应该具备的品质，表现出当年西方新闻从业者的职业价值观，即认为新闻业能够服务公众，促进社会更好地发展。

然而“建设性”作为一种方法论却并没有达成共识。20世纪20年代，李普曼和杜威的辩论代表了两种不同的观点。李普曼认为，记者的身份是见证者，记者需要向公众如实地描述新闻事实，而公众则据此进行投票。杜威则认为，记者与公众一样都是公共事务的参与者，记者需要推动公共对话，这

---

① The Guardian，https://www.theguardian.com/world/2016/jun/01/and-now-for-something-completely-different-some-positive-news，2019年11月1日。

② Walter Williams，“The Journalist’s Creed，”https://journalism.missouri.edu/tabbed-content/creed-2/,2019年10月26日。

样的公共对话才是民主的媒介，而非报纸。[①]在长期的新闻实践中前一种观点一直居于主流，即强调对事实的客观报道而反对参与所报道的客体。然而，“公共新闻”“建设性新闻”都重新定义了媒体和记者的角色，强调媒体与公众合作，既挖掘新闻事实，又组织公众对话，最终促成报道客体的改变。“建设性新闻”与“公共新闻”相比，还更加重视新闻立场，强调新闻应对公众有正面和积极的影响。这两轮改革，实际上是西方一部分新闻从业者职业价值观发生转变的结果。

## 三、一点思考：新闻的建设性与新闻业的价值重构

西方新闻改革运动所反映的新闻界从强调“客观”“中立”的传统向追求“建设性”的转变，说明传统新闻业在新的媒体生态中正在发生深刻变化，其在社会运行系统中的作用和价值有待重新认识。

传统新闻业起源自报业，在新媒体兴盛之后，以报业为代表的传统媒体一步步陷入危机。不仅是赢利模式失效导致的经营困境，更令人沮丧的是随着专业媒体在社会公众中失去原有的地位和影响，职业新闻工作者作为“瞭望者”“把关人”的传统职业价值也在削减。新技术新媒体的赋权使每一个个体都是信息源和潜在的新闻报道者，5G和人工智能还将带来万物互联、物人互联的传播新格局，新闻生产不再是专业新闻媒体的专利，由所有人向所有人提供的新闻和信息也不再都是遵从专业规范的“客观报道”，更多是传播者的道听途说和思想碎片。商业化的信息聚合平台以算法和大数据精准地将大众变成分众，再定位到个体，把人类信息交流推向圈层化。

媒体生态的改变带来话语权的重新分配，专业媒体组织在复杂的社会矛盾和利益冲突之中，作为中立的“报道者”难以像过去那样获得声誉和经济回报，也难以实现自己的专业理想。所以，转向围绕公共事务组织公众对话或寻找解决问题的方案，以“建设性”的立场和传播方式介入社会生活，是在新的历史条件下重构新闻业价值的一种探索。这种努力使新闻业不再只是承担观察和监督社会运行的责任，而是成为社会治理体系的重要组成部分。

当然，这样的改变在美国等一些西方国家的政治体制和文化传统中会继续受到质疑，当年曾有人针对“公共新闻”批评道：“一旦新闻界参与了某

① Carey, J. W.,“In defense of public journalism,” in Glasser, T. L., The idea of public journalism, New York: reprinted by Guilford Press, 1999, pp 49-66.

一给定的社会解决方案，它就有了利益冲突，失去了批评的特权。而更糟的是，公众对于新闻界是公众的代表而不是制定公共政策的合作者的信任就丧失了，这样，信任感就处于岌岌可希的状态。”[①]今天，这种观点所指的现象正越来越多地被人们看到，比如《纽约时报》等西方精英媒体与美国总统的互怼，又如一些专业媒体以不再掩饰政治立场的新闻报道形成的对立，再如一些媒体对香港2019年的暴力恐怖事件的有政治意图的选择性报道，等等。面对这些问题，新闻业是否能够以“建设性”以及怎样以“建设性”重新建立公信力和影响力，确实是现实中的一个难题。

这也提醒我们，作为方法论的“建设性”与传统的新闻专业原则应该并非是矛盾与对立的关系。“建设性”本质上包含了媒体的倾向性、导向性，而能否实现媒体的主观目标，又取决于媒体对公众的影响力。媒体影响力来源于公众的信任，这种信任又是由“客观”“公正”“平衡”的新闻报道长期累积的，片面的甚至扭曲事实真相的新闻传播，不可能在信息渠道已经极其畅达的今天瞒骗世人，更不可能让传播者的主张和目标获得实现。因此，当代新闻改革中所出现的反传统的实践探索，与传统新闻实践中形成的专业规范，其实并非水火不容，亦非简单的转换，而是在冲突和摩擦中走向辩证统一和融合。

（蔡雯撰写，原载于《新闻与传播研究》2019年第12期增刊）

---

① 埃弗利特·E·丹尼斯、约翰·C·梅里尔：《媒介论争：19个重大问题的正反方辩论》，王纬等译，北京：北京广播学院出版社，2004年，第118页。

# 试论中国新闻的“建设性”

## ——基于我国专业媒体新冠肺炎新闻传播的观察和思考

近年来，西方“建设性新闻”的兴盛引发了国内新闻业界与学界的广泛兴趣，相关的研究机构已经建立，以“建设性新闻”命名的媒体实践亦受关注，但围绕中国“建设性新闻”的学术讨论尚未有定论。有学者认为，建设性新闻的基本理念从来是我们所倡导的，以正面报道为主、激人奋进、催人向上也一直是我国新闻媒体的重要报道方针，[①]新闻媒体在社会建构中要发挥积极的建设性作用，承担负责任的角色，激发社会正能量。[②]而当我们进一步追问，建设什么？为谁建设？如何建设？正面即建设吗？我们会发现中西方的“建设性”不尽相同，中西方媒体以“建设性”所追求的目标并不可能跨越国家和地区的鸿沟，超越本国的立场和利益追求，摆脱本土的文化传统和媒体规制，而完全一致或相同。[③]

因而，若展开“建设性新闻”的本土化研究，还要从本国的社会现实与媒体实际出发，以中西方相比照的视角，考察其“再语境化”过程中的同与异。近期在全球蔓延的新冠疫情提供了一个极有价值的研究契机，自武汉新冠肺炎爆发，我们一直追踪观察，特别是对最早期的热点事件做了相关记录和统计，本文依托平台“知微事见”的“事件库”收集“新冠肺炎”热度排名前20的事件。本文的观察时间段为2019年12月30日（武汉市卫健委发布《关于做好不明原因肺炎救治工作的紧急通知》）至2020年2月29日（《人民日报》报道《28个0》多个省区市确诊病例连续多日零新增）。观察时间段内热度前20的事件分别为：1. 武汉等多地发生新型冠状病毒感染的肺炎疫情；2. 武汉以“小汤山模式”建立医院；3. 北京发现新型冠状病毒感染肺炎

① 唐绪军 . 建设性新闻与新闻的建设性 [J]. 新闻与传播研究 ,2019,26(S1):9-14.

② 李仁虎 , 文建 . 论新闻建设性的理论基础及价值追求 [J]. 中国记者 ,2020(01):24-28.

③ 蔡雯 , 凌昱 .“建设性新闻”的主要实践特征及社会影响 [J]. 新闻与写作 ,2020(02):5-12.

病例；4. 世卫组织将新型冠状病毒疫情列为国际关注的突发公共卫生事件；5. 湖北省红十字会物资使用情况引发质疑；6. 疫情“吹哨人”李文亮医生因新冠肺炎去世；7. 武汉宣布“封城”；8. 统筹推进新冠肺炎疫情防控和经济社会发展工作部署会议在京召开；9. 全国多地下调新冠肺炎疫情应急响应等级；10. 专家称：新冠肺炎传播途径含气溶胶传播；11. 上海药物所、武汉病毒所：双黄连口服液可抑制新型冠状病毒；12. 国家卫健委发布《新型冠状病毒感染的肺炎诊疗方案（试行第六版）》；13. 湖北单日新增确诊病例破万；14. 湖北省委主要负责同志职务调整；15. 中央多部门联合调查组对刑释人员离汉抵京事件进行调查；16. 钟南山院士出席广医大疫情防控新闻通气会介绍疫情总体情况；17. 公共卫生专家预测疫情高峰拐点2月21日左右出现；18. 武汉新增病例高于湖北全省引关注；19. 钟南山团队最新论文：新冠肺炎最长潜伏期可达24天；20. 顺丰快递员拦截包裹卖口罩。同时，根据该平台20个热点事件最有影响力的信息发布渠道的统计，我们追踪到了热点事件起始处与高峰处这些渠道所传播的最重要的内容，确定这些内容的原创者。本文将我国专业媒体对这些热点事件的新闻传播作为依据，对应西方“建设性新闻”的相关研究成果加以辨析，讨论中国新闻的“建设性”。

西方“建设性新闻”的兴起出于对新闻业角色的根本性反思，试图对新闻价值中过度强调“冲突性”进行纠偏。“建设性新闻”作为一个新术语，为重新审视新闻业提供了不同的视角并促进新闻工作者在实践中有所改变。西方研究者对“建设性新闻”的研究取向总体上看有两类，分别代表了新闻“建设性”的不同面向。

其一，荷兰记者凯瑟琳·吉登斯特德（Cathrine Gyldensted）引入积极心理学，认为新闻工作者可以帮助人们形成平衡的意见，做出决策并采取行动，因而新闻工作者不仅要对新闻报道流程和产品的质量负责，还应该对新闻对个人与社会产生的影响负责。①在此层面，对“Constructive Journalism（建设性新闻）”的阐释侧重于新闻产生的影响、新闻业自身的重塑以及新闻业如何帮助构建美好社会。②

其二，曾任丹麦国家广播公司新闻部负责人的乌尔里克·哈格鲁普

① Meijer, I. C. Valuable journalism: A search for quality from the vantage point of the user[J]. Journalism, 2013,14 (6), 754-770.

② Bro, P. Constructive journalism: Proponents, precedents, and principles[J]. Journalism, 2019,20(4), 504-519.

（Ulrik Haagerup）认为，建设性（constructiveness）应成为一种新的“新闻标准”或新的“框架手段”（framing device）以此影响新闻报道中对新闻故事的选择和呈现，通过对传统新闻“冲突”框架的调式与补充实现报道的平衡与完整。在此层面，“Constructive News（建设性新闻）”应针对现实问题提出解决方案、侧重新闻报道的未来导向、增强新闻内容的包容性与多样性、采用建设性的采访技巧、提供丰富的背景信息、赋权于民实现共同创造；[①]抑或是“面向公众、面向解决方案、面向未来、面向行动”。[②]

由此可见，新闻业的“建设性”包含目标与方法两个不同的面向，这也为我们展开本土化的观察与思考以及做中西方的比较提供了可行的框架。

## 一、“建设性”的目标指向

在西方语境中，“建设性”的目标分别指向公众、新闻业、社会三个层面。

2019年路透社报告显示，39%的受众认为新闻媒体对事件的报道过于负面，而这在一定程度上导致新闻回避（news avoidance），受访者表示回避新闻是因为新闻对他们的情绪有负面影响（58%），他们觉得无力改变事件，[③]新闻业失去与公众的联结。因而在公众层面，“建设性”意味着在新闻报道中实现“积极中立（positive neutrality）”，形成对世界平衡全面的报道，向观众提供向前看的观点，[④]避免新闻报道对于公众情绪的消极影响。

同时，面临新闻所处环境中信息化（information）、全球化（internation-alization）、个性化（individualization）、非正式化（informalization）的改变，新闻记者作为“第四权力”（the fourth estate）的权威被进一步消解，新闻业面临着信任危机。因而，西方新闻业试图通过“建设性”达成重塑自身价值的目的，从“权力的监督者”“批判者”向“社会治理的参与者”“公共行为的组织动员者”转变，形成处于传统新闻角色“监督者（monitorial role）”“协作者（collaborative role）”“干预者（Interventionist role）”“调

① McIntyre, K., & Gyldensted, C. Positive psychology as a theoretical foundation for constructive journalism[J]. Journalism Practice,2018,12(6), 662-678.

② Liesbeth Hermans,Nico Drok. Placing Constructive Journalism in Context[J]. Journalism Practice,2018,12(6):679-694.

③ Newman, N., Fletcher, R., Kalogeropoulos, A., & Nielsen, R. (2019). Reuters institute digital news report 2019 (Vol. 2019). Reuters Institute for the Study of Journalism.

④ McIntyre, K. E. Constructive journalism: The effects of positive emotions and solution information in news stories[D].The University of North Carolina at Chapel Hill,2015.

解者（accommodative role）”中间地带的第五种规范性角色（normative role）“建设者”。作为“建设者”的记者“干预、参与并促进变革”，并通过对社会进步观念的支持保持自身工作的独立性。①同时，“建设性新闻”将受众视为公众与个人兼具的双重身份，②一方面其专注于社会问题的重要议题，一方面其致力于为受众“个人生活”提供信息与指导。

“建设性新闻”重构新闻业与公众的关系，重新定义自身，以一种更加积极的姿态，参与社会的发展之中，发挥自己的作用，制作出可以激发人们更多灵感的新闻并促进对他人的理解，传递更加乐观、充满希望的世界观，进而为改善“公民与新闻工作者之间的关系，改善公民与社区以及与社会之间的关系”贡献力量。在社会层面，“建设性”目的指向保护公共利益、推进民主政治。

而在中国，“建设性”作为目的在这三个层面意涵则有不同。

在我国是否存在负面报道过多导致“新闻回避”的现象？不尽然。从我们对新冠肺炎20件热点事件的首发稿件的统计来看，专业媒体首发的报道，内容主要集中于“政策推进”［包括热点事件7、8、9。］与“疫情防控进展”［包括热点事件10、11、16、17。］，自媒体作为首发信源的内容，主要有“易造成社会恐慌的相关内容”（含谣言、悲惨的人和事）［包括热点事件1、3、4、6、13、18、19、20。］、“求治进展”［包括热点事件2、12、14。］以及“事件问责”［包括热点事件5、15。］。由此可见，在我国，专业媒体报道并未如西方媒体一般突出事件的“负面性”特征。这与我国历来倡导“正面宣传”的方针相关，从1989年11月中共中央高级领导人李瑞环在讲话《坚持以正面宣传为主的方针》中首次提出，到2013年8月19日，习近平在全国宣传思想工作会议讲话中再次重申“坚持团结稳定鼓劲、正面宣传为主，是宣传思想工作必须遵循的重要方针”，我国新闻报道一直遵循用正面报道“鼓舞和启迪人”的路径。而当技术赋权人人可发声时，自媒体或能更快地提供信息，成为新闻首发者，特别是在负面事件中，专业媒体有时受制于外部因素难以及时发声回应公众真正关切的问题。这说明中国新闻“建设性”的目标设立更应重视切合本国实际，将公开、公正、全面、客

① Aitamurto, T., & Varma, A. The Constructive Role of Journalism: Contentious metadiscourse on constructive journalism and solutions journalism[J]. Journalism Practice,2018, 12(6), 695-713.

② From, U., & N?rgaard Kristensen, N. . Rethinking Constructive Journalism by Means of Service Journalism[J]. Journalism Practice,2018, 12(6), 714-729.

观，尤其是不回避矛盾和问题作为要旨。

有西方学者认为，中国新闻媒体并非中立的“监督者”，从诞生之初，其社会角色便与救亡图存的爱国情怀密不可分。[①]受传统文人情怀的驱使，中国记者始终是积极的参与者。这一评价在此次新冠疫情报道中也得到印证，如三联生活周刊的记者认为，“人本主义”是他们的新闻方法论，“疫情之下，传统意义上的媒体的客体立场应当退位，比如三联生活周刊，应当选择的立场是：我们与武汉与湖北是命运共同体”。[②]西方发表的一些研究成果认为，中国记者较大程度履行“协作者”角色，记者服务于国家发展议程，旨在帮助政府达成社会共识，同时在具体新闻实践中，中国的新闻工作者可以同时担任多种角色，33%的被调查者提到了“协作者”角色，35%的被调查者有充当“监督者”的想法。[③]这二者并不相互矛盾，“监督者”的职能履行一定程度能够重新控制部分失职的官僚机构，通过促使个别违规者负责以此增强党的合法性。[④]中国学者则以中国媒体的新闻舆论监督实践说明，可以理解为何我国“建设性舆论监督”在西方“建设性”还未引介之前即得到强调。[⑤]尽管仅用“协作者”来描述中国新闻工作者角色特征被认为本土化特性被遮蔽，[⑥]但“协作者”一定程度仍能从社会总体水平上代表中国新闻工作者角色。新闻业与政治权力间的距离影响新闻业在“监督者”与“协作者”之间的坐标位置，中国新闻业角色“建设者”的转向会始终较为靠近作为“协作者”的一端，而这即涉及“建设性”在社会层面的指向。

西方“建设性新闻”的目标在社会层面指向公共利益与民主政治。我国社会主义新闻事业的基本方针在毛泽东提出的社会主义文化建设的总目标下被确定为“为人民服务，为社会主义的国家服务”的“二为”方针，同样强调公民与社会作为建设目的。但同时，我国的政治制度决定了必须要坚持

---

① Burgh, H. D. The Chinese journalist: Mediating information in the world's most populous country[M],Routledge,2004:104.

② 三联生活周刊.疫情报道，以事实达成真正共识《三联生活周刊》好稿榜[EB/OL].[2020-05-24]. https://mp.weixin.qq.com/s/qoag3nJEyH4Xkuep5MR98A

③ Hanitzsch, T.,et al., Worlds of journalism: Journalistic cultures around the globe,Columbia University Press, 2019: 108-133.

④ Yuezhi, Z. Watchdogs on Party Leashes? Contexts and implications of investigative journalism in post-Deng China[J]. Journalism Studies,2000, 1(4), 577–597.

⑤ 时统宇.舆论监督的建设性立场[J].现代传播-北京广播学院学报,1999(01):11-13.

⑥ 单波，张洋.记者角色的地方性实践与记者比较范式的跨文化重构[J].新闻与传播研究,2020,27(04):5-20.

“人民性与党性的统一”。2016年2月19日，习近平在党的新闻舆论工作座谈会上强调，党的新闻舆论媒体的所有工作，“都要坚持党性和人民性相统一，把党的理论和路线方针政策变成人民群众的自觉行动，及时把人民群众创造的经验和面临的实际情况反映出来，丰富人民精神世界，增强人民精神力量”。因此，我国新闻的“建设性”还具有坚持党和政府的领导的意涵。

综上，中国语境中的新闻“建设性”，在目标层面上与西方“建设性新闻”既有共同之处，也有差异。如两者都着力于重新联结公众，以服务公共（人民）利益为宗旨；但在以“建设性”重塑新闻业自身角色层面，作为中国特色的社会主义新闻传播业或较难与西方语境中的“建设者”角色完全一致；另外，在社会层面，中国新闻“建设性”的落脚点不仅包括公民与社会，还包括坚持党和政府的领导。

## 二、“建设性”的实践方法

西方学者认为“建设性新闻”的四个核心关系在于：权力、现实、受众、时间。[①]即在新闻实践中，如何处理与权力之间的关系，如何选择呈现现实，如何定位受众并获得与之的联结，时间性上如何处理现在与未来的关系。本文借用这个分析框架来考察我国新冠肺炎事件中专业媒体的新闻实践，并与西方“建设性新闻”略加比较。

1. 监督与预警：权力关系中的媒体应对

西方“建设性新闻”在操作层面强调报道避免过于突出冲突与负面的元素，是为了其对传统新闻报道模式“纠偏”，这也反映出其监督和审查政府等权力机构、揭露社会弊端的单向性角色不再适应社会发展和变化，需要做出调整。而我国新闻媒体在党和政府领导之下的角色规定，则恰恰与此相反，容易出现的问题不是过度报忧，而是对问题预警和权力监督有时难以到位。

新冠疫情的新闻传播再一次暴露了这方面的问题。根据“丁香园”发布的《武汉病毒纪事——2020年的第一场疫情》，在2019年12月下旬，武汉出现非典病例的流言出现在社交网络。而后武汉本地媒体却并未对该事件发展给予重视，1月3日与1月5日，在武汉市卫生健康委员会接连发布关于“不明

---

① 尼科·德罗克，莉丝贝特·赫尔曼斯，林晓平．西方视角下的建设性新闻[J].新闻与传播研究,2019,26(S1):22-32.

肺炎”情况公告的情况下，武汉两家颇有影响力的都市报纸均未对相关信息进行报道或是跟踪，甚至在1月20日，钟南山确认“人传人”后，《楚天都市报》的头版头条仍为“江城今起派送20万张免费旅游券”。

《中国新闻周刊》发表的《武汉之憾：黄金防控期是如何错过的？》披露，“疫情刚开始的时候，武汉市的策略都是“冷处理”，讨论病情被严格管控”。这一方面与我国各级党政领导机构一贯强调新闻传播以正面报道为主，要达到“团结鼓劲”的效果有关。另一方面，也与传染病疫情统一发布的法律和法规有关。《传染病防治法》中明确规定“任何单位和个人未经批准，不准对外通报、公布和引用发表未经发布的传染病疫情”。除此之外，政府信息的不公开，也成为媒体前期失声的重要因素。公众号“事实杂货铺”在《我们已知的武汉肺炎的重要消息，都不是武汉官方首发》中写到，所有重大的消息都是通过媒体询问和外地专家披露所得。该公众号《没有新增病例的那些天，武汉发生了什么？》还指出武汉没有通报新增病例的时间，正好和武汉两会以及湖北省两会的时间重合。

值得注意的是，新冠肺炎前期也有一些专业媒体的报道受到广泛的好评和肯定。《中国经营报》、界面新闻、澎湃新闻、《财经》等有零星对患者家属及事发海鲜市场的报道，而在此次疫情中受到较多关注的财新网则更新频率最高，并覆盖香港相关疫情管理情况以及泰国病患情况，在报道中患者、香港专家作为信源进一步对事实还原。①数据显示，财新是在“新冠肺炎”初期报道最为持续的专业媒体，一定程度倒逼政府信息公开。②尤其是1月20日正式出版的《财新周刊》纸质版发表了《不明肺炎忽现》深度报道，认为“中国的疾控系统正在面对一场意外考验”，并提出了“人传人的可能”，端传媒认为由此可见财新的“社会风险预警”功能发挥较为到位。

中国的政治制度与媒体规制决定了新闻媒体不是独立于党和政府之外的一种权力，媒体所践行的“建设性”也必须在党和政府的意志范围内，有助于推进国家管理和社会治理。在媒体的具体新闻采制活动中，从业者的职业理想和外部权力因素的张力一直存在，在权力关系网络中的各类媒体不可能完全步调一致，正如疫情爆发早期，既有受制于外部力量，回避问题粉饰太

---

① 端传媒．疫情与舆情十七年：被瞒报的SARS与被孤立的武汉[EB/OL].[2020-01-25]. https://theinitium.com/article/20200125-mainland-wuhan-sars-pneumonia-publicity/

② RUC新闻坊．2286篇肺炎报道观察：谁在新闻里发声？[EB/OL].[2020-02-11].https://mp.weixin.qq.com/s/xOUYUAZ1O3pvX7iCn1cPA

平的，也有付出努力去调查事实真相并向社会发出警报的。可以肯定的是，中国新闻的“建设性”在这方面还需要继续负重前行，更多地直面社会问题，更好地实现其监督与预警的功能，及时回应社会关切。

2. 内容与效果：现实呈现的媒体策略

西方“建设性新闻”侧重现实中“令人振奋”的内容，很容易使人联想到我国新闻一直强调的“正面宣传为主”。实际上，在我国对于何为“正面”有两种基本观点，一种观点认为，正面宣传就是好的、积极一面的宣传，正面宣传强调的是宣传什么，讲的是内容，也是对报道体裁的规定；①另一种观点认为：“正面宣传本身对报道体裁选择并没有什么绝对的限制，社会效果的好坏是检验宣传是不是正面宣传的唯一标准”。②“以正面报道为主的报道方针，不仅指以对‘正面事实’的报道为主，也应包含以正面报道的手法去报道各种新闻事实”，③这里的“各种新闻事实”就包括对负面事实的报道。

在新冠疫情热点新闻传播中，专业新闻媒体对于现实的呈现恰恰说明，内容正面的新闻不一定具有正向社会传播效果，而负面内容的报道也未必就产生负面的社会传播效果。前者的代表性案例是对中成药双黄连的报道，在新华视点首发微博称“上海药物所、武汉病毒所联合发现中成药双黄连口服液可抑制新型冠状病毒”后，人民日报等多家专业媒体转发，结果却被证明是误导了公众，甚至有人出门抢购双黄连染上肺炎，媒体的公信力受到损害。还有《湖北日报》的报道《有召必回！宜昌市医务人员徒步七十里返院转斗》也遭质疑和批评：“召回医务人员但不给安排车辆，让人徒步35公里走到医院，还挺得意于这种宣传，这就是湖北的文宣作风。”④外媒BBC借此指责中国官方“正能量”宣传引众怒。⑤

也有报道负面内容却获得积极社会效果的。如在武汉封城初期，第一财经曝光病毒防治工作中的一些问题，《呼吁改变武汉“37.3度”接诊标准，及

① 赵永福．正面宣传与非正面宣传不可混淆 [J]．中国广播电视学刊，1990，5.

② 喻国明．正面宣传：判断标准与操作定义 [J]．新闻记者，1990，4.

③ 杨保军．正效新闻·负效新闻·零效新闻——为解决老问题而提出的一组新概念 [J]. 今传媒 ,2006(08):12-13.

④ 三声．抗疫时期的中国舆论场②：从局面到「人」[EB/OL].[2020-01-28].https://mp.weixin.qq.com/s/MyoVEa_Tuv8Cd_Jj8bSP-g

⑤ BBC. 肺炎疫情：中国官方“正能量”宣传引众怒 [EB/OL].[2020-01-28].https://www.bbc.com/zhongwen/simp/chinese-news-51555873

早发现行走的感染源》一文最早提出了患者可能无发烧症状，确诊和隔离问题需引起重视，并对后续诊疗方案提出了建议，获得了海量的点赞和评论；第一财经《现场视频丨武汉东大门出城通道畅通无阻》在封城当天的报道中成为网络爆款，发挥了直接的舆论监督作用，文章发布后一小时，相关出城漏洞被全部封闭。

中国新闻媒体对于“建设性”的实际操作显然比西方媒体面对更加复杂的社会因素，在以往的新闻改革中提出的“建设性的舆论监督”实际上就是这种复杂性的产物。媒体在内容与效果两方面的把握以及两者的关系处理，还需要根据本土的现实条件继续进行探索和改进，并且要有充分的应对各种困难和阻力的思想准备。

新闻的“建设性”无论在中国还是西方，都以新闻传播的实际效果为考量，而这种效果还与接受信息的公众的心理紧密相关。例如1月23日财新的访谈《管轶：这次我害怕了》发出后，被部分网友质疑渲染恐慌而成为舆论焦点。对于“封城”的武汉当地居民，出行受限，对媒体信息的依赖加深，媒体对风险的过度呈现会引起受众的恐慌心理。财新记者也表示，在报道中需要在监督性与顾及公众情绪间达到微妙的平衡。①作为方法的“建设性”要求新闻的选择和采制要预判其可能的影响，不仅对报道内容本身负责，而且对报道产生的结果负责。我国始终强调“舆论监督和正面宣传是统一的”，两者的统一取决于呈现现实的媒体策略。

3. 联结公众：中外媒体的共性行为

当下，新闻被认为受到技术、权力、资本以及“群体”压迫，无法保有自主性，而唯有人本主义是新闻业出路，只有当新闻学真正关注人的生存、人的价值、人的尊严时，它才能分析新闻、评判新闻、实现和发展新闻。②而“建设性”在方法层面关注公众，将其视为新闻报道的合作者、理性的社会成员及独立的个体。

首先，视公众为合作者并将其纳入新闻生产环节。西方“建设性新闻”的这一特点在我国媒体的新闻传播活动中同样有突出表现，我们统计的20件新冠肺炎热点事件中，由公众“揭露”进入大众视野的事件就有8件。[ 包括热点事件1、2、4、5、6、14、15、20。]媒体对这些事件展开报道时，公众是

① 2020年6月1日，华中科技大学新闻与信息传播学院新闻学系“危机时刻的新闻生产——疫情深度报道的体验与思维”讲座上分享嘉宾发言。

② 杜骏飞. 新闻是人，新闻学是人学 [J]. 国际新闻界，2018,40(02):22-29.

重要的信息源和协作者。如人民日报官方微博在一些自媒体揭露红十字会物资分配存在问题后，带转网友@BigWayneWu发布的关于武汉协和医院物资紧缺的内容，提问究竟是物资紧缺还是物资分配环节存在问题。[①]多元主体的互动，倒逼相关部门信息公开，并促使相关责任人受到惩处。

第二，带动公众直接参与媒体发起的各类活动，推进问题的解决。“建设性”的新闻报道将公众视为理性的社会成员，不仅通过报道让其了解正在发生的问题，达成媒体与公众之间的对话与交流，还要鼓励公众参与解决方案的制定。如《三联生活周刊》在报道《武汉医疗物资之困：我们能做什么？》时，宣布将参与协调捐赠信息，在官方微博上开通的“三联在行动”话题下，用户可以进行资源匹配；2月4日开始，人民日报旗下新媒体联合全国媒体资源面向全国征集新冠肺炎求助信息。专业媒体作为公共事务的参与者，促进公众有效的参与其中，对解决实际问题真正发挥了作用。

第三，关注和服务作为独立个体的人。“建设性”在方法层面将受众视为兼具公众与个人的双重身份，不仅专注于社会问题的重要议题，同时致力于为受众“个人生活”提供信息与指导。新冠肺炎期间我国专业媒体报道的人性关怀也有可圈点之处，如澎湃新闻的《一个“重症肺炎”患者的最后12天》、凤凰网在人间living的《妈妈在武汉隔离病房去世》都向读者描述了发生在疫区现场普通人的故事。在更低的时间成本下，人们有更多的心境去消化第一现场的故事，形成共情，同时舆论主体更加认识到“亲历”的分量，这与公众对事实源头的追究形成了呼应。[②]

然而，联结公众作为“建设性”的实践方法，在实际运用中也会面临风险和争议，如疫情期间央视频实时直播火神山和雷神山医院的建设过程，有人认为这种“饭圈化”的助力方式轻松、有趣、参与性强，[③]但更多观点批评其“严肃新闻不应该被娱乐化，这击碎了人们对公共事件注意力，粉饰议题严重性，侵占大众政治参与的时空，将公众议题的探讨空间变成反智的狂欢广场。”[④]认为“它带来的，并不是参与，顶多是参与的

---

① 该网友已更名@MagicRealism0007，微博内容已删除。

② 三声.抗疫时期的中国舆论场③：与「我」有关[EB/OL].[2020-02-02].https://mp.weixin.qq.com/s/2_KL2i3DsOHQMh75YmPysw

③ 社会学了没.“挖掘机天团”出道：云监工是全民参与还是过度娱乐？[EB/OL].[2020-02-08].https://mp.weixin.qq.com/s/IWDM7gMGnXoYdV-UHDFetQ

④ 刺猬公社.疫情下的“饭圈化拟人”，有意思吗？[EB/OL].[2020-02-01].https://mp.weixin.qq.com/s/iCJ_v-T6mtI-A5rb0EaOlQ

幻觉。”[①]可见，要真正实现新闻的“建设性”目标，媒体不能将受众视为消费者（粉丝），而要帮助其以公民为身份，以理性为基础，共同为公共事业而行动。

4. 面向未来：积极的新闻取向

西方“建设性新闻”在时间性上体现出的“面向未来”在我国疫情期间的一些新闻传播中同样有所表现。如新冠肺炎初期，《管轶：这次我害怕了》一文虽引起争议，但其中财新记者对管轶的采访提问如“如何研判接下来疫情走势”以及“作为个体，现在可以做什么，应该如何做”等，都有关注事件未来走势及问题解决方案的特点。面向未来的新闻取向在传统的新闻要素（谁、什么、何时、何地、为什么、如何）上增加一个“那么现在或是下一步（我们做什么）？”的问题，并提出可能达成这种理想化未来的具体方案。

在新冠肺炎报道中，也有报道出现错误的“未来导向”，如被批评人为制造乐观，不是疫情拐点就是新药见效，害得专家们还要接受二次采访，或直接线上推文，四处辟谣。[②]新闻“面向未来”的取向不仅体现于聚焦“现在该怎么办”“下一步要做什么”，还在于对问题关注的持续性与连贯性，以及新闻报道的多角度和全方位，能够带给公众的全局观和前瞻性。因此，先报客观事实，随后再跟进事实发展、全面呈现事实、进行深度分析、提供可能的解决方案等等，全景式与过程式报道本身就是作为方法的“建设性”。

## 结语

马特·卡尔森（Carlson Matt）认为，新闻业作为嵌入复杂社会环境中的多种文化实践，并不是要指坚实、稳定的事物，而是根据上下文不同而不断变化的含义。[③]西方“建设性新闻”在我国的“再语境化”过程中，在目标层面不可能超越社会制度和国家利益与西方完全一致；在方法层面，也必然是

---

① 新传研读社．为什么我们不需要”低龄化”和“粉丝化”的公众参与？[EB/OL].[2020-02-08]. https://mp.weixin.qq.com/s/eFZSuQga14H9HlvBoEFfMg

② 数据研究局．武汉疫情下的舆论风暴：“堵”得不得人心，“疏”得很不走心[EB/OL].[2020-02-14]. https://mp.weixin.qq.com/s/PjMr5GyEC019Q9h-4gLAlw

③ Carlson, Matt. “Introduction: The Many Boundaries of Journalism.” In Boundaries of Journalism: Professionalism, Practices and Participation[M], New York: Routledge.,2015,1–18.

在本土的媒介规制与新闻传统的制约下，做出各种努力和尝试。本文仅以疫情期间我国新闻媒体的部分传播案例为依据，对新闻的“建设性”做出了思辨和比较，而对于这一概念的理论总结还有待更长时期的观察与更多维度的阐释论证。

（蔡雯、凌昱撰写，原载于《编辑之友》2020年第7期）